Baseball America
2024 DIRECTORY

©2024 by Baseball America Enterprises, LLC. All Rights Reserved.

Baseball America
2024 DIRECTORY

Editors
J.J. Cooper, Josh Norris

Assistant Editors
Matt Eddy, Carlos Collazo,
Teddy Cahill, Ben Badler

Design & Production
Seth Mates

Cover Illustration
Dmytro Aksonov

Contributing
Paul Trap

No portion of this book may be reprinted or reproduced without the written consent of the publisher. For additional copies, visit our Website at **BaseballAmerica.com** or call **1-800-845-2726** to order. Cost is US $37.95, plus shipping and handling per order. Expedited shipping available.

Distributed by: Simon & Schuster **ISBN-13:** 979-8-9869573-5-7

Baseball America

EDITOR IN CHIEF J.J. Cooper @jjcoop36
EXECUTIVE EDITOR Matt Eddy @MattEddyBA
CHIEF INNOVATION OFFICER Ben Badler @benbadler
VICE PRESIDENT, DESIGN & STRATEGY Seth Mates @sethmates
HEAD OF AUDIENCE DEVELOPMENT Mark Chiarelli @Mark_Chiarelli
DIRECTOR OF FINANCE AND REVENUE Mike Stewart

EDITORIAL
SENIOR EDITOR Josh Norris @jnorris427
NATIONAL WRITERS Teddy Cahill @tedcahill,
Carlos Collazo @CarlosACollazo, Peter Flaherty @PeterGFlaherty
PROSPECT WRITER Geoff Pontes @GeoffPontesBA
SENIOR EDITOR, DIGITAL & SOCIAL Kayla Lombardo @KaylaLombardo11
CONTENT PRODUCER Savannah McCann @savjaye
SPECIAL CONTRIBUTOR Tim Newcomb @tdnewcomb

BUSINESS
MARKETING/OPERATIONS COORDINATOR Angela Lewis
CUSTOMER SERVICE Melissa Sunderman

STATISTICAL SERVICE
Major League Baseball Advanced Media

BASEBALL AMERICA ENTERPRISES
CHAIRMAN & CEO Gary Green
PRESIDENT Larry Botel
GENERAL COUNSEL Matthew Pace
DIRECTOR OF OPERATIONS Joan Disalvo
PARTNERS Stephen Alepa, Jon Ashley, Martie Cordaro, David Geaslen, Glenn Isaacson, Sonny Kalsi, Peter G. Riguardi, Ian Ritchie, Brian Rothschild, Beryl Snyder, Tom Steiglehner

PJL MEDIA
PRESIDENT Jonathan Segal
VICE PRESIDENT, OPERATIONS B.J. Schecter

©2024 by Baseball America Enterprises, LLC. All Rights Reserved.

TABLE OF CONTENTS

MAJOR LEAGUES

Major League Baseball	11
American League	13
National League	13

Arizona	14	Milwaukee	44
Atlanta	16	Minnesota	46
Baltimore	18	New York (NL)	48
Boston	20	New York (AL)	50
Chicago (NL)	22	Oakland	52
Chicago (AL)	24	Philadelphia	54
Cincinnati	26	Pittsburgh	56
Cleveland	28	St. Louis	58
Colorado	30	San Diego	60
Detroit	32	San Francisco	62
Houston	34	Seattle	64
Kansas City	36	Tampa Bay	66
Los Angeles (AL)	38	Texas	68
Los Angeles (NL)	40	Toronto	70
Miami	42	Washington	72

Media	75
General Information	77
Spring Training	80

MINOR LEAGUES

Minor League Baseball	84

International	85	South Atlantic	123
Pacific Coast	96	Northwest	129
Eastern	102	California	132
Southern	108	Carolina	136
Texas	112	Florida State	141
Midwest	117		

MLB PARTNER LEAGUES

American Assoc.	178	Pecos	194
Atlantic	182	United Shore	194
Frontier	185		
Pioneer	191		

OTHER LEAGUES & ORGANIZATIONS

International	195	Summer College	234
College	201	Youth	250
Am. International	232	Senior	251
National	233		

WHAT'S NEW IN 2024

The minor leagues saw the biggest shakeup in decades coming into the 2021 season. Major League Baseball took over governance and responsibility for administering the minor leagues, and minor league teams signed 10-year licenses directly with MLB. The 2024 season is the fourth under the current agreement.

Because of that, there is very little movement and/or changes in professional baseball for 2024. There has been talk of some potential franchise movement in the minors going forward, as facility standards come into effect in 2025, but for now, all 120 minor league teams that began the new Professional Development License era in 2021 remain in place for 2024.

NAME CHANGES AND ADDITIONS

SOUTH ATLANTIC LEAGUE
Rome Braves become Rome Emperors

PACIFIC COAST LEAGUE
Oklahoma City Dodgers become TBD

PIONEER LEAGUE
Added: Yolo High Wheelers and Oakland Ballers

ATLANTIC LEAGUE
Added: Hagerstown Flying Boxcars

TRAVEL GUIDE / WEST

Map illustrations by Paul Trap

 Vancouver

Everett
Spokane
Tacoma
Tri-City
Hillsboro
Eugene

Sacramento
Reno
A's Stockton
Modesto
San Jose Fresno
Las Vegas
Visalia
Rancho Cucamonga
Salt Lake
LA Inland Empire
Lake Elsinore
Albuquerque
El Paso

TRIPLE-A
 West

HIGH-A
 West

LOW-A
 West

TRAVEL GUIDE / CENTRAL

Map illustrations by Paul Trap

 St. Paul

Wisconsin

 Beloit

Cedar Rapids

Omaha   Quad Cities

Iowa Peoria South Bend

 Wichita

 Springfield

  Tulsa

 Northwest Arkansas

 Memphis

Oklahoma City

 Arkansas

Mississippi

Amarillo   Frisco

Midland

Biloxi

Round Rock

San Antonio

Sugar Land

Corpus Christi

TRIPLE-A   **DOUBLE-A**   **HIGH-A**

 East   Central   Central

 West   South

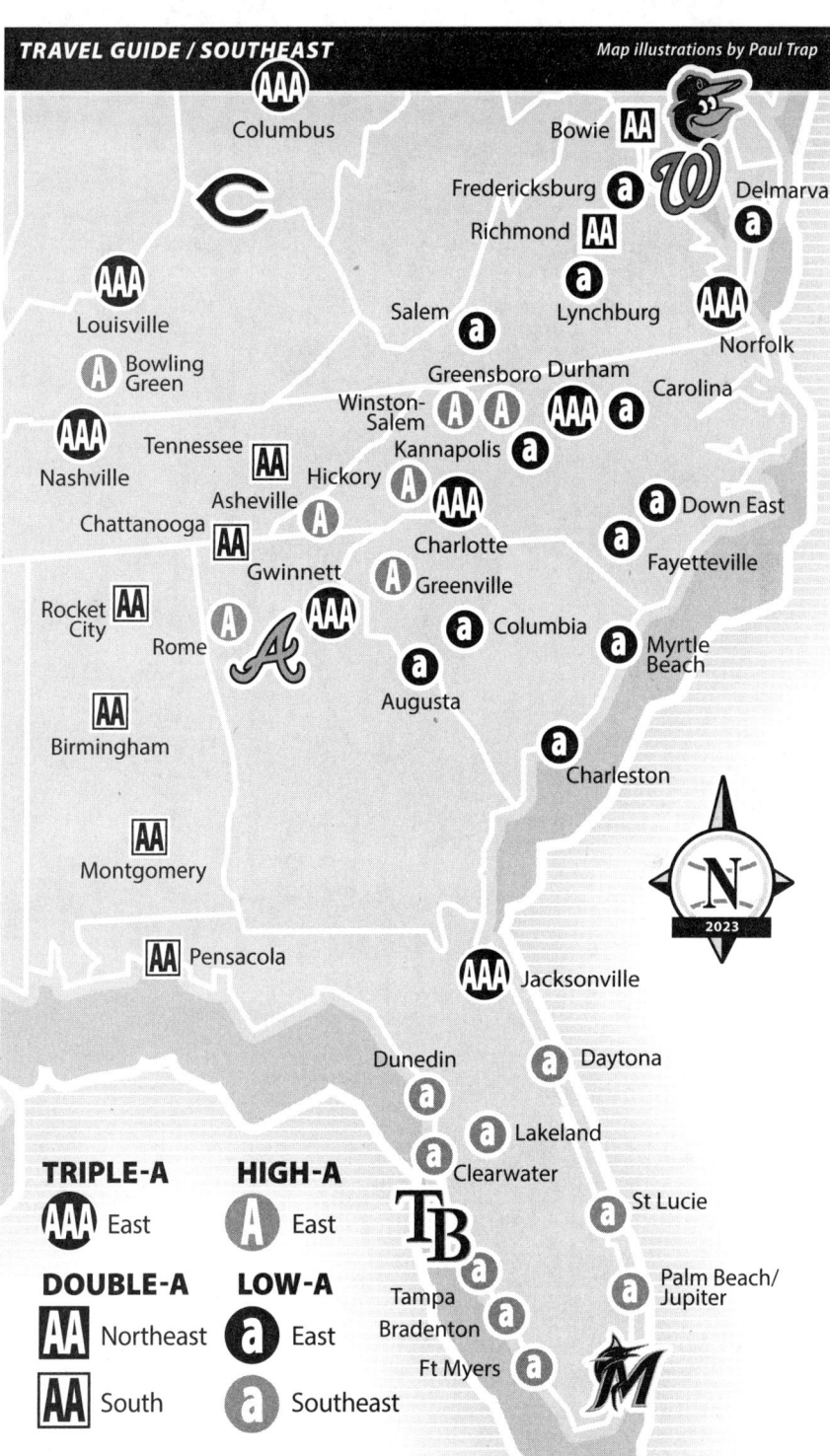

PROSPECT HANDBOOK

The **2024 Prospect Handbook** is a must-have for superfans and fantasy players. You will find yourself returning to the book—now in its 24th edition—all year to see what we wrote. Get the scoop on big league callups, trade acquisitions or even prospective additions to your dynasty team.

GET YOURS AT:
BaseballAmerica.com/books

MAJOR LEAGUES

MAJOR LEAGUES

MAJOR LEAGUE BASEBALL

Mailing Address: 1271 Avenue of the Americas, New York, NY 10020.
Telephone: (212) 931-7800. **Website:** www.mlb.com.

Commissioner of Baseball: Rob Manfred.
Deputy Commissioner, Baseball Administration and Chief Legal Officer: Dan Halem.
Deputy Commissioner, Business and Media: Noah Garden. **Chief Communications Officer:** Pat Courtney. **Chief Operations & Strategy Officer:** Chris Marinak. **Chief Baseball Development Officer:** Tony Reagins. **Chief Financial Officer/Sr. Advisor:** Bob Starkey. **Executive Vice President, Chief Marketing Officer:** Karin Timpone. **Executive Vice President & General Counsel:** Lara Pitaro Wisch.

Rob Manfred

LABOR RELATIONS

EVP, Labor Relations: Patrick Houlihan. **VP & Deputy General Counsel:** Kasey Sanossian. **VP, Drug, Health & Safety Programs:** Jon Coyles. **Senior Counsel:** Katie Brezinski. **Senior Counsel:** Justin Wiley. **Counsel:** Nicole Marschean. **Director, Drug, Health & Safety Programs:** Lindsey Ingraham. **Sr. Coordinator, Mental Health & Safety Programs:** Isabel Caro. **Coordinator, Drug, Health & Safety Programs:** Mary Ney. **EAP, Latin America:** Francisco Cedano. **Senior Coordinator, Dominican Republic:** Melanie Holguin. **Medical Director:** Gary Green, MD. **Director, Joint Strength & Conditioning:** Tim Maxey. **Joint Registered Dietician:** David Ellis.

BASEBALL & SOFTBALL DEVELOPMENT

Chief Baseball Development Officer: Tony Reagins. **VP, Baseball & Softball Development:** David James. **VP, Youth & Facility Development:** Darrell Miller. **VP, Baseball Development:** Del Matthews. **Sr. Director, Baseball & Softball Development:** Chris Haydock. **Director, Baseball & Softball Development:** Chuck Fox. **Youth Protection Compliance Officer:** Katherine Anderson. **Director, New Orleans Youth Academy:** Eddie Davis. **Sr. Manager, Play Ball &RBI:** Bennett Shields. **General Manager Baseball Development, Asia:** Rick Dell. **Manager, Baseball and Softball Development and Legal:** Sarah Padove. **Sr. Coordinator, Baseball Development, RBI:** Steven Smiegocki. **Sr. Coordinator, International Baseball Development, RBI:** Chris Madden. **Sr. Coordinator, Baseball Development:** Kindu Jones. **Sr. Coordinator, Baseball & Softball Development:** Cameron Scott. **Coordinators, Softball Development:** Rachel Hubertus, Natalia Reynoso. **Managing Director, Jackie Robinson Training Complex:** Rachelle Madrigal. **Coordinator, MLB Compton Youth Academy:** Kenneth Landreaux. **Coordinator, MLB Compton Youth Academy Softball:** Mishael Poti. **Sr. Administrative Assistant:** Grace Carrasco.

COMMUNICATIONS

Telephone: (212) 931-7878. **Fax:** (212) 949-5654.
Chief Communications Officer: Pat Courtney. **SVP, Communications:** Matt Bourne. **VP, Corporate Communications:** Steve Arocho. **VP, Communications:** John Blundell. **VP, Communications:** Mike Teevan. **Sr. Director, Business Communications:** Ileana Peña. **Director, Communications:** Donald Muller. **Director, Business & Technology Communications:** David Hochman. **Sr. Manager, Communications:** Yolayna Alvarez. **Sr. Manager, Communications, Minor League Baseball:** Jeff Lantz. **Sr. Coordinator, Corporate Communications:** Abigail Goodman. **Sr. Coordinator, Business & Technology Communications:** Jenn Alvarez. **Sr. Coordinator, Communications:** Julie Lopez. **Coordinator, Communications:** Jonathan Michalski. **Executive Assistant, Communications:** Ginger Dillon. **Official Historian:** John Thorn.

MAJOR LEAGUES

AMERICAN LEAGUE

Year League Founded: 1901.
2024 Opening Date: March 28. **Closing Date:** Sept. 29. **Regular Season:** 162 games.
Division Structure: East—Baltimore, Boston, New York, Tampa Bay, Toronto.
Central—Chicago, Cleveland, Detroit, Kansas City, Minnesota. **West**—Houston, Los Angeles, Oakland, Seattle, Texas.
Playoff Format: The Nos. 3 and 6 and 4 and 5 seeds play in three-game wild card series. The Nos. 1 and 2 seeds receive byes to the divisional round, where they meet the winners of the wild card round in a five-game series. The divisional winners advance to a seven-game championship series to determine a World Series team.
All-Star Game: July 16, Globe Life Field, Arlington, Texas (American League vs. National League).
Roster Limit: 26, through Sept. 1, when rosters expand to 28. **Brand of Baseball:** Rawlings.
Statistician: MLB Advanced Media, 1271 Avenue of the Americas, New York, NY, 10020.

STADIUM INFORMATION

Team	Stadium	Dimensions LF	CF	RF	Capacity	2023 Att.
Baltimore	Oriole Park at Camden Yards	333	410	318	45,971	1,936,798
Boston	Fenway Park	310	390	302	37,673	2,672,130
Chicago	Guaranteed Rate Field	330	400	335	40,615	1,669,628
Cleveland	Progressive Field	325	405	325	37,675	1,834,068
Detroit	Comerica Park	345	420	330	41,782	1,612,876
Houston	Minute Maid Park	315	435	326	40,976	3,052,347
Kansas City	Kauffman Stadium	330	410	330	37,903	1,307,052
Los Angeles	Angel Stadium	333	404	333	45,050	2,640,575
Minnesota	Target Field	339	404	328	39,504	1,974,124
New York	Yankee Stadium	318	408	314	50,291	3,269,016
Oakland	RingCentral Coliseum	330	400	367	35,067	832,352
Seattle	T-Mobile Park	331	401	326	47,447	2,690,418
Tampa Bay	Tropicana Field	315	404	322	41,315	1,440,301
Texas	Globe Life Field	332	400	325	48,114	2,533,044
Toronto	Rogers Centre	328	400	328	50,598	3,021,904

NATIONAL LEAGUE

Year League Founded: 1901.
2024 Opening Date: March 28. **Closing Date:** Sept. 29. **Regular Season:** 162 games.
Division Structure: East—Atlanta, Miami, New York, Philadelphia, Washington.
Central—Chicago, Cincinnati, Milwaukee, Pittsburgh, St. Louis. **West**—Arizona, Colorado, Los Angeles, San Diego, San Francisco.
Playoff Format: The Nos. 3 and 6 and 4 and 5 seeds play in three-game wild card series. The Nos. 1 and 2 seeds receive byes to the divisional round, where they meet the winners of the wild card round in a five-game series. The divisional winners advance to a seven-game championship series to determine a World Series team.
All-Star Game: July 16, Globe Life Field, Arlington, Texas (American League vs. National League).
Roster Limit: 26, through Sept. 1, when rosters expand to 28. **Brand of Baseball:** Rawlings.
Statistician: MLB Advanced Media, 1271 Avenue of the Americas, New York, NY, 10020.

STADIUM INFORMATION

Team	Stadium	Dimensions LF	CF	RF	Capacity	2023 Att.
Arizona	Chase Field	330	407	334	49,033	1,961,182
Atlanta	Truist Park	335	400	325	41,500	3,191,505
Chicago	Wrigley Field	355	400	353	41,160	2,775,149
Cincinnati	Great American Ball Park	328	404	325	42,319	2,038,302
Colorado	Coors Field	347	415	350	50,499	2,607,935
Los Angeles	Dodger Stadium	330	395	330	56,000	3,837,079
Miami	loanDepot Park	344	407	335	36,742	1,162,819
Milwaukee	American Family Field	344	400	345	41,900	2,551,347
New York	Citi Field	335	408	330	42,200	2,573,555
Philadelphia	Citizens Bank Park	329	401	330	43,647	3,052,605
Pittsburgh	PNC Park	325	399	320	38,496	1,630,624
St. Louis	Busch Stadium	336	400	335	46,681	3,241,091
San Diego	Petco Park	336	396	322	42,685	3,271,554
San Francisco	Oracle Park	339	399	309	41,503	2,500,153
Washington	Nationals Park	336	402	335	41,888	1,865,832

MAJOR LEAGUES

ARIZONA DIAMONDBACKS

Office Address: Chase Field, 401 E. Jefferson St, Phoenix, AZ 85004.
Mailing Address: P.O. Box 2095, Phoenix, AZ 85001.
Telephone: (602) 462-6500. **Website:** www.dbacks.com

OWNERSHIP
Managing General Partner: Ken Kendrick. **General Partners:** Mike Chipman, Jeff Royer, Derrick Hall, Luis Gonzalez.

BUSINESS OPERATIONS
President & CEO: Derrick Hall. **Executive Vice President & Chief Financial Officer:** Tom Harris. **Executive Vice President & General Manager:** Mike Hazen. **Executive Vice President, Business Operations & Chief Revenue Officer:** Cullen Maxey.

COMMUNITY IMPACT
Senior Vice President, Corporate/Community Impact: Debbie Castaldo. **Senior Director, Foundation Operations & Grants:** Tara Trzinski. **Senior Director, Strategic Community Partnerships & Programs:** Dustin Payne.

CONTENT & COMMUNICATIONS
Senior Vice President, Content & Communications: Jaci Brown. **Vice President, DBTV Productions & Game Ops:** Rob Weinheimer. **Vice President, Communications:** Casey Wilcox. **Director, Corporate & Community Communications:** Sara Waldman.

Ken Kendrick

CORPORATE PARTNERSHIPS, MEDIA & EVENTS
Senior Vice President, Corporate Partnerships, Media & Events: Steve Mullins. **Vice President, Broadcasting:** Scott Geyer. **Vice President, Event Development & Operations:** Michael Hilburn. **Senior Director, Partnership Marketing:** Julie Romero. **Director, Corporate Partnerships:** Dan Lentz. **Director, Event Production:** Andrew Jones.

FINANCE
Vice President, Finance: Craig Bradley. **Vice President, Project Management:** Jeff Jacobs. **Director, Accounting:** Jeff Barnes. **Sr. Director, Special Projects:** Joe Garagiola Jr.

INFORMATION TECHNOLOGY
Senior Vice President & Chief Technology Officer: Bob Zweig. **Senior Director, Technology Infrastructure & Services:** Jay Gaskin. **Director, Networking, Telecom & InfoSec:** Manuel Sanchez. **Director, Business Systems & Applications:** Jacob Sloan.

LEGAL
Vice President & General Counsel: Caleb Jay.

MARKETING & BUSINESS ANALYTICS
Senior Vice President, Marketing & Business Analytics: Kenny Farrell. **Director, Marketing:** Carlton Hawkins. **Director, Marketing & Promotions:** Meagan Hermosillo. **Director, Business Analytics:** Taylor Leavitt. **Director, Fan Experience:** Cory Parsons. **Director, Clubhouse Creative:** Zachary Alvarez.

TICKETING
Telephone: (602) 514-8400. **Vice President, Ticket Sales & Service:** Mike Dellosa. **Vice President, Ticket Operations:** Josh Simon. **Senior Director, Membership Experience:** Jamie Roberts. **Director, Group Events & Hospitality:** Alexis Espinosa. **Director, Suites & Premium Hospitality:** Jeremy Eisler. **Director, Business Development:** Carsten Bocchi.

BASEBALL OPERATIONS
Executive Vice President, General Manager: Mike Hazen. **Senior Vice President, Assistant GM:** Amiel Sawdaye. **Vice President, Assistant GM:** Michael Fitzgerald. **Vice President, Latin Operations:** Junior Noboa. **Special Assistant to the General Manager:** Jason McLeod. **Special Assistant to the General Manager:** Craig Shipley. **Special Assistant to the General Manager/Pitching Performance:** Burke Badenhop. **Special Assistant to the General Manager/Pitching Strategist:** Dan Haren. **Senior Director of Team Travel:** Roger Riley. **Director, Baseball Administration:** Kristyn Pierce. **Director, Baseball Research & Development:** Max Glick. **Director, Baseball Systems:** John Krazit. **Assistant Director, Baseball Operations:** Max Phillips. **Assistant Director, Baseball Research & Development:** Cody Callahan. **Assistant Director, Player Personnel:** Connor Shannon. **Manager, Baseball Developmental Technology:** Cory Swope. **Assistant, Baseball Operations:** Jordan Levine. **Assistant, Baseball Operations:** Arianna Medina. **Senior Analyst, Baseball Research & Development:** Taylor Choe. **Senior Analyst, Baseball Research &

GENERAL INFORMATION
Stadium (year opened): Chase Field (1998). **Home Dugout:** Third Base.
Team Colors: Sedona Red, Sonoran Sand and Black. **Playing Surface:** Grass.

MAJOR LEAGUES

Development: Micah Daley-Harris. **Senior Analyst, Sports Medicine & Performance:** Patrick Sellas. **Senior Baseball Systems Developer:** Thomas Johnson. **Analyst, Baseball Research & Development:** Christopher Classie. **Analyst, Baseball Research & Development:** Carlos Gonzalez. **Analyst, Player Personnel:** Jake Greenberg. **Baseball Systems Developer:** Creagor Elsom. **Baseball Systems Developer:** Matt Wales. **Computer Vision Developer:** Elizabeth Lopez.

MAJOR LEAGUE STAFF
Manager: Torey Lovullo. **Bench Coach:** Jeff Banister. **Hitting Coach:** Joe Mather. **First Base Coach:** Dave McKay. **Third Base Coach:** Tony Perezchica. **Assistant Hitting Coach:** Damion Easley. **Pitching Coach:** Brent Strom. **Bullpen Coach:** Mike Fetters. **Run Prevention Coordinator:** Sharif Othman. **Run Prevention Assistant:** Rolando Valles. **Major League Video Coordinator:** Allen Campbell. **Major League Video Assistant:** Derek Tarconish. **Bullpen Catchers:** Jose Queliz, Jhonatan Solano.

Mike Hazen

MEDICAL/TRAINING
Club Physician: Dr. Amon Ferry. **Club Physician:** Dr. Roger McCoy. **Club Physician:** Dr. Kareem Shaarawy. **Club Orthopedic Physician:** Dr. Gary Waslewski. **Director, Sports Medicine & Performance:** Ken Crenshaw. **Head Athletic Trainer:** Ryan DiPanfilo. **Assistant Athletic Trainer:** Max Esposito. **Strength & Conditioning Coach:** Nate Shaw. **Assistant Strength & Conditioning Coach:** Scott Cline.

PLAYER DEVELOPMENT
Director, Player Development: Shaun Larkin. **Assistant Director, Player Development:** Chris Slivka. **Assistant Director, Minor League Administration:** Shawn Marette. **Assistant, Player Development:** Miles Williams. **Pitching Coordinator/Assistant ML Pitching Coach:** Dan Carlson. **Director of Minor League Hitting/Assistant ML Hitting Coach:** Drew Hedman. **Minor League Hitting Coordinator/Assistant ML Hitting Coach:** Rick Short. **Assistant Director of Hitting:** Hugh Quattlebaum. **Infield Coordinator:** Gil Velazquez. **Outfield/Baserunning Coordinator:** Peter Bourjos. **Catching Coordinator:** Robbie Robinson. **Field Coordinator:** Nick Evans. **Pitching Coordinator:** Kyle Driscoll. **Quality Control Coordinator:** Jeff Gardner. **Rehab and Complex Pitching Coordinator:** Matt Herges. **Rehab Pitching Coordinator:** Brad Arnsberg. **Special Assistant, Player Development:** Miguel Montero. **Player Development Assistant:** Orlando Hudson. **Short-Season Pitching Coordinator:** Manny Garcia. **Short-Season Infield Coordinator:** Juan Francia. **Short-Season Hitting Coordinator:** Josue Perez. **Education Coordinator:** Joey Dziedzic. **Arizona Complex Coordinator/ACL Manager:** Gift Ngoepe. **DR Complex Coordinator:** Rolando Arnedo. **Director, Skills Development:** Vaughn Robinson. **Minor League Medical Coordinator:** Mike Powell. **Major League & Minor League Medical Administrator/Trainer:** Jon Herzner. **Strength and Conditioning Coordinator:** Derek Somerville.

FARM SYSTEM

Class	Club (League)	Manager	Hitting Coach	Pitching Coach
Triple-A	Reno (PCL)	Blake Lalli	T. Denker	D. Drabek/J. Bajenaru
Double-A	Amarillo (TL)	Tim Bogar	Terrmel Sledge	Tom Gorzelanny
High-A	Hillsboro (NWL)	Javier Colina	Ty Wright	Gabriel Hernandez
Low-A	Visalia (CAL)	Dee Garner	Kyle MacKinnon	Tyler Mark
Rookie	Diamondbacks (ACL)	Gift Ngoepe	Adam Melhuse	H. Mendoza/J. Brown
Rookie	Diamondbacks Black (DSL)	Izzy Alcantara	Luis Sumoza	Josue Matos
Rookie	Diamondbacks Red (DSL)	Luis Alen	Jean Carlos Rodriguez	Manuel Soliman

SCOUTING
Telephone: (602) 462-6500. **Fax:** (602) 462-6425.
Director, Amateur Scouting: Ian Rebhan. **Assistant Director, Amateur Scouting:** Kerry Jenkins. **Coordinator, Amateur Scouting:** Chloe Medina. **Director, Pro Scouting:** Jason Parks. **Assistant Director, Pro Scouting:** Cory Hahn. **Vice President, Latin American Scouting & Player Development:** Cesar Geronimo. **Director, International Scouting:** Peter Wardell. **Manager, International Baseball Operations & Scouting:** Mariana Patraca. **National Scouting Supervisor:** Greg Lonigro (Connellsville, PA). **National Scouting Supervisor:** James Merriweather III (Glendale, AZ). **National Pitching Supervisor/Special Assistant to PD:** Jeff Mousser (Gilbert, AZ). **Amateur Scouting Supervisor:** Steve Connelly (Hubert, NC). **Special Assignment Scout:** Frank Damas (Miami Lakes, FL). **Amateur Scouting Supervisor:** Rick Matsko (Davidsville, PA). **Amateur Scouting Supervisor:** Steve McAllister (Chillicothe, IL). **Amateur Scouting Supervisor:** Doyle Wilson (Queen Creek, AZ). **Area Scouts:** Andrew Allen (Sacramento, CA), Stephen Baker (White House, TN), Nathan Birtwell (St. Louis, MO), Eric Cruz (Pembroke Pines, FL), Jason Gallagher (Malvern, PA), Pedro Hernandez (Vega Baja, PR), Jeremy Kehrt (Avon, IN), Jeremiah Luster (Long Beach, CA), Rick Matsko (Davidsville, PA), Matt Mercurio (Indian Harbour Beach, FL), Dan Ramsay (Spokane, WA), Mark Ross (Tucson, AZ), JR Salinas (Roanoke, TX), Justin Seely (Houston, TX), Jaren Shelby (Charlotte, NC), George Swain (Wilmington, NC), Garry Templeton (Menifee, CA), Derrick Tucker (Atlanta, GA), Jake Williams (Kansas City, MO). **Professional Scouts:** Tucker Blair, Diego Bordas, Jacob Frisaro, Bill Gayton, Todd Greene, Matthew Hahn, Rob Leary, Alex Lorenzo, Mike Piatnik, Aaron Thorn, Brett West. **Professional/International Scout, Korea:** Kyle Lee. **Independent League Scouting Coordinator/Pro Scout:** Chris Carminucci. **Professional/International Scout:** Mack Hayashi. **International Crosschecker:** Jon Lukens. **International Crosschecker:** Hector Otero. **Crosschecker, Latin America:** Francisco Cartaya. **Crosschecker, Dominican Republic:** Omar Rogers. **Supervisor, Dominican Republic:** Ronald Rivas. **Special Assignment Scout:** Mark Snipp. **Coordinator, Venezuela:** Gregory Blanco. **Crosschecker, Venezuela:** Didimo Bracho. **International Scouts:** Luis Gonzalez Arteaga, David Felida, Limberth Marin, Pedro Meyer, Alejandro Nunez, Randolph Oduber, Jose Ortiz, Ray Padilla, Luis Pena, Ronald Salazar, Julio Sanchez, Jose Luis Santos, Wilfredo Tejada, TY Wei.

MAJOR LEAGUES

ATLANTA BRAVES

Office Address: 755 Battery Avenue, SE Atlanta, GA 30339-3017.
Mailing Address: PO Box 723009, Atlanta, GA 31139-2704.
Telephone: (404) 522-7630. **Website:** www.braves.com.

OWNERSHIP
Operated/Owned By: Liberty Media. **Chairman:** Terry McGuirk. **Vice Chairman, Emeritus:** John Schuerholz.

BUSINESS OPERATIONS
President/CEO, Atlanta Braves: Derek Schiller. **President/CEO, Braves Development Company:** Mike Plant. **Executive VP/Chief Legal Officer:** Greg Heller. **Executive VP, Chief Financial Officer:** Jill Robinson. **Executive VP, Minor League Affiliates & Strategic Planning:** Chip Moore. **Executive VP, Chief Culture Officer:** DeRetta Rhodes, PhD. **Executive VP, Development:** Jeremy Strife.

Terry McGuirk

MARKETING/SALES
Senior VP, Marketing and Content: Adam Zimmerman. **Senior VP, Ticket Sales:** Paul Adams. **Senior VP, Corporate & Premium Partnerships:** Jim Allen.

COMMUNICATIONS
Telephone: (404) 522-7630.
Senior Vice President, Communications: Jennifer Giglio. **Director, Baseball Communications:** Jared Burleyson. **Director, Player Relations:** Franco García. **Coordinator, Baseball Communications:** Mitch George. **Coordinator, Baseball Communications:** Jeff Lombardi. **Senior Director, Communications:** Sarit Babboni. **Manager, Communications:** Kara Zoellner. **Trainee, Communications:** Shawn Johnson.

STADIUM OPERATIONS
Senior Vice President, Facility Operations: Eric Perestuk. **VP, Field/Grounds:** Ed Mangan. **VP, Fan Experience:** Scott Cunningham. **PA Announcer:** Kevin Kraus. **Official Scorers:** Guy Curtright, Richard Musterer, Mike Stamus.

TICKETING
Telephone: (404) 577-9100. **Email:** ticketsales@braves.com. **Senior VP, Ticket Operations:** Anthony Esposito.

TRAVEL/CLUBHOUSE
Vice President, Team Travel: Mike Shaw. **Director, Team Travel:** Jonathan Kerber. **Director, Equipment & Clubhouse Service:** Calvin Minasian. **Visiting Clubhouse Manager:** Fred Stone. **Manager, Clubhouse Operations:** Eric Durban & Jeff Pink. **Assistant Clubhouse Manager:** Tony Farmer. **Head Chef, Clubhouse Operations:** Frank Cortes. **Sous Chef, Visiting Clubhouse:** Christopher Santillan.

GENERAL INFORMATION
Stadium (year opened): Truist Park (2017).
Home Dugout: First Base.
Playing Surface: Grass.
Team Colors: Red, white and blue.

MAJOR LEAGUES

BASEBALL OPERATIONS

Alex Anthopoulos

Telephone: (404) 522-7630. **Fax:** (404) 614-3308.
President, Baseball Operations & General Manager: Alex Anthopoulos. **SVP, Baseball Development:** Mike Fast. **Assistant GM/Research & Development:** Jason Paré. **Special Assistants to GM:** Dean Decillis & Bobby Cox. **Special Assistant, Baseball Operations:** Chipper Jones. **Special Assistant, Pitcher Performance:** Josh Tomlin. **Special Assistants, Major League Operations:** Tyler Flowers. **Senior Director, Baseball Administration:** Dixie Keller. **Executive Assistant to the President, Baseball Operations & General Manager:** Elizabeth Terán. **Director, Baseball Operations:** Adam Sonabend. **Assistant Director, Major League Operations:** Doug Wachter. **Manager, Baseball Video Operations:** Rob Smith. **Advance Scout:** Jonathan Schuerholz. **Replay Coordinator:** Braeden Schlehuber. **Managers, Major League Operations:** Caelan Collins and Tom O'Donnell. **Coordinator, Major League Operations:** Will Siskell. **Analysts, Major League Operations:** Jack Byrne, Casey Ciucci, Jeremy Dorsey, Terrence Pinkston, Robert Sanders and Matt Winn. **Assistant Director, Baseball Systems:** Garrett Wilson. **Lead Developer, Baseball Systems:** Mike Copeland. **Senior Developer, Baseball Systems:** Isaac Lee. **Developer, Baseball Systems:** Isaac Gadinsky. **Assistant Directors, Research & Development:** Josh Malek and Kyle Sargent. **Analysts, Research & Development:** Stephen Loftus, PhD, Evan Olawsky. **Manager, Family Relations:** Rafael Becerra. **Coordinator, Family Relations:** Seth Heizer. **Bill Lucas Fellowship:** Terrence Pinkston. **The Diamond Fellowship:** Chloe Tjogas. **Trainee, Major League Operations:** Landon Langston.

MAJOR LEAGUE STAFF
Manager: Brian Snitker. **Coaches: Bench**—Walt Weiss, **Pitching**—Rick Kranitz, **Hitting**—Kevin Seitzer, **Assistant Hitting Coach**—Bobby Magallanes, **First Base**—Tom Goodwin, **Third Base**—Matt Tuiasosopo, **Catching:** Sal Fasano, **Bullpen:** Erick Abreu, **Coach:** Eddie Pérez, **Bullpen Catchers:** Jimmy Leo & José Yépez.

MEDICAL/TRAINING
Director, Player Health/Head Athletic Trainer: George C. Poulis. **Head Team Physician:** Dr. Lee Kneer. **Assistant Athletic Trainers:** Jeff Stevenson and Nick Flynn. **Head Strength & Conditioning Coach:** Brad Scott. **Assistant Strength & Conditioning Coach:** Jordan Wolf. **Assistant Strength Coach:** Paul Howey. **Assistant Director, Player Health/Head Physical Therapist:** Nick Valencia. **Assistant Physical Therapist:** Marcus Ahrens. **Massage Therapist:** Nate Leet. **Intern, Athletic Training:** Matt Barnes.

PLAYER DEVELOPMENT
Assistant GM/Player Development: Ben Sestanovich. **Director, Minor League Operations:** Ron Knight. **Manager, Minor League Operations:** Dylan Quantz. **Manager, Video & Technology:** Kyle Clements. **Assistants:** Sean Reagan (Video), Ryan Taylor (International) and Tucker Meredith (Technology). **Advisor:** Doug Mansolino. **Director, Player Development:** Kevin Hooper. **Director, Pitching Development:** Paul Davis. **Field Coordinator:** Chris Swauger. **Hitting Instructor:** Greg Walker. **Catching Coordinator:** JD Closser. **Roving Pitching Instructor:** Craig Bjornson. **Minor League Instructor:** Devon Travis. **Hitting Coordinator:** Chris Antariksa. **Pitching Coordinator:** Bo Henning. **Rehab Pitching Coordinator:** Lance Carter. **Outfield/Baserunning Coordinator:** Michael Saunders. **Mental Performance Coordinator:** Zach Sorensen. **Performance Dietician:** Eric Tucker. **Medical Coordinator:** Eric Hrycko. **Assistant Medical Coordinator:** Toby Williams. **Strength and Conditioning Coordinator:** Jordan Sidwell. **Assistant Strength and Conditioning Coordinator:** Ryan Meehan. **Physical Therapist:** Johnny Passarelli. **Assistant Physical Therapist:** Jonathan Pabon. **Assistant Director, Baseball Development Analytics:** Colin Wyers. **Data Scientist:** Christina Zaccardi. **Assistant, Baseball Development:** David Lee.

FARM SYSTEM

Class	Club (League)	Manager	Hitting Coach	Pitching Coach
Triple-A	Gwinnett (IL)	Kanekoa Texeira	Dan DeMent	Kevin McAvoy
Double-A	Mississippi (SL)	Angel Flores	Garrett Wilkinson	Wes McGuire
High-A	Rome (SAL)	Cody Gabella	Danny Santiesteban	Mike Steed
Low-A	Augusta (CAR)	Wynston Sawyer	Einar Diaz	Elvin Nina
Rookie	Braves (FCL)	Nestor Perez	Stevie Wilkerson	Horacio Ramirez
Rookie	Braves (DSL)	Maikol Gonzalez	Adam Wood	Samuel Taveras

SCOUTING
Telephone: (404) 522-7630. **Fax:** (404) 614-3150.
Director, Amateur Scouting: Ronit Shah. **Special Assignment Scout:** Fred McGriff. **National Crosschecker:** Gary Rajsich. **Regional Crosschecker:** Ron Marigny. **Southwest Coast Crosschecker:** Joey Davis. **Midwest Regional Cross Checker:** Terry Tripp Jr. **Area Scouting Supervisors:** Jon Bunnell, Alan Butts, Travis Coleman, Ryan Dobson, Anthony Flora, Dillon Forsythe, JD French, Jeremy Gordon, Alan Hull, Cody Martin, Kevin Martin, Trey McNickle, Will Rich, Chris Roque, Lou Sanchez, Alan Sandberg, Brian Sankey and Al Skorupa. **Amateur Scouting Video Manager:** Alex Burritt. **Midwest Video Coordinator:** Ryan Egdes. **East Coast Video Coordinator:** Ryan Ferron. **Director Latin American Scouting:** Jonathan Cruz. **Manager, International Scouting Administration:** Gerald Milanes. **Scouting Supervisors:** Orlando Covo (South America), Carlos Sequero (D.R.) and Javier Meza (Venezuela). **International Scouts:** Reymond Nunez, Carlos Perez, Victor Torres, Richard Castillo, Junior Colatosti, Rafael Marcano, Edison Sanchez, Jesus Simancas, Jorge Mena and Marcos Pujols. **DR Scouting Analyst & Area Scout:** Shamir Arias. **International Crosschecker:** Hector Otero. **Video Scouting Coordinator, DR:** Jean Caba. **Video Coordinator:** Marvin Valderrama. **Manager, Dominican Republic Administration & Operations:** Lothar Schott. **Administrative Assistant:** Jose Cochon. **Latin American Field Coordinator:** Arturo de Freites. **DR Academy Logistics Assistant:** Leandro Guzman. **DSL Video & Technology Operator:** Alejandro Roman. **Lead Teacher:** Sarah de la Cruz.

MAJOR LEAGUES

BALTIMORE ORIOLES

Office Address: 333 W Camden St., Baltimore, MD 21201.
Telephone: (888) 848-BIRD. **Fax:** (410) 547-6272.
E-mail Address: birdmail@orioles.com. **Website:** www.orioles.com.

OWNERSHIP
Operated By: The Baltimore Orioles Limited Partnership Inc.
Chairman/CEO: John Angelos.

BUSINESS OPERATIONS

SENIOR LEADERSHIP TEAM
Executive Vice President and General Manager: Mike Elias. **Executive Vice President and Chief Operating Officer:** Greg Bader. Executive Vice President, **Public Affairs:** Kerry Watson. Senior Vice President, **Chief Revenue Officer:** T.J. Brightman. Senior Vice President, Community Development & **Communications:** Jennifer Grondahl. Senior Vice President, **CFO:** Michael D. Hoppes, CPA. Senior Vice President, **Chief Content Officer:** Cal Perry. **Senior Vice President and Chief People Officer:** Lisa Tolson.

John Angelos

EXECUTIVE BUSINESS ADMINISTRATION
Vice President, Ticket Partnerships: Neil Aloise. **Vice President, Finance:** Carole Bohon. **Vice President, Creative Content:** Tyler Hoffberger. **Vice President/Special Liaison to the Chairman:** Lou Kousouris. **Vice President, Ballpark Operations & Security:** Troy Scott. **Vice President, Marketing & Product Development:** Jason Snapkoski. **Vice President, Corporate Partnerships:** Anthony Verni. **Executive Administrative Assistant To the Chairman, CEO:** Joyanne Smith. **Executive Assistant to Senior Leadership Team:** Jen Steier. **Administrative Assistant to Senior Leadership Team:** Annie Shipley.

TICKET OPERATIONS & FAN SERVICES
Telephone: (888) 848-BIRD. **Fax:** (410) 547-6270.
Senior Director, Ticket Operations and Fan Services: Scott Rosier. **Senior Manager, Systems Inventory and Reporting:** Steve Kowalski. **Senior Manager, Box Office:** Eric Wickenheiser. **Coordinator, Ticket Operations:** Michael Ford. **Senior Coordinator, Box Office:** Ryan D. **Fox. Senior Coordinator, Processing:** Chrissie Werzinsky. **Coordinator, Fan Services & Engagement:** Bridget Gallina. **Main Receptionist:** Debbie Cole.

BALLPARK OPERATIONS & EXPERIENCE
Vice President, Ballpark Operations & Security: Troy Scott. **Senior Director, Ballpark Operations & Security:** Kevin Cummings. **Senior Director, Field Operations:** Nicole Sherry. **Director, Ballpark Experience:** Kristen Schultz. **Director, Hospitality:** Tom Orszulak. **Assistant Director, Field Operations:** Andrew Lawing. **Senior Manager, Team Security & Travel:** Tim Franz. **Senior Manager, Ballpark Operations:** Jack Webb. **Manager, Event Operations:** Ben Ginsberg. **Assistant Manager, Field Operations:** Clint Belau. **Coordinator, Ballpark Operations:** Jessie Praley. **Coordinator, Event Operations:** Kira Sebastianelli. **Coordinator, Authentics and Hospitality:** Brendan Smith. **Manager, Mailroom and Office Services:** Dmitri Carter. **Assistant Manager, Mailroom and Office Services:** Scott Belton. **Assistant, Ballpark Operations:** Jacob Huber. **Authentics Associate:** Xander Tralins. **Authentics Associate:** Noah Beyer.

INFORMATION TECHNOLOGY
Director, Information Systems: Chad Harvey. **Senior Manager, Business Applications:** Sharon Daniels. **Manager, AV & Technology:** Mike Stashik. **Manager, Service Operations:** Tyrell Jones. **Network Administrator:** Morgan Harvey.

FLORIDA OPERATIONS
Senior Director, Florida Operations: Trevor Markham. **Senior Manager, Florida Operations:** Linda T. Jones. **Senior Manager, Ticket and Sales Operations:** Scott Moudry. **Senior Manager, Grounds & Field Operations:** Drew Wolcott. **Manager, Facility Operations:** Dane Bragg. **Manager, Event Operations:** Justin Wick. **Coordinator, Baseball Facilities:** Joe DiPuma. **Maintenance Assistant:** Conlan Murphy. **Facility Maintenance Technician:** John McKee. **IT Support Technician:** Zachary Treadway.

COMMUNICATIONS/ALUMNI
Telephone: (410) 547-6150. **Fax:** (410) 547-6272.
Senior Vice President, Community Development & Communications: Jennifer Grondahl. **Director, Public Relations:** Jackie Harig. **Manager, Baseball Communications:** Nate Rowan. **Coordinator, Baseball Communications:** Liam Davis. **Coordinator, Media Relations:** Tessa Sayers. **Team Translator and Baseball Communications Assistant:** Brandon Quinones. **Director, Orioles Alumni, Team Historian:** Bill Stetka. **Official Scorers:** Marc Jacobson, Dennis Hetrick, Jason Lee.

GENERAL INFORMATION
Stadium (year opened): Oriole Park at Camden Yards (1992).
Team Colors: Orange, black and white.
Home Dugout: First Base.
Playing Surface: Grass.

MAJOR LEAGUES

BASEBALL OPERATIONS
Telephone: (410) 547-6107. **Fax:** (410) 547-6271.
Executive Vice President and General Manager: Mike Elias. **Vice President and Assistant General Manager:** Sig Mejdal. **Assistant General Manager:** Eve Rosenbaum.

Mike Elias

ADVANCE SCOUTING AND STRATEGY
Manager, Major League Strategy: Bill Wilkes. **Manager, Major League Video/Run Creation Strategist:** Ben Sussman-Hyde. **Analyst, Advance Scouting:** Sam Berk.

BASEBALL ANALYTICS
Vice President and Assistant General Manager: Sig Mejdal. **Director, Baseball Systems:** Di Zou. **Director, Baseball Strategy:** Brendan Fournie. **Senior Software Engineer:** Peter Ash. **Senior Software Engineer:** Jim Daniels. **Senior Software Engineer:** Glenn Dierkes. **Senior Data Scientist, Pro Player Evaluation:** Ryan Hardin. **Senior Data Scientist, Draft Evaluation:** Mike Weis. **Senior Data Scientist:** Daniel Martin. **Data Scientist:** James Hull. **Developer, Special Projects:** Ryan Hallahan. **Junior Software Engineer:** Gannon Traynor. **Junior Software Engineer:** Chris Emm. **Junior Data Scientist:** John Asel. **Junior Data Scientist:** Nathan Schor. **Junior Data Scientist:** Julia Wapner.

MAJOR LEAGUE STAFF
Manager: Brandon Hyde. **Offensive Strategy Coach:** Cody Asche. **Co-Hitting Coach:** Matt Borgschulte. **Major League Field Coordinator/Catching Instructor:** Tim Cossins. **Pitching Coach:** Drew French. **Co-Hitting Coach:** Ryan Fuller. **Bench Coach:** Fredi González. **Major League Coach:** José Hernández. **Pitching Strategy Coach:** Ryan Klimek. **Assistant Pitching Coach:** Mitch Plassmeyer. **Third Base Coach:** Tony Mansolino. **First Base Coach:** Anthony Sanders. **Development Coach:** Grant Anders. **Home Clubhouse and Equipment Manager:** Fred Tyler. **Visiting Clubhouse Manager:** Andrew Guinart. **Umpire Room Manager:** James W. Tyler. **Assistant Equipment Managers:** Irving "Bunny" German and Patrick Thomas.

MEDICAL/TRAINING
Head Team Physician: Dr. Sean Curtin. **Athletic Trainer:** Brian Ebel. **Assistant Athletic Trainers:** Mark Shires, Pat Wesley. **Assistant to Head Athletic Trainer:** Chris Poole. **Head of Strength and Performance:** Nick White. **Strength and Conditioning Coach:** Trey Wiedman. **Strength and Conditioning Coach:** Carlos Gonzalez. **Massage Therapist:** Aquiles Torrealba. **Major League Physical Therapist:** Kyle Corrick. **Performance Analyst:** Rogelio Realzola.

PLAYER DEVELOPMENT
Vice President, Player Development and Domestic Scouting: Matt Blood. **Director, Minor League Operations:** Kent Qualls. **Director, Player Development:** Anthony Villa. **Director of Pitching:** Chris Holt. **Coordinator, Minor League Operations:** Ramón Alarcón. **Manager, Technology:** Joe Botelho. **Coordinator, Intercultural Education:** Anaima Garcia. **Complex Coordinator of Instruction:** Matt Packer. **Upper-Level Pitching Coordinator and Triple-A Pitching Coach:** Justin Ramsey. **Upper Level Hitting Coordinator:** Sherman Johnson. **Lower Level Hitting Coordinator:** Brink Ambler. **Minor League Field Coordinator:** Jeff Kunkel. **Assistant Pitching Coordinator:** Adam Schuck. **Lower Level Pitching Coordinator:** Forrest Herrmann. **Latin American Pitching Coordinator:** Anderson Tavarez. **Rehab Strength and Conditioning Coordinator:** Brandon Farish. **Biomechanist:** Joey Mylott. **Latin America Coordinator of Instruction:** Samuel Vega. **Rehab Pitching Coordinator:** Dave Schmidt. **Analyst, Hitting:** Dave Barry. **Manager, Player Development Complexes:** Jackson McDonnell. **Minor League Coach and Offseason Camps Coordinator:** Ryan Goll. **International Medical Coordinator:** AJ Cano. **Minor League Physical Therapists:** Byron Campbell, Rolando Rodriguez. **Minor League Medical Coordinator:** Scott Stansbury. **Minor League Strength and Conditioning Coordinator:** William Alli. **Human Performance Coach:** Alejandro Macario. **Minor League Equipment Manager:** Jake Parker. **Dominican Republic Academy Manager:** Rancel Jose Rosado. **Dominican Republic Facilities Superintendent:** Elvis Fernandez.

FARM SYSTEM

Class	Club	Manager	Hitting Coach	Pitching Coach
Triple-A	Norfolk (IL)	Buck Britton	Mike Montville	Justin Ramsey
Double-A	Bowie (EL)	Roberto Mercado	Josh Bunselmeyer	Austin Meine
High-A	Aberdeen (SAL)	Felipe Rojas	Zach Cole	Jordie Henry
Low-A	Delmarva (CAR)	Collin Woody	Christian Poulsen	Andy Sadoski
Rookie	Orioles (FCL)	Christian Frias	J. Gonzalez/T. Leader	A. Bleday/A. Sadoski
Rookie	Orioles 1 (DSL)	Chris Madera	Jake Ratz	Bailey Vuylsteke
Rookie	Orioles 2 (DSL)	Elbis Morel	George Bell	Dionis Pascual

SCOUTING
Vice President, International Scouting and Operations: Koby Perez. **Senior Director, Pro Scouting:** Mike Snyder. **Director, Latin American Scouting:** Gerardo Cabrera. **Senior Manager, International Administration and Operations:** Maria Arellano. **Manager, Pro Scouting:** Kevin Carter. **Manager, Domestic Scouting Analysis:** Hendrik Herz. **Manager, Domestic Scouting:** Chad Tatum. **Special Assignment Scout:** Will Robertson. **Senior Analyst, Domestic Scouting:** Alex Tarandek. **Analyst, Pro Scouting:** Ben MacLean. **Analyst, Pro Scouting:** Ben Reed. **Analyst, Pro Scouting:** Kumar Nambiar. **Analyst, Domestic Scouting:** Chad Minato. **Scouting Analyst Consultant:** Luke Siler. **Amateur Scouting Fellow:** Erika Littlefield. **MLB Diversity Fellow, Pro Scouting:** Samuel Kim. **Amateur Scouts:** Rich Amaral, David Blume, Quincy Boyd, Ryan Carlson, Trent Friedrich, Ken Guthrie, Noel Gonzalez, David Jennings, Donovan O'Dowd, Jim Richardson, Eric Robinson, Logan Schuemann, Brandon Verley, Scott Walter. **Pro Scouting Consultants:** Joe Drake, John Pierson, Jake Tillinghast. **Scouting Consultant:** Anibal Zavas. **Dominican Republic—Scouts:** Michael Cruz, Rafael Belén, Luis Noel, Francisco Rosario. **Venezuela—Scouts:** Oscar Alvarado, Christian Casanova, Yfrain Linares. **Scouting Assistant, Dominican Republic:** Riliani Familia. **Administrative Consultant:** Scarlett Blanco.

MAJOR LEAGUES

BOSTON RED SOX

Office Address: Fenway Park, 4 Yawkey Way, Boston, MA 02215.
Telephone: (617) 226-6000. **Fax:** (617) 226-6416. **Website:** www.redsox.com

OWNERSHIP
Principal Owner: John Henry. **Chairman:** Thomas C. Werner. **President/CEO:** Sam Kennedy. **President/CEO Emeritus:** Larry Lucchino.

BUSINESS OPERATIONS
EVP, COO: Jonathan Gilula. **SVP, Ballpark Operations:** Peter Nesbit. **SVP, Chief Experience Officer:** Sarah McKenna. **VP, Red Sox Productions:** John Carter. **SVP, Fenway Tours, Engagement & Experiences:** Marcita Thompson. **VP, Facilities Management:** Jonathan Lister. **VP, Special Projects:** Fred Olsen. **General Manager, Florida Operations & Jet Blue Park:** Shawn Smith.

Sam Kennedy

STRATEGY & BUSINESS DEVELOPMENT/FINANCE & ANALYTICS
EVP, Chief Financial Officer: Tim Zue. **SVP, Finance:** Ryan Oremus. **VP, Financial Planning & Operations:** Ryan Scafidi. **SVP, Business Strategy & Analytics:** Jonathan Hay.

PEOPLE & CULTURE/INFORMATION TECHNOLOGY
EVP, Chief People & Culture Officer: Amy Waryas. **VP, Talent & Employee Experience:** Juan Ruiz-Hau. **SVP, Chief Technology Officer:** Brian Shield. **VP, Technology Operations/Information Security:** Randy George. **VP, Software Engineering:** Dan White.

LEGAL
EVP, FSG Corporate Strategy and General Counsel: Ed Weiss. **EVP, Legal & Gov. Affairs Chief Compliance Officer:** David Friedman. **SVP, Assistant General Counsel FSG Boston:** Elaine Weddington Steward. **VP, Assistant General Counsel FSG Boston:** Amanda Petrillo. **VP, Assistant General Counsel FSG Boston:** Iciar Garcia.

MARKETING/COMMUNICATIONS
EVP, Chief Marketing Officer: Adam Grossman. **SVP, Chief Communications Officer:** Zineb Curran. **SVP, Marketing & Broadcasting:** Colin Burch. **VP, Creative Services & Content:** Tim Heintzelman.

PARTNERSHIPS/CLIENT SERVICES
EVP, Partnerships: Troup Parkinson. **SVP, Client & Sponsor Services:** Marcell Bhangoo. **SVP, Community, Alumni & Player Relations:** Pam Kenn.

TICKETING/SALES/EVENTS
EVP, Ticketing, Concerts, & Events: Ron Bumgarner. **SVP, Fenway Concerts & Entertainment:** Larry Cancro. **SVP, Ticketing:** Richard Beaton. **SVP, Ticket Services & Operations:** Naomi Calder. **SVP, Ticket Sales:** William Droste. **SVP, Fenway Park Events:** Carrie Campbell.

RED SOX FOUNDATION
EVP, Social Impact & Executive Director, Red Sox Foundation: Rebekah Salwasser.

SPORTS MEDICINE AND PERFORMANCE
VP, Sports Medicine and Major League Operations: Brad Pearson. **Medical Director, Head Team Internist:** Dr. Larry Ronan. **Head Team Orthopedist:** Dr. Peter Asnis. **Major League Associate Head Athletic Trainer:** Brandon Henry. **Sr. Physical Therapist, Clinical Specialist:** Jamie Creps. **Minor League Physical Therapist:** Andrew Rigney. **Major League Assistant Athletic Trainers:** Masai Takahashi, Anthony Cerundolo, David Herrera. **Major League Athletic Trainer Rehab Coordinator:** Jon Jochim. **Head Major League Strength & Conditioning Coach:** Kiyoshi Momose. **Major League Assistant Strength & Conditioning Coach:** Ben Chadwick. **Massage Therapists:** Shinichiro Uchikubo, Edwin Rodriguez. **Major League Mental Performance Coordinator:** Rey Fuentes. **Major League Sports Dietician & Executive Chef:** Allen Tran. **Head Minor League Physician:** Dr. Brian Busconi. **Manager, Performance Development:** Scott Riewald. **Skill Acquisition Specialist:** Robert Gray. **Coordinator, Minor League S&C:** Nick Shedd **Complex Roving Strength & Conditioning Coach:** Ricky De Luna. **Minor League Rehab Strength and Conditioning Coach:** BJ Foley. **Minor League AT Coordinator:** Joel Harris. **Minor League Rehab Coordinator:** Kevin Avilla. **Assistant AT/Latin American ATC Coordinator:** Michael Feliciano. **Sports Scientist Coordinator:** Shaun Owen. **Assistant Coordinator, Sports Science:** Iain Cleland. **Sport Science Assistants:** Corby Sidebottom. **Biomechanist:** Donna Scarborough. **Motion Analysis Assistant:** Caleigh Hall. **Director, Behavioral Health Program:** Dr. Richard Ginsburg. **Mental Performance Coordinators:** Adan Severino, Jake Chaplin, Oscar Gutierrez. **Complex Dietitian:** Gabriela Alfonso. **Minor League Nutrition Coordinator:** Christina Koon. **Sports Medicine Administrative Manager:** Elana Webb.

GENERAL INFORMATION
Stadium (year opened): Fenway Park (1912).
Team Colors: Navy blue, red and white.
Home Dugout: First Base.
Playing Surface: Grass.

MAJOR LEAGUES

BASEBALL OPERATIONS

Craig Breslow

Chief Baseball Officer: Craig Breslow **EVP, Baseball Operations:** Brian O'Halloran. **EVP, Assistant GM:** Raquel Ferreira, Eddie Romero. **SVP, Assistant GM:** Michael Groopman. **Paul Toboni. SVP, Baseball Operations:** Ben Crockett. **Director, Team Travel:** Mark Cacciatore. **Director, Major League Operations:** Mike Regan. **Assistant Director, Major League Operations & Professional Scouting:** Alex Gimenez. **Executive Assistant/Manager, Staff Support:** Erin Cox. **Chief of Staff, Baseball Operations:** Matt Sauers. **Director, Baseball Strategy & Personnel:** Andrew Mack. **Manager, Baseball Strategy & Personnel:** Aidan Donovan. **Assistant, Baseball Strategy & Personnel:** Michael Vetter. **Assistant, Major League Operations:** Anna Clemson. **Director, Baseball Analytics:** Joe McDonald. **Assistant Director, Baseball Analytics/Development Research:** Spencer Bingol. **Assistant Director, Baseball Analytics/Player Evaluation:** Dan Meyer. **Assistant Director, Major League Strategic Information:** Dave Miller. **Assistant Director, Baseball Analytics & Sports Science:** Brad Alberts. **Senior Analysts:** Baseball Operations: Jimmy O'Donnell, Tyler Burch, Jonathan Waring, Sam Larson, Katy McKeough. **Analysts, Baseball Analytics:** Lily Amadeo, Nate Hawkins, Kayla Mei, Scott Steinberg. **Assistants, Baseball Analytics:** Joshua Mould, Coby Schneider. **Analyst, ML Strategic Information:** Jeb Clarke. **Coaching Assistant, Hitting Strategy:** Joe Cronin. **Coaching Assistant, Pitching Strategy:** Devin Rose. **Biomechanical Engineer:** Stacy Lerum. **Director, Baseball Systems:** Mike Ganley. **Sr. Developer & Team Lead:** Connor McCann. **Sr. Developer, Baseball Systems:** Fred Hubert, Kim Eskew. **Developers, Baseball Systems:** Deven Swiergiel, Eric Last, Neil Pierre-Louis. **Sr. Data Engineer & Team Lead, Baseball System:** Kameron Wells. **Sr. Data Engineer, Baseball Systems:** John Smith. **Data Engineer, Baseball Systems:** Drew Paszek, Vince Fitzpatrick, Ben Strauss. **Technology Specialist, Baseball Systems:** Javin Vincelette. **Major League Assistant, Baseball Systems:** Tyler Forgione. **Minor League Coordinator, Baseball Systems:** Sam Denomme. **Special Assistants:** Pedro Martinez, David Ortiz.

MAJOR LEAGUE STAFF

Manager: Alex Cora. **Coaches: Bench**— Ramon Vazquez; **Pitching**—Andrew Bailey; **Hitting**—Peter Fatse; **Assistant Hitting**—Luis Ortiz, Ben Rosenthal; **Bullpen Coach**—Kevin Walker; **First Base**—Andrew Fox. **Third Base**—Kyle Hudson. **Game Planning Coordinator:** Jason Varitek; **Staff Assistant, Replay/Game Planning:** Michael Brenly.

PLAYER DEVELOPMENT

Director, Player Development: Brian Abraham. **Assistant Director, Player Development:** Chris Stasio, David Besky. **Assistant Director, Minor League Operations:** Patrick McLaughlin. **Assistant, Florida Baseball Operations:** Stephen Aluko. **Minor League Field Coordinator:** Andrew Wright. **Special Assistant PD:** Ryan Jackson, Shawn Haviland. **Minor League Rehab Pitching Coach:** Dan DeLucia. **Outfield/Baserunning Coordinator:** Corey Wimberly. **Catching Coordinator:** Tyson Blaser. **Director, Pitching:** Justin Willard. **Pitching Coordinator:** Chris Mears. **Pitching Coordinator:** Nick Otte. **Fort Myers Rehab Pitching Coach:** Nick Murray. **Director, Hitting Development & Program Design:** Jason Ochart. **Hitting Coordinators:** Harry Roberson, John Soteropulos, Drew Lawson. **Latin American Pitching Coordinator:** Walter Miranda. **Latin American Field Coordinator:** Jose Zapata. **PD Pitching Advisor:** Goose Gregson, Ralph Treuel. **Coordinator, Baseball Development:** Jordan Elkary.

FARM SYSTEM

Class	Club (League)	Manager	Hitting Coach	Pitching Coach
Triple-A	Pawtucket (IL)	Chad Tracy	Rich Gedman/Doug Clark	Dan DeLucia
Double-A	Portland (EL)	Chad Epperson	Chris Hess	Sean Isaac
High-A	Greenville (SAL)	Iggy Suarez	JP Fasone	Bob Kipper
Low-A	Salem (CAR)	Liam Carroll	Nelson Paulino	Juan Rivera
Rookie	Red Sox (FCL)	T. Kotchman/J. Gonzalez	J. Pico/J. Zamora	M. McCormick/A. Rodriguez
Rookie	Red Sox 1 (DSL)	Sandy Madera	Eider Torres	Eider Torres
Rookie	Red Sox 2 (DSL)	Amaury Garcia	Edwin Rodriguez	Rafael Feliz

SCOUTING

VP, Scouting Development & Integration: Gus Quattlebaum. **VP, Scouting:** Mike Rikard. **Director, Professional Scouting:** Harrison Slutsky. **Director, Amateur Scouting:** Devin Pearson. **Assistant Director, Professional Scouting:** Mark Heil. **Director, Latin American Operations:** Alberto Mejia. **Manager, International Scouting:** Marcus Cuellar. **Assistant Director, Amateur Scouting:** Jake Bruml. **Special Assignment Scout:** Steve Peck. **Special Assistant, Player Personnel:** Mark Wasinger. **Assistants, Professional Scouting:** Margaret Zimmer. **Assistant, Amateur Scouting:** Mason McRae. **Professional Scouts:** Chris Calciano, Joseph Curtis, Nate Field, Blair Henry, Mark Kiefer, Steve Langone, Dana LeVangie, Matt Mahoney, Donovan May, Josh Tobias, Anthony Turco, Kyri Washington. **Crosscheckers:** Dan Madsen (National), Paul Fryer (Hitting) Reed Gragnani (Hitting), Fred Petersen, Tom Kotchman (Florida), Stephen Hargett. **Todd Gold. National Scouting Supervisors:** Jim Robinson, Chris Becerra. **Area Scouts:** JJ Altobelli, Spencer Brown, Lee Bryant, Matt Davis, Raymond Fagnant, Kirk Fredriksson, Lloyd Hill, Josh Labandeira, Carl Moesche, Wallace Rios, Chris Reilly, Dante Ricciardi, Willie Romay, Mark Sluys, Danny Watkins, Vaughn Williams, Alonzo Wright. **Part Time Scouts:** Rob English, Tim Martin, David Scrivines, Dick Sorkin, Terry Sullivan. **Co-Directors, International Scouting:** Todd Claus, Ronaldo Pino. **International Crosscheckers:** Jason Karegeannes, Greg Schilz. **Scouting Coordinator, VZ:** Hector Rincones. **Coordinator, Pacific Rim Operations:** Brett Ward. **Manager, DR Academy:** Javier Hernandez. **Coordinator, DR Academy:** Martin Rodriguez. **Scouting Supervisor, Dominican Republic:** Manny Nanita. **Assistant Scouting Supervisor, Dominican Republic:** Jonathan Cruz. **Scouting Assistant, Dominican Republic:** Jose Cabrera, Juan Cabral. **Assistant, Latin American Operations:** Manuel Alvarez. **International Scouts:** Juan Carlos Calderon, Alfredo Castellon, Luis Cordoba, Ernesto Gomez, John Kim, Matias Laureano, Louie Lin, Wilder Lobo, Esau Medina, Rafael Mendoza, Dominique Collie, Ramon Mora, Jorge Moreno, Cesar Morillo, Rafael Motooka, Dennis Neuman, Carlos Ocando, Alex Requena, Rene Saggiadi, Sotero Torres, Jose Britto, Carlos Vasquez. **International Pro Scouts:** Won Lee (Korea), Kento Matsumoto (Japan).

MAJOR LEAGUES

CHICAGO CUBS

Office Address: Wrigley Field, 1060 W. Addison St., Chicago, IL 60613. **Telephone:** (773) 404-2827. **Website:** www.cubs.com.

OWNERSHIP
Executive Chairman: Tom Ricketts. **Board of Directors:** Laura Ricketts, Todd Ricketts.

BUSINESS OPERATIONS
President, Business Operations: Crane Kenney. **Executive Assistant to Chairman:** Lorraine Swiatly. **EVP, Business Operations and Chief Strategy Officer:** Alex Sugarman. **EVP and CFO:** Jon Greifenkamp.

BALLPARK/EVENT OPERATIONS
Senior Vice President, Operations: David Cromwell. **Senior Director, Operations and Guest Experience:** Morgan Bucciferro. **Vice President, Operations:** Patrick Meenan. **Director, Facilities:** Ryan Egan.

LEGAL
EVP, Community & Gov't Affairs, Chief Legal Officer: Michael Lufrano. **Senior Vice President, General Counsel:** Brett Scharback. **Senior Director, Deputy General Counsel:** Amy Timm.

Tom Ricketts

TICKET SALES/SALES & PARTNERSHIPS
Executive Vice President, Sales & Marketing: Colin Faulkner. **Senior Vice President, Marquee 360:** Cale Vennum. **Vice President, Partnerships, Marquee 360:** Alex Seyferth. **Vice President, Partnership Development:** Andy Blackburn.

COMMUNICATIONS
Senior Vice President, Communications: Julian Green.

MEDIA RELATIONS
Senior Director, Media Relations: John Steinmiller. **Manager, Media Relations:** Joanna Schimmel. **Representative, Media Relations:** Jesse Feldman. **Specialist, Media Relations:** Fredy Quevedo Jr.

BASEBALL OPERATIONS
President, Baseball Operations: Jed Hoyer. **General Manager:** Carter Hawkins. **Assistant GM:** Jared Banner. **Assistant GM:** Ehsan Bokhari. **Vice President, Player Personnel:** Matt Dorey. **Vice President, Baseball Operations:** Greg Davey. **Vice President, Research & Development:** Chris Moore. **Vice President, Baseball Strategy:** Meghan Jones. **Senior Advisor:** Randy Bush, Billy Williams. **Senior Director, Baseball Analytics:** Chris Jones. **Director, Team Travel and Clubhouse Operations:** Vijay Tekchandani. **Director, Baseball Innovation:** Bobby Basham. **Director, Pitching:** Ryan Otero. **Director, Baseball Sciences:** Jacob Eisenberg. **Director, Baseball Technology:** Kyle Chin. **Director, Baseball Systems:** John Goode. **Assistant Director, Baseball Systems:** Eli Shayer. **Lead Architect, Baseball Systems:** Jay Aichelman. **Head of Mechanical Sciences, Baseball Innovation:** Jeff Kensrud. **Manager, Baseball Operations:** Jasmine Horan. **Manager, Pitching Performance:** Danny Hultzen. **Senior Analyst, Research and Development:** Troy Mulholland. **Senior Analyst, Performance Science:** Bryan Cole. **Senior Software Engineer, Baseball Systems:** Shingo Murata. **Analysts, Research and Development:** Tyler Brandt. **Jennifer Gossels, Connor Rosenberg, Stephen Whetzel. Sr. Analyst, Baseball Analytics:** Kyle Blum. **Baseball Scientists:** John Abbott, Mike Sonne. **Software Engineers, Baseball Systems:** Brian Guo, Jack Wahlig, Sami Williams. **Assistant Software Engineer, Baseball Systems:** Michael Kim. **Special Assistants:** Ryan Dempster, Ted Lilly, Kerry Wood. **Coordinator, Family Relations:** Terri Osters. **Assistant, Baseball Operations Administration and Strategic Initiatives:** Eliese Hornberger. **Assistants, Baseball Operations:** Duncan Wallis, Cal Christofori.

MAJOR LEAGUE STAFF
Manager: Craig Counsell. **Coaches: Bench**—Ryan Flaherty, **Pitching**—Tommy Hottovy, **Hitting**—Dustin Kelly, **Assistant Pitching**—Daniel Moskos, **Assistant Hitting**—John Mallee, **Third Base**—Willie Harris, **First Base/Baserunning**—Mike Napoli, **Bullpen**—Darren Holmes, **Assistant Hitting**—Juan Cabreja, **Infield Defense**—Jonathan Mota. **Major League Coach, Data, Development, and Process**—Alex Smith. **Assistant Hitting Coach, Game Planning**—Jim Adduci. **Bullpen Catcher**— Garrett Lloyd. **Major League Field Coordinator**—Mark Strittmatter. **Manager, Major League Video/Pacific Rim Liaison**—Nao Masamoto. **Intepreter**—Tooi Matsushita.

MEDICAL/TRAINING
Head Team Physician/Lead Orthopedist: Dr. Stephen Gryzlo. **Head Team Internist:** Dr. Chris Hogrefe. **Director of Medical Services:** P.J. Mainville. **Director, Strength and Conditioning and Performance Nutrition:** Blaine Kinsley.

GENERAL INFORMATION
Stadium (year opened): Wrigley Field (1914). **Team Colors:** Royal blue, red and white.

Home Dugout: Third Base. **Playing Surface:** Grass.

MAJOR LEAGUES

Major League Head Athletic Trainer: Nick Frangella. **Major League Assistant Athletic Trainers:** Neil Rampe, German Suncin, Fumiya Nakata. **Manager, Medical Administration:** Chuck Baughman. **Major League S&C Coaches:** Keegan Knoll, Ryan Clausen. **Major League Lead Physical Therapist:** Nate Whitney. **Major League Massage Therapist:** Aaron Witz. **Major League Performance Nutritionist and Food Service Manager:** Brittany Jones.

Jed Hoyer

PLAYER DEVELOPMENT
Telephone: (773) 404-2827. **Fax:** (773) 404-4147.
Director, Player Development: Jared Banner. **Senior Director, International Player Development:** Alex Suarez. **Director, Hitting:** Justin Stone. **Director, Minor League Operations:** Kevin Walsh. **Special Assistant to President/GM, Hitting:** Greg Brown. **Equipment Manager:** Dana Noeltner. **Minor League Coordinators:** Kevin Graber (Field), Mark Johnson (Catching/Assistant Field), Casey Jacobson (Pitching Development), James Ogden (Pitching Performance), Rachel Folden (Hitting), Steven Pollakov (Hitting), Doug Dascenzo (Outfield), Dave Keller (Latin America Field), Dai Dai Otaka (Infield), Carlos Chantres (Assistant Pitching), Matt Hinkley (Arizona Pitching), Desi Wilson (Rehab Hitting/Development List), Jose Menendez (Education). **Senior Advisor, Hitting:** Tom Beyers. **Advisor to Pitching Development:** Mike Mason. **Mental Skills Coordinators:** Dave DaSilva, Javier Guerrero. **Minor League Medical Coordinator:** James Edwards. **Minor League Assistant Medical Coordinator:** Sean Folan. **Minor League Medical Administrator:** Jeremy Clipperton. **Minor League Physical Therapist:** Logan Nordquist. **Head of Minor League Nutrition:** Yimi Rodriguez. **Minor League S&C Coordinator, Pitching:** Kevin Poppe. **S&C Specialist, Hitting:** Steffen Simmons. **ACL Complex S&C Coordinator:** Dallas Lopez. **Manager, International Operations:** Manuel Rodriguez. **Latin American Assimilation Coach:** Edgar Perez. **Athletic Trainers:** Ed Halbur, Logan Severson, Aaron Clapp, Nick Roberts, Maggie Lowenhar, Tanner Costine, Hunter Martin, Leroy Martinez, Arnoldo Goite, Chadlacane Rodriguez, Guadalupe Segovia. **Strength Coaches:** Nathan Garza, Jesus De La Sancha, Kelcey Mosley, Allen Cooper, Dallas Lopez, Amaury Gonzalez. **Manager, Hitting Development:** Will Remillard. **Coordinator, Baseball Technology:** Sam Chinitz. **Assistant, Pitching Performance:** Thomas Boucher. **Coordinator, Minor League Operations:** Sarah Ketring. **Assistant, Player Development:** Bryan Guo. **Assistant, Arizona Operations:** Norberto Ramos. **Assistant, Arizona Operations and Equipment:** Nick Bray. **Development Coaches:** Andrew Bechter, Andrew Rueter, Daniel Wasinger, Collin Andrews. **Apprentice, Baseball Technology:** Camden Bauman.

FARM SYSTEM

Class	Club (League)	Manager	Hitting Coach	Pitching Coach
Triple-A	Iowa (IL)	Marty Pevey	Rick Strickland	Tony Cougoule
Double-A	Tennessee (SL)	Lance Rymel	Rachel Folden	Jamie Vermilyea
High-A	South Bend (MWL)	Nick Lovullo	Nate Spears	Bruce Billings
Low-A	Myrtle Beach (CAR)	Buddy Bailey	Rob Vaz	George Thanopoulos
Rookie	Cubs (ACL)	Corey Ray	C.Pieters/Y.Cuevas	C. Mortenson/J. Zapata
Rookie	Cubs 1 (DSL)	Carlos Ramirez	Jhonny Bethencourt	Jordal Williams
Rookie	Cubs 2 (DSL)	Enrique Wilson	Raymond Pena	L. Hernandez/JC Bonilla

SCOUTING
Vice President, Pro Scouting: Andrew Bassett. **Sr. Director, Baseball Operations/Pro Acquisitions:** Garrett Chiado. **Sr. Analysts, Pro Scouting:** Sam Abrams, Max Brill, Noah Cronbaugh. **Senior Pro Personnel Specialists:** Steve Boros, Jake Ciarrachi, Kyle Phillips, Mitchel Webb, Thad Weber. **Senior Pro Personnel Specialist/Supervisor, Pacific Rim Scouting:** Jason Cooper. **Pro Personnel Specialists:** Andrew Ahn, Nate Halm, Steven Nagy. **Pro Scouts:** Matt Morales, Miguel Torron, Chris Warren. **Part-Time Pro Scout:** Robert Lofrano. **Pacific Rim Scouting Advisor:** Shinsuke Yokote. **Independent League Scouting Consultant:** Nick Belmonte. **Vice President, Scouting:** Dan Kantrovitz. **Assistant Director, Amateur Scouting:** Scottie Munson. **Coordinator, Amateur Scouting:** Ben Kullavanijaya. **National Field Coordinator:** Matthew Sherman. **Speical Assistant to the GM/National Crosschecker:** Jaron Madison. **Special Assistant to the GM/National Pitching Crosschecker:** Ted Lilly. **National Crosscheckers:** Ron Tostenson, Marti Wolever. **Special Assistant to the VP, Scouting:** Bobby Filotei. **Coordinator, Amateur Scouting Video:** Garrett Tolivar. **Regional Crosscheckers:** Trey Forkerway (Central), Alex Lontayo (West), John Pedrotty (Northeast), Jacob Williams (Southeast). **Area Scouts:** Steve Ames, Ike Ballou, M'Lynn Dease, Todd George, Greg Gerard, Edwards Guzman, Evan Kauffman, Steve McFarland, Nate Metzger, Mikael Mogues, Ty Nichols, James Parker, Ralph Reyes, Billy Swoope, Will Swoope, Jim Woodward, Gabe Zappin, Zach Zielinski. **Video Scouts:** Dalton Filotei, Jahli Hendricks. **Part-Time Scout:** Keronn Walker. **Vice President, International Scouting:** Louie Eljaua. **Coordinator, International Scouting:** Kenny Socorro. **Director, D.R. Scouting Operations/International Crosschecker:** Gian Guzman. **International/Global Crosschecker:** Pete Vuckovich Jr. **Coordinator, D.R. Scouting:** Miguel Diaz. **Coordinator, Colombian Operations:** Manny Esquivia. **Scouting Supervisor, Central and South America:** Cirilo Cumberbatch. **Scouting Supervisor, Mexico:** Sergio Hernandez. **Scouting Supervisor, Venezuela:** Luis Rondon. **International Scouts:** Hansel Izquierdo, Jaime McFarland, Brent Phelan. **Latin America Scouts:** D.R.—Alejandro Pena, Valerio Heredia, Victor Figuereo, Alfredo Souffront. **Venezuela**—Gioskar Amaya, Julio Figueroa, Carlos Figueroa, Alfonzo Mora, Marco Prieto. **Mexico**—Salvador Hernandez. **Pacific Rim Scout:** Po-Chun Chang.

MAJOR LEAGUES

CHICAGO WHITE SOX

Office Address: Guaranteed Rate Field, 333 W. 35th St., Chicago, IL 60616.
Telephone: (312) 674-1000. **Fax:** (312) 674-5116.
Website: whitesox.com, loswhitesox.com.

OWNERSHIP
Chairman: Jerry Reinsdorf.
Board of Directors: Robert Judelson, Judd Malkin, Allan Muchin, Jay Pinsky, Lee Stern, Burton Ury, Charles Walsh. **Special Assistant to Chairman:** Dennis Gilbert. **Assistant to Chairman:** Katie Hermle. **Coordinator, Administration/Investor Relations:** Elizabeth Anderson.

BUSINESS OPERATIONS
Senior Executive Vice President: Howard Pizer. **Senior Director, IT:** Mark Campbell. **Vice President, Human Resources:** Moira Foy. **Senior Coordinator, Manager Risk Management:** Valerie Pulido.

Jerry Reinsdorf

FINANCE
Senior VP, Administration/Finance: Tim Buzard. **VP, Finance:** Bill Waters. **Director of Accounting:** Mallory Penn.

MARKETING/SALES
Senior VP, Chief Revenue and Marketing Officer: Brooks Boyer. **Senior Director, Broadcasting:** Cris Quintana. **Director, Game Operations:** Dan Mielke. **Director, Scoreboard Operations/Production:** Jeff Szynal. **Sr. Manager, Game Presentation:** Michael Gomez. **Sr. Director, Corporate Partnerships Sales Development:** George McDoniel. **Sr. Director, Corporate Partnerships Activation:** Gail Tucker. **Sr. Manager, Corporate Partnerships Development:** Jeff Floerke. **Coordinators/Managers, Corporate Partnership:** Krista Pulcini, Elizabeth Boeder, Kevin Burns, Whitney Holloway, Tristan Elmore, Genny Johnson, Erika Morges. **VP of Sales and Service:** Jim Willits. **Director, Ticket Sales:** John Markiewicz.

MEDIA RELATIONS/PUBLIC RELATIONS
Telephone: (312) 674-5300.
Senior VP, Communications: Scott Reifert. **Senior Director, Media Relations:** Bob Beghtol. **Senior Director, Public Relations:** Sheena Quinn. **Assistant Director, Media Relations:** Ray Garcia. **Coordinator, Public Relations:** Colin McGauley. **Manager, Media Relations/Interpreter:** Billy Russo. **Manager, Media Relations:** Joe Roti. **VP, Community Relations/Executive Director/CWS Charities:** Christine O'Reilly. **Director, Community Relations:** Sarah Marten. **Director, Community Baseball Programs:** Anthony Olivo. **Director, Digital Communications:** Tim Brogdon. **Director, Design Services:** Toby Ramos. **Senior Manager, Social Media:** Jordan Doyle.

STADIUM OPERATIONS
Senior VP, Stadium Operations: Terry Savarise. **Senior Director, Park Operations:** Jonathan Vasquez. **Senior Director, Guest Services/Diamond Suite Operations:** Julie Taylor. **Head Groundskeeper:** Roger Bossard. **PA Announcer:** Gene Honda. **Official Scorers:** John Jackson, Randy Liss, Allan Spear, Bill Sieple.

TICKETING
Senior Director, Ticket Operations: Mike Mazza. **Manager, Ticket Operations:** Pete Catizone.

TRAVEL/CLUBHOUSE
Director, Team Travel: Ed Cassin. **Manager, White Sox Clubhouse:** Rob Warren. **Manager, Visiting Clubhouse:** Jason Gilliam. **Manager, Umpires Clubhouse:** Joe McNamara Jr.

GENERAL INFORMATION
Stadium (year opened): Guaranteed Rate Field (1991). **Home Dugout:** Third Base. **Playing Surface:** Grass. **Team Colors:** Black, white and silver.

MAJOR LEAGUES

BASEBALL OPERATIONS

Senior VP/General Manager: Chris Getz. **Assistant General Manager:** Jeremy Haber and Jin Wong. **Director of Player Personnel:** Gene Watson. **Special Assistants:** Bill Scherrer, Marco Paddy, Jim Thome, Nick Hostetler, Jose Contreras. **Executive Assistant to GM:** Nancy Nesnidal. **Senior Director, Baseball Operations:** Dan Fabian. **Director, Baseball Analytics:** Matt Koenig. **Director, Baseball Operations:** Daniel Zien. **Assistant Director, Baseball Operations:** Rod Larson. **Manager, Baseball Operations:** Zach Jones.

MAJOR LEAGUE STAFF

Chris Getz

Manager: Pedro Grifol. **Coaches: Bench**—Charlie Montoyo; **Pitching**—Ethan Katz; **Hitting**—Marcus Thames; **Assistant Hitting Coach**—Mike Tosar; **First Base**—Jason Bourgeois; **Third Base**—Eddie Rodriguez; **Bullpen**—Matt Wise. **Catching** – Drew Butera. **ML Coach**—Grady Sizemore. **Bullpen Catcher:** Miguel Gonzalez, Luis Sierra. **Pregame Instructor:** Mike Kashirsky

MEDICAL/TRAINING

Senior Team Physician: Dr. Nikhil Verma. **Head Athletic Trainer Emeritus:** Herm Schneider. **Senior Director, Sports Performance:** Geoff Head. **Head Athletic Trainer:** James Kruk. **Director of Rehabilitation:** Brett Walker. **Assistant Athletic Trainer:** Josh Fallin. **Director, Strength & Conditioning:** Goldy Simmons. **Assistant Director, Strength & Conditioning:** Ibrahim Rivera. **Manager of Sports Science:** Todd Kubacki.

PLAYER DEVELOPMENT

Director, Player Development: Paul Janish. **Director, Minor League Administration:** Kathy Potoski. **Assistant Director, Baseball Operations:** Graham Harboe. **Manager, PD/International Operations:** Grant Flick. **Assistant, PD/Video:** Jack Larimer. **Biomechanist:** Jason Hashimoto. **Manager, PD Latin American Operations:** Louis Silverio. **Manager, International PD/Education:** Erin Santana. **Field Coordinator:** Doug Sisson. **Assistant Field Coordinator:** Justin Jirschele. **Pitching Coordinator:** Matt Zaleski. **Assistant Pitching Coordinators:** Curt Hasler, Donnie Veal. **Pitching Advisor:** J.R. Perdew. **Hitting Coordinator:** Alan Zinter. **Assistant Hitting Coordinator:** Danny Santin. **Infield Coordinator:** Ryan Newman. **Catching Coordinator:** Julio Mosquera. **Assistant Outfield/Baserunning Coordinator:** Mike Daniel. **Rehab Pitching Coach:** Hiram Burgos. **Hitting Initiatives:** Devin DeYoung. **Minor League Performance Coordinator:** Gage Cosgrove. **Assistant Minor League Performance Coordinator:** Sergio Rojas. **Medical Coordinator:** Scott Takao. **Physical Therapist Coordinator:** Brooks Klein. **Minor League Physical Therapist:** Katie Stone. **Minor League Physical Therapist:** Evan Jurjevic. **Sports Psychologist:** Dr. Rob Seifer. **Facility Manager:** Joe Lachcik. **Arizona Minor League Clubhouse and Equipment Manager:** Dan Flood. **Arizona Assistant Minor League Clubhouse Manager:** Bryant Biasotti.

FARM SYSTEM

Class	Club (League)	Manager	Hitting Coach	Pitching Coach
Triple-A	Charlotte (IL)	Justin Jirschele	Cam Seitzer	R.C. Lichenstein
Double-A	Birmingham (SL)	Sergio Santos	Nicky Delmonico	John Ely
High-A	Winston-Salem (SAL)	Guillermo Quiroz	John Kovalik	Jim Rickon
Low-A	Kannapolis (CAR)	Patrick Leyland	Charlie Romero	Blake Hickman
Rookie	White Sox (ACL)	Danny Gonzalez	Gerardo Olivares	Jacob Dorris
Rookie	White Sox (DSL)	Anthony Nunez	Julio Bruno	Jose Brito

SCOUTING

Telephone: (312) 674-1000. **Fax:** (312) 674-5105.
Pro Scouts: Bruce Benedict (Eatonton, GA), Joe Butler (Temecula, CA), Nathan Durst (Sycamore, IL), Matt Grabowski, Toney Howell (Darien, IL), Brad Kelley, Daraka Shaheed (Vallejo, CA), Joe Siers (Dade City, FL), Keith Staab (College Station, TX), Chris Walker (Suwanee, GA). **Director, Amateur Scouting:** Mike Shirley. **Assistant Director, Amateur Scouting:** Garrett Guest. **Crosscheckers:** West—Scott Thomas (Las Vegas, NV), East—Juan Alvarez (Miami, FL). **Regional Supervisors:** East—Steffan Segui (St. Petersburg, FL), Southwest—Ryan Dorsey (Dallas, TX)— Mid-South — Rob Cummings (Chicago, IL). **Crosschecker:** J.J. Lally (Orland Park, IL).
Area Scouts: Mike Baker: Southern CA. Dan Budreika: AR,KS, MO, OK. Kevin Burrell: GA, S.C. Alex Glenn: North TX. Phil Gulley: KY, TN, W.V. J.D. Heilmann: IN, MI, OH, Western PA, Ontario. Warren Hughes: AL, MS, LA, FL Panhandle. John Kazanas: AZ, N.M., UT, CO. Josh Krstulovich: WA, OR, MT, WY, British Columbia. J.J. Lally: IL, IA, MO, NE, N.D., S.D., WI. Alan Marr: FL. Carlos Muniz: South. CA. Stephen Octave: N.Y., N.J., New England. John Stott: N.C., VA, MD, DE. Adam Virchis: Northern CA, Northern Nevada. Tyler Wilt: South TX, LA.
International Scouts: Marco Paddy: Special Assistant to the G.M. International Operations. Amador Arias: Supervisor, Venezuela. José Ariza: Dom. Republic. Marino DeLeón: D.R. Abraham Fernández: Scouting Director, Venezuela. Reydel Hernández: Venezuela. Tomás Herrera: Mexico. Luis Rafael Moncada: Venezuela. Ruddy Moreta: Supervisor, Latin America. Ricardo Ortiz: Panama. Guillermo Peralta: Dominican Republic. Fermín Ubri: Dominican Republic.

MAJOR LEAGUES

CINCINNATI REDS

Office Address: 100 Joe Nuxhall Way, Cincinnati, OH 45202.
Telephone: (513) 765-7000. **Fax:** (513) 765-7342. **Website:** www.reds.com.

EXECUTIVE OFFICE
Chief Executive Officer: Robert H. Castellini. **Executive Advisor to the CEO:** Walt Jocketty. **Chairman:** W. Joseph Williams Jr. **Vice Chairman:** Thomas L. Williams. **President & Chief Operating Officer:** Phillip J. Castellini. **Executive Operations Manager:** Shellie Petrey. **Director, Ownership Servicess & Player Family Relations.:** Megan Sterwerf. **President of Baseball Operations:** Nick Krall. **Executive Manager, Baseball Operations:** Sarah Vedder. **Secretary and Treasurer:** Christopher L. Fister. **Chief Communications & Community Officer:** Karen Forgus. **Business Operations Assistant:** Emily Mahle. **Executive Vice President & Chief Financial Officer:** Doug Healy. **Chief Legal Officer:** James A. Marx, Esq. **Executive Assistant to CLC and CFO:** Teena Schweier.

COMMUNICATIONS
Senior Director, Media Relations: Larry Herms. **Director, Media Relations:** Jamie Ramsey. **Spanish Translator/Media Relations Assistant:** Jorge Merlos.

Bob Castellini

BALLPARK OPERATIONS
Sr. Vice President of Facilities & Operations: Tim O'Connell. **Vice President of Ballpark Operations:** Sean Brown. **Sr. Director of Ballpark Administration:** Colleen Rodenberg. **Director of Ballpark Maintenance:** David Bockerstette. **Director of Guest and Event Ops.:** Jan Koshover. **Ballpark Administrative Services Manager:** Madison Plucinski. **Ballpark Ops. Administrative Coord.:** Brandon Middendorf. **Technology & Compliance Administrator:** Patrick Sponsler. **Ballpark Ops. Coordinator:** Braeden Long. **Director of Grounds & Head Groundskeeper:** Derrik Grubbs. **Assistant Head Groundskeeper:** Robbie Dworkin. **Grounds Supervisor:** Devin Herman.

COMMUNICATIONS AND MARKETING
Vice President of Comm. and Marketing: Ralph Mitchell. **Sr. Director, Social Media & Content Strategy:** Lisa Braun. **Senior Director of Communications:** Jarrod Rollins. **Director of Creative:** Michael King. **Director of PR & Photography:** Michael Anderson. **Sr. Manager of Communications:** Brendan Hader. **Design Manager:** Sara Green. **Manager, Promo Procurement & Brdcst. Relations:** Lori Watt. **Senior Manager of Social Media:** Nolan Mattson. **Social Media Manager:** Jackie Regruth. **Graphic Designers:** Brady Patterson, Caitlin Lin. **Digital Graphic Designer:** Brant Wilson. **Advertising and Media Coordinator:** Ellie Butler. **Digital Video Producer:** Staverne Joseph. **Team Photographer:** Emilee Chinn.

PROMOTIONAL EVENTS AND PRODUCTIONS
Vice President of Promo Events/Prod.: Zach Bonkowski. **Authentics Director:** Jim Myers. **Authentics Coordinator:** Sean Molloy. **Director, Promo Events & Game Presentation:** Kaitlin Simcoe. **Promotional Events Manager:** Nick St. Pierre. **Promotional Events Coordinators:** William Ng, Sam Palian, Ashley Popour. **Senior Director, Reds Productions:** Jami Patton. **Director, Game Presentation:** Billy Johnson. **Sr. Video Productions & Technical Specialist:** Nick Prince. **Sr. Motion Graphics Designer:** Nicholas Wedig. **Productions Coord., Content & Design:** Kathleen Haseleu. **Video Engineer—Technical Manager:** Brent Vinson.

BASEBALL OPERATIONS
President, Baseball Operations: Nick Krall. **Executive Manager, Baseball Operations:** Sarah Vedder. **Senior Vice President, General Manager:** Brad Meador. **Vice President, Assistant General Manager:** Sam Grossman. **VP & AGM, Player Acquisition/Strategy:** Jeff Graupe. **Senior Advisor to President of BOps & GM:** Cam Bonifay. **Senior Advisor to President of Baseball Ops & GM:** Eric Davis. **Senior Advisor to President of BOps & GM:** Shawn Pender. **Director, Baseball Operations:** Mark Edwards. **Director, Integrated Baseball Info & Video:** Bo Thompson. **Coordinator, Baseball Ops & Player Development:** Nick Perez. **Coordinator, Baseball Operations:** Cameron LeBlanc. **Player Development Pitching Analyst:** Matt Boyd. **Player Development Hitting Analyst:** Brooke Coneeny. **Major League Advance Analyst:** Sam Nalli. **Major League Video Content Specialist:** Alyssa Rasmussen. **Analyst:** Gabrielle Mayo. **Analyst:** Carlos Polanco.

HEALTH & PERFORMANCE
Team Physician: Dr. Andrew Razzano. **Orthopaedic Consultant:** Dr. Timothy Kremchek. **Director, Applied Sports Science:** Aaron Cunanan. **Director, Strength & Conditioning:** Rob Fumagalli. **Director, Rehabilitation & Physical Therapy:** Eric Gonzalez. **Director, Major League Nutrition:** Ashley Meuser. **Director, Wellness & Education:** Becky Schnakenberg. **Director, Athletic Training:** Patrick Serbus. **Manager, Biomechanics:** Franky Mulloy. **Manager, Athletic Training:** Clete Sigwart. **Manager, Applied Sports Science:** Jason Stone. **Coordinator, Arizona/DR Education:**

GENERAL INFORMATION
Stadium (year opened): Great American Ball Park (2003).
Home Dugout: First Base.
Playing Surface: Grass.
Team Colors: Red, white and black.

MAJOR LEAGUES

Kaitlin Beltre. **Coordinator, Intl Strength & Conditioning:** Joel Canacoo. **Coordinator, Strength & Conditioning:** Danny Escobar. **Assistant Coordinator, S&C Rehab:** Kenny Matanane. **Medical Coordinator, Arizona/DR:** Manny Lopez. **Coordinator, Rehabilitation/Physical Therapy:** Garrett Valls. **Biomechanics Analyst:** Daniel Kuhman. **Major League Head Athletic Trainer:** Sean McQueeney. **Major League Assistant Athletic Trainer:** Wade Hebrink. **Major League Assistant Athletic Trainer:** Ryan Ross. **Major League Assistant Athletic Trainer:** Tomas Vera. **ML Health & Performance Specialist:** Takeshi Yamamoto. **Assistant Director, Strength & Conditioning:** Aaron Reis. **Major League Pilates & Mobility Coach:** Robyn Cohen. **ML Applied Sports Scientist/Assistant S&C Coach:** Dan Adams. **Minor League Dietitian:** Rachel Sharley. **Assistant Minor League Dietitian:** Sophie Wooton. **Performance Nutrition Assistant:** Joe Jebb. **Mindset Coach:** Rafael Dubois. **Mindset Coach:** Connor Ryan.

MAJOR LEAGUE STAFF
Manager: David Bell. **Pitching coach:** Derek Johnson. **Bench coach:** Freddie Benavides. **Hitting coach:** Joel McKeithan. **Assistant Hitting Coach:** Terry Bradshaw. **Assistant Hitting Coach, Integrated Performance:** Tim LaMonte. **First Base Coach:** Collin Cowgill. **Third Base Coach:** J.R. House. **Bullpen Coach:** Matt Tracy. **Game Planning/Infield Coach:** Jeff Pickler. **Major League Coach/Coordinator of Advance Scouting:** Kyle Arnsberg. **Bullpen Catchers:** Joseph Singley, Jose Duarte.

Nick Krall

PLAYER DEVELOPMENT
Senior Director, Player Development: Jeremy Farrell. **Asst. Dir., Minor League & International Ops:** Greg McMillin. **Manager, Video & Technology:** Mitchell Bonds. **Coordinator & Specialist, Video & Technology:** Edgar Ferreira. **Coordinator, Baseball Administration:** Melissa Hill. **Medical Administrator:** Sarah Coil. **Special Assistant, Player Performance:** Bill Doran. **Special Assistant, Player Performance:** Mario Soto. **Field Coordinator:** Chris Tremie. **Academies Coordinator:** Luis Bolívar. **Latin America Field Coordinator:** Joel Noboa. **Hitting Coordinator:** Dave Hansen. **Hitting Coordinator:** Tyler Henson. **Academies Hitting Coordinator:** Jason Broussard. **Pitching Coordinator:** Bryan Conger. **Pitching Coordinator:** Casey Weathers. **Catching Coordinator:** Corky Miller. **Infield Coordinator:** Jose Nieves. **Outfield / Baserunning Coordinator:** Kevin Mahar. **Asst. Coord., Rehab/Pitching Initiatives:** Simon Mathews. **AZ Minor League Equipment Manager:** Jon Snyder.

BASEBALL ANALYTICS
Senior Director: Nick Wan. **Assistant Director:** Chris Jackson. **Manager:** Sean Fischer. **Data Scientist:** Sam Gasell. **Data Scientist:** Matt Lehman. **Senior Quantitative Analyst:** Sam Rizzuto. **Quantitative Analyst:** Sydney Newman. **Quantatitive Analysts:** Andrew Helmreich, Baasil Ebrahim, Max Hammersmith, Maggie Langheim.

FARM SYSTEM

Class	Club (League)	Manager	Hitting Coach	Pitching Coach
Triple-A	Louisville (IL)	Pat Kelly	Alex Pelaez	Virgil Vasquez
Double-A	Chattanooga (SL)	Jose Moreno	Daryle Ward	Todd Naskedov
High-A	Dayton (MWL)	Vince Harrison	Jose Leon	Brian Garman
Low-A	Daytona (FSL)	Julio Morillo	Nate Irving	Willie Blair
Rookie	Reds (ACL)	Gustavo Molina	P. Plaz/E. Richardson	F. Corral/R. Oliveros
Rookie	Reds (DSL)	J. Ballara/J. Montilla	Luis Terrero/Terry McClure	C. Garcia/D. Rosario/H. Nelo

SCOUTING
Senior Director, Professional Scouting: Rob Coughlin. **Coordinator, Professional Scouting:** Daniel Beattie. **Special Assistants to the GM:** "J" Harrison, John Morris, Jeff Schugel. **Professional Scouts:** Greg Baker, Gary Glover, Joe Jocketty, Ben Jones, Mick Mattaliano, Jeff Morris, Terry Reynolds, Steve Roadcap. **Scout, Baseball Operations:** Pat Clare. **Manager, Pacific Rim Scouting:** Rob Fidler. **Scout, Pacific Rim:** Jamey Strovick. **Consultant, Japan:** Ryo Shinkawa. **Director, Amateur Scouting:** Joe Katuska. **Assistant Director / Midwest Crosschecker:** Paul Pierson. **East Coast Crosschecker:** Bill Byckowski. **Coord., Pitching Acquisition & Development:** Nick Christiani. **West Coast Crosschecker:** Rex De La Nuez. **National Crosscheckers:** Jerry Flowers, Will Harford, Mark McKnight. **Southeast Crosschecker. Central California:** Rick Allen. **North Florida:** Andrew Amaro. **Northwest:** Alec Benavides. **Northeast:** John Ceprini. **Four Corners:** Dan Cholowsky. **Great Lakes:** Tyler Gibbons. **Northern California:** Jeff Harris. **Georgia:** Jerel Johnson. **Midwest:** Mike Keenan. **Carolinas Supervisor & Analyst:** Eddie Lehr. **Mid-Atlantic:** Brandon Marr. **Southern California:** Mike Misuraca. **South Texas/ Louisiana:** Mike Partida. **South:** Jonathan Reynolds. **South Florida:** Nick Rodriguez. **North Texas/Arkansas:** Paul Scott. **Puerto Rico Scout:** Juan Silva. **Upper Midwest:** Andy Stack. **Senior Director, International Scouting:** Trey Hendricks. **Assistant Dir., Player Develop. & Intl. Scouting:** Greg McMillin. **Assistant Director/Crossschecker, Intl. Scouting:** Matt Gaski. **Dir., S. America Scouting & LAm CChecker:** Hernán Albornoz. **Dir., Carib. Scouting & LAm CChecker:** Emmanuel Cartagena. **International Cross Checker:** Phil Stringer. **Latin America Cross Checker:** Dargello Lodowica. **Supervisor, Venezuela:** Ricardo Quintero. **Coordinator, Dominican Republic:** Jose Diaz. **International Scouting Analyst:** Grayson Skweres. **Scouts, Australia:** Adam Crabb, Mat Everingham, Donald Lutz. **Scout, Bahamas:** Brian Armbrister. **Scout, Brazil:** Jean Tome. **Scout, Colombia:** Jose Valdelamar. **Video Scout, Dominican Republic:** Luis Aguero. **Scouts, Dominican Republic:** Edgar Melo, Victor Nova, Jenfry Del Rosario, Raymond Sanchez. **Scouting Assistant, Dominican Republic:** Manuel Nuñez. **Scout, Europe:** Mauro Mazzotti. **Scout, Latin America:** Luis Hernandez. **Scout, Mexico:** Alex Ahumada. **Scout, Netherlands:** Evert-Jan 't Hoen. **Scout, Nicaragua:** Gustavo Martinez. **Scout, Panama:** Concepción Rodriguez. **Scouts, Venezuela:** Ivan Moran, Victor Serrano, Aguido Gonzalez. **Pedro Alcalde. Scouting Assistants, Venezuela:** Pedro Alcalde, German Arteaga. **Video Scout, Venezuela:** Miguel Montero. **Amateur Baseball Liasons:** Denny Nagel, Lee Seras, Juan Silva. **Video Scouts:** Mitchell Glessner, Miles Gordon.

MAJOR LEAGUES

CLEVELAND GUARDIANS

Office Address: Progressive Field, 2401 Ontario St., Cleveland, OH 44115.
Telephone: (216) 420-4200. **Fax:** (216) 420-4396. **Website:** mlb.com/guardians.

OWNERSHIP
Owner: Larry Dolan. **Chairman/Chief Executive Officer:** Paul Dolan.

BUSINESS OPERATIONS
President, Business Operations: Brian Barren. **Executive Vice President, Marketing & Brand Strategy:** Alex King. **Executive Vice President, Chief Information Officer and Civic Relations:** Neil Weiss. **Senior Vice President, Public Affairs:** Bob DiBiasio. **Senior Vice President, Finance & Chief Financial Officer:** Rich Dorffer. **Senior Vice President, Human Resources & Chief Diversity Officer:** Sara Lehrke. **Senior Vice President, Sales & Service:** Tim Salcer. **Senior Vice President, Ballpark Services:** Kurt Schloss. **Senior Vice President, Organizational Strategy & Analytics:** Nicky Schmidt. **Senior Vice President, Medical Services:** Lonnie Soloff. **Senior Vice President, Legal/Strategic Planning:** Joe Znidarsic. **Vice President, Corporate Partnerships and Premium Hospitality:** Ted Baugh. **Vice President, Communications & Community Impact:** Curtis Danburg. **Vice President, Ballpark Improvements:** Jim Folk. **Vice President, General Counsel:** Max Kosman. **Vice President, Brand:** Jason Wiedemann. **Vice President, Finance:** Erica Chambers. **Vice President, Business Strategy & Analytics:** Christy Corfias. **Head of Diversity, Equity & Inclusion:** Matt Grimes. **Executive Assistant, Business Operations:** Kim Scott. **Executive Assistant, Ownership:** Dana Luci.

Larry Dolan

BALLPARK SERVICES
Senior Director, Event Services: Jerry Crabb. **Senior Director, Security Services:** Jonathan Wilham. **Director, Facility Services:** Nick Ferraro. **Director, Construction & Project Management:** Jordan Weiss. **Head Groundskeeper:** Brandon Koehnke. **Assistant Director, Facility Services:** Rosalie Morrison. **Senior Manager, Ballpark Services:** Steve Walters. **Manager, Safety, Policy and Training:** Dave Bonacci. **Manager, Event Services:** Anna Powell. **Manager, Event Security:** Mike Richardson.

COMMUNICATIONS
Director, Baseball Information & Player Relations: Bart Swain. **Director, Communications & Player Relations:** Court Berry-Tripp. **Assistant Director, Communications:** Austin Controulis. **Coordinator, Communications & Team Historian:** Jeremy Feador. **Coordinator, Communications & Digital Media:** Emma Moloney. **Coordinator, Communications & Baseball Information:** Sam Stack. **Content Creation Specialist:** Brian Havrilla. **Minor League Content Creation Specialist:** Jala Norman. **Play-by-Play Announcer:** Tom Hamilton, Jim Rosenhaus.

COMMUNITY IMPACT
Director, Community Impact: Penny Forster. **Executive Director, Cleveland Guardians Charities:** Rebecca Kodysh. **Assistant Director, Community Impact & Diversity Initiatives:** Raphael Collins. **Manger, Player Engagement and Family Relations:** Megan Ganser. **Manager, Alumni Relations:** Nate Janoso. **Coordinator, Player Engagement & Community Impact Communications:** Elena Velez. **Coordinator, Community Impact:** Terrence Echols.

CORPORATE PARTNERSHIPS & PREMIUM HOSPITALITY
Senior Director, Corporate Partnership & Premium Hospitality: Kevin Murphy. **Director, Corporate Partnerships and Premium Hospitality:** Wincy Wong. **Senior Sales Manager, Corporate Partnership & Premium Hospitality:** Bryan Hoffart. **Assistant Director, Corporate Partnerships & Premium Hospitality Account Management:** Julie Weaver. **Senior Manager, Partnership Activation:** Kristie Prendergast. **Manager, Corporate Partnerships & Premium Hospitality:** Jon Janoviak.

DIGITAL EXPERIENCE
Director, Digital Experience: Christopher Hart. **Manager, Digital Experience:** Olivia Lavelle. **Manager, Digital Experience Programs:** Nikki Block.

FINANCE
Assistant Director, Payroll and Payables Accounting: Mary Forkapa. **Manager, Accounting:** Sue Yates. **Manager, Financial Planning, Analysis & Reporting:** Fredy Feghali. **Manager, Revenue Accounting:** Sam Reed.

HUMAN RESOURCES
Senior Director, Human Resource Operations: Jennifer Gibson. **Director, Talent Acquisition:** Mailynh Vu Nguyen. **Assistant Director, Organizational Development:** Nate Daymut. **Manager, Benefits & Wellness Programs:** Andrea Jirousek. **Manager, Talent Acquisition:** Colleen Lynch.

GENERAL INFORMATION
Stadium (year opened): Progressive Field (1994).
Team Colors: Navy blue, red and silver.
Home Dugout: Third Base.
Playing Surface: Grass.

MAJOR LEAGUES

BASEBALL OPERATIONS

President, Baseball Operations: Chris Antonetti. **General Manager:** Mike Chernoff. **Executive Vice President & Assistant General Manager:** Matt Forman. **Assistant General Managers:** Sky Andrecheck, Eric Binder, James Harris. **Senior Vice President, Scouting:** Paul Gillispie. **Senior Vice President, Player Acquisitions:** Victor Wang. **Vice President, Baseball Operations—Development:** Alex Merberg. **Vice President, Baseball Operations/Strategy & Administration:** Brad Grant. **Vice President, Baseball Learning & Development:** Jay Hennessey. **Vice President, Baseball Learning & Development:** Josh Gibson. **Vice President, Hitting:** Alex Eckelman. **Vice President, Research and Development:** Kevin Tenenbaum. **Director, Baseball Operations—Technology:** Sam Giller. **Vice President, Baseball Operations—Systems:** Will Landess.

MAJOR LEAGUE STAFF

Manager: Stephen Vogt. **Coaches:** Bench—Craig Albernaz. **Pitching**—Carl Willis. **Hitting**—Chris Valaika. **First Base**—Sandy Alomar Jr. **Third Base**—Rouglas Odor. **Bullpen**—Brad Goldberg. **Assistant Hitting Coach**—Dan Puente. **Assistant Pitching Coach**—Joe Torres. **OF**—JT Maguire. **Field Coordinator:** Kai Correa. **Assistants, Major League Staff:** Armando Camacaro, Jason Esposito, Ricky Pacione, Josh Tubbs, Gunnar Wilhelmy.

MEDICAL/TRAINING

Senior Vice President, Medical Services: Lonnie Soloff. **Head Team Physician:** Dr. Mark Schickendantz. **Head Athletic Trainer:** Jeff Desjardinas. **Assistant Athletic Trainers:** Chad Wolfe, Bobby Ruiz. **Dir. ML Player Medical Services:** James Quinlan. **Performance Coach (Triple-A/Major League):** Brian Miles. **Director of Sport Science:** Jonathan Freeston. **Director of Sport Psychology:** Dr. Lindsay Shaw.

Chris Antonetti

PLAYER DEVELOPMENT

Director of Player Development: Rob Cerfolio. **Director of Hitting Development:** Nate Freiman. **Director of Pitching Development:** Stephen Osterer. **Director of Physical Development:** Andrew Bahnert. **Assistant Director of Player Development:** Ilana Mishkin. **Assistant Director of Pitching Development:** Benjamin Johnson. **Field Coordinator:** John McDonald. **Assistant Field Coordinator:** Anthony Medrano. **Assistant Field Coordinator:** Lawrence Day. **Pitching Coordinator:** Joel Mangrum. **Pitching Coordinator:** Caleb Longshore. **Hitting Coordinator:** Grant Fink. **Complex Hitting Coordinator:** Craig Massoni. **Infield Coordinator:** JB Eary. **Outfield & Baserunning Coordinator:** TBD. **Catching Coordinator:** Luke Carlin. **S&C Coordinator:** Matt Eiden. **Resource Coordinator, Physical Development:** Lionel Chia. **Assistant Director, Medical Services:** Jeremy Harris. **ATC Coordinator:** TBD. **Rehab Coordinator:** Daniel Himmerick. **Special Assistant, President & GM:** Thomas Wiedenbauer. **Special Assistant, PD:** John Goryl. **Special Assistant, PD:** Travis Fryman. **Special Assistant, PD:** Minnie Mendoza. **Medical Administrator:** Teddy Blackwell. **Minor League Coach:** TJ Rivera. **Assistant Director of PD—Education & Life Skills:** Anna Bolton. **Assistant Director of PD**—Education & Life Skills: Jennifer Wolf. **AZ & DR Education/Life Skills Coordinator:** Allie Eyers. **Mental Performance Coordinator:** Sean Swallen.

ARIZONA COMPLEX STAFF

Academy Manager (ACL): Yan Rivera. **Academy Hitting Coach (ACL):** Ian Forster. **Academy Hitting Coach (ACL):** Raul Gonzalez. **Academy Pitching Coach (ACL):** Shane McCarthy. **Academy Bench Coach (ACL):** Andrew Romine. **Academy S&C Coach (ACL):** Cesar Yepez. **Academy ATC (ACL):** Luis Estala. **Academy Development & Rehab Manager:** Dennis Malave. **Arizona Pitching Rehab Lead:** Dan Mahoney. **Academy Pitching Development Coach (DEV + ACL):** Anderson Polanco. **Academy Defensive Development Coach:** TBD. **Academy S&C Development Coach:** TBD. **Academy Rehab/S&C Coach:** Garrett Cash. **ML Dietitian:** Karina Gonzalez. **Nutrition Coordinator:** Miguel Solis. **AZ Head Chef:** Katrina Antles. **AZ Sous Chef:** Sergio Gomez. **Lead Line Cook:** Andrew Murray. **Line Cook:** Gloria Quiroz. **Prep Cook:** Alex Avisu. **Mental Performance Coach:** Martin Rasumoff. **DNA Sports Science Analyst:** Josh Morrison. **DNA Sports Science Analyst:** Ryan Faer.

FARM SYSTEM

Class	Club	Manager	Hitting Coach	Pitching Coach
Triple-A	Columbus (IL)	Andy Tracy	Betances/Mergenthaler	Dew/Moore
Double-A	Akron (EL)	Greg DiCenzo	Becker/Kamekona	Buckel/Poole
High-A	Lake County (MWL)	Omir Santos	Ordomar Valdez	Kevin Erminio
Low-A	Lynchburg (CAR)	Jordan Smith	Cole Nieto	Tony Arnold
Rookie	Guardians (ACL)	Yan Rivera	Forster/Gonzalez	Shane McCarthy
Rookie	Guardians Blue (DSL)	Juan De La Cruz	Jonathan Lozada	Sanchez/Jan
Rookie	Guardians Red (DSL)	Jonathan Lopez	Jason Rose	Ronald Parra

SCOUTING

Amateur Scouting Director: Ethan Purser. **Assistant, Amateur Scouting:** Matthew Czechanski. **Amateur Scouting Coordinators:** Jonathan Heuerman, David Compton, Andrew Krause. **Area Scouts:** Kyle Bamberger, Gustavo Benzan, Alexander Botts, Michael Cuva, Conor Glassey, Mike Habibi, Ken Jarrett, Andrew Kelly, Matthew Linder, Chirag Nanavati, Jonathan Martin, Brett Stevenson.

International Scouting Director: Richard Conway. **Director, Latin American Player Personnel:** Alex DeMoya. **Assistant Director, International Scouting:** Chris Mosch. **International Scouting Coordinator:** Eugenio Melendez. **Senior Vice President, Scouting:** Paul Gillispie. **Director of Acquisitions:** Clint Longenecker. **Special Assistants to the Vice President and General Manager:** David Malpass, Steve Lubratich. **Director, Player Evaluations:** Chris Gale. **Special Assignment Scouts:** Scott Barnsby, David Miller, Scott Meaney, Doug Carpenter. **Sr. Player Acquisition Scouts:** Lukas McKnight, Kevin Cullen, Kevin Kang. **Player Acquisition Scout:** Ryan Perry.

MAJOR LEAGUES

COLORADO ROCKIES

Office Address: 2001 Blake St., Denver, CO 80205.
Telephone: (303) 292-0200. **Fax:** (303) 312-2116.
Website: www.Rockies.com.

OWNERSHIP
Operated by: Colorado Rockies Baseball Club Ltd.
Owner/Chairman & Chief Executive Officer: Richard L. Monfort. **Executive Assistant to the Owner/Chairman & Chief Executive Officer:** Terry Douglass. **Owner/General Partner:** Charles K. Monfort.

BUSINESS OPERATIONS
President/Chief Operating Officer: Greg Feasel. **Assistant to President/Chief Operating Officer:** Kim Olson. **VP, Human Resources:** Kimberly Molina. **Director, Diversity, Equity, Inclusion & Recruiting, Human Resources:** Dallas Davis. **Specialist, Talent Acquisition:** Colette Few.

FINANCE
VP/CFO: Doug Mylowe. **VP/General Counsel:** Brian Gaffney. **Sr. Payroll Manager:** Tracy Vialpando. **Senior Director, Accounting:** Phil Emerson. **Accountants:** Samantha Barker, Laine Campbell, Cameryn Fox. **Senior Director, Procurement:** Gary Lawrence. **Coordinator, Purchasing:** Robert Wilkinson.

CORPORATE PARTNERSHIPS
VP, Corporate Partnerships: Walker Monfort. **Assistant to VP, Corporate Partnerships:** Nicole Scheller. **Senior Director, Client Services & Promotions:** Kari Anderson. **Director, Corporate Partnerships:** Nate VanderWal. **Assistant Director, Corporate Partnerships:** Christopher Zumbrennen. **Senior Director, In-Game Entertainment & Event Operations:** Kent Krosbakken. **Public Address Announcer:** Reed Saunders.

Richard Monfort

COMMUNITY/RETAIL OPERATIONS
VP, Community & Retail Operations: James P. Kellogg. **Assistant to the VP, Community & Retail Operations:** Kelly Hall. **Senior Director, Retail Operations:** Aaron Heinrich.

MARKETING/COMMUNICATIONS
Senior Director, Communications: Cory Little. **Manager, Communications:** Shelby Cravens. **Coordinators, Communications:** Kevin Collins, Robert Livingston. **Manager, Digital Communications/Social Media:** Nora Farrell. **Coordinator, Social Media:** Emily Morton. **Coordinator, Video Content:** Ethan Miller. **Team Photographer:** Kyle Cooper.

BALLPARK OPERATIONS
VP/Chief Customer Officer, Ballpark Operations: Kevin Kahn. **Assistant to the VP/Chief Customer Officer, Ballpark Operations:** Lenus Lucero. **Senior Director, Food Service Operations/Development:** John McKay. **Senior Director, Guest Services:** Steven Burke. **Head Groundskeeper:** Mark Razum. **Assistant Head Groundskeeper:** Doug Zabinsky. **Senior Director, Engineering & Facilities:** Allyson Gutierrez.

TICKETING
Telephone: (303) 762-5347, (800) 388-7625. **Fax:** (303) 312-2115. **VP, Ticket Operations, Sales & Services:** Sue Ann McClaren.

TRAVEL/CLUBHOUSE
Senior Director, Major League Operations: Paul Egins. **Manager, Major League Clubhouse:** Mike Pontarelli. **Coordinator, ML Clubhouse:** Patrick Gill. **Manager, Clubhouse Purchasing/Visiting Clubhouse:** Alan Bossart.

BASEBALL OPERATIONS
Senior VP/General Manager: Bill Schmidt. **Assistant to Senior VP/GM:** Irma Castañeda. **VP, Asst GM/BB Ops and Assistant General Counsel:** Zack Rosenthal. **Senior Director, ML Operations:** Paul Egins Analyst, Baseball Strategy and Economics: Al Gilbert. **Managers, Baseball Operations:** Amir Mamdani, Julianna Rubin, Director: Research & Development: Brian Jones. **Manager, Baseball Research:** Brittany Haby Analyst, Player Development: Tim Batesole. **Analyst, Baseball R&D:** Allison Florian. **Senior Analyst, R&D:** Jack Voigt. **R&D Analyst, Player Development:** Chris Bonk Baseball Ops Fellow: Alex DaSilva. **Manager, Baseball Systems:** Isaac Gerhart-Hines. **Sr. Date Engineer, R&D:** Adam Beier. **Sr. Software Engineer, R&D:** Weston Harper. **Full Stack Engineer, R&D:** Michael Brandt. **Data Engineer:** Declan Costello.

GENERAL INFORMATION
Stadium (year opened): Coors Field (1995). **Playing Surface:** Grass.
Team Colors: Purple, black and silver.
Home Dugout: First Base.

MAJOR LEAGUES

MAJOR LEAGUE STAFF
Manager: Bud Black. **Coaches: Bench**—Mike Redmond, **Pitching**—Darryl Scott, **Hitting**— Hensley Meulens. **Assistant Hitting Coaches**—Andy Gonzalez, P.J. Pilittere. **First Base**—Ron Gideon, **Third Base**—Warren Schaeffer, **Bullpen**—Reid Cornelius, **Bullpen Catchers**—Aaron Munoz, **Game Plan Coordinator:** Kyle Cunningham. **Director, Physical Performance**—Gabe Bauer. Coordinator, **ML Performance:** Mike Jasperson.

CULINARY
Manager, Culinary Nutritionist: Tyler Hines. **Coordinator, Culinary Nutritionist:** Brian Brown. **SRF Culinary Team:** Lee Harris, Sergio Cardenas, John Tully.

MEDICAL/TRAINING
Director of Medical Operations/Major League head Athletic Trainer: Keith Dugger. **Medical Director:** Dr. Thomas Noonan. **Club Physicians:** Dr. Allen Schreiber, Dr. Douglas Wyland. **Assistant Head Athletic Trainer:** Heath Townsend. **ML Assistant Athletic Trainer:** Andy Stover. **ML Athletic Training/Rehab Coordinator:** Scott Murayama.

PLAYER DEVELOPMENT
Director: Chris Forbes. **Assistant Director:** Jesse Stender. **Coordinator:** Daniel Kleinholz. **PD & Pro Scouting Assistant:** Avery Griggs. **Director, Pitching Operations:** Steve Foster. **Pitching Strategist:** Flint Wallace. **Pitching Coordinator:** Doug Linton. **Latin American Hitting Coordinator:** Michael Ramirez. **Field Coordinator:** Doug Bernier. **Outfield & Base Running Coordinator,** Chris Denorfia. **Hitting Coordinator:** Nic Wilson. **Catching & Game Planning Coordinator:** Dustin Garneau. **Coordinator, Performance Science:** Brandon Stone. **Latin America Field & Pitching Coordinator:** Edison Lora. **Physical Performance Coordinator:** Trevor Swartz. **Minor League Athletic Training & Rehab Coordinator:** Arnaldo Gomez. **Physical Therapist:** Robert Mahoney. **Physical Performance Coordinator, Trevor Swartz. Director, Mental Skills Development:** Doug Chadwick. **Coordinators, Mental Skills:** Jerry Amador, Colt Olson. **Coordinator, Cultural Development:** Angel Amparo. **Minor League Clubhouse & Equipment Manager/ Manager Salt River Fields:** Aaron Hahn. **Dominican Republic Complex Administrator:** Ana Espiñal. **Special Assistants:** Todd Helton, Clint Hurdle, Marcel Lachemann, Rick Mathews, Scott Oberg, Rick Mathews, Jerry Weinstein.

Bill Schmidt

FARM SYSTEM

Class	Club (League)	Manager	Hitting Coach	Pitching Coach
Triple-A	Albuquerque (PCL)	Pedro Lopez	Jordan Pacheco	Chris Michalak
Double-A	Hartford (EL)	Bobby Meacham	Zach Osborne	Dan Meyer
High-A	Spokane (NWL)	Robinson Cancel	Tom Sutaris	Blaine Beatty
Low-A	Fresno (CAL)	Steve Soliz	Trevor Burmeister	Rolando Garza
Rookie	Rockies (ACL)	Fred Ocasio	Julio Campos	Ryan Kibler
Rookie	Rockies (DSL)	Mauricio Gonzalez	Felix Rosario	Sam Deduno
Rookie	Rockies (DSL)	Eugenio Jose	Florentino Nunez	Sam Deduno

SCOUTING
VP / Assistant General Manager Scouting: Danny Montgomery. **Sr. Director, Scouting Operations:** Marc Gustafson. **Scout/Scouting Ops Administrator:** Emily Glass. **Assistant Scouting Director:** Damon Iannelli. **Advance Scouts:** Joe Little (Arvada, CO), Alan Regier (Gilbert, AZ). **Director, Pro Scouting:** Sterling Monfort. **Special Assistant, Player Personnel:** Ty Coslow (Louisville, KY). **Major League Scouts:** Kevin Bootay (Elk Grove, CA), Steve Fleming (Louisa, VA), Max George (Denver, CO), Will George (Milford, DE), Jack Gillis (Sarasota, FL), Greg Hunter (Seattle, WA), Joe Housey (Hollywood, FL), John Corbin (Savannah, GA), Billy Milos (Crown Point, IN). **National Crosscheckers:** Mike Ericson (Phoenix, AZ), Jay Matthews (Concord, NC). **Area Scouts:** Scott Alves (Phoenix, AZ), Brett Baldwin (Kansas City, MO), Julio Campos (Guaynabo, PR) John Cedarburg (Fort Myers, FL), Garrick Chaffee (Dallas, TX) Jermaine Clark (Fresno, CA) Scott Corman (Lexington, KY), Jordan Czarniecki (Greenville, SC), Sean Gamble (Atlanta, GA), Mike Garlatti (Edison, NJ), Matt Hattabaugh (Westminster, CA), Tim McDonnell (Olinda, CA) Matt Pignataro (Seattle, WA), Jesse Retzlaff (Dallas, TX), Rafael Reyes (Miami, FL), Ed Santa (Powell, OH), Zack Zulli (Ocean Springs, MS). **Part-Time Scout:** Greg Pullia (Plymouth, MA). **VP, International Scouting/Player Development:** Rolando Fernandez. **International Crosscheckers:** Alving Mejias, Marc Russo. **Supervisor, Latin America Scouting:** Orlando Medina. **Scouting Operations Coordinator:** Enmanuel Frias (Dominican Republic), Scouting Coordinator: Omar Frias (Dominican Republic), Martin Cabrera (Dominican Republic), Joel Diaz (Venezuela), Rogers Figueroa (Colombia), Carlos Gomez, Adan Urdaneta (Venezuela), Alberto Plascencia (Mexico), Frank Roa (Dominican Republic).**Special Assistant to International BB Ops:** Pedro Astacio.

MAJOR LEAGUES

DETROIT TIGERS

Office Address: 2100 Woodward Ave, Detroit, MI 48201.
Telephone: (313) 471-2000. **Fax:** (313) 471-2138. **Website:** www.tigers.com

OWNERSHIP
Operated By: Detroit Tigers Inc. **Chairman & CEO, Detroit Tigers:** Christopher Ilitch.

BUSINESS OPERATIONS

BUSINESS OPERATIONS LEADERSHIP
Executive Vice President & COO, Ilitch Sports and Entertainment Ryan Gustafson. **Senior Vice President, Ticket Sales & Service:** Spencer Ambrosius. **Senior Vice President, Human Resources:** Michele Bartos. **Senior Vice President, Business Operations:** Ryan Kane. **Senior Vice President, Venue Operations:** Tim Padgett. **Senior Vice President, Legal Affairs:** Robert E. Carr. **Senior Vice President, Corporate Partnerships:** Chris Coffman. **Senior Vice President, Communications & Broadcasting:** Ron Colangelo. **Senior Vice President & Chief Marketing Officer:** Alexis Lee. **Vice President, Corporate Partnership Sales:** Melissa Brennan. **Vice President, Corporate Partnership Activation, Strategy & Solutions:** Mike Singer Vice President, Lakeland Business Operations: Josh Bullock. **Vice President, Venue Security:** Mike Hartnett. **Vice President, Finance:** Bobby Hoekstra. **Vice President, Park Operations:** Chris Lawrence. **President, Ticket Sales & Service:** Joe Schiavi. **Vice President, Corporate Partnerships Business Strategy & Solutions:** Mike Singer.

Chris Ilitch

FINANCE/HUMAN RESOURCES
Controller, Detroit Tigers: Katelyn Haas. **Director, Finance:** Joe Meier. **Director, Purchasing:** McKenzie Reeves. **Director, Talent Acquisition:** Rich Balow. **Accounting Manager & Treasury Analyst:** Sheila Robine. **Accounting Manager:** Mark Renshaw. **Manager, Payroll:** Mark Cebelak. **Director, Human Resources** Kristen Hommes. **Director, Talent Acquisition** Rich Balow.

CORPORATE PARTNERSHIPS/TICKET SALES & SERVICES
Director, Corporate Partnership Activation: Tiffany Harrington. **Activation Managers, Corporate Partnerships:** Ian Fontenot, Michael Holley, Riley McCord, Cullen Munz. **Agency Activation Manager, Corporate Partnerships:** Bean O'Malley. **Radio Sales Manager, Corporate Partnerships:** Christine Galasso. **Director, Solutions & Strategy:** Max Klepper. **Solutions Managers, Corporate Partnerships:** Madison Nachtrab, Jacob Pnakovich, Natalie LaCroix. **Sales Directors, Corporate Partnerships:** Crissy Obermok, Donovan Powell, John Wolski. **Sales Managers, Corporate Partnerships:** Cameron Close, Megan Garlow, Matt Gay, Stephen Girard, Dave Neitzer. **Sponsorship Events Coordinator:** Dru Milton.

TICKET SALES & SERVICES
Senior Director, Ticket Services: Grant Anderson. **Senior Director, Ticket Sales:** Allen Jabero. **Senior Director, Client Services:** Brian Jemison. **Director, Ticket Sales & Service Operations:** Liz Karolak. **Director, Ticket Services:** Adam Klein. **Director, Business Analytics:** Jeff Lutz. **Manager, Ticket Services:** Andrew Burnham. **Manager, Inside Sales:** Aaron Ryley, Brooklyn Baldridge. **Manager, Group Sales:** Marc Lopez. **Manager, Private Events:** Emily Brandt. **Manager, Premium Sales:** Kevin McConnell. **Manager, Client Service:** Betsy Bouillon.

MARKETING/COMMUNICATIONS/COMMUNITY IMPACT
Vice President, Fan Experience: Pete Soto. **Director, Community Impact:** Kevin Brown. **Director, Fundraising and Development** Shannon Lapsley. **Director, Marketing:** Taylor Olson. **Director, Family & Team Engagement:** Ashley Robinson. **Director, Media Relations:** Chad Crunk. **Director, Communications & Broadcasting:** Ben Fidelman. **Director, Player Relations:** Jordan Field. **Director, Social Media:** Emma Nye. **Manager, Social Media Content:** Haley Graves. **Manager, Promotions & Special Events:** Evan Novak. **Manager, Marketing:** Casey Sawyer. **Manager, Outreach & Engagement:** Jonathon Perry. **Manager, Sport Participation & Growth:** Matthew Williams. **Director, Game Presentation:** Alex Lovachis. **Manager, Game Presentation** Travis Childress

PARK OPERATIONS/SECURITY
Director, Event Operations: Mike Bauer. **Director, Facilities:** Shaun O'Brien. **Director, Security:** Lori Dillon. **Head Groundskeeper:** Heather Nabozny. **Manager, Event Operations:** Caitlin Kelly. **Manager, Guest Experience:** Alex Santisteban. **Manager, Event Services:** Dana Moore. **Engineering Services Manager:** Richard Klemm. **Managers, Operations:** Steve Burrows, Jeffrey Herman, Mike Kiefer. **Manager, Security:** Andy Torok, Jason Urbahns, David Clark.

GENERAL INFORMATION
Stadium (year opened): Comerica Park (2000).
Team Colors: Navy blue, orange and white.
Home Dugout: Third Base.
Playing Surface: Grass.

MAJOR LEAGUES

BASEBALL OPERATIONS

Scott Harris

Telephone: (313) 471-2000. **Fax:** (313) 471-2099.
President, Baseball Operations: Scott Harris. **General Manager:** Jeff Greenberg.
Vice President/Assistant General Managers: Sam Menzin, Rob Metzler, Jay Sartori. **Vice President, Player Personnel:** Scott Bream. **Vice President, Player Development:** Ryan Garko. **Special Assistants to the President:** Miguel Cabrera, Kirk Gibson, Willie Horton, Jim Leyland, Lance Parrish, Alan Trammell. **Director, Baseball Research & Development:** Jim Logue. **Director, Team Travel:** Peter Warden. **Home Clubhouse Manager:** Dan Ross. **Assistant Home Clubhouse Manager:** Mark Cave. **Visiting Clubhouse Manager:** Jim Schmakel. **Assistant Visiting Clubhouse Manager:** KP Pritchet. **Assistant Director, Baseball Operations/International Scout:** Kan Ikeda. **Senior Analyst, Baseball Operations:** Max DelBello. **Executive Assistant to the President, Baseball Operations:** Marty Lyon.

MAJOR LEAGUE STAFF

Manager: A.J. Hinch. **Coaches:** *Pitching*—Chris Fetter, *Hitting*—Keith Beauregard, Michael Brdar, *First Base*—Anthony Iapoce, *Third Base*—Joey Cora, *Assistant Pitching*—Robin Lund, Juan Nieves, *Bench*—George Lombard, *Assisting Hitting*—Lance Zawadzki, *Major League Coach*—Gary Jones, *Catching*—Ryan Sienko.

MEDICAL/TRAINING

Head Athletic Trainer: Ryne Eubanks. **Director, Medical Administration & Lakeland Operations:** Doug Teter. **Assistant Athletic Trainers:** Chris McDonald, Kelly Rhoades. **Physical Therapist:** Duncan Evans. **Major League Nutrition Coordinator:** Maureen Stoecklein, RD. **Major League Performance Coach:** Shane Wallen. **Assistant Major League Performance Coach:** Drew Heithoff.

PLAYER DEVELOPMENT

Vice President, Player Development: Ryan Garko. **Director, Minor League Operations:** Dan Lunetta. **Director, Hitting:** Kenny Graham. **Director, Pitching:** Gabe Ribas. **Field Coordinator:** Billy Boyer. **Director, Performance Science:** Dr. Georgia Giblin. **Director, Minor League & Scouting Administration:** Cheryl Evans. **Director, International Operations:** Tom Moore. **Director, Latin American Operations:** Miguel Garcia. **Director, Latin American Player Development:** Euclides Rojas. **Assistant Director, Player Development:** Peter Bransfield. **Manager, Player Development:** David Allende. **Assistant Director, International Operations:** Rafael Gonzalez. **Coordinators, Player Development:** Daniel Crago, Jose Sajour. **Coordinator, Minor League Complex:** Brian Taggett. **Minor League Medical Coordinator:** Sean McFarland. **Minor League Strength & Conditioning Coordinators:** Ryan Maedel, Jeff Dolan. **Medical Coordinator—International:** Phil Milan. **Minor League Nutrition Coordinator:** Susana Melendez. **Minor League Video Coordinator:** Correy Erickson. **Minor League Video Assistant Coordinator:** Michael Piletich. **Lakeland Clubhouse Manager:** Patrick Saenz. **Lakeland Clubhouse Assistant Manager:** Pete Mancuso. **Coordinators:** Jeff Branson (hitting), Max Gordon (hitting), Devin Hayes (pitching), Stephanos Stroop (pitching), Jorge Cordova (assistant pitching), Dylan Axelrod (infield), Angel Berroa (Latin American infield), Arnie Beyeler (baserunning/outfield), Brayan Pena (catching).

FARM SYSTEM

Class	Club	Manager	Hitting Coach	Pitching Coach
Triple-A	Toledo (IL)	Tim Federowicz	Mike Hessman	Doug Bochtler/Ollie Kadey
Double-A	Erie (EL)	Gabe Alvarez	CJ Wamsley	Juan Pimentel
High-A	West Michigan (MWL)	Tony Cappuccilli	Collin Murray	Dan Ricabal
Low-A	Lakeland (FSL)	Andrew Graham	Nick Bredeson	Nick Green
Rookie	Tigers (FCL)	Salvador Paniagua	C. Glaum/R. Gil	W. Moreno/T. Anderson
Rookie	DSL Tigers (DSL)	Sandy Acevedo	Francisco Martinez	Roberto Yil
Rookie	DSL Tigers 2 (DSL)	Marco Yepez	Omar Rosario	Darwyn Zambrano

SCOUTING

Vice President, Assistant General Manager: Sam Menzin, Rob Metzler. **Vice President, Player Personnel:** Scott Bream. **Special Assistant to the GM:** Mike Russell. **Director, Amateur Scouting:** Mark Conner. **Director, Minor League & Scouting Administration:** Cheryl Evans. **Assistant Director, Amateur Scouting:** Eric Nieto. **Amateur Scouting Video Coordinator:** Greg Bundrage. **Pro Scouting Coordinator:** P.J. Jones. **Major League Scouts:** Ray Crone, Jim Elliott, Joe Ferrone, Paul Mirocke, Jim Olander, Jim Rough, John Stockstill, Bruce Tanner, Josh Wilson. **National Crosscheckers:** Justin Henry, Steve Hinton, Chip Lawrence. **Regional Crosscheckers:** *East*—Michael Metcalf, *Midwest*—Tim Grieve, *Central*—Bryson Barber, *West*—Alex McClure. **Crosschecker:** Matt Haas. **Area Scouts:** Nick Avila, Montae Bradshaw, Jim Bretz, RJ Burgess, Ryan Johnson, Joey Lothrop, Tim McWilliam, Steve Pack, Matthew Payne, Daniel Sabatino, George Schaefer, Mike Smith, Steve Taylor, Cal Towey, Zac Zdanowicz, Matt Zmuda. **Part-Time Scout:** German Geigel. **Director, International Operations:** Tom Moore. **Director, Latin American Operations:** Miguel Garcia. **Assistant Director, International Operations:** Rafael Gonzalez. **Coordinator, Pacific Rim Scouting:** Kevin Hooker. **International Crosscheckers:** Pablo Arias, Alejandro Rodriguez, Jeff Wetherby. **Scouting Supervisor, Dominican Republic:** Oliver Arias. **Venezuelan Scouting Supervisor:** Jesus Mendoza. **Venezuelan Academy Administrator/Area Scout:** Oscar Garcia. **International Area Scouts:** Jhohan Acevedo, Pedro Castellano, Rudy Garcia, Michael Hsieh, Ho-Kyun Im, Raul Leiva, Luis Molina, Rodolfo Penalo, Aldo Perez, Luis Rodriguez, Miguel Rodriguez, Carlos Santana, Frank Veliz, Pedro Vivas, Tetsu Yofu, Jose Zambrano.

MAJOR LEAGUES

HOUSTON ASTROS

Office Address: Minute Maid Park, Union Station, 501 Crawford, Suite 400, Houston, TX 77002. **Mailing Address:** PO Box 288, Houston, TX 77001. **Telephone:** (713) 259-8000. **Fax:** (713) 259-8981. **Email Address:** fanfeedback@astros.mlb.com. **Website:** www.astros.com.

OWNERSHIP
Owner and Chairman: Jim Crane.

BUSINESS OPERATIONS
Senior Vice President, Business Operations: Marcel Braithwaite. **Senior Vice President, Corporate Partnerships:** Matt Brand. **Senior Vice President, Executive Operations:** Jared Crane. **Senior Vice President, Community Affairs and Executive Director, Astros Foundation:** Paula Harris. **Senior Vice President, Affiliate Business Operations:** Creighton Kahoalii. **Senior Vice President, General Counsel & President of Astros Golf Foundation:** Giles Kibbe. **Senior Vice President, Marketing and Communications:** Anita Sehgal. **Senior Vice President, Chief Financial Officer:** Michael Slaughter. **Vice President, Operations:** Thomas Bell. **Vice President, Accounting:** Abby Brantley. **Vice President, Tax:** Vito Ciminello. **Vice President, Communications:** Gene Dias. **Vice President, Stadium Operations:** Bobby Forrest. **Vice President, Information Technology:** Chris Hanz. **Vice President, Foundation Development:** Marian Harper. **Vice President, Business & Baseball Operations:** Connor Huff. **Vice President, Merchandising and Retail Operations:** Tom Jennings. **Vice President, Ticket Sales & Services:** P.J. Keene. **Vice President, Finance:** Doug Seckel. **Vice President, Human Resources:** Jennifer Springs. **Vice President, Event Sales and Operations:** Stephanie Stegall. **Vice President, Business Strategy and Analytics:** Jay Verrill. **Vice President, Marketing:** Jason Wooden. **Paralegal:** Jessi Merlo. **Legal Specialist:** Siddiq Smith. **Executive Assistants:** Eileen Colgin, Mary Kate Hail. **Administrative Assistant:** Brittany Redeaux.

COMMUNICATIONS/COMMUNITY RELATIONS
Director, Communications: Steve Grande. **Manager, Business Communications:** Rachel Caton. **Senior Coordinator, Communications:** Meshach Sullivan. **Coordinator, Communications:** Ryan Posner.

MARKETING/ANALYTICS
Senior Director, Fan Experience: Chris Garcia. **Senior Director, Content:** Alex Herko. **Director, Advertising and Digital Marketing:** Daniel Klimpel. **Director, Brand Engagement:** Richard Tapia. **Senior Manager, Entertainment Marketing:** Kyle Hamsher. **Senior Manager, Graphics and Marketing Projects:** Larry Provitt. **Senior Manager, Production Producer:** Garret Young. **Manager, Promotions & Events:** Hannah Lehle. **Manager, Brand Engagement:** Meehee Kim. **Manager, Photography:** Evan Triplett. **Manager, Video Content:** Michael Eng. **Associate Technical Director:** Ali Burks. **Senior Graphic Designer, Content:** Ruben Valdez. **Content Graphic Designers:** Jake Chambers, Sarah White. **Team Photographer:** Rankin White. **Senior Coordinator, Promotions and Events:** Carolyn Scherpe. **Coordinator, Digital Marketing:** JJ Leal. **Coordinator, Entertainment:** Chad Promise. **Coordinator, Production:** Katherine Arata. **Coordinator, Promotions and Events:** Dusti Loreant. **Coordinator, Social Media:** Hannah Muery, Mia Veliz. **Coordinator, Brand Engagement:** Armando Lugo. **Producer, Content:** Zach Woolley.

CORPORATE PARTNERSHIPS
Senior Director, Corporate Partnership Sales: Matt Richardson. **Directors, Corporate Partnerships:** Jimmy Comerota, Melissa Hahn, Keisha Henderson. **Director, Business Development:** Kyle McLaughlin. **Senior Manager, Corporate Partnership:** Chris Leahy. **Senior Strategic Account Manager, Corporate Partnerships:** Craig Bristow. **Account Manager, Corporate Partnerships:** Cam Copeland, Brittany Bivens, Jake Sims, Amiri Johnson. **Coordinator, Corporate Partnership:** Makinley Gay.

STADIUM OPERATIONS
Director, Security: Roy Pippin. **Coordinator, Security:** Kendrick Jenkins. **Director, Safety:** Jimmy Hockett. **Senior Manager, Stadium Operations:** William Connaught. **Senior Manager, Parking:** Gary Rowberry. **Manager, Engineering:** Orlando Mendenhall. **Engineering Supervisor:** Johnny Burton. **Supervisor, HVAC:** Cesar Ramirez Sr. **Supervisor, HVAC/Maintenance:** Michael Seighman. **Specialist, Carpentry:** Kevin Chap. **Specialist, Painting:** Juan Gonzalez, Marset Mitchner, Miguel 'Angel' Hernandez. **Technicians, Engineering:** Seth Foreman, Keanu Hernandez, Jamal Green.

TICKETING
Senior Manager, Ticket Technology and Solutions: Trevor Purvis. **Senior Manager, Box Office and Ticket Services:** Marcus Barefield II. **Representative, Ticket Operations:** Ray Cervenka **Account Executives, Ticket Sales:** Ashli Henk, Austin Potts, Hugo Cortes Batista, Jacob Padelski, Juwan Hill, Pablo Ortiz, Sammy Piazza, Shaki Wilson, Thomas Avalos.

GENERAL INFORMATION
Stadium (year opened): Minute Maid Park (2000). **Team Colors:** Navy and orange. **Home Dugout:** First Base. **Playing Surface:** Grass.

MAJOR LEAGUES

BASEBALL OPERATIONS

General Manager: Dana Brown. **Assistant General Manager:** Andrew Ball. **Assistant General Manager:** Charles Cook. **Assistant General Manager:** Gavin Dickey. **Senior Advisor, Ownership & Baseball Operations:** Jeff Bagwell. **Special Assistant to the GM:** Russ Bove. **Special Assistant to the GM:** Will Sharp. **Senior Director, Player Development & Performance Science:** Jacob Buffa. **Director, Latin American Operations:** Caridad Cabrera. **Director, Baseball Operations:** Anthony Cacchione. **Director, Minor League Operations:** Derrick Fong. **Director, Player Personnel:** Matt Hogan. **Assistant Director, Player Personnel:** Aaron DelGiudice. **Manager, Dominican Republic Facilities Operations:** Jessica Ben. **Manager, Team Travel:** Juan Huitron. **Manager, Baseball Technology:** Seth Nadel. **Manager Player Development:** Cristian Perez. **Manager, Baseball Administration:** Christina Rey. **Manager, Minor League Operations:** Rafael Soto. **Manager, Minor League Housing and Logistics:** Ana Rodés. **Coordinator, Advance Scouting:** Zach Loewenberg. **Coordinator, Advance Scouting:** Kyle Ruedisili. **Coordinator, Advance Scouting & Player Personnel:** Holden Mayberry. **Coordinator, Baseball Operations:** Connor Dwyer. **Coordinator, Baseball Operations:** Natan Cristol-Deman. **Coordinator, Major League Video and Advance Scouting:** Sam Nasci. **Coordinator, Player Personnel:** Lauren Taplin. **Spanish Translator & Assistant, Advance Scouting:** Jenloy Herrera. **Analyst, Performance Science:** Bradley Moore, David Pajon. **Engineer, Performance Science:** Michael Pozzi. **Special Advisor, Player Development:** Jay Bruce, John Valentin, Chuckie Caufield. **Assistant, Latin American Operations:** Elizabeth Nunez. **Special Advisor to Baseball Operations & Community Outreach Executive:** Craig Biggio, Enos Cabell.

Dana Brown

RESEARCH & DEVELOPMENT

Senior Director, Research and Development: J.J. Ruby. **Assistant Director of Research, Research and Development:** Adam Brodie. **Senior Analyst, Research and Development:** Ryan Ferguson. **Senior Architect, Research and Development:** Danny Friedheim. **Manager, Technical Product, Research and Development:** Perla Villareal. **Manager, Software Development:** Kenneth Krampota. **Senior Developer, Research and Development:** Jason Christian. **Senior Front-End Developer, Research and Development:** Charlie Young. **Senior Machine Learning Engineer, Research and Development:** Kristen Mori. **Data Engineer, Research and Development:** Jonathan Sandell, Nicole Lopes. **Analyst, Research and Development:** Max Bay, Connor Kurcon, Arjun Ravikumar, Diego Martinez. **Front-End Developer, Research and Development:** Matt Bateman, Jacky Chen.

MAJOR LEAGUE STAFF

Manager: Joe Espada. **Coaches: Bench**—Omar Lopez, **Pitching**—Josh Miller. **Pitching**—Bill Murphy. **Hitting**— Alex Cintron. **Second Hitting**—Troy Snitker. **First Base**—Dave Clark. **Third Base**—Gary Pettis. **Quality Control**—Jason Bell. **Coach**—Michael Collins. **Major League Game Planning Coach**—Tommy Kawamura.

PLAYER DEVELOPMENT

Assistant GM/Director, Player Development: Gavin Dickey. **Director, Minor League Operations:** Derrick Fong. **Field Coordinator:** Micheal Thomas. **Hitting Coordinator:** Dan Hennigan. **Pitching Coordinator:** Eric Niesen. **Infield Coordinator:** Mike Ramzzotti. **Outfield Coordinator:** Dylan Mazzo. **Assistant Hitting Coordinator:** Rene Rojas. **Assistant Pitching Coordinator:** Thomas Whitsett. **Medical Coordinator:** Brandon Zumbach. **Rehabilitation Medical Coordinator:** Brian Faller. **Dietitian Coordinator:** Tara Boening. **Strength and Conditioning Coordinator:** Chris Martin. **Strength & Conditioning Rehab Coordinator:** Alexa Garcia. **Dominican Medical Coordinator:** Eric Pimentel. **Mental Health and Performance Coordinator:** Laura Ramos.

FARM SYSTEM

Class	Club	Manager	Hitting Coach	Pitching Coach
Triple-A	Sugar Land (PCL)	Mickey Storey	Aaron Westlake	Thomas Whitsett
Double-A	Corpus Christi (TL)	Joe Thon	Bobby Bell	Sean Buchanan
High-A	Asheville (SAL)	Nate Shaver	Bryan Muniz	Alex Harter
Low-A	Fayetteville (CAR)	Ricardo Rivera	Andrew Cresci	Zach Wilkins
Rookie	Astros (FCL)	Carlos Lugo	K.Brennan/T.Jones	James Wiseman
Rookie	Astros Orange (DSL)	Johe Acosta	Brauly Mejia	S. Sanchez/S. Ramirez
Rookie	Astros Blue (DSL)	Manuel Martinez	Luis Reynoso	Rick Aponte

SCOUTING

Senior Director, Amateur Scouting: Deric Ladnier. **Director, Amateur Scouting:** Cam Pendino. **Assistant Director, Amateur Scouting:** Evan Brannon. **Manager, Amateur Scouting:** Ryan Courville. **Senior Scouting Advisor:** Charlie Gonzalez. **Special Assignment Scout:** De Jon Watson. **Regional Crosscheckers:** Jamie Lehman, Mike Meyers. **Domestic Scouts:** Tim Costic, Brian Sheffler, Steven DiPuglia, Joe Dunigan, Andrew Johnson, Kevin Mello, Scott Oberhelman, Steve Payne, Drew Pearson, Freddy Perez, Bobby St. Pierre, Jim Stevenson, Landon Townsley, Eli Tupuola. **Coordinator, Amateur Scouting:** TJ Tullis. **Associate Analyst, Amateur Scouting:** Nick Arrivo. **Coordinator, Scouting Information:** Kyle Connell. **Director, International Scouting:** Brian Rodgers. **Brian Rodgers. Assistant Director, International Scouting:** Raymon Sanchez. **International Scouting Supervisors:** Dominican Republic—Alfredo Ullola. **Venezuela:** Jose Palacios. **Mexico—Miguel Pintor. Manager, International Scouting:** Catherine Fields. **International Scouts: Dominican Republic**—Alfred Ramirez, Hassan Wessin, Jose Lima, Jose Torres, Leocadio Guevara. **Venezuela**—Daniel Acuna, Daniel Gamboa, Javier Rodriguez. **Special Assignment Scout:** Enrique Brito. **Scouting Coordinators:** Francisco Navarro, Carlos Freites. **Scouting Assistants:** Cristopher Rodriguez, Felix Paredes, Oriana Gonzalez, Adrian Pernalente, Leonardo Marcano, Luis Carlos Espinoza, Alfredo Sierra, Luis Jauregui, Daniel Rodriguez. **International Scouting Analyst:** Camron Shipley. **International Scouting Coordinator:** Ricardo Lizarraga. **International Tryout Coordinator:** Erick Acevedo.

MAJOR LEAGUES

KANSAS CITY ROYALS

Office Address: One Royal Way, Kansas City, MO 64129.
Mailing Address: PO Box 419969, Kansas City, MO 64141.
Telephone: (816) 921-8000. **Fax:** (816) 924-0347. **Website:** www.royals.com.

OWNERSHIP
Operated By: Kansas City Royals Baseball Club, LLC. **Chairman & CEO:** John Sherman.

EXECUTIVE LEADERSHIP
Exec. VP/General Manager: J.J. Picollo. **President-Business Operations:** R. Brooks Sherman, Jr.. **Exec. VP/Chief Commercial & Community Impact Officer:** Sarah Tourville. **Sr. Vice President/Chief External Affairs Officer:** Adam Sachs. **Sr. Vice President/Chief Operating Officer:** Jason Sinnarajah. **VP/General Council:** Michael Post

BUSINESS OPERATIONS

FINANCE/ADMINISTRATION
VP, Chief Financial Officer: Whitney Beaver. **VP, People & Culture:** Iris Edelen. **Director, Finance:** Sarah Feldkamp. **Controller:** Luke Franken. **VP, Ticket Operations:** Anthony Blue. **Director, Ticket Ops:** Chris Darr. **Director, Food, Beverage, & Retail:** Ashley Ficken. **Director, Risk Management:** Patrick Fleischmann. **Sr. Director, Payroll:** Jodi Parsons.

TECHNOLOGY
VP, Technology & Business Analytics: Brian Himstedt. **Director, Business Analytics:** Daniel Sommerhauser. **Director, Business Data Architecture:** Collin Brody. **Director, Technology Infra/Ops:** Mitchell McDaniel. **Director, Business Solutions:** Brian Desch.

TICKET SALES
Sr. Director, Ticket Sales & Service: Kayla Shively. **Director, New Sales & Development:** Adam Cain. **Director, Premium Sales & Service:** Jeff Close.

COMMUNICATIONS
VP, Communications: Sam Mellinger. **Sr. Director, Communication Strategy:** Sharita Hutton. **Director, Media Relations:** Nick Kappel. **Assistant Director, Media Relations:** Ian Kraft. **Manager, Communications:** Logan Jones.

COMMUNITY IMPACT & URBAN YOUTH ACADEMY
VP, Community Impact: Luis Maes. **Sr. Director, Community Impact/Executive Director, The Kansas City Royals Foundation:** Amy Gale. **Director, Development:** Chris Major. **Sr. Director, Royals Hall of Fame:** Curt Nelson. **Director of Administration, UYA:** Donease Smith.

BALLPARK OPERATIONS
VP, Ballpark Operations: Isaac Riffel. **Sr. Director, Stadium Engineering:** Todd Burrow. **Director, Ballpark Services:** Johnny Williams. **Director, Guest Experience:** Nick Pieroni. **Event Operations:** Bryan Ross. **Security:** Joe Rooney.

PINE TAR COLLECTIVE
VP, Pine Tar Collective: Tony Snethen. **Group Director, Branded Content & Innovation:** Scott Lichtenauer. **Sr. Director, Content Strategy & Emerging Tech:** Erin Sleddens. **Sr. Director, Scoreboard Operations:** Steven Funke. **Director, Event Presentation:** Nicole Averso. **Creative Director, Brand & Marketing:** Caitlin Wienck

CORPORATE PARTNERSHIPS
VP, Corporate Partnerships: Alex Schulte. **Sr. Director, Partnership Development:** David Adams. **Director, Partnership Solutions:** Steve Garvey.

BASEBALL OPERATIONS
Telephone: (816) 921-8000. **Fax:** (816) 924-0347.
Exec. VP/General Manager: J.J. Picollo. **Executive Asst. to the GM:** Emily Penning. **SVP/Asst., GM:** Major League/International Operations: Rene Francisco. **Major League Operations:** Scott Sharp. **VP, Player Personnel:** Lonnie Goldberg. **Sr. Advisor:** Mike Arbuckle. **Special Asst. to Baseball Ops/Player & Staff Engagement:** Willie Aikens, Blaine Boyer, Reggie Sanders, Mike Sweeney. **Sr. Directors:** Leadership & Cultural Dev: Matt Marasco. **Behavioral Science:** Dr. Ryan Maid. **Director, Professional & Sport Dev:** Jeff Diskin. **Coordinator, Baseball Administration.:** Jared Hinton.

GENERAL INFORMATION
Stadium (year opened): Ewing M. Kauffman Stadium (1973).
Home Dugout: First Base.
Playing Surface: Grass.
Team Colors: Royal blue and white.

Photo: John Sherman (Gittings Photography)

MAJOR LEAGUES

RESEARCH & DEVELOPMENT
VP, R&D/Assistant GM: Daniel Mack. **Director:** Christine Harris. **Coordinator/Pitching Dev:** Brandon Nelson. **Sr. Developer:** Paul Turner. **Developers:** Erin Messel, Joe San Diego, Jenny Segelke. **Research Scientist:** Dan Gustafson. **Sr. Analyst:** Michael Cifuentes. **Analysts:** Pete Berryman (ML Strategy), Alan Kohler, Gabe Levy, Nick Loeffelholz (Pro Player), Grace Rieger (Pro Player), Robyn Wampler, Hailey Yabroudy.

TRAVEL/CLUBHOUSE
Vice President, Major League Team Operations: Jeff Davenport. **Director, Equipment:** Patrick Gorman. **Managers, Visiting Clubhouse:** Levi Noble. **Culinary Service:** T.J. Stack. **Clubhouse & Umpire Services:** Tom Walsh. **Sr. Clubhouse Assistants:** Tyler Agenter, Jake Van Oeveren. **Visiting Clubhouse Assistants:** Adam Korth, Jeff Smith.

GROUNDSKEEPING & LANDSCAPING
Sr. Director: Trevor Vance, Director: Shane Montgomery, **Sr. Manager:** Jonnie Reed. **Managers:** Curtis Brownfield, Clint Elder, Ricky Phillips.

JJ Picollo

MAJOR LEAGUE STAFF
Manager: Matt Quatraro. **Coaches: Bench**—Paul Hoover, **Pitching**—Brian Sweeney, **Director, Pitching Strategy/Asst. Pitching Coach**—Zach Bove. **Sr. Director, Hitting Performance/Hitting Coach**—Alec Zumwalt. **Asst. Hitting**—Keoni DeRenne, Joe Dillon, **First Base**—Damon Hollins, **Field Coordinator/Third Base**—Vance Wilson, **Infield**—Jose Alguacil. **Bullpen**—Mitch Stetter. **Replay/Advance Scouting Coordinator:** Bill Duplissea. **Bullpen Catchers:** Allan de San Miguel, Juan Graterol. **Video:** Ethan Blouin. **Asst. Video:** Brendan Sexton. **Pitching Strategists:** Malcom Culver, Andy Ferguson. **Major League Coach:** Miguel Garcia. **Director, Behavioral Science/Major League Mental Performance:** Melissa Lambert.

MEDICAL/TRAINING
Team Physician: Dr. Vincent Key. **Director Medical Services:** Nick Kenney. **Head Athletic Trainer:** Kyle Turner. **Asst. Athletic Trainers:** Chris Delucia, Dave Iannicca. **Strength & Conditioning:** Ryan Stoneberg, Luis Perez. **Physical Therapist:** Jeff Blum. **Director, Sports Nutrition:** Erika Wincheski. **Rehab Catcher:** Ryan Eigsti. **Massage Therapist:** Nicky Stoyles.

PLAYER DEVELOPMENT
Director, Player Development: Mitch Maier. **Director, Minor League Operaions:** Nick Leto, Asst Director, PD: Kevin Howard. **Asst Director, Minor League/International Ops:** Kristin Lock. **Sr. Director:** Pitching Performance: Paul Gibson. **Directors—Arizona Ops:** Will Simon. **Hitting Performance:** Drew Saylor. **Medical Services/Physical Therapist:** Justin Hahn. **Asst. Directors—Pitching Performance/Scouting:** Nate Adcock. **Pitching Performance/Strategist:** Justin Friedman. **Behavioral Science:** Kelzie Beebe. **Special Asst. to the GM:** Rafael Belliard, Chino Cadahia, Rusty Kuntz. **Field Coordinators:** Scott Thorman, Omar Ramirez (AZ), Victor Baez (DR Academy). **Managers:** Brittany Bozzini (Performance Science), Fabio Herrera (International Ops), Tim Bavester (Technology). **Jorge Guzman (AZ Ops/Life Skills). Coordinators:** Paul Menhart (Pitching), Tony Pena Jr (Infield), J.C. Boscan (Catching), Logan Gudde (Physical Therapy), Justin Kemp (Medical), Tony Medina (Medical/Latin America) Jarret Abell (Strength/Conditioning), Eric Dawson (Behavioral Science), Rene Ariel Francisco (Behavioral Science/Latin America), Sydney Daley (Sports Nutrition), Monica Ramirez (Ed/ESL & Latin American Initiatives). **Assistant Coordinators:** Nic Jackson (Hitting), Abrahan Nunez (Hitting/Latin America), Phil Falco (Strength/Conditioning), Joey Manana (Strength & Conditioning/Latin America) Zack O'Reilly (Video), Ivan Tio (DR Video). **Support Staff:** Obnerys Dominguez (DR Lead Educator), Massiel Rodriguez (Asst. Dominican Ops), Randy Fernandez (Asst. International Ops), Susana Richardson (DR Admin Asst.), Narolly Alberto (DR Sports Nutrition).

FARM SYSTEM

Class	Club (League)	Manager	Hitting Coach	Pitching Coach
Triple-A	Omaha (PCL)	Mike Jirschele	Bijan Rademacher	Dane Johnson
Double-A	Northwest Arkansas (TL)	Tommy Shields	Andy LaRoche	Larry Carter
High-A	Quad Cities (MWL)	Brooks Conrad	Ryan Powers	Derrick Lewis
Low-A	Columbia (CAR)	Jesus Azuaje	Ari Adut	John Habyan
Rookie	Royals (ACL)	Larry Sutton	R. Castro/A. Gomez	J. Pimentel/J. Delgado
Rookie	Royals 1 (DSL)	Ramon Martinez	Wilson Betemit	Christopher Marte
Rookie	Royals 2 (DSL)	Sergio de Luna	Fernando Martinez	Jose Veras

SCOUTING
VP, Scouting: Danny Ontiveros. **Director, Amateur Scouting:** Brian Bridges. **Director, International Scouting:** Daniel Guerrero. **Sr. Advisors:** Roy Clark. **Special Assts to the GM:** Tim Conroy, Tom McNamara, Louie Medina, Don Poplin. **Special Assts, International Operations:** Johnny Dipuglia. **Coordinator, Amateur Scouting / Analyst:** Rob Sorge. **Special Assignment Scouts:** Mitch Webster. **Pro Scouts:** Dennis Cardoza, Elias Despardel, Orlando Estevez, Mark Leavitt, John McMichen. **Advance Scouts:** Parker Morin. **Tony Tijerina. National Supervisor:** Sean Rooney. **National Pitching Supervisor:** Gary Wilson. **Regional Supervisors:** Midwest—Gregg Miller, Northeast—Keith Connolly, Southeast—Sean Gibbs, West— Colin Gonzales. **Area Supervisors:** Joe Barbera, Billy Best, Tim Bittner, Cody Clark, Mike Farrell, Buddy Gouldsmith, Todd Guggiana, Josh Hallgren, Nick Hamilton, Will Howard, Scott Melvin, Ken Munoz, Matt Price, Nick Presto, Joe Ross, Bobby Shore. **Underclass Scouts:** Vance Vizcaino. **Part-Time Scouts:** Brett Bailey, Rick Clendenin, Louis Collier, Jason Gill, Tim Cummins, Jeremy Jones, Johnny Ramos, Mike Ranson, Chris Reitsma, Lloyd Simmons, Adam Stern. **International Coordinators—Player Evaluation:** Fred Guerrero. **Latin America:** Richard Castro. **Pacific Rim:** Phil Dale. **Manager, International Ops:** Fabio Herrera. **Central America Supervisor:** Luis Ortiz. **International Scouts:** Michael Acevedo (D.R.), Roberto Aquino (D.R.) Nicolas Bautista (D.R.), Neil Burke (Australia), Ronny Delgado (VZ), Francis Feliciano (D.R.), Alberto Garcia (VZ), Joelvis Gonzalez (VZ), Jose Gualdron (VZ), Edson Kelly (Aruba), Hyunsung Kim (S. Korea), Nathan Miller (Taiwan), Rafael Miranda (Colombia), Wilmer Miranda (Columbia), Fausto Morel (D.R.), Daniel Ogando (D.R.), Hiroyuki Oya (Japan), Manuel Samaniego (Mexico), Rafael Vasquez (D.R.).

MAJOR LEAGUES

LOS ANGELES ANGELS

Office Address: 2000 Gene Autry Way, Anaheim, CA 92806.
Mailing Address: 2000 Gene Autry Way, Anaheim, CA 92803.
Telephone: (714) 940-2000. **Fax:** (714) 940-2205. **Website:** www.angels.com.

OWNERSHIP
Owners: Arte & Carole Moreno. **Chairman:** Dennis Kuhl. **President:** John Carpino. **Executive VP:** Dana Wells.

BUSINESS OPERATIONS

EXECUTIVE MANAGEMENT
Ownership: Arte & Carole Moreno. **Chairman:** Dennis Kuhl. **President:** John Carpino. **Executive Vice President:** Dana Wells. **Senior Vice President, Finance and Administration:** Molly Jolly. **Vice President, Ballpark Operations:** Brian Sanders. **Vice President, Corporate Partnerships:** Mike Fach. **Vice President, Human Resources:** Deborah Johnston.

Arte and Carole Moreno

COMMUNICATIONS
Telephone: (714) 940-2014
Senior Director, Communications: Adam Chodzko. **Senior Manager, Communications:** Matt Birch. **Communications Manager:** Grace McNamee. **Communications Representatives:** Marco Peralta, Noah Scott. **Broadcast and Advertising Coordination:** Gregory Hall. **Senior Manager, Digital Communications:** Hannah Strange. **Manager, Digital Communications:** Ricardo Zapata. **Social Media Coordinator:** Meredith Jarvis. **Team Photographer:** Blaine Ohigashi.

COMMUNITY RELATIONS
Director, Corporate and Community Partnerships: Nicole Provansal. **Manager, Foundation and Community Initiatives:** Adam Cali. **Scholarship Programs Manager:** Lillea Acasio. **Scholarship Programs and Community Coordination:** Peggy Berroa-Morales. **Coordinator, Community Relations:** Marcus Vega.

MARKETING
Senior Director, Brand and Product Marketing: Alex Tinyo. **Marketing and Promotions Coordinator:** Riley Ersek. **Senior Graphic Designer:** Rich Esteban. **Graphic Designers:** Nikki Haroldson, Danny LeClaire.

CORPORATE SPONSORSHIP
Senior Director, Partnership Services: Bobby Kowan. **Senior Corporate Account Executive:** Drew Zinser. **Senior Manager, Partnership Services:** Andie Mitsuda. **Account Executive, Corporate Partnerships:** Jonathan Chodzko, Jared Florin. **Account Managers, Partnership Services:** Kira Czyrklis, Vanessa Gilles, Brianna Roach. **Authentication and Fulfillment Supervisor:** Tyler Ogawa.

ENTERTAINMENT
Director, Entertainment & Production: Davin Maske. **Manager, Video Productions:** Lizette Cabrera. **Production Manager:** Cole Dragon. **Engineer:** Zac Applegate. **Marketing and Entertainment Manager:** Mandi Ortiz. **Entertainment Producer and Cinematographer:** Cassie Moore. **Public Address Announcer:** Michael Araujo.

FINANCE
Senior Director, Finance: Mark Pilla. **Controller:** Sue Bassett. **Assistant Controller:** Jennifer Whynott. **Financial Operations Manager:** Jennifer Jeanblanc. **Payroll Manger:** Lorelei Schlitz. **Payroll Administrator:** Zach Byrne. **Accountants:** Kylie McManus, Sarah Talamonte. **Accounts Payable Specialist:** Rosie Alvarez.

HUMAN RESOURCES
Director, Human Resources: Mayra Castro. **Senior Manager, Benefits:** Cecilia Schneider. **Manager, Risk Management:** Ruth Aguilera. **Human Resources Generalist:** Reyna Mancilla. **Human Resources Assistant:** Julissa Julio.

INFORMATION SERVICES
Senior Director, Information Services: Al Castro. **Director, Network Infrastructure:** Neil Fariss. **Senior Network Engineer:** James Sheu. **Technical Service Manager:** Josh Schnoor. **Desktop Support Analyst:** Dennis De Jesus.

BUSINESS ANALYTICS
Director, Ticket Marketing and Business Analytics: Ryan Vance. **Senior Manager, Business Analytics:** Julius "JJ" Evans. **Applications Integration Manager:** Nicole Yamasaki.

GENERAL INFORMATION
Stadium (year opened): Angel Stadium of Anaheim (1966). **Playing Surface:** Grass.
Team Colors: Red, dark red, blue and silver.
Home Dugout: Third Base.

MAJOR LEAGUES

BASEBALL OPERATIONS

Perry Minasian

General Manager: Perry Minasian. **Special Advisory to the GM:** Bill Stoneman. **Special Assistants to the Club:** Albert Pujols, Kurt Suzuki. **Director, Player Procurement:** David Haynes. **Director, Baseball Administration:** Amanda Kropp. **Senior Director, Research and Development:** Michael Lord. **Director, Advance Scouting:** John Pratt. **Assistant Director, Research and Development:** Connor Moffatt. **Senior Analyst, Research and Development:** Chet Gutwein. **Analysts, Research and Development:** Matthew Johnson, Cam Rogers. **Senior Developer, Baseball Systems:** Josh Krowiorz. **Lead Front End Developer, Baseball Systems:** Nick Usoff. **Baseball System Developers:** Dante Poleselli, Patrick Seminatore, Max Wener. **Pitching Integration Strategist:** Bill Hezel. **Coordinator, Pitching Analysis:** Jared Hughes. **Coordinator, Baseball Analysis:** Jake Sauberman. **Coordinator, Baseball Operations:** Andrew Zenner. **Analysts, Baseball Operations:** Joe Chernak, Austin Marchesani. **Major League Run Prevention Coordinator:** Alex Cultice. **Manager, Major League Video:** Ryan Dundee. **Traveling Secretary:** Tom Taylor. **Director, Equipment and Clubhouse Operations:** Guy Gallagher. **Visiting Clubhouse manager:** Brett Crane. **Assistant Clubhouse Manager:** Aaron Wiedeman. **Assistant Equipment Manager:** Brett Ralls. **Home Clubhouse Supervisor:** Jim Greer. **Umpire Room Attendant:** Shane Demmitt.

MAJOR LEAGUE STAFF

Manager: Ron Washington. **Bench Coach:** Ray Montgomery. **Hitting Coach:** Johnny Washington. **Pitching Coach:** Barry Enright. **First Base Coach:** Bo Porter. **Third Base Coach:** Eric Young Sr. **Bullpen Coach:** Steve Karsay. **Infield Coach:** Ryan Goins. **Offensive Coordinator:** Tim Laker. **Catching Coach:** Jerry Narron. **Assistant Coach:** Jayson Nix. **Staff Assistant:** Tim Buss. **Bullpen Catcher:** Jason Brown. **BP Pitcher:** Mike Ashman. **Bullpen Catcher/Interpreter:** Manny Del Campo.

MEDICAL/TRAINING

Team Physician: Craig Milhouse, M.D. **Orthopedic Physicians (Kerlan-Jobe Clinic):** Brian Schulz, M.D.; John Itamura, M.D.; Carlos Uquillas M.D.; Steve Yoon, M.D. **Director, Sports Medicine & Head Athletic Trainer:** Mike Frostad. **Assistant Athletic Trainers:** Matt Biancuzzo, Eric Munson. **Athletic Training Services Coordinator:** Rick Smith. **Head Strength & Conditioning Coach:** Dylan Cintula. **Assistant Strength & Conditioning Coach:** Bob Alejo. **Head Physical Therapist:** Marc Oceguera. **Assistant Physical Therapist:** Robbie Williams. **Massage Therapist:** Yoichi Terada. **Employee Assistance Program/Clinical Psychologist:** Erik Abell, PhD. **Registered Dietitian:** Becca Roehl.

PLAYER DEVELOPMENT

Director, Player Development: Joey Prebynski. **Assistant Director, Player Development:** Toy Ferreira. **Assistant, Player Development:** Luis Barranco. **Assistant, Player Development:** Tripp Norton. **Manager, Minor League Equipment:** Louis Raya. **Field Coordinator:** Joe Kruzel. **Assistant Field Coordinator:** Sean Kazamar. **Latin American Field Coordinator:** Erick Salcedo. **Player Development Staff Coach:** Jack Howell. **Pitching Coordinator:** Dom Chiti. **Assistant Pitching Coordinator:** Derrin Ebert. **Pitching Consultant:** Chris Carpenter. **Special Assistant, Player Development:** Eddie Guardado. **Hitting Coordinators:** Phil Plantier, Tony Jaramillo. **Assistant Hitting Coordinator:** Jobel Jimenez. **Catching Coordinator:** Bill Haselman. **Infield Coordinator:** Mike Gallego. **Outfield and Baserunning Coordinator:** Ben Francisco. **Hitting Performance Coach:** Ryan Sebra. **Assistant Strength and Conditioning Coordinator:** Brad Lawson. **Assistant Nutrition Coordinator:** Miguel Quiroz. **Minor League Video Coordinator:** Alex Woody. **Assistant Minor League Video Coordinator:** Andrew Hansford. **Director, Minor League Medical:** Bob Tarpey. **Rehab Coordinator:** Joseph Skrzypek. **Coordinator, Minor League Medical Services:** Geoff Hostetter. **Rehab Coach:** Kernan Ronan. **Physical Therapist:** Keith Kocher.

FARM SYSTEM

Class	Club	Manager	Hitting Coach	Pitching Coach
Triple-A	Salt Lake (PCL)	Keith Johnson	Alonzo Powell	Shane Loux
Double-A	Rocket City (SL)	Andy Schatzley	Joel Chimelis	Michael Wuertz
High-A	Tri-City (NWL)	Willie Romero	Hiram Bocachica	Ron Villone
Low-A	Inland Empire (CAR)	Dave Stapleton	Eddie Menchaca	Elmer Dessens
Rookie	Angels (ACL)	Hainley Statia	Raywilly Gomez	Gil Heredia/Bo Martino
Rookie	Angels (DSL)	Hector De La Cruz	A. De los Santos	J. Marte/E. Gonzalez

SCOUTING

Director, Pro Scouting: Derek Watson. **Coordinator, Pro Scouting:** Charles St. Clair. **Director, Amateur Scouting:** Tim McIlvaine. **Assistant Director, Amateur Scouting:** Jeremy Schied. **Coordinator, Amateur Scouting:** Drew Plant. **Senior Advisor, Scouting and Player Personnel:** Matt Swanson. **Special Assignment Scout:** Ric Wilson. **Senior Director, International Scouting:** Brian Parker. **Assistant Director, International Scouting:** Brian Cruz. **Dominican Republic, Scouting Administrator:** Grace Mercedes. **National Crosschecker:** Steffan Wilson. **Regional Supervisors:** Jason Baker, Jayson Durocher, Nick Gorneault, Brandon McArthur, Scott Richardson, Doug Witt. **Area Scouts:** Drew Dominguez, Kevin Ellis, Abe Flores, KJ Hendricks, Bo Hughes, Billy Lipari, Chris McAlpin, Dennis Moeller, Joel Murrie, Luis Raffan, Ross Vecchio. **Latin America Crosscheckers:** Jean Carlos Alvarez, Marlon Urdaneta. **Amateur & International Crosschecker:** Matt Bishoff. **International & Pacific Rim Coordinator:** Taisuke Sato. **Dominican Republic Scouting Coordinator:** Rusbell Cabrera. **International Scouts:** Cesar Baez, Dereck Blanco, Domingo Garcia, Jonathan Genao, Jean Carlos Montalvo, Frank Tejeda, Cosme Valle, Raul Gonzalez, Joel Chicarelli, Melvin Dorta, Ender Gonzalez, Vicente Lupo, Rubylin Nicasia, Rafael Reyes, Jesus Colina. **Professional Scouts:** Jared Barnes, Jim Miller, Andrew Schmidt, Bobby Williams.

MAJOR LEAGUES

LOS ANGELES DODGERS

Office Address: 1000 Vin Scully Ave., Los Angeles, CA 90012.
Telephone: (323) 224-1500. **Fax:** (323) 224-1269. **Website:** www.dodgers.com.

OWNERSHIP/EXECUTIVE OFFICE
Chairman: Mark Walter. **Partners:** Earvin 'Magic' Johnson, Peter Guber, Todd Boehly, Robert 'Bobby' Patton, Jr, Billie Jean King, Ilana Kloss, Robert L. Plummer, Alan Smolinisky. **President/CEO:** Stan Kasten.

BUSINESS OPERATIONS
Executive Vice President/COO: Bob Wolfe. **Executive VP/Chief Marketing Officer:** Lon Rosen. **Senior Vice President, Business Strategy:** Royce Cohen. **Senior Vice President and General Counsel:** Daniel Martens. **Vice President and Deputy General Counsel:** Chad Gunderson. **Senior VP, Marketing, Community Affairs and Broadcasting:** Erik Braverman. **Senior VP, Stadium Operations:** Joe Crowley. **Senior VP, Ticket and Premium Sales & Service:** Antonio Morici. **Executive VP, Planning/ Development:** Janet Marie Smith, **Senior Vice President, Finance:** Eric Hernandez. **Senior VP, Global Partnerships:** Lorenzo Sciarrino.

Mark Walter

FINANCE AND BUSINESS ANALYTICS
VP, Accounting: Sara Curran **Sr. Director, Financial Planning/Analysis:** Gregory Buonaccorsi. **Director, Purchasing:** Lisa McShane. **VP, Business Analytics:** Michael Spetner. **Executive Director, Dodgers 365:** Chris Koenig.

GLOBAL PARTNERSHIPS
VP, Global Partnerships: Jeanne Vetter. **Sr. Director, Global Partnership Administration & Services:** Jenny Oh. **Sr. Director, Marketing Solutions:** Matt Grable. **Sr. Director, Global Partnerships:** RJ Mata, **Directors, Global Partnership Services:** Kristen Jareck, Kali Hengsteler, Karen Luciano, Sander Rodman.

MARKETING/BROADCASTING AND COMMUNICATIONS
VP, Communications: Jon Weisman. **Sr. Director, Public Relations:** Joe Jareck. **Director, Player Relations:** Juan Dorado. **Executive Producer, Production:** Greg Taylor. **Sr. Director, Graphic Design:** Ross Yoshida. **Sr. Director, Broadcast Engineering:** Tom Darin. **Senior Director, Brand Marketing and Advertising:** Jesse McConnell.

HUMAN RESOURCES AND RISK MANAGEMENT
VP, Human Resources: Marilyn Davis. **Director, Compensation and Benefits:** Lynne Akasaka-Riek. **Director, Human Resources:** Mayra Salazar. **VP, Risk Management:** Michelle Darringer.

LOS ANGELES DODGERS FOUNDATION AND COMMUNITY AFFAIRS
Chief Executive Officer, Los Angeles Dodgers Foundation: Nichol Whiteman. **Chief Program Officer:** Manny Aceves. **COO, Los Angeles Dodgers Foundation:** Chaitali Gala Mehta. **VP, Government and Community Affairs:** Kristin McCowan .

TICKETING
Telephone: (323) 224-1471. **Fax:** (323) 224-2609.
VP, Ticket Operations: Seth Bluman. **VP, Premium Sales & Services:** Craig Sindici. **Senior Director, Ticket Sales:** Sebastian Rivas. **Senior Director, Membership Service:** Ashley Galbraith. **Director, Premium Sales & Services:** Justine Treibel. **Director, Premium Sales:** Kyle Hart.

GENERAL INFORMATION
Stadium (year opened): Dodger Stadium (1962).
Team Colors: Dodger blue and white.
Home Dugout: Third Base.
Playing Surface: Grass

MAJOR LEAGUES

BASEBALL OPERATIONS

Telephone: (323) 224-1500. **Fax:** (323) 224-1463.
President: Andrew Friedman. **Executive Vice President & General Manager:** Brandon Gomes. **Vice President & Assistant General Managers:** Jeffrey Kingston, Alex Slater, Damon Jones. **Senior Vice President, Baseball Operations:** Josh Byrnes. **Vice Presidents:** Dave Finley (Scouting), Galen Carr (Player Personnel), Ismael Cruz (International Scouting), Billy Gasparino (Baseball Operations), Ellen Harrigan (Baseball Administration), Brandon McDaniel (Player Performance), William Rhymes (Player Development). **Senior Directors:** Scott Akasaki (Team Travel), Megan Schroeder (Performance Science), Alex Torres (Clubhouse Operations), Duncan Webb (Baseball Resources). John Focht & Brian McBurney (Baseball Systems).
Directors: Brian Stoneberg (Minor League Player Performance); Michael Voltmer (Strategy and Information); Leo Ruiz (Strong Mind Cultural Development); Richard Anderson (Quantitative Analysis), Emilee Fragapane (Integrative Baseball Performance), Yuji Akimoto (Baseball Product Development). **Senior Advisors & Special Assistants:** Chase Utley, Raul Ibanez, Thomas Allison, Adrian Gonzalez, Ron Roenicke, Rick Honeycutt, Joel Peralta, Jose Vizcaino, Chris Woodward, John Sears.

Andrew Friedman

MAJOR LEAGUE STAFF

Manager: Dave Roberts. **Bench Coach:** Danny Lehmann. **Major League Field Coordinator:** Bob Geren. **Pitching Coach:** Mark Prior. **Bullpen Coach:** Josh Bard. **Hitting Coach:** Robert Van Scoyoc. **Hitting Coach:** Aaron Bates. **First Base Coach:** Clayton McCullough. **Third Base Coach:** Dino Ebel. **Assistant Pitching Coach:** Connor McGuiness

PLAYER DEVELOPMENT

Telephone: (323) 224-1500. **Fax:** (323) 224-1359.
Director: Matt McGrath. **Directors:** Rob Hill (Minor League Pitching), Brian Stoneberg (MiLB Player Performance), Leo Ruiz (Strong Mind Cultural Development).

CAMPO LOS PALMAS

Senior Facility Manager: Jesus Negrette. **Manager:** Marian Vasquez. **Operations Coordinator:** Jose Vargas.

CAMELBACK RANCH

Manager, Arizona Operations: Matt Peabody.

FARM SYSTEM

Class	Club (League)	Manager	Hitting Coach	Pitching Coach
Triple-A	Oklahoma City (PCL)	Travis Barbary	Manny Burriss	Doug Mathis
Double-A	Tulsa (TL)	Scott Hennessey	Dylan Nasiatka	R. Dennick/ D. O'Linger
High-A	Great Lakes (MWL)	Jair Fernandez	O'Koyea Dickson	D. Anderson/ R. De Los Santos
Low-A	Rancho Cucamonga (CAL)	John Shoemaker	Blake Gailen	R. Troncoso/S. Coyne
Rookie	Dodgers (ACL)	Juan Apodaca	J. Chavez/K. LaChance	A. Urbina/L. Vasquez
Rookie	Dodgers Mega (DSL)	Dunior Zerpa	S. Mendez/J. Diaz	R. Giron/H. Rodriguez
Rookie	Dodgers Bautista (DSL)	Leury Bonilla	Audy Ciriaco	R. Chacon/E. Dominguez

SCOUTING

Director, Amateur Scouting: Zach Fitzpatrick. **Assistant Director, International Scouting:** Matthew Doppelt. **Manager, Amateur Scouting:** Jalen Phillips. **Assistant Director, International Scouting:** Javier Camps. **Special Advisor:** Paul Cogan. **Athleticism Development Coordinator:** Tyler Norton. **Global Crosschecker:** John Green. **National Crosscheckers:** Brian Stephenson, Rob St. Julien. **National Pitching Crosschecker:** Jack Cressend. **Regional Crosscheckers:** Jon Adkins, Brian Compton, Stephen Head, Brian Kraft, Alan Matthews. **Area Scouts:** Tim Adkins, Garrett Ball, Clint Bowers, Tom Kunis, Marty Lamb, Benny Latino, Brent Mayne, Paul Murphy, Tom Myers, John Pyle, Jonah Rosenthal, Wes Sargent, Mitch Schulewitz, Jeffrey Stevens. **Junior Area Scouts:** Logan Crook, Dean Kim. **Part-Time Scout:** Luis Faccio. **VP, Player Personnel:** Galen Carr. **Manager, Pro Scouting:** Luke Geoghegan. **Special Assistant to Pro Scouting:** Jeff McAvoy. **Special Assignment Scouts:** Vance Lovelace, Matt Smith. **Professional Scouts:** Tydus Meadows, Scott Groot, Peter Bergeron, Jason Lynn, Franco Frias, Lee Tackett, Jack Murphy, Greg Golson, Stephen Lyons, Sam Ray, Carlos Jose Lugo, Tim Schmidt. **Advisor, Pacific Rim:** Yogo Suzuki.

MAJOR LEAGUES

MIAMI MARLINS

Office Address: Marlins Park, 501 Marlins Way, Miami, FL 33125
Telephone: (305) 480-1300. **Fax:** (305) 480-3012.
Website: www.marlins.com.

OWNERSHIP
Chairman & Principal Owner: Bruce Sherman.

BUSINESS OPERATIONS
President of Business Operations: Caroline O'Connor.

FINANCE
Chief Financial Officer: Fred Koczwara. **Vice President, Finance and Accounting:** Mike Mullane. **Director, Compensation and Benefits:** Carolina Calderon. **Director, Procurement:** Dereck Ayala. **Payroll Specialist:** Omar Marin. **Senior Manager, Finance:** Veronica Vega. **Manager, Accounting:** Brian Miller. **Coordinator, Accounts Payable:** Victoria Vazquez.

INFORMATION TECHNOLOGY
Senior Director, Information Technology: David Enriquez. **Manager, Database & Applications:** David Kuan. **Senior Manager, End-User Computing & Help Desk:** Nylia Zamora. **Senior Systems Administrator:** Ruben Prieto, Jr. **Senior Information Technology Analyst:** Luis Arganda. **Network Administrator:** Maikel Perez Diaz.

Bruce Sherman

MARKETING
Chief Marketing Officer: Tiago Pinto. **Senior Director, Experience & Promotions:** Juan Martinez. **Director, Marketing & Digital Strategy:** Karry Pomes. **Director, Social Media:** Hernan Vivas. **Manager, Marketing:** Nathania Maldonado. **Manager, Social Media:** Sarah Penalver. **Senior Coordinator, Digital Marketing:** Daniel Rodriguez. **Senior Coordinator, Experience & Promotions:** Bryan Rodriguez Ballestero

LEGAL & RISK MANAGEMENT
Senior Counsel: Benjamin Lash. **Staff Counsel:** Aaron Caputo. **Senior Manager, Risk Management:** William Moy. **Paralegal:** Tina Babos. **Senior Coordinator, Worker's Compensation:** Selina Brown. **Payroll Specialist:** Omar Marin.
Miami Marlins Foundation, Community and DEI
Senior Director, Community Impact: Angela Smith. **Director, Foundation Event Donor Development:** Jessica Osman. **Manager, Foundation Impact Programs:** Diana Alonso. **Manager, Marlins Youth Academy Programs:** Shannon Johnson. **Coordinator, Foundation Impact Programs:** Jamie Ribeiro.

PARTNERSHIPS
Chief Commercial Officer: David Oxfeld. **Vice President, Partnership Development and Strategy:** Robert Gelman. **Senior Director, Partnership Strategy:** Meaghan Savin. **Director, Partnership Development:** Roger Perryman. **Assistant Director, Business Development:** Juliana Furey. **Manager, Partnership Development:** Humberto Miranda. **Manager, Partnership Strategy:** Jennifer Owston. **Manager, Partnership Strategy:** Daniel Kerwin. **Manager, Partnership Strategy:** Lily Aslanian. **Manager, Partnership Development:** Cameron Markovsky. **Coordinator, Partnership Strategy:** Chris Lorenzo

SECURITY
Director, Security: Todd Metro. **Manager, Security:** Pedro Lanuza. **Manager, Security:** Joshua Kucenic. **Lead Security Officer:** Breon Lewis. **Lead Security Officer:** Michael Ratkay. **Security Officer:** Alfonso Flores. **Security Officer:** Carlos DeLeon. **Security Officer:** Adam Stafford. **Security Officer:** Pedro Iglesias.

TICKET OPERATIONS
Manager, Ticket Operations: Gerry Fernandez. **Manager, Ticket Operations:** Jose Braojos. **Coordinator, Ticket Operations:** Laura Ramirez. **Coordinator, Ticket Operations:** Yanelis Fundora. **Coordinator, Ticket Operations:** Erich Aguilar.

SALES/TICKETING
Vice President, Ticket Sales & Service: Andre Luck. **Senior Director, Ticket Sales & Service:** Jason Liss. **Director, Membership Sales:** Jason Arellano. **Director, Group Sales:** Tristan Atterbury. **Manager, Membership Experience:** Eric Sutcliffe. **Manager, Insider Sales:** Anthony Barroso. **Manager, Premium Experience:** Samantha MacIntosh. **Manager, Global and Cultural Business Development:** Chema Sanchez. **Manager, Business Development:** Isaac Paladino. **Manager, Business Development:** Antonio Diz. **Manager, Business Development:** Matthew Ellias. **Manager, Business Development:** Samir Mekrami. **Manager, Business Development:** John Michos. **Manager, Tourism Development:** Rachel Martin. **Coordinator, Ticket Sales & Service:** Amanda Hoyos.

GENERAL INFORMATION
Stadium (year opened): Marlins Park (2012). **Playing Surface:** Grass.
Team Colors: Caliente Red, Miami Blue, Midnight Black and Slate Grey
Home Dugout: Third Base.

MAJOR LEAGUES

COMMUNICATIONS/MEDIA RELATIONS
Senior Director, PR & Communications: Jon Erik Alvarez. **Manager, Baseball Communications:** William Nadal. **Broadcaster:** Kyle Sielaff. **Manager, Fan Services:** John-Albert Rodriguez. **Player Relations & Spanish Media Liaison:** Luis Dorante. **Coordinator, Media Relations:** Gali Sharoni. **Coordinator, Broadcasting:** Stephen Strom. **Specialist, Communications:** Nick Grossman.

TRAVEL/CLUBHOUSE
Director, Team Travel & Clubhouse Operations: Max Thomas. **Home Clubhouse Manager:** Michael Diaz. **Visiting Clubhouse Manager:** Rock Hughes.

BASEBALL OPERATIONS
Telephone: (305) 480-2307. **Fax:** (305) 480-3032.
Assistant General Manager: Brian Chattin. **Assistant General Manager:** Daniel Greenlee. **Assistant General Manager:** Gabe Kapler. **Assistant General Manager:** Oz Ocampo. **Vice President, Player Personnel:** Sam Mondry-Cohen. **Director, Baseball Operations:** Vinesh Kanthan. **Assistant Director, Baseball Operations:** Matthew Marks. **Manager, Baseball Operations:** Jordan Jackson. **Executive Assistant, Baseball Operations:** Carolina Zapata.

Peter Bendix

BASEBALL ANALYTICS
Director, Analytics: Myles Lewis. **Coordinator, Baseball Information Services:** Bradley Woodrum. **Coordinator, Baseball Data:** Justin Littman. **Senior Analyst:** Robert Knopf. **Senior Analyst:** Tim Pugh. **Major League Analyst:** Jennifer Brann. **Data Engineer:** James Heneghan. **Analyst:** Jacob Bickman.

MAJOR LEAGUE STAFF
Manager: Skip Schumaker. **Field Coordinator:** Rod Barajas. **Third Base Coach:** Griffin Benedict. **Bullpen Coach:** Jose Ceballos. **Bullpen Coach:** Wellington Cepeda. **Bullpen Coordinator:** Rob Flippo. **First Base Coach:** Jon Jay. **Hitting Coach:** John Mabry. **Assistant Hitting Coach:** Bill Mueller. **Infield Coach:** Jody Reed. **Pitching Coach:** Mel Stottlemyre Jr. **Bench Coach:** Luis Urueta.

MEDICAL/TRAINING
Senior Medical Director: Mike Baraga M.D. **Head Athletic Trainer:** Lee Meyer. **Assistant Athletic Trainer:** Richard Lembo. **Assistant Athletic Trainer:** Ben Potenziano. **Major League Physical Therapist:** Andrew Turpin. **Massage Therapist:** Koji Tanaka. **Special Advisor:** John Silverman. **Major League Strength & Conditioning Coach:** Brendan Verner. **Rehab Athletic Trainer:** Shelby Perry. **Minor League Rehab Strength & Conditioning Coordinator:** Alexander Pons.

PLAYER DEVELOPMENT AND SCOUTING
Director, Player Development: Rachel Balkovec. **Director, Minor League Operations:** Hector Crespo. **Director, International Scouting:** Roman Ocumarez. **Director, Amateur Scouting:** Frankie Piliere. **Director, Special Projects:** Sara Goodrum. **Assistant Director, Minor League Operations:** Danny M. Henriquez. **Assistant Director, Pro Scouting:** Alexandria Rigoli. **Assistant Director, International Scouting:** David Hernandez-Beayne. **Assistant Director, Amateur Scouting:** Joshua Kapiloff. **Coordinator, Minor League Video:** Timothy Sylvester. **Analyst, Amateur Scouting:** Justin Brands.

FARM SYSTEM

Class	Club (League)	Manager	Hitting Coach	Pitching Coach
Triple-A	Jacksonville (IL)	Unavailable at Press Time		
Double-A	Pensacola (SL)			
High-A	Beloit (MWL)			
Low-A	Jupiter (FSL)			
Rookie	Marlins (FCL)			
Rookie	Marlins 1 (DSL)			
Rookie	Marlins 2 (DSL)			

SCOUTING
Director, Amateur Scouting: Frankie Piliere. **Assistant Director, Amateur Scouting:** Josh Kapiloff. **National Crosschecker:** Eric Valent. **Amateur Scouting Analyst:** Justin Brands. **Amateur Scouting Assistant:** Jordan Klinge. **Crosscheckers:** Scott Goldby, Ryan Wardinsky, Carmen Carcone, Mike Soper, T.R. Lewis. **Area Scouts:** Eric Brock, Hunter Jarmon, Scott Stanley, Scott Fairbanks, Eric Wordekemper, Ryan Cisterna, Chris Joblin, Brett Bittiger, JT Zink, Davis Knapp, Shaeffer Hall, Blake Newsome, Alex Smith. **Part-Time Scouts:** Bob Oldis, Omar Rosado. **Assistant Director, Professional Scouting:** Alexandria Rigoli. **Special Assignment Scout:** Joe Caro. **Professional Scouting Supervisors:** Chris Pelekoudas, Johnny Almaraz, Joe Lisewski. **Professional Scouts:** Jim Howard, Jose Almonte, Jordan Bley, John Eshleman, Eddie Almonte, Alexander Noel, Alvin Rittman, Phil Rossi. **Part-Time Scouts:** Paul Ricciarini. **Director, International Scouting:** Roman Ocumarez. **Assistant Director, International Scouting:** David Hernandez Beayne. **International Crosschecker:** Manny Padron. **International Crosschecker:** Adrian Puig. **Special Assignment Scout:** Joe Caro. **Scouts, Dominican Republic:** Miguel Beltre, Sahir Fersobe, Angel Izquierdo. **Scouts, Venezuela:** Nestor Moreno, Aly Gonzalez, Tibaldo Hernandez. **Scout, Mexico:** Andres Guzman. **Video Coordinator, Dominican Republic:** Joseph Gilma. **Video Coordinator, Venezuela:** Juan Calzadilla.

MAJOR LEAGUES

MILWAUKEE BREWERS

Office Address: Miller Park, One Brewers Way, Milwaukee, WI 53214.
Telephone: (414) 902-4400. **Fax:** (414) 902-4053. **Website:** www.brewers.com.

OWNERSHIP
Operated By: Milwaukee Brewers Baseball Club. **Chairman and Principal Owner:** Mark Attanasio

BUSINESS OPERATIONS
President, Business Operations: Rick Schlesinger. **General Manager:** Matt Arnold. **Chief Operating Officer:** Marti Wronski. **Executive Vice President, Chief Commercial Officer:** Jason Hartlund. **Senior Vice President, Communications and Affiliate Operations:** Tyler Barnes. **Senior Vice President, Stadium Operations:** Steve Ethier. **Chief Financial Officer:** Daniel Fumai. **Executive Assistant, Ownership Group:** Samantha Ernest. **Executive Assistant to the General Manager:** Nicole Kinatede. **Executive Assistant, Paralegal:** Kate Rock. **Executive Assistant, Revenue:** Lisa Brzeski. **Executive Assistants:** Adela Reeve, Kate Stempski.

Mark Attanasio

FINANCE/ACCOUNTING
Senior Director, Accounting: Vicki Wise. **Senior Director, Disbursements:** Erica Umbach. **Director, Risk Management:** Darius Anderson. **Assistant Director, Accounting:** Cory Loppnow. **Manager, Affiliates:** Mike Anheuser. **Senior Financial Analyst:** Kristin Hahn. **Senior Financial Analyst:** Pat Fennell. **Financial Analyst:** Collin Quinn. **Payroll Administrator:** Sandra Halvorsen. **Senior Accounts Payable & Payroll Specialist:** Ryan Barnard. **Treasury Accountant:** Jake Lindmair. **Consultant:** Bob Quinn. **Accounts Payable Clerk:** Jim Woelfel.

MARKETING
Vice President, Marketing: Sharon McNally. **Art Director:** Jeff Harding. **Director, Video Production:** Matt Gompper. **Director, Digital Experience:** Justina Quagliata. **Director, Hospitality Marketing:** Chelsea Roessler. **Director, Experiential Marketing:** Izzy Lugo. **Senior Productions Manager:** Caitlin Walter. **Senior Manager, Digital Content:** Ezra Siegel. **Manager, Motion Graphics:** Steven Armendariz. **Manager, Media and Marketing:** Gina Moretti. **Senior Graphic Designers:** Brandon Frederickson, Alex Pera. **Senior Editor:** Cody Oasen. **Editor:** Lucas Seidel. **Editor, Entertainment:** Jake McHugh. **Videographer/Editor, Social Media:** Carter Green. **Coordinator, Marketing:** Samantha Rennie. **Coordinator, Social Media:** Sydney Gille. **Copy Writer:** Lucas Kovnesky. **Marketing Administrator:** Brittany Luznicky.

MEDIA RELATIONS/PUBLICATIONS
Senior Director, Media Relations: Mike Vassallo. **Senior Director, Strategic Communications:** Leslie Stachowiak. **Manager, Media Relations:** Andrew Gruman. **Senior Coordinator, Business Communications:** Jenna Meyer.

TICKET SALES
Telephone: (414)-902-4000: Fax: (414)-902-4056
Vice President, Ticket Sales: Jim Bathey. **Vice President, Ticket Technology & Booking:** Jessica Brown. **Senior Director, Ticket Sales:** Billy Friess. **Senior Director, Group Sales:** Dan Winkelman. **Director, Group Ticket Sales:** Chris Kimball. **Director, Single Game and Inside Sales:** Steve Rosenthal. **Director, Ticket Operations:** Christine Verbos. **Director, Ticket Technology:** Eric Laue. **Senior Manager, Client Services:** Kara Kabitzke. **Manager, Ticket Operations:** Jerod Schultz. **Manager, Group Sales & Service:** Jake Mentch. **Manager, Ticket Services & Sales:** Ryan Cameron. **Senior Account Executives:** Client Services: Jason Fry, Nate Hardwick, Jeff Hibicke, Jason Massopust, Christian Niewinski. **Senior Account Executive, Ticket Sales:** Bill Junker. **Senior Account Executive, Group Sales:** Ryan Blaire. **Account Executives, Group Sales:** Teddy Sibilsky, Ben Wilkins, Maya Kelnhofer, Sean Tormey. **Account Executives, Client Services:** April Trewyn, Brayden Elliott. **Account Executives, Ticket Sales:** Kobe Vines, Jack Slattery, Adam Anderson. **Coordinators, Ticket Technology:** John Schmid, Matt Zanton. **Coordinator:** Ticket Operations: Samantha Ruekert. **Coordinator, Season & Group Events:** Ellie Hope. **Sales Representatives, Ticket Sales:** Jordan Adkins, Ryan Anhari, Morgan Bolz, Devonta Davis, Nicholas DeLuca, Payton Madel. **Ticket Office Supervisors:** Tom Librizzi, David Ellmann. **Ticket Operations Specialists:** Trevor Strunk, Genevieve VanKammen.

MEDICAL/TRAINING
Head Team Physician: Dr. William Raasch. **Team Physician:** Dr. Mark Niedfeldt. **Team Physician:** Dr. Craig Young. **Vice President, Player Health and Performance:** Blair Bundy. **Director, Performance Psychology:** Tyler Bradstreet. **Director, Player Health:** Nick Jensen. **Assistant Director, Player Health:** Frank Neville. **Major League Head Athletic Trainer:** Scott Barringer. **Major League Assistant Athletic Trainer:** Dave Yeager. **Major League Assistant Athletic Trainers/Physical Therapists:** Theresa Lau, Bryn Hester. **Coordinator, Psychological Services:** Alex Raske. **Mental Health and Performance Clinician:** Rose Diaz Vazquez. **Consulting Orthopedic Physicians, Phoenix:** Dr. Evan Lederman, Dr. Carlton Richie.

GENERAL INFORMATION
Stadium (year opened): American Family Field (2001).
Team Colors: Navy blue, gold and white.
Home Dugout: First Base.
Playing Surface: Grass.

MAJOR LEAGUES

BASEBALL OPERATIONS
Telephone: (414) 902-4400. **Fax:** (414) 902-4515.
Assistant General Managers: Karl Mueller, Matt Kleine, Will Hudgins. **Special Assistant to the General Manager:** Doug Melvin. **Executive Advisor to the General Manager:** Matt Klentak. **Vice President, Baseball Projects:** Gord Ash. **Vice President, Domestic Scouting:** Tod Johnson. **Vice President, Baseball Strategy and Innovation:** Dan Turkenkopf. **Special Assistant to the General Manager/Baseball Operations/Player Development:** Carlos Villanueva. **Special Assignment Scout:** Scott Campbell. **Special Assistant, Baseball Research and Development:** Nick Davis. **Director, Technology Operations:** Matt Kerls. **Director, Baseball Operations:** Eric Babitz. **Director, Baseball Systems:** Matt Culhane. **Director, Baseball Research and Development:** Andrew Fox. **Director, International Scouting:** James Armstrong. **Director, Baseball Data Engineering:** Phil Hauser. **Lead Analyst, Player Personnel:** Ethan Bein. **Manager, Baseball Data Engineering:** Josh Schaffer. **Project Manager, Baseball Systems:** DJ Michalski. **Manager, Scouting Operations:** Matt Roffe. **Senior Analysts, Baseball Research and Development:** Dan Kutner, Scott van Lenten. **Senior Software Engineers:** James Beaudoin, Scott Molling. **Senior Data Engineer:** Harrison Jacobs. **Senior Coordinator, Player Personnel:** Zack Sorensen. **Senior Coordinator, Player Information:** Ben Harris. **Senior Coordinator, Major League Video and Technology:** August Sandri. **Analysts, Baseball Research and Development:** Everett Johnson, Eric Albers, Austin Leonard. **Analyst, Scouting:** Lucas Smielewski. **Software Engineer:** Daniel Oh. **Coordinator, Data and Technology Operations:** Kevin Ottsen. **Coordinator, Technology Operations:** Ronnie Bedrosian. **Coordinator, Technology Operations, Player Development and High Performance:** Daniel Sarna. **Coordinator, Technology Operations:** Tyler Spicer. **Coordinator, Player Information:** Matt Ducondi. **Coordinator, Baseball Operations:** Michael Silber. **Coordinator, Int'l Scouting:** Zorian Schiffman. **Coordinator, Domestic and Int'l Scouting Operations:** Oscar Garcia.

Matt Arnold

MAJOR LEAGUE STAFF
Manager: Pat Murphy. **Associate Manager:** Rickie Weeks. **First Base Coach:** Quintin Berry. **Major League Field Coordinator:** Néstor Corredor. **Hitting Coaches:** Connor Dawson, Ozzie Timmons. **Assistant Coach:** Daniel de Mondesert. **Bullpen Coach:** Charlie Greene. **Assistant Pitching Coach:** Jim Henderson. **Pitching Coach:** Chris Hook. **Third Base Coach:** Jason Lane. **Run Prevention Coordinator:** Walker McKinven. **Bullpen Catchers:** Christian Correa, Adam Weisenburger.

PLAYER DEVELOPMENT
Vice President, Player Operations and Baseball Administration: Tom Flanagan. **Vice President, Player Development:** Cam Castro. **Special Assistant to General Manager/Baseball Operations/Player Development:** Carlos Villanueva. **Senior Manager, Baseball Administration:** Mark Mueller. **Manager, Education:** Adela Marquez. **Director, Latin America Operations:** Manuel Vargas. **Coordinator, Latin America Operations:** Juan De Leon. **Director, Player Information:** August Fagerstrom. **Senior Coordinator, Player Information:** Ben Harris. **Senior Coordinator, Player Personnel:** Zack Sorensen. **Coordinator, Player Information:** Matt Ducondi. **Special Assistant, Mental Performance:** Pedro Álvarez. **Director, Player Development:** Spencer Allen. **Assistant Field Coordinator:** Rafael Neda. **Dominican Republic Field Coordinator:** Victor Rey. **Pitching Coordinator:** Nick Childs. **Lead Strategist, Pitching Development:** Bryan Leslie. **Assistant Pitching Coordinator:** Juan Sandoval. **Hitting Coordinator:** Brenton Del Chiaro. **Assistant Hitting Coordinator:** Eric Theisen. **Catching Coordinator:** Dallas Correa. **Infield Coordinator:** Matt Erickson. **Roving Infield Instructor:** Mike Guerrero. **Assistant:** Player Development: Josh Lindblom.

FARM SYSTEM

Class	Club (League)	Manager	Hitting Coach	Pitching Coach
Triple-A	Nashville (IL)	Rick Sweet	Al LeBoeuf/Eric Thiesen	Jeremy Accardo
Double-A	Biloxi (SL)	Joe Ayrault	J.J. Reimer	Will Schierholz
High-A	Wisconsin (MWL)	Victor Estevez	Ken Joyce	Josh Spence
Low-A	Carolina (CAR)	Nick Stanley	Austin Turner	Michael O'Neal
Rookie	Brewers (ACL)	Rafael Neda	L. Gauci/E. Berliner	B. Nation/ J. Hernández
Rookie	Brewers Blue (DSL)	Victor Rey	Joan Abreu	Jorge Ortega
Rookie	Brewers Gold (DSL)	Natanael Mejia	José García	Carlos Pimentel

SCOUTING
Special Assistant, Scouting: Bryan Gale. **Special Assistant, Scouting:** Mike Berger. **Special Assistant, Scouting and International Player Development:** Taylor Green. **National/Regional Scout:** Bryan Bullington. **National/Regional Scout:** Doug Reynolds. **Supervisor, Scout Teams/West Coast Special Assignment Scout:** Corey Rodriguez. **Regional Supervisor:** Dan Nellum. **Regional Supervisor:** Drew Anderson. **Regional Supervisor:** Mike Serbalik. **Regional Supervisor, Scouting:** Wynn Pelzer. **Area Scouts:** Riley Bandelow, Hashim Cole, Steve Ditrolio, James Fisher, Taylor Frederick, Joe Graham, Adam Hayes, Ketchum Marsh, Scott Nichols, Pete Orr, Kevin O'Sullivan, Ginger Poulson, Joseph Rivera, Jeff Simpson, Craig Smajstrla, Steve Smith, Shawn Whalen. **Development Scouts:** Chris Cabrera, Dexter Swims, Jake Vollen. **Director, International Player Evaluation:** Luis Pérez. **Assistant Director, Latin America Scouting and International Player Development:** Fernando Veracierto. **Assistant Director, Latin America Scouting:** Gary Peralta. **Supervisor, Venezuela:** José Rodríguez. **Crosschecker, Dominican Republic:** Esteban Castillo. **Crosschecker, Dominican Republic:** Rodolfo Rosario. **Crosschecker, Venezuela:** Javier Castillo. **Coordinator, International Scouting Administration and Technology:** Diego Flores. **Coordinator, Dominican Republic Scouting:** Pedro Robles. **Coordinator, Central America and Colombia Scouting:** Teofilo Gutierrez. **Coordinator, Venezuela Scouting:** Kenji Galavis. **Assistant, Dominican Republic Scouting:** Jean Carlos Reynoso. **Scouts, Latin America:** Trino Aguilar, Salvador Ayestas, José Barraza, Julio De La Cruz, Jesús Garces, José Gómez, Djionny Joubert, Fabian Mendez, Mario Mendoza, José Morales, Clifford Nuitter, Luis Rosario, Samuel Uribe, Miguel Vásquez, Luis Veliz.

MAJOR LEAGUES

MINNESOTA TWINS

Office Address: Target Field, 1 Twins Way, Minneapolis, MN 55403.
Telephone: (612) 659-3400. **Fax:** 612-659-4025. **Website:** www.twins.com.

OWNERSHIP
Operated By: The Minnesota Twins. **Controlling Owner:** Jim Pohlad. **Executive Chair:** Joe Pohlad. **Executive Board:** Jim Pohlad, Joe Pohlad, Bob Pohlad, Bill Pohlad, Dave St. Peter.

BUSINESS OPERATIONS
President/Chief Executive Officer, Minnesota Twins: Dave St. Peter. **Executive Vice President/Chief Business Officer:** Meka Morris. **Executive Vice President/Chief Administrative Officer/Chief Financial Officer:** Kip Elliott. **Senior Vice President/Chief Technology Officer:** John Avenson. **Senior Vice President, Consumer Revenue:** Mike Clough. **Senior Vice President, General Counsel:** Mary Giesler. **Senior Vice President, Operations:** Matt Hoy. **Senior Vice President/Chief Strategy Officer:** Jason Lee. **Senior Vice President, Human Resources:** Leticia Silva. **Vice President, Finance:** Andy Weinstein. **Vice President, Deputy General Counsel:** Mari Guttman. **Senior Associate Counsel:** Wyatt Little. **Senior Executive Assistant:** Danielle Berg. **Executive Assistants:** Rachel Snyder, Tina Flowers.

Jim Pohlad

HUMAN RESOURCES/FINANCE/TECHNOLOGY
Senior Director, Compensation & Benefits: Lori Beasley. **Senior Director, Business Systems:** Wade Navratil. **Senior Director, Procurement:** Bud Hanley. **Director, Accounting:** Lori Windschitl. **Director, Information Security:** Robert Jacoby. **Director, Technology Infrastructure:** Tony Persio. **Director, Inclusion and People Development:** Cecilia Lettner.

BRAND MARKETING
Vice President, Brand Marketing: Heather Hinkel. **Senior Director, Broadcast:** Andrew Halverson. **Senior Director, Brand Marketing:** Becky Holten.

BRAND PARTNERSHIPS
Vice President, Brand Partnerships: Sean Moore. **Director, Partnership Activation:** Amelia Johnson. **Director, Research & Strategy:** Will Clayton. **Director, Brand Partnerships Sales:** Philicia Douglas.

BUSINESS STRATEGY & ANALYTICS
Senior Director, Business Strategy & Analytics: Brandon Johnson. **Director, Business Intelligence & Analytics:** Lisa Moschkau.

COMMUNICATIONS & CONTENT
Vice President, Communications & Content: Dustin Morse. **Director, Game Day Experience:** Sam Henschen. **Director, Business Communications:** Matt Hodson.

COMMUNITY ENGAGEMENT
Vice President, Community Engagement: Nancy O'Brien. **Senior Director, Community Engagement & Executive Director, Minnesota Twins Community Fund:** Kristen Rortvedt. **Director, Community Engagement & Events:** Julie Vavruska.

TICKETING
Vice President, Ticket Sales & Strategy: Eddie Eixenberger. **Vice President, Ticket Operations:** Paul Froehle. **Senior Director, Ticket Service & Retention:** Eric Hudson. **Senior Director, Ticket Strategy & New Business:** Rob Malec. **Senior Director, Ticket Operations/Technology:** Mike Stiles. **Senior Director, Suites & Premium Seating:** P.J. Williams. **Director of Season Memberships & Retention:** Craig Gumz. **Director of Group Sales and Service:** Phil McMullen. **Director, Florida Business Operations:** Mark Weber. **Director of New Business Development:** Bryan Van Den Bosch.

BALLPARK OPERATIONS
Vice President, Ballpark Operations: Dave Horsman. **Senior Director, Ballpark Development & Planning:** Dan Starkey. **Senior Director, Facilities:** Gary Glawe. **Senior Director, Guest Experience:** Patrick Forsland. **Senior Director, Security:** Jeff Beahen. **Director, Team Security:** Charles Adams III. **Director, Ballpark Maintenance:** Dana Minion. **Head Groundskeeper:** Larry DiVito. **Director, Target Field Events:** Quinn Handahl.

GENERAL INFORMATION
Stadium (year opened): Target Field (2010). **Playing Surface:** Grass.
Team Colors: Red, navy blue and white.
Home Dugout: First Base.

MAJOR LEAGUES

BASEBALL OPERATIONS
President, Baseball Operations: Derek Falvey. **Senior Vice President/General Manager:** Thad Levine. **Vice President, Assistant GM:** Daniel Adler. **Vice President, Assistant GM:** Jeremy Zoll. **Vice President, Baseball Operations Strategy & Innovation:** Josh Kalk. **Senior Director, Team Travel:** Mike Herman. **Vice President, Baseball Systems:** Jeremy Raadt. **Director, Baseball Research:** Dane Sorensen. **Director, Baseball Technology:** Sean Harlin. **Assistant Director, Baseball Operations:** Nick Beauchamp. **Assistant Director, Baseball Research:** Kevin Wright. **Special Assistants:** Michael Cuddyer, LaTroy Hawkins, Paul Molitor, Justin Morneau.

MAJOR LEAGUE STAFF
Manager: Rocco Baldelli. **Coaches: Bench**—Jayce Tingler, Assistant Bench/**Infield**—Tony Diaz, **Pitching**—Pete Maki, **Hitting**—Rudy Hernandez, **Hitting**—David Popkins, **Assistant Hitting**—Derek Shomon, First Base/**Catching**—Hank Conger, **Third Base/Outfield**—Tommy Watkins, **Bullpen Coach**—Colby Suggs, **Assistant Pitching**—Luis Ramirez, **Quality Control**—Nate Dammann, **Bullpen Catchers**—Anderson De La Rosa, Connor Olson. **Equipment Manager:** Rod McCormick.

MEDICAL/TRAINING
Director, Medical High Performance: Dr. Christopher Camp. **Medical Director Emeritus:** Dr. John Steubs. **Club Physicians:** Dr. Rahul Kapur, Dr. Dave Olson, Dr. Corey Wulf, Dr. Amy Beacom. **Head Athletic Trainer:** Nick Paparesta. **Assistant Trainers:** Masamichi Abe, Jason Kirkman. **Physical Therapist:** Christian Hintz. **Director, Strength & Conditioning:** Ian Kadish. **Strength & Conditioning Coaches:** Chuck Bradway, Aaron Rhodes. **Massage Therapist:** Kelli Bergheim.

PLAYER DEVELOPMENT
Telephone: (612) 659-3480. **Fax:** (612) 659-4026.
Vice President, Hitting Development & Procurement: Alex Hassan. **Director, Player Development:** Drew MacPhail. **Director, Minor League and High Performance Operations:** Brian Maloney. **Director, Performance Nutrition:** Kara Lynch. **Director, Player Education:** Amanda Daley. **Director of Minor League Pitching Development:** Tommy Bergjans, Assistant Director of Player Development: Frankie Padulo. **Assistant Director, Florida & Dominican Republic Operations:** Victor Gonzalez. **Assistant Director, Player Development Research:** Josh Ruffin. **Assistant Director, Sports Science:** Martijn Verhoeven. **Minor League Coordinators:** Kevin Morgan (field), Edgar Varela (Instruction), Nat Ballenberg (assistant pitching), Bobby Hearn (complex pitching), Bryce Berg (hitting), Ryan Smith (assistant hitting), Tucker Frawley (Infield and catching), Mike Quade (outfield).

Derek Falvey

FARM SYSTEM

Class	Club (League)	Manager	Hitting Coach	Pitching Coach
Triple-A	St. Paul (IL)	Toby Gardenhire	Shawn Schlechter	Dan Urbina/P. Larson
Double-A	Wichita (SL)	Ramon Borrego	Corbin Day	DJ Engle/C. Hernandez
High-A	Cedar Rapids (MWL)	Brian Dinkelman	CJ Baker	Argenis Angulo/J. Lovin
Low-A	Fort Myers (FSL)	Brian Meyer	Luis Reyes	R. Ricci/R. Salazar
Rookie	Twins (FCL)	Seth Feldman	Guerrero/Miranda/McBride	Dzurak/Powell/Rodriguez/Sanchez
Rookie	Twins (DSL)	Rafael Martinez	S. Cardona/C. Lara	D. Hawley/E. Julio

SCOUTING
Vice President, Amateur Scouting: Sean Johnson. **Vice President, International Scouting:** Kevin Goldstein. **Senior Advisor, Scouting:** Deron Johnson. **Director, Latin American Scouting:** Roman Barinas. **Director, Professional Player Procurement:** Brad Steil. **Assistant Director, Amateur Scouting:** Tim O'Neil. **Assistant Director, Professional Player Procurement:** Navery Moore. **Senior International Scouting Advisor:** José León. **National Crosschecker:** Billy Corrigan. **Scouting Supervisors:** East/International Crosschecker—Freddie Thon, Southeast—Mark Quimuyog, Mideast—Derrick Dunbar, Midwest—Mike Ruth, West—Elliott Strankman. **Area Scouts:** Joe Bisenius, Trevor Brown, Walt Burrows, Ty Dawson, J.R. DiMercurio, Brett Dowdy, John Leavitt, Mitch Morales, Jeff Pohl, Jack Powell, Dylan Tashjian, Brian Tripp, Nick Venuto, Chandler Wagoner, John Wilson. **Dominican Republic:** Luis Lajara, Manuel Luciano, Samuel Pimentel, Daniel Sánchez, Luis Sosa. **Venezuela:** Andrés García (VZ Supervisor), Oswaldo Troconis, Edgar Guerra, Marlon Nava, Alvaro Gómez, John González. **Pro Scouts:** Ken Compton, Earl Frishman, Jason Hahn, John Manuel, José Marzán, Keith Stohr.

MAJOR LEAGUES

NEW YORK METS

Office Address: Citi Field, 41 Seaver Way, Flushing, NY 11368.
Telephone: (718) 507-6387. **Fax:** (718) 507-6395.
Website: www.mets.com. **Twitter:** @mets.

OWNERSHIP
Owner, Chairman and CEO: Steven A. Cohen. **Owner & President, Amazin' Mets Foundation:** Alexandra M. Cohen. **Vice Chairman :** Andrew B. **Cohen. Chairman Emeritus:** Fred Wilpon. **Board of Directors:** Jeanne Melino. **Board of Directors:** Chris Christie.

BUSINESS OPERATIONS

Steve Cohen

President, Business Operations: M. Scott Havens. **President, Baseball Operations:** David Stearns. **Executive Vice President & Chief Revenue Officer:** Jeff Deline. **Chief Communications Officer:** Nancy Elder. **Vice President, Technology Solutions:** Oscar Fernandez. **Senior Vice President, Insights:** Justin Friedman. **Executive Vice President & Chief Marketing Officer:** Andy Goldberg. **Executive Vice President, Ballpark Operations & Experience:** Katie Haas. **Executive Vice President & Chief Legal Officer:** Katie Pothier. **Senior Vice President & Chief of Staff:** John Ricco. **Head of Human Resources:** Ariel Speicher. **Senior Vice President, Finance:** Peter Woll. **Executive Vice President & Chief Revenue Officer:** Jeff Deline. **Senior Vice President, Ticketing & Premium:** Jake Bye. **Executive Director, Business Analytics & Intelligence:** John Morris. **Executive Director, Consumer Products:** James Benesch. **Vice President, Hospitality:** Taryn Donovan. **Vice President, Events:** Nikki Romolo. **Senior Vice President, Partnerships:** Brenden Mallette. **Executive Vice President & Chief Marketing Officer:** Andy Goldberg. **Vice President, Acquisition & Retention Digital Marketing:** Andrew Markowitz. **Vice President, Alumni Public Relations & Team Historian:** Jay Horwitz. **Executive Director, Broadcasting & Special Events:** Laura South. **Executive Director, Creative Content:** Bobby Clemens. **Executive Director, In-Game Operations:** Brendan McKeon. **Vice President, Brand Marketing:** Trisha Donlin.

MEDIA RELATIONS
Telephone: (718) 565-4330. **Fax:** (718) 639-3619.
Chief Communications Officer: Nancy Elder. **Senior Director, Communications and Publications:** Zach Weber. **Senior Director, Communications:** Ethan Wilson. **Director, Internal Communications:** Christina Kelly-Henn. **Manager, Communications/Translator:** Álan Suriel. **Manager, Communications:** Zack Becker. **Manager, Communications:** Katie Agostin. **Assistant, Communications:** Josh Lederman. Executive Assistant, Operations & **Communications:** Maicy Schwartz.

TRAVEL/CLUBHOUSE
Manager, Team Travel: Edgar Suero. **Manager, Player Operations:** Brooklyn Covell. **Major League Clubhouse Manager:** Kevin Kierst. **Visiting Clubhouse Manager:** Dave Berni. **Coordinator, Clubhouse Operations:** Scott Keltner.

BASEBALL OPERATIONS
Telephone: (718) 803-4013, (718) 565-4339. **Fax:** (718) 507-6391.
President, Baseball Operations: David Stearns. **Special Assistant to the President of Baseball Operations:** Carlos Beltrán. **Vice President & Special Assistant to the President of Baseball Operations:** Eduardo Brizuela. **Senior Vice President, Player Development:** Andy Green. **Vice President, Amateur Scouting.:** Kris Gross. **Vice President & Assistant General Manager, Baseball Operations:** Ian Levin. **Senior Vice President, Baseball Operations:** Jonathan Strangio. **VP & Special Advisor to the President of Baseball Operations, Player Evaluation:** Thomas Tanous. **Vice President & Assistant General Manager, Baseball Analytics:** Ben Zauzmer. **Director, Major League Operations:** Elizabeth Benn. **Director, Baseball Initiatives:** Kathryn Crimmins. **Director, Baseball Operations:** Nick Spar. **Manager, Baseball Operations:** John Madsen. **Executive Assistant, Baseball Operations:** Janine Laboy-Gonzalez. **Interpreter:** Hiro Fujiwara. **Director, Minor League Operations:** Ronny Reyes. **Director, Latin American Operations:** Juan Henderson. **Manager, Learning Management Systems:** Neskys Liriano. **Life Skills Specialist:** Tristan Carranza. **Manager, Minor League Equipment & Operations:** John Mullin. **Assistant Manager, Minor League Clubhouse & Equipment :** Drew Dunton. **Coordinator, Minor League Administration:** Amy Ross. **Coordinator, Minor League Operations:** Ches Goodman. **Assistant, Minor League Operations:** Jacob Resnick. **Manager, DR Academy Operations:** Yezmin Chalas. **Formal Education and Continuing Professional Development Lead:** Diana Perez. **Life Skills & Teacher Lead:** Joymi Melenciano. **D.R. Academy Assistant :** Carmen Ruiz. **D.R. Academy Field Coordinator:** Kremlin Martinez. **D.R. Rehab Coach:** Juan Martinez. **DSL Pitching Coach:** Dakota Herman. **Medical & Rehabilitation Coordinator, Latin America:** Jhomelger Garcia. **DSL Lead Physical Therapist:** Santiago Jimenez. **DSL Physical Therapist:** Manuel Genao. **DSL Rehab Strength :** Joel Arias.

GENERAL INFORMATION
Stadium (year opened): Citi Field (2009).
Team Colors: Blue and orange.
Home Dugout: First Base.
Playing Surface: Grass.

MAJOR LEAGUES

MAJOR LEAGUE STAFF
Manager: Carlos Mendoza. **Bench Coach:** John Gibbons. **Pitching Coach:** Jeremy Hefner. **Hitting Coach:** Jeremy Barnes. **Hitting Coach:** Eric Chavez. **Coach:** Glenn Sherlock. **First Base Coach:** Antoan Richardson. **Third Base Coach:** Mike Sarbaugh. **Bullpen Coach:** José Rosado. **Major League Strategy Coach:** Danny Barnes. **Bullpen Catcher:** Dave Racaniello. **Bullpen Catcher:** Eric Langill. **Major League Coaching Assistant:** Rafael Fernandez. **Major League Staff Assistant:** Aaron Myers.

David Stearns

PLAYER DEVELOPMENT
Telephone: (718) 565-4302. **Fax:** (718) 205-7920.
Senior Vice President, Player Development: Andy Green. **Director, Player Development:** Andrew Christie. **Manager, Player Development:** Max Vogel-Freedman. **Vice President, Pitching:** Eric Jagers. **Pitching Coordinator:** Jono Armold. **Pitching & Performance Integration Coordinator:** Kyle Rogers. **Director, Hitting Development:** Jeff Albert. **Coordinator, Hitting Development:** Kevin Mahala. **Field Coordinator:** Eddy Rodriguez. **Complex & DSL Pitching Coordinator:** Miguel Bonilla. **Catching Coordinator:** Bob Natal. **Outfield Coordinator:** Shane Robinson. **Roving Infield Instructor:** Peter Mooney. **Infield Coordinator:** Luis Rivera. **Baserunning Coordinator:** Jemile Weeks. **Minor League Rehab Pitching Coach:** Jeremy Kivel.

RESEARCH AND DEVELOPMENT
Vice President & Assistant General Manager, Baseball Analytics: Ben Zauzmer. **Senior Manager, Baseball Analytics Integration:** Joseph Lefkowitz. **Manager, Research & Development:** Jared Faust. **Manager, Data Science:** Sam Saskin. **Manager, Minor League Analytics:** Daniel Schoenfeld. **Coordinator, Pitching Analysis & Evaluations:** Jack Bredeson. **Coordinator, Pitching Analytics:** David Lang. **Senior Analyst, Baseball Analytics:** Desmond McGowan. **Senior Analyst, Baseball Analytics:** Michael Jerman. **Analyst II, Baseball Analytics:** Jake Toffler. **Analyst, Baseball Analytics:** Kuan-Cheng Fu. **Analyst, Baseball Analytics:** Tatiana DeRouen. **Biomechanics Data Scientist:** Loubna Baroudi. **Computer Vision Analyst:** Theo Hintz. **Analyst, Research & Development:** Tim Wise. **Analyst, Major League Strategy:** Joey Keating. **Analyst, Major League Strategy:** Natalie Maurice. **Junior Analyst, Major League Strategy:** Michael Delong. **Replay Analyst:** Harrison Friedland. **Analyst, Minor League Analytics:** Hector Verganzo. **Analyst, Minor League Analytics:** Ryan Hecht. **Analyst, Minor League Analytics:** Will Moscato.

MINOR LEAGUE PERFORMANCE
Director of Minor League Athletic Training and Reconditioning: JT Podell. **Minor League Medical Coodinator:** Anthony Olivieri. **Minor League Strength & Conditioning Coordinator:** Luke Passman. **Minor League Rehabilitation Coordinator:** Luke Novosel. **Assistant, Minor League Performance Nutrition:** Katherine Hinojosa. **Strength & Conditioning Rehab Coach:** Kory Wan. **Minor League Physical Therapist:** Alexander Gough. **Minor League Physical Therapist:** Tyler Ward.

FARM SYSTEM

Class	Club	Manager	Hitting Coach	Pitching Coach
Triple-A	Syracuse (IL)	Dick Scott	Collin Hetzler	Grayson Crawford
Double-A	Binghamton (EL)	Reid Brignac	Darin Everson	AJ Sager
High-A	Brooklyn (SAL)	Gilbert Gomez	Eduardo Nunez	Dan Mckinney
Low-A	St. Lucie (FSL)	Yucarybert De La Cruz	Alejandro Diaz	Jordan Kraus
Rookie	Mets (FCL)	Danny Ortega	R. Benes/B. Wheary	L. Alvarado/G. Baker
Rookie	Mets Orange (DSL)	Felix Fermin Jr.	Leo Hernandez	Cristhian Martinez
Rookie	Mets Blue (DSL)	Gilberto Mejia	Luis Mateo	Wander Cabrera

SCOUTING
Telephone: (718) 565-4311. **Fax:** (718) 205-7920.
Vice President, Amateur Scouting.: Kris Gross. **Director, Amateur Scouting:** Drew Toussaint. **Manager, Amateur Scouting/Pacific Rim:** Tom Fleischman. **Coordinator, Amateur Scouting:** Cole Jaskoviak. **National Crosschecker:** Chris Hervey. **National Crosschecker:** Doug Thurman. **Regional Supervisor, Southeast:** Cesar Aranguren. **Regional Supervisor, Midwest:** Nathan Beuster. **Regional Supervisor, West:** Tyler Holmes. **Regional Supervisor, Northeast:** Mike Ledna. **Underclass Supervisor:** Tom Clark. **Senior Advisor, Amateur Scouting:** Ron Hopkins. **Underclass Scout:** Johnny Magliozzi. **Underclass Scout:** Jason McLaughlin. **Underclass Scout:** Nathan Rode. **Catching Evaluation Scout:** Joe Oliver. **Area Scouts—** Gary Brown, Jet Butler, Brett Campbell, Trey Cobb, Daniel Coles, Will Habib, Chad Langley, Rusty McNamara, Marlin McPhail, Nelson Mompierre, Rich Morales, Joe Raccuia, Brian Reid, Harry Shelton, Glenn Walker, Kevin Whiteside. **Director, International Scouting:** Steve Barningham. **Coordinator, International Scouting:** Rosario Chiovaro. **National Scout, Venezuela :** Ismael Perez. **National Scout, Colombia, Panama, Mexico:** Harold Herrera. **Supervisor, Pitching Evaluation & Development:** John Hendricks. **Supervisor, Dominican Republic & Cuba:** Oliver Dominguez. **Development Scout/Caribbean Cross-Checker:** Luis Scheker. **Coordinator, Dominican Republic:** Felix Romero. **Scout, Dominican Republic:** Kelvin Dominguez. **Scout, Dominican Republic:** Wilson Peralta. **Scout, Dominican Republic:** Raymi Dicent. **Scout, Venezuela:** Robert Espejo. **Scout, Venezuelan:** Manuel López. **Scout, Venezuela:** Andres Nunez. **Scout, Venezuela:** Carlos Perez. **Coordinator, Mexico:** Martin Arvizu. **Scout, Panama:** Elvis Rios. **Scout, ABC Islands:** Christian Cabral. **Video Coordinator, Dominican Republic:** Jose Luis de Leon. **Video Coordinator, Venezuela:** Miguel Chang. **Video Assistant, Dominican Republic:** Oliver Mieses. **Tryout Coach:** Enrique Valdez. **Tryout Coach:** Jose Canela. **Senior Director, Player Personnel:** Nate Horowitz. **Assistant Director, Player Personnel:** Jason Stein. **Assistant Director, Player Personnel:** Ronnie Socash. **Assistant Director, Player Personnel:** James Burke. **Coordinator, Player Personnel:** Bryan Woolley. **Coordinator, Pro Scouting:** Jason Davis. **Special Assignment Scout:** David Keller. **Pro Scouts:** Jaymie Bane, Tony DeFrancesco, Jeffrey Kusumoto, Jim Kelly, Bon Kim, Ash Lawson, Shaun McNamara, Andy Pratt, Roy Smith, Rudy Terrasas, Ernie Young.

MAJOR LEAGUES

NEW YORK YANKEES

Office Address: Yankee Stadium, One East 161st St., Bronx, NY 10451.
Telephone: (718) 293-4300.
Website: www.yankees.com, www.yankeesbeisbol.com.
Twitter: @Yankees, @YankeesPR, @LosYankees, @LosYankeesPR.

OWNERSHIP
Managing General Partner/Co-Chairperson: Harold Z. (Hal) Steinbrenner. **General Partner/Vice Chairperson:** Jennifer Steinbrenner Swindal. **General Partner/Vice Chairperson:** Jessica Steinbrenner.

BUSINESS OPERATIONS
President: Randy Levine, Esq. **Chief Operating Officer:** Lonn A. Trost, Esq. **Senior Vice President, General Manager:** Brian Cashman. **Senior Vice President, Assistant General Manager:** Jean Afterman, Esq. **Senior Vice President, Stadium Operations:** Doug Behar. **Senior Vice President, Yankee Global Enterprises CFO:** Tony Bruno. **Senior Vice President & General Counsel:** Alan Chang, Esq. **Senior Vice President, Strategic Ventures:** Marty Greenspun. **Senior Vice President, Chief Security Officer:** Sonny Hight. **Senior Vice President, Tampa & Dominican Republic Operations:** Dean Holbert. **Senior Vice President & CFO:** Scott M. Krug. **Senior Vice President, Chief Information Officer:** Mike Lane. **Senior Vice President & Chief Legal Officer:** Mike Mellis, Esq. **Senior Vice President, Corporate/Community Relations:** Brian E. Smith. **Senior Vice President, Partnerships:** Michael J. **Tusiani. Senior Vice President, Marketing:** Deborah A. Tymon. **Vice President, Ticket Sales, Service & Operations:** Kevin Dart. **Vice President, Assistant General Manager:** Michael Fishman. **Vice President, Partnership Sales:** Daniel Gallivan. **Vice President, Tampa Corporate Sales & Media Relations:** Howard Grosswirth. **Vice President, Risk Management:** Leslie Hanley. **Vice President, Non-Baseball Sports Events:** Mark Holtzman. **Vice President, Baseball Operations:** Tim Naehring. **Vice President, Domestic Amateur Scouting:** Damon Oppenheimer. **Vice President, Player Development:** Kevin Reese. **Vice President, Tampa Business Operations:** C. Vance Smith. **Vice President, Human Resources, Employment & Labor Law:** Aryn Sobo, Esq. **Vice President, Communications & Media Relations:** Jason Zillo.

Harold Z. Steinbrenner

COMMUNICATIONS/MEDIA RELATIONS
Telephone: (718) 579-4460. **Email:** media@yankees.com.
Senior Director: Michael Margolis. **Senior Manager:** Kaitlyn Brennan. **Bilingual Media Relations Coordinator:** Marlon Abreu. **Coordinator:** Jon Butensky. **Assistants:** Parker Lougée, Jon Simon. **Administrative Assistant:** Germania Dolores Hernandez-Simonetti. **Associate:** Samantha Levin.

BASEBALL OPERATIONS
Special Assignment Scout: Jim Hendry. **Senior Advisor, Baseball Operations:** Omar Minaya. **Executive Advisor to the General Manager:** Brian Sabean. **Director, Pro Scouting:** Matt Daley. **Director, Quantitative Analysis:** David Grabiner. **Director, Baseball Operations:** Matthew Ferry. **Director, Baseball Systems:** Brian Nicosia. **Assistant Director, Baseball Operations:** Michael Pinsky. **Assistant Director, Pro Scouting:** Adam Charnin-Aker. **Assistant Directors, Quantitative Analysis:** John Morris, Sam Waters. **Manager of Analytics & Implementation, Quantitative Analysis:** Zac Fieroh. **Lead Software Engineer:** Nick Eby. **Lead Mobile Engineer:** Michael Traverso. **Product Manager:** Matt Jones. **Senior Analysts, Quantitative Analysis:** Theodore Feder, Justin Sims. **Analysts, Quantitative Analysis:** Diana Faust, Walker Harrison, Antonio Ortiz, Jordan Siff. **Coordinator, Baseball Operations:** Jesse Lippin-Foster. **Coordinator, Pro Scouting:** Jimmy Stokes. **Coordinators, Advance:** Amanda Brady, Shea Wingate (Tampa). **Assistant, Baseball Operations:** Lukas Koepke. **Assistant, Advance Scouting:** Rohan Gupta. **Senior Database Engineer:** Jesse Bradford. **Data Engineer:** Samuel Grigo. **Senior Mobile Engineer:** Rakibul Islam. **Senior Software Engineer:** James Dunn. **Database Engineers:** Eric Fitton, Patrick Gilligan. **Research Analyst, Quantitative Analysis:** John Benedetto. **Full-Stack Software Engineers:** Alex Herreid, Brian Minter, Andrew Mogg. **Quality Assurance Engineer:** Matt Zielonko. **Data Quality Engineer:** Henry Ryan. **Administrative Assistant:** Mary Pellino.

MAJOR LEAGUE STAFF
Manager: Aaron Boone.
Coaches: Bench—Brad Ausmus; **Hitting**—James Rowson; **Asst. Hitting**—Casey Dykes, Pat Roessler. **Pitching**—Matt Blake; **Asst. Pitching**—Desi Druschel. **First Base**—Travis Chapman; **Third Base**—Luis Rojas; **Bullpen**—Mike Harkey; **Quality Control/Catching**—Tanner Swanson.

GENERAL INFORMATION
Stadium (year opened): Yankee Stadium (2009).
Team Colors: Navy blue and white.
Home Dugout: First Base.
Playing Surface: Grass.

MAJOR LEAGUES

MEDICAL/TRAINING
Head Team Physician: Christopher Ahmad, M.D. **Head Team Internist:** Paul Lee, M.D., M.P.H. **Team Internist:** William Turner, M.D. **Senior Advisor, Orthopedics:** Stuart Hershon, M.D. **Director, Player Health and Performance:** Eric Cressey. **Director of Sports Medicine & Rehabilitation (ATC/PT):** Michael Schuk. **Head Athletic Trainer:** Tim Lentych. **Assistant Athletic Trainer:** Alfonso Malaguti. **Major League Physical Therapist:** Joe Bello. **Major League Strength & Conditioning Coach:** Brett McCabe. **Assistant Major League Strength & Conditioning Coach:** Larry Adegoke. **Director of Medical Services:** Steve Donohue. **Major League Dietitian:** Drew Weisberg. **Massage Therapist:** Doug Cecil.

Brian Cashman

PLAYER DEVELOPMENT
Vice President, Player Development: Kevin Reese. **Director, Player Development:** Eric Schmitt. **Assistant Director, Player Development:** Stephen Swindal Jr. **Director, Minor League Operations:** Nick Avanzato. **Director, International Operations:** Victor Roldan. **Manager, Player Development Analytics:** Dan Walco. **P.D., Equipment & Clubhouse Operations Manager:** Ryan Ornstein. **Clubhouse Manager, Player Development:** Jamie Ventura. **Analyst, Player Development:** Matt Reiland. **Assistant, International Operations:** Giuliano Montañez. **Assistant, Minor League Operations:** Nick Leon. **Assistant, Player Development:** Austin Zieg. **Player Development Advisor:** Pat McMahon. **Senior Director of Pitching:** Sam Briend. **Director, Baseball Development:** Mario Garza. **Rehab Pitching Coordinator:** John Kremer. **Complex Pitching Coordinator:** Ben Buck. **Minor League Hitting Coordinator:** Joe Migliaccio. **Assistant Minor League Hitting Coordinator:** Jacob Hirst. **Director of Speed Development & Baserunning / Roving Hitting Coach:** Matt Talarico. **Defensive Coordinator:** Aaron Gershenfeld. **Minor League Outfield/Infield Coordinator:** Dan Fiorito. **Minor League Infield/Outfield Coordinator:** Ryan Hunt. **Medical Coordinator:** Mark Littlefield. **Assistant Medical Coordinator:** Greg Spratt. **Rehabilitation Coordinator:** David Colvin. **Assistant Rehabilitation Coordinator:** Charlie Domnisch. **Minor League Strength & Conditioning Coordinator:** Kevin Hollabaugh. **Assistant Minor League Strength & Conditioning Coordinator:** Ryan Williams. **Rehab Strength Coach:** Ty Hill. **Manual Therapy & Corrective Exercise Coordinator:** Mike Wickland. **Associate Director, Mental Conditioning:** Chris Passarella. **Coordinator, Cultural Development:** Héctor González. **Video Coordinator, Mental Conditioning Coach:** David Schnabel. **Mental Conditioning Coaches:** Aaron Barnett, Noel Garcia. **Executive Director, Latin Baseball Academy:** Joel Lithgow. **Director, Dominican Republic Baseball Operations:** David Adams. **Assistants, Int'l Baseball Ops.:** Manuel Castillo, J.T. Hernandez.

PERFORMANCE SCIENCE
Director: David Whiteside. **Senior Biomechanist:** Gillian Weir. **Senior Analyst:** Christina Williamson. **Engineers:** Kimber Ashman, Lydia Brough. **Lab Technician:** Kelsey Klug. **Coordinator:** Joe Siara. **Skill Acquisition Specialist:** Tim Buszard.

FARM SYSTEM

Class	Club (League)	Manager	Hitting Coach	Pitching Coach
Triple-A	Scranton/WB (IL)	Shelley Duncan	Trevor Amicone	Graham Johnson
Double-A	Somerset (EL)	Raul Dominguez	Kevin Martir	Brett DeGagne
High-A	Hudson Valley (SAL)	Nick Ortiz	Rick Guarno	Spencer Medick
Low-A	Tampa (FSL)	James Cooper	Rick Guarno	Preston Claiborne
Rookie	Yankees (FCL)	Ryan Chipka	Scott Nestor	Mossman/Rosario
Rookie	Yankees 1 (DSL)	Parker Guinn	Edwar Ramirez	Edwin Beard
Rookie	Yankees 2 (DSL)	Carlos Vidal	Freicer Perez	Selwyn Langaigne

SCOUTING
Telephone: (813) 875-7569. **Fax:** (813) 873-2302.
Vice President, Domestic Amateur Scouting: Damon Oppenheimer. **Asst. Dir., Dom. Amateur Scouting, Operations:** Mitch Colahan. **Asst. Dir., Dom. Amateur Scouting, Analytics:** Scott Benecke. **Amateur Scouting & Affiliate Pitching Analyst:** Scott Lovekamp. **National Crosscheckers:** Mike Wagner. **Regional Crosscheckers:** Tim Kelly, Steve Kmetko, Darryl Monroe, Matt Ruebel. **Pitching Crosschecker:** Jeff Patterson. **Draft Medical Coordinator:** Joe Metz. **Amateur Scouting Video & Administration Coordinator:** Joe Wielbruda. **Amateur Scouting Video Manager:** AJ Oppenheimer. **Area Scouts:** Troy Afenir, Tim Alexander, Chuck Bartlett, Manny Batista, Denis Boucher, Ricky Castle, Jeff Deardorff, Bobby DeJardin, Mike Gibbons, Billy Godwin, Matt Hyde, David Keith, Steve Lemke, Mike Leuzinger, Ronnie Merrill, Bill Pintard, Matt Ranson, Brian Rhees, Stewart Smothers, Mike Thurman. **Director, Pro Scouting:** Matt Daley. **Assistant Director, Pro Scouting:** Adam Charnin-Aker. **Professional Scouts:** Scott Atchison, Kendall Carter, Jay Darnell, Marc DelPiano, Jonathan Diaz, Brandon Duckworth, Raul Gonzalez,Tyler Greene, Shawn Hill, Cory Melvin, Pat Murtaugh, Jaylon Pimentel, Jose Ravelo, JT Stotts, Alex Sunderland, Dennis Twombley, Aron Weston, Tom Wilson. **Director, International Scouting:** Donny Rowland. **Assistant Director, International Scouting:** Brady LaRuffa. **Assistant to Director, Quality Control:** Ethan Sander. **Supervisors, International Scouting:** Steve Wilson, Dennis Woody, Ricardo Finol. **Crosschecker, International Scouting:** Juan Rosario. **Crosscheckers, Latin America:** Victor Mata, Jose Gavidia, Caonabo Cosme, Carlos Levy. **Video Coordinator, International Scouting:** Kurt Bathelt. **Video Assistants, Dominican Rep.:** Smerling Lantigua, Miguel Mojica. **Video Assistant, Venezuela:** Wilelvis Salazar. **Manager, Data/Technology, Int'l Scouting:** Vianco Martinez. **Technology/Data Analyst, D.R.:** Carlos Ravelo. **Technology/Data Analyst, Venezuela:** Victor Deyan. **International Scouts:** Rudy Gomez, John Wadsworth, Alvaro Noriega, Luis Sierra, Esdras Abreu, Luis Brito, R. Arturo Peña, Juan Piron, Luis Rodriguez, Jose Sabino, Troy Williams, Kevin Valera, Lee Sigman, Doug Skiles, Edgard Rodriguez, Chi Lee, Peng Pu Lee, Alan Atacho, Darwin Bracho, Roney Calderon, Cesar Suarez, Jesus Taico, Luis Tinoco.

MAJOR LEAGUES

OAKLAND ATHLETICS

OWNERSHIP
Managing Partner, Board Member: John Fisher. **President:** David Kaval. **Senior Advisor to the Managing Partner:** Billy Beane. **Chairman Emeritus:** Lew Wolff. **Board Members:** Bill Gurtin, Keith Wolff, Sandy Dean.

BUSINESS OPERATIONS

OFFICE OF THE PRESIDENT
Special Assistants to the President: Rickey Henderson, Rollie Fingers, Dennis Eckersley. **Chief of Staff:** Miguel Duarte. **Director, Project Finance:** Ross Bowen. **Manager, Operations:** Colette Lucas-Conwell. **Special Assistant & Investor Relations, Manager:** Curtis Wiggington. **Director, Alumni and Family Relations:** Detra Paige. **Manager, Alumni and Family Relations:** Melissa Guzman.

David Kaval

COMMUNICATIONS, COMMUNITY AND MARKETING
Vice President, Marketing, Communications and Community: Catherine Aker. **Executive Assistant:** Lupita Rodriguez. **Director of Communications:** Erica George. **Director, Baseball Communications:** Mark Ling. **Director, Social Media:** Michael Alcaraz. **Baseball Information Manager:** Mike Selleck. **Baseball Communications Manager:** Olivia Hummer. **Baseball Communications Coordinator:** Greg Korn. **Social Media Coordinator:** Mason Platt.

COMMUNITY ENGAGEMENT
Senior Director, Community: Stephanie Gaywood. **Senior Manager, Community:** Whitney Campbell. **Coordinator, Youth Baseball and Softball:** Ryan McCahan. **Coordinator, Community Engagement:** Annalise Lyons.

MARKETING
Senior Director, Marketing & Advertising: Vittorio DeBartolo. **Marketing Manager:** Parker Preston. **Marketing Coordinator:** Kira Griffin. **Marketing Project Coordinator:** Cecily Mitchell. **Team Photographer:** Michael Zagaris.

BROADCASTING
Coordinating Producer, Broadcasting: D'Aulaire Louwerse. **Multimedia Producer:** Cody Elias. **Broadcasting and Media Content Coordinator:** Ray Jensen. **Senior Broadcast Producer and Host:** Chris Townsend. **Team Announcers:** Ken Korach, Vince Cotroneo, Dallas Braden, Johnny Doskow Radio. **Engineers:** Michael Baird, Kevin Curran, Jessica Kleinschmidt.

BUSINESS ANALYTICS
Senior Director of Business Analytics: Mark Bashuk. **Senior Manager, Ticket Solutions:** Austin Redman. **Senior Manager, Business Analytics:** Anne Marie Rowe. **Business Operations Analyst:** Kelsey Moeller. **CRM Coordinator:** Sofia Kurin.

TICKET SALES
Senior Director, Ticket Sales: Josh Feinberg. **Manager, Ticket Sales:** Gavin Lituchy. **Ticket Sales Coordinator:** Noah Berk. **Senior Account Executive, Business Development:** Parker Newton. **Account Executives:** Dominic DeAnda, Sean Dobbyn, Ethan Eliason, Matt Musoni, Nick Sakoda, Simon Siggins-Bell, Carly Wade.

TICKET SERVICES
Premium Services Manager: Niko Domingo. **Senior Director, Ticket and Premium Operations:** Josh Ziegenbusch. **Director of Ticket Operations:** David Adame. **Ticket Operations Coordinator:** Keith Barnard.

CORPORATE PARTNERSHIPS
Senior Director of Corporate Partnerships: Greg Rieber. **Manager, Corporate Partnerships:** Jack Barbour. **Managers, Partnership Marketing:** Erika Cruz, Jonathan Labastida. **Coordinator, Partnership Marketing:** Savannah Fried.

STADIUM OPERATIONS
Vice President, Stadium Operations: David Rinetti. **Senior Director of Stadium Operations:** Paul La Veau. **Director, Stadium Operations Events:** Kristy Ledbetter. **Director, Guest Services:** Elisabeth Aydelotte. **Director, Security:** Jason Silva. **Director of Concessions & Merchandise:** Nicole Morgan. **Senior Manager of Stadium Services:** Randy Duran. **Manager of Authentication:** Erik Farrell. **Guest Services Coordinators:** Ayida Peters, Robert Towne. **Stadium Operations Systems Coordinator:** Gokulesh Killer. **Stadium Operations Coordinators:** Chris Eckard, Olivia Ortiz-Ortiz. **Stadium Operations Event Coordinator:** Isiah Clement. **Stadium Services Assistant:** Isaias Del Toro. **Stadium Operations Scheduler:** Dawn Silva. **Head Groundskeeper:** Clay Wood. **Assistant Head Groundskeeper:** Samuel Turner. **Groundskeeper:** Andrew Eagan.

GENERAL INFORMATION
Stadium (year opened): RingCentral Coliseum (1968). **Team Colors:** Kelly green and gold. **Home Dugout:** Third Base. **Playing Surface:** Grass.

MAJOR LEAGUES

BASEBALL OPERATIONS

David Forst

General Manager: David Forst. **Assistant General Manager, Major League & International Operations:** Dan Feinstein. **Assistant General Manager/Director of Player Personnel:** Billy Owens. **Assistant General Manager, Baseball Development and Technology:** Rob Naberhaus. **Special Assistants to General Manager:** Grady Fuson, Chris Pittaro. **Special Assistant to Baseball Operations:** Scott Hatteberg. **Director of Baseball Administration:** Pamela Pitts. **Director of Team Travel:** Mickey Morabito. **Senior Research Scientist:** David Jackson-Hanen. **Director, Baseball Development:** Pike Goldschmidt. **Director, Research and Analytics:** Ben Lowry. **Assistant Director, Scouting and Baseball Operations:** Haley Alvarez. **Coordinator, Scouting and Baseball Operations:** Greg Ledford. **Video Coordinator:** Adam Rhoden. **Executive Administrator, Baseball Operations:** Alison Chapot.

MAJOR LEAGUE STAFF
Manager: Mark Kotsay. **Coaches: Bench**—Darren Bush; **Hittting**—Mike Aldrete, Tommy Everidge; **Asst. Hitting**—Chris Cron; **Pitching**—Scott Emerson; **First Base**—Bobby Crosby; **Third Base**—Eric Martins; **Bullpen**—Dan Hubbs. **Quality Control**—Marcus Jensen. **Hitting Development**—Lloyd Turner. **Hitting Performance**—Scott Steinmann. **Coach**—Ramon Hernandez. **Bullpen Catchers**—Dusty Hughes, Wilkin Castillo.

MEDICAL STAFF
Director of Sports Medicine and Rehabilitation: Brian Schulman. **Head Athletic Trainer:** Jeff Collins. **Assistant Athletic Trainers:** Elliot Diehl, Brad LaRosa. **Head Sport Performance Coach:** Josh Cuffe. **Assistant Sport Performance Coach:** JD Howell. **Major League Massage Therapist:** Ozzie Lyles. **Lead Sport Scientist and Biomechanist:** Ethan Stewart. **Junior Biomechanist:** Nick Meyer. **Head Team Physician:** Dr. Will Workman. **Head Team Internist:** Dr. Grant Wang. **Assistant Team Orthopedist:** Dr. Michael T Freehill. **Assistant Team Internists:** Dr. Pasha Jackson, Dr. Shannon McCune. **Arizona Orthopedic Surgeon:** Dr. Doug Freedberg. **Arizona Team Internist:** Dr. Fred Dicke. **Doctor Emeritus, Internal Medicine Consultant:** Dr. Allan Pont.

PLAYER DEVELOPMENT
Director of Player Development: Ed Sprague. **Director of Latin American Operations:** Raymond Abreu. **Director of Minor League Operations:** Manny Colón. **Assistant Director, Minor League Operations:** Nancy Moriuchi. **Assistant Director, Minor League Operations, Equipment and Clubhouse Operations:** Thomas Miller. **Minor League Hitting Coordinator:** Jim Eppard. **Assistant Minor League Hitting Coordinator:** Todd Takahoshi. **Minor League Pitching Coordinator:** Gil Patterson. **Minor League Pitching Coordinator Assistant:** Craig Lefferts. **Minor League Pitching Rehab Coordinator:** Rick Rodriguez. **Minor League Assistant Pitching Rehab Coordinator:** Steve Connelly. **Minor League Infield Coordinator:** Juan Navarrete. **Arizona Field Coordinator and Minor League Outfield/Baserunning Coordinator:** Steve Scarsone. **Minor League Catching Coordinator:** Gabe Ortiz. **Hitting Development Coach:** Lloyd Turner. **Coordinator of Player Development, Latin America:** Veronica Alvarez. **Minor League Medical Coordinator:** Nate Brooks. **Latin America Medical Coordinator:** Nick Voelker. **Minor League Rehab Coordinator:** Javier Alvidrez. **Minor League Rehab Assistant:** Brittany Bilodeau. **Minor League Sport Performance Coordinator:** Matt Mosiman. **Assistant Minor League Sport Performance Coordinator:** Scott Smith. **Minor League Sport Performance Rehab Coordinator:** Derek Clovis. **Minor League Technology and Development Manager:** Ed Gitlitz. **Minor League Technology and Development Coordinator:** Reid Collins. **Data Engineer:** Andrew Gibson. **Player Development Analysts:** Grace Boyce, Myles Mensah. **Senior Coordinator of Educational and Cultural Programs:** Kelvin Todd. **Coordinator of Educational and Cultural Programs:** Leslie Flores, Luis Victoria. **Senior Facility Manager, Arizona:** James Gibson. **Assistants, Arizona Clubhouse Operations:** Alex Haas, Dylan Ruth, Ari Vieira. **Interpreter:** Yen Po Wang. **Front Desk Reception:** Beth Kohler. **Arizona Head Groundskeeper:** Chad Huss.

FARM SYSTEM

Class	Club (League)	Manager	Hitting Coach	Pitching Coach
Triple-A	Las Vegas (PCL)	Fran Riordan	Brian McArn	Bryan Corey
Double-A	Midland (TL)	Gregorio Petit	Juan Dilone	Paul Abbott
High-A	Lansing (MWL)	Craig Conklin	Kevin Kouzmanoff	Don Schulze
Low-A	Stockton (CAL)	Javier Goddard	Ron Witmeyer	Gabriel Ozuna
Rookie	Athletics (ACL)	Tim Esmay	Perez/Rosales/Esmay	Jim Gott
Rookie	Athletics (DSL)	Cooper Goldby	Buhner/Vicente	David Brito

SCOUTING
Director of Scouting: Eric Kubota. **Director, International Scouting:** Steve Sharpe. **Professional Scouts:** Shooty Babitt, Jeff Bittiger, Grant Brittain, Dan Freed, Tim Huff, Will Schock, Steve Springer, Tom Thomas, Mike Ziegler. **West Coast Supervisor:** Scott Kidd. **Midwest Supervisors:** Mark Adair, Armann Brown. **East Coast Supervisor:** Marc Sauer. **Master Pitching Scout:** John Hughes. **Area Scouts:** Steve Abney, Anthony Aliotti, Neil Avent, Chris Botsoe, Fletcher Byrd, Jim Coffman, Ruben Escalera, Tripp Faulk, Julio Franco, Matt Higginson, John Mesagno, Kelcey Mucker, Trevor Schaffer, Rich Sparks, Jemel Spearman, Troy Stewart, Dillon Tung, Jeff Urlaub, Ron Vaughn. **Special Assistant to Scouting Department:** Derek Valenzuela. **Advanced Scouting Analyst:** Jacob Samuels. **Dominican Republic Scouting Supervisor:** Fernando Encarnacion. **Latin American Scouting Supervisor:** Juan Mosquera. **Pacific Rim Coordinator:** Adam Hislop. **Australia Scout:** Dan Betreen. **Colombia Scouts:** Tito Quintero, Oswaldo Garcia. **Dominican Republic Scouts:** Yendri Bachelor, Juan Carlos De La Cruz, Wilfredo Magallanes, Amaurys Reyes, Jose De Jesus (Video). **Europe Scout:** Clemens Cichocki. **Japan Scout:** Toshiyuki Tomizuka. **Mexico Scout:** Javier Agelvis. **South Korea Scout:** Lewis Kim. **Venezuela Scouts:** Jose Barradas, Andri Garcia, Kevin Garcia, Argenis Paez, Oswaldo Troconis.

MAJOR LEAGUES

PHILADELPHIA PHILLIES

Office Address: Citizens Bank Park, One Citizens Bank Way, Philadelphia, PA 19148.
Telephone: (215) 463-6000. **Website:** www.phillies.com.

OWNERSHIP
Operated By: The Phillies. **Managing Partner:** John Middleton. **Vice Chairman:** Stan Middleman. **Chairman Emeritus:** Bill Giles.

BUSINESS OPERATIONS

EXECUTIVE MANAGEMENT
Executive VP: David Buck. **VP/General Counsel:** Leslie Safran. **Director, Human Resources:** Jon Madden. **VP, Administration:** Kathy Killian. **VP, Chief Technology Officer:** Sean Walker. **Director, Technology Services:** Matt Bryan. **Director, Technology Systems Architect:** Kevin Donahue. **Director, Information Technology:** Bob Tonnon. **Director, Enterprise Applications:** Michael Cunningham.

BUSINESS AFFAIRS
VP, Business Affairs: Howard Smith. **Director, Concession Development:** Bruce Leith. **Director, Retail Marketing:** Kristin Zeller. **VP, Operations/Security:** Sal DeAngelis. **Director, Facility Operations:** Ed Speer. **Director, Special Events:** Leila Graham-Willis.

COMMUNICATIONS
VP, Communications: Bonnie Clark. **VP, Baseball Communications:** Kevin Gregg. **Director, Baseball Communications:** Chris Ware. **Director, Publications:** Christine Negley. **Director, Photography/Team Photographer:** Miles Kennedy. **Director, Player Relations and Phillies Charities:** Sophie Riegel. **PA Announcer:** Dan Baker. **Official Scorers:** Mark Gola, Mike Maconi, Kyle Matschke, Dick Shute.

FINANCE
Sr. VP/CFO: John Nickolas. **Director, Business Analytics:** Josh Barbieri. **Director, Business Analytics Strategy:** Blake Summerfield. **VP, Finance and Controller:** Shannon Snellman. **Director, Payroll:** Bryan Humphreys.

BROADCAST/VIDEO SERVICES
Director, Broadcasting/Video Services: Mark DiNardo. **Director, Video Production:** Sean Rainey. **Director, Video Engineering:** Martin Otremsky.

MARKETING/PROMOTIONS
Sr. VP, Partnership Sales and Corporate Marketing: Jacqueline Cuddeback. **VP, Marketing Programs & Events:** Kurt Funk. **VP, Marketing & New Media:** Michael Harris. **Sr. Director, Business Development and Suite Sales:** Kevin Beale. **Sr. Director, Marketing Events & Special Projects:** James Trout. **Director, Promotions:** Scott Brandreth. **Director, Relationship Marketing:** John Brazer. **Director, Community and Charity Events:** Michele DeVicaris. **Director, Youth Baseball & Softball Development:** Jon Joaquin. **Director, Community Initiatives:** Mary Ann Moyer. **Director, Partnership Strategy & Client Solutions:** Ashley Buttrick. **Director, Corporate Sales:** Scott Nickle. **Director, Entertainment:** Teresa Harris.

SALES/TICKETS
Telephone: (215) 463-1000. **Fax:** (215) 463-9878.
Sr. VP, Ticket Operations & Projects: John Weber. **Sr. Director, Sales:** Derek Schuster. **Sr. Director, Group Sales:** Vanessa Mapson. **Director, Ticket Technology & Development:** Christopher Pohl. **Director, Season Ticket Services:** Mike Holdren. **Director, Premium Sales & Services:** Matt Kessler. **Director, Ticket Operations:** Ken Duffy.

TRAVEL/CLUBHOUSE
Director, Clubhouse Services: Phil Sheridan. **Manager, Equipment/Umpire Services:** Dan O'Rourke. **Manager, Visiting Clubhouse:** Kevin Steinhour. **Director, Team Travel:** Jameson Hall. **Manager, Team Travel:** Michael Roche.

BASEBALL OPERATIONS
President, Baseball Operations: David Dombrowski. **VP/General Manager:** Sam Fuld. **Assistant GM:** Ani Kilambi. **Assistant GM:** Ned Rice. **Assistant GM:** Jorge Velandia. **Assistant GM, Amateur Scouting:** Brian Barber. **Assistant GM, Player Development:** Preston Mattingly. **Sr. Advisor:** Pat Gillick. **Sr. Advisor, GM:** Larry Bowa. **Sr. Advisor, GM:** Charlie Manuel. **Special Assistant, GM:** Howie Kendrick. **Sr. Advisor, International Scouting:** Sal Agostinelli. **Director, International Scouting:** Derrick Chung. **Director, Professional Scouting:** Mike Ondo. **Senior Director, Research and Development:** Alex Nakahara. **Director, Predictive Modeling:** Patrick McFarlane. **Director, Integrative Baseball Performance:** Rob Segedin. **Director, Amateur Scouting Administration:** Rob Holiday. **Director, Baseball Operations:** Corinne Landrey. **Director, Baseball Development:** Ben Werthan. **Director, Software Engineering:**

GENERAL INFORMATION
Stadium (year opened): Citizens Bank Park (2004).
Team Colors: Red, white and blue.
Home Dugout: First Base.
Playing Surface: Natural Grass.

MAJOR LEAGUES

Tegan Ashby. **Director, Staff Recruitment and Talent Development:** Steve Moser. **Director, Minor League Operations:** Lee McDaniel. **Director, Mental Performance, Life Skills & Education:** Ceci Craft. **Assistant Director, Foundational Research:** Ryan Plunkett.

MAJOR LEAGUE STAFF

Manager: Rob Thomson. **Coaches: Bench**—Mike Calitri, **Pitching**—Caleb Cotham, **Hitting**—Kevin Long, **First Base**—Paco Figueroa, **Third Base**—Dusty Wathan, **Infield**—Bobby Dickerson, **Bullpen**—Cesar Ramos, **Assistant Pitching Coach/Director of Pitching Development:** Brian Kaplan. **Assistant Hitting Coaches:** Dustin Lind & Rafael Pena. **Bullpen Catchers:** Brad Flanders, Hector Rabago.

MEDICAL/TRAINING

Director, Medical Services: Dr. Steve Cohen. **Head Athletic Trainer:** Paul Buchheit. **Assistant Athletic Trainers:** Joe Rauch, Christian Bermudez. **Director, Strength and Conditioning and Nutrition:** Morgan Gregory. **Assistant Strength & Conditioning Coach:** Furey Leva. **Major League Physical Therapist:** Alex Plum.

PLAYER DEVELOPMENT

Assistant GM, Player Development: Preston Mattingly. **Director, Minor League Operations:** Lee McDaniel. **Director, Minor League Training Facilities and Equipment:** Joe Cynar. **Dave Dombrowski Director, International Operations:** Ray Robles. **Assistant Director, Player Development:** Dana Parks. **Assistant Director, Player Development:** Edwin Soto. **Special Assistant to the Director of Player Development:** Matt Martin. **Field Coordinator:** Kevin Bradshaw. **D.R. Academy Field Coordinator:** Manny Amador. **Director, Hitting Development:** Luke Murton. **Minor League Hitting Coordinator:** Jake Elmore. **Assistant Director, Hitting Development:** Edwar González. **Pitching Coordinator:** Travis Hergert. **Lower Level Pitching Coordinator:** Vic Diaz. **Florida Complex Coordinator:** Keith Werman. **Defensive Coordinator (Outfield):** Andy Abad. **Defensive Coordinator (Infield):** Adam Everett. **Defensive Coordinator (Catching):** Joe Mangiameli. **Medical Coordinator:** Justin Ahrens. **Rehab Coordinator:** Justin Tallard. **Functional Rehab Coordinator:** Brittany Gooch. **Rehab Pitching Coordinator:** Aaron Barrett. **Strength and Conditioning Coordinator:** Pat Trainor. **Latin American Strength and Conditioning Coordinator:** José Salas. **Mental Performance Scouting and Rehab Coordinator:** Traci Statler. **Nutrition Coordinator:** Stephanie MacNeill. **Manager, Life Skills & Education:** Kiah Villamán.

FARM SYSTEM

Class	Club (League)	Manager	Hitting Coach	Pitching Coach
Triple-A	Lehigh Valley (IL)	Anthony Contreras	Joe Thurston	R. Buchter/T. Higgins
Double-A	Reading (EL)	Al Pedrique	Brock Stassi	P. Cundari/R.McCauley
High-A	Jersey Shore (SAL)	Greg Brodzinski	Adam Lind	B. Bergesen/M. Ellmyer
Low-A	Clearwater (FSL)	Marty Malloy	Chris Heintz	T. Collins/G. Armas
Rookie	Phillies (FCL)	Shawn Williams	J. Palomaki/R. DeLima	Jarrod Parker
Rookie	Phillies Red (DSL)	Neurlis Martinez	Samuel Hiciano	Concepcion/Hernandez
Rookie	Phillies White (DSL)	Waner Santana	Manny Martinez	Les Straker

SCOUTING

Assistant GM, Amateur Scouting: Brian Barber. **Director, Amateur Scouting Administration:** Rob Holiday. **National Scouting Coordinators:** David Crowson, Darrell Conner. **Assistant Director, Amateur Scouting:** Connor Betbeze. **Regional Supervisors:** Alex Agostino, Shane Bowers, Buddy Hernandez, Brad Holland, Brian Kohlscheen. **Performance Specialist:** Bryce Harman. **Video Coordinator:** Alex Rosen. **Special Assignment Scouts:** Dean Albany, David Chadd, Craig Colbert, Erick Dalton, Todd Donovan, Dave Holliday, Charley Kerfeld, Mike Koplove, Jon Mercurio, Brad Sloan, Dan Wright. **Director, Professional Scouting:** Mike Ondo. **Area Scouts:** Dave Dangler, Casey Fahy, Tommy Field, Zach Friedman, Ralph Garr Jr., Victor Gomez, Aaron Jersild, Kellan McKeon, Timi Moni, Justin Munson, Demerius Pittman, Hilton Richardson, Derrick Ross, Mike Stauffer, Jason Waugh, Bo Way, Jeff Zona Jr. **Senior Advisor, International Scouting:** Sal Agostinelli. **Director, International Scouting:** Derrick Chung. **Assistant Director, International Scouting:** Josh Lipman. **Coordinator, International Scouting:** Maurizio Ortiz. **Latin America Coordinators:** Jesús Méndez, Carlos Salas. **International Crosscheckers:** Oneri Fleita, Alex Mesa. **Crosschecker, Dominican Republic:** Andres Hiraldo. **Crosschecker, Dominican Republic:** Luis Garcia. **International Scouts:** Alvaro Blanco (Colombia), Jesus Blanco (Venezuela), Alex Choi (South Korea), Elvis García (Venezuela), Charlie Gastelum (Mexico), Gene Grimaldi (Associate Scout), Jose Guzman (Dominican Republic), Jonatan Hernandez (Venezuela), Man Yoon Kim (South Korea), Takahashi Koji (Japan), Quincy Martina (Curacao), Jean Montalvo (Dominican Republic), William Mota (Venezuela), Howard Norsetter (Australia), Bernardo Pérez (Dominican Republic), Abdiel Ramos (Panama), Franklin Rojas (Venezuela), Ismael Rosado (Dominican Republic), Victor Santana (Dominican Republic), Claudio Scerrato (Europe), Eduardo Soriano (Dominican Republic), Eddy Toledo (Dominican Republic) Ebert Velásquez (Venezuela), Youngster Wang (Taiwan). **International Video Scouting Assistants:** Gustavo Mogollon (Venezuela), Kelvin Paulino (Dominican Republic). **International Development Scouts:** Cristobal Colon & Jorge Gonzalez. **Dominican Republic Data Tracker:** Rafioby Ureña. **International Tryout Assistant:** Miguel De Jesus.

MAJOR LEAGUES

PITTSBURGH PIRATES

Office Address: PNC Park at North Shore, 115 Federal St., Pittsburgh, PA, 15212.
Mailing Address: PO Box 7000, Pittsburgh, PA 15212.
Telephone: (412) 323-5000. **Fax:** (412) 325-4412.
Website: www.pirates.com. **Twitter:** @Pirates.

Travis Williams

BUSINESS OPERATIONS

OWNERSHIP
Chairman of the Board: Bob Nutting. **President:** Travis Williams. **Associate General Counsel:** Drew Singer.

COMMUNICATIONS
Senior VP, Communications/Broadcasting: Brian Warecki. **Director, Player Relations & Team Historian:** Jim Trdinich. **Director, Broadcasting:** Marc Garda. **Director, Media Relations:** Dan Hart. **Director, Baseball Communications:** Patrick Kurish. **Director, Communications:** Melissa Strozza.

MARKETING/CORPORATE SPONSORSHIPS
VP, Marketing: Carey Cox. **Director, Alumni Affairs/Promotions/Licensing:** Joe Billetdeaux. **Director, Premium Partnerships & PNC Park Events:** Erinn Sander. **Director, Ballpark Entertainment:** Chris Vanderbeek. **Director, Ballpark Production:** Jon Cofer. **Director, Marketing & Advertising:** Mitch Stubbs. **Director, Social Media:** Zach Galia. **Director, Corporate & Premium Partnership Sales:** Chris Stevens. **Director, Corporate Partnership Activation:** Katie Shockey. **Director, Corporate & Premium Partnership Sales:** Dave Shinsky.

STADIUM OPERATIONS
Executive VP/General Manager, PNC Park: Dennis DaPra. **Vice President, Ballpark Operations:** Chris Hunter. **Senior VP, Florida and Dominican Operations:** Jeff Podobnik. **Director, Field Operations:** Matt Brown. **Director, PNC Park Operations:** J.J. McGraw. **Director, Facility Operations and Strategy:** Jackie Riggleman. **Director, Security Operations:** Jodi Hummert.

TRAVEL/CLUBHOUSE
Home Clubhouse Manager: TBD. **Visiting Clubhouse Manager:** Kevin Conrad. **Assistant Equipment Manager:** Kiere Bulls. **Manager, Team Travel:** Ryan Denlinger.

GENERAL INFORMATION
Stadium (year opened): PNC Park (2001).
Team Colors: Black and gold.
Home Dugout: Third Base.
Playing Surface: Grass.

MAJOR LEAGUES

BASEBALL OPERATIONS

Ben Cherington

Executive Vice President, Baseball Operations and General Manager: Ben Cherington. **Assistant General Manager:** Kevan Graves. **Assistant General Manager:** Steve Sanders. **Senior Vice President, Assistant General Manager:** Sarah Gelles. **Senior Vice President, Baseball Operations:** Bryan Stroh. **Director, Pro Scouting:** Will Lawton. **Assistant Director, Baseball Operations:** Trey Rose. **Assistant, Baseball Operations:** Anthony Argenziano. **Assistant, Baseball Operations:** Jalen Heath.

MAJOR LEAGUE STAFF

Manager: Derek Shelton. **Bench Coach:** Don Kelly. **Hitting Coach:** Andy Haines. **Pitching Coach:** Oscar Marin. **Assistant Hitting Coach:** Christian Marrero. **Major League Field Coordinator and 3rd Base Coach:** Mike Rabelo. **Major League First Base Coach:** Tarrik Brock. **Bullpen Coach:** Justin Meccage. **Assistant Coach:** Jonny Tucker. **Major League Run Prevention & Game Planning Coach:** Radley Haddad. **Major League Bullpen Catcher and Catching Assistant:** Jordan Comadena. **Coordinator, Mental Performance:** Andy Bass. **Major League Coach:** Mendy Lopez. **Assistant Director, Pitching:** Jeremy Bleich. **Assistant Director, Hitting:** Tim McKeithan.

MEDICAL/TRAINING

Director, Sports Medicine: Todd Tomczyk. **Director, Sports Performance:** A.J. Patrick. **Head Strength and Conditioning Coach:** Terence Brannic. **Assistant Major League Strength & Conditioning Coach:** Adam Vish. **Head Major League Dietitian:** Hillary Ake. **Sport Nutrition Assistant:** Steffani Holmes. **Executive Chef, Home Clubhouse:** Tony Palatucci. **Head Major League Athletic Trainer:** Rafael Freitas. **Major League Assistant Athletic Trainer:** Tony Leo. **Major League Physical Therapist:** Seth Steinhauer. **Medical Director:** Dr. Patrick DeMeo. **Team Physicians:** Dr. Darren Frank, Dr. Dennis Phillips, Dr. Michael Scarpone, Dr. Robert Schilken, Dr. Edward Snell, Dr. Todd Franco, Dr. Ravi Ved.

RESEARCH & DEVELOPMENT

VP, Strategy & Research: Dan Fox. **Director, R&D:** Sean Ahmed. **Lead Quantitative Analyst:** Justin Newman. **Senior Performance Analyst, R&D:** Justin Perline. **Senior Software Engineer II:** Brian Hulick. **Senior Software Engineer:** Frank Wolverton. **Systems Tech Lead:** Rosie Yu. **Analyst, Research & Development:** James Bueghly. **Associate Data Engineers:** David Shapero, Mike Walsh.

PLAYER DEVELOPMENT

Director, Coaching and Player Development: John Baker. **Director, International Development:** Hector Morales. **Director, Mental Performance and Learning:** Bernie Holliday. **Assistant Director, Coaching and Player Development:** Michael Chernow. **Assistant Director, Coaching and Player Development:** Shawn Johnston. **Coordinator, Coaching and Player Development:** Julio Sepulveda. **Assistant, Coaching and Player Development:** Jack Cecil. **Special Assistant, Coaching and Player Development:** Brad Fischer. **Senior Advisor, Pitching Development:** Dewey Robinson. **Coordinator, Coaching & Player Development, R&D:** Matthew Kane. **Analyst, Coaching and Player Development:** Clarence Rivers. **Minor League Video Coordinator:** Marc Roche. **FCL/LA Mental Performance Coordinator:** Michael Gonzalez. **Senior Coordinator, Education:** Mayu Fielding. **Coordinator, Player Advocacy and Learning:** Paige Moshier. **Administrator, D.R. Academy:** Juan Carlos Mendoza. **VP, Player Personnel:** Steve Williams. **Assistant Director, Pro Player Valuation:** Joe Douglas. **Coordinator, Pro Player Strategy:** Grant Jones. **Pro Evaluation Team Leaders:** Sean McNally, Hadi Raad. **Player Valuation Analyst:** Zach Aldrich. **Player Valuation Analyst:** Aaron Razum.

FARM SYSTEM

Class	Club (League)	Manager	Hitting Coach	Pitching Coach
Triple-A	Indianapolis (IL)	Miguel Perez	Eric Munson	D. Benes/C. Bello
Double-A	Altoona (EL)	Robby Hammock	Brady Conlan	Fernando Nieve
High-A	Greensboro (SAL)	Blake Butler	Jonathan Prieto	Matt Myers
Low-A	Bradenton (FSL)	Jim Horner	Scott Seabol	Matt Ford
Rookie	Pirates (FCL)	TBD	TBD	TBD
Rookie	Pirates (DSL)	TBD	TBD	TBD

SCOUTING

VP, Scouting: Joe DelliCarri. **Director, International Scouting:** Junior Vizcaino. **Assistant Director, Amateur Scouting:** Mike Mangan. **Assistant Director, Amateur Scouting Operations:** Matt Skirving. **Assistant, Amateur Scouting:** Micaela Abbatine. **Coordinator, International Operations:** Matt Benedict, Jose Cruz. **Global Crosschecker:** Rodney Henderson. **International Crosschecker:** Jesus Lantigua. **National Supervisors:** Jimmy Lester, Jack Bowen. **Regional Supervisors:** Trevor Haley, Sean Heffernan. **Area Supervisors:** Eddie Charles, Dan Radcliff, Brett Evert, Mike Sansoe, Brian Tracy, Derrick Van Dusen, Matt Bimeal, John Lombardo, Anthony Wycklendt, Wayne Mathis, Darren Mazeroski, Cam Murphy, John Koronka. **Special Assignment Scouts:** Doug Strange, Blake Crosby. **Pro Scouts:** Michael Landestoy, Everett Russell, Kinza Baad, Carlos Berroa, Andrew Lorraine, Brendan Gawlowski, Tim Smith. **International Supervisors:** Saul Torres; Emmanuel Gomez; Raul Lopez; Tony Harris; Fu-Chun Chiang; Tom Gillespie. **International Scouts:** Esteban Alvarez, Daurys Nin, Leudy Castro, Cristino Valdez, Omelbis Corporan; Victor Alvarez, Gregory Bolivar, Pedro Avila, Omar Gonzalez, Jesus Morelli, Jessie Nava, Jose Partidas, Dirimo Chavez, Roberto Saucedo, Marcos Guimaraes, Eugene Helder, Mark Van Zanten, Jose Pineda.

MAJOR LEAGUES

ST. LOUIS CARDINALS

Office Address: 700 Clark Street, St. Louis MO 63102.
Telephone: (314) 345-9600. **Fax:** (314) 345-9523. **Website:** www.cardinals.com.

OWNERSHIP
Operated By: St. Louis Cardinals, LLC. **Chairman/Chief Executive Officer:** William DeWitt, Jr. **President:** Bill DeWitt III. **Senior Administrative Assistant to Chairman:** Grace Pak. **Senior Administrative Assistant to President:** Julie Laningham. **Sr. VP & General Counsel:** Mike Whittle. **Associate General Counsel:** Nick Garzia.

BUSINESS OPERATIONS

FINANCE
Fax: (314) 345-9520.
Senior VP/Chief Financial Officer: Brad Wood. **Vice President, Accounting & Payroll:** John Lowry. **Sr. Director, Risk Management:** Rex Carter. **VP, Human Resources:** Jayme AB Riester. **VP, Event Services/Merchandising:** Vicki Bryant.

MARKETING/SALES/COMMUNITY RELATIONS
Fax: (314) 345-9529.
Senior VP, Business Operations: Anuk Karunaratne. Administrative Assistant, VP, Sales & **Marketing:** Gail Ruhling. VP, Corporate Sales & **Broadcasting:** Thane Van Breusegen. SR. Director, Marketing & **Brand Management:** Martin Coco. VP Community Relations & Exec. Director Cardinals Care: Michael Hall.

Bill DeWitt III

COMMUNICATIONS
Fax: (314) 345-9530.
Sr. Director, Communications: Brian Bartow. **Asst. Director, Communications:** Michael Whitty. **Manager, Baseball Communications & Media Services:** Chris Tunno. **Manager, Communications & Public Relations:** Carson Shipley. **PA Announcer:** John Ulett. **Official Scorers:** Mike Smith, Jonathan Webb, Michael Miller.

STADIUM OPERATIONS
Fax: (314) 345-9535.
VP, Stadium Operations: Matt Gifford. **Director, Security:** Michelle Spahn. **Sr. Director, Facility Operations & Planning:** Hosei Maruyama.

TICKETING
Fax: (314) 345-9522.
VP, Ticket Sales/Service: Joe Strohm. **Sr. Director, Ticket Sales & Retention:** Rob Fasoldt. **Director, Ticket Operations:** Kerry Emerson.

TRAVEL/CLUBHOUSE
Fax: (314) 345-9523.
Team Travel Director: Ernie Moore. **Equipment Manager:** Mark Walsh. **Visiting Clubhouse Manager:** Rip Rowan. **Video Coordinator:** Chad Blair.

BASEBALL OPERATIONS
President of Baseball Operations: John Mozeliak. **Senior Executive Assistant to the President of Baseball Operations:** Linda Brauer. **Vice President & General Manager:** Michael Girsch. **Assistant GM, Major League Ops & International Scouting:** Moises Rodriguez. **Assistant GM & Director of Scouting:** Randy Flores. **Assistant GM, Director of Player Development:** Gary LaRocque. **Special Assistant to GM, Player Procurement:** Matt Slater. **Director, Baseball Administration:** John Vuch. **Manager, Player Communications:** Melody Yount. **Manager, Technology & Innovation:** Javier Duren

BASEBALL ANALYTICS
Sr. Director of Baseball Development: Jeremy Cohen. **Project Director:** Matt Bayer. **Director, Analytics:** Kevin Seats. **Lead Data Scientist:** Alan Kessler. **Senior Data Scientist:** Garrett Greenwood. **Amateur Scouting Analyst:** Julia Prusaczyk. **International Scouting Analyst:** John Kern. **Junior Analysts:** Katie Kuhlman & Lauren Lott

BASEBALL SYSTEMS
Senior Lead Application Developer: Brian Seyfert. **Lead Analytics Engineer:** Todd Heitmann. **Lead Data Engineer:** Nathan Nutter **Lead Cloud Architect:** John Weeks. **Application Developer:** Austin Lukaschewski. **Analytics Engineer:** Jack Hanley. **Application Developer:** Chae Hun Lim. **Junior Data Engineer:** Sabrina Escalona. **Junior Application developer:** Mason Kelley

---

GENERAL INFORMATION
Stadium (year opened): Busch Stadium (2006).
Team Colors: Red and white.
Home Dugout: First Base.
Playing Surface: Grass.

MAJOR LEAGUES

MAJOR LEAGUE STAFF
Manager: Oliver Marmol. **Coaches: Bench**—Daniel Descalso. **Pitching**—Dusty Blake. **Hitting**—Turner Ward. **First Base**—Richard "Stubby" Clapp. **Third Base**—Ron "Pop" Warner. **Coach:** Willie McGee. **Game Planning Coach:** Packy Elkins. **Asst. Pitching Coach/Bullpen**—Julio Rangel. **Assistant Pitching Coach:** Dean Kiekhefer. **Assistant Hitting Coaches**—Brandon Allen. Technology & **Systems Coordinator:** DC MacLea. **Assistant/Bullpen Catcher:** Jamie Pogue. **Bullpen Catcher/Spanish Translator:** Kleininger Teran.

MEDICAL/PERFORMANCE
Head Orthopedist Surgeon: Dr. George Paletta. **Major League Medical Services Coordinator:** Brian Mahaffey. **Director of Medical Operations & Head Athletic Trainer:** Adam Olsen. **Assistant Athletic Trainers:** Chris Conroy & Keith Joynt. **Performance Specialist:** Jason Shutt. **Assistant Director, Performance:** Thomas Knox. **Physical Therapist:** Matt Leonard. **Strength & Conditioning Coach:** Lance Thomason. **Assistant Strength & Conditioning Coach:** Frank Witkowski. **Soft Tissue Specialist:** Cyrus Poitier.

PLAYER DEVELOPMENT
Asst. GM & Director, Player Development: Gary LaRocque. **Manager, Player Development & Performance:** Emily Wiebe. **Coordinator, Player Development:** Antonio Mujica. **Minor League Instructors—Coordinator of Instruction:** Jose Oquendo. **Sr. Pitching Coordinator:** Tim Leveque. **Hitting Coordinator:** Russ Steinhorn. **Asst. Minor League Hitting Coordinator:** Brock Hammit. **Jupiter Complex Pitching Coordinator:** Rick Harig. **Special Advisors:** Ryan Ludwick & Jason Isringhausen. **Medical Coordinator:** Chris Whitman. **S&C Coordinator:** Jackie Gover. **Rehab Coordinator:** Victor Kuri. **Video & Technology Specialist:** Brady Hall. **Performance Specialist:** Ross Hasegawa & Megumi (Jamie) Pennebaker. **Performance Specialist Rehab:** Nick Arpino. **DR Medical Coordinator:** Pedro Betancourt. **Minor League Athletic Trainers:** Dan Martin (Memphis), Alex Wolfinger (Springfield), Paden Eveland (Peoria), Jeff Case (Palm Beach), Kiomy Martinez-Ortiz & Riku Shabata (FCL), Albert Navarro (DSL). **Minor League Strength & Conditioning Coaches:** Henry Torres (Memphis), Ryan Duffy (Springfield), Campbell Quirk (Peoria), Harben Filho Branco (Palm Beach), Spencer Clevenger & Ruyta Takahashi (FCL), Elvis Hernandez & Gerardo De Leon (DSL).

John Mozeliak

FARM SYSTEM

Class	Club (League)	Manager	Hitting Coach	Pitching Coach
Triple-A	Memphis (IL)	Ben Johnson	Howie Clark	Darwin Marrero
Double-A	Springfield (TL)	Jose Leger	Casey Chenoweth	Eric Peterson
High-A	Peoria (MWL)	Patrick Anderson	Elvis Rodriguez	Edwin Moreno
Low-A	Palm Beach (FSL)	Gary Kendall	Willi Martin	Giovanni Carrara
Rookie	Cardinals (FCL)	Roberto Espinoza	Erick Almonte	Dernier Orozco
Rookie	Cardinals (DSL)	Frey Peniche	Luis Cruz	Bill Villallanueva

SCOUTING
Fax: (314) 345-9519.
Assistant General Manager & Director of Scouting: Randy Flores. **Special Advisor to the Scouting Director:** Jamal Strong. **Amateur Manager of Domestic Scouting:** Ty Boyles. **National Crosscheckers:** Aaron Looper (Shawnee, OK), Zachary Mortimer (Pilesgrove, NJ), Jamal Strong (Surpise, AZ). **Regional Crosscheckers:** Jabari Barnett (Dallas, TX), Aaron Krawiec (Gilbert, AZ), Clint Brown (Braselton, GA), Sean Moran (Furlong, PA). **Area Scouts:** Jason Bryans (Tecumseh, ON), TC Calhoun (Abingdon, VA), Scott Cousins (Scottsdale, AZ), Keanan Lamb (Birmingham, AL), Josh Lopez (West Palm Beach, FL), Mike Garciaparra (Manhattan Beach, CA), Dirk Kinney (Lenexa, KS), Donnie Marbut (Olympia, WA), Brian Moehler (Atlanta, GA), Jim Negrych (Phoenixville, PA), Pete Parise (Dallas, TX), Stacey Pettis (Brentwood, CA), Chris Rodriguez (Los Angeles, CA), Mauricio Rubio (Chicago, IL). **Part-Time Scouts:** Juan C Ramos (Caguas, PR), Paul Ah Yat (Hon, HI). **Manager, Pro Scouting:** Jared Odom (St. Louis, MO). **Special Assistant to Scouting Director:** Jeff Ishii (Chino, CA). **Professional Scouts:** Brian Hopkins (Holly Springs, NC), Jeff Ishii (Chino, CA), Aaron Klinic (Baltimore, MD), Deric McKamey (Cincinnati, OH), Craig Richmond (Tampa, FL) Joe Rigoli (Parsippany, NJ), Kerry Robinson (Ballwin, MO). **Assistant General Manager, Major League Ops & International Scouting:** Moises Rodriguez. **Assistant Director, INTL Operations:** Joseph Quezada. **International Scouting Analyst:** John Kern. **Senior International Crosschecker:** Joe Almaraz. **International Crosschecker:** Damaso Espino. **Senior Latin American Crosschecker/DR Scouting Supervisor:** Angel Ovalles. **Latin American Crosschecker/DR Crosschecker:** Alix Martinez. **Dominican Republic Scouts:** Gabriel Corporan, Carlos Pellerano, Braly Guzman, Filiberto Fernandez. **Dominican Republic Scouting Video/Technology Assistant:** TBD. **Venezuela Scouting Supervisor:** Jose Gonzalez Maestre. **Venezuela Scouts:** Estuar Ruiz, Jesus Perez, Neriel Morillo, Wilmer Castillo. **Mexico:** Ramon Garcia. **Venezuela Video and Technology Assistant:** Carlos Gonzalez. **Colombia/Latin America Crosschecker:** Carlos Balcazar.

MAJOR LEAGUES

SAN DIEGO PADRES

Office and Mailing Address: Petco Park, 100 Park Blvd., San Diego, CA 92101.
Telephone: (619) 795-5000.
E-mail address: comments@padres.com. Website: padres.com. Twitter: @padres.
Facebook: facebook.com/padres. Instagram: instagram.com/padres

OWNERSHIP
Operated By: Padres LP. Chairman: Eric Kutsenda.

BUSINESS OPERATIONS
Chief Executive Officer: Erik Greupner. Chief Operating Officer: Caroline Perry. Senior Vice President, People & Culture: Sara Greenspan. Senior Vice President, Special Events: Jaclyn Lash. Vice President, Information Technology: Ray Chan. Vice President, Finance: Greg Massey. Vice President, Public Affairs: Diana Puetz. Vice President, Business Strategy & Analytics: Scott Robish.

LEGAL
Vice President/General Counsel: Terezka Zabka.

COMMUNITY RELATIONS/MILITARY AFFAIRS
Telephone: (619) 795-5265. Fax: (619) 795-5266.
Senior Vice President, Community & Military Affairs: Tom Seidler. Vice President, Community Relations: Bill Johnston. Director, Community Outreach: Connor Feeney.

Eric Kutsenda

ENTERTAINMENT/MARKETING/COMMUNICATIONS/CREATIVE SERVICES
Senior Vice President/Chief Marketing Officer: Chris Connolly. Vice President, Communications: Craig Hughner. Vice President, Broadcasting and Entertainment: Erik Meyer. Manager, Content: Alejandra Nocera. Manager, Social Media Content: Sam Mellies-U'Ren. Director, Marketing: Emily Wittig. Director, Game Presentation: Daniel Casados. Senior Director, Creative Digital Design: Daniel Kim. Senior Director, Fan Engagement: Darryl Mendoza. Senior Manager, Fan Engagement & Entertainment: Jesi Naire. Director, Media Relations & Baseball Information: Darren Feeney. Director, Business Communications & Spanish Media Relations: Danny Sanchez. Sr. Manager, Business Communications: Vanessa Dominguez. Manager, Media Relations & Baseball Information: JP Nolan. Coordinator, Communications: Tiffany Seal. Director, Video Production: Tom Higdon. Director, Scoreboard Operations: Jeff Praught.

BALLPARK OPERATIONS/HOSPITALITY
Senior Vice President, Ballpark Operations: Ken Kawachi. Vice President, Facilities and Special Projects: Randy McWilliams. Vice President, Hospitality: Josh Momberg. Manager, Security, Venue Operations & Compliance: Michelle Martinez La-Vetter. Director, Ballpark Operations: Christian Mua. Senior Manager, Event Operations: Kim Seaberg. Official Scorers: Jack Murray, Bill Zavestoski, Dave Matheson and Nick Canepa.

TICKETING
Telephone: (619) 795-5500. Fax: (619) 795-5034.
Executive Vice President, Business Affairs: Sergio Del Prado. Vice President, Ticket Sales and Service: Curt Waugh. Vice President, Partnership Services: Eddie Quinn. Senior Director, Membership Services: Ashley Hoffman. Senior Director, Ticket Operations: Jim Kiersnowski. Senior Director, Tourism Development & Corporate Events: Chelsea Dill.

TRAVEL/CLUBHOUSE
Director, Player & Staff Services: T.J. Lasita. Manager, Clubhouse & Equipment: TJ Laidlaw. Assistant Equipment Manager & Umpire Room Attendant: Tony Petricca. Visiting Clubhouse Manager: Spencer Dallin

BASEBALL OPERATIONS
Telephone: (619) 795-5077. Fax: (619) 795-5361.
President of Baseball Operations & General Manager: A.J. Preller. Senior Vice President, Assistant General Manager: Josh Stein. VP, Assistant GM: Fred Uhlman Jr. VP, VP, Baseball Operations: Nick Ennis. Senior Advisor to GM, Player Personnel: Logan White. Special Assistant, Baseball Operations: Moises Alou. Special Asst., Major League Staff & Baseball Operations: Allen Craig. Special Asst., Major League Staff & Baseball Operations: A.J. Ellis. Senior Advisor to Baseball Operations: Glenn Hoffman. Senior Advisor to Baseball Operations: Trevor Hoffman. Special Assistant, Baseball Operations: Mark Loretta. Special Assistant, Baseball Operations: Hideo Nomo. Special Assistant, Baseball Operations: Chan Ho Park. Special Asst., Major League Staff & Baseball Operations: Craig Stammen. Special Assistants to the GM: James Keller and David Post. Senior Advisor, Scouting: Ron Rizzi. Vice President, Baseball Research & Development: Adam Esquer. Vice President, Baseball Systems:

GENERAL INFORMATION
Stadium (year opened): Petco Park (2004).
Team Colors: Padres Blue and White
Home Dugout: First Base.
Playing Surface: Grass.

MAJOR LEAGUES

Wells Oliver. **Director, Baseball Research & Development:** Cody Zupnick. **Director, Sports Science:** Nathan Landau. **Senior Analysts, Baseball Research & Development:** Mario Paciuc, Joseph Sutcliffe. **Developers & Data Engineer, Baseball Systems:** Garret Doe, Michael Vanger, Gustavo Montalvo, Mike Peterson. **Manager, Pro Scouting and Baseball Operations:** Brett Becker. **Coordinator, Advance Scouting and Baseball Operations:** Jim McKew.

MAJOR LEAGUE STAFF
Manager: Mike Shildt. **Pitching Coach:** Ruben Niebla. **Bullpen Coach:** Ben Fritz. **Third Base Coach, Infield & Base Running Instructor:** Tim Leiper. **First Base Coach, Outfield & Base Running Instructor:** David Macias. **Hitting Coach:** Victor Rodriguez. **Assistant Hitting Coach:** Mike McCoy. **Assistant Hitting Coach:** Pat O'Sullivan. **Catching Coach & Game Strategy Assistant:** Brian Esposito. **Major League Field Coordinator:** Ryan Barba. **Game Planning & Coaching Assistant:** Peter Summerville. **Bullpen Catcher & Coaching Assistant:** Heberto Andrade. **Major League Coaching Assistant:** Morgan Burkhart.

A.J. Preller

MEDICAL/TRAINING
Club Physicians: UC San Diego Health—Dr. Catherine Robertson, Dr. Kenneth Taylor, Dr. Daniel Slater, Dr. Amy Leu, Dr. Bryan Leek. **Director, Player Health and Performance:** Don Tricker. **Head Athletic Trainer:** Mark Rogow. **Physical Therapist:** Scott Hacker. **Assistant Athletic Trainers:** Ben Fraser, Ricky Huerta. **Strength & Conditioning Coaches:** Jay Young. **Massage Therapists:** Atsushi Nakasone. **Coordinator. Minor League Athletic Training Coordinator:** Paul Porter. **Minor League Physical Therapists:** Taylor McWilliams, Alan Ng, Bennett Tabaracci. **Minor League Strength & Conditioning Coordinators:** Jon Hill, Ryo Naito. **Minor League Performance Dietitian:** Jaime Gottlieb, Hannah Cooper. **Quality Assurance, Player Health and Performance:** Hillary Plummer

PLAYER DEVELOPMENT
Telephone: (619) 795-5392. **Fax:** (619) 795-5036.
Vice President, Player Development: Ryley Westman. **Assistant Director, Player Development:** Mike Daly. **Director, Sports Science:** Nathan Landau. **Director, Baseball Operations:** Allison Luneborg. **Player Plan Coordinator:** Molly Meyer. **Manager, Minor Leagues/Peoria:** Todd Stephenson. **Manager, Learning, Edu-cation & Life Skills:** Kaitlyn Simmons. **International Player Development Coordinator:** Vicente Cafaro. **Player Development Coordinator:** Clinton Sewell. **Manager, Video Operations & Pro Scout:** Ethan Dixon. **Sr. Analyst, Baseball Research & Development:** Mario Paciuc. **Sports Scientist:** Jesus Ramos. **Clubhouse Assistant:** Kyle Ross. **Lead ESL Instructor:** Sherly German. **Mental Skills Coordinator:** Rosa Pou. **Field Coordinator:** Vinny Lopez. **Director, Pitching Development:** Rob Marcello. **Pitching Coordinator:** Jose Rada. **Hitting Coordinator:** Oscar Bernard. **Hitting Coordinator:** Jonathan Mathews. **Hitting Advisor:** Scott Coolbaugh. **Infield Coordinator:** Felipe Blanco. **Catching Coordinator:** Brian Whatley. **Rehab Pitching Coordinator:** Matt Hancock. **Director, International Operations:** Cesar Rizik. **Administrator, D.R. Baseball Ops:** Franklyn Peguero. **Latin American Operations Assistant:** Joel Caro. **Asst. Administrator, D.R. Base-ball Ops:** Martina Pereyra. **Baseball Ops Assistant, D.R.:** Emilio Sanchez. **Mental Skills Coach:** Fabian Di Lorenzo. **Latin American Education Coordinator:** Belgica Reyes.

FARM SYSTEM

Class	Farm Club (League)	Manager	Hitting Coach	Pitching Coach
Triple-A	El Paso (PCL)	Pete Zamora	Raul Padron	Mitchell/Jones
Double-A	San Antonio (TL)	Luke Montz	Yunir Garcia	Jeff Andrews
High-A	Fort Wayne (MWL)	Mike Daly	Jed Morris	Thomas Eshelman
Low-A	Lake Elsinore (CAL)	Lukas Ray	Eric Del Prado	Robbie Price
Rookie	Padres (ACL)	Luis Mendez	B. Betancourth/Downs/Earley	B. Burres/Y. Monzon/L. Rosales
Rookie	Padres (DSL)	B. Perez/ D. Cedeno	R. Giron/E. Rincon	N. Cruz/J. Quezada/Bazardo

SCOUTING
VP, Amateur & International Scouting: Kemp, Chris. **Area Scout, Southern California:** Babcock, Spencer. **Amateur Scout:** Banks, Doug. **Area Scout, Northwest:** Baughman, Justin. **Scouting Supervisor, Southeast:** Brannon, Nick. **Regional Supervisor, West:** Emmerick, Joshua. **Area Scout, Gulf States:** Harrison, Clint. **Area Scout, Upper Midwest:** Hoerner, Troy. **Regional Supervisor, Northeast:** Kanen, Mike. **Regional Scout & International Crosschecker:** Kemlo, Chris. **Regional Scout & International Crosschecker:** Koenig, Jacob. **Coordinator, Amateur Scouting:** Kraust, Max. **Area Scout, Underclass & Small School:** Littlefield, Tyler. **Area Scout, Ohio Valley:** Maloney, Matthew. **Area Scout, North Florida:** Martin, John. **Area Scout, Northeast:** McNamara, John. **Area Scout, Midwest:** Mortiz, Stephen. **Area Scout, NorCal:** Reynolds, Timothy. **Scout, Puerto Rico:** Ronda, Willie. **Area Scout, Mid-Atlantic:** Sader, Daniel. **Regional Supervisor, South Central:** Salvo, Andrew. **Area Scout, North Texas:** Schaffner, Matt. **Assistant, Amateur Scouting Operations:** Schoknecht, Dylan. **Area Scout, Four Corners:** Scott, Will. **Area Scout, SoCal:** Shannon, Jack. **Area Scout, Georgia/East Tennessee:** Stubbliefield, Tyler. **Area Scout & International Crosschecker:** Terracuso, Cliff. **Area Scout, South Texas/LA:** Watson, Tyler.

Pro Scouting
VP, Professional Scouting: DeYoung, Pete. **Manager, Pro Scouting & Baseball Operations:** Becker, Brett. **Professional Scout:** Bell, Craig. **Special Assistant, Baseball Ops:** Boeck, Keith. **Professional Scout:** Borzello, Mike. **Professional Scout:** Crossley, Kimball. **Manager, Video Operations & Pro Scouting:** Dixon, Ethan. **Special Assistant, Baseball Ops:** Graham, Spencer. **Professional Scout:** Holt, Timothy. **Professional Scout:** Juhl, Michael. **Professional Scout:** Kusiolek, Christopher. **Professional Scouting Crosschecker:** Lamar, Chuck. **Professional Scout:** Lundberg, Spike. **Professional Scout:** Merila, Mark. **Senior Advisor, Baseball Operations & Scouting:** Rizzi, Ron. **Professional Scout:** Seibert, Mac. **Professional Scout:** Tufts, Tyler. **Professional Scout:** Venafro, Mike. **Professional Scouting Crosschecker:** Viola, Dom. **Professional Scout:** Zweiback, Jacob.

MAJOR LEAGUES

SAN FRANCISCO GIANTS

Office Address: Oracle Park, 24 Willie Mays Plaza, San Francisco, CA 94107.
Telephone: (415) 972-2000. **Fax:** (415) 947-2800. **Website:** sfgiants.com, sfgigantes.com.

OWNERSHIP
Operated By: San Francisco Baseball Associates L.P.

BUSINESS OPERATIONS

ADMINISTRATION
Chief Operations and Experience Officer: Alfonso G. Felder. **Executive Assistant to the Chief Operations and Experience Officer:** Lyz (Socha) Lowry.

BALLPARK OPERATIONS
Senior Vice President, Ballpark Operations: Gene Telucci.

COMMUNICATIONS AND MEDIA RELATIONS
Telephone: (415) 972-2445. **Fax:** (415) 947-2800.
Senior Vice President, Communications & Community Relations: Shana Daum. **Executive Assistant to the Senior Vice President, Communications & Community Relations:** Lyz (Socha) Lowry. **Vice President, Media Relations:** Matt Chisholm. **Senior Director, Broadcast Communications & Media Operations:** Maria Jacinto. **Director, Hispanic Communications & Marketing:** Erwin Higueros. **Senior Manager, Media Relations:** Megan Brown. **Senior Manager, Baseball Information:** Mike Passanisi. **Coordinator, Media Relations:** Mariana De Paula. **Assistant, Media Relations:** Maverick Pallack. **Consultant, Media & Communications:** Joan Ryan. **Director, Player, Alumni & Community Relations:** Bobby Baksa.

Laurence M. Baer

CHANNEL MARKETING
Director, Marketing & Advertising: Travis LoDolce. **Digital Marketing Manager:** Gail Tañedo Kenney. **Performance Media Analyst:** Nikith Deo. **Coordinator, Marketing & Advertising:** Hayden Hollen.

TICKETING
Telephone: (415) 972-2000. **Fax:** (415) 972-2500.
Vice President, Ticket Operations & Services: Ashley Connor. **Director, Ticket Services:** Todd Pierce. **Director, Ticket Strategy:** Cameron Lochte. **Senior Manager, Ticket Operations & Accounting:** Catherine Glazier. **Senior Coordinator, Ticket Processing:** Donna Dal Bozzo. **Supervisor, Ticket Operations:** Taylor Reeves. **Coordinator, Ticket Strategy:** Katherine Coykendall. **Coordinator, Ticket Services:** Michael Johnston.

BASEBALL OPERATIONS
Telephone: (415) 972-1922. **Fax:** (415) 947-2929.
President of Baseball Operations: Farhan Zaidi. **General Manager:** Pete Putila. **Special Advisor to Baseball Operations:** Dusty Baker. **Senior Advisor to the President of Baseball Operations:** John Barr. **Senior Vice President & Assistant General Manager:** Jeremy Shelley. **Senior Vice President, Player Performance & Wellness:** Colin Cahill. **Vice President, Baseball Resources & Development:** Yeshayah Goldfarb. **Vice President, Professional Scouting:** Zack Minasian. **Vice President, Baseball Analytics:** Paul Bien. **Senior Director, Amateur Scouting:** Michael Holmes. **Senior Director, International Scouting:** Joe Salermo. **Senior Director, Player Development:** Kyle Haines. **Senior Director, International Operations & Baseball Administration:** Jose Bonilla. **Senior Director, Baseball Analytics & Process Coach:** Michael Schwartze. **Special Assistant, Scouting:** Craig Weissmann. **Special Assistant to Baseball Operations:** Ron Wotus. **Special Assistant to Baseball Operations:** Sam Geaney. **Executive Assistant, Baseball Operations & Administration:** Karen Sweeney. **Director, Player Personnel Administration:** Clara Ho-Frawley. **Director, Mental Health and Wellness, and EAP:** Shana Alexander. **Director, International Scouting:** Felix Peguero. **Director, Software Engineering, Baseball Systems:** Caleb Whang. **Director, Performance Nutrition:** Adam Rodrigues. **Director, Strength & Conditioning:** James Clifford. **Assistant Director, Player Development:** Ed Lucas. **Assistant Director, Player Development-Education:** Laura Núñez. **Assistant Director, Player Development-Operations:** Gabe Alvarez. **Manager, Baseball Video Systems:** Yo Miyamoto. **Manager, Dominican Republic Facilities:** Francis Mieses. **Manager, Amateur Scouting Operations:** Michael Navolio. **Coordinator, Baseball Video Systems:** Patrick Yount. **Coordinator, Baseball Operations:** Josh Zimmerman. **Coordinator, International Operations:** Joan Cuevas. **Coordinator, Minor League Operations:** Jacob Koch Ohye. **Coordinator, Minor League Video & Technology:** Nick Horning. **Assistant, Baseball Operations:** Eleanor Martin. **Senior Data Scientist:** Brian Huey. **Baseball Operations Senior Analyst:** Simon Ricci. **Baseball Operations Senior Analyst:** Jack Norman. **Baseball Operations Analysts:** Mark Ferraro, Mario Ferretti, Ellie Grueskin, Jennifer Horita. **Baseball Operations Associate

GENERAL INFORMATION
Stadium (year opened): Oracle Park (2000). **Playing Surface:** Grass.
Team Colors: Black, orange and cream.
Home Dugout: Third Base.

MAJOR LEAGUES

Analysts: Amanda Glazer, Rose Graves. **Staff Software Engineers, Baseball Systems:** Kevin Deggelman, Eddie Elliott. **Senior Software Engineers, Baseball Systems:** Alex Case, DarAmani Swift. **Software Engineers, Baseball Systems:** Rob Bertucci, Krystine Xie, Miya Kellin, Matt Fong. **Manager, Performance Science:** Matt Chan. **Senior Performance Scientist:** Alek Diffendaffer. **Senior Applied Sports Scientist:** Dylan Suarez. **Senior Performance Science Analyst:** Ericber Jimenez Francisco. **Performance Scientists:** Nick Lobb, Tatiana Luna. **Performance Science Specialist:** McKenzie Walsh. **Performance Science Assistant:** Kyle Johns. **Major League Operations Fellow:** Toshiki Aburaki.**Scouting Fellow:** Christian Long. **Associate, Baseball Video Systems:** Abby Curlett.

Farhan Zaidi

MAJOR LEAGUE STAFF
Manager: Bob Melvin. **Coaches: Bench**—Ryan Christenson. **Pitching Coach**—Bryan Price. **Asst Pitching Coach**—J.P. Martinez. **Hitting Coaches**—Justin Viele, Pat Burrell. **Assistant Hitting Coach:** Pedro Guerrero. **Third Base Coach**—Matt Williams. **First Base Coach**—Mark Hallberg. **Bullpen**—Garvin Alston. **Catching**—Alex Burg. **Assistant Coaches:** Alyssa Nakken, Taira Uematsu. **Director, Video Coaching:** Fernando Perez. **Assistant, Video**— Rasiel Guevara. **Batting Practice Pitcher:** John Yandle.

MEDICAL/TRAINING
Senior Director, Athletic Training: Dave Groeschner. **Head Team Physician:** Dr. Anthony Saglimbeni. **Head Team Orthopedist:** Dr. Ken Akizuki. **Team Physician:** Dr. Chris Chung. **Team Orthopedist:** Dr. Ben Ma. **Major League Head Athletic Trainer:** Anthony Reyes. **Major League Physical Therapist:** Tony Reale. **Major League Physical Therapist:** Frank Perez. **Major League Assistant Athletic Trainer:** L.J. Petra. **Major League Strength & Conditioning Coach:** Saul Martinez. **Major League Strength & Conditioning Coach:** Andrew Lyon. **Human Performance Coach:** Harvey Martin. **Major League Performance Dietitian:** Erika Gonzalez-Rebull. **Executive Performance Chef:** Decnoy Inthavone. **Prep Cooks:** Joshua Sanchez, Jordan Neal, Rachel Custer. **Coordinator, Medical Administration:** Chrissy Yuen. **Major League Soft Tissue Specialist:** Hiroki Sato. **Medical Review Analyst:** Eric Ortega.

PLAYER DEVELOPMENT
Sr. Director of PD: Kyle Haines. **Asst. Dir., PD Instruction:** Ed Lucas. **Asst. Dir., PD Instruction & Cultural Dev:** Laura Nunez. **Asst. Dir., PD Operations:** Gabriel Alvarez. **Minor Lg Medical Director Operations:** Dustin Luepker. **Field Coordinator:** Tony Diggs. **AZ Complex Coordinator:** Hector Borg. **Pitching Coordinator:** Justin Lehr. **Hitting Coordinator:** Mike Mccormack. **Rehab Pitching Coordinator:** Matt Yourkin. **Coord. Latin America Dev:** Carlos Valderrama. **Asst. Hitting Coord:** Jacob Cruz. **Assistant Pitching Coordinator:** Clay Rapada. **Catching Coordinator:** Lance Burkhart. **Special Assistant:** Dave Righetti. **Special Assistant:** Lenn Sakata. **Special Assistant:** Joe Panik. **Baseball Operations Analyst:** Mark Ferraro. **Coord., Minor Lge Clubhouse & Equipment:** Ryan Stiles. **Coordinator, Minor League Operations:** Jacob Koch. **Coord., Minor League Video Technology:** Nick Horning. **Director, DR Medical:** Gabriel Garcia. **Coord. of Minor Lg Medical:** Ryo Watanabe. **Coord. Minor Lg Str & Cond:** Andy King.

FARM SYSTEM

Class	Farm Club (League)	Manager	Hitting Coach	Pitching Coach
Triple-A	Sacramento (PCL)	Dave Brundage	Damon Minor	Alain Quijano
Double-A	Richmond (EL)	Dennis Pelfrey	Cory Elasik	Paul Oseguera
High-A	Eugene (NWL)	Carlos Valderrama	Jared Walker	Mario Rodriguez
Low-A	San Jose (CAL)	Ydwin Villegas	Travis Ishikawa	Dan Runzler
Rookie	Giants 1 (ACL)	Jacob Heyward	Dalton Hurd/Braxton Lee	Luis Pino
Rookie	Giants (DSL)	Drew Martinez	Juan Parra	Darwin Peguero
Rookie	Giants 2 (DSL)	Juan Ciriaco	Michael Blatchford	Osiris Matos

SCOUTING
Telephone: (415) 972-2360. **Fax:** (415) 947-2929.
Vice President, Professional Scouting: Zack Minasian. **Senior Director, Amateur Scouting:** Michael Holmes. **Senior Director, International Scouting:** Joe Salermo. **Director of International Scouting:** Felix Peguero. **Special Assistant, Scouting:** Craig Weissmann. **Pro Scouts:** Ellis Burks, Keith Champion, Jim D'Aloia, Jalal Leach, Ben McDonough, Yadi Mufdi Ruiz, Ross Pruitt, Ryan Thompson, Shane Turner. **National Crosscheckers:** Sam Hughes, John Castleberry. **National Pitching Crosschecker:** Daniel Murray. **Northeast Supervisor:** Arnold Brathwaite.**Southeast Supervisor:** Jim Buckley. **Midwest Supervisor:** Andrew Jefferson. **West Supervisor:** Matt Woodward. **Area Scout/Latin American Crosschecker:** Jose Alou. **Area Scouts:** Yancy Ayres, Ray Callari, Brad Cameron, Larry Casian, Todd Coryell, John DiCarlo, Jim Gabella, Stefen Henderson, Chuck Hensley Jr., **David Jauss, Nick Long, James Mouton, Tom Shafer, Seth Simmons, Jeff Wood. Area Scout/Pacific Rim Scout:** Mike Kendall. **Director of Venezuela Scouting:** Ciro Villalobos Sr. **International Crosscheckers:** Charles Sullivan, Michael Silvestri. **Assistant Director of Dominican Republic Scouting:** Jesus Stephens. **Dominican Republic Crosschecker:** Gabriel Elias. **International Scouts—Dominican Republic:** Abner Abreu, Luis Polonia Jr. **Dominican Republic/DR Cuban Specialist:** Jonathan Bautista. **International Scout/Analyst-Dominican Republic:** Carlos Reyes. **Dominican Republic Scouting Video & Technology Assistant:** Willie Nunez Rodriguez, Rafi Reyes, Masashi Takegama. **Venezuela Crosschecker:** Edgar Fernandez. **Venezuela Regional Crosschecker:** Ciro Villalobos Jr. **International Scouts-Venezuela:** Jonathan Arraiz, Jose Beyronti, Carlos Leon, Juan Marquez, Oscar Montero, Robert Moron. **International Scout/Analyst-Venezuela:** Andres Navas Loginow. **Venezuela Scouting Video&Technology Assistants:** Sunciret Troconis, Edgardo Rivas, Venezuela Scouting Video & Technology Assistant: Edgardo Rivas. **Colombia:** Daniel Mavarez. **Curacao/Aruba:** Lester Victoria. **Mexico:** Emmanuel Valdez. **Nicaragua:** Sandy Moreno. **Panama:** Rogelio Castillo. **Pacific Rim:** Evan Hsueh. **Venezuela Video Associate:** Josmar Martinez.

MAJOR LEAGUES

SEATTLE MARINERS

Office Address: 1250 First Ave. South, Seattle, WA 98134.
Mailing Address: PO Box 4100, Seattle, WA 98194.
Telephone: (206) 346-4000. **Fax:** (206) 346-4400. **Website:** www.mariners.com.

OWNERSHIP
Board of Directors: John Stanton (Chairman), John Ellis (Chairman Emeriti), Howard Lincoln (Chairman Emeriti), Chris Larson, Jeff Raikes, Buck Ferguson, Betsy Pepper Larson.

BUSINESS OPERATIONS
President, Business Operations: Catie Griggs.

John Stanton

FINANCE, STRATEGY & TECHNOLOGY
Executive Vice President and CFO: Tim Kornegay. **Senior VP, Strategy & Analytics:** Chris Kennedy. **Senior VP, Information Technology:** Kari Escobedo. **VP, Product & Technology:** Letitia Selk. **Senior Director, Information Systems:** Oliver Roy. **Senior Director, Engineering & Development:** Justin Stolmeier. **Director, Baseball Systems:** CJ Elger. **Senior Director, Finance:** Monica Marmolejo. **Director, Internal Audit Operations:** Connie McKay. **Director, Payroll:** Ginger Oldham. **Director, Strategy & Analytics:** Haley Durmer.

LEGAL & GOVERNMENTAL AFFAIRS/ COMMUNITY RELATIONS
Executive Vice President and General Counsel: Fred Rivera. **VP, Deputy General Counsel:** Melissa Robertson. **Director, Community Relations & Mariners Care Foundation:** Nova Newcomer.

PEOPLE & CULTURE
Senior VP, People and Culture: Lisa Winsby. **VP, People and Culture:** Brooke Sullivan. **VP, People & Culture and Diversity:** Katherine Cheng. **Director, Benefits:** Tara Lindsey.

SALES
Senior VP, Sales: Frances Traisman. **Senior VP, Corporate Partnerships:** Chris Voigt. **Senior Director, Partnerships & Strategy/Activation:** Ingrid Russell-Narcisse. **VP, Ticket Sales & Service:** Cory Carbary.

MARKETING/COMMUNICATIONS
Telephone: (206) 346-4000. **Fax:** (206) 346-4400.
Senior VP, Marketing/Communications: Kevin Martinez. **VP, Communications:** Tim Hevly. **VP, Marketing:** Gregg Greene. **Director, Brand Communications:** Sarah Alamshaw. **Managers, Baseball Communications:** Adam Gresch, Alex Mayer. **Coordinators, Baseball Communications:** Freddy Llanos, Jordan Stone. **Senior Director, Mariners Productions:** Ben Mertens. **Senior Director, Experiential Marketing:** Mandy Lincoln. **Director, Graphic Design:** Carl Morton. **Director, Digital Marketing & Social Media:** Tim Walsh. **Director, Creative:** Keri Zierler.

TICKETING
Telephone: (206) 346-4001. **Fax:** (206) 346-4100.
Senior VP, Sales: Frances Traisman. **VP, Ticket Sales & Service:** Cory Carbary. **VP, Fan Experience:** Malcolm Rogel. **Senior Director, Venue Strategy & Events:** Alisia Anderson. **Senior Director, Ticket Services:** Jennifer Sweigert.

BALLPARK OPERATIONS
Senior VP, Ballpark Events & Operations: Trevor Gooby. **Senior Director, Ballpark Services:** Juan Rodriguez. **Director, Facilities:** Dave Wilke. **Senior Director, Procurement:** Norma Cantu. **Head Groundskeeper:** Kevin Dvorak. **PA Announcer:** Tom Hutyler.

MERCHANDISING
Sr. Director, Retail Operations: Julie McGillivray. **Director, Retail Merchandising:** Renee Steyh. **Director, Retail Stores:** Mary Beeman.

TRAVEL/CLUBHOUSE
Director, Major League Operations: Jack Mosimann. **Clubhouse Managers:** Chris DeWitt and Joe Van Vleck. **Visiting Clubhouse Manager:** Jeff Bopp. **Video Coordinator:** Patrick Hafner.

GENERAL INFORMATION
Stadium (year opened): T-Mobile Park (1999). **Home Dugout:** First Base.
Team Colors: Northwest green, silver and navy blue. **Playing Surface:** Grass.

MAJOR LEAGUES

BASEBALL OPERATIONS

President, Baseball Operations: Jerry Dipoto.
Executive Vice President, General Manager: Justin Hollander. **Assistant GM:** Andy McKay. **Director, Major League Operations:** Jack Mosimann. **Director, Baseball Operations:** Tim Stanton. **Director, Baseball Projects:** David Hesslink. **Coordinator, Advance Scouting:** Sam Reinertsen. **Director, Data Strategy:** Skylar Shibayama. **Senior Director, Analytics:** Jesse Smith. **Director, Analytics:** Joel Firman. **Manager, Analytics:** John Choiniere.

MAJOR LEAGUE STAFF

Manager—Scott Servais. **Bench Coach & Offensive Coordinator**—Brant Brown. **Pitching**—Pete Woodworth. **Hitting**—Jarret DeHart. **Bullpen**—Tony Arnerich. **First Base**—Kristopher Negrón. **Third Base**—Manny Acta. **Infield Coach**—Perry Hill. **Field Coordinator**—Carson Vitale. **ML Coach, Director of Pitching Strategy**—Trent Blank. **Assistant Hitting Coach**—Tommy Joseph. **Major League Pitching Strategist, Assistant Pitching Coach**—Danny Farquhar. **Bullpen Catcher**—Fleming Báez, Justin Novak. **Video Manager:** Patrick Hafner. **Video Assistant:** Jake Kuruc.

MEDICAL/TRAINING

Head Orthopedist: Dr. Jason King. **Sr. Director, High Performance:** Rob Scheidegger. **Head Athletic Trainer:** Kyle Torgerson. **Asst. Athletic Trainer:** Taylor Bennett, Kevin Orloski. **Strength and Conditioning Coach:** Matt Rutledge. **Asst. Strength & Conditioning Coach:** Connor Hughes. **Director, Sports Science:** Kate Weiss.

Jerry Dipoto

PLAYER DEVELOPMENT

Telephone: (206) 346-4316. **Fax:** (206) 346-4300.
Director, Player Development: Justin Toole. **Coordinator, Player Development:** Mat Snider. **Asst. Coordinator, Player Development:** Cole Cirillo. **Field Coordinator:** Lou Boyd. **Latin America Field Coordinator:** Austin Knight. **Hitting Coordinator:** CJ Gillman. **Asst. Hitting Coordinator:** Tyger Pederson. **Pitching Coordinator:** Matt Pierpont. **Catching Coordinator:** Zac Livingston. **Baserunning Coordinator:** Eric Young Jr. **Strategist, Player Development:** Ryan McLaughlin. **Mental Skills Coordinator:** Stephanie Hale-Burkhart. **Education & Life Skills Coordinator:** Renee Gallegos. **Coordinator, D.R. Education:** Walkyria Torres. **Coordinator, D.R. Baseball Operations:** Luis Matias. **Mental Skills Coaches:** Kellen Lee, Austin Hanson. **Hitting Strategist:** Ed Paparella. **Pitching Strategist:** Ken Roberts. **Special Assignment Coordinator:** Mike Cameron. **Special Assignment Coordinator:** Alvin Davis. **Special Assignment Coordinator:** Franklin Gutierrez. **Special Assignment Coordinator:** Hisashi Iwakuma. **Special Assignment Coordinator:** Dan Wilson.

FARM SYSTEM

Class	Club (League)	Manager	Hitting Coach	Pitching Coach
Triple-A	Tacoma (PCL)	John Russell	Shawn O'Malley	Jairo Cuevas
Double-A	Arkansas (TL)	Christian Colón	Mike Fransoso	Michael Peoples
High-A	Everett (NWL)	Ryan Scott	Seth Mejias-Brean	Cam Ming
Low-A	Modesto (CAL)	Zach Vincej	Jordan Cowan	Jake Witt
Rookie	Mariners (ACL)	Luis Caballero	Chase Miller	Bryan Pall
Rookie	Mariners (DSL)	Jose Amancio	Devin Fujioka	Todd Carroll

SCOUTING

Sr. Director, Amateur Scouting: Scott Hunter. **Sr. Crosschecker:** Jesse Kapellusch. **Sr. Crosschecker:** Mark Lummus. **Sr. Crosschecker:** Devitt Moore. **Crosschecker:** Ben Collman. **Crosschecker:** Ryan Holmes. **Regional Scout:** (Phoenix, AZ): Ty Bowman. **Regional Scout:** (Sacramento, CA): Randolph Gassaway. **Regional Scout:** (Nashville, TN): Dan Holcomb. **Regional Scout:** (Florence, KY): Jackson Laumann. **Regional Scout:** (Palm Harbor, FL): Rob Mummau. **Regional Scout:** (Durham, NC): Ty Holub. **Regional Scout:** (Solana Beach, CA): Trevor Andresen. **Regional Scout:** (Estero, FL): Bobby Korecky. **Regional Scout:** (Oakley, CA): Sam Tuivailala. **Regional Scout:** (Dallas, TX): Patrick O'Grady. **Regional Scout:** (Chicago, IL): Joe Saunders. **Regional Scout:** (Boonton, NJ): Dave Pepe. **Regional Scout:** (Sugar Land, TX): Derek Miller. **Scouting Analyst/Regional Scout:** Tyler Warmoth. **Global Crosschecker:** Kevin Fox. **International Administrative Assistant:** Angel Contreras. **Sr. Supervisor, Latin American Scouting:** Audo Vicente. **Sr. Supervisor, Latin American Scouting:** David Brito. **South American Supervisor:** Rodrigo Cortez. **Venezuela Supervisor:** Federico Hernandez. **Caribbean Crosschecker:** Jochy Cabrera. **Regional Scout:** (Dominican Republic): Alfredo Celestin. **Regional Scout:** (Brazil): Felipe Burin. **Regional Scout:** (Dominican Republic): Franklin Diaz. **Regional Scout:** (Venezuela): Illich Salazar. **Regional Scout:** (Venezuela): Luis Fuenmayor. **Regional Scout:** (Curacao and Aruba): Kenny Hart. **Regional Scout:** (Venezuela): Luis Martinez. **Regional Scout:** (Mexico): David Velazquez. **Regional Scout:** (Dominican Republic): Rafael Mateo. **Regional Scout:** (Panama): Rigoberto Rangel. **Regional Scout:** (Japan): Manny Noto. **Director, Player Personnel:** Brendan Domaracki. **Crosschecker and Special Assignment Pitching Coach:** Chris Young. **Pro Scout:** Gregg Kilby. **Pro Scout:** Jeff Cirillo. **Pro Scout:** Landon Dombrowski. **Pro Scout:** Matt Ault. **Pro Scout:** Matt Kinzer. **Pro Scout:** Nick Lampe. **Pro Scout:** Rick Marlin. **Pro Scout:** Rico Brogna. **Pro Scout:** Terry Wetzel. **Global Crosschecker and Coordinator, Pacific Rim Scouting:** Carlos Gomez.

MAJOR LEAGUES

TAMPA BAY RAYS

Office Address: Tropicana Field, One Tropicana Drive, St. Petersburg, FL 33705.
Telephone: (727) 825-3137. Fax: (727) 825-3111.

OWNERSHIP
Principal Owner: Stuart Sternberg

BUSINESS OPERATIONS
Presidents: Brian Auld, Matt Silverman. Chief Planning & Development Officer: Melanie Lenz. Chief Public Affairs & Communications Officer: Rafaela A. Amador. Chief Financial Officer: Rob Gagliardi. Chief Technology Officer: Juan Ramirez. Chief People & Culture Officer: Jennifer Lyn Tran. Chief Business Officer: William Walsh. Chief Administrative Officer: Bill Wiener Jr. Senior VP, Administration/General Counsel: John Higgins. VP, Corporate Partnerships: Anthony Rioles. VP, Accounting: Patrick Smith. VP, Ticket Sales & Service: Jeff Tanzer. VP, Fan Experience: Eric Weisberg. VP, Development: Robbie Artz. VP, Communications & Public Affairs: Devin O'Connell. VP, Diversity, Equity & Inclusion: Stephen Thomas. VP, Communications & Baseball Information: Jason Wallace. VP, Communications & Broadcasting: De Anna Sheffield Ward. VP, Accounting: Patrick Smith. VP, Creative & Brand: Warren Hypes. VP, Marketing: Patrick Abts.

Stuart Sternberg

FINANCE
Director, Financial Planning & Analysis: Jason Gray.

MARKETING/COMMUNITY RELATIONS
Director, Marketing & Creative Services: Yanna Pantelis. Executive Director, Rays Baseball Foundation: David Egles. Director, Community Engagement: Kimberly Couts.

GAME OPERATIONS
Director, Promotions: Stephon Thomas. Director, Fan Experience: Miguel Velez. Director, Game Presentation: Stephen Boyer. Director, Production & Broadcast Systems: Michael Weinman.

COMMUNICATIONS/BROADCASTING
Director, Broadcasting: Christopher Mueller. Director, Communications and Player Relations: Elvis Martinez. Coordinator, Baseball Information and Communications: Jack Eidelberg. Coordinator, Baseball Information and Communications: Jared Tennant. Coordinator, Communications: Sterling Bright. Coordinator, Communications: Allison Schubert (Club credential contact).

CORPORATE PARTNERSHIPS
Director, Corporate Partnerships Sales: John Pope. Director, Corporate Partnerships Services: Amanda Marquez.

STADIUM OPERATIONS
Senior Director, Building Operations: George Dowling. Senior Director, Partner & VIP Relations: Cass Halpin. Senior Director, Security & Stadium Operations: Jim Previtera. Director, Building Operations: Chris Raineri. Director, Stadium Operations: Mike Ferrario. Head Groundskeeper: Mike Deubel. Director, Special Projects & Field Operations: Dan Moeller.

TICKET SALES & SERVICES
Director, Ticket Operations: Ken Mallory. Director, Ticket Sales & Service: Jeane Drury, Ryan Sullivan. Director, Ticket Services & Technology: Matt Fitzpatrick. Director, Ticketing & Digital: Jimmy Reed.

BASEBALL OPERATIONS
President: Erik Neander. VP, Baseball Operations/AGM: Will Cousins, Kevin Ibach, Chanda Lawdermilk, Carlos Rodriguez. VP, Baseball Systems: Brian Plexico. VP, Process & Analytics: Jono Erlichman. Special Assistant to the President: Bobby Heck. Senior Advisor, Player Development and Baseball Operations: Mitch Lukevics. Senior Advisor, Scouting/Baseball Operations: R.J. Harrison. Senior Advisor, Baseball Operations: Jon Daniels. Senior Director, Team Travel and Logistics: Chris Westmoreland. Senior Director, Baseball Development: Jeff McLerran. Senior Director, Baseball Performance Science: Joe Myers Director, Baseball Operations: Cole Figueroa, Hamilton Marx. Director, Predictive Modeling: Taylor Smith. Assistant Director, Baseball Performance Science: Mike McNally. Assistant Director, Baseball Operations: Samantha Bireley. Assistant Director, Major League Operations: Jeremy Sowers. Applied Physiologist: Jillian Hawkins. Biomechanist: Dylan Crocker. Senior Analyst, Performance Science: Keegan Henderson. Baseball Systems: Rob Alonzi, Brandon Cordell, Todd Daniels, Luke Fair, Ted Lopez, Zack Strickland, Travis Trapp, Avery Wilkening. Dev Ops Engineer: Louis Palma. Jr. Dev Ops Engineer: Nick Zeak. Data Engineer: Rocco Matarazzo. Assistant Director, R&D: Emmie Dolfi. Lead Analysts, R&D: Salem Marrero, David Marshall, Jason Pellettiere. Senior

GENERAL INFORMATION
Stadium (year opened): Tropicana Field (1998). Playing Surface: AstroTurf
Team Colors: Dark blue, light blue, yellow. Game Day Grass 3D-60 H.
Home Dugout: First Base.

MAJOR LEAGUES

Analysts R&D: Vibhor Agarwal, Josh Arthurs, Michael McClellan, Dylan Murphy, John Williams.
Analysts: Rachel Heacock, Nicholas Joslyn, Michael Model, Timothy Morales, Paul Morris, Ben Smith. **Junior Analysts, R&D:** Mason Kellett, Dash Nusbaum, David Yamin, Kyle Young. **Analyst, Baseball Development:** Jeff Sullivan. **Coordinators:** Brad Ballew, Grace Dowling, Max Kassan, Mike Lambiaso, Isha Rahman, Vishnu Sarpeshkar, Erika Sperl, Elly Weller. **Assistants:** Mathew Bennett, Randell Kanemaru, Katie Mooradian. **PD Specialist:** Justin Su'a.

MAJOR LEAGUE STAFF
Manager: Kevin Cash. **Coaches: Bench**—Rodney Linares. **Pitching**—Kyle Snyder. **Assistant Pitching/Rehab**—Rick Knapp. **Hitting**—Chad Mottola. **Assistant Hitting**—Brady North. **First Base**—Michael Johns. **Third Base**—Brady Williams. **Bullpen**—Jorge Moncada. **Field Coordinator**—Tomas Francisco. **Process and Development Coach**—Kris Goodman. **Pitching Strategist**—Bobby Kinne. **Lead Sports Dietician**—Courtney Ellison.

Erik Neander

MEDICAL/TRAINING
Orthopedic Team Physician: Dr. Koco Eaton. **Internal Medicine Team Physician:** Dr. John Gross. **Massage Therapists:** Ray Allen, Homare Watanabe. **Head Athletic Trainer:** Joe Benge. **First Assistant ATC:** Michael Sandoval. **Assistant ATC:** Aaron Scott. **Assistant ATC/PT:** Wilson Diez. **Assistant ATC/Acupuncture:** Shin Fukuda. **Rehab Coordinator/PT:** Brad Epstein. **Rehab ATC:** Joel Smith. **Special Projects:** Mark Vinson. **S&C:** Bryan King (Head), Joey Greany (Assistant), Trung Cao (Rehab).

PLAYER DEVELOPMENT
Senior Director, Player Development: Blake Butera. **Director, Minor League Operations:** George Pappas. **Director, Player Programs & Integration:** Simon Rosenbaum. **Director, Pitching:** Winston Doom. **Assistant Director, Coaching & Player Development:** Alejandro Freire. **Assistant Director, Pitching:** Ryan Pennell. **Assistant Director, Player Programs and Integration:** Dani Dockx. **Assistant Director, Latin America Player Programs:** Jairo De La Rosa. **Senior Manager, Minor League/International Administration:** Giovanna Rodriguez. **Manager, Team Travel and Logistics:** Karly Fisher. **AAA Bullpen Coach:** Brett Ebers. **Process & Integration Coach:** Mathew Bennett. **Assistant, Pitching Development:** Matt Bruno. **Assistant, Player Programs & Integration:** Sam Bennett. **Coordinator, Minor League Operations:** Wilson Made. **Coordinator, Minor League and International Operations:** Jeremy Sanders. **Coordinator, Complex Programming & Fundamentals:** Frank Maldonado. **Assistant, Minor League Operations:** Ryan Burnett. **Specialist, Player Development:** Welington Castillo. **Video:** Coordinator, Michael O'Toole; Assistant Coordinator, Brianna Gonzalez. **Assistant, Performance Science:** Amanda Astrologo, Jacob Barton, Natalie Campisi, Mackenzie Corrigan, Yvette Figueroa, Kevin Peralta. **Advisor, Player Education:** Milton Jamail. **TAP:** Vince Lodato. **Minor League Coordinators:** Pitching Coordinator/Performance Development: Christian Wonders. **Pitching:** Buddy Carlyle, Alberto Bastardo, Tony Watson. **Hitting Research and Video Coordinator:** Steve Livesey. **Hitting:** Will Bradley, Kyle Wilson, Wuarrner Rincones. **Catching:** Jeff Smith. **Infield:** Ivan Ochoa. **OF/Baserunning:** Jared Sandberg. **Process & Development:** Josh Kozuch. **S&C:** Paul Jones. **Affiliate Medical:** Marty Brinker. **Equipment:** Tim McKechney, Shane Rossetti. **Language Education:** Lenore Sanchez. **Complex Medical/Rehab:** Scott Thurston. **Latin America S&C:** Cesar Gutierrez. **Nutrition:** Drew Jarmuz, Al Roth. **Latin America Medical Admin:** Oscar Orengo. **Clubhouse/MnL Nutrition Asst:** Sean Jones. **Process & Development:** Carla Diaz, David Lianes, Jose Pablo.

FARM SYSTEM

Class	Club (League)	Manager	Hitting Coach	Pitching Coach
Triple-A	Durham (IL)	Morgan Ensberg	Kenny Hook	Brian Reith
Double-A	Montgomery (SL)	Kevin Boles	Paul Rozzelle	Steve Merriman
High-A	Bowling Green (SAL)	Rafael Valenzuela	Braxton Martinez	Jim Paduch
Low-A	Charleston (CAR)	Sean Smedley	Brett Schneide	Levi Romero
Rookie	Rays (FCL)	H. Gimenez	Judge/Randolph/Segovia	Bonilla/Gonzalez/Watson
Rookie	Rays 1 (DSL)	Henry Lugo	O. Luna/E. Cabrera	L. Urena/Y. Almonte
Rookie	Rays 2 (DSL)	Albert Lantigua	R. Guerrero/J. Natera	J. Sanchez/E. Alfonzo

SCOUTING
Director, Amateur Scouting: Chuck Ricci. **Assistant Director, Amateur Scouting:** David Hamlett. **Director, Pro Personnel & Pro Scouting:** Ryan Bristow. **Assistant Director, Pro Personnel & Pro Scouting:** Tyler Chamberlain-Simon. **Coordinator, Amateur Scouting:** Sydney Malone. **Assistant, Amateur Scouting:** Jake Girard. **Special Assignment Scout:** Jeff Cornell. **National Crosschecker:** Scott Meaney. **Pro Personnel Specialists:** Mike Brown, Max Cohen, Jason Cole, Jason Grey, Nate Howard, Mike Langill, Tyler Stohr. **Pro Scouts:** Ken Califano, JD Elliby, Ruddy Giron, Jose Gomez, Carlos Herazo, Ken Kravec, Jose Leroux, Dave Myers, Wood Myers, Cesar Ramirez, Eduardo Sanchez. **Regional Crosscheckers:** Rickey Drexler, Kevin Elfering, Joe Hastings, Brian Hickman, Jake Wilson. **Pitching Crosschecker:** Ryan Henderson. **Area Supervisors:** Matt Alison, James Bonnici, Zach Clark, Tom Couston, Brett Foley, Tim Fortugno, Luke Harrigan, Chris Hom, Jaime Jones, Ryder Jones, Jeff Lavin, Jhonneris Mendez, ML Morgan, Brian Oliver, Eric Roof. **Part-Time Area Scouts:** Maleke Fowler, Jose Hernandez, Milt Hill, Dave Jorn, Gil Martinez, Casey Onaga, Jack Sharp, Marcos Tovar, Lou Wieben. **Development Scouts:** Michael Choice, Nate Ramsey. **Director, International Scouting:** Steve Miller. **Director, International Operations:** Patrick Walters. **Assistant Director, International Operations:** Ronnie Blanco. **Manager, International Scouting:** Jeff Johnson. **International Crosscheckers:** Brad Budzinski, Andrew Fabian. **Scouting Supervisor, Colombia:** Angel Contreras. **Scouting Supervisor, D.R:** Danny Santana. **Venezuela Crosschecker:** William Bergolla. **Regional Crosschecker, D.R.:** Rigo De Los Santos. **International Scouts:** Miguel De La Cruz, Remmy Hernandez, Jorge Perez (D.R.), Marlon Roche, Juan Francisco Castillo, Carlos Leon, Sergio Leon (Venezuela), Frank Tineo (Venezuela), Tiago Campos (Brazil), Karla Espinoza (Mexico), Keith Hsu (Taiwan), Chairon Isenia (Curacao), Joe Park (Korea), Tateki Uchibori (Japan), Gustavo Zapata (Panama), Alex Zuniga (Colombia). **Coordinator, Data & Tech:** Manny Castillo, Jr. (D.R). **Developmental Scouts, D.R.:** Joseph Paulino, Allen Rodriguez. **Video Assistants, Venezuela:** Carlos Bergolla, Jose Medina.

MAJOR LEAGUES

TEXAS RANGERS

Office Address: 734 Stadium Drive, Arlington, TX 76011.
Telephone: (817) 273-5222. **Website:** www.texasrangers.com. **Twitter:** @Rangers.

OWNERSHIP
Managing Partner & Majority Owner: Ray C. Davis. **Executive Committee:** Bob R. Simpson. **President, Business Operations & Chief Operating Officer:** Neil Leibman.

BUSINESS OPERATIONS
President, REV Entertainment: Sean Decker. **Executive VP/CFO:** Kellie Fischer. **Executive VP, CRO:** Jim Cochrane. **Executive VP, Venue Operations & Guest Services:** Mike Healy. **Executive VP, Business Operations:** Rob Matwick. **Executive VP, Ballpark Entertainment/Productions:** Chuck Morgan. **Executive VP, Public Affairs/Sr. Advisor:** John Blake. **Special Assistant:** Ivan Rodriguez.

HUMAN RESOURCES/LEGAL/INFORMATION TECHNOLOGY
Sr. VP, Info Technology: Mike Bullock. **Sr. VP, General Counsel:** Erin Kearney. **Sr. VP, Human Resources:** Jeff Miller. **Director, Human Resources:** Mercedes Riley. **Sr. Corporate Counsel:** Robert Fountain. **Sr. Director, IT Infrastructure:** Chris Hedrick. **Sr. Director, IT Applications & Operations:** Graf Reiner. **Manager, IT Help Desk & Customer Service:** Greg Garrison. **Senior Engineer, Infrastructure & Security:** Robert Wiggs. **Sr. Cloud & Infrastructure Engineer:** Justin Stockdale.

Ray Davis

FINANCE
Sr. VP/Finance: Starr Gulledge. **Senior Financial Reporting Accountant:** Kellie Alford. **Senior Treasury & Compliance Accountant:** Michael Trybul.

BROADCASTING/COMMUNICATIONS/COMMUNITY IMPACT/FOUNDATION
Telephone: (817) 273-5203
VP, Broadcasting: Angie Swint. **VP, Communications:** Rich Rice. **Director, Business Communications:** Chad Seely. **Asst. Director, Baseball Communications:** Tyler Strachan. **Manager, Baseball Communications:** Carter Martin. **Manager, Business Communications:** Lauren Wyatt. **Manager, Manager, Photography:** Bailey Orr. **Manager, Alumni & Player Outreach:** Ashley Quintilone. **Sr. Vice President, Community Impact & Executive Director, Texas Rangers Foundation:** Karin Morris. **Sr. Director, Youth Baseball and Baseball Development:** Juan Leonel Garciga. **Sr. Director, Development:** Justin Henry. **Sr. Director, Community Impact:** Reynaldo Casas. **Director, Events:** Bethany Nephew.

FACILITIES/GUEST SERVICES/SECURITY
Sr. Director, Security: Michael Smith. **Sr. Director, Event Security & Special Projects:** Donald Paisant. **Director, Major League Grounds:** Dennis Klein. **Director, Complex Grounds:** Steve Ballard. **Director, Facility Operations:** Gabriel Saenz. **Director, Guest Services:** Craig Hodnik. **Director, Engineering & Maintenance:** Grant Phifer. **Director, Venue Operations:** Josh King. **Director, Authentics:** Nate Devlin. **Director, Parking Operations:** Zack Armstrong.

TICKET AND SPONSORSHIP SALES
Sr. VP, Ticket Sales: Dan Hessling. **VP, Business Analytics & Ticket Strategy:** Katie Morgan. **Vice President, Ticket Retention & New Business Development:** Nick Richardson. **Vice President, Corporate Partnerships:** Chad Wynn. **Sr. Director Ticket Operations & Strategy:** Mike Lentz. **Sr. Director, Business Partnerships:** Brian Nephew. **Director, Group Sales:** Jamie Roberts. **Director, Suites & Premium Services:** Delia Willms. **Director, Business Partnerships:** Tyler Stephan. **Director, Business Intelligence:** Machelle Noel.

MARKETING/GAME PRESENTATION
Sr. VP, Marketing: Travis Dillon. **VP, Creative:** Scott Biggers. **Sr. Director, Game Entertainment/Productions:** Chris DeRuyscher. **Director, Marketing & Advertising:** Kyle Bartlett. **Director, Media:** Allison Archer. **Art Director:** Cole Smith. **Sr. Creative Producer, Ballpark Entertainment:** Hugo Carbajal. **Director, Promotions:** Zachary Geist. **Director, Creative Content:** Tim Johnston. **Director, Social Media:** Ryan Cantrell. **Director, Graphic Design:** Crystal Lin.

EVENTS/REV ENTERTAINMENT
VP, Events: Jared Schrom. **VP, Brand & Team Operations:** Madison SanFilippo. **VP, Sports Marketing:** Guy Tomcheck. **Sr. Director, Event Operations:** Pedro Soto, Jr.

GENERAL INFORMATION
Stadium (year opened): Globe Life Field (2020).
Team Colors: Royal blue and red.
Home Dugout: First Base.
Playing Surface: Turf.

MAJOR LEAGUES

BASEBALL OPERATIONS

Chris Young

Telephone: (817) 273-5222.
Executive VP/General Manager: Chris Young. **VP/Assistant General Manager, Scouting:** Josh Boyd. **VP/Assistant General Manager, Player Development & International Scouting:** Ross Fenstermaker. **VP, Performance:** Napoleon Pichardo. **Sr. Advisor, Baseball Operations:** Dayton Moore. **Special Assistants to the GM:** Nick Hundley, Ian Kinsler, Colby Lewis, Darren Oliver, Michael Young. **Sr. Director, Baseball Operations:** Michaelene Courtis. **Sr. Director, Baseball Research & Development:** Ryan Murray. **Sr. Director, Player & Family Services:** Taunee Paur Taylor. **Sr. Director, Research & Development, Applications:** Daren Willman. **Director, Leadership & Organizational Development:** Ben Baroody. **Director, Pitching Analysis:** Todd Walther. **Director, Pitching Strategy:** Dave Bush. **Director, Travel:** Josh Shelton. **Director, Team Security:** Blake Miller. **Assistant Director, Baseball Research & Development:** Alexander Booth. **Assistant Director, Research & Development:** RJ Walsh. **Assistant Director, Research & Development, Baseball Systems:** Stephen Coward. **Manager, Pitching Analysis:** Rich Birfer-Karlin. **Manager, Baseball Strategy:** Justin Bedard. **Coordinator, Baseball Operations:** Olivia Lord. **Applied Biomechanist:** Caleb Watkins. **Coordinator, Advance Scouting:** Bobby Bandelow. **Assistant, Major League Staff:** Theo Hooper. **Senior Analysts:** Justin Brantley, Michael Topol. **Senior Data Engineer:** Tyler Bosch. **Analyst Sports Science:** Will Melville. **Analyst, Baseball Research & Development:** Taylor Rogers. **Analyst, Player Development:** Camden Kay. **Analyst, Amateur Draft:** Sam Linker. **Analytics Engineer:** Eduardo Vasquez. **Junior Analysts:** Oscar Hurtado, Reed Zahradnik. **Major League Video Coordinator:** Adam Brenner. **Associate Data Engineer:** Oliver Dykstra. **Assistant Major League Video Coordinator:** Bryson Asmus. **Director, Clubhouse Operations:** Brandon Boyd. **Assistant Clubhouse Managers:** Dave Bales, Parker Zavala. **Visiting Clubhouse Manager:** Mason McKenna.

MAJOR LEAGUE STAFF
Manager: Bruce Bochy. **Associate Manager:** Will Venable.
Coaches: Bench/Offensive Coordinator—Donnie Ecker. **Pitching**—Mike Maddux. **Hitting**—Tim Hyers. **First Base**—Corey Ragsdale. **Third Base**—Tony Beasley. **Bullpen**—Brett Hayes. **Catching**—Bobby Wilson. **Assistant Hitting Coach**—Seth Conner.

MEDICAL/TRAINING
Sr. Director, Medical Operations/Sports Science: Jamie Reed. **Team Physician:** Dr. Keith Meister. **Team Physician, Internal Medicine:** Dr. David Hunter. **Associate Team Physician:** Dr. Jesse Even. **Assistant Team Physician:** Dr. Shane Seroyer. **Head Trainer:** Matt Lucero. **Athletic Trainers:** Sean Fields, Jacob Newburn. **Physical Therapist:** Regan Wong. **Director, Strength & Conditioning:** Logan Frandsen. **Assistant Strength & Conditioning Coach:** Wade Lamont. **Major League Performance Dietician:** Katie McInnis. **Massage Therapist:** Raul Cardenas.

PLAYER DEVELOPMENT
Director, Player Development: Josh Bonifay. **Director, Minor League Operations:** Stosh Hoover. **Assistant Directors, Player Development:** Conner Gunn, Sam Niedorf. **Coordinators:** Kenny Holmberg (Field/Infield), Jordan Tiegs (pitching), Cody Atkinson (director, hitting), Eric Dorton (full season hitting), Sharnol Adriana (flex hitting), Garrett Kennedy (Asst. Field/Catching), Keith Comstock (Rehab). **Medical Coordinator:** Alex Rodriguez. **Strength & Conditioning Coordinators:** Thomas Gentile, Adam Noel. **Mental Performance Coordinator:** David Franco. **Nutrition Coordinator:** Courtney Gallagher. **Video Coordinator:** Hunter Schneider.

FARM SYSTEM

Class	Club (League)	Manager	Hitting Coach	Pitching Coach
Triple-A	Round Rock (PCL)	Doug Davis	Matt Lawson	Dave Borkowski
Double-A	Frisco (TL)	Carlos Cardoza	Ryan Tuntland	Jon Goebel
High-A	Hickory (SAL)	Chad Comer	Drew Sannes	Julio Valdez
Low-A	Down East (CAR)	Carlos Maldonado	Brian Pozos	Thomas St. Clair
Rookie	Rangers (ACL)	Gulider Rodriguez	E. Orona/D. Padilla	J. Jaimes/ M. Milkey
Rookie	Rangers (DSL)	Nick Janssen	C. Rivera/W. Veras	C. Koestler/M. Rabe/Z. Woolard

SCOUTING
Sr. Director, Pro Scouting: Mike Parnell. **Assistant Director, Pro Scouting:** Chandler Couch. **Special Assistants, Player Personnel:** Scot Engler, Scott Littlefield. **Special Assistant, Pro Scouting:** Mike Anderson. **Special Assignment Scout, Player Development:** Jonathan George. **Special Assignment Scout:** Curtis Jung. **Pro Scouts:** Elliott Blair, Mike Grouse, Touré Harris, Joe Jordan, Donzell McDonald, Michael Quesada. **Senior Director, Amateur Scouting:** Kip Fagg. **Director, Amateur Scouting Operations:** Adam Lewkowicz. **West Coast Crosschecker:** Casey Harvie. **National Crosschecker:** Jake Krug. **Southeast Crosschecker:** Arthur McConnehead. **Midwest Crosschecker:** Demond Smith. **Northern Crosschecker:** Brian Williams. **Area Scouts:** Tyler Carroll, Chris Collias, Bobby Crook, Tommy Duenas, Steve Flores, Andrew Grenbemer, Jay Heafner, Levi Lacey, Carter Lewis, Gary McGraw, Michael Medici, Brian Morrison, Patrick Perry, Takeshi Sakurayama, Gabe Sandy, Dustin Smith, Mike Tidick, Darin Vaughan, John Wiedenbauer. **Director, International Scouting:** Hamilton Wise. **Assistant Director, International Scouting & Development:** Jonny Clum. **Assistant, International Scouting:** Jack Marino. **Supervisor, Dominican Republic:** Willy Espinal. **International Crosscheckers:** Jhonny Gomez, Mark Muzzi. **International Scouts:** Arturo Barnetche, Mafel Brito, Rafael Cedeno, Anthony Dominguez, Jose Fernandez, Jose Figuera, Jesus "Chu" Halabi, Angel Jimenez, Julio Justo, Daniel Liscano, Nelson Muniz, Kwangmin "Andre" Park, Carlos Plaza, Carlos Plaza Jr., Jose Gabriel Rodriguez, Juan Salazar, Hamilton Sarabia, Cesar Sarmiento, Pablo Savinon, Sandy Silvestre, Ricky Valencia. **Senior Advisor, Major League Scouting (Hokkaido):** Randy Smith. **Director, Pacific Rim Operations:** Joe Furukawa. **International Scouts:** Hajime Watabe (Japan), Daniel Chang (Taiwan).

MAJOR LEAGUES

TORONTO BLUE JAYS

Office/Mailing Address: 1 Blue Jays Way, Suite 3200, Toronto, Ontario M5V 1J1.
Telephone: (416) 341-1000. **Fax:** (416) 341-1245. **Website:** www.bluejays.com.

OWNERSHIP
Operated by: Toronto Blue Jays Baseball Club. **Principal Owner:** Rogers Communications Inc. **Chairman, Toronto Blue Jays:** Edward Rogers. **Vice Chairman, Rogers Communications Inc.:** Roger Rai. **President and CEO, Rogers Communication:** Anthony Staffieri. **President, Rogers Sports & Media, Rogers Communication:** Colette Watson.

BUSINESS OPERATIONS
President and CEO: Mark A. Shapiro. **President Emeritus:** Paul Beeston. **Executive Vice President, Baseball Operations/General Manager:** Ross Atkins. **Executive Vice President, Finance:** Ben Colabrese. **Executive Vice President, Business Operations:** Marnie Starkman. **Executive Assistant to the President/CEO:** Gail Ricci.

Mark Shapiro

FINANCE/ADMINISTRATION
Director, Finance: Josh Hoffman. **Senior Manager, Blue Jays US Payroll & Benefits:** Sharon Dykstra. **Senior Manager, Finance:** Mark Murray. **Senior Manager, Finance:** Alex Haeussler. **Manager, Finance:** Leslie Galant-Gardiner. **Manager, Finance:** Troy Mercuri. **Manager, Treasury & Vault Operations:** Garrett Mercer. **Senior Financial Analysts:** Melissa Patterson, Bryanna Buckborough. **Senior Payroll Administrator:** Joyce Chan. **Senior Payroll Analyst:** Joy Baybayan. **Finance Associate. Finance Associate:** Marisa Paine. **Coordinators, Vendor Administration:** Brittany Monague, Taylor Thompson.

MARKETING/COMMUNITY RELATIONS
Vice President, Brand & Digital Marketing: Christine DesJardine. **Director, Brand & Digital Marketing:** Sheldon Kiernan. **Director, Creative Services & Marketing Management:** Sherry Oosterhuis. **Director, Game Entertainment & Production:** Stefanie Wright. **Content Director:** George Skoutakis. **Senior Manager, Player Relations & Community Marketing:** Jeff Holloway. **Senior Marketing Manager:** Maureen Kinghorn. **Senior Manager, Social Media & Real Time Content:** Alykhan Ravjiani. **Program Manager, Amateur Baseball:** T.J. Burton. **Marketing Department Manager & Alumni Relations:** Maria Cresswell. **Managers, Game Entertainment:** Shaina Gibson, Rosalynn Thornton. **Manager, Community Marketing & Family Programs:** Erinn White. **Manager, Brand & Digital Marketing:** Ranzel Gonzales. **Manager, Website & Direct Marketing:** Thomas Small. **Content Manager:** John Woo. **Senior Motion Graphics Designer:** Michael Campbell. **Senior Graphics Designer:** Nick Coyle. **Motion Graphics Designers:** Ben Simpson, Nathan Fong. **Content Producer/Editor:** Kenneth Edwards. **Social Content Specialist:** Nico Canavo. **Graphic Designer:** Adam vanLuttikhuizen. **Social Media Specialist:** Richard Lee-Sam. **Program Specialist, Amateur Baseball:** Geoff Seto. **Program Assistant, Amateur Baseball:** Heather Hansler. **Authentics Specialist:** Mike Ferguson.

COMMUNICATIONS
Vice President, Communications: Andrea Goldstein. **Senior Manager, Business Communications:** Madeleine Davidson. **Senior Manager, Baseball Communications:** Adam Felton. **Manager, Baseball Information:** Simon Wells.

TRAVEL/CLUBHOUSE
Manager, Team Travel: Rodney Hiemstra. **Senior Manager, Visiting Clubhouse:** Kevin Malloy. **Senior Manager, Clubhouse Operations:** Scott Blinn. **Manager, Home Clubhouse Operations:** Mustafa Hassan.

HIGH PERFORMANCE/MEDICAL STAFF
Director, Performance Research & Education: Dehra Harris. **Director, Mental & Physical Development:** Steve Rassel. **Major League Director of Health & Performance:** Andrew Pipkin. **Head Athletic Trainer:** Jose Julian Ministral. **Major League First Assistant Athletic Trainer:** Voon Chong. **Major League Second Assistant:** Drew MacDonald. **Major League Physical Therapist:** John Biggar. **Major League Dietitian:** Scott Nealon. **Sports Massage:** Todd Earl. **Head Major League Head Strength & Conditioning Coach:** Scott Weberg. **Major League Assistant Strength & Conditioning Coach:** Jeremy Trach. **Performance Coaches:** Kenji Ito, Se Hong Jang. **Assistant Medical Director:** Adam Ingle. **Athletic Training Coordinator:** Michael Rendon. **Medical Research Coordinator:** Scott Peters. **Rehab Coordinator:** Phillip Dimino. **Minor League Physical Therapist:** Alex Suerte. **Senior Athletic Trainer:** Jon Woodworth. **Minor League Offensive Game Planning:** Dave Hudgens. **Minor League Strength & Conditioning Coordinator:** Aaron Spano. **Minor League Assistant Strength & Conditioning Coordinator:** Justin Batcher. **Latin America Strength & Conditioning Coordinator:** Omar Aguilar. **Rehab Strength & Conditioning Coaches:** Taylor Haslinger, Taylor Whitley. **Rehab Assistant Strength & Conditioning Coach:** Phil Tomassi. **Mental Performance Coordinator:** Ro DiBernardo. **Nutrition Consultant:** Kara Terry. **Nutrition Coordinator:** Katarina Dimino. **Employee Assistance Program Director:** Sam Lima. **Certified Mental Health Clinician:** Paul Steinhauser. **Head Orthopedic Surgeon:** Dr. John Theodoropoulos. **Head Primary Care Physician:** Dr. David Lawrence.

GENERAL INFORMATION
Stadium (year opened): Rogers Centre (1989). **Team Colors:** Blue and white. **Home Dugout:** Third Base. **Playing Surface:** AstroTurf 3D Xtreme.

MAJOR LEAGUES

BASEBALL OPERATIONS

Ross Atkins

Senior Vice President, Player Personnel: Tony LaCava. **Vice President, International Scouting & Baseball Operations:** Andrew Tinnish. **Vice President, Baseball Strategy:** James Click. **Assistant General Manager:** Joe Sheehan. **Assistant General Manager:** Michael Murov. **Director, Baseball Research:** Sanjay Choudhury. **Director, Baseball Operations:** Jeremy Reesor. **Director, Baseball Systems:** Peter Saunders. **Manager, Baseball Research:** Graydon Carruthers. **Executive Assistant to the General Manager:** Anna Coppola. **Major League Video Coordinator:** Eric Slotter. **Coordinator, Baseball Operations:** Bryan Lee. **Coordinators, Baseball Research & Development:** Gabrielle Campos, Spencer Estey. **Biomechanists, Baseball Research & Development:** Ben Jones, Clare Padmore. **Coordinator, Game Planning:** Theron Simpson. **Coordinator, Baseball Operations:** Ketan Dadar. **Lead Performance Analyst:** Josh Goreham. **Senior, Baseball Research Analysts:** Dan Goldberg, Liam Stevenson. **Senior Baseball Systems Developer:** John Meloche. **Baseball Systems Cloud Engineer:** Antoine Laplante. **Baseball Systems Developers:** Antonio Garcia, Khalid Talakashi. **Player Personnel Analyst:** John Babocsi. **Baseball Research Analysts:** Maxine Wang, Peter L'Oiseau, Liam Ralph, Emma Ritcey, Claire Wilson, Alex Eisert. **Pitching Research Analyst:** Sam Greene. **Assistant, Pro Scouting & Baseball Operations:** Megan Evans. **Assistants, Advanced Scouting:** Anthony Lucchese, Luke Hoey. **Assistant, Scouting:** Matt McCue

MAJOR LEAGUE STAFF

Manager: John Schneider. **Coaches:** Bench/**Offensive Coordinator**—Don Mattingly. **Associate Manager**—DeMarlo Hale. **Pitching**—Pete Walker. **Hitting**—Guillermo Martinez. **First Base**—Mark Budzinski. **Third Base**—Carlos Febles. **Assistant Pitching Coach, Bullpen**—Jeff Ware. **Assistant Pitching Coach, Strategy**—David Howell. **Assistant Hitting Coach**—Hunter Mense. **Assistant Hitting Coach**—Matt Hague. **Field Coordinator**—Gil Kim. **Major League Mental Performance Coach:** John Lannan. **Bullpen Catchers:** Alex Andreopoulos, Luis Hurtado. **Cultural Development Coordinator:** Hector Lebron, **Bilingual Player Interpreters:** Jun Sung Park, Yusuke Oshima.

PLAYER DEVELOPMENT

Telephone: (727) 734-8007. **Fax:** (727) 734-8162.

Director, Player Development: Joe Sclafani. **Director, Minor League Operations:** Charlie Wilson. **Assistant Director, Player Development:** Reed Kienle. **Field Coordinator:** Eric Duncan. **Short-Season Field Coordinator:** John Tamargo Jr. **Infield Coordinator:** Danny Solano. **Pitching Coordinator:** Cory Popham. **Pitching Initiatives & Scouting Integration Coordinator:** Frank Herrmann. **Pitching Development Coordinator:** Ricky Meinhold. **Catching Coordinator:** Josh Paul. **Hitting Coordinator:** Craig Parry. **Education Coordinator:** Sonia De La Cruz. **Coordinator, Latin America Operations:** Michael Rivera. **Business Manager, Minor League Operationsterry:** Michelle Rodgers. **Minor League Equipment Coordinator:** Billy Wardlow. **Coordinator, Player Development Operations:** Alex Chambers, Jordan Eaddy. **Special Assistants to Player Development:** Jason Bere, Pat Hentgen, Paul Quantrill, Tim Raines, Devon White. **DR Field Coordinator:** Pablo Cruz. **Hitting Lab Technician:** Ryan Beckman. **Pitching Resource Analyst:** Tyler Dobos. **Rehab Assistant Pitching Coach:** Adrian Martin. **Rehab Position Coach:** Rodrigo Vigil. **Rehab Pitching Coach:** Greg Vogt. **Rehab Catcher:** Angel Guzman. **Special Advisor to Player Development:** Dennis Holmberg. **Player Development Tech Assistant & Analyst:** Luke Statler.

FARM SYSTEM

Class	Club (League)	Manager	Hitting Coach	Pitching Coach
Triple-A	Buffalo (IL)	Casey Candaele	Ryan Long	Drew Hayes
Double-A	New Hampshire (EL)	Cesar Martin	Mitch Huckabay	Joel Bonnett
High-A	Vancouver (NWL)	Brent Lavallee	Ryan Wright	Austin Bibens-Dirkx
Low-A	Dunedin (FSL)	Jose Mayorga	Nash Knight	Cory Riordan
Rookie	Blue Jays (FCL)	Andy Fermin	P. Elliott/F. Landers	A. Caceres/B. Kelly
Rookie	Blue Jays (DSL)	Danny Canellas	Ricardo Nanita	Robelin Bautista

SCOUTING

Director, Pro Scouting: Ryan Mittleman. **Major League Scout:** Sal Butera. **Professional Scouts:** Kevin Briand, Justin Coleman, David May Jr., **Stephen Yoo. Player Personnel Coordinators:** Matt Anderson, Blake Bentley, Marc Lippman, Tim Rooney. **Coordinator, Pacific Rim Operations:** Hideaki Sato. **Player Personnel Managers:** Carson Cistulli, Jon Lalonde, Nick Manno, Brent Urcheck. **Specialist, Player Personnel:** Adam Guttridge. **Pro Scouting Analyst:** Tommy Farah. **Director, Amateur Scouting:** Shane Farrell. **Assistant Director, Amateur Scouting:** Kory LaFreniere. **National Crosscheckers:** C.J. Ebarb Jr. **Regional Crosscheckers:** Jamie Lehman, Greg Runser, Noah St. **Urbain, Michael Youngberg. Amateur Crosschecker:** Paul Tinnell. **Amateur & International Crosschecker:** Brian Johnston. **Area Scouts:** Adam Arnold, Joey Aversa, Coulson Barbiche Jr., Brandon Bishoff, Tom Burns, Adrian Casanova, Tony Cho, Chris Curtis, Ryan Fox, Patrick Griffin, Pete Holmes, Matt Huck, Jim Lentine, Nate Murrie, Don Norris, Matt O'Brien, Wes Penick, Max Semler, Bud Smith, Mike Tidick. **Scout:** Roberto Santana. **Amateur Scout:** Chris Lionetti. **Canadian Scouting:** Jay Lapp, Jasmin Roy, Rene Tosoni. **Development Scouts:** Brad Jacob, Calvin Culver. **Amateur Scouting Analyst:** Chris Weikel. **Pitching Analyst:** Spencer White. **Assistant, Amateur Scouting:** Jesse Levine.

Director, Latin American Operations: Sandy Rosario. **Assistant Director, International Scouting:** Harry Einbinder. **Coordinator, International Scouting:** Julio Ramirez. **Scouting Coordinator, South America:** Francisco Plasencia. **Assistant, International Operations:** Tyler Baldwin. **Scouting Supervisors:** Aaron Acosta (MX), Jose Contreras (VZ), Luis Natera (DR). **Crosschecker, Latin America:** Lorenzo Perez. **International Scouting:** Jhoan Gomez (DR), Jose Natera (DR), Alexis de la Cruz (DR), Luciano del Rosario (DR), Enmanuel Rojo (DR), Daniel Sotelo (NIC), Alex Zapata (PAN), Alirio Ledezma (VZ), Manuel Parra (VZ), Miguel Leal (VZ), Oscar Delgado (VZ), Franklin Briceno (VZ).

MAJOR LEAGUES

WASHINGTON NATIONALS

Office Address: 1500 South Capitol Street SE, Washington, DC 20003.
Telephone: (202) 640-7000. **Fax:** (202) 547-0025.
Website: www.nationals.com.

OWNERSHIP
Managing Principal Owner: Mark D. Lerner.
Principal Owners: Annette M. Lerner, Marla Lerner Tanenbaum, Debra Lerner Cohen, Robert K. Tanenbaum, Edward L. Cohen, Judy Lenkin Lerner.

EXECUTIVE MANAGEMENT
Chief Operating Officer, Lerner Sports: Alan H. **Gottlieb. Chief Financial Officer:** Ted Towne. **Senior Vice President:** Elise Holman.

BALLPARK ENTERPRISES
Executive Director, Ballpark Enterprises: Karen Morris.

LEGAL
Senior Vice President & General Counsel: Betsy Philpott. **Vice President & Deputy General Counsel:** John Bramlette.

HUMAN RESOURCES
Vice President, Human Resources: Jason Beckwith. **Director, Benefits:** Stephanie Giroux.

COMMUNICATIONS
Vice President, Communications: Valerie Krebs. **Senior Director, Communications:** Kyle Brostowitz. **Manager, Communications:** Daniel Kurish. **Manager, Communications:** Gabrielle Scheder-Bieschin. **Coordinator, Communications:** Devon Bridges.

Mark D. Lerner

COMMUNITY RELATIONS
Senior Vice President, Community Engagement: Gregory McCarthy. **Executive Director, Player & Community Relations:** Shawn Bertani. **Director, Youth Programming:** Ashleigh Hazley. **Director, Community Relations (Military Affairs):** Sean Hudson.

BROADCASTING/GAME PRESENTATION
Executive Director, Content & Broadcasting: Wendy Bailey. **Senior Director, Promotions & Events:** Lindsey Norris. **Director, Game Production & Operations:** Emilee Harris. **Executive Director, Game Production & Engineering:** Benjamin Smith.

TICKETING
Vice President, Ticket Sales, Membership Services & Operations: Ryan Bringger.

BALLPARK OPERATIONS
Senior Vice President & General Manager of Nationals Park: Frank Gambino. **Senior Vice President, Ballpark Operations:** Lisa Marie Czop.

BASEBALL OPERATIONS
President of Baseball Operations and General Manager: Mike Rizzo. **Vice President & Assistant General Manager, Baseball Operations:** Michael DeBartolo. **Vice President & Assistant GM, Player Development & Administration:** Eddie Longosz. **Assistant General Manager, Player Personnel:** Mark Scialabba. **Director, Baseball Operations:** James Badas. **Manager, Baseball Valuation & Analysis:** Silas Morsink. **Coordinator, Baseball Operations:** Jason Fixelle. **Assistant, Major League Administration:** Jordan Missal.

BASEBALL RESEARCH AND DEVELOPMENT
Senior Director, Baseball Research & Development: Lee Mendelowitz. **Director, Baseball Research & Strategy:** Max Ehrman. **Manager, Baseball Information:** David Higgins. **Principal Analyst, Baseball Research & Development:** Michael Schatz. **Senior Analyst, Baseball Research & Development:** David Gagnon. **Analyst, Baseball Research & Development:** Lee Przybylski. **Analyst, Baseball Research & Development:** Chase Seibold. **Analyst, Baseball Research & Development:** Omar Taveras. **Junior Analyst, Baseball Research & Development:** Walter Limm. **Coordinator, Player Development Analytics:** Jordan Rassmann. **Player Development Analyst, Baseball Research & Development:** Allen Ho. **Senior Developer, Baseball Research & Development:** Jason Holt. **Principal Developer, Baseball Research & Development:** Jay Liu. **Senior Developer, Baseball Research & Development:** Timothy Fisher. **Data Engineer:** Chris Jordan. **Data Engineer:** Jimmy Morrow. **Data Engineer:** Jonathan Rice.

GENERAL INFORMATION
Stadium (year opened): Nationals Park (2008).
Team Colors: Red, white and blue.
Home Dugout: First Base.
Playing Surface: Grass.

MAJOR LEAGUES

MAJOR LEAGUE OPERATIONS
Director, Team Travel: Kenny Diaz. **Clubhouse & Equipment Manager:** Mike Wallace. **Visiting Clubhouse Manager:** Matt Rosenthal. **Equipment Manager:** Dan Wallin. **Clubhouse Assistants:** Brandon Darnell, Andrew Melnick, Gregory Melnick. **Quality Assurance Coordinator:** Jonathan Tosches. **Manager, Advance Scouting:** Dan Kaplan. **Assistant, Major League Video & Technology:** Dominic Merlino

MAJOR LEAGUE STAFF
Manager: Dave Martinez. **Coaches: Bench**—Miguel Cairo. **Pitching**—Jim Hickey. **Hitting**— Darnell Coles. **First Base**— Gerardo Parra. **Third Base**—Ricky Gutierrez. **Bullpen**— Ricky Bones. **Catching & Strategy Coach**—Henry Blanco. **Assistant Hitting Coach:** Chris Johnson. **Pitching Strategist**—Sean Doolittle

Mike Rizzo

MEDICAL/TRAINING
Executive Director, Medical Services: Harvey Sharman. **Lead Team Physician:** Dr. Robert Najarian. **Director, Athletic Training:** Paul Lessard. **Head Athletic Trainer:** Dale Gilbert.

PLAYER DEVELOPMENT
Vice President & Assistant GM, Player Development & Administration: Eddie Longosz. **Director, Minor League and Florida Operations:** Ryan Thomas. **Director, Player Development Tech & Strategy:** David Longley. **Assistant Director, Player Development:** John Wulf. **Assistant Director, Minor League Operations:** JJ Estevez. **Assistant Director, Player Dev. Tech & Strategy:** Patrick Coghlan. **Manager, Florida Operations:** Diane Wiebe. **Coordinator, Minor League Operations & Player Education:** Andrew Scarlata. **Coordinator, Player Development Analytics:** Jordan Rassman. **Coordinator, Minor League Video:** Allan Bekerman. **Player Development Analyst:** Allen Ho. **Senior Biomechanist:** Bill Johnson. **Biomechanist:** Brittany Mills. **Minor League Clubhouse Operations:** Scott Paquin. **DSL Academy Administrator:** Eduardo Castro. **DSL Clubhouse Assistant:** Edniel Rouancourt. **DSL Academy Administrative Assistant:** Lorena Rosario. **Field Coordinator:** Bob Henley. **Senior Advisor, Player Development:** Dave Jauss. **Pitching Coordinator:** Sam Narron. **Rehabilitation Pitching Coordinator:** Joel Hanrahan. **Hitting Coordinator:** Tommy Everidge. **Catching Coordinator:** Randy Knorr. **Fundamentals Coordinator:** Jeff Garber. **Outfield/Baserunning Coordinator:** Chris Prieto. **Infield Coordinator:** Jason Wood. **Medical Rehab Coordinator:** Gene Basham. **Assistant Medical Rehab Coordinator:** Jeff Allred. **Rehab Coordinator:** JR Wood. **Strength and Conditioning Coordinator:** Gabe Torres. **Assistant Strength and Conditioning Coordinator:** Shane Hill. **Athletic Trainer:** Cesar Roman. **Minor League Nutrition Coordinator:** Kylie Kain

FARM SYSTEM

Class	Club	Manager	Hitting Coach	Pitching Coach
Triple-A	Rochester (IL)	Matt LeCroy	Brian Daubach	Rafael Chaves
Double-A	Harrisburg (EL)	Delino Deshields	Jeff Livesey	Rigo Beltran
High-A	Wilmington (SAL)	Mario Lisson	Delwyn Young	Mark DiFelice
Low-A	Fredericksburg (CAR)	Jake Lowery	Mike Habas	Justin Lord
Rookie	Nationals (FCL)	Luis Ordaz	Ender Chávez	Franklin Bravo
Rookie	Nationals (DSL)	Sandy Martinez	Rafael Ozuna	Feliberto Sanchez

SCOUTING
Vice President, Amateur Scouting: Danny Haas. **Senior Director, Amateur Scouting:** Brad Ciolek. **Assistant Director & National Crosschecker:** Reed Dunn. **Director, Player Procurement:** Kasey McKeon. **Special Assistant to the President of Baseball Operations & GM:** Steve Arnieri. **Special Assistant to the President of Baseball Operations & GM:** Dan Jennings. **Special Assistant to the President of Baseball Operations & GM:** Kris Kline. **Special Assistant to the President of Baseball Operations & GM:** Jay Robertson. **Special Assistant to the President of Baseball Operations & GM:** Jeff Zona. **West Coast Crosschecker:** Mark Baca. **Midwest Crosschecker:** Jimmy Gonzales. **Southeast Crosschecker & Area Supervisor:** Alex Morales. **Area Supervisor:** Bryan Byrne. **Area Supervisor:** Brian Cleary. **Area Supervisor:** Ben Diggins. **Area Supervisor:** James Goodwin. **Area Supervisor:** Kevin Ham. **Area Supervisor:** Bob Hamelin. **Director, International Operations:** Fausto Severino. **Director, Latin American Scouting:** Victor Rodriguez. **Coordinator, Venezuela:** German Robles. **Assistant, International Scouting:** Taisuke Sato. **Latin America Crosschecker:** Modesto Ulloa. **Latin America Crosschecker:** Ricardo Vasquez. **Area Supervisor (Colombia):** Eduardo Cabrera. **Area Supervisor (Dominican Republic):** Abraham Despradel. **Area Supervisor (Dominican Republic):** Virgilio De Leon. **Area Supervisor (Dominican Republic):** Oscar Disla. **Area Supervisor (Dominican Republic):** Bolivar Pelletier. **Area Supervisor (Panama):** Miguel Ruiz. **Area Supervisor (Venezuela):** Salvador Donadelli. **Area Supervisor (Venezuela):** Juan Indriago. **Area Supervisor (Venezuela):** Ronald Morillo. **Area Supervisor (Venezuela):** Juan Muñoz

MEDIA INFORMATION

MAJOR LEAGUES

LOCAL MEDIA INFORMATION

AMERICAN LEAGUE

BALTIMORE ORIOLES
Radio/TV Announcers: Geoff Arnold, Kevin Brown, Scott Garceau, Brett Hollander, Dave Johnson, Rob Long, Ben McDonald, Melanie Newman, Jim Palmer. **Flagship Radio Stations:** 105.1-FM WBAL The Fan, 97.9-FM WIYY. **Flagship TV Station:** Mid-Atlantic Sports Network.

BOSTON RED SOX
Radio Announcers: Joe Castiglione, Will Flemming, Sean McDonough, Lou Merloni. **Flagship Station:** WEEI (93.7 FM).
TV Announcers: Dave O'Brien, Tom Caron, Jahmai Webster, Will Middlebrooks, Kevin Millar, Kevin Youkilis, Lenny DiNardo, Darnell McDonald, Jonathan Papelbon, Jim Rice, Mike Monaco, Adam Pellerin. **Flagship Station:** New England Sports Network.

CHICAGO WHITE SOX
Radio Announcers: Darrin Jackson, Len Kasper. **Flagship Station:** ESPN Radio Chicago AM 1000
TV Announcers: Steve Stone, John Schriffen. **Flagship Stations:** WGN TV-9, WPWR-TV, NBC Sports Chicago.

CLEVELAND GUARDIANS
Radio Announcers: Tom Hamilton, Jim Rosenhaus. **Flagship Station:** WTAM 1000-AM.
TV Announcers: Rick Manning, Matt Underwood, Andre Knott. **Flagship Station:** FOX Sports Ohio.

DETROIT TIGERS
Radio Announcers: Dan Dickerson, Jim Price. **Flagship Station:** WXYT 97.1 FM and AM 1270.
TV Announcers: Jack Morris, Kirk Gibson, Matt Shepard, Craig Monroe, John Keating, Dan Petry, Cameron Maybin, Bobby Scales. **Flagship Station:** Bally Sports Detroit (regional cable).

HOUSTON ASTROS
Radio Announcers: Steve Sparks, Robert Ford. **Spanish:** Francisco Romero, Alex Treviño.
Flagship Stations: KBME 790-AM, KLAT 1010-AM (Spanish).
TV Announcers: Todd Kalas, Geoff Blum, Julia Morales. **Flagship Station:** AT&T Sports Net Southwest.

KANSAS CITY ROYALS
Radio Announcers: Denny Matthews, Jake Eisenberg, Steve Stewart. **Kansas City Affiliate:** KCSP 610-AM.
TV Announcers: Ryan Lefebvre, Rex Hudler, Joel Goldberg, Jeff Montgomery (pre-game).
Flagship Station: Bally Sports Kansas City.

LOS ANGELES ANGELS
Radio Announcers: Terry Smith, Mark Langston. **Flagship Station:** AM 830, 1330 KWKW (Spanish).
TV Announcers: Wayne Randazzo, Matt Vasgersian, Patrick O'Neal, Mark Gubicza. **Flagship TV Station:** Bally Sports West.

MINNESOTA TWINS
Radio Announcers: Cory Provus, Dan Gladden. **Radio Network Studio Host:** Kris Atteberry. **Spanish Radio:** Alfonso Fernandez, Tony Oliva. **Flagship Station:** WCCO-AM 830. **TV Announcers:** Dick Bremer, Roy Smalley, LaTroy Hawkins, Justin Morneau, Glen Perkins. **Flagship Station:** Bally Sports North.

NEW YORK YANKEES
Radio Announcers: John Sterling, Suzyn Waldman. **Flagship Station:** WFAN 660-AM, WADO 1280-AM. **Spanish Radio Announcers:** Francisco Rivera, Rickie Ricardo. **TV Announcers:** David Cone, Jack Curry, John Flaherty, Michael Kay, Ryan Ruocco, Bob Lorenz, Meredith Marakovits, Nancy Newman, Paul O'Neill, Chris Shearn. **Flagship Station:** YES Network.

OAKLAND ATHLETICS
Radio Announcers: Vince Cotroneo, Ken Korach. **Flagship Station:** KTRB 860 AM.
TV Announcers: Jenny Cavnar, Johnny Doskow, Dallas Braden, Chris Townsend. **Flagship Stations:** NBC Sports California.

SEATTLE MARINERS
Radio Announcers: Rick Rizzs, Aaron Goldsmith. **Flagship Station:** 710 ESPN Seattle (KIRO-AM 710).
TV Announcers: Mike Blowers, Dave Sims, Dan Wilson, Alex Rivera. **Flagship Station:** ROOT Sports Northwest.

TAMPA BAY RAYS
Radio Announcers: Andy Freed, Chris Adams-Wall, Neil Solondz. **Flagship Station:** WDAE 620 AM/95.3 FM Tampa/St. Petersburg. **TV Announcers:** Brian Anderson, Dewayne Staats, Matt Joyce, Tricia Whitaker, Orestes Destrade, Rich Hollenberg, Doug Waechter, Denard Span. **Flagship Station:** Bally Sports Sun. **Spanish:** Enrique Oliu, Ricardo Taveras.

TEXAS RANGERS
Radio Announcers: Eric Nadel, Matt Hicks. **Spanish:** Eleno Ornelas, Jose Guzman. **Flagship Station:** 105.3 The FAN FM, KFLC 1270 AM (Spanish). **TV Announcers:** Dave Raymond, Tom Grieve, Dave Valle, David Murphy, Emily Jones, Lesley McCaslin, Jared Sandler. **Flagship Station:** Bally Sports Southwest (regional cable).

TORONTO BLUE JAYS
Radio Announcers: TBA. **Flagship Station:** SportsNet Radio Fan 590-AM.
TV Announcers: Buck Martinez, Dan Shulman, Jamie Campbell, Joe Siddall, Dan Shulman, Hazel Mae, Arden Zwelling. **Flagship Station:** Rogers Sportsnet.

MAJOR LEAGUES

NATIONAL LEAGUE

ARIZONA DIAMONDBACKS
Radio Announcers: Greg Schulte, Tom Candiotti, Rodrigo Lopez (Spanish), Oscar Soria (Spanish), Richard Saenz (Spanish). **Flagship Stations:** Arizona Sports 98.7 FM, TUDN 105.1 (Spanish).
TV Announcers: Steve Berthiaume, Bob Brenly. **Flagship Stations:** FOX Sports Arizona (regional cable).

ATLANTA BRAVES
Radio Announcers: Jim Powell, Joe Simpson, Ben Ingram. **Flagship Stations:** WCNN-AM 680 The Fan.
TV Announcers: Brandon Gaudin, Peter Moylan, Nick Green, Tom Glavine, Jeff Francoeur. **Flagship Stations:** Bally Sports South.

CHICAGO CUBS
Radio Announcers: Pat Hughes, Ron Coomer. **Flagship Station:** WSCR-670 The Score.
TV Announcers: Jon Sciambi, Jim Deshaies. **Flagship Stations:** Marquee Sports Network.

CINCINNATI REDS
Radio Announcers: Tommy Thrall, Jeff Brantley. **Flagship Station:** WLW 700-AM.
TV Announcers: Jim Day, John Sadak, Chris Welsh, Jeff Brantley, Barry Larkin, Sam LeCure, Annie Sabo, Brian Giesenschlag. **Flagship Station:** Bally Sports Ohio.

COLORADO ROCKIES
Radio Announcers: Jack Corrigan, Jerry Schemmel, Salvador Hernandez (Spanish), Carlos Valdaz (Spanish), Hector Salazar (Spanish). **Flagship Station:** KOA 850-AM & 94.1 FM, Rockies Spanish Radio 1150 AM.
TV Announcers: Drew Goodman, Jeff Huson, Ryan Spilborghs. **Flagship Station:** AT&T SportsNet.

LOS ANGELES DODGERS
Radio Announcers: Rick Monday, Charley Steiner, Tim Neverett. **Spanish:** Jaime Jarrín, Jose Mota. **Flagship Stations:** AM570 Fox Sports LA, KTNQ 1020-AM (Spanish). **TV Announcers:** Joe Davis, Orel Hershiser, Nomar Garciaparra, Dontrelle Willis, Tim Neverett, Eric Karros, Jessica Mendoza, Stephen Nelson, Kirsten Watson. **Spanish:** Pepe Yniguez, Fernando Valenzuela. **Flagship Stations:** SportsNet LA (regional cable).

MIAMI MARLINS
Radio Announcers: Rod Allen, Jeff Nelson, Gaby Sanchez, Craig Minervini, Jessica Blaylock, Kelly Saco. **Flagship Stations:** WINZ 940-AM. **TV Announcers:** Paul Severino, Tommy Hutton. **Flagship Stations:** Bally Sports Florida.

MILWAUKEE BREWERS
Radio Announcers: Bob Uecker, Jeff Levering, Lane Grindle, Josh Maurer. **Flagship Station:** WTMJ 620-AM.
TV Announcers: Brian Anderson, Bill Schroeder, Sophia Minnaert, Tim Dillard, Vinny Rottino. **Flagship Station:** Bally Sports Wisconsin.

NEW YORK METS
Radio Announcers: Howie Rose, Wayne Randazzo, Pat McCarthy, Keith Raad. **Flagship Station:** WCBS 880-AM.
TV Announcers: Gary Cohen, Keith Hernandez, Ron Darling, Steve Gelbs, Todd Zeile. **Flagship Stations:** Sports Net New York (regional cable), PIX11-TV.

PHILADELPHIA PHILLIES
Radio Announcers: Scott Franzke, Larry Andersen, Gregg Murphy, Kevin Stocker. **Flagship Station:** SportsRadio 94WIP (94.1 FM). **TV Announcers:** Tom McCarthy, Ben Davis, Ruben Amaro Jr., John Kruk, Mike Schmidt, Jimmy Rollins. **Flagship Station:** NBC 10 (regional cable).

PITTSBURGH PIRATES
TV/Radio Announcers: Joe Block, Matt Capps, Kevin Young, Greg Brown, Bob Walk, John Wehner, Robby Incmikoski. **Flagship Station:** Sports Radio 93.7 FM The Fan. **Flagship TV Station:** AT&T SportsNet Pittsburgh (regional cable).

ST. LOUIS CARDINALS
Radio Announcers: John Rooney, Rick Horton, Mike Claiborne. **Flagship Station:** KMOX 1120 AM. **Spanish Radio Announcers:** Polo Ascencio, Bengie Molina. **Flagship Station:** WJIR 880
TV Announcers: Chip Caray, Al Hrabosky, Brad Thompson, Jim Edmonds, Jim Hayes, Alexa Datt, Scott Warmann. **Flagship Station:** Bally Sports Midwest.

SAN DIEGO PADRES
Radio Announcers: Jesse Agler, Tony Gwynn Jr. **Flagship Stations:** 97.3 The Fan.
TV Announcers: Don Orsillo, Mark Grant. **Flagship Station:** Bally Sports San Diego. **Spanish Announcers:** Eduardo Ortega, Carlos Hernandez, Pedro Gutierrez on XEMO-860-AM.

SAN FRANCISCO GIANTS
Radio Announcers: Mike Krukow, Duane Kuiper, Jon Miller, Dave Flemming, Javier Lopez, Shawn Estes, Hunter Pence. **Spanish:** Tito Fuentes, Edwin Higueros. **Flagship Station:** KNBR 680-AM (English); ESPN Deportes-860AM (Spanish). **TV Announcers:** Mike Krukow, Duane Kuiper, Jon Miller, Dave Flemming, Javier Lopez, Shawn Estes, Hunter Pence. **Flagship Stations:** KNTV-NBC 11, CSN Bay Area (regional cable).

WASHINGTON NATIONALS
Radio Announcers: Charlie Slowes, Dave Jageler. **Flagship Station:** WJFK 106.7 FM.
TV Announcers: Bob Carpenter, Kevin Frandsen, Dan Kolko. **Flagship Station:** Mid-Atlantic Sports Network.

MAJOR LEAGUES

NATIONAL MEDIA INFORMATION

BASEBALL STATISTICS

ELIAS SPORTS BUREAU INC. NATIONAL MEDIA BASEBALL STATISTICS
Official Major League Statistician Mailing Address: 1430 Broadway Suite 7E New York, NY 10018
Telephone: (212) 869-1530. **Fax:** (212) 354-0980. **Website:** esb.com.
President: Joe Gilston.
Email Address: Joe.Gilston@ESB.com
Head of Day Research: John Labombarda. **Email Address:** John.Labombarda@ESB.com

STATS PERFORM
Mailing Address: 203 N. LaSalle St. Suite 2350, Chicago, IL, 60601.
Telephone: (847) 583-2100. **Fax:** (847) 470-9140. **Website:** statsperform.com.
Email: sales@stats.com. **Twitter:** @STATSBiznews; @STATS_MLB. **CEO:** Carl Mergele. **Chief Operating Officer:** Mike Perez. **Chief Revenue Officer:** Steve Xeller. **Chief Revenue Officer:** Steve Xeller.

GENERAL INFORMATION

MUSEUMS

NATIONAL BASEBALL HALL OF FAME AND MUSEUM
Address: 25 Main St., Cooperstown, NY 13326.
Telephone: (888) 425-5633, (607) 547-7200. **Fax:** (607) 547-2044. **E-mail Address:** info@baseballhall.org. **Website:** www.baseballhall.org.
Year Founded: 1939.
Chairman: Jane Forbes Clark. **President:** Josh Rawitch.
Museum Hours: Open daily, year-round, closed only Thanksgiving, Christmas and New Year's Day. 9 a.m.-5 p.m. Summer hours, 9 a.m.-9 p.m. (Memorial Day weekend through the day before Labor Day.)
2024 Hall of Fame Induction Ceremony: July 21, Cooperstown, N.Y.

NEGRO LEAGUES BASEBALL MUSEUM
Mailing Address: 1616 E. 18th St., Kansas City, MO 64108.
Telephone: (816) 221-1920. **Fax:** (816) 221-8424.
E-mail Address: bkendrick@nlbm.org. **Website:** www.nlbm.com.
Year Founded: 1990.
President: Bob Kendrick.
Museum Hours: Tues.-Sat. 10 a.m.-5 p.m.; Sun. noon-5 p.m.

RESEARCH

SOCIETY FOR AMERICAN BASEBALL RESEARCH
Mailing Address: Cronkite School at ASU, 555 N Central Ave., #406-C , Pho enix, AZ 85004.
Website: www.sabr.org. **Phone:** 602-496-1460
Year Founded: 1971.
President: Mark Armour. **Vice President:** Leslie Heaphy. **Secretary:** Todd Lebowitz. **Treasurer:** Daniel Levitt.
Directors: Dan Evans, Tara Krieger, Allison Levin, Bill Nowlin, Tom Shieber, Kat Williams. **CEO:** Scott Bush. **Director of Editorial Content:** Jacob Pomrenke.

ALUMNI ASSOCIATIONS

MAJOR LEAGUE BASEBALL PLAYERS ALUMNI ASSOCIATION
Mailing Address: 1631 Mesa Ave., Copper Building, Suite D, Colorado Springs, CO 80906.
Telephone: (719) 477-1870. **Fax:** (719) 477-1875.
E-mail Address: postoffice@mlbpaa.com. **Website:** www.baseballalumni.com.

MAJOR LEAGUES

Facebook: facebook.com/majorleaguebaseballplayersalumniassociation. **Twitter:** @MLBPAA.
Chief Executive Officer: Dan Foster (dan@mlbpaa.com). **Chief Operating Officer:** Geoffrey Hixson (geoff@mlbpaa.com). **Vice President, Operations:** Mike Groll (mikeg@mlbpaa.com). **Director, Communications:** Kendall Meisner (kendall@mlbpaa.com). **VP, Membership & Development:** Kate Tyo (Kate@mlbpaa.com). **Director, Memorabilia Operations:** Greg Thomas (greg@shoplegends.com). **Director, IT:** Chris Burkeen (cburkeen@mlbpaa.com).

BASEBALL ASSISTANCE TEAM (B.A.T.)
Mailing Address: 1271 Avenue of the Americas, New York, NY 10020
Telephone: (212) 931-7822, **Fax:** (212) 949-5433.
Website: www.baseballassistanceteam.com.

MINISTRY

BASEBALL CHAPEL
Mailing Address: P.O. Box 10102, Largo FL 33773.
Telephone: (610) 999-3600.
E-mail Address: office@baseballchapel.org. **Website:** www.baseballchapel.org.
Year Founded: 1973.
President: Steve Sisco. **Directors:** Luke Sawyer, Rob Crose. **Women's Ministry:** Suzy Llerena. **Culture and Social Media:** Jessica Anderson.

CATHOLIC ATHLETES FOR CHRIST
Mailing Address: 3703 Cameron Mills Road, Alexandria, VA 22305.
Telephone: (703) 239-3070.
E-mail Address: info@catholicathletesforchrist.org. **Website:** www.catholicathletesforchrist.org.
Year Founded: 2006.
President: Ray McKenna. **MLB Ministry Coordinator:** Kevin O'Malley. **MLB Athlete Advisory Board Members:** Mike Sweeney (Chairman), Jeff Suppan (Vice Chairman), Lauren Bauer, David Eckstein, Terry Kennedy, Jack McKeon, Darrell Miller, Mike Piazza, Vinny Rottino, Craig Stammen, Trevor Williams.

TRADE/EMPLOYMENT

BASEBALL WINTER MEETINGS
2024 Convention: Dec. 9-12, Dallas

REVIVING BASEBALL IN INNER CITIES
Mailing Address: 1271 Avenue of the Americas, New York, NY 10020.
Telephone: (212) 931-7800. **Fax:** (212) 949-5695
Year Founded: 1989
Chief Baseball Development Officer: Tony Reagins. **VP, Baseball & Softball Development:** David James. **VP, Youth & Facility Development:** Darrell Miller. **VP, Baseball Development:** Del Matthews. **Sr. Directors, Baseball & Softball Development:** Chris Haydock, Chuck Fox. **Youth Protection Compliance Officer:** Katherine Anderson. **Director, New Orleans Youth Academy:** Eddie Davis. **Sr. Manager, Play Ball & RBI:** Bennett Shields. **General Manager Baseball Development, Asia:** Rick Dell. **Manager, Baseball and Softball Development and Legal:** Sarah Padove. **Sr. Coordinator, Baseball Development, RBI:** Steven Smiegocki. **Sr. Coordinator, International Baseball Development, RBI:** Chris Madden. **Sr. Coordinator, Baseball Development:** Kindu Jones. **Coordinators, Softball Development:** Rachel Hubertus, Natalia Reynoso. **Coordinator, Baseball & Softball Development:** Cameron Scott. **Managing Director, Jackie Robinson Training Complex:** Rachelle Madrigal. **Coordinator, MLB Compton Youth Academy:** Kenneth Landreaux. **Coordinator, MLB Compton Youth Academy Softball:** Eliza Crawford. **Sr. Administrative Assistant:** Grace Carrasco. **E-mail:** rbi@mlb.com. **Website:** www.mlb.com/rbi

MLB YOUTH ACADEMIES

CINCINNATI REDS YOUTH ACADEMY
Director: Jerome Wright
Asst. Director: Jeremy Hamilton
Mailing Address: 2026 E. Seymour Avenue. Cincinnati, OH 45327
Phone Number: 513-765-5000

COMPTON YOUTH ACADEMY
Vice President: Darrell Miller
Mailing Address: 901 East Artesia Blvd. Compton, CA
Phone: 310-763-3479

MAJOR LEAGUES

HOUSTON ASTROS YOUTH ACADEMY
Director: Daryl Wade
Mailing Address: 2801 South Victory Drive. Houston, TX 77088.
Email: uya@astros.com

KANSAS CITY ROYALS URBAN YOUTH ACADEMY
Address: 1622 E. 17th Terrace, Kansas City, MO 64108
Phone: 816-242-5728
Email: kcuya@royals.com

NEW ORLEANS YOUTH ACADEMY
Director: Eddie Anthony Davis III
Mailing Address: 6403 Press Drive. New Orleans, LA 70126
Phone Number: 504-282-0443

PHILADELPHIA PHILLIES YOUTH ACADEMY
Director: Rob Holiday
Philadelphia Phillies
Director, Amateur Scouting Administration
Phone Number: (215) 218-5204
E-mail: rholiday@phillies.com

Director: Jon Joaquin
Philadelphia Phillies
Director, Youth Baseball Development
Phone Number: (215) 218-5634
E-mail: jjoaquin@phillies.com

TEXAS RANGERS YOUTH ACADEMY
Director: Juan Leonel Garciga
Mailing Address: 2303 Bickers St, Dallas, TX 75212
Phone Number: 817-533-3929
E-mail: youthacademy@texasrangers.com

WASHINGTON NATIONALS YOUTH ACADEMY
Executive Director: Tal Alter
Mailing Address: 1500 South Capitol Street, SE Washington, D.C. 20003
Phone Number: 202-640-7456

MAJOR LEAGUES

SPRING TRAINING

CACTUS LEAGUE

ARIZONA DIAMONDBACKS
MAJOR LEAGUE
Complex Address: Salt River Fields at Talking Stick, 7555 North Pima Road, Scottsdale, AZ 85256. **Telephone:** (480) 270-5000. **Seating Capacity:** 11,000 (7,000 fixed seats, 4,000 lawn seats). **Location:** From Loop-101, use exit 44 (Indian Bend Road) and proceed west for approximately one-half mile; turn right at Pima Road to travel north and proceed one-quarter mile; three entrances to Salt River Fields will be available on the right-hand side.

MINOR LEAGUE
Complex Address: Same as major league club.

CHICAGO CUBS
MAJOR LEAGUE
Complex Address: Sloan Park, 2330 West Rio Salado Parkway, Mesa, AZ 85201. **Telephone:** (480) 668-0500. **Seating Capacity:** 15,000. **Location:** on the land of the former Riverview Golf Course, bordered by the 101 and 202 interchange in Mesa.

MINOR LEAGUE
Complex Address: 2510 W. Rio Salado Parkway, Mesa, AZ 85201. **Telephone:** (480) 668-0500

CHICAGO WHITE SOX
MAJOR LEAGUE
Complex Address: Camelback Ranch-Glendale, 10710 West Camelback Road, Phoenix, AZ 85037. **Telephone:** (623) 302-5000. **Seating Capacity:** 13,000. **Hotel Address:** Residence Inn Phoenix Glendale Sports and Entertainment District, 7350 N Zanjero Blvd, Glendale, AZ 85305, **Telephone:** (623) 772-8900. **Hotel Address:** Renaissance Glendale Hotel & Spa, 9495 W Coyotes Blvd, Glendale, AZ 85305. **Telephone:** 629-937-3700.

MINOR LEAGUE
Complex/Hotel Address: Same as major league club.

CINCINNATI REDS
MAJOR LEAGUE
Complex Address: Cincinnati Reds Player Development Complex, 3125 S Wood Blvd, Goodyear, AZ 85338. **Telephone:** (623) 932-6590. **Ballpark Address:** Goodyear Ballpark, 1933 S Ballpark Way, Goodyear, AZ 85338. **Telephone:** (623) 882-3150. **Hotel Address:** Marriott Residence Inn, 7350 N Zanjero Blvd, Glendale, AZ 85305. **Telephone:** (623) 772-8900. **Fax:** (623) 772-8905.

MINOR LEAGUE
Complex/Hotel Address: Same as major league club.

CLEVELAND GUARDIANS
MAJOR LEAGUE
Complex Address: Cleveland Guardians Player Development Complex 2601 S Wood Blvd, Goodyear, AZ 85338; Goodyear Ballpark 1933 S Ballpark Way, Goodyear, AZ 85338. **Telephone:** (623) 882-3120. **Location:** From Downtown Phoenix/East Valley: West on I-10 to Exit 127, Bullard Avenue and proceed south (left off exit), Bullard Avenue turns into West Lower Buckeye Road. Turn left onto Wood Blvd. **Hotel Address:** (Media) Hampton Inn and Suites, 2000 N Litchfield Rd, Goodyear, AZ 85395. **Telephone:** (623) 536-1313. **Hotel Address:** Holiday Inn Express, 1313 N Litchfield Rd, Goodyear, AZ 85395. **Telephone:** (623) 535-1313. **Hotel Address:** TownePlace Suites, 13971 West Celebrate Life Way, Goodyear, AZ 85338. **Telephone:** (623) 535-5009. **Hotel Address:** Residence Inn by Marriott, 2020 N Litchfield Rd, Goodyear, AZ 85395. **Telephone:** (623) 866-1313.

MINOR LEAGUE
Complex Address: Same as major league club.

COLORADO ROCKIES
MAJOR LEAGUE
Complex Address: Salt River Fields at Talking Stick, 7555 North Pima Rd, Scottsdale, AZ 85258. **Telephone:** (480) 270-5800. **Seating Capacity:** 11,000 (7,000 fixed seats, 4,000 lawn seats). **Location:** From Loop-101, use exit 44 (Indian Bend Road Talking Stick Way) and proceed west for approximately one-half mile; turn right at Pima Road to travel north and proceed one-quarter mile; three entrances to Salt River Fields will be available on the right-hand side. **Visiting Team Hotel:** The Scottsdale Plaza Resort, 7200 North Scottsdale Road, Scottsdale, AZ 85253. **Telephone:** (480) 948-5000. **Fax:** (480) 951-5100.

MINOR LEAGUE
Complex/Hotel Address: Same as major league club.

KANSAS CITY ROYALS
MAJOR LEAGUE
Complex Address: Surprise Stadium, 15850 North Bullard Ave, Surprise, AZ 85374. **Telephone:** (623) 222-2000. **Seating Capacity:** 10,700. **Location:** I-10 West to Route 101 North, 101 North to Bell Road, left on Bell for five miles, stadium on left. **Hotel Address:** Wigwam Resort, 300 East Wigwam Blvd, Litchfield Park, Arizona 85340. **Telephone:** (623) 935-3811.

MINOR LEAGUE
Complex Address: Same as major league club. **Hotel Address:** Comfort Hotel and Suites, 13337 W Grand Ave, Surprise, AZ 85374. **Telephone:** (623) 583-3500.

LOS ANGELES ANGELS
MAJOR LEAGUE
Complex Address: Tempe Diablo Stadium, 2200 West Alameda Drive, Tempe, AZ 85282. **Telephone:** (480) 858-7500. **Fax:** (480) 438-7583. **Seating Capacity:** 9,558. **Location:** I-10 to exit 153B (48th Street), south one mile on 48th Street to Alameda Drive, left on Alameda.

MINOR LEAGUE
Complex Address: Tempe Diablo Minor League Complex, 2225 W Westcourt Way, Tempe, AZ 85282. **Telephone:** (480) 858-7558.

MAJOR LEAGUES

LOS ANGELES DODGERS

MAJOR LEAGUE
Complex Address: Camelback Ranch, 10710 West Camelback Rd, Phoenix, AZ 85037. **Seating Capacity:** 13,000, plus standing room. **Location:** I-10 or I-17 to Loop 101 West or North, Take Exit 5, Camelback Road West to ballpark. **Telephone:** (623) 302-5000. **Hotel:** Unavailable.

MINOR LEAGUE
Complex/Hotel Address: Same as major league club.

MILWAUKEE BREWERS

MAJOR LEAGUE
Complex Address: Maryvale Baseball Park, 3600 N 51st Ave, Phoenix, AZ 85031. **Telephone:** (623) 245-5555. **Seating Capacity:** 9,000. **Location:** I-10 to 51st Ave, north on 51st Ave. **Hotel Address:** Unavailable.

MINOR LEAGUE
Complex Address: Maryvale Baseball Complex, 3805 N 53rd Ave, Phoenix, AZ 85031. **Telephone:** (623) 245-5600. **Hotel Address:** Unavailable.

OAKLAND ATHLETICS

MAJOR LEAGUE
Complex Address: Hohokam Stadium, 1235 North Center Street, Mesa, AZ 85201. **Telephone:** 480-907-5489. **Seating Capacity:** 10,000.

MINOR LEAGUE
Complex Address: Fitch Park, 160 East 6th Place, Mesa, AZ 85201. **Telephone:** 480-387-5800.

SAN DIEGO PADRES

MAJOR LEAGUE
Complex Address: Peoria Sports Complex, 8131 West Paradise Lane, Peoria, AZ 85382. **Telephone:** (619) 795-5720. **Fax:** (623) 486-7154. **Seating Capacity:** 12,000. **Location:** I-17 to Bell Road exit, west on Bell to 83rd Ave. **Hotel Address:** La Quinta Inn & Suites (623) 487-1900, 16321 N 83rd Avenue, Peoria, AZ 85382.

MINOR LEAGUE
Complex/Hotel: Country Inn and Suites (623) 879-9000, 20221 N 29th Avenue, Phoenix, AZ 85027.

SAN FRANCISCO GIANTS

MAJOR LEAGUE
Complex Address: Scottsdale Stadium, 7408 East Osborn Rd, Scottsdale, AZ 85251. **Telephone:** (480) 990-7972. **Fax:** (480) 990-2643. **Seating Capacity:** 11,500. **Location:** Scottsdale Road to Osborne Road, east on Osborne for a 1/2 mile. **Hotel Address:** Hilton Garden Inn Scottsdale Old Town, 7324 East Indian School Rd, Scottsdale, AZ 85251. **Telephone:** (480) 481-0400.

MINOR LEAGUE
Complex Address: Giants Minor League Complex 8045 E Camelback Road, Scottsdale, AZ 85251. **Telephone:** (480) 990-0052. **Fax:** (480) 990-2349.

SEATTLE MARINERS

MAJOR LEAGUE
Complex Address: Seattle Mariners, 15707 North 83rd Street, Peoria, AZ 85382. **Telephone:** (623) 776-4800. **Fax:** (623) 776-4829. **Seating Capacity:** 12,339. **Location:** Hwy 101 to Bell Road exit, east on Bell to 83rd Ave, south on 83rd Ave. **Hotel Address:** La Quinta Inn & Suites, 16321 N 83rd Ave, Peoria, AZ 85382. **Telephone:** (623) 487-1900.

MINOR LEAGUE
Complex Address: Peoria Sports Complex (1993), 15707 N 83rd Ave, Peoria, AZ 85382. **Telephone:** (623) 776-4800. **Fax:** (623) 776-4828. **Hotel Address:** Hampton Inn, 8408 W Paradise Lane, Peoria, AZ 85382. **Telephone:** (623) 486-9918.

TEXAS RANGERS

MAJOR LEAGUE
Complex Address: Surprise Stadium, 15754 North Bullard Ave, Surprise, AZ 85374. **Telephone:** (623) 266-8100. **Seating Capacity:** 10,714. **Location:** I-10 West to Route 101 North, 101 North to Bell Road, left at Bell for seven miles, stadium on left. **Hotel Address:** Residence Inn Surprise, 16418 N Bullard Ave, Surprise, AZ 85374. **Telephone:** (623) 249-6333.

MINOR LEAGUE
Complex Address: Same as major league club.
Hotel Address: Holiday Inn Express and Suites Surprise, 16549 North Bullard Ave, Surprise AZ 85374.

MAJOR LEAGUES

GRAPEFRUIT LEAGUE

ATLANTA BRAVES

MAJOR LEAGUE
Complex Address: Cool Today Park, 18800 South West Villages Pkwy Venice, FL 34293. **Telephone:** (941) 413-5000. **Seating Capacity:** 8,000. **Location:** From I-75S: Take Exit 191 (River Rd Englewood/North Port). Keep Right onto River Road for 3.9 miles. Turn Right onto US 41/Tamiami Trail. In 1.5 miles take a left onto W. Villages Pkwy. Continue on W. Villages Pkwy for .75 miles.
From I-75N: Take Exit 191 (River Rd Englewood/North Port). Turn left onto River Road. Continue for 3.9 miles. Turn Right onto US 41/Tamiami Trail. In 1.5 miles take a left onto W. Villages Pkwy. Continue on W. Villages Pkwy for .75 miles.
Hotel Address: Unavailable.

MINOR LEAGUE
Complex Address: Same as major league club. **Telephone:** (407) 939-2232. **Fax:** (407) 939-2225. **Hotel Address:** Marriot Village at Lake Buena Vista, 8623 Vineland Ave, Orlando, FL 32821. **Telephone:** (407) 938-9001.

BALTIMORE ORIOLES

MAJOR LEAGUE
Complex Address: Ed Smith Stadium, 2700 12th Street, Sarasota, FL 34237. **Telephone:** (941) 893-6300. **Fax:** (941) 893-6377. **Seating Capacity:** 7,500. **Location:** I-75 to exit 210, West on Fruitville Road, right on Tuttle Avenue.

MINOR LEAGUE
Complex Address: Buck O'Neil Baseball Complex at Twin Lakes Park, 6700 Clark Rd, Sarasota, FL 34241. **Telephone:** (941) 923-1996.

BOSTON RED SOX

MAJOR LEAGUE
Complex Address: JetBlue Park at Fenway South, 11500 Fenway South Drive, Fort Myers, FL 33913. **Telephone:** (239) 334-4700. **Directions: From the North:** Take I-75 South to Exit 131 (Daniels Parkway); Make a left off the exit and go east for approximately two miles; JetBlue Park will be on your left. **From the South:** Take I-75 North to Exit 131 (Daniels Parkway); Make a right off exit and go east for approximately two miles; JetBlue Park will be on your left.

MINOR LEAGUE
Complex/Hotel Address: Fenway South, 11500 Fenway South Drive, Fort Myers, FL 33913.

DETROIT TIGERS

MAJOR LEAGUE
Complex Address: Joker Marchant Stadium, 2301 Lakeland Hills Blvd, Lakeland, FL 33805. **Telephone:** (863) 686-8075. **Seating Capacity:** 9,568. **Location:** I-4 to exit 33 (Lakeland Hills Boulevard).

MINOR LEAGUE
Complex Address: Tigertown, 2125 N Lake Ave, Lakeland, FL 33805. **Telephone:** (863) 686-8075.

HOUSTON ASTROS

MAJOR LEAGUE
Complex Address: The Ballpark of the Palm Beaches, 5444 Haverhill Road, West Palm Beach, FL 33407. **Telephone:** (844) 676-2017. **Seating Capacity:** 7,838. **Location:** Exit Florida's Turnpike onto Okeechobee Blvd. Proceed east to Haverhill Road turning left onto Haverhill Road. On game days, all vehicles may park in one of two grass parking areas. Proceed toward the stadium for disabled parking or drop-off. The North entrance on Haverhill Road will be right-out only.

MINOR LEAGUE
Complex Information: Same as major league club.
Hotel Address: Unavailable.

MIAMI MARLINS

MAJOR LEAGUE
Complex Address: Roger Dean Stadium, 4751 Main Street, Jupiter, FL 33458. **Telephone:** (561) 775-1818. **Telephone:** (561) 799-1346. **Seating Capacity:** 7,000. **Location:** I-95 to exit 83, east on Donald Ross Road for one mile to Central Blvd, left at light, follow Central Boulevard to circle and take Main Street to Roger Dean Stadium. **Hotel Address:** Palm Beach Gardens Marriott, 4000 RCA Boulevard, Palm Beach Gardens, FL 33410. **Telephone:** (561) 622-8888. **Fax:** (561) 622-0052.

MINOR LEAGUE
Complex/Hotel Address: Same as major league club.

MINNESOTA TWINS

MAJOR LEAGUE
Complex Address: Centurylink Sports Complex/Hammond Stadium, 14100 Six Mile Cypress Parkway, Fort Myers, FL 33912. **Telephone:** (239) 533-7610. **Seating Capacity:** 8,100. **Location:** Exit 21 off I-75, west on Daniels Parkway, left on Six Mile Cypress Parkway. **Hotel Address:** Four Points by Sheraton, 13600 Treeline Avenue South, Ft. Myers, FL 33913. **Telephone:** (800) 338-9467.

MINOR LEAGUE
Complex/Hotel Address: Same as major league club.

NEW YORK METS

MAJOR LEAGUE
Complex Address: Tradition Field, 525 NW Peacock Blvd, Port St. Lucie, FL 34986. **Telephone:** (772) 871-2100. **Seating Capacity:** 7,000. **Location:** Exit 121C (St Lucie West Blvd) off I-95, east 1⁄4 mile, left onto NW Peacock. **Hotel Address:** Hilton Hotel, 8542 Commerce Centre Drive, Port St. Lucie, FL 34986. **Telephone:** (772) 871-6850.

MINOR LEAGUE
Complex Address: Same as major league club. **Hotel Address:** Main Stay Suites, 8501 Champions Way, Port St. Lucie, FL 34986. **Telephone:** (772) 460-8882.

NEW YORK YANKEES

MAJOR LEAGUE
Complex Address: George M. Steinbrenner Field, One Steinbrenner Drive, Tampa, FL 33614. **Telephone:** (813) 875-7753. **Hotel:** Unavailable.

MAJOR LEAGUES

MINOR LEAGUE
Complex Address: Yankees Player Development/Scouting Complex, 3102 N Himes Ave, Tampa, FL 33607. **Telephone:** (813) 875-7569. **Hotel:** Unavailable.

PHILADELPHIA PHILLIES
MAJOR LEAGUE
Complex Address: BayCare Ballpark, 601 N Old Coachman Road, Clearwater, FL 33765. **Telephone:** (727) 467-4457. **Fax:** (727) 712-4498. **Seating Capacity:** 8,500. **Location:** Route 60 West, right on Old Coachman Road, ballpark on right after Drew Street. **Hotel Address:** Holiday Inn Express, 2580 Gulf to Bay Blvd, Clearwater, FL 33765. **Telephone:** (727) 797-6300. **Hotel Address:** La Quinta Inn, 21338 US 19 North, Clearwater, FL 33765. **Telephone:** (727) 799-1565.

MINOR LEAGUE
Complex Address: Carpenter Complex, 651 N Old Coachman Rd, Clearwater, FL 33765. **Telephone:** (727) 799-0503. **Fax:** (727) 726-1793. **Hotel Addresses:** Hampton Inn, 21030 US Highway 19 North, Clearwater, FL 34625. **Telephone:** (727) 797-8173. **Hotel Address:** Econolodge, 21252 US Hwy 19, Clearwater, FL 34625. **Telephone:** (727) 799-1569.

PITTSBURGH PIRATES
MAJOR LEAGUE
Stadium Address: 17th Ave West and Ninth Street West, Bradenton, FL 34205. **Seating Capacity:** 8,500. **Location:** US 41 to 17th Ave, west to 9th Street. **Telephone:** (941) 747-3031. **Fax:** (941) 747-9549.

MINOR LEAGUE
Complex: Pirate City, 1701 27th St E, Bradenton, FL 34208.

ST. LOUIS CARDINALS
MAJOR LEAGUE
Complex Address: Roger Dean Stadium, 4751 Main Street, Jupiter, FL 33458. **Telephone:** (561) 775-1818. **Fax:** (561) 799-1380. **Seating Capacity:** 7,000. **Location:** I-95 to exit 58, east on Donald Ross Road for 1/4 mile. **Hotel Address:** Embassy Suites, 4350 PGA Blvd, Palm Beach Gardens, FL 33410. **Telephone:** (561) 622-1000.

MINOR LEAGUE
Complex: Same as major league club. **Hotel:** Double Tree Palm Beach Gardens. **Telephone:** (561) 622-2260.

TAMPA BAY RAYS
MAJOR LEAGUE
Stadium Address: Charlotte Sports Park, 2300 El Jobean Road, Port Charlotte, FL 33948. **Telephone:** (941) 206-4487. **Seating Capacity:** 6,823 (5,028 fixed seats). **Location:** I-75 to US-17 to US-41, turn left onto El Jobean Rd. **Hotel Address:** None.

MINOR LEAGUE
Complex: Same as major league club.

TORONTO BLUE JAYS
MAJOR LEAGUE
Stadium Address: Florida Auto Exchange Stadium, 373 Douglas Ave, Dunedin, FL 34698. **Telephone:** (727) 733-9302. **Seating Capacity:** 5,509. **Location:** US 19 North to Sunset Point; west on Sunset Point to Douglas Avenue; north on Douglas to Stadium; ballpark is on the southeast corner of Douglas and Beltrees.

MINOR LEAGUE
Complex Address: Bobby Mattick Training Center at Englebert Complex, 1700 Solon Ave, Dunedin, FL 34698. **Telephone:** (727) 734-8007. **Hotel Address:** Clarion Inn & Suites, 20967 US Highway 19 North Clearwater, FL 33765. **Telephone:** (727) 799-1181.

WASHINGTON NATIONALS
MAJOR LEAGUE
Stadium Address: The Ballpark of the Palm Beaches, 5444 N. Haverhill Road, West Palm Beach, FL 33407. **Telephone:** (844) 676-2017.

MINOR LEAGUE
Complex: Same as major league club.

MINOR LEAGUES

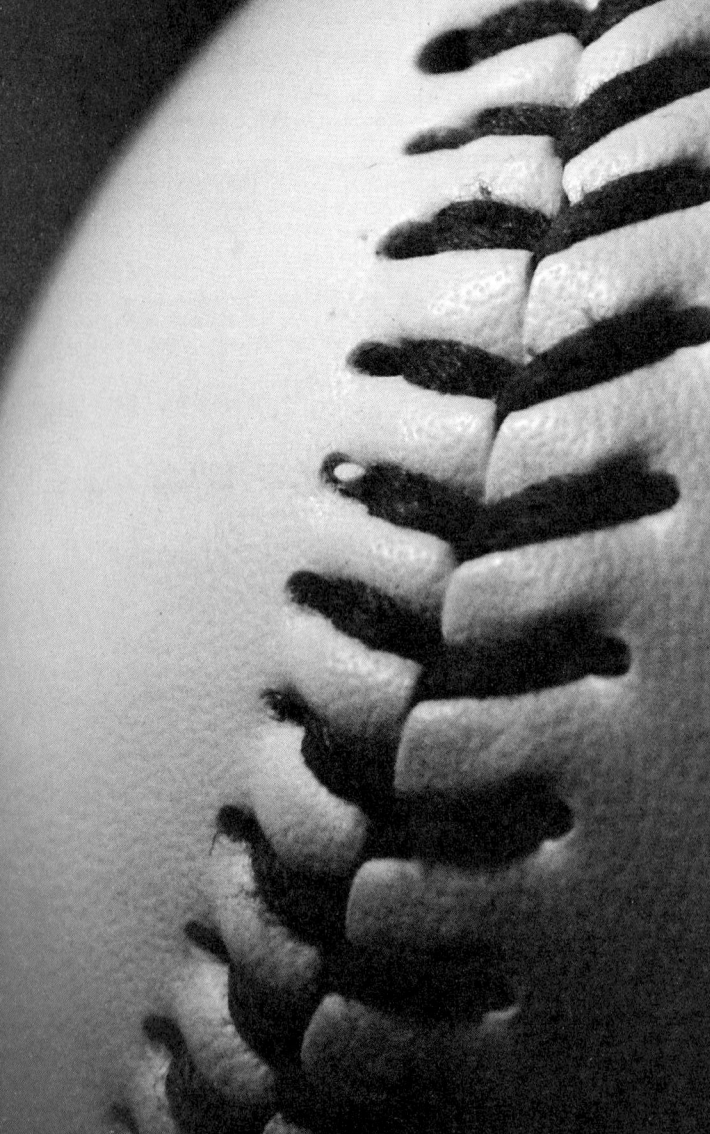

MINOR LEAGUES

INTERNATIONAL LEAGUE

STADIUM INFORMATION

Club	Stadium	Opened	LF	CF	RF	Capacity	2023 Att.
Buffalo	Sahlen Field	1988	325	404	325	18,025	487,205
Charlotte	Truist Field	2015	325	400	315	10,002	498,816
Columbus	Huntington Park	2009	325	400	318	10,100	557,131
Durham	Durham Bulls Athletic Park	1995	305	400	327	10,000	491,757
Gwinnett	Coolray Field	2009	335	400	335	10,427	231,044
Indianapolis	Victory Field	1996	320	402	320	14,500	556,775
Iowa	Principal Park	1992	335	400	335	11,000	432,246
Jacksonville	121 Financial Ballpark	2003	321	420	317	11,000	347,723
Lehigh Valley	Coca-Cola Park	2008	336	400	325	10,000	567,322
Louisville	Louisville Slugger Field	2000	325	400	340	13,131	396,840
Memphis	AutoZone Park	2000	319	400	322	10,000	231,698
Nashville	First Horizon Park	2015	330	405	310	10,000	556,962
Norfolk	Harbor Park	1993	333	400	318	12,067	411,429
Omaha	Werner Park	2011	310	402	315	9,023	304,129
Rochester	Frontier Field	1997	335	402	325	10,840	437,561
St. Paul	CHS Field	2015	330	396	320	7,140	460,918
Scranton/WB	PNC Field	2013	330	408	330	10,000	336,162
Syracuse	NBT Bank Stadium	1997	330	400	330	11,671	336,492
Toledo	Fifth Third Field	2002	320	408	315	10,300	447,384
Worcester	Polar Park	2021	330	403	320	9,508	519,651

BUFFALO BISONS

Address: Sahlen Field, One James D. Griffin Plaza, Buffalo, NY 14203.
Telephone: (716) 846-2000. **Fax:** (716) 852-6530.
E-Mail Address: info@bisons.com. **Website:** www.bisons.com.
Affiliation (first year): Toronto Blue Jays (2013). **Years in League:** 1998-

OWNERSHIP/MANAGEMENT
Operated By: Rich Products Corp. **Principal Owner/President:** Robert Rich Jr. **Executive Chairman, Rich Entertainment Group:** Melinda Rich. **President, Rich Entertainment Group, Senior Vice President, Finance & Family Office:** Joseph Segarra. **President, Rich Baseball Operations:** Mike Buczkowski. **VP/Secretary:** William Gisel. **Corporate Counsel:** Jill Bond, William Grieshober. **VP/Operations & Finance:** Kevin Parkinson. **VP/Food Service Operations:** Robert Free. **General Manager:** Anthony Sprague. **Assistant General Manager/Marketing & PR:** Brad Bisbing. **Director, Stadium Operations:** Brian Phillips. **Senior Accountant:** Chas Fiscella. **Accountants:** Amy Delaney, Tori Dwyer. **Director, Ticket Operations:** Mike Poreda. **Director, Corporate Sales:** Jim Harrington. **Director, Sales:** Geoff Lundquist. **Account Executives:** Sara Acker, Mark Gordon, Shaun O'Lay. **Ticket Office & Sales Coordinator:** Ariana Musialowski. **Retail, Licensing & Entertainment Manager:** Theresa Cerabone. **Manager, Baseball Communications & "Voice of the Bisons,":** Pat Malacaro. **Executive Assistant:** Tina Lesher. **Community Relations:** Gail Hodges. **Director, Food & Beverage Operations:** Sean Regan. **Food Service Operations Supervisor:** Curt Anderson. **Manager, Pub at the Park:** Kailey Gyorffy. **Kitchen Manager:** Dean Williams. **Commissary Manager:** Eugene Steele. **Chief Engineer:** Gerald Hamilton. **Head Groundskeeper:** Kelly Rensel. **Home Clubhouse/Baseball Operations Coordinator:** Scott Lesher. **Visiting Clubhouse Manager:** Bryan Aichinger. **Graphic Designer:** Allison Marcano. **Digital & Social Content Coordinator:** Marissa Packard. **Entertainment & Promotions Coordinator:** Amanda Ballestero.

FIELD STAFF
Manager: Casey Candaele. **Hitting Coach:** TBA. **Pitching Coach:** TBA. **Fundamentals Coach:** TBA. **Athletic Trainer:** Caleb Daniel. **Strength Coach:** TBA.

GAME INFORMATION
Radio Announcers: Pat Malacaro, Duke McGuire. **No. of Games Broadcast:** 150. **Flagship Station:** ESPN 1520. **PA Announcer:** Tom Burns, Jim McGee. **Official Scorers:** Kevin Lester, Jon Dare. **Stadium Name:** Sahlen Field. **Location:** From north, take I-190 to Elm Street exit, left onto Swan Street; From east, take I-190 West to exit 51 (Route 33) to end, exit at Oak Street, right onto Swan Street; From west, take I-190 East, exit 53 to I-90 North, exit at Elm Street, left onto Swan Street. **Standard Game Times:** 6:35 pm, Fri. 7:05, Sun. 1:05. **Ticket Price Range:** $15, General Admission Youth/Senior to $21.

MINOR LEAGUES

CHARLOTTE KNIGHTS

Address: Truist Field, 324 S. Mint St., Charlotte, NC 28202.
Telephone: (704) 274-8300. **Fax:** 704-274-8330.
E-Mail Address: knights@charlotteknights.com. **Website:** charlotteknights.com.
Affiliation (first year): Chicago White Sox (1999). **Years in League:** 2021-

OWNERSHIP/MANAGEMENT

Operated by: Knights Baseball, LLC. **Principal Owners:** Don Beaver, Bill Allen. **Chief Operating Officer:** Dan Rajkowski. **General Manager:** Rob Egan. **Director, Special Projects:** Julie Clark. **Chief Financial Officer:** Sara Maple. **VP, Communications:** Tommy Viola. **VP, Sponsorship Sales:** Marty Steele. **VP, Marketing:** Matt DuBois. **VP, Stadium Operations:** Tom Gorter. **VP, Ticket Sales:** Matt Harper. **VP, Special Events:** Grace Eng. **Director of Game Presentation & Production:** Chris Poindexter. **Creative/IT Director:** Bill Walker. **Director, Field Operations:** Matt Parrott. **Director, Broadcasting/Team Travel:** Matt Swierad. **Director, Community Relations & Promotions:** Chris Dillon. **Director, Special Events:** Troy Rodrigues. **Director, Merchandise/Retail Operations:** Ryan Echerd. **Business Development Executive:** Dan Hayes. **Ticket Operations Manager:** Leighton Foster. **Hospitality Sales Manager:** Cooper Kinsey. **Ticket Sales and Service Representative:** Jack Doran. **Ticket Sales Account Executive:** Bradley Fabian. **Promotions Manager:** Jules D'Aiello. **Community Relations Coordinator:** Alyssa Robinson. **Partnership Services Coordinator:** Jacelyn Shepherd. **Mascot Coordinator:** Phillip Potter. **Group Sales Account Executives:** Madison Jones, Michael Magnanti, Dee Wilson, Mike Wilson. **Season Ticket & Partial Plan Account Manager:** Bailey Levine. **Team Host & Social Media Coordinator:** Kendall Smith. **Operations Manager:** Matt Fisher. **Field Operations Manager:** Nick Verzal. **Assistant Manager, Clubhouse/Ballpark Operations:** Corbin Balzer. **Assistant, Groundskeeper:** Julian Brown. **Front Desk Receptionist/Administrative Assistant:** Kelli Lemon. **Special Events Sales Manager:** Terin Sims. **Premium & Ticket Services Coordinator:** Jordan Toler. **Graphic Design & Website Assistant:** Jaidyn Haswell.

FIELD STAFF

Manager: Justin Jirschele. **Hitting Coach:** Cameron Seitzer. **Pitching Coach:** R.C. Lichtenstein. **Bench Coach:** Pat Listach. **Athletic Trainer:** Hyeon Kim. **Performance Coach:** George Timke.

GAME INFORMATION

Radio Announcers: Matt Swierad, Mike Pacheco. **No. of Games Broadcast:** 150. **Flagship Station:** www.CharlotteKnights.com. **PA Announcer:** Ken Conrad. **Official Scorers:** Jerry Bowers, Jim Morrison, Richard Walker. **Stadium Name:** Truist Field. **Location:** Exit 10 off Interstate 77. **Ticket Price Range:** $16-$68. **Visiting Club Hotel:** DoubleTree by Hilton Charlotte, 895 W. Trade St., Charlotte, NC 28202.

COLUMBUS CLIPPERS

Address: 330 Huntington Park Lane, Columbus, OH 43215.
Telephone: (614) 462-5250. **Fax:** (614) 462-3271. **Tickets:** (614) 462-2757.
E-Mail Address: info@clippersbaseball.com. **Website:** www.clippersbaseball.com.
Affiliation (first year): Cleveland Guardians (2009). **Years in League:** 2021-

OWNERSHIP/MANAGEMENT

President & General Manager: Ken Schnacke. **Vice President, Assistant GM:** Mark Galuska. **Vice President, Business:** Mark Warren. **Vice President, Tickets:** Scott Ziegler. **Vice President, Merchandising:** Krista Oberlander. **Executive Assistant:** Ashley Held. **Director, Finance & Administration:** Ashley Ramirez. **Director, Administration & Travel:** Shelby White. **Director, Ticket Operations:** Eddie Langhenry. **Director, Ticket Sales:** Kevin Daniels. **Director, Group Sales:** Spencer Harrison. **Assistant Directors, Group Sales:** Jordan Aronowitz, Brayden Callihan. **Assistant Director, Ticket Sales:** Weston Lorenz. **Director, Game Presentation/Creative Services:** Yoshi Ando. **Director, Engineering:** Larry Mitchell. **Director, Video Production:** Pat Welch. **Assistant Director, Video Production:** Dominic Bush. **Director, Marketing/In-Game Entertainment:** Steve Kuilder. **Director, Community Relations:** Emily Poynter. **Director, Social Media:** Erin Duffy. **Motion Graphic Designer:** Kate Gillen. **Director, Sales:** Austin Smith. **Director, Media:** Chris Sprague. **Director, Pressbox Operations/Statistics:** Anthony Slosser. **Director, Website Communications:** Matt Leininger. **Director, Broadcasting:** Ryan Mitchell. **Director, Graphic Design:** Drew Shipley. **Director, Event Planning:** Micki Shier. **Assistant Director, Event Planning:** Clair Farris. **Assistant Director, Merchandising:** Patrick Kenney. **Director, Ballpark Operations:** Tom Rinto. **Ballpark Superintendent:** Gary Delozier. **Maintenance Supervisor:** Curt Marcum. **Director, Field Operations:** Chris Mason. **Assistant Directors, Field Operations:** Patrick Breiding, Josh Ray. **Maintenance Assistants:** Cliff Bieglar, Tom Biegler. **GM, Levy Food & Beverage:** Jeff Roberts. **Support Services:** Marvin Dill, Beth Morris. **Home Clubhouse:** John McCausland. **Visiting Clubhouse:** Adam Meader. **Team Historian:** Joe Santry.

FIELD STAFF

Manager: Andy Tracy. **Pitching Coach:** Owen Dew. **Assistant Pitching Coach:** Andrew Moore. **Hitting Coach:** Junior Betances. **Assistant Hitting Coach:** Mike Mergenthaler. **Bench Coach:** Daniel Robertson. **Trainer:** TBA. **Strength Coach:** Tyler Grisdale. **Baseball Ops-Tech:** TBA.

GAME INFORMATION

Stadium Name: Huntington Park. **No. of Games Broadcast:** 150. **Location:** **From North:** South on I-71 to I-670 west, exit at Neil Avenue, turn left at intersection onto Neil Avenue. **From South:** North on I-71, exit at Front Street

(#100A); turn left at intersection onto Front Street, turn left onto Nationwide Blvd. **From East:** West on I-70, exit at Fourth Street, continue on Fulton Street to Front Street, turn right onto Front Street, turn left onto Nationwide Blvd. **From West:** East on I-70, exit at Fourth Street, continue on Fulton Street to Front Street, turn right onto Front Street, turn left onto Nationwide Blvd. **Ticket Price Range:** $6-21. **Visiting Club Hotel:** Sonesta Columbus Downtown (formerly Crowne Plaza), 33 East Nationwide Blvd, Columbus, OH 43215. **Telephone:** (614) 461-4100. **Visiting Club Hotel:** Drury Plaza Columbus Downtown, 88 East Nationwide Blvd, Columbus, OH 43215. **Telephone:** (614) 221-7008. **Visiting Club Hotel:** Hyatt Regency Downtown, 350 North High Street, Columbus, OH 43215. **Telephone:** (614) 463-1234.

DURHAM BULLS

Office Address: 409 Blackwell St., Durham, NC 27701.
Mailing Address: PO Box 507, Durham, NC 27702
Telephone: (919) 687-6500. **Fax:** (919) 687-6560
Website: durhambulls.com. **Twitter:** @DurhamBulls
Affiliation (first year): Tampa Bay Rays (1998). **Years in League:** 2021-

OWNERSHIP/MANAGEMENT
Operated by: Capitol Broadcasting Company, Inc. **President/COO:** Jimmy Goodmon. **Vice President, Baseball Operations:** Mike Birling. **General Manager:** Tyler Parsons. **Assistant General Manager, Sales/Promotions:** Chrystal Rowe. **Assistant General Manager, Operations:** Scott Strickland. **Business Manager:** Theresa Stocking. **Senior & Special Projects Accountant:** Nick Bornhoft. **Staff Accountant:** Anautica Wilson. **Baseball Accounting Assistant:** Linda Carlson. **HR Generalist:** Na'Tasia Robinson. **Director of Operations and Grounds:** Cameron Brendle. **Head Groundskeeper, DBAP:** Dylan Hendricks. **Head Groundskeeper, Durham Athletic Park:** TBA. **Manager of Operations:** Kreston Parker. **Stadium Operations Manager:** Will Bender. **Broadcaster/Media Relations Manager:** Patrick Kinas. **Director, Promotions:** Leslie Martin. **Director of Creative Services:** Walmer Medina. **Digital & Social Content Manager:** Andrew Green. **Production Designer:** Kelly Teseny. **Mascot & Community Relations Coordinator:** Cole Reid. **Sponsorship Services Coordinator:** Heather Hill. **Senior Corporate Partner Account Executive:** Jackson Faerber. **Corporate Partnerships, Account Executives:** Keaton Haack, Tiler Dixon. **Director, Special Events:** Sasha Moore. **Manager, Membership Services:** Timothy Troy. **Senior Account Executive, Ticket Sales:** Austin DeFilippo. **Account Executive, Ticket Sales:** Kyle Nekoloff, Thomas Miller, Walker Sapp. **Box Office Manager:** Evelyn Murphy. **Director, Merchandising/Team Travel:** Bryan Wilson. **Community/Clubhouse Operations Manager:** Nico Tennant. **Assistant Merchandise Director, E-Commerce:** Emily Goddard. **Director, Food/Beverage:** Dave Levey. **Assistant Director, Food/Beverage:** Todd Feneley. **Concessions Manager:** Andrew Houston. **Purchasing Manager:** Tim Rubacky. **Catering Supervisor:** Sarah Rollanson. **Staffing Coordinator:** Sydney West. **Kitchen Manager:** Alice McLamb. **Club/Catering Chef:** Doug Rollins. **Holly Springs Assistant Food & Beverage Manager:** Jacob Fleischmann.

FIELD STAFF
Manager: Morgan Ensberg. **Pitching Coach:** Brian Reith. **Hitting Coach:** Kenny Hook. **Bench Coach:** Reinaldo Ruiz. **Assistant Hitting Coach:** Tyler Ladendorf. **Bullpen Coach:** Brett Ebers. **Athletic Trainers:** Kris Russell, Tsutomu Kamiya. **Strength & Conditioning Coach:** Steve Chase. **Strength & Conditioning/Baseball Performance Science:** Riley Welch. **Process & Integration Coach:** Matthew Bennett.

GAME INFORMATION
Broadcasters: Patrick Kinas, Scott Pose. **No. of Games Broadcast:** 150. **Flagship Station:** 96.5 FM and 99.3 FM. **PA Announcer:** Tony Riggsbee. **Official Scorer:** Brent Belvin. **Stadium Name:** Durham Bulls Athletic Park. **Location:** From Raleigh, I-40 West to Highway 147 North, exit 12B to Willard, two blocks on Willard to stadium; From I-85, Gregson Street exit to downtown, left on Chapel Hill Street, right on Mangum Street. **Standard Game Times:** 6:35 pm (Tuesday-Saturday), Sun. 1:05 (4/1-5/12); 5:05 pm (5/26-8/25); 1:05pm (9/1-9/15). (Exceptions: Tue, 4/23, 11:05am; Tue, 5/7, 11:05am; Wed, 9/11: 1:05pm). **Ticket Price Range:** $7-14. **Visiting Club Hotel:** Aloft Durham Downtown. **Telephone:** (919) 402-5656.

GWINNETT STRIPERS

Office Address: 2500 Buford Drive, Lawrenceville, GA 30043.
Mailing Address: P.O. Box 490310, Lawrenceville, GA 30049.
Telephone: (678) 277-0300. **Fax:** (678) 277-0438.
E-Mail Address: info@gostripers.com. **Website:** www.gostripers.com.
Affiliation (first year): Atlanta Braves (1966). **Years in League:** 2009-

OWNERSHIP/MANAGEMENT
Ownership: Diamond Baseball Holdings, LLC. **General Manager:** Erin McCormick. **Senior Director, Ticket Sales:** Peter Billups. **Manager, Ticket Sales:** Zack Mandelblatt. **Manager, Group Sales:** Virginia Nelle Reid. **Account Executives, Ticket Sales:** Keely Huffman, Taylor Poff, Colt Towe, Jack White. **Coordinator, Ticket Operations:** TBD. **Manager, Corporate Partnerships:** Chris Baird. **Account Executives, Corporate Partnerships:** Joseph Graves, Troy Marcus. **Office Manager:** Tyra Williams. **Senior Manager, Public Relations & Broadcasting:** Dave Lezotte. **Manager, Marketing:** Kyle Kamerbeek. **Coordinator, Digital Marketing:** Ally Brewton. **Coordinator, Mascot & Promotions:** TBD **Coordinator, Video Production:** TBD. **Graphic Designer:** Lauren Dale. **Manager, Retail Merchandise:** Malik Perkins. **Manager, Stadium Operations:** Avery Kesler. **Coordinator, Stadium Operations:** Arthur Cobos. **Coordinator, Stadium Operations:** Corey McFarland. **Facilities Engineer:** Gary Hoopaugh. **Manager, Special Events:** Shannon Butler. **Director, Field Operations:** McClain Murphy. **Manager, Field Operations:** Kiley Coursey. **Director of Operations, Professional Sports Catering:** Chiara Perkins. **Concessions Manager, Professional Sports Catering:** Kenneth Jones.

MINOR LEAGUES

FIELD STAFF
Manager: Kanekoa Teixeira. **Hitting Coach:** Dan Dement. **Pitching Coaches:** Kevin McAvoy/Mike McCarthy. **Coach:** Wigberto Nevarez. **Athletic Trainer:** Greg Harrel/Joel Wiggins. **Strength Coach:** Tyler Enns.

GAME INFORMATION
Radio Announcer: Dave Lezotte. **No. of Games Broadcast:** 150. **Flagship Station:** My Country 99.3 WCON (streaming online only at MyCountry993.com). **PA Announcer:** Kevin Kraus. **Official Scorers:** Jack Woodard, Guy Curtright, Stan Awtrey, Phil Engel. **Stadium Name:** Coolray Field. **Location:** I-85 (at Exit 115, State Road 20 West) and I-985 (at Exit 4); follow signs to park. **Ticket Price Range:** TBD. **Visiting Club Hotels:** Courtyard by Marriott Buford/Mall of Georgia, 1405 Mall of Georgia Boulevard, Buford, GA 30519. **Telephone:** (678) 745-3380. Fairfield Inn & Suites Atlanta Buford/Mall of Georgia, 1355 Mall of Georgia Boulevard, Buford, GA 30519. **Telephone:** (678) 714-0248.

INDIANAPOLIS INDIANS

Address: 501 W. Maryland Street, Indianapolis, IN 46225.
Telephone: (317) 269-3542. **Fax:** (317) 269-3541.
E-Mail Address: Indians@IndyIndians.com. **Website:** www.indyindians.com.
Affiliation (first year): Pittsburgh Pirates (2005). **Years in League:** 2021–.

OWNERSHIP/MANAGEMENT
Chairman of the Board & Chief Executive Officer: Bruce Schumacher. **President & General Manager:** Randy Lewandowski. **Chairman Emeritus:** Max Schumacher. **Assistant General Manager, Corporate Sales & Marketing:** Joel Zawacki. **Assistant General Manager, Tickets & Operations:** Matt Guay. **Director, Business Systems & Talent:** Bryan Spisak. **Senior Business Analyst:** Bill Fulton. **Business Operations Manager:** Sarah Haynes. **Business Analyst:** Sana Beotra. **Guest Relations Coordinator:** Michelle Treviño. **Director, Communications:** Cheyne Reiter. **Communications Manager:** Anna Kayser. **Social Media Coordinator:** Katie Bostic. **Voice of the Indians:** Howard Kellman. **Director, Creative:** Adam Pintar. **Videographer:** Alex Leachman. **Graphic Designers:** Ryan Lane, Levi Lennard. **Director, Marketing:** Kim Stoebick. **Senior Digital Marketing Manager:** Max Freeman. **Game Operations Coordinator:** Eric Barnes. **Mascot Program Coordinator:** Jake Martinez. **Director, Corporate Sales:** Christina Toler. **Corporate Sales Account Executive:** Chandler McKinney. **Director, Community & Partnership Activation:** Kylie Kinder. **Community Outreach Coordinator:** Mary Mueller. **Partnership Activation Coordinators:** Chantel Heinsen, Ben Kayser. **Senior Director, Facilities:** Tim Hughes. **Senior Facilities Manager:** Allan Danehy. **Facilities Manager:** Kyle Winters. **Director, Field Operations:** Joey Stevenson. **Field Operations Coordinators:** Zach Green, Bryce Huebner. **Director, Merchandise:** Mark Schumacher. **Merchandise Manager:** Patrick Westrick. **Director, Stadium Operations:** Kim Duplak. **Stadium Operations Coordinator:** Nick Schreck. **Operations Support:** Kaden Latimore, Sandra Reaves. **Home Clubhouse Manager:** Bobby Martin. **Visiting Clubhouse Manager:** Jeremy Martin. **Director, Ticket Sales:** Chad Bohm. **Director of Tickets, Premium Services & Events:** Kerry Vick. **Stadium Events Manager:** Paige McClung. **Premium & Ticket Services Manager:** Kathryn Bobel. **Ticket Services Manager:** Cara Carrion. **Ticket Sales & Service Coordinator:** Justin Tolle. **Special Events Coordinator:** Marquisha Grovner. **Senior Business Development Executive:** Garrett Rosh. **Senior Ticket Sales Account Executive:** Jonathan Howard. **Ticket Sales Account Executives:** Ty Eaton, Sam Lewandowski, Matt Marencik.

FIELD STAFF
Manager: Miguel Pérez. **Bench Coach:** Chris Truby. **Pitching Coaches:** Cibney Bello, Drew Benes. **Hitting Coach:** Eric Munson. **Bullpen, Catching/Game Planning Coach:** Chad Noble. **Integrated Baseball Performance Coach:** Bart Hanegraaff. **Manager, Minor League Advance:** Frederic Rioux. **Athletic Training Coordinator:** Tyler Brooks. **Assistant Athletic Training Coordinator:** Caroline Sarris. **Strength & Conditioning Coach:** Alan Burr. **Assistant Strength and Conditioning Coach:** Ryoji Ejima.

GAME INFORMATION
Radio Announcers: Howard Kellman, Jack McMullen, Andrew Kappes. **Flagship Station:** Fox Sports 1260.
PA Announcer: David Pygman. **Official Scorers:** Ed Holdaway, Kim Rogers, Will Roleson, Geoff Sherman, Jeff Williams, Michael Padgett. **Stadium Name:** Victory Field. **Location:** I-70 to West Street exit, north on West Street to ballpark; I-65 to Martin Luther King and West Street exit, south on West Street to ballpark. **Standard Game Times:** 7:05 pm; 6:35 (select weekdays and Sat. in April/May/Sept.); 1:35 (Wed./Sun.). **Ticket Price Range:** $13-19. **Visiting Club Hotel:** Fairfield Indianapolis Downtown, 501 W. Washington Street, Indianapolis, IN 46204. **Telephone:** (317) 636-7878.

IOWA CUBS

Address: One Line Drive, Des Moines IA 50309.
Telephone: (515) 243-6111. **Fax:** (515) 243-5152.
Website: www.iowacubs.com.
Affiliation (first year): Chicago Cubs (1981). **Years in League:** 2021–.

OWNERSHIP/MANAGEMENT
Owner: Diamond Baseball Holdings. **Executive Chairman:** Pat Battle. **Chief Executive Officer:** Peter B. Freund. **President/General Manager:** Sam Bernabe. **Assistant GM:** Randy Wehofer. **Manager, Media/Public Relations:** Colin Connolly. **Broadcaster/Account Executive, Partnerships:** Alex Cohen. **Manager, Video Operations & Production:** Matt Evers. **Manager, Creative Services:** Hannah Allen. **Director, Marketing:** Elly Simpson. **VP, Premium Ticket Sales

MINOR LEAGUES

& Partnerships: Brent Conkel. **Manager, Ticket Operations:** Clayton Grandquist. **Manager, Group Ticket Sales/Account Executive, Partnerships:** Jason Gellis. **Account Executive, Partnerships:** John Rodgers. **Account Executives, Ticket Sales:** Amanda Dale, Sam Jochimsen, & Neysa Halverson. **Director, Retail Merchandise:** Lisa Hufford. **Manager, Retail Merchandise:** Katie Kral. **VP, Stadium Operations:** Jeff Tilley. **Managers, Stadium Operations:** Andrew Quillin, Dustin Halderson, & Josh Stephens. **VP, Field Operations:** Chris Schlosser. **Assistant Managers, Field Operations:** Brooks Montange & Bridger Claassen. **Outside Grounds:** Shari Kramer. **Chief Technology Officer:** Ryan Clutter. **Manager, Special Projects:** Scott Sailor. **VP, Finance:** Sue Tollefson. **Manager, Accounting:** Lori Heaberlin.

FIELD STAFF
Manager: Marty Pevey. **Hitting Coach:** Rick Strickland. **Assistant Hitting Coach:** Ben Martin. **Pitching Coach:** Tony Cougoule. **Assistant Pitching Coach:** Andrew Betcher. **Bench Coach:** Eric Patterson. **Athletic Trainers:** Logan Severson and Ed Halbur. **Strength/Conditioning:** Nathan Garza.

GAME INFORMATION
Radio Announcer: Alex Cohen. **No. of Games Broadcast:** 150. **Flagship Station:** AM 940 KPSZ. **PA Announcers:** Mark Pierce, Corey Coon, Rick Stageman, Joe Hammen. **Official Scorers:** Michael Pecina, James Hilchen, Steve Mohr. **Stadium Name:** Principal Park. **Location:** I-80 or I-35 to I-235, to Third Street exit, south on Third Street, left on Line Drive. **Standard Game Times:** Tues./Thurs. 6:38, Wed. 12:08, Fri. 7:08, Sat. 6:08, Sun. 1:08. **Ticket Price Range:** $6-40. **Visiting Hotel:** Hampton Inn and Suites Downtown, 120 SW Water Street, Des Moines IA 50309. **Telephone:** (515) 244-1650.

JACKSONVILLE JUMBO SHRIMP

Office Address: 301 A. Philip Randolph Blvd, Jacksonville, FL 32202.
Telephone: (904) 358-2846. **Fax:** (904) 358-2845.
E-Mail Address: info@jaxshrimp.com. **Website:** www.jaxshrimp.com.
Affiliation (first year): Miami Marlins (2009). **Years In League:** 2021-

OWNERSHIP/MANAGEMENT
Operated by: Jacksonville Baseball LLC.
Owner & Chief Executive Officer: Ken Babby. **Executive Assistant to Ken Babby:** Jill Popov. **President, Fast Forward Sports Group:** Jim Pfander. **Chief Human Resources Office:** Leatrice Buck. **Chief Financial Officer:** Shawn Carlson. **Financial Reporting Analyst:** Mark Gupko. **Executive Vice President/General Manager:** Harold Craw. **Vice President, Marketing and Media:** Noel Blaha. **Senior Vice President, Sales:** Linda McNabb. **Assistant General Manager:** Matt Goudreau. **Senior Director of Promotions & Special Events:** David Ratz. **Director of Corporate Sales:** Dave Burke. **Director of Ticket Operations:** Peter Ercey. **Director of Broadcasting and Media Relations:** Scott Kornberg. **Director of Food & Beverage:** Guillermo Vega. **Director of Stadium Operations:** Tom Snyder. **Director of Merchandise:** Brennan Earley. **Assistant Director of Ticket Sales:** Jenna Smith. **Assistant Director of Stadium Operations:** Matthew Maynard. **Premium Experiences Manager:** Gillian Bay. **Food & Beverage Manager:** Molly Blastic. **Culinary Operations Manager:** Erin Whittaker. **Creative Services Manager:** Brian DeLettre. **Box Office Manager:** Cody Davis. **Accounting Manager:** Patrick Jordan. **Broadcast & Media Relations Assistant:** Matt Davis. **Graphic Designer:** Wyatt Lucovsky. **Partner Services Coordinator:** Alicia Marcotte. **Accounting Coordinator:** Elaina Gage. **Account Executives:** Brian Bauman, Cody Bratten, Zachary Quillian, Marc Spera. **Front Office Admin Support:** Clayon Wilson. **Travel Coordinator:** Christine Collins. **Payroll Coordinator:** Teresa Lively-Hall.

FIELD STAFF
TBA

GAME INFORMATION
Radio Announcers: Scott Kornberg & Matt Davis. **No. of Games Broadcast:** 150. **Flagship Station:** ESPN 690. **PA Announcer:** John Leard. **Official Scorer:** Jason Eliopulos. **Stadium Name:** 121 Financial Ballpark. **Location:** I-95 South to Martin Luther King Parkway exit, follow Gator Bowl Blvd around TIAA Bank Field; I-95 North to Exit 347 (Emerson Street), go right to Hart Bridge Expressway, take Sports Complex exit, left at light to stop sign, take left and follow around TIAA Bank Field; From Mathews Bridge, take A Philip Randolph exit, right on A Philip Randolph, straight toballpark. **Standard Game Times:** 7:05 pm, Sat. 6:35 pm, Sun. 3:05 pm. **Ticket Price Range:** $5-$28. **Visiting Club Hotel:** Hyatt Regency Jacksonville Riverfront, 225 E Coastline Dr., Jacksonville, FL 32202. **Telephone:** (904) 588-1234.

LEHIGH VALLEY IRONPIGS

Address: 1050 IronPigs Way, Allentown, PA 18109
Telephone: (610) 841-7447. **Fax:** (610) 841-1509
E-Mail Address: info@ironpigsbaseball.com. **Website:** www.ironpigsbaseball.com.
Affiliation (first year): Philadelphia Phillies (2008). **Years in League:** 2021-

OWNERSHIP/MANAGEMENT
Ownership: LV Baseball LP. **President & General Manager:** Kurt Landes. **Administrative Assistant:** Pat Golden. **Senior Vice President:** Michelle Perl. **Director, Finance:** Eric Hinkle. **Manager, Finance:** Alexis Junge. **Vice President, Marketing & Entertainment:** Matthew Bari. **Director, Promotions & Entertainment:** TBA. **Director, Multimedia Design & Entertainment:** Kevin Whitehead. **Director, IronPigs Charities:** Anne Culhane. **Manager, Broadcasting & Media Relations:** Sam Jellinek. **Manager, Multimedia & Design:** Alex Schempp. **Manager, Community Relations:**

MINOR LEAGUES

Aaron Weisberg. **Manager, Digital Media & Communications:** Morgan Weindel. **Vice President, Ticket Sales:** Andy Beuster. **Senior Director, Group Sales:** Ryan Hines. **Director, Ticket Operations:** Collin DeJong. **Director, Memberships:** Chris DeSpirito. **Director, Group Sales:** Chad Mazepa. **Director, Corporate Ticket Sales:** Daniel Sterenberg. **Manager, Group Sales:** Nikki Homanick. **Manager, Group Sales:** Stephanie Kinsella. **Manager, Corporate Ticket Sales:** Chase Adams. **Manager, Corporate Ticket Sales:** Elias Engelhardt. **Manager, Corporate Ticket Sales:** Jonathan Summers. **Manager, Memberships:** Braeden Keith. **Manager, Memberships:** Taylor Fenton. **Manager, Memberships:** Greg Oplinger. **Manager, Ticket Operations & Analytics:** Logan Kingsley. **Vice President, Corporate Partnerships:** Steve Pelle. **Director, Corporate Partnerships:** Jordan Perrine. **Senior Manager, Sponsorship Services:** Emily Frajdofer. **Manager, Corporate Partnerships:** TBA. **Manager, Corporate Partnerships:** Ryan Davey. **Manager, Sponsorship Services:** Petter Schiffert. **Director, Special Events:** Allison Valentine. **Director, Merchandise:** Mike Luciano. **Vice President, Food & Beverage:** Alex Rivera. **Director, Concessions:** Brock Hartranft. **Senior Manager, Catering & Hospitality:** Kelly Hulse. **Executive Chef:** Alessandro Buccino. **Vice President, Stadium Operations:** Jason Kiesel. **Director, Field Operations:** Andy Gossel. **Manager, Field Operations:** Mike Conrad. **Manager, Stadium Operations:** Sammy Avalos. **Manager, Stadium Operations:** Tyler Harrig. **Manager, Stadium Operations:** TBA.

FIELD STAFF
Manager: Anthony Contreras. **Pitching Coach:** Ryan Buchter. **Pitching Coach:** Tyler Higgins. **Hitting Coach:** Joe Thurston. **Bench Coach:** Chris Adamson. **Athletic Trainer:** Andrew Dodgson. **Assistant Athletic Trainer:** Makenna Behrens. **Strength & Conditioning Coach:** Mike Lidge.

GAME INFORMATION
Radio Announcers: Sam Jellinek. **No. of Games Broadcast:** 150. **Flagship Radio Station:** FOX Sports Radio 1230 AM & 94.7 FM. **Television Station:** Service Electric Network. **Television Announcers:** Mike Zambelli, Steve Degler, Doug Heater. **No. of Games Televised:** 75 (all home games). **PA Announcer:** Justin Choate. **Official Scorers:** Mike Falk, Jack Logic, David Sheriff, Dick Shute. **Stadium Name:** Coca-Cola Park. **Location:** Take US 22 to exit for Airport Road South, head south, make right on American Parkway, left into stadium. **Standard Game Times:** 6:45 pm Tue-Thurs. (March 29-June 9, August 27-September 22) 7:05 pm Tue-Thurs (June 18-August 22), 7:05 pm Fri, Sat. 6:35, Sun. 1:35.

LOUISVILLE BATS

Address: 401 E Main St, Louisville, KY 40202.
Telephone: (502) 212-2287.
E-Mail Address: info@batsbaseball.com. **Website:** www.batsbaseball.com.
Affiliation (first year): Cincinnati Reds (2000). **Years in League:** 1998-Present

OWNERSHIP/MANAGEMENT
Executive Chairman: Pat Battle. **CEO:** Peter Freund (Diamond Baseball Holdings). **President:** Greg Galliete. **Executive Vice President, Controller:** Michele Anderson. **Vice President of Stadium Operations:** Brett Myers. **Sr. Vice President of Ticket Sales:** David Barry. **Public Relations Manager:** TBA. **Director of Marketing:** Vincent Zielen. **Head Clubhouse Manager:** TJ Leonard. **Club Physicians:** Walter Badenhausen, M.D.; John A. Lach, Jr., M.D. **Club Dentist:** Pat Carroll, D.M.D. **Chaplain:** Andrew Hammond.

FIELD STAFF
Manager: Pat Kelly. **Pitching Coach:** Virgil Vasquez. **Hitting Coach:** Alex Pelaez. **Coach:** Mike Jacobs. **Coach:** Bryan LaHair. **Athletic Trainer:** Steve Gober. **Athletic Trainer:** Kelsey Branstetter. **Strength/Conditioning Coach:** Kyle Laughlin. **Performance Coach:** Jordan Reyes.

GAME INFORMATION
Radio Announcers: Nick Curran, Jim Kelch. **No. of Games Broadcast:** 150. **Flagship Station:** WXVW 1450 AM and 96.1 FM. **PA Announcer:** Charles Gazaway. **Official Scorers:** Nick Evans, Neil Rohrer, Ryan Ritchey, Jeff Hollis, Ed Peak. **Stadium Name:** Louisville Slugger Field. **Location:** I-64 and I-71 to I-65 South/North to Brook Street exit, right on Market Street, left on Jackson Street; stadium on Main Street between Jackson and Preston. **Ticket Price Range:** $9-55. **Visiting Club Hotel:** Omni Hotel, 400 South 2nd Street, Louisville, KY 40202. **Telephone:** (502) 313-6664. **Second Visiting Club Hotel:** Cambria Hotel Louisville Downtown, 120 S. **Floyd S . Louisville, KY 40202. Telephone:** (502) 861-6958.

MEMPHIS REDBIRDS

Office Address: 198 Union, Memphis, TN 38103.
Stadium Address: 198 Union Ave, Memphis, TN 38103.
Telephone: (901) 721-6000. **Fax:** (901) 328-1102.
Website: www.memphisredbirds.com.
Affiliation (first year): St. Louis Cardinals (1998). **Years in League:** 2021-

OWNERSHIP/MANAGEMENT
Ownership: Peter B. Freund. **President/General Manager:** Craig Unger. **Vice President, Stadium and Baseball Operations:** Mike Voutsinas. **Manager, Group Sales:** Dylan Powers. **Manager, Field Operations:** Tylor Meppelink. **Director, Corporate Sales:** Tyler Gilles. **Account Executive, Corporate Partnerships:** Ryan Ulrich. **Manager, Retail Operations:** Molly Myers. **Graphic Designer:** John Privitera. **Director, Marketing:** Kayla Hezel. **Accounting Manager:** Cindy Neal. **Coordinator, Digital Marketing:** Meri Romedy. **Coordinator, Broadcast and Communications:** Alex Coil.

MINOR LEAGUES

Manager, Ticket Operations: Richard Wilson. **Account Executive, Ticket Sales:** Brian Runner, Justin Leggett.

FIELD STAFF
Manager: Ben Johnson. **Hitting Coach:** Howie Clark. **Pitching Coach:** Darwin Marrero. **Coach:** Will Hawks. **Trainer:** Dan Martin. **Strength & Conditioning:** Henry Torres.

GAME INFORMATION
Radio Announcer: TBA **No. of Games Broadcast:** 150. **Flagship Station:** online. **PA Announcer:** Greg Ratliff. **Official Scorers:** TBA. **Stadium Name:** AutoZone Park. **Location:** North on I-240, exit at Union Avenue West, one and half miles to park. **Standard Game Times:** Mon-Wed. 6:45, Thu-Fri. 7:10, Sat. 6:35, Sun 2:05. **Ticket Price Range:** $9-24. **Visiting Club Hotel:** TBA.

NASHVILLE SOUNDS

Address: 19 Junior Gilliam Way, Nashville, TN 37219.
Telephone: (615) 690-HITS. **Fax:** (615) 256-5684.
E-Mail address: info@nashvillesounds.com. **Website:** www.nashvillesounds.com.
Affiliation (first year): Milwaukee Brewers (2021). **Years in League:** 2021-

OWNERSHIP/MANAGEMENT
GM/Chief Operating Officer: Adam English. **Asst. GM/VP, Operations:** Doug Scopel. **VP, Corporate Partnerships:** Danielle Gaw. **VP, Ticket Sales and Service:** Taylor Fisher. **Director, Accounting:** Katie Sigman. **Director, Marketing:** Abby Holman. **Director, Broadcasting:** Jeff Hem. **Director, Creative Services:** Neil Rosan. **Director, Stadium Operations:** Hannah Onken. **Senior Director, Ticket Sales:** Kevin Kurowski. **Senior Director, Ticket Operations:** Kyle Hargrove. **Director, Retail:** Wade Becker. **Director, Special Events:** Sierra Siegel. **Manager, Fan Experience and Community Relations:** Travis Williams. **Manager, Business Development:** Jay Evans. **Managers, Partnership Activation:** Nicole Choksi and Benjamin Whalen. **Manager, Entertainment and Promotions:** Karly Deland. **Coordinator, Group Theme:** Rae Nead. **Manager, Merchandise:** Frank Paruzynski. **Manager, Communications:** Collin Perry. **Senior Manager, Stadium Operations:** Caleb Yorks. **Managers, Stadium Operations:** Colin Brennan and Diana Graber Dovenspike. **Manager, Inside Sales:** Kelsen Adeni. **Senior Account Executive:** Reghan Brands and Ben Whalin. **Account Executive:** Luke Povolny, Sarah Norton and John Siebert. **Coordinator, Ticket Operations:** Nicholas Carr and Carson Roberts. **Head Groundskeeper:** Thomas Trotter. **Assistant Groundskeepers:** Shay Adams and McKinley Griggs. **Manager, Clubhouse and Equipment:** Matt Gallant. **Manager, Visiting Clubhouse:** Patrick King. **Coordinator, Mascot:** Buddy Yelton. **Coordinator, Digital Marketing:** Shannon Gadomski. **Lead Graphic Designer:** Drew Gibby. **Graphic Designer:** Anna Caton. **Ticket Sales Representatives:** Corey Barnett and Layne Meltzer.

FIELD STAFF
Manager: Rick Sweet. **Hitting Coaches:** Al LeBoeuf and Eric Theisen. **Pitching Coach:** Jeremy Accardo. **Coach:** Ned Yost IV. **Bench Coach:** David Tufo. **Bullpen Coach:** Patrick McGuff. **Athletic Trainer:** Jeff Paxson.

GAME INFORMATION
Radio Announcer: Jeff Hem. **No. of Games Broadcast:** 150. **Flagship Station:** 94.9 The Fan. **Official Scorers:** Eric Jones, Cody Bush, Eric Moyer. **Stadium Name:** First Horizon Park. **Location:** I-65 to exit 85 (Rosa L Parks Blvd) and head south; Turn left on Jefferson St, then turn right onto Rep. John Lewis Way, then turn left on Junior Gilliam Way. **Standard Game Times:** 7:05, 6:35, 6:05, 2:05. **Ticket Price Range:** $10-42. **Visiting Club Hotel:** Sonesta Nashville. 600 Marriott Drive, Nashville, TN 37214.

NORFOLK TIDES

Address: 150 Park Ave, Norfolk, VA 23510.
Telephone: (757) 622-2222. **Fax:** (757) 624-9090.
E-Mail Address: receptionist@norfolktides.com. **Website:** www.norfolktides.com.
Affiliation (first year): Baltimore Orioles (2007). **Years in League:** 2021-

OWNERSHIP/MANAGEMENT
General Manager: Joe Gregory. **Assistant General Managers:** Mike Watkins, Mike Zeman. **Director, Ticket Operations:** Sze Fong. **Director, Ticket Sales:** TBA. **Director of Finance and Human Resources:** Dawn Coutts. **Head Groundskeeper:** Justin Hall. **Home Clubhouse Manager:** Adam Sehlmeyer. **Visiting Clubhouse Manager:** Jack Brenner.

FIELD STAFF
Manager: Buck Britton. **Hitting Coach:** Mike Montville. **Pitching Coach:** Justin Ramsey. **Fundamentals Coach:** Ramon Sambo. **Development Coach:** Josh Rodrigues. **Athletic Trainer:** Alan Rail. **Strength Coach:** Jon Medici.

GAME INFORMATION
Radio Announcers: Pete Michaud. **No. of Games Broadcast:** 150. **Flagship Station:** Priority Auto Sports Radio 94.1 FM. **PA Announcer:** Jack Ankerson. **Official Scorers:** Mike Holtzclaw, Joe Reisel. **Stadium Name:** Harbor Park. **Location:** Exit 9, 11A or 11B off I-264, adjacent to the Elizabeth River in downtown Norfolk. **Standard Game Times:** 6:35 pm Monday-Wednesday & Friday-Saturday, 12:05 pm Thursday, and Sun 1:05 pm (first half); 4:05 pm (second half). **Ticket Price Range:** $14-17.15. **Visiting Club Hotel:** Sheraton Waterside, 777 Waterside Dr, Norfolk, VA 23510. **Telephone:** (757) 622-6664.

MINOR LEAGUES

OMAHA STORM CHASERS

Address: Werner Park, 12356 Ballpark Way, Papillion, NE 68046.
Administrative Office Phone: (402) 734-2550.
Ticket Office Phone: (402) 738-5100. **Fax:** (402) 734-7165.
E-mail Address: info@omahastormchasers.com. **Website:** www.omahastormchasers.com.
Affiliation (first year): Kansas City Royals (1969). **Years in League:** 2021-

OWNERSHIP/MANAGEMENT

President: Martie Cordaro. **Vice President & Chief Financial Officer:** Laurie Schlender. **Vice President, Sales & Services:** Marcus Sabata. **Vice President, Baseball & Facility Operations:** Zach Ziler. **Broadcast & Media Relations Manager:** Nicholas Badders. **Director of Promotions & Game Operations:** Houston Korenoski. **Mascot Coordinator:** Jack Livers. **Game Operations Coordinator:** Katie Scott. **Creative Content Manager:** Alex Seder. **Social Media Manager:** Nina Sobotka. **Video & Multimedia Coordinator:** Clayton Van Horn. **Manager of Client Activations:** Skyler Clough. **Director of Corporate Partnerships:** Blake Paris. **Senior Corporate Sales Executive:** Jody Sellers. **Senior Client Activations Coordinator:** Jordan Yerem. **Corporate Sales Executive:** Harry Zornes. **Ticket Operations & Retail Assistant:** Stevie Buck. **Ticket Operations Manager:** Reilly Raube. **Ticket Sales Manager:** Josh Sindelar. **Client Services Coordinator:** Autumn Brosius. **Groups & Hospitality Executive:** Landon Caldwell. **Groups & Hospitality Executive:** Jacob Garnas. **Groups & Hospitality Executive:** Josh Kalin. **Director of Group Sales:** Dru Sauer. **Groups & Hospitality Executive:** Ethan Tarantino. **Retail Operations Manager:** Mitch Cunningham. **Senior Operations & Special Events Facilitator:** Kari Collins. **Manager of Special Events:** Anthony Goetz. **Ballpark Operations Assistant:** AJ Hope. **Grounds Assistant:** Logan Knaus. **Head Groundskeeper:** Kyle Lengfelder. **Ballpark Operations Manager:** Tyler Shaw. **Director of Operations:** Matt Sutter. **Grounds Manager:** Casey Werkheiser. **Front Office Assistant:** Sarah Marlowe. **Bookkeeper:** Pennie Martindale. **Employee & Community Relations Manager:** Aniya Tate. **Front Office Assistant:** Michelle VanBemmelen.

FIELD STAFF

Manager: Mike Jirschele. **Hitting Coach:** Bijan Rademacher. **Pitching Coach:** Dane Johnson. **Assistant Hitting Coach:** David Noworyta. **Assistant Pitching Coach:** David Lundquist. **Athletic Trainer:** James Stone. **Assistant Athletic Trainer:** Danny Accola. **Strength and Coach:** CJ Mikkelsen.

GAME INFORMATION

Radio Announcer: Nicholas Badders. **No. of Games Broadcast:** 150. **Broadcasts:** stormchasers.mixlr.com. **PA Announcer:** Craig Evans. **Official Scorers:** Gary Sharp, Ken Ritzdorf and Steve Eckhart. **Stadium Name:** Werner Park. **Location:** Highway 370, just east of I-80 (exit 439). **Standard Game Times:** 6:35 pm (April-May, August-September), 7:05 (June-July), **Sunday:** 2:05pm (April-May, September), 5:05pm (June-August). **Visiting Club Hotel:** Courtyard Omaha La Vista, 12560 Westport Parkway, La Vista, NE 68128. **Telephone:** (402) 339-4900. **Fax:** (402) 339-4901.

ROCHESTER RED WINGS

Address: One Morrie Silver Way, Rochester, NY 14608.
Telephone: (585) 454-1001. **Fax:** (585) 454-1056.
E-Mail: info@redwingsbaseball.com. **Website:** RedWingsBaseball.com.
Affiliation (first year): Washington Nationals (2021). **Years in League:** 2021-

OWNERSHIP/MANAGEMENT

Operated by: Rochester Community Baseball, Inc.
President/CEO/COO: Naomi Silver.
Chairman: Gary Larder. **General Manager:** Dan Mason. **Assistant GM:** Will Rumbold. **Assistant GM, Sales:** Bob Craig. **Senior Director, Tickets & Group Sales:** Eric Friedman. **Director, Communications:** Morrie Silver. **Director, Corporate Development:** Nick Sciarratta. **Director of Business Strategy:** Matt Cipro. **Director, Video Production:** John Blotzer. **Director, Ticket Operations:** Mike Ewing. **Group Sales Representative:** Gunnar Hausknecht. **Group Sales Representative:** Ben Laughton. **Director, Promotions and Merchandising:** Nicole Boyle. **Director, Ballpark Operations:** Cam Mason. **Director, Digital Media:** Stephen Lasnick. **Coordinator, Communications and Baseball Information:** Matt Toohey. **Coordinator, Communications and Baseball Information:** Andrew Westbrook. **Head Groundskeeper:** Gene Buonomo. **Assistant Groundskeeper:** Geno Buonomo. **Office Manager:** Annamarie Marsha. **Controller:** Michelle Schiefer. **Director, Human Resources:** Paula LoVerde. **Ticket Office Mgr. & Business Coordinator:** Dave Welker. **GM, Food & Beverage:** Jeff DeSantis. **Business Manager, F&B:** Dave Bills. **Director, Catering & Hospitality:** Megan Ridings. **Manager, Catering Sales:** Emily Chard. **Executive Chef:** Keith Hillock. **Concessions Manager:** Greg Henrichs. **Catering Administrator:** Rachael Steubing. **Assistant Concessions Manager:** Lakeya Joseph. **Catering Administrator:** Justin Bissanti. **Warehouse Manager:** Jeff Savidge. **Assistant Warehouse Manager:** Don Montgomery. **Food & Beverage Maintenance Manager:** Greg Sherman.

FIELD STAFF

Manager: Matthew LeCroy. **Hitting Coach:** Brian Daubach. **Pitching Coach:** Rafael Chaves. **Development Coach:** TBA. **Athletic Trainer:** TBA. **Strength & Conditioning Coach:** TBA.

GAME INFORMATION

Radio Announcer: Josh Whetzel. **No. of Games Broadcast:** 150. **Flagship Stations:** WHTK 1280-AM. **PA Announcers:** Kevin Spears, Rocky Perrotta. **Official Scorers:** Warren Kozireski, Brendan Harrington, Craig

Bodensteiner, Bob Simms. **Stadium Name:** Frontier Field. **Location:** I-490 East to exit 12 (Brown/Broad Street) and follow signs; I-490 West to exit 14 (Plymouth Ave) and follow signs. **Standard Game Times:** 7:05 pm, Sun 1:05. **Ticket Price Range:** $13-19. **Visiting Club Hotel:** Hyatt Regency Rochester, 125 E Main St, Rochester, NY 14604. **Telephone:** (585) 546-1234.

ST. PAUL SAINTS

Office Address: 360 Broadway Street, St. Paul, MN 55101.
Telephone: (651) 644-3517. **Fax:** (651) 644-1627.
Email Address: funisgood@saintsbaseball.com.
Website: saintsbaseball.com.
Affiliation: Minnesota Twins (2021). **Years in League:** 2021-

OWNERSHIP/MANAGEMENT
OWNERSHIP: Diamond Baseball Holdings. **Executive Chairman/DBH:** Pat Battle. **CEO/DBH:** Peter Freund. **Executive VP/General Manager:** Derek Sharrer. **Executive VP/Business Development:** Tom Whaley. **Executive Vice President, Sales and Operations:** Chris Schwab. **Vice President/Assistant General Manager:** Zane Heinselman. **Vice President, Director of Media Relations/Broadcasting:** Sean Aronson. **Vice President/Assistant General Manager, Brand Marketing and Experience:** Sierra Bailey. **Director of Business & Finance:** Krista Schnelle. **Director, Community Partnerships & Fan Services:** Eddie Coblentz. **Ticket Operations Manager:** Shana McGlynn. **Director, Creative Services:** Rob Thompson. **Digital Creative Services Coordinator:** Jordan Dawkins. **Digital Media Manager:** Aly May. **Digital Media & Video Production Coordinator:** Cameron Surdyk. **Multimedia Content Producer:** John Verhoestra. **Director of Sales & Corporate Partnerships:** Austyn Ruback. **Corporate Partnerships & Ticket Sales Executive:** Kailyn Johnson. **Senior Ticket Sales Executive:** Eric Simon. **Ticket Sales Executives:** Adam Lillestol, Jake McGeorge, Morgan Stienessen. **CHS Field Events Coordinators:** Julia Jaffee, Sarah Olsen. **Youth Sports Coordinator:** Sarah Gottfredsen. **Office Manager & Donations Coordinator:** Gina Kray. **Director, Ballpark Operations:** Curtis Nachtsheim. **Director of Field Operations:** Marcus Campbell. **Field Operations Supervisor:** Cody Pamperin.

FIELD STAFF
Manager: Toby Gardenhire. **Pitching Coaches:** Peter Larson, Dan Urbina. **Hitting Coach:** Shawn Schlecter. **Defensive Coach:** Tyler Smarslok.

GAME INFORMATION
Radio Announcer: Sean Aronson. **Games Broadcast:** 150. **Flagship Station:** KFAN+ 96.7 FM. **Webcast Address:** www.saintsbaseball.com. **Stadium Name:** CHS Field. **Location:** From the west take I-94 to the 7th St. Exit and head south to 5th & Broadway. From the east take I-94 to the Mounds Blvd/US-61N exit. Turn left on Kellogg and a right on Broadway until you reach 5th St. **Standard Game Times:** (Games through May 14) **Tue.- Fri.:** 6:37 pm, **Sat:** 2:07 p.m., **Sun.:** 2:07 pm. (Games from May 23-September 23): **Tue-Sat:** 7:07 p.m., **Sun:** 2:07 p.m. (Games from September 19-24): **Tuesday-Saturday:** 6:37 p.m., **Sun:** 12:07 p.m.

SCRANTON/WILKES-BARRE RAILRIDERS

Address: 235 Montage Mountain Rd., Moosic, PA 18507.
Telephone: (570) 969-2255. **Fax:** (570) 963-6564.
E-Mail Address: info@swbrailriders.com.
Website: www.swbrailriders.com.
Affiliation (first year): New York Yankees (2007). **Years in League:** 2021-

OWNERSHIP/MANAGEMENT
Ownership: Diamond Baseball Holdings. **Executive Chairman:** Pat Battle. **CEO:** Peter Freund. **General Manager:** Katie Beekman. **Director, Communications/Broadcaster:** Adam Marco. **Manager, Community Relations:** Krista Lutzick. **Director, Corporate Partnerships:** Mike Caddell. **Account Executive, Corporate Partnerships:** Tom Karins. **Director, Finance:** Patrick Cawley. **Director, Marketing:** Cynthia Petrucci. **Social Media/ Special Events Manager:** Kirsten Peters. **Sr. Director, Partnership Management & Marketing:** Kristina Knight. **Director, Season Ticket Sales & Service:** Kelly Cusick. **Account Executives, Season Tickets:** Mark Ambrose, Brian Coughlan & Kyle Davis. **Director, Group Sales:** Mike Harvey. **Group Sales Executives:** PJ Profenno & Forest Rosen. **Director, Youth Baseball & Sports Sales:** Robby Judge. **Premium Sales Executives:** Spencer Barberree, Anthony D'Andrea & Cody Purks. **Manager, Ticket Operations:** Dan Ross. **Director, Field Operations:** Dustin Spiegel. **Sr. Director, Stadium Operations:** Ryan Long. **Manager, Stadium Operations:** Brandon Brzenski.

FIELD STAFF
Manager: Shelley Duncan. **Pitching Coach:** Graham Johnson. **Hitting Coach:** Trevor Amicone. **Defensive Coach:** Jose Javier. **Bullpen Coach:** Gerardo Casadiego. **Athletic Trainer:** Jimmy Downam. **Asst. Athletic Trainer:** Nori Subero. **Strength/Conditioning Coach:** Danny Smith. **Advance Scouting Analyst:** Steven DiMaria. **Video Assistant:** Sullivan Lyons.

MINOR LEAGUES

GAME INFORMATION
Radio Announcers: Adam Marco & Emily Messina. **No. of Games Broadcast:** 150. **Flagship Stations:** 1340 WYCK-AM, 1400 WICK-AM, 1440 WCDL-AM. **Television Announcer:** Adam Marco. **No. of Games Broadcast:** TBA. **Flagship Station:** TBA. **PA Announcers:** Unavailable. **Official Scorers:** Dean Corwin, Dick Devans, Mark Ligi & Armand Rosamilia. **Stadium Name:** PNC Field. **Location:** Exit 182 off Interstate 81; stadium is on Montage Mountain Road. **Standard Game Times:** Mon.-Fri. 6:35 pm, Sat- 4:05 pm (April, May & Sept) & 6:05 pm (June-August); Sun. 1:05 pm. **Ticket Price Range:** $10-$23. **Visiting Club Hotel:** Fairfield by Marriott. **Telephone:** (570) 341-1960.

SYRACUSE METS

Address: One Tex Simone Drive, Syracuse NY, 13208
Telephone: 315-474-7833. **Fax:** 315-474-2658.
E-Mail Address: baseball@syracusemets.com. **website:** syracusemets.com
Affiliation (First year): New York Mets (2019). **Years in league:** 1961-Present

OWNERSHIP/MANAGEMENT
General Manager: Jason Smorol. **Assistant GM, Business Development:** Katie Stewart. **Assistant GM, Stadium Operations:** Brian Paupeck. **Director, Sales/Marketing:** Kathleen McCormick. **Manager, Corporate Sales:** Julie Cardinali. **Senior Accountant:** Patrick Taylor. **Staff Accountant:** Frank Santoro. **Director, Broadcasting/Media Relations:** Michael Tricarico. **Director, Ticket Operations:** Will Commisso. **Director, Multimedia Production:** Anthony Cianchetta. **Manager, Suites/Hospitality:** Bill Ryan. **Manager, Social Media/Graphics:** Jed Davis. **Manager, Equipment/Clubhouse Operations:** Craig Nielsen. **Head Groundskeeper/Director, Turf Management:** John Stewart. **Assistant Groundskeeper:** Nate Flask.

FIELD STAFF
Manager: Dick Scott. **Pitching Coach:** Grayson Crawford. **Hitting Coach:** Collin Hetzler. **Bench Coach/Asst. Hitting Coach:** J.P. Arencibia.

GAME INFORMATION
Radio Announcers: Michael Tricarico and Evan Stockton. **No. of Games Broadcast:** 150. **Flagship Station:** The Score 1260 AM. **PA Announcer:** Nick Aversa. **Official Scorer:** Dom Leo. **Stadium Name:** NBT Bank Stadium. **Location:** New York State Thruway to exit 36 (I-81 South); to 7th North Street exit, left on 7th North, right on Hiawatha Boulevard. **Standard Game Times:** 6:35 pm, Sun. 1:05 pm. **Ticket Price Range:** $12.50-$25.

TOLEDO MUD HENS

Address: 406 Washington St., Toledo, OH 43604.
Telephone: (419) 725-4367. **Fax:** (419) 725-4368.
E-Mail Address: mudhens@mudhens.com. **Website:** www.mudhens.com.
Affiliation (first year): Detroit Tigers (1987). **Years in League:** 2021-

OWNERSHIP/MANAGEMENT
Operated By: Toledo Mud Hens Baseball Club, Inc. **Chairman of the Board:** Michael Miller. **Vice President:** David Huey. **Secretary/Treasurer:** Charles Bracken. **President/CEO:** Joseph Napoli. **GM/Executive Vice President:** Erik Ibsen. **President, CFO:** Brian Leverenz. **Assistant Controller:** Tom Mitchell. **Social Media Coordinator:** Amanda Jerzykowski. **Director Corporate Partnerships:** Ed Sintic. **Director Ticket Sales:** Rita Natter and Adam Haman. **Manager, Box Office Sales:** Jessica MacFarlane. **Game Day Coordinators:** Taylor Vandenbroek and Nathan Permar. **Director, Merchandise & Licensing:** Craig Katz. **Turf Manager:** Kyle Leppelmeier. **Clubhouse Manager:** Joe Sarkisian.

FIELD STAFF
Manager: Tim Federowicz **Hitting Coach:** Mike Hessman. **Pitching Coach:** Doug Bochtler. **Pitching Coach:** Ollie Kadey. **Bench Coach:** Tim Garland. **Athletic Trainer:** Chris McNeely. **Strength Coach:** Phill Hartt.

GAME INFORMATION
Radio Announcer: Jim Weber. **No. of Games Broadcast:** 150. **Flagship Station:** WCWA 1230-AM. **TV Announcers:** Jim Weber, Matt Melzak. **No. of Games Broadcast:** 72 (all home games). **TV Flagship:** Buckeye Cable Sports Network (BCSN). **PA Announcer:** Mason Lowrey. **Official Scorers:** Jeff Businger, Ron Kleinfelter, John Malkoski Jr., **Jack Malkoski, Lee Schuh. Stadium Name:** Fifth Third Field. **Location:** From Ohio Turnpike 80/90, exit 54 (4A) to I-75 North, follow I-75 North to exit 201-B, left onto Erie Street, right onto Washington Street; From Detroit, I-75 South to exit 202-A, right onto Washington Street; From Dayton, I-75 North to exit 201-B, left onto Erie Street, right on Washington Street; From Ann Arbor, Route 23 South to I-475 East, I-475 east to I-75 South, I-75 South to exit 202-A, right onto Washington Street. **Ticket Price Range:** $12. **Visiting Club Hotel:** Park Inn, 101 North Summit, Toledo, OH 43604. **Telephone:** (419) 241-3000.

MINOR LEAGUES

WORCESTER RED SOX

Office Address: Polar Park, 100 Madison St., Worcester, MA 01608.
Mailing Address: PO Box 3180, Worcester, MA 01613.
Telephone: (508) 500-8888 and (508) 500-1000
E-Mail Address: info@woosox.com. **Website:** www.woosox.com.
Affiliation (first year): Boston Red Sox (2021). **Years in League:** 2021-

OWNERSHIP/MANAGEMENT

Diamond Baseball Holdings: Pat Battle, Executive Chairman; Peter Freund, CEO. **Chairman:** Larry Lucchino. **Vice Chairman:** Mike Tamburro. **President:** Dr. **Charles Steinberg. Executive Vice President-General Manager:** Brooke Cooper. **Senior Vice President/Communications:** Bill Wanless. **Senior Vice President/Corporate Partnerships:** Jack Verducci. **Senior Vice President/Corporate Partnerships:** Michael Gwynn. **Senior Vice President Government Relations/WooSox Foundation:** Nicole Valentine. **Senior Vice President/Ballpark Operations:** Robert Malone. **Vice President/Marketing:** Steve Oliveira. **Vice President/Baseball Operations & Community Relations:** Joe Bradlee. **Vice President/Ticket Operations:** Samantha Saccoia-Beggs. **Vice President/Special Events:** Hannah Butler. **Controller:** Katie Wickstrom. **Executive Assistant to the Chairman:** Fay Scheer. **Special Assistant to the President & Intern Coordinator:** Jackie Wilkes. **Chief Ambassador:** Rick Medeiros. **Senior Director of Corporate Partnership Services:** Jill Davis. **Senior Director of Facilities:** Jeff Caster. **Director of Facilities Management:** Zach Johnson. **Director of Ticket Sales:** Ryan Nesbit. **Director of Merchandising:** Suizee Bailey. **Director of Finance & Ballpark Administration:** Dan Fontaine. **Director of Graphic & Web Design:** Courtney Cowsill. **Director of WooSox Productions:** John Canavan. **Manager of Merchandise:** Kyla Frates. **Manager of Special Events:** Sara Barlok. **Manager of Ticket Sales:** Dalton Boudreau. **Corporate Event Manager:** Jim Cain. **Group Event Managers:** Joe Foley, Tom Steiger. **Ticket Office Manager:** George Tremblay. **Public Relations Manager:** Alexis Dill. **Events & Ballpark Operations Manager:** Jeff Little. **Coordinator of Marketing & Fan Engagement:** George Lorin. **Coordinator of Polar Park Events:** Eric Olafsen. **Coordinator of WooSox Rewards:** Jordan Sealey-Ashford. **Coordinator of Mascots & Live Ballpark Entertainment:** Marianna Colantuono. **Field Superintendent:** Elliot Linstrum. **Assistant Field Superintendent:** Ryan Lefler. **Home Clubhouse Manager:** Mario Oliveira. **Visiting Clubhouse Manager:** Patrick Hughes.

FIELD STAFF

Field Manager: Chad Tracy. **Hitting Coach:** Rich Gedman. **Pitching Coach:** Dan DeLucia. **Coaches:** Jose David Flores, Doug Clark, Brendan Connolly, Noah Junis. **Trainers:** Scott Gallon & Nick Kuchwara. **Strength & Conditioning Coach:** Joe Hudson.

GAME INFORMATION

Radio/TV Announcers: Tyler Murray, Jim Cain, Mike Antonellis, Jay Burnham, Cooper Boardman. **No. of Games Broadcast:** 150. **Flagship Station:** NASH Icon 98.9-FM. **PA Announcer:** Ben DeCastro. **Official Scorer:** Bruce Guindon. **Stadium Name:** Polar Park. **Location:** 100 Madison St., Worcester, MA. **Standard Game Times:** 6:05 pm (April/May/September) 6:45 pm (June/July/August), Sat. 4:05, Sun 1:05. **Ticket Price Range:** $8-27. **Visiting Club Hotel:** Hilton Garden Inn, Worcester, MA.

MINOR LEAGUES

PACIFIC COAST LEAGUE

STADIUM INFORMATION

Club	Stadium	Opened	LF	CF	RF	Capacity	2023 Att.
Albuquerque	Isotopes Park	2003	340	400	340	13,500	521,521
El Paso	Southwest University Park	2014	322	406	322	8,018	507,907
Las Vegas	Las Vegas Ballpark	2019	340	415	340	8,196	506,047
Oklahoma City	Chickasaw Bricktown Ballpark	1998	325	400	325	9,000	399,908
Reno	Greater Nevada Field	2009	339	410	340	9,100	372,926
Round Rock	Dell Diamond	2000	330	405	325	8,722	411,550
Sacramento	Sutter Health Park	2000	330	403	325	14,014	388,475
Salt Lake	Smith's Ballpark	1994	345	420	315	14,511	443,494
Sugar Land	Constellation Field	2012	348	405	325	7,500	299,055
Tacoma	Cheney Stadium	1960	325	425	325	6,500	384,498

ALBUQUERQUE ISOTOPES

Address: 1601 Avenida Cesar Chavez SE, Albuquerque, NM 87106
Telephone: (505) 924-2255. **Fax:** (505) 242-8899.
E-Mail Address: info@abqisotopes.com. **Website:** www.abqisotopes.com.
Affiliation (first year): Colorado Rockies (2015). **Years in League:** 2021-

OWNERSHIP/MANAGEMENT
Owner: Diamond Baseball Holdings. **GM:** John Traub. **Assistant GM, Business Operations:** Chrissy Baines. **Assistant GM, Sales/Marketing:** Adam Beggs. **Media Relations Manager:** Forest Stulting. **Director, Retail Operations:** Jordan Martindale. **Director, Stadium Operations:** Bobby Atencio. **Director, Accounting/Human Resources:** Cynthia DiFrancesco. **Box Office/Administration Director:** Mark Otero. **Director, Community Relations:** Michelle Montoya. **Marketing/Promotions Manager:** Dylan Storm. **Director of Game Production:** Kris Shepard. **Front Office Assistant:** Marilyn Smith. **Director of Baseball Operations:** Ryan Maxwell. **Season Ticket, Group Sales Manager:** TBD. **Ticket Sales Executives:** Aaron Robinson, Terry Clark, Piper Le Jeune, Trevor Rowland, Cael Apodaca. **Creative Services Manager:** Rebecca Zook. **Head Groundskeeper:** Thomas Gallegos. **Assistant Groundskeeper:** TBD. **Concessions GM:** Brad Six. **Executive Chef:** Jim Griego.

FIELD STAFF
Manager: Pedro Lopez. **Hitting Coach:** Jordan Pacheco. **Pitching Coach:** Chris Michalak. **Bench Coach:** Michael Ryan. **Athletic Trainer:** Hoshi Mizutani. **Physical Performance Coach:** Mason Rook.

GAME INFORMATION
Radio Announcer: Josh Suchon. **No. of Games Broadcast:** 150. **Flagship Station:** KNML 95.9-FM & 610-AM. **PA Announcer:** Francina Walker. **Official Scorers:** Gary Herron, Brent Carey, John Miller, Frank Mercogliano. **Stadium Name:** Rio Grande Credit Union Field at Isotopes Park. **Location:** From 1-25, exit east on Avenida Cesar Chavez SE to University Boulevard; From I-40, exit south on University Boulevard SE to Avenida Cesar Chavez. **Standard Game Times:** 6:05 pm/6:35 pm. Sun 1:35/6:05 pm. **Ticket Price Range:** $8-$27. **Visiting Club Hotel:** Marriott Albuquerque 2101 Louisiana Blvd NE Albuquerque, NM 87110 (505) 881-6800.

EL PASO CHIHUAHUAS

Address: 1 Ballpark Plaza, El Paso, TX 79901.
Telephone: (915) 533-2273. **Fax:** (915) 242-2031.
E-Mail Address: info@epchihuahuas.com. **Website:** www.epchihuahuas.com
Affiliation (first year): San Diego Padres (2014). **Years in League:** 2021-

OWNERSHIP/MANAGEMENT
Owners: Alejandra de la Vega Foster, Woody Hunt, Josh Hunt, Paul Foster. **President:** Alan Ledford. **Senior Vice President/General Manager:** Brad Taylor. **Vice President, Operations & Special Events:** Matt LaRose. **Senior Director, Finance & Administration:** Pamela De La O. **Accounts Payable/Accounts Receivable Supervisor and Payroll Coordinator:** Pamela Nieto. **Staff Accountant:** Jasmine Alcantara. **Accounting Assistants:** Wendy Melendez, Jennifer Ramirez. **Senior Director, Corporate Partnerships & Suites:** Judge Scott. **Senior Account Executive, Corporate Partnerships:** Cole Buck. **Corporate Partnerships Activations Specialist:** Kate Starr. **Senior Director, Ticket Sales & Service:** Nick Seckerson. **Director, Season Seat Sales:** Primo Martinez. **Senior Director, Strategy & Analytics:** Ross Rotwein. **Director, Group Sales:** Brittany Morgan. **Account Executives, Ticket Sales:** Daniel Press, Jake Spitz, Joshua Ybarra. **Senior Account Executive, Group Sales & Inside Sales Manager:** Janine Quiroz. **Senior Account Executive, Group Sales:** Austin Weber. **Account Executive, Group Sales:** Joshalyn Estrada. **Senior Manager, Ticket Operations:** Ruben Armendariz. **Ticket Operations Coordinator:** Hector Marquez. **Senior Director, Marketing & Communications:** Angela Olivas. **Senior Manager, Video & Digital Production:** Juan Gutierrez. **Video & Production**

MINOR LEAGUES

Assistant: Paul Muela. **Senior Manager, Broadcast & Media Relations:** Tim Hagerty. **Director, Promotions & Community Relations:** Andy Imfeld. **Senior Coordinator, Community Relations & Promotions:** Matt Clarkson. **Lead Graphic Designer & Creative Services:** Ilene Serna. **Coordinator, Mascot & Community Relations:** Gavin Miller. **Lead, Baseball Operations:** Anthony Rifenburg. **Head Groundskeeper:** Tony Tafoya. **Assistant Groundskeeper:** Gordon Von Weyhe. **Manager, Facilities:** Michael Raymundo. **Coordinator, Housekeeping:** Albert Castruita. **Facilities:** Gil Carrasco, Jorge Javier. **Manager, Guest Services & Security:** Chris Flores. **Coordinator, Guest Services & Parking:** Warren Hartley. **Coordinator, Scheduling & Staffing:** Amanda Martinez. **Manager, Retail & Merchandise Operations:** David Apodaca. **Assistant Manager, Retail:** Dylan Martinez. **Marketing Assistant, Retail:** Giuliana Poggio. **Director, Special Events:** Gina Roe-Davis.

FIELD STAFF
Manager: Pete Zamora. **Hitting Coach:** Raul Padron. **Pitching Coach:** Scott Mitchell. **Assistant Pitching Coach:** Jimmy Jones. **Strength Coach:** A.J. Russell. **Athletic Trainers:** Josh DiLoreto, Maritza Castro.

GAME INFORMATION
Broadcaster: Tim Hagerty. **No. of Games Broadcast:** 150. **Flagship Station:** ESPN 600 AM El Paso. **PA Announcer:** Jacob Meils. **Official Scorers:** Jon Teicher, Eddie Morelos. **Stadium Name:** Southwest University Park. **Standard Game Times:** TBD. **Ticket Price Range:** $5-10.50. **Visiting Club Hotel:** Courtyard by Marriott.

LAS VEGAS AVIATORS

Address: 1650 S. Pavilion Center Drive, Las Vegas, NV 89135.
Telephone: (702) 943-7200. **Fax:** (702) 943-7214.
E-Mail Address: info@aviatorslv.com. **Website:** www.aviatorslv.com.
Affiliation (first year): Oakland Athletics (2019). **Years in League:** 1983 -

OWNERSHIP/MANAGEMENT
Operated By: Summerlin Las Vegas Baseball Club LLC. **President/COO:** Don Logan. **General Manager/Vice President,Sales/Marketing:** Chuck Johnson. **Vice President, Ticket Sales:** Erik Eisenberg. **Vice President/Business Operations, Compliance & Merchandise:** Jason Weber. **Vice President/Ticket Operations:** Siobhan Steiermann. **Vice President/Ballpark Operations, Public Safety & Fan Experience:** Bill Corder. **Vice President/Retail Operations:** Edward Dorville. **Director, Sponsorships:** James Jensen. **Director/Team Operations:** Steve Dwyer. **Director, Ticket Sales:** Bryan Frey. **Director,Broadcasting:** Russ Langer. **Director, Business Development:** Larry Brown. **Media Relations Director:** Jim Gemma. **Director/Game Entertainment:** Gary Arlitz. **Senior Account Executive:** Nathan Erbach. **Account Executives, Ticket Sales:** Daniel Crawford, Jamil Knight, Rickie Ritchie, Brock Shively, Blake Steaman. **Accounting Manager:** Danniel Recinos. **Staff Accountant:** Breana Burke. **Ballpark Support Manager:** Chip Vespe. **Marketing & Social Media Manager:** TBA. **Box Office Manager:** Annette Evans. **Ticket Operations Supervisor:** Michelle Taggart. **Ticket Services Specialist:** Jessica Becerra. **Director, Community Relations, Events and Fan Experience:** Emily Stomberg. **Premium Ticket Services Coordinator:** Katie Greener. **Executive Administrative Assistant:** Jan Dillard. **Administrative Support Specialist:** Kirsten Sheff. **Manager/Retail Operations:** Tom Brazile. **Senior Coordinator/Retail Operations:** Andrew Lockhart. **Coordinator, Retail Operations:** Daymian Yohner. **Radio Broadcaster/Game Entertainment Specialist:** Matt Neverett. **Facility Maintenance Engineer:** Mason Piccinetti, Gus Wagasky. **IT Las Vegas Ballpark Support:** Reko Pinson. **Dockmaster:** Robert Whittaker. **Head Groundskeeper:** Isaiah Lienau.

FIELD STAFF
Manager: Fran Riordan. **Hitting Coach:** Brian McArn. **Pitching Coach:** Bryan Corey. **Assistant Hitting Coach:** Jason Camilli. **Bullpen Coach:** Bronswell Patrick. **Athletic Trainers:** Dave Comeau, Jake Routhier. **Sport Performance Coach:** Matt Mosiman.

GAME INFORMATION
Radio Announcers: Russ Langer, Matt Neverett. **No. of Games Broadcast:** 150. **Flagship Station:** Raider Nation Radio 920 AM. **PA Announcer:** Dan Bickmore. **Official Scorer:** Peter Legner. **Stadium Name:** Las Vegas Ballpark. **Location:** I 215 North Beltway to Sahara Avenue (exit east), left on Pavilion Center Drive; 1 215 South Beltway to Charleston Blvd. (exit east), right on Pavilion Center Drive. **Standard Game Time:** 7:05 pm. **Ticket Price Range:** $14-55. **Visiting Club Hotel:** Red Rock Casino Resort & Spa, 11011 W. Charleston Blvd. Las Vegas, NV 89135. **Telephone:** (702) 797-7777.

OKLAHOMA CITY BASEBALL CLUB

Address: 2 S Mickey Mantle Dr., Oklahoma City, OK 73104.
Telephone: (405) 218-1000. **Fax:** (405) 218-1011.
E-Mail Address: info@okcbaseball.com. **Website:** www.okcbaseball.com.
Affiliation (first year): Los Angeles Dodgers (2015). **Years in League:** 1998 -

OWNERSHIP/MANAGEMENT
Operated By: Diamond Baseball Holdings, LLC. **Principal Owner:** Diamond Baseball Holdings, LLC. **President/General Manager:** Michael Byrnes. **Vice President, Ticket Sales:** Kyle Daugherty. **Vice President, Finance/Accounting:** John MacDonald. **Vice President, Operations:** Mitch Stubenhofer. **Vice President, Marketing/

MINOR LEAGUES

Communications: Ben Beecken. **Vice President, Corporate Partnerships:** Jim Flavin. **Director, Partnership Sales:** Ryan Vanlow. **Director, Communications/Broadcasting:** Alex Freedman. **Director, Food Service Operations:** Will Fenwick. **Director, Game Presentation & Video:** A.J. Navarro. **Director, Ticket Operations:** Liz Adams. **Executive Director, Rookie League Foundation of Oklahoma:** Carol Herrick. **Director, Merchandise:** Jasmine Buchanan. **Communications Manager:** Lisa Johnson. **Special Events Manager:** Madison Duncan. **Baseball Operations Coordinator:** Billy Maloney. **Office Administrator:** Travis Hunter. **Head Groundskeeper:** Jeff Jackson. **Clubhouse Manager:** Clyde Howard.

FIELD STAFF
Manager: Travis Barbary. **Hitting Coach:** Emmanuel Burriss. **Pitching Coaches:** Doug Mathis & Justin DeFratus. **Bench Coach:** Chris Gutierrez. **Athletic Trainers:** Chelsea Willette & Griffin Boyte. **Performance Coaches:** Paul Fournier & Taylor Miller.

GAME INFORMATION
Radio Announcer: Alex Freedman. **No. of Games Broadcast:** 150. **Station:** KGHM-AM 1340 (www.**1340thegame.com**). **PA Announcer:** Kennan Garrett. **Official Scorers:** Jim Byers, Mark Heusman, Rich Tortorelli. **Stadium Name:** Chickasaw Bricktown Ballpark. **Location:** Bricktown area in downtown Oklahoma City, near interchange of I-235 and I-40, off I-235 take Sheridan exit to Bricktown; off I-40 take Shields exit, north to Bricktown. **Standard Game Times:** Tue-Fri: 7:05 pm; Sat: 6:05 pm (April-June; Sept.), 7:05 (July-Aug.); Sun: 2:05 (April-June; Sept.), 6:05 (July-Aug.) **Ticket Price Range:** $12-33. **Visiting Club Hotel:** Courtyard Oklahoma City Downtown, 2 West Reno Ave., Oklahoma City, OK 73102. **Telephone:** (405) 232-2290.

RENO ACES

Address: 250 Evans Ave, Reno, NV 89501.
Telephone: (775) 334-4700. **Fax:** (775) 334-4701.
Website: www.renoaces.com.
Affiliation (first year): Arizona Diamondbacks (2009). **Years in League:** 2021–

OWNERSHIP/MANAGEMENT
President: Eric Edelstein. **General Manager & Chief Operations Officer:** Chris Phillips. **Chief Commercial Officer:** Mike Murray. **Chief Financial Officer:** Stacey Bowman. **VP of Business Development:** Brian Moss. **VP of Event Experience:** Sarah Bliss. **VP of Marketing and Communications:** Vince Ruffino. **VP of Operations:** Anthony Altamura. **VP of Ticket Sales:** Alex Strathearn. **Senior Director of Ticket Services & Operations:** Laura Raymond. **Director, Accounting:** Adam Hyde. **Director, Ballpark Operations:** Brandon Wildman. **Director, Communications:** Adam Nichols. **Director, Corporate Partnerships:** Hannah Jurgens. **Director, Creative:** Blake O'Brien. **Director, Marketing:** AJ Grimm. **Director, Ticket Operations:** Kristina Solis. **Manager, Corporate Partnerships:** Olivia Reese. **Manager, Digital Marketing:** Chase Grodin. **Manager, Facilities:** Maurice Lewis. **Manager, Fan Experience:** Marisa Ochoa. **Manager, Group Sales:** Kevin Clements. **Manager, Inside Sales:** Max Middendorf. **Manager, Production & Game Entertainment:** Dora Cantu. **Manager, Team Store & Merchandise:** Jennifer Lieber. **Coordinator, Communications:** Hunter Hippel. **Coordinator, Human Resources & Payroll:** Joanna Torres. **Coordinator, Member Services:** Danny Diaz. **Coordinator, Production & Game Entertainment:** Emily Richards. **Coordinator, Ticket Services & Operations:** Devin Nelson. **Senior Account Executive, Business Development:** Adam Plyler. **Account Executive, Business Development:** Marcelo Champion. **Account Executive, Corporate Partnerships:** Amanda Field. **Account Executive, Ticket Sales:** Willie Brazil. **Inside Sales Account Executives:** Mike Flynn, Jaime Cruz, Craig Watland. **Staff Accountant:** Chase Jackson. **Head Groundskeeper:** Leah Withrow. **Assistant Groundskeeper:** Max Casper. **Assistant, Field Operations:** Colton Forman. **Home Clubhouse Manager:** Paul Whatley. **Visiting Clubhouse Manager:** Nick Marimberga. **Team Photographer:** David Calvert.

FIELD STAFF
Manager: Blake Lalli. **Bench Coach:** Shawn Roof. **Hitting Coach:** Travis Denker. **Pitching Coach:** Jeff Bajenaru. **Pitching Coach:** Doug Drabek. **Athletic Trainer:** Paul Porter. **Assistant Trainer:** Bryan Dunlavey. **Strength & Conditioning Coach:** Mitchell Ho.

GAME INFORMATION
Radio Announcer: Nash Walker. **No. of Games Broadcast:** 150. **PA Announcers:** Taylor Morgan, Chris Payne. **Official Scorers:** Greg Erny, Ed Thompson, Grant Cohen. **Team Photographer:** David Calvert. **Stadium Name:** Greater Nevada Field. **Location:** From north, south and east: I-80 West, Exit 14 (Wells Ave.), left on Wells, right at Kuenzil St., field on right; From West, I-80 East to Exit 13 (Virginia St.), right on Virginia, left on Second, field on left. **Standard Game Times:** 7:05 p.m., 6:35 p.m., 1:05 p.m. **Ticket Price Range:** $8-35.

MINOR LEAGUES

ROUND ROCK EXPRESS

Address: 3400 East Palm Valley Blvd, Round Rock, TX 78665.
Telephone: (512) 255-2255. **Fax:** (512) 255-1558.
E-Mail Address: info@rrexpress.com. **Website:** www.RRExpress.com.
Affiliation (first year): Texas Rangers (2011). **Year in League:** 2021-Present

OWNERSHIP/MANAGEMENT
Operated By: Ryan Sanders Sports & Entertainment. **Principal Owners:** Nolan Ryan, Don Sanders. **Owners:** Reid Ryan, Reese Ryan, Bret Sanders, Brad Sanders. **Chief Executive Officer, Ryan Sanders Sports & Entertainment:** Reid Ryan. **Chief Operating Officer, Ryan Sanders Sports & Entertainment:** Eric Krupa. **President:** Chris Almendarez. **General Manager:** Tim Jackson. **Executive Advisor to President & General Manager:** Dave Fendrick. **Senior Vice President, Marketing:** Laura Fragoso. **Vice President, Administration & Accounting:** Debbie Coughlin. **Assistant General Manager, Sales:** Stu Scally. **Senior Director, Stadium Operations & Security:** Gene Kropff. **Senior Director, United Heritage Conference Center:** Scott Allen. **Executive Director, Nolan Ryan Foundation:** Mary Conley Thompson. **Director, Information Technology:** Mark Ramos. **Director, Retail:** Joe Belger. **Director, Sales:** Oscar Rodriguez. **Director, Stadium Maintenance:** Aurelio Martinez. **Director, Ticket Operations:** Aschley Carvalho. **Manager, Clubhouse Operations:** Kenny Bufton. **Manager, Office:** Wendy Abrahamsen. **Manager, PR & Communications:** Rylan Kobre. **Manager, Communications & Travel:** Aubrey Painter. **Manager, Client Services & Promotions:** Emily Rutherford. **Manager, Nolan Ryan Foundation:** Jules McCormack. **Coordinator, Digital Marketing & Community Relations:** Reilly Low. **Coordinator, Game Entertainment & Promotions:** Melissa Clark. **Coordinator, Multimedia Marketing:** Colin Perry. **Coordinator, Baseball Operations:** Jackson Ryan. **Coordinator, Operations & Event Fulfillment:** Robbie Price. **Specialist, Information Technology:** Anthony Newell. **Senior Account Executives:** Connor Truitt, John Watts. **Coordinator, Ticket Operations:** Ben Homeister. **Account Executives:** Anthony Pollo, Casey Schneider, Elvis Perez, Aaron Verwold. **Head Groundskeeper:** Nick Rozdilski. **Director, Field Operations:** Travis Howard Assistant, Facilities: Austin Rotramel. **Housekeeping Staff:** Ofelia Gonzalez. **Electrician/HVAC Maintenance Staff:** Leslie Hitt. **Painter:** Roger Calkins.

FIELD STAFF
Manager: Doug Davis. **Hitting Coach:** Matt Lawson. **Pitching Coach:** Dave Borkowski. **Bench Coach:** Chase Lambin. **Development Coach:** Josh Johnson. **Bullpen Coach:** Demetre Kokoris. **Athletic Trainer:** Wille Whitehead. **Strength and Conditioning Coach:** Jeff Mathers.

GAME INFORMATION
No. of Games Broadcast: 150. **Flagship Station:** AM 1300 The Zone. **PA Announcer:** Glen Norman. **Official Scorer:** Larry Little, Andrew Haynes. **Stadium Name:** Dell Diamond. **Location:** US Highway 79, 3.5 miles east of Interstate 35 (exit 253) or 1.5 miles west of Texas Tollway 130. **Standard Game Times:** 7:15, 7:05 pm, 6:35, 1:05, 12:05. **Ticket Price Range:** $10-$55. **Visiting Club Hotel:** LaQuinta Inn & Suites by Wyndham Round Rock East, 3900 East Palm Valley Blvd., Round Rock, TX 78665. **Telephone:** (737) 346-6652.

SACRAMENTO RIVER CATS

Address: Sutter Health Park - 400 Ballpark Drive, West Sacramento, CA 95691
Telephone: (916) 376-4700. **Fax:** (916) 376-4710.
E-Mail Address: reception@rivercats.com. **Website:** www.rivercats.com
Affiliation (first year): San Francisco Giants (2015). **Years in League:** 2021-

OWNERSHIP/MANAGEMENT
President/COO: Chip Maxson. **Executive Vice President, Finance:** Maddie Strika. **Vice President, Partner Services:** Greg Coletti. **Vice President, Facilities & Events:** Brittney Nizuk. **Director, Ticket Sales:** Justice Hoyt. **Manager, Inside Sales:** Bo Harley. **Sr. Coordinator, Membership & Suite Services:** Gabriela Salazar. **Account Executive, Group Sales:** Bryson Martin. **Account Executive, Group Sales:** Niko Dugay. **Membership Experience Specialist:** Austin Staab. **Account Executive, Corporate Sales:** Jason Green. **Account Executive, Corporate Sales:** Zac Alfers. **Director, Business Development:** Kelly Bott. **Coordinator, Partnership Activation:** Natalie Torres. **Coordinator, Partnership Activation:** Caitlin Bowers. **Director, Merchandise:** Erin Kilby. **Director, Food & Beverage:** Gabe Erhartic. **Executive Chef:** Ray Smith. **Manager, Premium Services:** Dyana Leon. **Manager, Concessions:** James Thompson. **Office Coordinator, Food & Beverage:** Leticia Perez.

FIELD STAFF
Manager: Dave Brundage. **Hitting Coach:** Damon Minor. **Pitching Coach:** Alain Quijano. **Fundamentals Coach:** Jolbert Cabrera. **Coach:** Rob Riggins. **Athletic Trainers:** Chris Walsh, Brian Reinker. **Strength & Conditioning Coach:** Eric Wood.

GAME INFORMATION
Radio Broadcaster: Zack Bayrouty. **No. of Games Broadcast:** 150. **PA Announcer:** Carolyn McCardle. **Official Scorers:** Mark Honbo, Matthew Benham, Doug Kelly, Chris Holtz, Kassandra Lopez, Corey Neal. **Stadium Name:** Sutter Health Park. **Location:** I-5 to Business-80 West, exit at Jefferson Boulevard. **Standard Game Time:** 6:45 p.m. **Ticket Price Range:** $10-$80.

MINOR LEAGUES

SALT LAKE BEES

Address: 77 W 1300 South, Salt Lake City, UT 84115.
Telephone: (801) 325-2337. **Fax:** (801) 485-6818.
E-Mail Address: info@slbees.com. **Website:** www.slbees.com.
Affiliation (first year): Los Angeles Angels (2001). **Years in League:** 2021-.

OWNERSHIP/MANAGEMENT
Principal Owner: Gail Miller. **Chief Revenue Officer:** Ty Wardle. **Senior VP of Baseball/Assistant GM:** Cameron Coughlan. **Senior Director of Baseball Operations:** Derek Amicone. **Director of Broadcasting:** Tony Parks. **Director of Communications:** Kraig Williams. **Director of Marketing and Game Presentation:** Brady Brown. **Graphic Designer:** Brayden Erickson. **Marketing & Game Presentation Manager:** Brecon Johnson. **Marketing & Game Presentation Coordinator:** Katie Brotherson. **Director of Ticket Operations:** Derrek Degraaff. **Box Office Supervisor:** Duane Sartori. **Executive Assistant:** Yvette Richmond. **Receptionist:** Caytee Black. **Senior Director of Sales and Service:** Brad Jacoway. **Senior Director of Sales and Service:** Koy Pruitt. **Group Sales Manager:** Tanner Lund. **Ticket Sales Account Executives:** Abigail Scott, Tim Morrissey, Ian Schafer, Bryce Justrom, Madison Sherwood. **Membership Service Managers:** Sam Cook, Ryan Corbett. **VP of Corporate Sponsorships:** Brian Devir. **VP of Business Development:** Dustin Dehlin. **Director of Corporate Partnership & Activation:** Corina Nelson. **Sponsorship Activation Managers:** Ariell Maesta, Oscar Rivera. **Sr. Manager of Retail:** Cory Stowe. **Youth Programs Coordinator:** Peter Callahan. **Clubhouse Manager:** Chris Simonsen. **Director of Field Operations:** Brian Soukup. **Senior Manager of Field Operations:** Jacob Fender. **Manager of Field Operations:** Bryce Bannock.

FIELD STAFF
Manager: Keith Johnson. **Pitching Coach:** Shane Loux. **Hitting Coach:** Alonzo Powell. **Coach:** TBD. **Trainer:** TBD. **Strength & Conditioning Coach:** TBD.

GAME INFORMATION
Radio Announcer: Tony Parks. **No. of Games Broadcast:** 150. **Flagship Station:** 1280 AM. **PA Announcer:** Jeff Reeves. **Official Scorers:** Jeff Cluff, Brooke Frederickson, Randy Upton, Ryan Gallant. **Stadium Name:** Smith's Ballpark. **Location:** I-15 North/South to 1300 South exit, east to ballpark at West Temple. **Standard Game Times:** 6:35 (Night games), 1:05 Sunday day games. **Ticket Price Range:** $10-24.

SUGAR LAND SPACE COWBOYS

Office Address: 1 Stadium Drive, Sugar Land, Texas, 77498.
Telephone: (281) 240-4487.
Affiliation (first year): Houston Astros (2021). **Years in League:** 2021-

OWNERSHIP/MANAGEMENT
Owner: Jim Crane. **Senior Vice President, Affiliate Business Operations:** Creighton Kahoalii. **General Manager:** Tyler Stamm. **Assistant General Manager:** Chris Parsons. **Senior Accountant:** Jen Schwarz. **In Memoriam:** Deacon Jones. **Manager, Retail Operations:** Shamaine St. Julien. **Affiliate Business Operations Coordinator:** Victoria Vradenburg. **Vice President, Corporate Partnerships:** John Gray. **Vice President, Ticket Sales & Service:** Garret Randle. **Manager, Box Office Operations:** Josue Rivera. **Senior Manager, Corporate Partnerships:** Teneisha Richardson. **Manager, Corporate Partnerships:** Caleb Ambrose. **Manager, Partnership Activation:** Michael Guidry. **Senior Account Executive, Ticket Sales & Service:** Tyler Tumbleson. **Account Executive, Ticket Sales & Service:** Reggie Boston. **Account Executive, Ticket Sales & Service:** Isaac Peterson. **Account Executive, Ticket Sales & Service:** Valerie Garcia. **Account Executive, Ticket Sales & Service:** Nick Hipolito. **Account Executive, Ticket Sales & Service:** Daniel Pavloske. **Manager, Community Relations:** Sallie Ferris. **Coordinator, Community Relations:** Megan Brown. **Director, Marketing:** Amy Johnson. **Broadcaster/Manager, Media Relations:** Garrett Greene. **Manager, Digital Marketing:** Megan Murnane. **Manager, Ballpark Entertainment:** Troy Young. **Coordinator, Graphic Design:** Michael Kloska. **Director, Special Events:** Eddy Juarez. **Manager, Event Operations:** Brandon McArthur. **Manager, Special Events Sales:** Kiersten Stiers. **Director, Stadium Operations:** Chris Cominse. **Head Groundskeeper:** Brad Detmore. **Manager, Field Operations:** Corbin Zamora. **Clubhouse Manager:** DJ Pirson. **Visiting Clubhouse Manager:** Don Pirson.

FIELD STAFF
Manager: Mickey Storey. **Pitching Coach:** Thomas Whitsett. **Bench Coach:** Wladimir Sutil. **Hitting Coach:** Aaron Westlake. **Athletic Trainer:** Takeaki Ando. **Strength and Conditioning Coach:** Sam Knox.

GAME INFORMATION
Radio Announcers: Garrett Greene and Gerald Sanchez. **No. of Games Broadcast:** 150. **Flagship Streaming Station:** MiLB.TV. **Flagship Radio Station:** ESPN 92.5 FM (Gow Media). **Standard Game Times:** Mon.-Fri., 6:35 pm or 7:05 pm, Sat-Sun, 7:05 pm, 6:05 pm or 2:05 pm. **Visiting Club Hotel:** Sugar Land Marriott Town Square. **Telephone:** (281) 275-8400.

MINOR LEAGUES

TACOMA RAINIERS

Address: 2502 South Tyler St, Tacoma, WA 98405.
Telephone: (253) 752-7707. **Fax:** (253) 752-7135.
Website: www.tacomarainiers.com
Affiliation (first year): Seattle Mariners (1995). **Years in League:** 1960-

OWNERSHIP/MANAGEMENT

Owners: The Baseball Club of Tacoma. **President:** Aaron Artman. **CFO:** Brian Coombe. **Vice President, Sales:** Shane Santman. **Director of Administration & Assistant to the President:** Patti Stacy. **Senior Director, Sales:** Tim O'Hollaren. **Director, Business Development:** Ben Nelson. **Senior Manager, Corporate Sales:** Kevin Drugge. **Manager, Corporate Sales:** Devon Barker. **Director, Group Sales and Event Marketing:** Caitlin Calnan. **Senior Manager, Group Sales:** Chris Aubertin. **Director of Event Operations & Experience:** Cassidy Larson. **Director, Ticket Operations:** Alexa Stamper. **Manager, Ticket Operations:** Arturo Nava. **Manager, Box Office:** Necia Borba. **Senior Coordinator, Group Events:** Hayley Hacker. **Corporate Sales Manager:** Cayden Williams. **Corporate Sales Manager:** Carson Detrick. **Group Sales Coordinator:** Sarah Brown. **Premium Experience, Sales & Events Coordinator:** Ali Campigotto. **Vice President, Marketing:** Megan Mead. **Director, Game Entertainment:** Madison Bukata. **Director, Media Relations & Baseball Information:** TBA. **Illustrator:** Delaney Saul. **Graphic Designer:** Erin Fogerty. **Director, Technical:** Anthony Phinney. **Specialist, Multimedia:** Branson Gustafson. **Marketing Manager:** Elliet Bradshaw. **Senior Manager, Partner Services:** Hannah McArthur. **Manager, Partner Services:** Will Hamilton. **Coordinator, Partner Services:** Maddie Summa. **Director, Baseball Ops and Merchandise:** Ashley Schutt. **Manager, Retail Operations and Merchandise:** Kyle McGilvray. **Director of Finance and Operations:** Amy Tucci. **Administrative Support Services:** James Monroe. **Director, Field Operations:** Michael Huie. **Manager, Field Operations:** Joshua Wonsley. **Director, Safety & Facilities:** Drew Akerlund. **Manager, Janitorial & Grounds:** Steve Carlstrom.

FIELD STAFF

Manager: John Russell. **Hitting Coach:** Shawn O'Malley. **Pitching Coach:** Jairo Cuevas. **Bench Coach:** Eric Farris. **Athletic Trainers:** Aric Quinney, Dan Laberry. **Strength & Conditioning:** Corey Measner.

GAME INFORMATION

Radio Broadcaster: Mike Curto. **No. of Games Broadcast:** 150. **Flagship Station:** MiLB app. **PA Announcer:** Randy McNair. **Official Scorers:** Gary Brooks, Jon Gilbert, Scott Hauter, Kevin Kalal, Kenny Ocker, Ben Ray. **Stadium Name:** Cheney Stadium. **Location:** From I-5, take exit 132 (Highway 16 West) for 1.2 miles to 19th Street East exit, merge right onto 19th Street, right onto Clay Huntington Way and follow into parking lot of ballpark. **Standard Game Times:** 7:05, Sun. 1:35. (Monday–Wednesday games start at 6:05pm in April–June, Saturday at 5:05pm in April, May, June & September.)

MINOR LEAGUES

EASTERN LEAGUE

STADIUM INFORMATION

Club	Stadium	Opened	LF	CF	RF	Capacity	2023 Att.
Akron	Canal Park	1997	331	400	337	7,630	265,936
Altoona	Peoples Natural Gas Field	1999	325	405	325	7,210	308,003
Binghamton	Mirabito Stadium	1992	330	400	330	6,012	206,911
Bowie	Prince George's Stadium	1994	309	405	309	10,000	234,527
Erie	UPMC Park	1995	317	400	328	6,000	207,555
Harrisburg	Metro Bank Park	1987	325	400	325	6,300	273,768
Hartford	Dunkin' Donuts Park	2018	325	400	325	6,146	402,731
New Hampshire	Northeast Delta Dental Stadium	2005	326	400	306	6,500	236,809
Portland	Hadlock Field	1994	315	400	330	7,368	403,957
Reading	FirstEnergy Stadium	1951	330	400	330	9,000	385,478
Richmond	The Diamond	1985	330	402	330	9,560	428,541
Somerset	TD Bank Ballpark	1999	317	402	315	6,100	352,293

AKRON RUBBERDUCKS

Address: 300 S Main St, Akron, OH 44308.
Telephone: (330) 253-5151. (855) 97-QUACK. **Fax:** (330) 253-3300.
E-Mail Address: information@akronrubberducks.com.
Website: www.akronrubberducks.com.
Affiliation (first year): Cleveland Guardians (1989). **Years in League:** 2021-

OWNERSHIP/MANAGEMENT

Operated by: Fast Forward Sports Group/Akron Baseball, LLC. **Principal Owner/CEO:** Ken Babby. **President:** Jim Pfander. **CFO:** Shawn Carlson. **Chief Human Resource Officer:** Leatrice Buck. **Executive Assistant to Ken Babby:** Jill Popov. **Financial Reporting Analyst:** Mark Gupko. **President and General Manager:** Jim Pfander. **Assistant GM/Vice President, Premium Experience:** Sam Dankoff. **Vice President, Amateur Baseball Development & Sales:** Roy Jacobs. **Vice President, Ballpark Operations:** Adam Horner. **Office Manager:** Missy Dies. **Vice President, Ballpark Operations:** Adam Horner. **Director, Ballpark Operations:** James Parsons. **Head Groundskeeper:** Chris Walsh. **Assistant Groundskeeper:** Colt Boxler. **Director, Player Facilities:** Shad Gross. **Manger, Promotions and Community Relations:** Austin Stephens. **Art Director:** Scott Watkins. **Coordinator, Creative Services:** Nathan Grella. **Manager, Media Relations:** Jimmy Farmer. **Director, Broadcasting/Senior Executive, Corporate Partnerships & Ticket Sales:** Marco LaNave. **Director, Corporate Partnerships and Special Events:** Brian Lobban. **Manager, Corporate Partnerships:** Nick Bello. **Coordinator, Corporate Partnerships:** Gabe Cooper. **Manager, Accounting:** Trevor Burk. **Manager, Food and Beverage:** Joe Klein. **Coordinator, Food & Beverage:** Justin Blythe. **Executive Chef:** Louis Willmon-Holland. **Manager, Merchandise:** Luke Trese. **Coordinator, Premium Experience:** Alex Griego. **Senior Manager, Season Ticket Service and Sales:** Trevor McGuire. **Senior Manager, Ticket Operations:** Luke Farmer. **Senior Manager, Group Sales:** Ethan Graham. **Ticket Sales Executives:** Kyle Magovac, Noah Finley, Jackson Ozello.

FIELD STAFF

Manager: Greg DiCenzo. **Hitting Coach:** Jordan Becker. **Pitching Coach:** Cody Buckel. **Asst. Hitting Coach:** Amanda Kamekona. **Asst. Pitching Coach:** Michael Poole. **Bench Coach:** Kyle Lindquist. **Athletic Trainer:** Derrik Diaz. **Strength Coach:** Mo Cuevas.

GAME INFORMATION

Radio Announcers: Marco LaNave, Jim Clark. **No. of Games Broadcast:** 138. **Flagship Station:** WHLO 640-AM.
PA Announcer: Ethan Graham. **Official Scorer:** Chuck Murr. **Stadium Name:** Canal Park. **Location:** From I-76 East or I-77 South, exit onto Route 59 East, exit at Exchange/Cedar, right onto Cedar, left at Main Street; From I-76 West or I-77 North, exit at Main Street/Downtown, follow exit onto Broadway Street, left onto Exchange Street, right at Main Street. **Standard Game Time:** 6:35 (non-fireworks game); 7:05 pm (fireworks games), Sun 2:05. **Ticket Price Range:** $5-25.
Visiting Club Hotel: Fairfield Inn & Suites by Marriott Akron Fairlawn. **Telephone:** (330) 665-0641.

ALTOONA CURVE

Address: Peoples Natural Gas Field, 1000 Park Avenue, Altoona, PA 16602
Telephone: (814) 943-5400. **Fax:** (814) 942-9132
E-Mail Address: frontoffice@altoonacurve.com. **Website:** www.altoonacurve.com
Affiliation (first year): Pittsburgh Pirates (1999). **Years in League:** 2021-

OWNERSHIP/MANAGEMENT

Operated By: DBH Altoona, LLC (Diamond Baseball Holdings). **General Manager:** Nate Bowen. **Senior Advisor:** Derek Martin. **Assistant General Manager/Director of Merchandise:** Michelle Gravert. **Director, Finance:** Hannah

Reading. **Assistant, Office Management:** Michelle Anna. **Director, Corporate Partnerships:** Jess Knott. **Director, Communications & Broadcasting:** Jon Mozes. **Assistant Director of Communications & Broadcasting:** Preston Shoemaker. **Director, Ticketing:** Ed Moffett. **Manager, Ticket Operations:** Austin Finochio. **Manager, Ticket Sales:** Tony Talarigo, Logan Ulmer, Alex Wolfe. **Account Executive:** Dylan Sim. **Director, Community Relations & Social Media:** Annie Choiniere. **Director, Ballpark Operations:** Doug Mattern. **Manager, Stadium Operations:** Will Lozinak. **Head Groundskeeper:** Aaron Smith. **Director, Food & Beverage:** Jaime Skipper. **Assistant Director, Food & Beverage:** Ryan Long. **Mascot:** Ryan Neely. **Director, Creative Services:** Jon Weaver. **Assistant Director, Creative Services:** Reid Pohland. **Director of Marketing, Promotions & Special Events:** Mike Kessling.

FIELD STAFF
Manager: Robby Hammock. **Hitting Coach:** Brady Conlon. **Pitching Coach:** Fernando Nieve. **Integrated Baseball Performance Coach:** Justin Orton. **Bench Coach:** Gary Green. **Catching Coach:** Taylor Davis. **Athletic Trainer:** Victor Silva. **Strength & Conditioning Coach:** Glenn Nutting.

GAME INFORMATION
Radio Announcers: Jon Mozes, Preston Shoemaker. **No. of Games Broadcast:** 138. **Flagship Station:** WRTA 98.5 FM and 1240 AM. **PA Announcer:** Rich DeLeo. **Official Scorers:** Ted Beam, David Musil, Chris Strawmier. **Stadium Name:** Peoples Natural Gas Field. **Location:** Located just off the Frankstown Road Exit off I-99. **Standard Game Times:** 6:00 p.m., 4:00 p.m. (Saturdays April – May), 1:00 p.m. (Sundays).

BINGHAMTON RUMBLE PONIES

Office Address: 211 Henry St., Binghamton, NY 13901.
Mailing Address: PO Box 598, Binghamton, NY 13902.
Telephone: (607) 722-3866. **Fax:** (607) 723-7779.
E-Mail Address: info@bingrp.com. **Website:** www.bingrp.com.
Affiliation (first year): New York Mets (1992). **Years in League:** 2021-

OWNERSHIP/MANAGEMENT
President: David Sobotka. **Acting General Manager:** Richard Tylicki. **Creative Director:** Karen Sobotka. **Director of Business Operations:** Kelly Hust. **Director of Stadium Operations:** TBD. **Director of Community Engagement:** Amy Fancher. **Director of Marketing and Creative Services:** Edward Saunders. **Production and Client Services Manager:** Ross Schimmenti. **Promotions and Creative Services:** Ericka Marano. **Box Office Manager:** Molly Hawley. **Senior Account Executive:** Justin Meeker. **Group Sales Manager:** Hannah Mikulski. **Store Manager:** Lucas Casey. **Concessions Manager:** Craig Baker. **Head Groundskeeper:** Mark Rabideau. **Front Office Manager:** Eve Adee.

FIELD STAFF
Manager: Reid Brignac. **Hitting Coach:** Darin Everson. **Pitching Coach:** AJ Sager. **Bench Coach:** Mariano Duncan. **Development Coach:** Juan Loyo. **Athletic Trainer:** Vanessa Weisbach. **Performance Coach:** Ryan Orr. **Baseball Analytics Analyst:** Will Moscato.

GAME INFORMATION
Radio Announcer: Jacob Wilkins. **No. of Games Broadcast:** 138. **PA Announcer:** Frank Perney. **Official Scorer:** Robb Cole. **Stadium Name:** Mirabito Stadium. **Stadium Location:** I-81 to exit 4S (Binghamton), Route 11 exit to Henry Street. **Standard Game Times:** 6:35, 6:07 (Saturdays starting June 1) 7:05 (Fri), 1:05 (Day Games). **Ticket Price Range:** $8.33-$17.13. **Visiting Club Hotel:** Holiday Inn Downtown—2-8 Hawley Street, Binghamton, NY 13901

BOWIE BAYSOX

Address: Prince George's Stadium, 4101 Crain Hwy, Bowie, MD 20716.
Telephone: (301) 805-6000. **Fax:** (301) 464-4911.
E-Mail Address: info@baysox.com. **Website:** www.baysox.com.
Affiliation (first year): Baltimore Orioles (1993). **Years in League:** 2021-

OWNERSHIP/MANAGEMENT
Owned By: Attain Sports and Entertainment. **General Manager:** Brian Shallcross. **Senior Business Manager:** Landon Ferrell. **Director, Ticket Operations:** Charlene Fewer. **Director, Sponsorships:** Matt McLaughlin. **Head Groundskeeper:** Ben Baker. **Stadium Operations Manager:** Peyton Hooper. **Director, Business Development:** Rob Carlin. **Clubhouse Manager:** Jon Weinberg.

FIELD STAFF
Manager: Roberto Mercado. **Hitting Coach:** Josh Bunselmeyer. **Pitching Coach:** Austin Meine. **Fundamentals Coach:** TBA. **Athletic Trainer:** TBA. **Strength Coach:** TBA.

GAME INFORMATION
Radio Broadcaster: Andre Magaro, Gareth Kwok. **No. of Games Broadcast:** 138. **PA Announcer:** Mark Gray-Mendes. **Official Scorers:** Dan Gretz, Ted Black, Peter O'Reilly. **Stadium Name:** Prince George's Stadium. **Location:** 1/4 mile south of US 50/Route 301 Interchange in Bowie. **Standard Game Times:** Mon-Thu, Sat. 6:35 pm, Fri 7:05 pm, Sun 1:35 pm. **Ticket Price Range:** $8-$18. **Visiting Club Hotel:** Crowne Plaza Annapolis, 173 Jennifer Rd, Annapolis, MD 21401; **Telephone:** (410) 266-3131.

MINOR LEAGUES

ERIE SEAWOLVES

Address: 831 French St, Erie, PA 16501.
Telephone: (814) 456-1300.
E-Mail Address: seawolves@seawolves.com. **Website:** www.seawolves.com.
Affiliation (first year): Detroit Tigers (2001). **Years in League:** 2021-

OWNERSHIP/MANAGEMENT
Principal Owners: At Bat Group, LLC.
CEO: Fernando Aguirre. **President:** Greg Coleman. **Assistant GM, Communications:** Greg Gania. **Assistant GM, Sales:** Mark Pirrello. **Director, Accounting/Finance:** Amy McArdle. **Director, Operations:** Michael Balko. **Director, Entertainment:** Jason Dougherty. **Director, Fan Engagement:** Laina Banic. **Director, Merchandise:** Christy Buchar. **Director, Food/Beverage:** Jeff Burgess. **Assistant Director, Food & Beverage:** Mat Turner. **Director of Ticket Operations:** Sean Taylor. **Account Executive:** Andrew Hoban. **Account Executive:** Trap Wentling. **Account Executive:** Kyle Anderson

FIELD STAFF
Manager: Gabe Alvarez. **Hitting Coach:** CJ Wamsley. **Pitching Coach:** Juan Pimentel. **Bench Coach:** Matt Malott. **Athletic Trainer:** Bryce Heitpas. **Strength/Conditioning Coach:** Paul Synenkyj.

GAME INFORMATION
Radio Announcer: Greg Gania. **No. of Games Broadcast:** 138. **Flagship Station:** Fox Sports Radio WFNN 1330-AM. **PA Announcer:** TBA. **Official Scorer:** TBA. **Stadium Name:** UPMC Park. **Location:** US 79 North to East 12th Street exit, left on State Street, right on 9th Street. **Standard Game Times:** 6:05 p.m., Sun 1:35 p.m. **Ticket Price Range:** $13/$16 in advance| $16/$19 on game day. **Visiting Club Hotel:** Courtyard by Marriott Erie Ambassador Conference Center, 7792 Peach St, Erie, PA 16509, PH: (814) 860-8300 | Country Inn & Suites by Radisson, Erie, PA, 8050 Peach St, Erie, PA 16509, PH: (814) 866-5544

HARRISBURG SENATORS

Office Address: FNB Field, City Island, Harrisburg, PA 17101.
Mailing Address: PO Box 15757, Harrisburg, PA 17105.
Telephone: (717) 231-4444. **Fax:** (717) 231-4445.
E-Mail address: information@senatorsbaseball.com. **Website:** www.senatorsbaseball.com.
Affiliation (first year): Washington Nationals (2005). **Years in League:** 2021-

OWNERSHIP/MANAGEMENT
President: Kevin Kulp. **Vice President/General Manager:** Randy Whitaker. **Assistant General Manager, Marketing:** Ashley Grotte. **Vice President of Stadium Operations:** Tim Foreman. **Accounting Manager:** Donna Demczak. **Accounting Assistant:** Courtney Keller. **Corporate Sales Executive:** Nathan Rovenolt. **Director of Ticket Operations:** Matt McGrady. **Director of Ticket Sales:** Frankie Vernouski. **Sales Service Coordinator:** Corey Pierce. **Ticket Account Executives:** Josh Troutman, Cody Nelson, Zach Taylor, Jackson Fowler and Taylor Thames. **Radio Broadcaster:** Terry Byrom. **Director of Community Relations:** JK McKay. **Video Production Manager:** Troy Matthews. **Creative Services Coordinator:** Delaney Mitchell. **Promotions Manager:** Joe Zimmerman. **Head Groundskeeper:** Brandon Forsburg. **Stadium Operations Manager:** Tyler Rivera.
2024 Intern Class: Sara Hrivnak, Alvin Torres, Dylan Young, Peyton Reedy, Kyle Ferguson and PJ Riddell.

FIELD STAFF
Manager: Delino DeShields. **Hitting Coach:** Jeff Livesey. **Pitching Coach:** Rigo Beltràn. **Developmental Coach:** Oscar Salazar. **Performance Analyst:** Samantha Unger. **Trainer:** Don Neidig. **Strength Coach:** Ryan Grose.

GAME INFORMATION
Radio Announcers: Terry Byrom & Frankie Vernouski. **No. of Games Broadcast:** 138. **Flagship Station:** CBS Sports Radio Harrisburg. **PA. Announcer:** TBD. **Official Scorers:** Andy Linker and Mick Reinhard. **Stadium Name:** FNB Field. **Location:** I-83, exit 23 (Second Street) to Market Street, bridge to City Island. **Ticket Price Range:** $9-35. **Visiting Club Hotel:** TBD. **Visiting Team Workout Facility:** TBD.

HARTFORD YARD GOATS

Address: Dunkin' Park, 1214 Main Street, Hartford CT 06103
Telephone: (860) 246-4628. **Fax:** (860) 247-4628
E-Mail Address: info@yardgoatsbaseball.com. **Website:** www.YardGoatsBaseball.com
Affiliation (first year): Colorado Rockies (2015). **Years in League:** 2021-

OWNERSHIP/MANAGEMENT
President: Tim Restall. **General Manager:** Mike Abramson. **Chief Revenue Officer:** Josh Montinieri. **Assistant General Manager, Sales:** Dean Zappalorti. **Controller:** Jim Bonfiglio.

MINOR LEAGUES

Director, Broadcasting & Media Relations: Jeff Dooley. **Executive Director of Business Development:** Steve Given. **Assistant General Manager Operations:** Kyle Calhoon. **Executive Director, Community Partnerships:** Aisha Petteway. **Director of Ticket Sales:** Steve Mekkelsen. **Director of Stadium Events:** Jessica Skelly. **Director of Production and Creative Services:** Mike Delgado. **Director of Stadium Operations:** Joe Bossi. **Hospitality Manager:** Matt DiBona. **Human Resources Manager:** Ashley Bryers. **Field Operations Manager:** Matt Piersanti. **Promotions & Client Services Manager:** Isabelle Meckfessel. **Creative Services & Digital Marketing Coordinator:** Monica Porth. **Event Coordinator:** Abby Capone. **Group Sales Manager:** Jacob Michney. **Ticket Sales Account Executive:** Matt Johnson. **Ticket Sales Account Executive:** Olivia Besthoff. **Ticket Sales Account Executive:** Cole Crynock. **Ticket Sales Account Executive:** Kristen Acocella. **Ticket Operations Manager:** Maddie Clark. **Merchandise Manager:** Ryan Sandler. **Community & Education Programs Coordinator:** Payge Boyd. **Promotions Coordinator:** Andrew Meagher. **Operations Assistant:** Anthony Marcel. **Front Office Receptionist:** Shirelle Buie. **Professional Sports Catering Concessions Manager:** Andrew Labov. **Business Manager:** Kevin Molde. **Executive Chef:** Joe Bartlett.

FIELD STAFF
Manager: Bobby Meacham. **Bench Coach:** Luis Lopez. **Pitching Coach:** Dan Meyer. **Hitting Coach:** Zach Osborne.

GAME INFORMATION
Radio Announcers: Jeff Dooley, Dan Lovallo. **No. of Games Broadcast:** 138. **Flagship Station:** News Radio 1410 AM/100.9 FM Spanish AM 1120 Danny Rodriguez, Derik Rodriguez. **PA Announcer:** Jared Doyon. **Official Scorer:** Jim Keener. **Stadium Name:** Dunkin' Park. **Directions:** From the West: Take 84 East to Exit 50 (Main Street). Take Exit 50 toward Main St. Use the left lane to merge onto Chapel St S. Turn left onto Trumbull St. Use the middle lane to turn left onto Main St. **From the East:** Take 84 West to Exit 50 (US-44 W/Morgan Street). Follow I-91 S/Main St. Take a slight right onto Main St. **From the North:** Take 91 South to Exit 32A - 32B (Trumbull St). Turn left onto Market St. Turn right onto Morgan St. Take a slight right onto Main St. **From the South:** Take 91 North to Exit 32A - 32B (Market St). Use the left lane to take Exit 32A-32B for Trumbull St. Use the middle lane to turn left onto Market St. Turn right onto Morgan St. Take a slight right onto Main St. **Ticket Price Range:** $6-22. **Visiting Club Hotel:** Hilton Garden Inn Hartford South/Glastonbury. **Address:** 85 Glastonbury Boulevard, Glastonbury, CT. **Phone:** 860-659-1025

NEW HAMPSHIRE
FISHER CATS

Address: 1 Line Dr, Manchester, NH 03101.
Telephone: (603) 641-2005. **Fax:** (603) 641-2055.
E-Mail Address: info@nhfishercats.com. **Website:** www.nhfishercats.com.
Affiliation (first year): Toronto Blue Jays (2004). **Years in League:** 2021-

OWNERSHIP/MANAGEMENT
President: Rick Brenner. **General Manager:** Michael Neis. **Assistant General Manager:** Brandon Caron. **Director, Finance:** Laurie Levesque. **Executive Director, Corporate Partnerships & Ticket Sales:** Stephanie O'Quinn. **Manager, Membership Services:** Nate Newcombe. **Manager, Ticket Sales:** Caleb Baum. **Manager, Ticket Operations:** Derek Dingley. **Account Executive, Ticket Sales:** Nathan Ward. **Account Executive, Ticket Sales:** Jackson Cain. **Account Executive, Ticket Sales:** Wesley Bryan. **Senior Manager, Marketing & Promotions:** Andrew Marais. **Manager, Fan Experience & Creative Services:** Amy Cecil. **Senior Manager, Corporate Partnerships:** Sydney Peterson. **Manager, Partnership Management:** Aubrey Smith. **Director, Field Operations:** Mike Georgiadis. **Senior Manager, Special Events:** Casey DeStefano. **Manager, Stadium Operations:** Darrell Farley. **Manager, Retail Merchandise:** Jacob Madsen. **Assistant Manager, Field Operations:** Brad Zonghetti. **Coordinator, Special Events:** Jake Levert.

FIELD STAFF
Manager: Cesar Martin. **Bench Coach:** Jake McGuiggan. **Pitching Coach:** Joel Bonnett. **Hitting Coach:** Mitch Huckabay. **Position Coaches:** George Carroll, Delta Cleary Jr. **Bullpen Coach:** Eric Yardley. **Head Athletic Trainer:** Roelvis Vargas. **Assistant Athletic Trainer:** Dalton Holemo. **Head Strength Coach:** Casey Callison. **Assistant Strength Coach:** Zach Kollar. **Nutrition:** Stephanie Xavier. **Mental Performance Coach:** Raul Pimentel. **Technology and Coaching Assistant:** Branden Gonzalez.

GAME INFORMATION
Stadium Name: Delta Dental Stadium. **Location:** From I-93 North, take I-293 North to exit 5 (Granite Street), right on Granite Street, right on South Commercial Street, right on Line Drive. **Ticket Price Range:** $10-$20. **Visiting Club Hotel:** Tru by Hilton Manchester Downtown 135 Spring St, Manchester, NH 03101. **Telephone:** (603) 669-3000.

MINOR LEAGUES

PORTLAND SEA DOGS

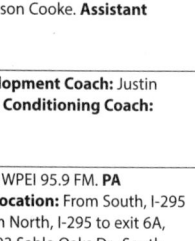

Office Address: 271 Park Ave, Portland, ME 04102.
Mailing Address: PO Box 636, Portland, ME 04104.
Telephone: (207) 874-9300. **Fax:** (207) 780-0317.
E-Mail address: seadogs@seadogs.com. **Website:** www.seadogs.com.
Affiliation (first year): Boston Red Sox (2003). **Years in League:** 1994-

OWNERSHIP/MANAGEMENT
Operated By: Diamond Baseball Holdings
President/General Manager: Geoff Iacuessa. **VP/Financial Affairs & Game Operations:** Jim Heffley. **VP/Communications & Fan Experience:** Chris Cameron. **Assistant General Manager/Sales:** Dennis Meehan. **Director of Ticket Operations:** Jesse Scaglion. **Director of Promotions:** Allison Casiles. **Director, Media Relations & Broadcasting:** Emma Tiedemann. **Director, Business Development:** Alan Barker. **Director, Creative Services:** Chelsea Roemer. **Mascot Coordinator:** Tim Jorn. **Account Executive, Corporate Sales:** Justin Kelleher. **Executive, Corporate Sales:** Matt Riggler. **Account Executive, Ticket Sales:** Lauren Gasaway. **Account Executive, Ticket Sales:** Madison. **Account Executive, Ticket Sales:** Alex Gastonguay. **Director, Food Services:** Mike Scorza. **Assistant Director, Food Services:** Greg Moyes. **Clubhouse Manager:** Mike Coziahr. **Head Groundskeeper:** Jason Cooke. **Assistant Groundskeeper:** Cam Eggeman. **Assistant Groundskeeper:** Brandon Rolfe.

FIELD STAFF
Manager: Chad Epperson. **Hitting Coach:** Chris Hess. **Pitching Coach:** Sean Isaac. **Development Coach:** Justin Frometa. **Coaches:** Mickey Jiang, Kyle Sasala. **Athletic Trainer:** Bobby Stachura. **Strength & Conditioning Coach:** Donny Gress.

GAME INFORMATION
Radio Announcer: Emma Tiedemann. **No. of Games Broadcast:** 138. **Flagship Station:** WPEI 95.9 FM. **PA Announcer:** Paul Coughlin. **Official Scorer:** Thom Hinton. **Stadium Name:** Hadlock Field. **Location:** From South, I-295 to exit 5, merge onto Congress Street, left at St John Street, merge right onto Park Ave; From North, I-295 to exit 6A, right onto Park Ave. **Ticket Price Range:** $8-13. **Visiting Club Hotel:** Holiday Inn Express, 303 Sable Oaks Dr., South Portland, ME 04106. **Telephone:** (207) 775-3900.

READING FIGHTIN PHILS

Office Address: Route 61 South/1900 Centre Ave, Reading, PA 19605.
Mailing Address: PO Box 15050, Reading, PA 19612.
Telephone: (610) 370-2255. **Fax:** (610) 373-5868.
E-Mail Address: info@fightins.com. **Website:** www.fightins.com.
Affiliation: Philadelphia Phillies (1967). **Years in League:** 2021-

OWNERSHIP/MANAGEMENT
Operated By: E&J Baseball Club, Inc. **Principal Owner:** Reading Baseball LP. **Managing Partner:** Craig Stein.
General Manager: Scott Hunsicker. **Assistant General Manager:** Matt Hoffmaster. **Executive Director, Sales:** Joe Bialek. **Executive Director, Baseball Operations:** Kevin Sklenarik. **Executive Director, Tickets & Groups:** Mike Becker. **Executive Director, Business Development:** Anthony Pignetti. **Executive Director of Promotions, Entertainment & Education:** Todd Hunsicker. **Director of Marketing/Executive Director of Baseballtown Charites:** Tonya Petrunak. **Executive Director of Redner's Event Center:** Sheila Contento. **Controller:** Kristyne A. Scheibeler. **Head Groundskeeper:** Dan Douglas. **Director, Food & Beverage:** Travis Hart. **Director, Groups:** Jon Nally. **Director, Graphic Arts/Merchandise:** Ryan Springborn. **Director, Client Fulfillment/Special Projects:** Andrew Nelson. **Director of Community Relations/Extra Events/Baseballtown Charities:** Stephen Thomas. **Office Manager:** Deneen Giesen. **Assistant Controller:** Gary Muth. **Assistant Director of Groups:** Nick Helber. **Account Executive/Internship Manager:** Matt Koch. **Stadium Operations Manager:** Ricky Bruno. **Food and Beverage/Operations Manager/Account Executive, Redner's Event Center:** Angel Martinez. **Assistant Groundskeeper:** Tyler Vogel. **PR/Media Relations Manager and Broadcaster:** Jake Starr. **Video Productions Manager:** Alex Boldizar. **Clubhouse Manager/Account Executives, Redner's Event Center:** Nick Sklenarik, Vince Fahey, Kamille Orth. **Food and Beverage/Operations:** Nick Anthony.

FIELD STAFF
Manager: Al Pedrique. **Hitting Coach:** Brock Stassi. **Pitching Coaches:** Phil Cundari, Riley McCauley. **Development Coach:** Karl Ellison. **Athletic Trainer:** Meag Flaherty. **Strength and Conditioning Coach:** Bruce Peditto.

GAME INFORMATION
Radio Announcer: Jake Starr and TBA. **No. of Games Broadcast:** Approx. 80. Internet Stream.
Official Scorers: Kyle Matschke, Brian Kopetsky, Josh Leiboff, Dick Shute. **Stadium Name:** FirstEnergy Stadium. **Location:** From east, take Pennsylvania Turnpike West to Morgantown exit, to 176 North, to 422 West, to Route 12 East, to Route 61 South exit; From west, take 422 East to Route 12 East, to Route 61 South exit; From north, take 222 South to Route 12 exit, to Route 61 South exit; From south, take 222 North to 422 West, to Route 12 East exit at Route 61 South. **Standard Game Times:** 6:45 or 7:00pm, Sundays 3:15 or 5:15. **Ticket Price Range:** $9-15. **Visiting Club Hotel:** DoubleTree by Hilton Hotel Reading, 701 Penn St., Reading, PA 19601. **Telephone:** (610) 375-8000.

MINOR LEAGUES

RICHMOND FLYING SQUIRRELS

Address: 3001 N Arthur Ashe Boulevard, Richmond, VA 23230.
Telephone: (804) 359-3866. **Fax:** (804) 359-1373.
E-Mail Address: info@squirrelsbaseball.com. **Website:** www.squirrelsbaseball.com.
Affiliation: San Francisco Giants (2010). **Years in League:** 2021-

OWNERSHIP/MANAGEMENT

Operated By: Navigators Baseball LP. **President/Managing Partner:** Lou DiBella. **Vice President & General Manager:** Ben Rothrock. **Assistant General Manager:** Ben Terry. **Assistant General Manager:** Anthony Oppermann. **Senior Advisor:** Todd "Parney" Parnell. **Controller:** Faith Casey-Harriss. **Assistant Controller:** Lisa Bennette. **Executive Director of Corporate Partnerships:** Jamie Gordon. **Corporate Sales Executive & Media Assistant:** Blaine McCormick. **Corporate Partnerships Manager:** Kelly Keenan. **Special Events Manager:** Jordan Hook. **Director of Ticketing:** Garrett Erwin. **Group Sales Manager:** Wesley Donald. **Box Office Manager:** Derrick McCabe. **Group Sales & Box Office Assistant:** James Dillard. **Group & Ticket Sales Executive:** Clayton Cotner. **Group & Ticket Sales Executive:** Jackson Strickler. **Business Development Manager:** Carnie Bragg. **Hospitality Operations Manager:** Kayce Battle. **Director of Communications & Broadcasting:** Trey Wilson. **Creative Services & Production Director:** Nick Elder. **Graphic Design & Creative Services Manager:** Hunter Glotz. **Marketing & Social Media Manager:** Samantha McCloskey. **Digital Media Manager:** Jordan Lank. **Executive Director of Fan Engagement:** Megan Angstadt. **Director of Entertainment:** Caroline Phipps. **Mascot & Entertainment Manager:** Rex Smith. **Special Events & Box Office Coordinator:** Janell Armstead. **Director of Field Operations:** James Petrella. **Director of Stadium Operations:** Austin Doherty. **Field Operations Manager:** Thomas Dunphy. **Stadium Operations Manager:** Kyle Gates. **Director of Food & Beverage:** Steve Bales. **Assistant Director of Food & Beverage:** Justin Stone. **Director of Merchandising:** Jackson Hairfield.

FIELD STAFF

Manager: Dennis Pelfrey. **Hitting Coach:** Cory Elasik. **Pitching Coach:** Paul Oseguera. **Fundamentals Coach:** Lipso Nava. **Athletic Trainer:** Tim Vigue.

GAME INFORMATION

Radio Announcers: Trey Wilson & Blaine McCormick. **No. of Games Broadcast:** 138. **Flagship Station:** Sports Radio 910 The Fan WRNL. **PA Announcer:** Bianca Bryan. **Official Scorer:** Bob Flynn. **Stadium Name:** The Diamond. **Location:** Right off I-64 at the Boulevard exit. **Standard Game Times:** 6:35 pm, Fri., 7:05, Sat. 6:05, Sun. 1:35. **Ticket Price Range:** $10-17. **Visiting Club Hotel:** Fairfield Inn & Suites by Marriott Richmond Short Pump/1-64. **Telephone:** (804) 545-4200.

SOMERSET PATRIOTS

Office Address: One Patriots Park, Bridgewater, NJ 08807.
Telephone: (908) 252-0700. **Fax:** (908) 252-0776.
Website: somersetpatriots.com.
Affiliation: New York Yankees (2021). **Years in League:** 2021-

OWNERSHIP/MANAGEMENT

Operated by: Somerset Baseball Partners, LLC. **Ownership:** Jonathan Kalafer and Josh Kalafer. **Co-Chairmen:** Jonathan Kalafer and Josh Kalafer. **President/GM:** Patrick McVerry. **Senior VP, Marketing:** Dave Marek. **VP, Communications & Media Relations:** Marc Russinoff. **VP, Operations:** Bryan Iwicki. **VP, Ticket Operations:** Matt Kopas. **Senior Director, Merchandise:** Rob Crossman. **Director, Tickets:** Nick Cherrillo. **Director, Marketing:** Hal Hansen. **Director, Business Development:** Ken Smith. **Director, Administration:** Michele DaCosta. **Manager, Media Relations & Broadcasting:** Steven Cusumano. **Senior Account Executive:** Stephen Goldsmith. **Account Executives:** Molly Swayne, Jacob Unger, Matt Godlewski, James Killeen, John Schaefer. **Controller:** Suzanne Colon. **Accountant:** Stephanie DePass. **Head Groundskeeper:** Dan Purner. **Homeplate Catering and Hospitality VP/General Manager:** Mike McDermott. **Assistant General Manager of Homeplate Catering and Hospitality:** Jimmy Search. **Director, Operations of HomePlate Catering:** Aly McGrath. **Accounting/Office Manager:** Kelly Bradshaw.

FIELD STAFF

Manager: Raul Dominguez. **Hitting Coach:** Kevin Martir. **Pitching Coach:** Brett Degagne. **Defensive Coach:** Aaron Bossi. **Athletic Trainer:** Brandon Rodriguez. **Strength Coach:** Isiah McDonald. **Advance Scouting Analyst:** Matt Wells.

GAME INFORMATION

Lead Play-By-Play: Steven Cusumano. **No. of Games Broadcast:** 138. **Flagship Station:** FOX Sports New Jersey 93.5 FM/ 1450 AM. **Video Streams:** MiLB.tv. **Ballpark Name:** TD Bank Ballpark. **Standard Game Times:** Mon.-Thurs. 6:05 pm/ 6:35 pm/ 7:05 pm, Fri & Sat., 6:35 pm/7:05 pm, Sun., 1:05 pm/ 5:05 pm.

MINOR LEAGUES

SOUTHERN LEAGUE

STADIUM INFORMATION

Club	Stadium	Opened	Dimensions LF	CF	RF	Capacity	2023 Att.
Biloxi	MGM Park	2015	335	400	335	6,000	158,586
Birmingham	Regions Field	2013	320	400	325	8,500	253,232
Chattanooga	AT&T Field	2000	325	400	330	6,362	228,940
Mississippi	Trustmark Park	2005	335	402	332	7,416	162,862
Montgomery	Riverwalk Stadium	2004	314	380	332	7,000	168,751
Pensacola	Blue Wahoos Stadium	2012	325	400	335	6,000	293,581
Rocket City	Toyota Field	2021	326	400	326	7,500	314,306
Tennessee	Smokies Stadium	2000	330	400	330	6,000	295,603

BILOXI SHUCKERS

Address: 105 Caillavet Street, Biloxi, MS 39530
Telephone: (228) 233-3465
E-Mail Address: info@biloxishuckers.com. **Website:** www.biloxishuckers.com.
Affiliation (first year): Milwaukee Brewers (2015). **Years in League:** 2015-

OWNERSHIP/MANAGEMENT
Operated By: Shuckers Baseball LLC. **President:** John Tracy. **General Manager:** Hunter Reed. **Assistant General Manager:** Trevor Matifes. **Ticket Operations Manager:** Sydney Vadney. **Media Relations Manager and Broadcaster:** Javik Blake. **Community Relations Manager:** David Blackwell. **Promotions and Special Events Manager:** Kenny Flores. **Stadium Operations Manager:** Vandy Mitchell. **Director of Marketing and Social Media:** Makenzie Crampton. **Corporate Partnerships Manager:** Chris Pharis. **Senior Account Executive:** Mason Fitzpatrick. **Membership Services Executive:** Elliott Walkington. **Retail Manager:** Veronica Wright. **Head Groundskeeper:** Trey Bowman. **Director of Accounting and Human Resources:** Pam Hendrickson. **Team Ambassador:** Barry Lyons.

FIELD STAFF
Manager: Joe Ayrault. **Pitching Coach:** Will Schierholz. **Hitting Coach:** JJ Reimer. **Bench Coach:** Fidel Pena. **Development Coach:** Danny Larson. **Bullpen Coach:** Paul Moeller. **Athletic Trainer:** Andrew Staehling. **Associate Strength and Conditioning Specialist:** Grant Kastelan.

GAME INFORMATION
PA Announcer: Kyle Curley. **Official Scorer:** Scotty Berkowitz. **No. of Games Broadcast:** 138 on The Merle WGCM 1240 AM, 100.9 FM. **Stadium Name:** TBA. **Directions:** I-10 to I-110 South toward beach, take Ocean Springs exit onto US 90 (Beach Blvd), travel east one block, turn left on Caillavet Street, stadium is on the left. **Ticket Price Range:** $9-$31. **Visiting Club Hotel:** DoubleTree by Hilton Biloxi on Beach Blvd.

BIRMINGHAM BARONS

Office Address: 1401 1st Ave South, Birmingham, AL, 35233.
Mailing Address: PO Box 877, Birmingham, AL, 35201.
Telephone: (205) 988-3200. **Fax:** (205) 988-9698.
E-Mail Address: barons@barons.com. **Website:** www.barons.com.
Affiliation (first year): Chicago White Sox (1986). **Years in League:** 2021-

OWNERSHIP/MANAGEMENT
Principal Owners: Diamond Baseball Holdings. **President/General Manager:** Jonathan Nelson. **Vice President of Business Development & Sales:** John Cook. **Corporate Sales Manager:** Mary Rains. **Corporate Sales and Events Manager:** Tabitha Jowers. **Corporate Partnerships & Community Relations Executive:** Cam Gardner. **CFO:** Blake Boozer. **Inventory Control Accountant & Retail Operations:** Jonathan Judge. **Director of Group Sales:** Tyler Baker. **Group Sales Managers:** Cameron Clarke, Alex Thomas, James Lisenby. **Director of Ticket Operations:** Will Larsen. **Game Day Entertainment Coordinator:** Parker Landreth. **Director of Broadcasting:** Curt Bloom. **Head Groundskeeper:** Caleb Paullus. **Director of Stadium Operations:** Corey Johnson. **Operations Assistant:** Roderick Smith. **Director of Customer Service:** George Chavous. **Office Manager:** Ashlee Bryan. **Director of Food & Beverage:** Gus Stoudemire. **Catering Managers:** Sydney Boatner, Jordan Carmichael. **Executive Chef:** Nick Tittle. **Sous Chef:** Vic Arnold.

FIELD STAFF
Manager: Sergio Santos. **Hitting Coach:** Nicky Delmonico. **Pitching Coach:** John Ely. **Bench Coach:** Angel Rosario. **Athletic Trainer:** Carson Wooten. **Performance Coach:** Juan Maldonado.

MINOR LEAGUES

GAME INFORMATION
Radio Announcer: Curt Bloom. **No of Games Broadcast:** 69. **Flagship Station:** JOX 94.5-WJOX-FM. **PA Announcers:** Derek Scudder, Andy Parish. **Official Scorers:** Jeff Allison, David Tompkins. **Stadium Name:** Regions Field. **Location:** I-65 (exit 259B) in Birmingham. **Standard Game Times:** 7:05 pm, Sat. 6:30, Sun 4:00. **Ticket Price Range:** $10-23. **Visiting Club Hotel:** Hyatt Regency Birmingham - The Wynfrey Hotel, 1000 Riverchase Galleria, Birmingham, AL 35244. **Telephone:** (205) 988-3200.

CHATTANOOGA LOOKOUTS

Office Address: 201 Power Alley, Chattanooga, TN 37402.
Mailing Address: PO Box 11002, Chattanooga, TN 37401.
Telephone: (423) 267-2208. **Fax:** (423) 267-4258.
E-Mail Address: lookouts@lookouts.com. **Website:** www.lookouts.com.
Affiliation (first year): Cincinnati Reds (2019). **Years in League:** 2021–

OWNERSHIP/MANAGEMENT
Operated By: Chattanooga Lookouts, LLC. **Principal Owner:** Hardball Capital. **Managing Partner:** Jason Freier. **President:** Rich Mozingo. **Vice President:** Andrew Zito. **Vice President, Finance & Business Operations:** Jennifer Crum. **Vice President, Food and Beverage:** Scott Burton. **Director, Public Relations:** Dan Kopf. **Senior Ticket Partnership Manager:** Jarrah Vella-Wright. **Ticket Partnership Manager:** Mark Curtis. **Ticket Partnership Manager:** Caydin White. **Ticket Partnership Manager:** Shane Smith. **Ticket Partnership & Retail Manager:** Kansas Carpenter. **Ticket Operations Manager:** Sidney Hooper. **Operations Manager:** Michael Matheson. **Broadcaster:** Larry "The Voice" Ward.

FIELD STAFF
Manager: Jose Moreno. **Hitting Coach:** Daryle Ward. **Pitching Coach:** Todd Naskedov. **Coach:** Dick Schofield.

GAME INFORMATION
Radio Announcers: Larry Ward. **No. of Games Broadcast:** 138. **Flagship Station:** 98.1 The LAKE. **PA Announcer:** Ron Hall, Gracen Shook, Tom McElligot. **Official Scorers:** Adam Belford. **Stadium Name:** AT&T Field. **Location:** From I-24, take US 27 North to exit 1C (4th Street), first left onto Chestnut Street, left onto Third Street. **Ticket Price Range:** TBD. **Visiting Club Hotel:** DoubleTree, 2232 Center Street, Chattanooga, TN 37421. **Telephone:** (423) 485-1185.

MISSISSIPPI BRAVES

Office Address: Trustmark Park, 1 Braves Way, Pearl, MS 39208.
Mailing Address: PO Box 97389, Pearl, MS 39288.
Telephone: (601) 932-8788. **Fax:** (601) 936-3567.
E-Mail Address: mississippibraves@braves.com. **Web site:** www.mississippibraves.com.
Affiliation (first year): Atlanta Braves (2005). **Years in League:** 2021–

OWNERSHIP/MANAGEMENT
Ownership: Diamond Baseball Holdings, LLC.
Vice President & General Manager: Pete Laven. **Ticket Manager:** Matthew Dispenza. **Account Executives:** Sean Bowden, Carter Taft. **Head Groundskeeper:** Evan Berry. **Director of Group Sales:** David Kerr. **Manager of Stadium Operations:** Keith Wilson. **Merchandise Coordinator:** Elizabeth Kent. **Director of Communications, Media & Broadcasting:** Chris Harris. **OVG Hospitality General Manager:** Melanie Kiani.

FIELD STAFF
Manager: Angel Flores. **Hitting Coach:** Garrett Wilkinson. **Pitching Coach:** Wes McGuire. **Trainers:** Jesús Aviles, Toni Lee. **Coach:** Francisco Díaz, Luis Ugueto. **Strength Coach:** Kyle Hegedus.

GAME INFORMATION
Radio Announcer: Chris Harris. **No. of Games Broadcast:** 138. **Flagship Station:** 102.1 The Box. **PA Announcer:** Greg Flynn. **Official Scorer:** Bruce Coleman. **Stadium Name:** Trustmark Park. **Location:** I-20 to exit 48/Pearl (Pearson Road). **Ticket Price Range:** $6-$25. **Visiting Club Hotel:** Holiday Inn Pearl MS - 110 Bass Pro Dr, Pearl, MS 39208. **Telephone:** (601) 939-5238.

MONTGOMERY BISCUITS

Address: 200 Coosa St., Montgomery, AL 36104.
Telephone: (334) 323-2255. **Fax:** (334) 323-2225.
E-Mail address: info@biscuitsbaseball.com. **Website:** www.biscuitsbaseball.com.
Affiliation (first year): Tampa Bay Rays (2004). **Years in League:** 2021–

OWNERSHIP/MANAGEMENT
Operated By: Biscuits Baseball LLC. **Chief Executive Officer:** Lou DiBella

MINOR LEAGUES

President: Todd "Parney" Parnell. **Chief Operating Officer:** Brendon Porter. **General Manager:** Michael Murphy. **Corporate & Military Partnerships:** Jay Jones. **Director of Group Sales:** Chris Walker. **Box Office Manager, Season Ticket Coordinator:** Justin Ross. **Marketing & Creative Services:** Jared McCarthy. **Broadcaster, Media Relations:** Jack Sadighian. **Retail Manager:** Ashley Williams. **Director, Food & Beverage:** Risa Juliano. **Assistant Director of Food & Beverage:** Nathan Edwards. **Food Service Manager:** Zac Courtois. **Director, Stadium Operations:** Steve Blackwell. **Assistant Director of Stadium Operations/Head Groundskeeper:** Alex English. **Business Manager:** Tracy Mims. **Executive Administrator:** Jeannie Burke. **Group Sales Executive:** Zach Proctor, Luke Wheeldon. **Ticket Sales Executive:** Jason Wieczorek.

FIELD STAFF
Manager: Kevin Boles. **Pitching Coach:** Steve Merriman. **Hitting Coach:** Paul Rozzelle. **Bench Coach:** German Melendez. **Athletic Trainer:** James Ramsdell. **Conditioning Coach:** Austin Teets.

GAME INFORMATION
Radio Announcer: Jack Sadighian. **No. of Games Broadcast:** 138. **Flagship Station:** WMSP 740-AM. **PA Announcer:** Rick Hendrick. **Official Scorer:** TBD. **Stadium Name:** Montgomery Riverwalk Stadium. **Location:** I-65 to exit 172, east on Herron Street, left on Coosa Street. **Ticket Price Range:** $8-16. **Visiting Club Hotel:** Tru by Hilton Prattville.

PENSACOLA BLUE WAHOOS

Telephone: (850) 934-8444. **Fax:** (850) 791-6256.
E-Mail Address: info@bluewahoos.com. **Website:** www.bluewahoos.com
Affiliation (first year): Miami Marlins (2021). **Years in League:** 2012-

OWNERSHIP/MANAGEMENT
Operated by: Northwest Florida Professional Baseball LLC. **Principal Owners:** Quint Studer, Rishy Studer. **Minority Owners:** Bubba Watson, Derrick Brooks, Randall Wells, John List, Dana Suskind. **President:** Jonathan Griffith. **Executive Vice President & General Manager:** Steve Brice. **Vice President, Experience:** Donna Kirby. **Vice President, Creative and Communications:** Anthony Aspenson. **Facilities Manager:** Mike Fitzpatrick. **Facilities Coordinator:** Mike Crenshaw. **Head Groundskeeper:** TBA. **Senior Writer:** Bill Vilona. **Manager of Broadcasting and Media Relations:** Erik Bremer. **Box Office and Ticket Sales Manager:** Brandon Miller. **Assistant Box Office Manager:** Sebastian Turso **Group Sales Executives:** Emily Mann, Steven Unser, Ethan Alexander. **Corporate Sales Executive:** TJ Johnson. **CFO:** Kathy Cadwell. **Event Sales Manager:** Shannon Hannah. **Event Director:** Mia Montenaro. **Administrative Assistant:** Pamela Ward.

FIELD STAFF
TBD

GAME INFORMATION
Radio Announcer: Erik Bremer and Carter Bainbridge. **No. of Games Broadcast:** 138. **Flagship Station:** TBA. **PA Announcer:** Josh Gay, Kevin Peterson, Shane Tucker, Tim Hensley. **Official Standard Game Times:** 6:05 pm, Sun. 4:05. **Ticket Price Range:** $6-$22.

ROCKET CITY TRASH PANDAS

Address: 500 Trash Panda Way. Madison, AL 35758.
Telephone: (256) 325-1403.
E-Mail Address: Info@trashpandasbaseball.com. **Website:** trashpandasbaseball.com.
Affiliation (first year): Los Angeles Angels (2020). **Years in League:** 2020-

OWNERSHIP/MANAGEMENT
Owned and Operated by: BallCorps, LLC. **Managing Partner:** Mark Holland. **Executive Vice President and General Manager:** Garrett Fahrmann. **Executive Vice President:** Lindsey Knupp. **Vice President, Production and Entertainment:** Rob Sternberg. **Director, Finance:** Angy Blailock. **Senior Director, Operations:** Ken Clary. **Director, Food and Beverage:** Garien Shelby. **Director, Community Relations:** Maddison Kendrick. **Director, Ticket Operations:** Nate Leaser. **Director, Sales:** Cory Ausderau. **Director, Client Relations and Fan Experience:** Mareca Watson. **Director, Facility Maintenance:** Jason Marriott. **Head Groundskeeper:** Charlie Weaver.

FIELD STAFF
Manager: Andy Schatzley. **Hitting Coach:** Joel Chimelis. **Pitching Coach:** Michael Wuertz. **Coach:** Dann Bilardello. **Coach:** Doug Henry. **Strength & Conditioning Coach:** David Robertson. **Athletic Trainer:** Dylan Culwell.

GAME INFORMATION
Director, Broadcasting and Baseball Information: Josh Caray. **No. of Games Broadcast:** 138. **Radio:** 97.7 HD2 ESPN The Zone. **Website:** www.977espn.com. **PA Announcer:** Antonio MacBeath. **Stadium Name:** Toyota Field. **Location:** I-565 to Toyota Field Exit. **Standard Game Times:** 6:35 pm (Tuesday-Saturday) 2:35 pm (Sundays, April-May, Sept.), 4:05 pm (Sundays, June-Aug). **Ticket Price Range:** $8-55. **Visiting Club Hotel:** AVID Hotel 125 Graphics Dr, Madison, AL 35758 (256) 325-1800.

MINOR LEAGUES

TENNESSEE SMOKIES

Address: 3540 Line Drive, Kodak, TN 37764.
Telephone: (865) 286-2300. **Fax:** (865) 523-9913.
E-Mail Address: info@smokiesbaseball.com. **Website:** www.smokiesbaseball.com.
Affiliation (first year): Chicago Cubs (2007-). **Years in League:** 2021-

OWNERSHIP/MANAGEMENT
Owners: Randy and Jenny Boyd. **CEO:** Doug Kirchhofer. **President/COO:** Chris Allen. **Vice President:** Jeremy Boler. **General Manager:** Tim Volk. **Assistant General Manager, Stadium Operations:** Bryan Webster. **Assistant General Manager, Hospitality:** Chris Franklin. **Assistant General Manager of Stadium Operations:** Bryan Webster. **Assistant General Manager, Marketing & Entertainment:** Aris M Theofanopoulos. **Director of Broadcasting:** Mick Gillispie. **Assistant Director of Corporate Partnerships:** Baylor Love. **Corporate Sales Executive:** Logan Davis. **Administrative Assistant:** Tolena Trout. **Director of Finance:** Paul Makres. **Admin/Finance Assistant:** Michelle Conway. **Accounting/HR Specialist:** Cheryl Brown. **Creative Services Manager:** Lindsay Coward. **Marketing & Community Relations Coordinator:** Lindsey Archer. **Merchandise Manager:** Kenny Clawson. **Collectors Corner Manager:** Julian Hammontree. **Hospitality Manager:** David Branam. **Concessions Manager:** Tyler Kennedy. **Food & Beverage Assistant Manager:** Drew Miller. **Director of Ticket & Group Sales:** Emily Butler. **Box Office Manager:** Brett Adams. **Account Executive:** Stephen Haselton. **Account Executive:** Breanna Foy. **Account Executive:** Jake Blevins. **Ticket Sales Trainees:** Griffin Snyder, Jacob Northrup, Brendan Antonelli. **Stadium Operations Manager:** Bill Oaf.

FIELD STAFF
Manager: Lance Rymel. **Hitting Coach:** Rachel Folden. **Pitching Coach:** Jamie Vermilyea. **Assistant Pitching Coach:** Henry Haack. **Bench Coach:** Derron Davis. **Strength Coach:** Jesus De La Sancha. **Athletic Trainer:** Aaron Clapp.

GAME INFORMATION
Radio Announcer: Mick Gillispie. **No. of Games Broadcast:** 138. **Flagship Station:** WNML 99.1-FM/990-AM. **PA Announcer:** George Yardley. **Official Scorer:** Wade Mitchell. **Stadium Name:** Smokies Stadium. **Location:** I-40 to exit 407, Highway 66 North. **Standard Game Times:** 7:00 pm, Sat. 7:00 pm, Sun. 2:00 pm. **Ticket Price Range:** $10-$16.
Visiting Club Hotel: Hampton Inn & Suites Sevierville, 105 Stadium Drive, Kodak, TN 37764. **Telephone:** (865) 465-0590.

MINOR LEAGUES

TEXAS LEAGUE

STADIUM INFORMATION

Club	Stadium	Opened	LF	CF	RF	Capacity	2023 Att.
Amarillo	Hodgetown	2019	325	405	325	7,300	355,440
Arkansas	Dickey-Stephens Park	2007	332	413	330	5,842	307,607
Corpus Christi	Whataburger Field	2005	325	400	315	5,362	294,986
Frisco	Dr Pepper Ballpark	2003	335	409	335	10,216	343,606
Midland	Security Bank Ballpark	2002	330	410	322	4,669	233,724
NW Arkansas	Arvest Ballpark	2008	325	400	325	6,500	256,552
San Antonio	Wolff Stadium	1994	310	402	340	9,200	284,419
Springfield	John Q. Hammons Field	2003	315	400	330	6,750	256,947
Tulsa	ONEOK Field	2010	330	400	307	7,833	356,002
Wichita	Riverfront Stadium	2021	340	400	325	10,000	322,637

AMARILLO SOD POODLES

Ballpark Address: 715. S Buchanan Street, Amarillo, TX 79101
Mailing Address: P.O. Box 9880, Amarillo, TX 79105
Main Phone: (806) 803-7762
Stadium Name: HODGETOWN. **Estimated Capacity:** 7,421
Affiliation (first year): Arizona Diamondbacks (2021). **Years In League:** 2019-

OWNERSHIP/MANAGEMENT

Owners: Elmore Sports Group. **President & General Manager:** Tony Ensor. **Assistant General Manager, Director of Ticket Sales:** Jeff Turner. **Director of Finance:** Nick Stanley. **Director of Media Relations & Baseball Operations:** Cory Hilborne. **Director of Season Memberships:** Samantha Cook. **Director of Group Sales:** Matt Sutherland. **Senior Group Sales Manager:** Adam Padgett. **Director of Premium Sales:** Ashley Gutierrez. **Group Sales Account Executive:** Jacob Butler. **Director of Corporate Partnerships:** Grant Norman. **Senior Director of Business Developments:** Sierra McMillan. **Corporate Partnerships Manager:** Garrett Zamora. **Director of Marketing:** Anna Spinks. **Video & Digital Production Manager:** Adrian Garcia. **Creative Services Manager:** Isaac Galan. **Social Media Manager:** Maddie Gann. **Promotions Manager:** Victoria Heppner. **Director of Stadium Operations:** Cody Grube. **Co-Head Groundskeeper:** Jason Floyd. **Co-Head Groundskeeper:** Jeff Schwartzenberg. **Assistant Director of Stadium Operations:** Rion Nabors. **Community Relations & Mascot Coordinator:** Austin Jackson. **Director of Food & Beverage:** Mike Lindal. **Director of Catering:** Nicole Lamontagne. **Executive Chef:** Mary Maddox. **Director of Merchandise:** Lynn Ensor. **Team Store Assistant Manager:** Kendall Brown.

FIELD STAFF

Manager: Tim Bogar. **Hitting Coach:** Terrmel Sledge. **Pitching Coach:** Tom Gorzelanny. **Coach:** Ronnie Gajownik. **Strength & Conditioning Coach:** Ryan Harrel. **Athletic Trainer:** Connor Oates.

GAME INFORMATION

Radio Announcers: Chris Caray, Stefan Caray. **No. of Games Broadcast:** 138. **Flagship Station:** Panhandle Sports Star 102.**9 FM (Alpha Media USA-Amarillo). PA Announcer:** N/A. **Official Scorer:** N/A. **Stadium Name:** HODGETOWN. **Game Times:** 7:05 p.m., 6:35 p.m., 1:05 p.m. CT. **Ticket Price Range:** $7-20.

ARKANSAS TRAVELERS

Office Address: Dickey-Stephens Park, 400 West Broadway, North Little Rock, AR 72114.
Mailing Address: PO Box 3177, Little Rock, AR 72203.
Telephone: (501) 664-1355. **Ticket Office:** (501) 664-7559
E-Mail address: travs@travs.com. **Website:** www.travs.com.
Affiliation (first year): Seattle Mariners (2017). **Years in League:** 1966-

OWNERSHIP/MANAGEMENT

Ownership: Arkansas Travelers Baseball Club, Inc. **President:** Russ Meeks. **Executive Vice President/Chief Executive Officer:** Rusty Meeks. **Chief Financial Officer:** Brad Eagle. **General Manager:** Sophie Ozier. **Assistant General Manager:** John Sjobek. **Director of Finance/Corporate Assistant Secretary:** Patti Clark. **Director of Group Sales:** Montag Genser. **Director of Charities and Community Support:** Lance Restum. **Broadcaster/Baseball Operations Director:** Steven Davis. **Director, Marketing & Promotions:** Bradley Field. **Director, Ticketing & Suites:** Megan Girton. **Director, Stadium Operations:** Hunter Johnston. **Park Superintendent:** Greg Johnston. **Assistant Park Superintendent:** Reggie Temple. **Assistant Groundskeeper:** Grant Cross. **Director, Merchandise & Guest Services:** Catherine Sanchez. **Creative Services Manager:** Audrey Wall. **Corporate Event Planners:** Jacob Titsworth, Tate Hill. **Box Office Manager:** Kaitlyn Bolton.

MINOR LEAGUES

FIELD STAFF
Manager: Christian Colon. **Hitting Coach:** Mike Fransoso. **Pitching Coach:** Michael Peoples. **Bench Coach:** Jose Umbria.

GAME INFORMATION
Radio Announcer: Steven Davis. **No. of Games Broadcast:** All. **Flagship Station:** 106.7 FM Buz2. **PA Announcer:** Various. **Official Scorer:** Various. **Stadium Name:** Dickey-Stephens Park. **Location:** I-30 to Broadway exit, proceed west to ballpark, located at Broadway Avenue and the Broadway Bridge. **Standard Game Time:** Tue-Thur: 6:35 p.m.; Fri-Sat: 7:05 p.m.; Sun: 1:35 p.m. **Ticket Price Range:** $7-18. **Visiting Club Hotel:** Courtyard by Marriott Little Rock West.

CORPUS CHRISTI HOOKS

Address: 734 East Port Ave, Corpus Christi, TX 78401.
Telephone: (361) 561-4665. **Fax:** (361) 561-4666.
E-Mail Address: info@cchooks.com. **Website:** www.cchooks.com.
Affiliation (first year): Houston Astros (2005). **Years in League:** 2021-

OWNERSHIP/MANAGEMENT
Owned/Operated By: Houston Astros. **General Manager:** Brady Ballard. **Director, Business Development:** Maggie Freeborn. **Account Executive, Corporate Partnerships:** Kaleb Womack. **Director, Sales:** Pat McCarthy. **Coordinator, Tickets:** Darren Morales. **Account Executive:** Cassie Reyna. **Account Executive:** Anissa Garcia. **Account Executive:** Tristan Hullett. **Account Executive:** Bryce Wyatt. **Director, Media Relations/Broadcasting:** Michael Coffin. **Director, Marketing & Entertainment:** Dustin Fishman. **Manager, Creative Services:** Courtney Merritt. **Manager, Marketing:** Emma Spotts. **Manager, Ballpark Entertainment:** Val Chapa. **Video Editor:** Clay Cottrell. **Director, Operations:** Brett Howsley. **Manager, Home Clubhouse:** Marcus Tramp. **Stadium Operations:** Mike Shedd. **Stadium Operations:** Mike Hoffman. **Head Groundskeeper:** Taylor Balhoff. **Assistant Groundskeeper:** Anthony Hernandez. **Director, Accounting:** Jessica Fearn. **Operations Manager/Store Supervisor:** Eric Suniga. **Retail Coordinator:** Emma Wymore.

FIELD STAFF
Manager: Joe Thon. **Hitting Coach:** Bobby Bell. **Pitching Coach:** Sean Buchanan. **Development Coach:** Vincent Blue. **Athletic Trainer:** Jennifer Bardales. **Strength Coach:** Joe Powell.

GAME INFORMATION
Radio Announcers: Michael Coffin, Gene Kasprzyk. **No. of Games Broadcast:** 138. **Flagship Station:** KKTX-AM 1360. **PA Announcer:** Amy Montez Frye. **Stadium Name:** Whataburger Field. **Location:** 734 E. Port Ave: I-37 to end of interstate, left at Chaparral, left at Hirsh Ave. **Ticket Price Range:** $6-20. **Visiting Club Hotel:** Best Western Corpus Christi; 300 N Shoreline Blvd, Corpus Christi, TX 78401; (361) 883-5111.

FRISCO ROUGHRIDERS

Address: 7300 RoughRiders Trail, Frisco, TX 75034.
Telephone: (972) 731-9200. **Fax:** (972) 731-5355.
E-Mail Address: info@ridersbaseball.com. **Website:** www.ridersbaseball.com.
Affiliation (first year): Texas Rangers (2003). **Years in League:** 2003-

OWNERSHIP/MANAGEMENT
Operated by: Frisco RoughRiders LP. **Chairman/CEO/General Partner:** Chuck Greenberg. **General Manager:** Scott Burchett. **Assistant General Manager:** Ross Lanford. **Director of Corporate Partnerships:** Jacob Chastine. **Director of Partner Services:** Eric Moore.. **Customer Service Agents:** Claudia Kipp, Vicki Sohn. **Senior Director, Ticket Sales:** Alex Sandborn. **Senior Director, Analytics & Strategy:** Jesse Evans. **Manager, Corporate Sales:** Tom Baker. **Senior Group Sales Executive:** Sydney Blackburn, Adam Graham, Ryan Wooten. **Senior Corporate Sales Executive:** Toufie J. **Mazzaway. Group Sales Executives:** Jackson Burgess, Nestor Diaz, Ty Young, Carlos Aguilar-Mendez, Jake McMillen, Dani Giansante, Sean Grimes. **Inside Sales and Service:** Luke Walker, Cole Baggett, Brooks Jones. **Box Office Coordinator:** Chris Donawho. **Merchandise Manager:** Lorraine Spencer. **Community Development Coordinator:** Trey Pierce. **Senior Director of Marketing:** Krystin King. **Manager of Media Development/Broadcaster:** Zach Bigley. **Broadcast and Media Relations Assistant:** Luke Moehle. **Manager of Ballpark Production:** Peyton Reed. **Marketing Coordinator:** Alexandra Saucedo. **Photography and Design Assistant:** Paige Grider. **Promotions Assistant:** Hunter White. **Senior Director, Sports Turf & Grounds Manager:** David Bicknell. **Maintenance Director:** Alfonzo Bailon. **Operations Manager:** Ryan Wojdula. **Team Dog:** Brooks.

FIELD STAFF
Manager: Carlos Cardoza. **Hitting Coach:** Ryan Tuntland. **Pitching Coach:** Jon Goebel. **Development Coach:** Kawika-Emsley-Pai. **Development Coach:** Tyler Wolfe. **Athletic Trainer:** Neal Ori. **Strength Coach:** Ben Platts.

GAME INFORMATION
Broadcasters: Zach Bigley (#1), Luke Moehle (#2). **No. of Games Broadcast:** 138. **Flagship Station:** www. RidersBaseball.com. **Stadium Name:** Riders Field. **Location:** Intersection of Dallas North Tollway & State Highway 121. **Standard Game Times:** 6:35 PM (April-May), 7:05 PM (June-September), Sunday 4:05 PM (April-May), 6:05 PM (June-September). **Visiting Club Hotel:** Drury Inn & Suites, Frisco. **Visiting Club Hotel Phone:** (972) 668-9700.

MINOR LEAGUES

MIDLAND ROCKHOUNDS

Address: Momentum Bank Ballpark, 5514 Champions Drive, Midland, TX 79706.
Telephone: (432) 520-2255. **Fax:** (432) 520-8326.
Website: www.midlandrockhounds.org.
Affiliation (first year): Oakland Athletics (1999). **Years in League:** 2021-

OWNERSHIP/MANAGEMENT
Owner: Diamond Baseball Holdings. **President:** Monty Hopepel. **General Manager:** Shelly Haenggi. **Assistant GM of the Midland RockHounds & OVG General Manager, Momentum Bank Ballpark:** Jeff VonHolle. **Assistant General Manager:** Ray Fieldhouse. **Director of Tickets:** Ryan Artzer. **Ticket Operations Manager:** Agustin Brizuela. **Manager of Corporate Partnerships:** Sam Page. **Community Relations Manager & Sales Executive:** Jonathan Simmons. **Sales & Media Relations Manager:** Zelyn Zapata. **Sales & Picnic Operations Executive:** Joey Gennusa. **Sales Executive:** James Barela. **Office Manager:** Vanessa Redman-Bynum. **Director of Broadcasting & Publications:** Bob Hards. **Director of Marketing & Entertainment:** Peyton Taylor. **Digital Media & Promotions Executive:** Rylee Darnell. **Director of Business Operations:** Denessa Leary. **OVG Concessions Manager:** Al Melville. **OVG Offfice Manager:** Mindy Doudna. **Director of Operations:** Dan Knapinski. **Head Groundskeeper:** Brian Mitchell. **Grounds Assistant:** Mitch Riddle. **Home Clubhouse Manager:** Austen Burgdorf. **Visiting Clubhouse Manager:** Blake Glass.

FIELD STAFF
Manager: Gregorio Petit. **Pitching Coach:** Paul Abbott. **Hitting Coach:** Juan Dilone. **Assistant Hitting Coach:** Daryl Kennedy. **Athletic Trainer:** Eric Fasth. **Strength and Conditioning Coach:** Jake Routhier.

GAME INFORMATION
Radio Announcer: Bob Hards. **No. of Games Broadcast:** 138. **Flagship Station:** Streamed on Website. **PA Announcer:** Wes Coles. **Official Scorer:** TBA. **Stadium Name:** Momentum Bank Ballpark. **Location:** From I-20, exit Loop 250 North to Highway 191 intersection. **Standard Game Times:** Sunday: 2:00 pm, **Monday-Wednesday:** 6:30 pm, **Thursday-Saturday:** 7:00 pm. **Ticket Price Range:** $8-16. **Visiting Club Hotel:** Sleep Inn& Suites, 5612 Deauville Blvd, Midland, TX 79706. **Telephone:** (432) 694-4200.

NORTHWEST ARKANSAS NATURALS

Address: 3000 Gene George Blvd, Springdale, AR 72762.
Telephone: (479) 927-4900. **Fax:** (479) 756-8088.
E-Mail Address: tickets@nwanaturals.com. **Website:** www.nwanaturals.com.
Affiliation (first year): Kansas City Royals (1995). **Years in League:** 2021-

OWNERSHIP/MANAGEMENT
Principal Owner: Rich Products Corp. **Senior Chairman, Rich Products Corporation:** Robert Rich Jr. **Chairman Rich Products Corporation/Executive Vice Chair, Rich Entertainment Group:** Melinda Rich. **President, Rich Entertainment Group:** Joseph Segarra. **President, Rich Baseball Operations:** Mike Buczkowski. **Vice President/General Manager:** Justin Cole. **Assistant General Manager:** Mark Zaiger. **Senior Director of Retail Licensing, & Event Experience:** Morgan Helmer. **Senior Director of Marketing:** Dustin Dethlefs. **Director, Ballpark Operations:** Brock White. **Ballpark Operations Manager:** Brad Ziegler. **Head Groundskeeper:** Stephen Crockett. **Assistant Groundskeeper:** Lee Anderson. **Creative Services Coordinator:** Adam Annaratone. **Marketing Coordinator:** Jake Bay. **Ticket Office Manager:** Matt Fanning. **Account Executive/Event Coordinator:** Amber McCarthy. **Account Executive/ Gameday Coordinator:** Joy Clingan. **Account Executive:** Stevin Blackiston. **Account Executive:** Hannah Schmidt. **Account Executive:** Mason Geraty.

FIELD STAFF
Manager: Tommy Shields. **Pitching Coach:** Larry Carter. **Assistant Pitching Coach:** Sam Eades. **Hitting Coach:** Andy LaRoche. **Assistant Hitting Coach:** Chris Nelson. **Assistant Coach:** Kevin Kuntz. **Athletic Trainer:** Brad Groleau. **Strength & Conditioning Coach:** Ted Elsner. **Coordinator of Clubhouse Operations:** Danny Helmer.

GAME INFORMATION
Radio Announcer: Shawn Murnin. **No. of Games Broadcast:** 138. **Flagship Station:** Streamed Online. **PA Announcer:** TBA. **Official Scorers:** Kyle Stiles, Walter Woodie, & Ken Foxx. **Stadium Name:** Arvest Ballpark. **Location:** I-49 to US 412 West (Sunset Ave), Left on Gene George Blvd. **Standard Game Times:** 705 pm, 605 pm (Saturday), 2:05 pm (Sunday). **Visiting Club Hotel:** Holiday Inn Springdale, 1500 S 48th St, Springdale, AR 72762. **Telephone:** (479) 751-8300.

MINOR LEAGUES

SAN ANTONIO MISSIONS

Address: 5757 US Hwy 90 W, San Antonio, TX 78227
Phone: 210-675-7275. **Fax:** 210-670-0001
Email: sainfo@samissions.com. **Website:** samissions.com
Affiliation (First Year): San Diego Padres (2021). **Years in League:** 2021-Present

OWNERSHIP/MANAGEMENT
Ownership: Designated Bidders, LLC. **Team President:** Burl Yarbrough. **General Manager:** Dave Gasaway. **Assistant GM:** Mickey Holt, Jeff Long and Bill Gerlt. **Director of Finance:** Monica Lopez. **Office Manager:** TBD. **Director of Ticketing:** JJ Jimenez. **Account Executives:** Alex Curtin, Gabriel Trejo, Tyler King, Alex Flynn, Lizzy Woeste, Cruz Raymond and Daniel Oliva. **Director of Public Relations:** Jeremy Sneed. **Social Media Manager:** Analee Reyes. **Marketing Director:** TBD. **Operations Manager:** Jack Hakala. **Maintenance Director:** Danny Pena. **Assistant Maintenance Director:** Chris Castillo. **Clubhouse Manager:** Presley Greier. **Head Groundskeeper:** Mark Medellin. **Assistant Groundskeeper:** Nash Opperman.

FIELD STAFF
Manager: Luke Montz. **Pitching Coach:** Jeff Andrews. **Hitting Coach:** Yunir Garcia. **Bench Coach:** Miguel Del Castillo. **Athletic Trainer:** David Bryan. **Strength and Conditioning Coach:** Garrett Kelly.

GAME INFORMATION
No. of Games: 138. **Flagship Station:** 680 AM/104.9 FM KKYX. **PA Announcer:** Roland Ruiz. **Official Scorer:** David Humphrey. **Stadium Name:** Nelson Wolff Stadium. **Location:** From 1-10, I-35 or I-37, take US Hwy 90 W to Callaghan Road exit. **Standard Game Times:** 7:05 p.m., Sundays (1:05 or 6:05 p.m.).

SPRINGFIELD CARDINALS

Address: 955 East Trafficway, Springfield, MO 65802.
Telephone: (417) 863-0395. **Fax:** (417) 832-3004.
E-Mail Address: springfield@cardinals.com. **Website:** springfieldcardinals.com.
Affiliation (first year): St. Louis Cardinals (2005). **Years in League:** 2021-

OWNERSHIP/MANAGEMENT
Operated By: St. Louis Cardinals.
Vice President/General Manager: Dan Reiter. **VP, Baseball/Business Operations:** Scott Smulczenski. **Director, Market Development:** Brad Beattie. **Baseball and Community Ambassador:** Scott Bailes. **Senior Director, Ticket Technology & Operations:** Angela Deke. **Multimedia Content Coordinator:** Olivia Barrett. **Director, Branding & Communications/Broadcaster:** TBA. **Supervisor of Ticket Operations:** Levi Smith. **Manager, Fan Engagement & Special Events:** Regina Hess. **Manager, Production:** Tysen Hathcock. **Brand Creative Specialist/Graphic Designer:** T.J. Patton. **Community Marketing Coordinators:** Caleb Lasher, Charlsey Seidel, Justin Garner, Dalton Baker. **Director, Ticket Sales & Marketing Operations:** Zack Pemberton. **Senior Community Marketing & Faith-Based Coordinator:** Todd Wright. **Manager, Ticket Sales:** Eric Tomb. **VP, Stadium Operations:** Aaron Lowrey. **Accountant:** Tina Miller. **Office Coordinator:** Sheila Driemeyer. **Director, Field & Stadium Operations:** Derek Edwards. **Stadium Operations Coordinator:** TJ Joy. **Field Operations Coordinator:** Nathan Strait.

FIELD STAFF
Manager: Jose Leger. **Hitting Coach:** Casey Chenoweth. **Pitching Coach:** Eric Peterson. **Coach:** Paul Benoit. **Athletic Trainer:** Alex Wolfinger. **Strength Coach:** Ryan Duffy.

GAME INFORMATION
Radio Announcer: TBA. **No. of Games Broadcast:** 138. **Flagship Station:** TBA. **PA Announcer:** Eric Tomb. **Official Scorers:** TBA. **Stadium Name:** Hammons Field. **Location:** Highway 65 to Chestnut Expressway exit, west to National, south on National, west on Trafficway. **Standard Game Time:** 7:10 pm. **Ticket Price Range:** $8-50. **Visiting Club Hotel:** University Plaza Hotel, 333 John Q Hammons Parkway, Springfield, MO 65806. **Telephone:** (417) 864-7333.

TULSA DRILLERS

Address: 201 N. Elgin Ave, Tulsa, OK 74120.
Telephone: (918) 744-5998. **Fax:** (918) 747-3267.
E-Mail Address: mail@tulsadrillers.com. **Website:** www.tulsadrillers.com.
Affiliation (first year): Los Angeles Dodgers (2015). **Years in League:** 1977-present.

OWNERSHIP/MANAGEMENT
Operated By: DBH Tulsa, LLC
President & General Manager: Mike Melega. **Assistant General Manager & Vice President of Public Relations & Baseball Operations:** Brian Carroll. **Assistant General Manager & Vice President of Marketing:** Justin Gorski. **Chief Financial Officer:** Jenna Savill. **Vice President, Sales:** Jennifer Carthel. **Director, Ticket Operations:** Justin Perkins.

MINOR LEAGUES

Vice President of Stadium Operations: Marshall Schellhardt. **Director of Community Relations:** Taylor Levacy. **Co-Director of Food & Beverage:** Christopher Bullis. **Co-Director of Food & Beverage:** Amanda Coe. **Director of Promotions & Merchandise:** Alex Kossakoski. **Director, Corporate Partnerships & Premium Services:** Cameron Gordon. **Director, Video Production:** Roger Hess. **Creative Services Manager:** Mikki Downey. **Office & Special Events Manager/Assistant Director of Merchandise:** Kelsie Tulk. **Maintenance Manager:** Micah Wade. **Business Manager of F&B:** Belinda Shepherd. **Concessions Manager:** Mike Phipps. **Marketing Manager:** Brianna Root. **Mascot Coordinator:** Max Duretz. **Account Executive:** Nate Johnston. **Account Executive:** Ryan Christy. **Account Executive:** Seth Distler. **Assistant Public Relations Manager:** Brandon Hawkins. **Box Office Operations Manager:** Bailey Conner. **Stadium Operations Manager:** Collin Wilson. **Account Executive:** Michael Nickel. **Cleaning Supervisor:** Tre Springer. **Head Groundskeeper:** Gary Shepherd. **Video Production Intern:** Ava Cruchon. **Community Relations Intern:** Kayla Pham. **F&B Hospitality Intern:** Keith Carlton. **Ticket Sales Associate/Intern:** Sam Hiller. **Ticket Sales Associate/Intern:** Dylan Struble. **Ticket Sales Associate/Intern:** Owen Logan. **Ticket Sales Associate/Intern:** Andrew Newberry. **Video Production Intern:** Dillard Burnhart. **Food & Beverage Intern:** Tristen Brown. **Clubhouse Managers:** Nic Aleman (Home), Russ Oliver (Visiting). **Radio Broadcaster:** Dennis Higgins. **Team Photographers:** Rich Crimi & Tim Campbell.

FIELD STAFF

Manager: Scott Hennessey. **Hitting Coach:** TBD. **Pitching Coach:** Durin O'Linger. **Bench Coach:** TBD. **Performance Coach:** TBD. **Athletic Trainer:** Jesse Guffey. **Video Associate:** TBD.

GAME INFORMATION

Radio Announcer: Dennis Higgins. **No. of Games Broadcast:** 138. **Flagship Station:** KTBZ 1430-AM. **PA Announcer:** Kirk McAneny. **Official Scorers:** Bruce Howard, Duane DaPron, Larry Lewis, Barry Lewis. **Stadium Name:** ONEOK Field. **Location:** 201 N. Elgin Ave. Tulsa, OK 74120 I-244 to Cincinnati/Detroit Exit (6A), north on Detroit Ave, right onto John Hope Franklin Blvd, right on Elgin Ave. **Standard Game Times:** 7:05 pm (Tuesday-Saturday), Sun. 1:05. **Visiting Club Hotel:** Tulsa Marriott Southern Hills, 1902 E 71st Street, Tulsa, OK 74136. **Telephone:** (918) 493-7000.

WICHITA WIND SURGE

Address: 275 S. McLean Blvd, Wichita KS 67213
Telephone: (316) 221-8000. **Fax:** TBD
E-Mail Address: info@windsurge.com. **Website:** www.windsurge.com
Affiliation (first year): Minnesota Twins (2021). **Years in League:** 2021-

OWNERSHIP/MANAGEMENT

Ownership: Diamond Baseball Holdings, LLC. **President:** Jay Miller.

General Manager: Matt Hamilton. **Director of Business Operations:** April Houle. **Director, Ticket Sales:** Adam Mettler. **Director of Corporate Partnerships & Public Relations:** Tim Grubbs. **Director of Sales:** Billy Houle. **Marketing Manager:** Jenn Schwechheimer. **Manager, Special Events:** Maggie McLaughlin. **Promotions and Creative Services Manager:** Alvin Garcia. **Video Operations & Production Coordinator:** Chance Fernandez. **Retail Merchandise Manager:** Jake Cassidy. **Community Relations Manager:** Hannah Jasinski. **Account Executive, Corporate Partnerships:** Christian Newell. **Account Executive, Ticket Sales:** Nick Nelson. **Account Executive, Ticket Sales:** Nick O'Brien. **Account Executive, Ticket Sales:** Adam Krichati. **Account Executive, Ticket Sales:** Tre Gray. **Sales Account Executive, Ticket Sales:** Colin Parks. **Account Executive, Cooper Anderson. Manager, Ticket Operations:** Megan Overmann. **Director Stadium Operations:** Ben Hartman. **Coordinator Stadium Operations:** Jacob Koch. **Assistant Field Operations:** Jake Cooley. **Director, Museum Operations:** Neleigh Higgins. **Director of Food & Beverage:** James Johnson. **Manager, Food & Beverage:** Justin Thomas. **Manager, Hospitality:** Madison White.

FIELD STAFF

Manager: Ramon Borrego. **Hitting Coach:** Corbin Day. **Pitching Coach:** Carlos Hernandez and DJ Engle. **Development Coach:** Yeison Perez. **Strength Coach:** Jacob Needham. **Athletic Trainers:** Chase Thompson and Katie Lortie. **Baseball Technology Coordinator:** Chase Carder.

GAME INFORMATION

Radio Announcers: Tim Grubbs. **No. of Games Broadcast:** 138. **Flagship Station:** KKGQ 92.3 FM ESPN Radio. **PA Announcer:** Derek J. Aalders. **Official Scorer:** Dave Glennemeier, Fred Martin, Wyatt Ebersole, Jeff Lutz. **Stadium Name:** Riverfront Stadium. **Location:** From Airport: US-400 E/US-54 E from Eisenhower Airport Pkwy, Take the Seneca/Sycamore exit from US-400 E/US-54 E, Continue on S Sycamore St to your destination. **Standard Game Times:** M-F 7:05; Sat. 6:05; Sun. 1:05. **Ticket Price Range:** $8-19. **Visiting Club Hotel:** Hyatt Regency Wichita, 400 W Waterman Street, Wichita, KS 67202. **Telephone:** (316) 293-1234.

MINOR LEAGUES

MIDWEST LEAGUE

STADIUM INFORMATION

Club	Stadium	Opened	LF	CF	RF	Capacity	2023 Att.
Beloit	ABC Supply Stadium	2021	345	400	325	3,850	104,411
Cedar Rapids	Veterans Memorial Stadium	2002	315	400	325	5,300	161,205
Dayton	Day Air Ballpark	2000	338	402	338	6,830	520,433
Fort Wayne	Parkview Field	2009	336	400	318	8,100	340,038
Great Lakes	Dow Diamond	2007	332	400	325	5,200	186,112
Lake County	Classic Park	2003	320	400	320	6,157	193,436
Lansing	Cooley Law School Stadium	1996	305	412	305	11,000	299,449
Peoria	Dozer Park	2002	310	400	310	7,000	158,209
Quad Cities	Modern Woodmen Park	1931	343	400	318	7,140	173,724
South Bend	Four Winds Fields	1987	336	405	336	5,000	314,591
West Michigan	Fifth Third Ballpark	1994	317	402	327	9,281	360,999
Wisconsin	Neuroscience Group Field	1995	325	400	325	5,170	227,119

BELOIT SKY CARP

Office Address: 217 Shirland Ave., Beloit, WI 53511 (ABC Supply Stadium)
Mailing Address: P.O. Box 855, Beloit, WI 53512. **Telephone:** (608) 362-2272.
E-Mail: info@skycarp.com. **Website:** www.skycarp.com.
Affiliation (first year): Miami Marlins (2021). **Years in League:** 2021-

OWNERSHIP/MANAGEMENT
President: Zach Brockman. **VP, Entertainment:** Maria Valentyn. **VP, Sales:** Drew Olstead. **Box Office Manager:** Jacob Dettor. **Merchandise Manager:** Bob Villarreal. **Media & Public Relations Manager:** Josh Flickinger. **Creative Services Manager:** Matt Michie. **Head Groundskeeper:** Jaymeson Wilcox. **Events Manager:** Geronimo Hospitality. **Facilities Operations Manager:** Gene Wright. **Clubhouse Manager:** Daniel Rogers. **Sales Executive:** Joe Valentyn. **Sales Executive:** Gavin Phillips. **GM of Food & Beverage:** Michael Ranson. **Executive Chef:** John Moore.

FIELD STAFF
TBD

GAME INFORMATION
Radio Announcer: Josh Flickinger. **No. of Games Broadcast:** 66. **Flagship Station:** Big Radio App. **Stadium Name:** ABC Supply Stadium. **Standard Game Times:** Mon-Fri: 6:35, Sat-1:05/6:35, Sun 1:05pm. **Ticket Price Range:** $14-23. **Visiting Club Hotel:** Home2 Suites by Hilton. 2750 Cranston Road. Beloit, WI 53511. **Telephone:** (608) 467-5500.

CEDAR RAPIDS KERNELS

Office Address: 950 Rockford Road SW, Cedar Rapids, IA 52404.
Mailing Address: PO Box 2001, Cedar Rapids, IA 52406.
Telephone: (319) 363-3887.
E-Mail: kernels@kernels.com. **Website:** www.kernels.com.
Affiliation (first year): Minnesota Twins (2013). **Years in League:** 2021-

OWNERSHIP/MANAGEMENT
President: Greg Churchill. **Chief Executive Officer:** Doug Nelson. **General Manager:** Scott Wilson. **Senior Director Business Development:** Jessica Fergesen. **Director of Food and Beverage:** Tyler Benton. **Controller:** TBA. **Assistant Director of Food and Beverage:** Chris Abernathy. **Food & Beverage Staffing Manager:** Allie Mormann. **Social Media Manager:** Carissa Goetz. **Graphic Designer:** McKenzie Short. **Special Events Manager:** Allie Mormann. **Baseball Operations Manager:** Logan Larson. **Stadium Operations Manager:** Dave Soper. **Box Office Manager:** Ben Steidler. **Sports Turf Manager:** Jesse Roeder. **Radio Broadcaster:** Calvin Christoforo. **Mascot Coordinator:** McKenzie Short. **Clubhouse Manager:** Noah Wilson.

FIELD STAFF
Manager: Brian Dinkelman. **Hitting Coaches:** CJ Baker, Jairo Rodriguez. **Pitching Coaches:** Argenis Angulo, Jonas Lovin. **Trainers:** Tyler Blair, Randy Yang. **Strength Coach:** Blake Kretovics.

GAME INFORMATION
Radio Announcer: Calvin Christoforo. **No. of Games Broadcast:** 132. Streaming Internet Only. **Stadium Name:** Perfect Game Field at Veterans Memorial Stadium. **Directions to Stadium:** From I-380 North, take the Wilson Ave exit, turn left on Wilson Ave, after the railroad tracks, turn right on Rockford Road, pro- ceed .8 miles, stadium is on left; from I-380 South, exit at First Avenue West (exit 19b), Go west to 15th Street, and turn left. Turn left onto 8th Ave, then right

MINOR LEAGUES

onto Kurt Warner Way. **Standard Game Times:** Mon.-Sat., 6:35 pm, Sun. 1:05 pm. **Ticket Price Range:** $10-16. **Visiting Club Hotel:** Double Tree 350 1st Ave NE Cedar Rapids, IA 52401. **Telephone:** (319) 731-4444.

DAYTON DRAGONS

Office Address: Day Air Ballpark, 220 N. Patterson Blvd., Dayton, OH 45402.
Mailing Address: PO Box 2107, Dayton, OH 45401.
Telephone: (937) 228-2287. **Fax:** (937) 228-2284.
E-Mail Address: dragons@daytondragons.com. **Website:** www.daytondragons.com.
Affiliation (first year): Cincinnati Reds (2000). **Years in League:** 2000-

OWNERSHIP/MANAGEMENT
Operated By: Palisades Arcadia Baseball LLC. **President & General Manager:** Robert Murphy.
Executive Vice President: Eric Deutsch. **Executive Vice President, Assistant General Manager:** Brandy Guinaugh.
VP, Accounting/Finance: Mark Schlein. **VP, Corporate Partnerships:** Andrew Hayes. **Vice President, Team & Stadium Operations:** John Wallace. **Director, Media Relations & Broadcasting:** Tom Nichols. **Senior Director, Entertainment:** Kaitlin Rohrer. **Director, Entertainment:** Katrina Gibbs. **Director, Ticket Administration & Box Office:** Tony Whiteford. **Director, Group Sales:** Carl Hertzberg. **Entertainment Manager:** Jamie Penwell. **Business Development Managers:** Christopher Coleman, Nate Gonelli, Jake Sewell, Christian Stinchfield. **Corporate Partnerships Managers:** Nicole Annucci, Jake Arthur, Tanner Buhrts, Luke Campbell, Tucker Ellis, Alex Livingston, Kaylie Marshall Garrett Spikes. **Graphic Designer:** Shawn Dewey. **Motion Graphics Designer & Production Manager:** Ian Kallmeyer. **Digital Communications & Graphic Design:** Kylie Ross. **Group Sales Managers:** Madison Berlinger, Alyssa Cody, Matthew Harrison, Grant Noffsinger. **Senior Inside Sales Manager:** Andrew Majzan. **Inside Sales Manager:** Mandi Napier. **Merchandise & Ticket Manager:** Lamont Fox. **Assistant Box Office Manager:** Jacob Offenbacker. **Director of Field Operations:** Charlie Betts. **Operations Managers:** Nick Hall, Sami Jones. **Administrative Assistant to the President:** Mary Cleveland. **Senior Accountant:** Dorothy Day. **Accounting Manager:** Karen Frederick. **Corporate Partnerships Assistant:** Keegan Blosser. **Entertainment Assistant:** Fiona Holahan. **Media Relations Assistant:** Patrick Geshan. **Creative Intern:** Carly Fledderjohann.

FIELD STAFF
Manager: Vince Harrison. **Hitting Coach:** Jose Leon. **Pitching Coach:** Brian Garman. **Coach:** Jefry Sierra. **Trainer:** Lauren Powers. **Strength/Conditioning:** Michael Sadler. **Performance Coach:** Luis Rios. **Video/Tech Specialist:** Hunter Rickard.

GAME INFORMATION
Radio Announcers: Tom Nichols and Patrick Geshan. **No. of Games Broadcast:** 132. **Flagship Station:** WONE 980 AM. **Official Scorers:** Matt Lindsay, Mike Lucas, Mark Miller, Charlie Danis. **Stadium Name:** Day Air Ballpark. **Location:** I-75 South to downtown Dayton, left at First Street; I-75 North, right at First Street exit. **Ticket Price Range:** $10-$20. **Visiting Club Hotel:** Courtyard by Marriott, 100 Prestige Place, Miamisburg, OH 45342. **Telephone:** 937-433-3131. **Fax:** 937-433-0185.

FORT WAYNE TINCAPS

Address: 1301 Ewing St., Fort Wayne, IN 46802.
Telephone: (260) 482-6400. **Fax:** (260) 471-4678.
E-Mail Address: info@tincaps.com. **Website:** www.tincaps.com.
Affiliation (first year): San Diego Padres (1999). **Years in League:** 2021-

OWNERSHIP/MANAGEMENT
Operated By: Hardball Capital. **Owner:** Jason Freier. **President:** Mike Nutter. **Vice President, Corporate Partnerships:** David Lorenz. **VP, Finance:** Brian Schackow. **VP, Marketing & Promotions:** Michael Limmer. **VP, Group Ticket Sales:** Brent Harring. **Creative Director:** Tony DesPlaines. **Director of Video Production:** Melissa Harring. **Assistant Video Production Manager:** Jared Law. **Broadcasting/Media Relations Manager:** John Nolan. **Assistant Director of Marketing & Promotions:** Morgan Olson. **Community & Fan Engagement Manager:** Brenda Feasby. **Merchandise Manager:** Emma Reese. **Digital Marketing Manager:** Chris Darby. **Assistant Director of Group Sales:** Austin Allen. **Senior Ticket Account Manager:** Dalton McGill. **Senior Ticket Account Manager:** Jared Parcell. **Assistant Director of Corporate Partnerships:** Jenn Sylvester. **Ticketing Director:** Kade Zvokel. **Reading Program Director/Assistant Director of Ticketing:** Blaine Jerome. **Special Events Coordinator:** Holly Raney. **Banquet Event Manager:** Alexis Smith. **Food/Beverage Director:** Bill Lehn. **Executive Chef/Culinary Director:** Pisarn Amornarthakij. **Inventory & Reporting Manager:** Michael Shidler. **Food/Beverage Operations Manager:** Alec Bayman. **Commissary Manager:** Andrew Frank. **Assistant Food/Beverage Operations Manager:** Jordyn Fitzgerald. **VIP Services Manager:** Maley Tinstman. **Head Groundskeeper:** Keith Winter. **Facilities Director:** Tim Burkhart. **Accounting/Facilities Manager:** Erik Lose. **Groundskeeping Assistant:** Jake Sperry. **Groundskeeping Assistant:** Bryce Ginder. **Human Resources/Office Manager:** Cathy Tinney.

FIELD STAFF
Manager: Mike Daly. **Pitching Coach:** Thomas Eshelman. **Hitting Coach:** Jed Morris. **Bench Coach:** Jhonaldo Pozo. **Athletic Trainer:** Lauren Gottschall. **Strength Coach:** Chandler Craig. **Clubhouse Manager:** Sam Lewis. **Performance Analyst:** Greg Bender. **Video:** Dylan Bryant.

MINOR LEAGUES

GAME INFORMATION
Radio Announcers: John Nolan, Mike Maahs. **No. of Games Broadcast:** 132. **Flagship Station:** WKJG 1380-AM/100.9-FM. **TV Announcers:** John Nolan, Brett Rump, Justin Libey. **No. of TV Games Broadcast:** Home–66. **Flagship Stations:** MiLB.TV, Bally Live, and MyTV Fort Wayne. **PA Announcer:** Jared Parcell. **Official Scorers:** Rich Tavierne, Dan Watson, Rick Isenbarger. **Stadium Name:** Parkview Field. **Location:** 1301 Ewing St., Fort Wayne, IN, 46802. **Ticket Price Range:** $7-$14.

GREAT LAKES LOONS

Address: 825 East Main St., Midland, MI 48640.
Telephone: (989) 837-2255. **Fax:** (989) 837-8780.
E-MailAddress: tickets@loons.com. **Website:** www.loons.com.
Affiliation (first year): Los Angeles Dodgers (2007). **Years in League:** 2021-

OWNERSHIP/MANAGEMENT
Stadium Ownership: Michigan Baseball Foundation. **Founder, CEO:** William Stavropoulos. **President, GM:** Chris Mundhenk. **Vice President, CFO:** Jana Chotivkova. **Vice President, COO:** Eric Ramseyer. **Director, Entertainment & Community Outreach:** Cameron Bloch. **Assistant General Manager, Ticket Sales:** Kevin Schunk. **Creative & Services and Content Manager:** Elizabeth Getzinger. **Corporate Partnership and Entertainment Manager:** Eric Vandefifier. **Executive Assistant/HR Assistant:** Jessica Gillespie. **General Manager, Dow Diamond Events:** Dave Gomola. **Director of Sales, Sports Radio 100.9 the Mitt:** Rich Juday. **Assistant GM, Marketing & Entertainment:** Brian Worsley. **Director, Corporate Partnerships:** Brandon Loker. **Box Office Manager:** Rickey Rissman. **Manager, Video Production:** Jimmy Metiva. **Director of Culinary Operations:** Andrea Noonan. **Retail Manager:** Makayla Rapini. **Sports Radio 100.9 the Mitt: Broadcast & Content Coordinator:** John Vicari. **Ticket Account Executives:** Travis Webb, Scott Bejcek, Jake Wendorf, Austin Johnson. **Head Groundskeeper:** Jeff Ross. **Director, Accounting:** Jamie Start. **Assistant GM, Facility Operations:** Dan Straley. **Food and Beverage Business Coordinator:** Stephanie Tithof. **General Manager & Play-by-Play Broadcaster, Sports Radio 100.9 the Mitt:** Brad Tunney. **Director of Food and Beverage Operations:** Carlos Valles. **Director, Corporate Accounts:** Joe Volk. **Vice President, Baseball Operations & Gameday Experience:** Tiffany Wardynski. **Facilities Operation Managers:** Christopher Earl Eugene Backus, Basilio Gonzalez.

FIELD STAFF
Manager: Jair Fernandez. **Hitting Coach:** O'Koyea Dickson. **Pitching Coach:** David Anderson. **Assistant Pitching Coach:** Richard De Los Santos. **Bench Coach:** Elian Herrera. **Athletic Trainer:** Ikuo Kato. **Performance Coach:** Jake Taylor. **Affiliate Development Associate:** Colby Wyatt.

GAME INFORMATION
Play-by-Play Broadcaster: Brad Tunney and Eric Bach. **No. of Games Broadcast:** 132. **Flagship Station:** WLUN, Sports Radio 100.9 the Mitt (1009themitt.com). **PA Announcer:** Jerry O'Donnell. **Official Scorers:** Steve Robb, Jason Wirtz. **Stadium Name:** Dow Diamond. **Location:** I-75 to US-10 W, Take the M-20/US-10 Business exit on the left toward downtown Midland, Merge onto US-10 W/MI-20 W (also known as Indian Street), Turn left onto State Street, the entrance to the stadium is at the intersection of Ellsworth and State Streets. **Standard Game Times:** M-F: 6:05 PM (April–May), **Sat & Sun:** 1:05 PM (April–May), **Mon-Sat:** 7:05 PM (June–Sept.), **Sun:** 1:05 PM (June–Sept.). **Ticket Price Range:** $10-18. **Visiting Club Hotel:** Fairfield Inn & Suites by Marriott; 506 Buttles Street, Midland, MI 48640. 989-631-7100.

LAKE COUNTY CAPTAINS

Address: 35300 Vine St., Eastlake, OH 44095-3142.
Telephone: (440) 975-8085. **Fax:** (440) 975-8958.
E-Mail Address: jyorko@captainsbaseball.com
Website: www.captainsbaseball.com
Affiliation (first year): Cleveland Guardians (2003). **Years in League:** 2021-

OWNERSHIP/MANAGEMENT
Operated By: COLLiDE NEO. **President:** Alan Miller. **General Manager:** Jen Yorko. **Assistant General Manager:** Drew LaFollette. **Director, Turf Management:** Drew Maskey. **Director, Ticket Sales & Partnerships:** Andrew Grover. **Food & Beverage:** Julia Fasiang. **Manager, Social Media:** Morgan Mattimore. **Manager, Ticket Sales:** Doug Rich. **Fan Engagement Specialist:** Jon Clarke. **Fan Engagement Specialist:** Bryce Grossman. **Fan Engagement Specialist:** Matt Harvey. **Fan Engagement Specialist:** Nick Lalama. **Fan Engagement Specialist:** Jason Underwood.

FIELD STAFF
Manager: Omir Santos. **Hitting Coach:** Ordomar Valdez. **Pitching Coach:** Kevin Erminio. **Bench Coach:** Marc Mumper. **Athletic Trainer:** Frank Sammons. **Strength & Conditioning Coach:** Andrew Coleman.

MINOR LEAGUES

GAME INFORMATION
Radio Announcer: TBD. **No. of Games Broadcast:** 66 (Home Games). **PA Announcer:** Jasen Sokol, Wayne Blankenship. **Official Scorers:** Ken Krsolovic, Chuck Murr. **Location:** From Ohio State Route 2 East, exit at Ohio 91, go left and the stadium is 1/4 mile north on your right; From Ohio State Route 90 East, exit at Ohio 91, go right and the stadium is approximately five miles north on your right. **Standard Game Times:** Mon.-Sat. 6:35 pm Sun. at 1 pm, Mon-Sat. in June and July at 7 pm. **Visiting Club Hotel:** Four Points by Sheraton Cleveland-Eastlake, 35000 Curtis Blvd, Eastlake, OH 44095. **Telephone:** (440) 953-8000.

LANSING LUGNUTS

Address: 505 E. Michigan Ave., Lansing, MI 48912.
Telephone: (517) 485-4500. **Fax:** (517) 485-4518.
E-Mail Address: info@lansinglugnuts.com. **Website:** lansinglugnuts.com.
Affiliation (first year): Oakland Athletics (2021). **Years in League:** 2021-

OWNERSHIP/MANAGEMENT
Operated By: Diamond Baseball Holdings. **Executive Chairman:** Pat Battle. **CEO:** Peter B. Freund. **General Manager:** Zac Clark. **Head Groundskeeper:** Joe Trautner. **Director of Stadium Operations:** Dustin Saunders. **Director of Creative Services:** Terry Alapert. **Director of Finance:** Kay Richardson. **Director of Ticket Sales:** Nick Bertoia. **Director of Retail:** Matt Hicks. **Director of Food and Beverage:** Steve Keast. **Executive Chef:** Michelle Evans. **Catering Manager:** Michelle Stanley. **Concessions Manager:** Alec Dunckel. **Special Events Manager:** Courtney Prins. **Marketing and Fan Engagement Manager:** Amanda Rich. **Media Relations/Broadcasting:** Jesse Goldberg-Strassler. **Media Relations/Broadcasting Assistant:** Adam Jaksa. **Ticket Operations Manager:** Chris Dokken. **Group Sales Manager:** Marcos Martinez. **Corporate Sales Manager:** Daniel Kantor. **Ticket Account Executive:** Nicolas Dewey. **Ticket Account Executive:** Dylan Rokosz. **Ticket Account Executive:** Dawson Campbell. **Stadium Operations Manager:** Jake Warren-Kraatz. **Stadium Operations Coordinator:** Daniel Martinez.

FIELD STAFF
Manager: Craig Conklin. **Hitting Coach:** Kevin Kouzmanoff. **Pitching Coach:** Don Schulze. **Assistant Hitting Coach:** Ruben Escalara. **Athletic Trainer:** Noah Huff. **Strength & Conditioning Coach:** Jonathan Christensen.

GAME INFORMATION
Broadcasters: Jesse Goldberg-Strassler, Adam Jaksa. **No. of Games Broadcast:** 132. **Flagship Station:** N/A. **PA Announcer:** Chris Snyder. **Official Scorer:** Timothy Zeko. **Stadium Name:** Jackson® Field™. **Location:** I-96 East/ West to US 496, exit at Larch Street, north of Larch, stadium on left. **Ticket Price Range:** $10-$42. **Visiting Club Hotel:** Radisson Hotel.

PEORIA CHIEFS

Address: 730 SW Jefferson, Peoria, IL 61605.
Telephone: (309) 680-4000. **Fax:** (309) 680-4080.
E-Mail Address: feedback@chiefsnet.com. **Website:** www.peoriachiefs.com.
Affiliation (first year): St. Louis Cardinals (2013). **Years in League:** 2021-

OWNERSHIP/MANAGEMENT
Operated By: Peoria Chiefs Community Baseball Club LLC.
General Manager: Jason Mott. **Assistant General Manager:** Gary Olson. **Social Media Manager:** Andrea Barr. **Director of Ticket Operations:** Matthew Vetter. **Director of Operations:** TBD. **Manger of Community Relations:** Payton Leverton. **Manager of Media Relations:** Cody Schindler. **Head Groundskeeper:** Jeremy Doty.

FIELD STAFF
Manager: Patrick Anderson. **Hitting Coach:** Elvis Rodriguez. **Pitching Coach:** Edwin Moreno. **Trainer:** Paden Eveland. **Strength Coach:** Campbell Quirk.

GAME INFORMATION
Radio Announcer: Cody Schinder. **No. of Games Broadcast:** 132. **Flagship Station:** www.peoriachiefs.com, Tune-In Radio. **PA Announcer:** Dustin Fitzpatrick. **Official Scorers:** Cody Schindler & TBA. **Stadium Name:** Dozer Park. **Location:** From South/East, I-74 to exit 93 (Jefferson St), continue one mile, stadium is one block on left; From North/West, I-74 to Glen Oak Exit, turn right on Glendale, which turns into Kumpf Blvd, turn right on Jefferson, stadium on left. **Standard Game Times:** Tues-Thurs, 6:35 p.m. Fri-Sat 7:05 p.m. Sun 2:05 p.m. **Ticket Price Range:** $9-16. **Visiting Club Hotel:** Holiday Inn Express and Suites, 1100 Bass Pro Drive East Peoria, IL 61611. **Telephone:** (309) 694-9800.

QUAD CITIES RIVER BANDITS

Address: 209 South Gaines Street, Davenport, IA 52802
Telephone: (563) 324-3000. **Fax:** (563) 324- 3109
Email Address: bandit@riverbandits.com. **Website:** riverbandits.com
Affiliation (first year): Kansas City Royals (2021). **Years in League:** 1960-

MINOR LEAGUES

OWNERSHIP/MANAGEMENT
Operated by: Main Street Baseball LLC, Dave Heller, Roby Smith, Michael Blum. **Chief Operating Officer, Main Street Baseball:** Joe Kubly. **General Manager:** Paul Kleinhans-Schulz. **Vice President Sales:** Shawn Brown. **Assistant General Manager, Baseball Operations:** Julia McNeil. **Assistant General Manager, Marketing:** Josh Michalsen. **Director, Finance:** Julie James. **Senior Director, Amusements and Maintenance:** Sam Carnes. **Director, Marketing:** Dan Straney. **Director, Production and Creative Services:** Justin Hodge. **Director, Special Events:** Leah Allison. **Director Field Services/Head Groundskeeper:** Morgan Hunter. **Director, Food and Beverage:** Tenisha Ingold. **Broadcaster/Manager Media Relations and Season Tickets:** Kyle Kercheval. **Box Office Manager:** Tyler Phillips. **Event Manager:** Kara Fairfield. **Manager, Ballpark Operations and Grounds:** Jon Amato. **Manager, Ballpark Operations and Grounds:** Henry Counsell. **Manager, Group Sales:** Adam Kowalik. **Manager, Baseball Operations:** Charlie Theuninck. **Assistant Food and Beverage Director/Manager, Hospitality and Catering:** Bri Marxen. **Executive Chef:** Allen Stubblefield. **Manager, Warehouse/Sales Executive:** Brian Javoroski. **Office and Merchandise Manager:** Mikayla Godding.

FIELD STAFF
Manager: Brooks Conrad. **Hitting Coach:** Ryan Powers, Chris Corbett. **Pitching Coach:** Derrick Lewis, Taylor Bloye. **Strength Coach:** Chad Gravenorst. **Athletic Trainer:** Nevan Dominguez.

GAME INFORMATION
Broadcaster: Kyle Kercheval. **No. of Games Broadcast:** 132. **Flagship Station:** MiLB.TV and riverbandits.com (audio stream). **Stadium Name:** Modern Woodmen Park. **Location:** From I-74, take Grant Street exit left, west on River Drive, left on South Gaines Street; from I-80, take Brady Street exit south, right on River Drive, left on South Gaines Street. **Standard Game Times:** 6:30pm CT. **Single Game Ticket Price Range:** $10-$20.

SOUTH BEND CUBS

Office Address: 501 W. South St., South Bend, IN 46601.
Mailing Address: 501 W. South St., South Bend, IN 46601.
Telephone: (574) 235-9988. **Fax:** (574) 235-9950.
E-Mail Address: cubs@southbendcubs.com. **Website:** www.southbendcubs.com
Affiliation (first year): Chicago Cubs (2015). **Years in League:** 2021-

OWNERSHIP/MANAGEMENT
Owner: Andrew Berlin. **President:** Joe Hart. **General Manager & V.P., Corporate Partnerships:** Nick Brown. **Assistant General Manager, Marketing/Media:** Chris Hagstrom-Jones. **Assistant General Manager, Operations:** Peter Argueta. **Assistant General Manager, Tickets:** Andy Francis. **Box Office Manager:** Anthony Burchette. **Merchandise Manager:** Mary Lou Pallo. **Senior Account Executives:** Kyle Cavanaugh, Tessa Schrager. **Account Executives:** Jake Klimcak, Jacob Devarona. **Director of Finance & Administration:** Melissa Christlieb. **Finance & Administrative Assistant:** Toni Dean. **Head Groundskeeper:** Jairo Rubio. **Assistant Groundskeeper:** Alex Paluszewski. **Stadium Operations Assistant:** Brendan Sanderson. **Director of Food and Beverage:** Tyler Hopple. **Business and Catering Manager:** Chloe Greenboam. **Executive Chef:** Josh Farmer. **Radio Broadcasters:** Brendan King, Max Thoma. **Production Manager:** Kayleigh Sedlacek.

FIELD STAFF
Manager: Nick Lovullo. **Hitting Coach:** Nate Spears. **Pitching Coach:** Bruce Billings. **Development Coaches:** Andrew Rueter, Marco Romero. **Trainer:** Nick Roberts. **Strength Coach:** Kelcey Mosley.

GAME INFORMATION
Flagship Station: Sports Radio 960 AM WSBT. **PA Announcer:** Gregg Sims, Jon Thompson. **Official Scorer:** Peter Yarbro. **Stadium Name:** Four Winds Field. **Location:** I-80/90 toll road to exit 77, take US 31/33 south to South Bend to downtown (Main Street), to Western Ave., right on Western, left on Taylor. **Standard Game Times:** Mon.-Sat., 7:05 pm, Sun. 2:05 pm. **Ticket Price Range:** Advance $12-15, Day of Game $13-15. **Visiting Club Hotel:** Aloft South Bend. **Hotel Telephone:** (574) 288-8000.

WEST MICHIGAN WHITECAPS

Office Address: 4500 West River Dr., Comstock Park, MI 49321.
Mailing Address: PO Box 428, Comstock Park, MI 49321.
Telephone: (616) 784-4131. **Fax:** (616) 784-4911.
E-Mail Address: playball@whitecapsbaseball.com.
Website: www.whitecapsbaseball.com.
Affiliation (first year): Detroit Tigers (1997). **Years in League:** 2021-

OWNERSHIP/MANAGEMENT
Chairmen and Founders: Lew Chamberlin/Denny Baxter. **CEO:** Joe Chamberlin. **President:** Steve McCarthy. **Vice President/General Manager:** Jim Jarecki. **Vice President, Sales:** Dan Morrison. **Director of Marketing:** Lynn

MINOR LEAGUES

Tuori. **Director of Ticket Sales:** Shaun Pynnonen. **Director of Food and Beverage:** Matt Timon. **Promotions and Fan Entertainment Manager:** Ben Love. **Assistant Director of Ticket Sales:** Mike Epstein. **Box Office Manager:** Kaitlyn Silvey. **Senior Ticket Operations Coordinator/Creative Specialist:** Emily Milne. **Ticket Sales Account Executives:** Riley Paulus, Nick Bradshaw, Brandon Olson, Tyler Glave. **Corporate Partner Sales Executives:** Brittney Behrens, JD Triemstra, Ernie McCallum. **Corporate Partnership Coordinator:** Leah Austin. **Community Relations Manager:** Nate Phillips. **Merchandise Manager:** Lori Ashcroft. **Hospitality Manager:** Amanda Stephan. **Food and Beverage Operations Manager:** Danielle O'Connor. **Food and Beverage Coordinator:** Travis Wieten. **Event Chef:** Matt Schumaker. **Operations Manager:** Brett Frieze. **Ballpark Operations Coordinator:** Nic Wolfe. **Facility Maintenance Manager:** Kipp Jelinski. **Facility Maintenance Assistant:** TBD. **Head Groundskeeper:** Mitch Hooten. **Assistant Groundskeeper:** Logan Complo. **Senior Design and Brand Specialist:** TBD. **Multimedia Coordinator:** Kelly Gonzalez Diaz. **Digital Media Coordinator:** Jessica Bates. **Video Production Assistant:** Kaylah Owens. **Special Events Manager:** April Butler. **Special Events Coordinator:** Rachel Smith. **Director of People:** Courtney Walsh. **People Operations Coordinator:** Abby Martin. **People Operations Assistant:** Jaymes Lacy. **Controller:** Dave Rozema. **Staff Accountant:** Brendan Schneider. **IT Administrator:** Scott Lutz. **IT Assistant:** Kyle Willacker. **People Operations Administrative Lead:** Ashley Gonzalez. **Administrative Assistant:** Brian Roberts.

FIELD STAFF
Manager: Tony Cappuccilli. **Hitting Coach:** Francisco Contreras. **Pitching Coach:** Dan Ricabal. **Associate Pitching Coach:** Collin Murray. **Athletic Trainer:** Justin Wagler. **Strength Coach:** Paul Synenkyj.

GAME INFORMATION
Play-by-Play Broadcasters: Dan Hasty, Nate Wangler. **No. of Games Broadcast:** 132. **Flagship Station:** Whitecapsbaseball.com. **PA Announcers:** Mike Newell, Bob Wells. **Official Scorer:** Joey Sutherlin. **Stadium Name:** LMCU Ballpark. **Location:** US 131 North from Grand Rapids to exit 91 (West River Drive). **Ticket Price Range:** $9-18. **Visiting Club Hotel:** Hampton Inn, 500 Center Dr NW, Grand Rapids, MI 49544. **Telephone:** (616) 647-1000.

WISCONSIN TIMBER RATTLERS

Office Address: 2400 N. Casaloma Dr., Appleton, WI 54913.
Mailing Address: PO Box 7464, Appleton, WI 54912.
Telephone: (920) 733-4152. **Fax:** (920) 733-8032.
E-Mail Address: info@timberrattlers.com. **Website:** www.timberrattlers.com.
Affiliation (first year): Milwaukee Brewers (2009). **Years in League:** 2021-

OWNERSHIP/MANAGEMENT
Owned by: Third Base Ventures, LLC
Principal Owner: Craig Dickman. **President/CEO:** Rob Zerjav. **Vice President of Baseball & Stadium Operations:** Aaron Hahn. **Vice President of Business Operations:** Ryan Moede. **Vice President of Marketing:** Hilary Bauer. **Director of Food & Beverage:** Ryan Grossman. **Director of Security:** Scott Hoelzel. **Director of Community Relations:** Dayna Baitinger. **Director of Business Development:** Seth Merrill. **Corporate Partnership Manager:** Kyle Fargen. **Director of Media Relations:** Chris Mehring. **Director of Ticket Sales & Operations:** Tyler VanRossum. **Box Office Manager:** Alex Patchak. **Ticket Account Managers:** Sam Hartman, Max Panger, Chase Carrell. **Controller:** Eric Dresang. **Banquet Sales & Event Managers:** Mackenzie Liedtky, Brandy O'Marro. **Executive Chef:** Charles Behrmann. **Executive Sous Chef:** Chris Prentice. **Assistant Director of Food & Beverage:** Megan Andrews. **Director of Stadium Operations:** Justin Peterson. **Stadium Operations Manager:** Jeromy Luebke. **Director of Grounds:** Jordan Gretzlock. **Assistant Director of Grounds:** Lucas Scheier. **Entertainment Coordinator:** Jacob Jirschele. **Senior Graphic Designer:** Nick Guenther. **Graphic Designer:** Abby Haling. **Accounting/Human Resources Manager:** Brooke Brefczynski. **Production Manager:** Noah Hintz. **Merchandise Manager:** Sawyer Damm. **Clubhouse Manager:** Mason Kubly. **Office Manager:** Mary Robinson.

FIELD STAFF
Manager: Victor Estevez. **Hitting Coach:** Ken Joyce. **Pitching Coach:** Josh Spence. **Development Coach:** Eric Bunnell. **Development Coach:** Andre Ruche. **Trainer:** Paul Gonzales. **Strength Coach:** Jim Buckley.

GAME INFORMATION
Radio Announcer: Chris Mehring. **No. of Games Broadcast:** All. **Flagship Station:** WNAM 1280-AM. **Television Announcer:** Chris Mehring (Radio Simulcast). **Television Affiliates:** TBA. **No. of Games Broadcast:** TBA. **PA Announcer:** Joey D. **Official Scorer:** Kyle Lobner. **Stadium Name:** Neuroscience Group Field at Fox Cities Stadium. **Location:** Highway 41 to Highway 15 (00) exit, west to Casaloma Drive, left to stadium. **Standard Game Times:** Mon.-Fri.: 6:40 pm, Wed.: 12:10pm, Sat.: (Apr-May), 1:10pm, Sat.: (June-Sept), 6:40 pm, Sun.: 1:10 pm. **Ticket Price Range:** $10-48. **Visiting Club Hotel:** Four Points by Sheraton – Appleton; 300 N. Mall Drive, Appleton, WI 54913.

MINOR LEAGUES

SOUTH ATLANTIC LEAGUE

STADIUM INFORMATION

Club	Stadium	Opened	Dimensions LF	CF	RF	Capacity	2023 Att.
Aberdeen	Ripken Stadium	2002	310	400	310	6,000	141,019
Asheville	McCormick Field	1992	326	373	297	4,000	183,034
Bowling Green	Bowling Green Ballpark	2009	318	400	326	4,559	155,447
Brooklyn	MCU Park	2001	315	412	325	7,500	182,875
Greensboro	First National Bank Field	2005	322	400	320	7,599	279,060
Greenville	Fluor Field at the West End	2006	310	400	302	5,000	303,328
Hickory	L.P. Frans Stadium	1993	330	401	330	5,062	112,287
Hudson Valley	Dutchess Stadium	1994	325	400	325	4,494	183,649
Jersey Shore	ShoreTown Ballpark	2001	325	400	325	6,588	287,602
Rome	AdventHealth Stadium	2003	335	400	330	5,100	95,120
Wilmington	Frawley Stadium	1993	325	400	325	6,532	156,200
Winston-Salem	BB&T Ballpark	2010	315	399	323	5,500	290,534

ABERDEEN IRONBIRDS

Address: 873 Long Drive, Aberdeen, MD 21001
Telephone: (410) 297-9292. **Fax:** (210) 297-6653
E-Mail Address: Info@ironbirdsbaseball.com. **Website:** ironbirdsbaseball.com
Affiliation (first year): Baltimore Orioles (2002). **Years in league:** 2021-

OWNERSHIP/MANAGEMENT
Operated By: Ripken Professional Baseball LLC. **Principal Owner:** Cal Ripken Jr. **Co-Owner/Executive Vice President:** Bill Ripken. **General Manager:** Jack Graham. **Assistant General Manager, Baseball Operations:** Todd Bradley. **Director, Ballpark Experience:** Skye Truss. **Director, Ticketing:** Justin Gentilcore. **Box Office Manager:** Daniel Carey. **Account Executive:** Dan Edgren. **Account Executive:** Kyler Albert. **Director, Creative Services:** Kevin Jimenez. **Director, Partnerships & Marketing:** Brekke Autry. **Manager, Marketing & Communications:** Nate Laws. **Coordinator, Partnerships:** Ian Rubinson. **Manager, Facilities:** Larry Gluch. **Facilities Assistant:** Thomas Gerecht. **Manager, Non-Gameday Events:** Becca Ashman.

FIELD STAFF
Manager: Felipe Rojas. **Hitting Coach:** Zach Cole. **Pitching Coach:** Jordie Henry. **Fundamentals Coach:** TBD **Development Coach:** TBD. **Athletic Trainer:** TBD. **Strength & Conditioning:** TBD.

GAME INFORMATION
No. of Games Broadcast on MiLB.tv: 66. **MiLB.tv Broadcaster:** Michael Marcantonini. **PA Announcer:** Ray Atkinson. **Official Scorer:** Jason King. **Stadium Name:** Leidos Field at Ripken Stadium. **Location:** I-95 to exit 85 (route 22), west on 22, right onto long drive. **Ticket Price Range:** $17-$42.

ASHEVILLE TOURISTS

Address: McCormick Field, 30 Buchanan Place, Asheville, NC 28801.
Telephone: (828) 258-0428. **E-Mail Address:** info@theashevilletourists.com.
Website: www.theashevilletourists.com.
Affiliation (first year): Houston Astros (2021). **Years in League:** 2021-

OWNERSHIP/MANAGEMENT
Operated By: DeWine Seeds-Silver Dollar Baseball, LLC. **President:** Brian DeWine. **General Manager:** Larry Hawkins. **Assistant General Manager:** Hannah Martin. **Director of Broadcasting/Media Relations:** Doug Maurer. **Stadium Operations Director:** Michael Mueller. **Director of Food & Beverage:** Tyler Holt. **Sports Turf Manager:** Joey Elmore. **Promotions Manager:** Alyssa Quirk. **Client Services Manager:** Jamie Unternaher. **Director of Ticket Operations:** Rachel Quattrocchi. **Account Executives:** Jess McGee and Hanna Rosenberger. **Promotions Assistant:** Tess Boatwright. **Merchandise Manager:** Kali DeWine. **Assistant Food & Beverage Managers:** Erin Seymour and Jackson Carver.

FIELD STAFF
Manager: Nate Shaver. **Hitting Coach:** Bryan Muniz. **Pitching Coach:** Alex Harter.

GAME INFORMATION
Radio Announcer: Doug Maurer. **No. of Games Broadcast:** 132. **Flagship Station:** Asheville Tourists Online Radio Network. **PA Announcer:** Tim Lolley. **Official Scorers:** Phil de Montmillon, Adam Williams, Joseph Marvin. **Stadium Name:** McCormick Field. **Location:** I-240 to Charlotte Street South exit, south one mile on Charlotte, left on McCormick Place. **Ticket Price Range:** $11-$19.

MINOR LEAGUES

BOWLING GREEN HOT RODS

Address: Bowling Green Ballpark, 300 8th Avenue, Bowling Green, KY 42101.
Telephone: (270) 901-2121. **Fax:** (270) 901-2165.
E-Mail Address: fun@bghotrods.com. **Website:** www.bghotrods.com.
Affiliation (first year): Tampa Bay Rays (2009). **Years in League:** 2021-

OWNERSHIP/MANAGEMENT
Operated By: BG SKY, LLC. **Owner:** Jack Blackstock. **General Manager/COO:** Kyle Wolz. **Assistant General Manager:** Ashlee Wilson. **Controller:** Kim Myers. **Director of Stadium Operations:** Jeff Ciocco. **Stadium Operations Manager:** Nick Mariani. **Head Groundskeeper:** Matt Hill. **Broadcast and Media Relations Manager:** Riley Edwards. **Box Office Manager and Account Executive:** Alex Meyer. **Account Executive:** Heath Monroe. **Account Executive:** Marshall Stuart. **Video Production Manager:** Oliver Antone. **Graphic Design Manager:** Unavailable. **Manager of Fun:** Mikayla Algeo. **Seasonal Merchandise Manager:** Lyam French.

FIELD STAFF
Manager: Rafael Valenzeula. **Pitching Coach:** Jim Paduch. **Hitting Coach:** Braxton Martinez. **Bench Coach:** Perry Roth. **Athletic Trainer:** Ruben Santiago. **Strength and Conditioning Coach:** Garrett Hudson.

GAME INFORMATION
Radio Announcer: Riley Edwards. **No. of Games:** 132. **Flagship Station:** BGHotRods.com. **PA Announcer:** Unavailable. **Official Scorer:** Micky Strader. **Stadium Name:** Bowling Green Ballpark. **Location:** From I-65, take Exit 26 (KY-234/Cemetery Road) into Bowling Green for 3 miles, left onto College Street for .2 miles, right onto 8th **Avenue.** **Standard Game Times:** Mon.–Sat. 6:35 p.m. CT, Sun. 1:05 p.m. CT. **Ticket Price Range:** $12-24. **Visiting Club Hotel:** Tru by Hilton. **Telephone:** (270) 904-2260.

BROOKLYN CYCLONES

Address: 1904 Surf Ave, Brooklyn, NY 11224.
Telephone: (718) 372-5596. **Fax:** (718) 449-6368.
E-Mail Address: info@brooklyncyclones.com. **Website:** brooklyncyclones.com.
Affiliation (first year): New York Mets (2001). **Years in League:** 2021-

OWNERSHIP/MANAGEMENT
Owner, Chairman & CEO: Steven A. Cohen. **Owner & President, Amazin Mets Foundation:** Alexandra M. Cohen. **Vice Chariman & Owner:** Andrew B. Cohen. **Chairman Emeritus:** Fred Wilpon. **Vice President:** Steve Cohen. **General Manager:** Kevin Mahoney. **Assistant GM:** Billy Harner. **Operations Manager:** Vladimir Lipsman. **Director, Ticket Sales & Operations:** Michael Charyn. **Manager, Corporate Partnerships & Development:** Jennifer Reilly. **Manager, Special Events:** Bryan Wynne. **Graphics & Social Media Manager:** Lily Clark. **Account Executives:** Ryan Dougherty, Ricky Viola. **Senior Accountants:** Tatiana Isdith. **Accounting:** Vincent Ciorciari. **Administrative Assistant, Community Relations:** Sharon Lundy. **Clubhouse Manager:** Max Colten. **Operations:** Nariman Kyhydrov, Jesse Rivera, Angelo Cyriaque.

FIELD STAFF
Manager: Gilbert Gomez. **Hitting Coach:** Eduardo Nunez. **Pitching Coach:** Dan McKinney. **Bench Coach:** John Vaughn. **Development Coach:** Regan Saulnier. **Athletic Trainer:** Joe Parrillo . **Performance Coach:** Drew Skrocki.

GAME INFORMATION
No. of Games Broadcast: 132. **Flagship Station:** Web Streaming Only. **PA Announcer:** Rick Rissetto. **Official Scorer:** Howard Kaplan & Charles O'Brien. **Stadium Name:** Maimonides Park. **Location:** Belt Parkway to Cropsey Ave South, continue on Cropsey until it becomes West 17th St, continue to Surf Ave, stadium on south side of Surf Ave; By subway, west/south to Stillwell Ave./**Coney Island station. Ticket Price Range:** $9-$22.50. **Visiting Club Hotel:** Unavailable.

GREENSBORO GRASSHOPPERS

Address: 408 Bellemeade St, Greensboro, NC 27401.
Telephone: (336) 268-2255. **Fax:** (336) 273-7350.
E-Mail Address: info@gsohoppers.com. **Website:** www.gsohoppers.com.
Affiliation (first year): Pittsburgh Pirates (2019). **Years in League:** 2021-

OWNERSHIP/MANAGEMENT
Operated By: Temerity Baseball. **Principal Owner:** Andy Sandler. **President Emeritus:** Donald Moore. **General Manager:** Tim Vangel. **Assistant General Manager:** Todd Olson. **Chief Financial Officer:** Brad Falkiewicz. **Director, Ticket Sales/Services:** Erich Dietz. **Ticket Sales Manager:** Dylan James. **Sales Associate:** Jack Fadde. **Director, Promotions and Sponsorship Services:** Stephen Johnson. **Director, Game Entertainment:** Gavin Grace. **Manager of Social Media & Media Services:** Callie Cline. **Director of Marketing:** Mark Wingerter. **Accounting Manager & On-field Host:** Matt Kerr. **Manager of Community Relations & Special Events:** Maggie Basse. **Office Administrator and Suite Coordinator:** Tony Roberts. **Director of Food and Beverage:** Drew Gill. **Concessions Manager:** Brandon

MINOR LEAGUES

Steele. **Director of Stadium Operations:** Davis Tomlinson. **Head Groundskeeper:** Anthony Alejo.

FIELD STAFF
Manager: Blake Butler. **Hitting Coach:** Jonathan Prieto. **Pitching Coach:** Matt Myers. **Performance Coach:** Quentin Brown. **Catching Coach:** Ethan Goforth. **Bench Coach:** Casey Harms. **Athletic Trainer:** Casey Lee. **Strength Coach:** Zach Palumbo.

GAME INFORMATION
Announcer: Stuart Barefoot. **Official Scorer:** Jeff Mills. **Stadium Name:** First National Bank Field. **Location:** From I-85, take Highway 220 South (exit 36) to Coliseum Blvd, continue on Edgeworth Street, ballpark at corner of Edgeworth and Bellemeade Streets. **Standard Game Times:** 6:30 pm. **Ticket Price Range:** $9-14. **Visiting Club Hotel:** La Quinta Inn at Greensboro Airport—7905 Triad Center Drive, Greensboro, NC 27409. **Telephone:** (336) 840.1550.

GREENVILLE DRIVE

Mailing Address: 935 South Main St, Suite 202, Greenville, SC 29601.
Stadium Address: 945 South Main St. Greenville, SC 29501.
Telephone: (864) 240-4500. **E-Mail Address:** info@greenvilledrive.com
Website: www.greenvilledrive.com
Affiliation (first year): Boston Red Sox (2005). **Years in League:** 2021-

OWNERSHIP/MANAGEMENT
Owner/Chairman: Craig Brown. **President:** Jeff Brown. **General Manager:** Eric Jarinko.
VP, Finance/Administration: Jordan Smith. **VP, Grounds/Operations:** Greg Burgess. **VP, Sponsorships/Fan Experience:** Katie Batista. **VP, Business Development:** Suzanne Foody. **Director, Media/Creative Services:** Stephen Olschanski. **Director, Merchandise:** Jenny Burgdorfer. **Director, Video Production:** Lance Fowler. **Director, Facility Operations:** Timmy Hinds. **Director, Ticket Operations:** Elise Parish. **Hospitality & Premium Services Manager:** Lauren Martin. **Director, West End Events at Fluor Field:** Dayna Mercer. **Events Manager:** Sara Boukhari. **Executive Chef:** Sammy Dominguez. **Accounting Manager:** Daniel Baker. **Office Manager:** Allison Roedell. **Merchandise Manager:** Emily Saunders. **Partner Activations Manager:** Emily Peeler. **Concessions Manager:** Mike Honeycutt. **Co-Directors, Ticket Sales:** Brenden Campbell, Caden Risen. **Ticket Account Executive:** Nathan Fenters. **Facilities Operations Assistant:** Nick Brafford. **Event Facilities Operations Assistant:** Jake Coyle. **Clubhouse Manager:** Brady Andrews.

FIELD STAFF
Manager: Iggy Suarez. **Pitching Coach:** Bob Kipper. **Hitting Coach:** JP Fasone. **Development Coach:** Alex Reynolds. **Coach:** Tyler Snep. **ATC:** Charysse Berkowski.

GAME INFORMATION
Radio Announcer: Dan Scott & Tom Van Hoy. **Flagship Station:** GreenvilleDrive.com. **PA Announcer:** Chuck Hussion, William Qualkinbush. **Official Scorer:** Jordan Caskey. Scott Keeler. Chandler Simpson. **Stadium Name:** Fluor Field at the West End. **Location:** I-385 into Downtown Greenville; Left onto Church Street; Right onto University Ridge; Right onto Augusta Street; Left onto Field Street. **Standard Game Times:** Mon.-Sat., 7:05 p.m., Sun. 3:05 p.m. **Ticket Price Range:** Advance $8-14, Day of Game $9-15. **Visiting Club Hotel:** Wingate by Wyndham. **Hotel Telephone:** (864) 281-1281.

HICKORY CRAWDADS

Office and Mailing Address: 2500 Clement Blvd. NW, Hickory, NC 28601.
Telephone: (828) 322-3000.
E-Mail Address: crawdad@hickorycrawdads.com. **Website:** hickorycrawdads.com.
Affiliation (first year): Texas Rangers (2009). **Years in League:** 2021-

OWNERSHIP/MANAGEMENT
Operated by: DBH-Hickory LLC. **Principal Owners:** Diamond Baseball Holdings.
General Manager: Douglas Locascio. **Business Manager:** Donna White. **Assistant General Manager of Marketing:** Ashley Salinas. **Assistant General Manager of Sales:** Robby Willis. **Director of Operations & Special Events:** Daniel Barkley. **Head Groundskeeper:** Corey Church. **Assistant Groundskeeper:** Christopher Riddle. **Director of Promotions and Community Relations:** Karly Vollgrebe. **Group Sales Executive:** Mallory High. **Group Sales Executive:** Alston Robinson. **Stadium Operations Manager:** Alex Cook. **Box Office Manager:** John Ellison. **General Manager, REV Food Service:** Ashley Pyatte.

FIELD STAFF
Manager: Chad Comer. **Hitting Coach:** Drew Sannes. **Pitching Coach:** Julio Valdez. **Development Coaches:** Jay Sullenger, Justin Jacobs. **Athletic Trainer:** Alex Silcott. **Strength and Conditioning Coach:** Bryce Gist.

GAME INFORMATION
PA Announcers: Rob Eastwood, Lee Shell. **Official Scorers:** Mark Parker. **Stadium Name:** LP Frans Stadium. **Location:** I-40 to exit 123 (Lenoir North), 321 North to Clement Blvd, left for 1/2 mile. **Standard Game Times:** Mon.-Sat., 7 pm, Sun., 5 pm. **Visiting Club Hotel:** Crowne Plaza, 1385 Lenior-Rhyne Boulevard SE, Hickory, NC 28602. **Telephone:** (828) 323-1000.

MINOR LEAGUES

HUDSON VALLEY RENEGADES

Office Address: Dutchess Stadium, 1500 Route 9D, Wappingers Falls, NY 12590. **Mailing Address:** PO Box 661, Fishkill, NY 12524. **Telephone:** (845) 838-0094. **Fax:** (845) 838-0014. **E-Mail Address:** info@hvrenegades.com. **Website:** www.hvrenegades.com. **Affiliation (first year):** New York Yankees (2021). **Years in League:** 2021-

OWNERSHIP/MANAGEMENT

Owner/Operator: Diamond Baseball Holdings, LLC. **General Manager:** Zach Betkowski. **Assistant General Manager:** TBD. **Vice President, Game Day Promotions & Programming:** Rick Zolzer. **Director, Public Relations:** Joe Vasile. **Director, Stadium Operations & Special Events:** Tom Hubmaster. **Director, Stadium Operations:** Jack Dumoulin. **Director, Ticket Sales:** Will Young. **Manager, Community Relations:** Marcella Costello. **Manager, Corporate Partnerships & Activation:** Cole Single. **Manager, Field Operations:** Tanner Puff. **Manager, Finance:** Peggie Hyatt. **Manager, Game Day Promotions & Programming:** Jamie Goerke. **Manager, Merchandise:** Luis Flores. **Manager, Social Media & Marketing:** Luke Sawhook. **Manager, Special Events:** Mariah Tlougan. **Manager, Ticket Operations:** Jessica Levinson. **Graphic Designer:** Brendan Lunn. **Account Executives, Ticket Sales:** Erin Dietz, Zach Soffer, Ray O'Keeffe. **Office Manager:** Teresa Robinson.

FIELD STAFF

Manager: Nick Ortiz. **Hitting Coach:** Rick Guarno. **Pitching Coach:** Spencer Medick. **Defensive Coach:** Zak Wasserman, Derek Woodley. **Trainer:** Adaric Kelly. **Strength Coach:** Dylan Lidge. **Scouting Analyst:** Devin Clementi.

GAME INFORMATION

Radio Announcer: Joe Vasile. **No. of Games Broadcast:** All 132 home and road games broadcast on Renegades Radio Network (WBNR 1260 AM, W243EM 96.5 FM, WLNA 1420 AM, WGHQ 92.5 FM & 920 AM). **PA Announcer:** Rob Adams and Stephen Colvin. **Official Scorer:** Dennis Sheehan. **Stadium Name:** Heritage Financial Park. **Location:** I-84 to exit 41 (NY-9D North), north one mile to stadium. **Standard Game Times:** Tues.-Thurs.: 6:35 p.m., Fri.: 7:05 p.m., Sat.: 5:05 p.m., Sun.: 2:05 p.m. **Visiting Club Hotel:** Residence Inn by Marriott Poughkeepsie, 2525 South Road, Poughkeepsie, NY 12601. **Telephone:** (845) 463-4343.

JERSEY SHORE BLUECLAWS

Address: 2 Stadium Way Lakewood, NJ 08701. **Telephone:** 732-901-7000. **Fax:** 732-901-3967. **Email Address:** info@blueclaws.com. **Website:** www.blueclaws.com. **Affiliation:** Philadelphia Phillies (2001-) **Years In League:** 2021-

OWNERSHIP/MANAGEMENT

Managing Partner, ShoreTown Baseball: Art Matin. **Team President:** Joe Ricciutti. **General Manager:** Bob McLane. **Assistant GM, Operations:** Kevin Fenstermacher. **Assistant GM, Chief Revenue Officer:** Rob Vota. **Vice President, Finance:** Don Rodgers. **Vice President, Communications:** Greg Giombarrese. **Vice President, Community Relations & Sales:** Jim McNamara. **Senior Director, Partnership Services:** Zack Nicol. **Director, Regional Outreach:** Rob McGillick. **Director, Corporate Ticket Sales:** Craig Ebinger. **Director, Ticket Operations & Inside Sales:** Greg Heroy. **Director, Promotions & Entertainment:** Gianna Fiocco. **Director, Stadium Operations:** Shane Eldridge. **Director, Retail Operations & Ticket Sales Manager:** Jamie Wagner. **Director, Food & Beverage:** Taylor Cornelius. **Ticket Membership Manager:** Joel Podos. **Partnership Services Manager:** Greg Millaway. **Ticket Account Executive:** Suzanne Jackson. **Digital Marketing & Design Manager:** Dani Britton. **Group Ticket Manager:** Killian Vallieu. **Food & Beverage Manager:** Rachael Pabon. **Accounting Manager:** Phil Armstrong. **Production Coordinator:** Ryan Colwell. **Head Groundskeeper:** Mitch Hillert. **Administrative Coordinator:** Jane Rogers.

FIELD STAFF

Manager: Greg Brodzinski. **Pitching Coach:** Brad Bergesen. **Pitching Coach:** Matt Ellmyer. **Hitting Coach:** Adam Lind. **Position Coach:** Orlando Muñoz. **Development Coach:** Beth Greenwood. **Athletic Trainer:** Keita Isaji. **Strength & Conditioning Coach:** John Sweeney.

GAME INFORMATION

Radio Announcers: Greg Giombarrese. **No. of Games Broadcast:** 66. **Flagship Station:** BlueClaws.com. **PA Announcers:** Jeff Fromm. **Official Scorer:** Joe Erickson. **Stadium Name:** ShoreTown Ballpark. **Location:** Route 70 to New Hampshire Avenue, North on New Hampshire for 2.5 miles to ballpark. **Standard Game Times:** 7:05 pm, 6:35 pm (April-May); Sun 1:05. **Ticket Price Range:** $9-18. **Visiting Team Hotel:** Clarion Hotel & Conference Center, 815 Rt. 37 West, Toms River, NJ 08755.

MINOR LEAGUES

ROME EMPERORS

Office Address: State Mutual Stadium, 755 Braves Blvd, Rome, GA 30161.
Mailing Address: PO Box 1915, Rome, GA 30162-1915.
Telephone: (706) 378-5100. **Fax:** (706) 368-6525.
E-Mail Address: romebraves@braves.com. **Website:** www.romebraves.com.
Affiliation (first year): Atlanta Braves (2003). **Years in League:** 2021-

OWNERSHIP MANAGEMENT
Operated By: Diamond Baseball Holdings, LLC. **General Manager:** David Lane. **Director, Stadium Operations:** Tyler Stinson. **Coordinator, Stadium Operations:** Brad Hobbs. **Group Sales Manager:** Katie Aspin. **Box Office Manager:** Jackie O'Reilly. **Production Coordinator:** Blake Nicholson. **Media Relations Coordinator:** Justin Franklin. **Account Representative:** Patrick Gallagher. **Account Representative:** Carter Blackstock. **Account Representative:** Cole Basnight. **Field Turf Manager:** Lawson Baweja. **Field Turf Coordinator:** Reed Harrelson. **Retail Coordinator:** Collin Sullivan. **Food and Beverage Director:** Tamiko Prescott, Oakview Group.

FIELD STAFF
Manager: Cody Gabella. **Hitting Coach:** Danny Santiesteban. **Pitching Coach:** Mike Steed.

GAME INFORMATION
Radio Announcer: Gavin Booker. **No. of Games Broadcast:** 66 (Home only). **Flagship Station:** GoEmperors.com (home games). **PA Announcer:** Larry Gardner. **Official Scorers:** Lyndon Huckaby. **Stadium Name:** AdventHealth Stadium. **Location:** I-75 North to exit 190 (Rome/Canton), left off exit and follow Highway 411/Highway 20 to Rome, right at inter-section on Highway 411 and Highway 1 (Veterans Memorial Highway), stadium is at intersection of Veterans Memorial Highway and Riverside Parkway. **Visiting Club Hotel:** Holiday Inn Express & Suites, 35 Hobson Way, Rome, GA 30161. **Telephone:** (706) 232-0021.

WILMINGTON BLUE ROCKS

Address: 801 Shipyard Drive, Wilmington, DE 19801.
Telephone: (302) 888-2015. **Fax:** (302) 888-2032.
E-Mail Address: info@bluerocks.com. **Website:** www.bluerocks.com.
Affiliation: Washington Nationals (2021). **Years in League:** 2021-

OWNERSHIP/MANAGEMENT
Operated by: Wilmington Blue Rocks LP. **Honorary President:** Matt Minker. **Club President:** Clark Minker. **Owners:** Main Street Baseball. **Managing Partner/League Director & CEO, Main Street Baseball:** Dave Heller. **General Manager:** Liz Welch. **Assistant General Manager:** Bret DeRosa. **Director of Web and Creative Services:** Mark Lavis. **VP, Business Development:** Robert Ford. **Director of Ticket Operations:** Pieter Bednar. **Director, Groups & Groups Experiences:** Bill Levy. **Director, Stadium Operations:** Kelly Anderson. **Director, Field Operations:** Steve Gold. **Controller:** Steve Burdick. **Director, Business Development:** Kevin Linton.

FIELD STAFF
Manager: Mario Lisson. **Hitting Coach:** Delwyn Young. **Pitching Coach:** Mark DiFelice.

GAME INFORMATION
No. of Games Broadcast: 66. **Flagship Station:** WGLS 89.7 Online Stream. **PA Announcer:** Kevin Linton. **Official Scorer:** Dick Shute. **Stadium Name:** Judy Johnson Field at Daniel S. Frawley Stadium. **Location:** I-95 North to Maryland Ave (exit 6), right on Maryland Ave, and through traffic light onto Martin Luther King Blvd, right at traffic light on Justison St, follow to Shipyard Dr; I-95 South to Maryland Ave (exit 6), left at fourth light on Martin Luther King Blvd, right at fourth light on Justison St, follow to Shipyard Drive. **Standard Game Times:** 6:35 pm, (Tue- Fri) Sat. 6:05 p.m. Sun. 1:05 p.m. **Ticket Price Range:** $13-$17.

MINOR LEAGUES

WINSTON-SALEM DASH

Office Address: 300 S. Liberty St., Suite 100, Winston-Salem, NC 27101.
Stadium Address: 951 Ballpark Way, Winston-Salem, NC 27101.
Telephone: (336) 714-2287. **Fax:** (336) 714-2288. **E-Mail Address:** info@wsdash.com.
Website: www.wsdash.com. **Affiliation (first year):** Chicago White Sox (1997). **Years in League:** 2021-

OWNERSHIP/MANAGEMENT
Operated by: W-S Dash. **Principal Owner:** Billy Prim. **President & General Manager:** Brian DeAngelis. **VP, Chief Financial Officer:** Kurt Gehsmann. **Accounting Manager:** Diane Pitts. **Administrative Assistant:** J.J. Johnson. **VP, Baseball Operations:** Ryan Manuel. **Director, Stadium Operations:** Amber Hudson. **Director of Facility Management:** Rob Starling. **Director, Sales:** Cody Hallman. **Managers, Tickets:** Josh Van Noy, Andrew Murphy, Kalen Thigpen, Joshua Eberhard, Parker Broers, Thomas Maye, Dylan Dixon. **Manager, Ticket Operations:** Josh Soto. **Manager, Corporate Partnerships:** Myles McKernin. **Manager, Corporate Partnerships:** Jake Baldini. **Manager, Corporate Partnerships/Services:** Ryan Miller. **VP, Marketing/Corporate Partnership Services:** Morgan Clausel. **Director, Entertainment:** Caela McBride. **Director, Merchandise:** Sidney Laughlin. **Senior Manager, Marketing and Communications:** Amanda Weaver. **Content Creator:** Carson Lesser. **Director, Food and Beverage:** Kit Edwards. **Manager, Catering:** Beverly Becker. **Manager, Concessions:** Zachary Mounce. **Manager, Hospitality Operations:** Tanner Mounce.

FIELD STAFF
Manager: Guillermo Quiroz. **Hitting Coach:** John Kovalik. **Pitching Coach:** Jim Rickon.

GAME INFORMATION
Broadcaster/Media Relations: Andrew Murphy. **No. of Games Broadcast:** All Home (66) and Select Road. **Flagship Station:** Audio feed available on wsdash.com. **PA Announcer:** Jeffrey Griffin. **Official Scorer:** Kevin Williams. **Stadium Name:** Truist Stadium. **Location:** Salem Parkway to Peters Creek Parkway exit. **Standard Game Times:** T-Sat 7 p.m., Sun. 2 p.m. **Visiting Club Hotel:** Fairfield Inn & Suites by Marriott - Winston-Salem Downtown.

MINOR LEAGUES

NORTHWEST LEAGUE

STADIUM INFORMATION

Club	Stadium	Opened	Dimensions LF	Dimensions CF	Dimensions RF	Capacity	2023 Att.
Eugene	PK Park	2010	335	400	325	4,000	145,896
Everett	Everett Memorial Stadium	1984	324	380	330	3,682	140,937
Hillsboro	Hillsboro Ballpark	2013	325	400	325	4,500	158,723
Spokane	Avista Stadium	1958	335	398	335	7,162	249,012
Tri-City	Dust Devils Stadium	1995	335	400	335	3,700	120,444
Vancouver	Nat Bailey Stadium	1951	335	395	335	6,500	297,437

EUGENE EMERALDS

Office Address: 2760 Martin Luther King Jr. Blvd, Eugene, OR 97401. **Mailing Address:** PO Box 10911, Eugene, OR 97440. **Telephone:** (541) 342-5367. **Fax:** (541) 342-6089. **E-Mail Address:** info@emeraldsbaseball.com. **Website:** www.emeraldsbaseball.com. **Affiliation (first year):** San Francisco Giants (2021). **Years in League:** 2021-

OWNERSHIP/MANAGEMENT
Operated By: Elmore Sports Group Ltd. **Principal Owner:** D.G. Elmore. **General Manager:** Allan Benavides. **Assistant General Managers:** Matt Dompe and Chris Bowers. **Director, Food/Beverage:** Turner Elmore. **Director of Sales:** Andrew Brown **Event Managers:** Christian Benavides, Trent Bennett, Garret Diegel and Carlos Pimentel. **Graphic Designer:** Kyrstin Ginter. **Director, Community Affairs:** Nina-Grace Montes. **Home Radio:** Matt Dompe. **Away Radio:** Jacob Archer.

FIELD STAFF
Manager: Jeremiah Knackstedt. **Hitting Coach:** Jared Walker. **Pitching Coach:** Mario Rodriguez. **Fundamentals Coach:** Eliezar Zambrano. **Athletic Trainer:** Joe Holstedt. **Strength Coach:** Chris Harms.

GAME INFORMATION
Radio Announcer: Matt Dompe. **No. of Games Broadcast:** 132. **Flagship Station:** 95.3-FM The Score. **PA Announcer:** Jill Cole. **Official Scorer:** George McPherson. **Stadium Name:** PK Park. **Standard Game Time:** Mon.-Fri. Apr/May: 7:00pm **Jun-Sept 6:**30pm, Sat Apr/May 6pm Jun-Sept 5pm Sun. Apr/May 6pm Jun-Sept 5pm. **Ticket Price Range:** $13-$22. **Visiting Club Hotel:** Even Hotel Eugene.

EVERETT AQUASOX

Mailing Address: 3802 Broadway, Everett, WA 98201. **Telephone:** (425) 258-3673. **E-Mail Address:** info@aquasox.com. **Website:** www.aquasox.com. **Affiliation (first year):** Seattle Mariners (1995). **Years in League:** 2021-

OWNERSHIP/MANAGEMENT
Operated by: 7th Inning Stretch, LLC. **Directors:** Chad Volpe, Pat Filippone. **General Manager:** Danny Tetzlaff. **Director of Broadcasting:** Pat Dillon. **Director of Corporate Partnerships:** Mike MacCulloch. **Director of Tickets:** Scott Brownlee. **Ticket & Ballpark Operations:** Chad Gates. **Corporate Partnership Manager:** TBD. **Director of Merchandise & Community Relations:** Nellie Kemp. **Account Executive:** Peyton Kelley, Andrew Pitts. **Finance Manager:** Connor Doolin. **Director of Food & Beverage:** TBD. **Groundskeeper:** Nick Blakley. **On-Field Emcee/Road Radio Broadcaster:** Steve Willits.

FIELD STAFF
Manager: Ryan Scott. **Hitting Coach:** Seth Mejias-Brean. **Pitching Coach:** Cameron Ming. **Bench Coach:** Sergio Plasencia. **Athletic Trainer:** Stephanie McLain. **Strength and Conditioning Coach:** Jose Alcantara Beas.

GAME INFORMATION
Radio Announcers: Pat Dillon, Steve Willits. **No. of Games Broadcast:** 132. **Flagship Station:** KRKO 1380-AM, 95.3-FM. **PA Announcer:** Tom Lafferty. **Official Scorer:** Patrick Lafferty. **Stadium Name:** Funko Field at Everett Memorial Stadium. **Location:** I-5, exit 192. **Standard Game Times:** Mon.-Sat., 7:05 pm, Sun., 4:05 pm. **Ticket Price Range:** $11-25. **Visiting Club Hotel:** Courtyard by Marriott, 3003 Colby Ave, Everett, WA 98201. **Telephone:** (425) 259-2200.

MINOR LEAGUES

HILLSBORO HOPS

Address: 4460 NE Century Blvd., Hillsboro, OR, 97124.
Telephone: (503) 640-0887.
E-Mail Address: info@hillsborohops.com. **Website:** www.hillsborohops.com.
Affiliation (first year): Arizona Diamondbacks (2001). **Years in League:** 2021-

OWNERSHIP/MANAGEMENT
Operated by: Short Season LLC. **Managing Partners:** Mike McMurray, Josh Weinman, Myron Levin. **Chairman and CEO:** Mike McMurray. **President and General Manager:** K.L. Wombacher. **Chief Financial Officer:** Laura McMurray. **Vice President Corporate Partnerships:** Matt Kolasinski. **Vice President, Tickets:** Brett Breece. **Vice President People & Culture:** Jen Anderson. **Director, Merchandise:** Hannah August. **Director, Broadcasting:** Rich Burk.

FIELD STAFF
Manager: Javier Colina. **Hitting Coach:** Ty Wright. **Pitching Coach:** Gabriel Hernandez. **Bench coach:** Mark Reed **Athletic Trainer:** Haruki Mukohchi. **Strength Coach:** Nate Kolb.

GAME INFORMATION
PA Announcer: Jason Swygard. **Official Scorer:** Blair Cash. **Stadium Name:** Hillsboro Ballpark. **Location:** 4460 NE Century Blvd., **Hillsboro, OR. 97124. Standard Game Times:** Mon.-Sat., 7:05 pm, Sun.,1:05 pm. **Ticket Price Range:** $7-$22. **Visiting Club Hotel:** Aloft by Marriott, Hillsboro, OR. **Telephone:** (503) 277-1900.

SPOKANE INDIANS

Office Address: Avista Stadium, 602 N Havana, Spokane, WA 99202.
Mailing Address: PO Box 4758, Spokane, WA 99220.
Telephone: (509) 535-2922. **Fax:** (509) 534-5368.
E-Mail Address: mail@spokaneindians.com. **Website:** www.spokaneindians.com.
Affiliation (first year): Colorado Rockies (2021). **Years in League:** 2021-

OWNERSHIP/MANAGEMENT
Operated By: Longball Inc. **Principal Owner:** Bobby Brett. **CEO:** Andrew Billig. **President:** Chris Duff. **Senior Vice President:** Otto Klein. **VP, Concessions & Hospitality:** Josh Roys. **VP, Business Operations:** Lesley DeHart. **VP, General Manager:** Kyle Day. **VP, Ticket Services:** Nick Gaebe. **Director of Stadium & Baseball Operations:** Chris Ackerman. **Director of Public Relations:** Bud Bareither. **Director of Corporate Partnerships:** Sean Dorsey. **Director of Grounds:** Tony Lee. **Director of Hospitality & Stadium Events:** Darby Moore. **Director of Employee Development & Culture:** MacKenzie White. **Director of Ticket Services:** Ryan Songey. **Director of Promotions:** Gina Giesseman. **Director of Concessions & Hospitality:** Chayton Roberts. **Group Ticket Coordinator:** Gage Engel. **Partner Services Coordinator:** Aaron Croom. **Group Ticket Coordinator:** Tyler Curtis. **Ticket Services Coordinator:** Daniel Homans. **Group Ticket Coordinator:** Andy Johnson. **Concessions Coordinator:** Shaun Smith. **Merchandise Coordinator:** Hanna Jones. **Employee Engagement Coordinator:** Jimmy Lasswell. **Ticket Services Coordinator:** Justus Reimer. **Partner Services Coordinator:** Emily Shields. **Ticket Services Coordinator:** Cody Wright.

FIELD STAFF
Manager: Robinson Cancel. **Pitching Coach:** Blaine Beatty. **Hitting Coach:** Tom Sutaris. **Bench Coach:** Joe Mikulik.

GAME INFORMATION
Radio Announcer: Mike Boyle. **Flagship Station:** 1510 AM/103.5 FM. **PA Announcer:** Chadron Hazelbaker. **Official Scorer:** Todd Gilkey. **Stadium Name:** Avista Stadium. **Location:** From west, I-90 to exit 283B (Thor/Freya), east on Third Avenue, left onto Havana; From east, I-90 to Broadway exit, right onto Broadway, left onto Havana. **Standard Game Time:** Mon.-Sat., 6:30 pm, Sun., 5:09 pm. **Ticket Price Range:** $5-24. **Visiting Club Hotel:** Mirabeau Park Hotel & Convention Center, 1100 N. Sullivan Rd, Spokane, WA 99037. **Telephone:** (509) 343-6886.

TRI-CITY DUST DEVILS

Address: 6200 Burden Blvd, Pasco, WA 99301.
Telephone: (509) 544-8789. **Fax:** (509) 547-9570.
E-Mail Address: info@dustdevilsbaseball.com.
Website: dustdevilsbaseball.com.
Affiliation (first year): Los Angeles Angels (2021). **Years in League:** 2021-

OWNERSHIP/MANAGEMENT
Operated by: Northwest Baseball Ventures. **Principal Owners:** George Brett, Yoshi Okamoto, Brent Miles. **President:** Brent Miles. **Vice President/General Manager:** Derrel Ebert. **Vice President, Business Development:** Ann Shively. **Director of Ticket Sales:** Collin Ames. **Group Sales Manager:** Sam Villa. **Ticket Sales Account Executive:** Derek Hettinger. **Ticket Sales Account Executive:** Parker Sandlin. **Director of Corporate Sponsorships:** Brennan McIntire. **Partner Services Manager:** Austen Serrata. **Fan Experience and Community Relations Manager:** 'Erik

The Peanut Guy' Mertens. **Director of Food and Beverage:** Stefani Anciso. **Head Groundskeeper:** Michael Angel. **Accounting Coordinator:** Chad Cuillier. **Team Store Coordinator:** Cariña Mertens.

FIELD STAFF
Manager: Willie Romero. **Hitting Coach:** Ryan Sebra. **Pitching Coach:** N/A. **Defensive Coach:** Trevor Nyp. **Trainer:** Koki Ikeda. **Strength Coach:** Kenneth Galletta.

GAME INFORMATION
Radio Announcer: Doug Taylor. **No. of Games Broadcast:** 132. **Flagship Station:** Internet Broadcast. **PA Announcer:** Patrick Harvey. **Official Scorers:** Tony Wise, Shane Kelley, Scott Tylinski. **Stadium Name:** Gesa Stadium. **Location:** I-182 to exit 9 (Road 68), north to Burden Blvd., right to stadium. **Standard Game Time:** Varies. **Ticket Price Range:** $9-17. **Visiting Club Hotel:** Hampton Inn & Suites Pasco/Tri-Cities, 6826 Burden Blvd., Pasco, WA 99301. **Telephone:** (509) 792-1660.

VANCOUVER CANADIANS

Address: Rogers Field at Nat Bailey Stadium, 4601 Ontario St, Vancouver, B.C. V5V 3H4.
Telephone: (604) 872-5232. **Fax:** (604) 872-1714.
E-Mail Address: staff@canadiansbaseball.com **Website:** canadiansbaseball.com.
Affiliation (first year): Toronto Blue Jays (2011). **Years in League:** 2021-

OWNERSHIP/MANAGEMENT
Operated by: Diamond Baseball Holdings. **Chairman, Vancouver Canadians:** Jake Kerr. **Chairman, Vancouver Canadians Baseball Foundation:** Jeff Mooney. **President & Partner:** Andy Dunn. **General Manager:** Allan Bailey. **Assistant General Manager:** Stephani Ellis. **Financial Controller:** Brenda Chmiliar. **Vice President, Sales & Marketing:** Walter Cosman. **Manager, Ticket Operations:** TBA. **Manager, Stadium Operations:** TBA. **Coordinator, Marketing Services:** TBA. **Assistant Financial Controller:** Charlene Yaroshuk. **Coordinator, Sales:** Cooper Misic. **Coordinator, Sales & Community Relations:** Jacob Nakhleh. **Associate, Sales:** Liam Guerriero. **Associate, Sales:** Isabella Dino. **Associate, Sales:** Drew Howson. **Associate, Sales:** Zachary Mahaffy. **Head Groundskeeper:** Levi Weber.

FIELD STAFF
Manager: Brent Lavallee. **Hitting Coach:** Ryan Wright. **Pitching Coach:** Joel Bonnett. **Bullpen Coach:** Austin Bibens-Dirkx. **Position Player Coach:** Ashley Stephenson.

GAME INFORMATION
Radio/TV Announcer: Tyler Zickel. **No. of Games Broadcast:** 132. **Flagship Station:** Sportsnet 650 AM. **PA Announcer:** Niall O'Donohoe. **Official Scorer:** Mike Hanafin. **Stadium Name:** Rogers Field at Nat Bailey Stadium. **Location:** From downtown, take Cambie Street Bridge, left on East 29th Ave., left on Ontario St. to stadium; From south, take Highway 99 to Oak Street, right on 41st Ave, left on Cambie St. right on East 29th Ave., left on Ontario St to stadium. **Standard Game Times:** Tuesday through Thursday – 7:05 p.m., Fridays – 1:05 p.m., Saturdays (April-June) – 1:05 p.m., Saturdays (July-September) – 7:05 p.m., Sundays – 1:05 p.m. **Ticket Price Range:** $20-32 CAD. **Visiting Club Hotel:** Sandman Hotel Vancouver Airport, 3233 St. Edwards Dr., Richmond, B.C., V6X 1N4. **Telephone:** (604) 303-8888.

MINOR LEAGUES

CALIFORNIA LEAGUE

STADIUM INFORMATION

Club	Stadium	Opened	LF	CF	RF	Capacity	2023 Att.
Fresno	Chukchansi Park	2002	324	400	335	12,500	277,089
Inland Empire	San Manuel Stadium	1996	330	410	330	5,000	139,534
Lake Elsinore	The Diamond	1994	330	400	310	7,866	94,385
Modesto	John Thurman Field	1952	312	400	319	4,000	83,077
Rancho Cucamonga	LoanMart Field	1993	335	400	335	6,615	151,082
San Jose	Municipal Stadium	1942	320	390	320	5,208	124,129
Stockton	Banner Island Ballpark	2005	300	399	326	5,200	117,377
Visalia	Recreation Ballpark	1946	320	405	320	2,468	126,235

FRESNO GRIZZLIES

Address: 1800 Tulare St, Fresno, CA 93721.
Telephone: (559) 320-4487. **Fax:** (559) 264-0795.
E-Mail Address: info@fresnogrizzlies.com. **Website:** www.FresnoGrizzlies.com.
Affiliation (first year): Colorado Rockies (2021). **Years in League:** 2021-

OWNERSHIP/MANAGEMENT
Operated By: TBA. **President:** Derek Franks. **Assistant General Manager:** Andrew Milios. **VP of Finance:** Hugo Guzman.

FIELD STAFF
Manager: Steve Soliz. **Hitting Coach:** Trevor Burmeister. **Pitching Coach:** Rolando Garza. **Bench Coach:** Cesar Galvez.

GAME INFORMATION
No. of Games Broadcast: 132 (home and away). **Stadium Name:** Chukchansi Park. **Location:** 1800 Tulare St, Fresno, CA 93721. **Directions:** From 99 North, take Fresno Street exit, left on Fresno Street, left on Inyo or Tulare to stadium. From 99 South, take Fresno Street exit, left on Fresno Street, right on Broadway to H Street. From 41 North, take Van Ness exit toward Fresno, left on Van Ness, left on Inyo or Tulare, stadium is straight ahead. From 41 South, take Tulare exit, stadium is locatedat Tulare and H Streets, or take Van Ness exit, right on Van Ness, left on Inyo or Tulare, stadium is straight ahead. **Ticket Price Range:** TBD.

INLAND EMPIRE 66ERS

Address: 280 South E St., San Bernardino, CA 92401.
Telephone: (909) 888-9922. **Fax:** (909) 888-5251. **Website:** www.66ers.com.
Affiliation (first year): Los Angeles Angels (2011). **Years in League:** 2021-

OWNERSHIP/MANAGEMENT
Co-Owners: Dave Elmore, Donna Tuttle. **General Manager:** Joe Hudson. **Assistant General Manager:** Hollee Haines. **Director of Tickets & Game Day Operations:** Jarrett Stark. **Director of Food & Beverage:** Jacob DeJong. **Head Groundskeeper:** Dakota Rogers Director of Broadcasting: Steve Wendt. **Creative Services Manager:** Dusty Ferguson. **Social Media Coordinator:** Kaila Morales. **Account Executives:** Alec Aguilera, Chris Austin, Shannon Axelson, Chris Holzknecht, Derek Tafoya. **Group Sales Coordinator:** Sarah Stronach.

FIELD STAFF
Manager: Dave Stapleton. **Hitting Coach:** Willie Romero. **Pitching Coach:** Elmer Dessens. **Coach:** Brian Rupp. **Athletic Trainer:** Masa Koyanagi.

GAME INFORMATION
Radio Announcer: Steve Wendt. **Flagship Station:** 66ers.com. **PA Announcer:** TBA. **Official Scorer:** TBA. **Stadium Name:** San Manuel Stadium. **Location:** From south, I-215 to 2nd Street exit, east on 2nd, right on G Street; from north, I-215 to 3rd Street exit, left on Rialto, right on G Street. **Standard Game Times:** Mon.-Sat. 7:05 pm; Sun. 2:05 pm (1st Half) 5:35 pm (2nd Half). **Ticket Price Range:** $9-$28. **Visiting Club Hotel:** DoubleTree. **Telephone:** 909-889-0133.

MINOR LEAGUES

LAKE ELSINORE STORM

Address: 500 Diamond Drive, Lake Elsinore, CA 92530
Telephone: (951) 245-4487. **Fax:** (951) 245-0305.
E-Mail Address: info@stormbaseball.com. **Website:** www.stormbaseball.com.
Affiliation (first year): San Diego Padres (2001). **Years in League:** 2021-

OWNERSHIP/MANAGEMENT
Owners: Gary Jacobs & Len Simon. **CEO/Co-General Manager:** Shaun Brock. **CFO/Co-General Manager:** Christine Kavic. **General Manager of Game Presentation and Events:** Mark Beskid. **Corporate Sales Executive/Assistant General Manager of Events:** Janelle Metzger. **On-Field Emcee/Corporate Sales Executive/Promotions Director:** Kaz Egan. **Director of Entertainment:** Jon Gripe. **Multimedia Manager:** Justin Jett Pickard. **Assistant CFO:** Andres Pagan. **Box Office Manager:** Krista Williams. **Director of Hospitality:** Natalie Gates. **Head Groundskeeper:** Matt Siegel. **Operations and Facilities Manager:** Jason Natale. **Director of Food and Beverage:** Jason Wozniak. **Executive Chef:** Luciano Mulito. **HR Generalist:** Katherine Strehlow. **Assistant Box Office Manager:** Caleb Brock. **Brand Ambassador:** Althea Wagoner.

FIELD STAFF
Manager: Lukas Ray. **Hitting Coach:** Eric Del Prado. **Pitching Coach:** Robbie Price.

GAME INFORMATION
Radio Announcer: Tim Sheridan. **No. of Games Broadcast:** 66. **Flagship Station:** MiLB.com. **PA Announcer:** TBD. **Official Scorer:** Lloyd Nixon. **Stadium Name:** Lake Elsinore Diamond Stadium. **Location:** From I-15, exit at Diamond Drive, west one mile to the stadium. **Standard Game Times:** TBD. **Ticket Price Range:** $6-$18. **Visiting Club Hotel:** Fairfield by Marriott Inn & Suites Menifee.

MODESTO NUTS

Office Address: 601 Neece Dr, Modesto, CA 95351.
Mailing Address: PO Box 883, Modesto, CA 95353.
Telephone: (209) 572-4487. **Fax:** (209) 572-4490
E-Mail Address: fun@modestonuts.com. **Website:** www.modestonuts.com.
Affiliation (first year): Seattle Mariners (2017). **Years in League:** 2021-

OWNERSHIP/MANAGEMENT
Operated by: Seattle Mariners.
General Manager: Veronica Hernandez. **Head Groundskeeper:** Alan Jones. **Director of Ticket Sales:** N/A. **Director of Corporate Partnerships:** Corey Gales. **Box Office Manager:** Kyler Brown. **Office Coordinator:** Megan Herrington. **Food and Beverage Director:** Shayla Parker. **Marketing Manager:** Mary Cortez. **Digital Content Manager:** Chris Estrada. **Community Relations Coordinator:** TBD. **Promotions Coordinator:** Donovan Farran. **Stadium Operations Director:** Connor Skustad. **Director of Marketing and Broadcasting:** N/A. **Director of Creative Services:** TBD. **Group Sales Representatives:** N/A.

FIELD STAFF
Manager: Zach Vincej. **Hitting Coach:** Jordan Cowan. **Pitching Coach:** Jake Witt. **Coach:** Hecmart Nieves. **Trainer:** Blake Wooten. **Strength and Conditioning Coach:** Kyle Briggs.

GAME INFORMATION
Radio Announcer: Tim Quitadamo. **PA Announcer:** Mario Ramos. **Stadium Name:** John Thurman Field. **Location:** Highway 99 in southwest Modesto to Tuolumne Boulevard exit, west on Tuolumne for one block to Neece Drive, left for 1/4 mile to stadium. **Standard Game Times:** Tuesday-Friday 7:05 PM, Saturday 6:05 PM, Sunday: 2:05 pm/6:05 pm. **Ticket Price Range:** $8-18. **Visiting Club Hotel:** TBD.

RANCHO CUCAMONGA QUAKES

Office Address: 8408 Rochester Ave., Rancho Cucamonga, CA 91730.
Mailing Address: P.O. Box 4139, Rancho Cucamonga, CA 91729.
Telephone: (909) 481-5000. **Fax:** (909) 481-5005.
E-Mail Address: info@rcquakes.com. **Website:** www.rcquakes.com.
Affiliation (first year): Los Angeles Dodgers (2011). **Years in League:** 2021-

OWNERSHIP/MANAGEMENT
Managing Partner: Bobby Brett. **President:** Brent Miles. **Executive Vice President, General Manager:** Grant Riddle. **Senior Vice President, Business Development:** Monica Ortega. **Assistant General Manager, Marketing:** Bobbi

MINOR LEAGUES

Salcido. **Assistant General Manager, Operations:** Eric Jensen. **Director of Accounting:** Denise Vasquez. **Director of Promotions:** Grace Mikuriya. **Director of Public Relations, "Voice of the Quakes":** Mike Lindskog. **Office Manager:** Shelley Scebbi. **Group Sales & Hospitality Manager:** Kyle Olmsted. **Group Sales & Hospitality Coordinator:** Jose Reyes-Martell. **Group Sales & Hospitality Coordinator:** Matt Marquez. **Sponsorship Account Executive:** Andrew Kestler. **Sponsorship Account Executive:** George Ruiz Jr. **Sponsorship Service Coordinator:** Anthony Martin.

FIELD STAFF
Manager: TBA. **Hitting Coach:** TBA. **Pitching Coaches:** TBA. **Bench Coach:** TBA.

GAME INFORMATION
Radio Announcer: Mike Lindskog. **No. of Games Broadcast:** 132. **Flagship Station:** iHeart Radio App / Tune-In Radio App. **PA Announcer:** Chris Albaugh. **Official Scorer:** Steve Wishek. **Stadium Name:** LoanMart Field. **Location:** I-10 to I-15 North, exit at Foothill Boulevard, left on Foothill, left on Rochester to Stadium. **Standard Game Times:** 6:30 pm; First Half Sundays (April through June) and Sept.**8th at 2:**00 pm; Second Half Sundays (July through August) 5pm. **Visiting Club Hotel:** Best Western Heritage Inn, 8179 Spruce Ave, Rancho Cucamonga, CA 91730. **Telephone:** (909) 466-1111.

SAN JOSE GIANTS

Office Address: 588 E Alma Ave, San Jose, CA 95112.
Mailing Address: PO Box 21727, San Jose, CA 95151.
Telephone: (408) 297-1435. **Fax:** (408) 297-1453.
E-Mail Address: info@sjgiants.com. **Website:** www.sjgiants.com.
Affiliation (first year): San Francisco Giants (1988). **Years in League:** 2021-

OWNERSHIP/MANAGEMENT
Operated by: DBH San Jose, LLC. **Principal Owner:** Diamond Baseball Holdings
General Manager: Ben Taylor. **VP, Marketing:** Matt Alongi. **VP, Sales:** Jeff Di Giorgio. **Director, Ticketing:** Ryan Anthony. **Director, Retail:** Sierra Hanley. **Director, Broadcasting:** Joe Ritzo. **Director, Finance:** Dave Satterfield. **Senior Manager, Marketing:** David Baez. **Manager, Group Sales,** Chris Colosi. **Manager, Video and Digital Production:** Sam Barasch. **Manager, Box Office:** Heriberto Cortes-Torres. **Specialist, Accounting:** Gina Gallego. **Account Executive:** Josh Jacobs. **Assistant, Marketing:** Viridiana Castellanos. **Groundskeeper:** Kevin Tallman.

FIELD STAFF
Manager: Ydwin Villegas. **Hitting Coach:** Travis Ishikawa. **Pitching Coach:** Dan Runzler. **Fundamentals Coach:** Nathan Keavy. **Athletic Trainer:** Kenta Miyazaki. **Strength & Conditioning Coach:** Michelle Kuda.

GAME INFORMATION
Radio Announcers: Joe Ritzo, Justin Allegri. **No. of Games Broadcast:** 132. **Flagship:** sjgiants.com. **Radio Announcers:** Joe Ritzo, Justin Allegri. **Television Announcers:** Joe Ritzo, Justin Allegri. **All home games on MiLB.TV. PA Announcer:** TBD. **Official Scorer:** Mike Hohler. **Stadium Name:** Excite Ballpark. **Location:** South on I-280: Take 10th/11th Street Exit, turn right on 10th Street, turn left on Alma Ave. **North on I-280:** Take the 10th/11th Street Exit, Turn left on 10th Street, turn left on Alma Ave. **Standard Game Times:** Tue-Thur. 6:30 p.m, Fri. 7 p.m. Sat-Sun. 5 p.m.

STOCKTON PORTS

Address: 404 W Fremont St, Stockton, CA 95203.
Telephone: (209) 644-1900. **Fax:** (209) 644-1931.
E-Mail Address: info@stocktonports.com. **Website:** www.stocktonports.com.
Affiliation (first year): Oakland Athletics (2005). **Years in League:** 2021-

OWNERSHIP/MANAGEMENT
Operated By: 7th Inning Stretch LLC.
President: Pat Filippone. **General Manager:** Jordan Feneck. **Director of Baseball Communications:** Chris Zavaglia. **Director of Ticket Sales:** Chris Fleischmann. . **Stadium Operations & Special Events Manager:** Kevin Blanc. **Inside Sales Executive & Ticket Operations Assistant:** Bryce McKenzie. **Community Relations Manager:** James Cole. **Marketing and Sponsorship Executive:** Helen McGrath. **Broadcaster:** Alex Jensen. **Business Operations Manager:** Sarah Beasley. **Bookkeeper:** Caitlin Lackmann.

FIELD STAFF
Manager: Javier Goddard. **Pitching Coach:** Gabriel Ozuna. **Hitting Coach:** Ron Witmeyer. **Hitting Coach:** Luis Baez. **Trainer:** Audyanna Merrick. **Sport Performance Coach:** NatePenaranda.

GAME INFORMATION
Radio Announcer: Alex Jensen. **No of Games Broadcast:** 132. **Flagship Station:** TBD. **PA Announcer:** TBD. **Official Scorer:** Paul Muyskens. **Stadium Name:** Banner Island Ballpark. **Location:** From I-5/99, take Crosstown Freeway

(Highway 4) exit El Dorado Street, north on El Dorado to Fremont Street, left on Fremont. **Standard Game Times:** 7:05 pm. **Ticket Price Range:** $10-$20.

VISALIA RAWHIDE

Address: 300 N Giddings St, Visalia, CA 93291.
Telephone: (559) 732-4433. **Fax:** (559) 739-7732.
E-Mail Address: info@rawhidebaseball.com.
Website: www.rawhidebaseball.com.
Affiliation (first year): Arizona Diamondbacks (2007). **Years in League:** 2021-

OWNERSHIP/MANAGEMENT

Ownership: First Pitch Entertainment. **Team President:** Sam Sigal. **Co-General Managers:** Mike Candela and Julian Rifkind. **Assistant General Managers:** Brady Hochhalter and Markus Hagglund. **Broadcasting & Media Relations Manager:** Joey Gonzales. **Director of Facilities & Grounds:** James Templeton. **Director of Entertainment and Community:** Joe Ross. **Grounds Assistant:** Robert Skipper. **Ballpark Operations Assistant:** Kaden Sorensen. **Production & Game Operations Manager:** J.T. Gomez.

FIELD STAFF

Manager: Darrin Garner. **Hitting Coach:** Kyle MacKinnon. **Pitching Coach:** Tyler Mark. **Coach:** Rolando Arnedo. **Trainer:** Connor Oates. **Strength & Conditioning Coach:** Nate Kolb.

GAME INFORMATION

Radio Announcers: Joey Gonzales. **Broadcasts:** all home and road games. **Flagship Station:** MiLB.com. **PA Announcer:** Joe Ross. **Official Scorer:** Harry Kargenian and Mark "Scooter" Cossentine. **Stadium Name:** Valley Strong Ballpark. **Location:** From Highway 99, take 198 East to Mooney Boulevard exit, left at second signal on Giddings; four blocks to ballpark. **Standard Game Times:** 6:30 pm, Sun. 12:05 pm. **Ticket Price Range:** $13-30. **Visiting Club Hotel:** Wyndham, 9000 W Airport Drive, Visalia, CA 93277

MINOR LEAGUES

CAROLINA LEAGUE

STADIUM INFORMATION

Club	Stadium	Opened	LF	CF	RF	Capacity	2023 Att.
Augusta	SRP Park	2018	330	395	318	4,782	260,060
Carolina	Five County Stadium	1991	330	400	309	6,500	138,299
Charleston	Joseph P. Riley, Jr. Ballpark	1997	306	386	336	5,800	270,170
Columbia	Segra Park	2016	319	400	330	7,501	219,277
Delmarva	Arthur W. Perdue Stadium	1996	309	402	309	5,200	189,749
Down East	Grainger Stadium	1949	335	390	335	4,100	96,220
Fayetteville	SEGRA Stadium	2019	319	400	330	4,786	187,195
Fredericksburg	FredNats Ballpark	2020	326	402	327	7,000	267,400
Kannapolis	Atrium Health Ballpark	2020	325	400	315	4,930	195,500
Lynchburg	City Stadium	1939	325	390	325	4,000	108,725
Myrtle Beach	TicketReturn.com Field	1999	308	400	328	5,200	268,600
Salem	Salem Memorial Stadium	1995	325	401	325	6,415	177,083

AUGUSTA GREENJACKETS

Office Address: 187 Railroad Ave. North Augusta, SC 29841.
Mailing Address: 187 Railroad Ave. North Augusta, SC 29841.
Telephone: (803) 349-9467. **Fax:** (803) 349-9434.
E-Mail Address: info@greenjacketsbaseball.com. **Website:** www.greenjacketsbaseball.com.
Affiliation (first year): Atlanta Braves (2021). **Years in League:** 2021-

OWNERSHIP/MANAGEMENT
Ownership Group: Diamond Baseball Holdings, LLC. **President:** Jeff Eiseman. **VP, Business Operations:** Missy Martin. **Vice President:** Tom Denlinger. **General Manager:** Brandon Greene. **Director, Ticket Sales:** Austin Lowndes. **Director, Finance & Administration:** Melinda Pohl. **Director, Operations:** Andrew Crawford. **Director, Marketing:** Catie Jagodzinski. **Senior Director, Corporate Sales:** Steven Elovich. **Director, Group Sales:** Yari Natal. **Senior Account Executive, Ticket Sales:** Jamie Martin. **Account Executive, Ticket Sales:** Jake Brock. **Account Executive, Ticket Sales:** Jack Smith. **Account Executive, Ticket Sales:** Melina Picciano. **Specialist, Stadium Operations:** Adam Pinckard. **Specialist, Event & Stadium Operations:** Mitch Harrington. **Specialist, Stadium Operations:** John Sparks. **Manager, Ticket Operations:** Tyler Henderson. **Manager, Retail Merchandise:** Adam Latta. **Coordinator, Marketing:** Caoilinn Gallagher. **Director, Food & Beverage:** John Schow. **Manager, Food & Beverage:** David Hutto. **Manager, Concessions & Kitchen:** Gerald Fickling. **Manager, Events & Services:** Alyson Schwartz. **Head Groundskeeper:** Darrell Lemmer.

FIELD STAFF
Manager: Wynston Sawyer. **Hitting Coach:** Einar Diaz. **Pitching Coach:** Elvin Nina. **Coach:** Connor Justus. **Strength Coach:** Jake Wynn. **Trainer:** Tom Adams.

GAME INFORMATION
PA Announcer: Scott Skaden. **Stadium Name:** SRP Park. **Standard Game Times:** Mon.-Fri., 7:05 pm, Sat., 6:05 pm, Sun., 1:35 pm, Firework Sun. 6:05 pm. **Ticket Price Range:** $10-$29. **Visiting Club Hotel:** Comfort Suites, 2911 Riverwest Dr, Augusta, GA. **Telephone:** (706) 434-2540.

CAROLINA MUDCATS

Office Address: 1501 NC Hwy 39, Zebulon, NC 27597.
Mailing Address: PO Drawer 1218, Zebulon, NC 27597. **Telephone:** (919) 269-2287.
E-Mail Address: muddy@carolinamudcats.com. **Website:** www.carolinamudcats.com.
Affiliation (first year): Milwaukee Brewers (2017-). **Years in League:** 2021-Present

OWNERSHIP/MANAGEMENT
Ownership: Milwaukee Brewers Baseball Club. **Operated by:** Milwaukee Brewers Baseball Club. **General Manager, Baseball & Stadium Operations:** Eric Gardner. **General Manager, Business Development & Brand Marketing:** David Lawrence. **Manager, Group Tickets & Premium Sales:** Megan Bloyd. **Manager, Box Office Operations & Season Tickets:** Jason Leone. **Associate, Ticket and Group Sales:** Nathan Cantrell. **Associate, Ticket and Group Sales:** Drew Garland. **Director, Food and Beverage:** Hugh Gallagher. **Personnel Manager, Food & Beverage:** Edith Crudup. **Director, Stadium Grounds:** John Packer. **Sr. Coordinator, Stadium Operations:** Justin Bose. **Sr. Coordinator, Stadium Operations:** Logan Clark. **Coordinator, Social Media/Marketing/Graphics:** Aaron Bayles. **Coordinator, Marketing & Promotions:** Samantha Micha. **Creative Services Associate:** Ryne Barnes. **Community Relations & Mascot Associate:** Jermaine Nix. **Merchandise Associate:** Dan Watson.

FIELD STAFF
Manager: Nick Stanley. **Pitching Coach:** Michael O'Neal. **Hitting Coach:** Austin Turner. **Coach:** Liu Rodríguez. **Development Coach:** Marcelo Alfonsín. **Athletic Trainer:** Stevie Blackburn-Lazalde. **Strength Coach:** Jonah Mergen.

MINOR LEAGUES

GAME INFORMATION
Radio Announcer: TBD. **No. of Games Broadcast:** TBD. **Flagship Station:** TBD. **PA Announcer:** Ron Barringer. **Official Scorer:** Bill Woodward. **Stadium Name:** Five County Stadium. **Location:** From Raleigh, US 64 East to 264 East, exit at Highway 39 in Zebulon. **Standard Game Times:** 6:30 pm(Mon-Fri), 5:00 pm (Sat), 1:00 PM (Sun). **Ticket Price Range:** $11-$17. **Visiting Club Hotel:** Doubletree by Hilton Midtown, 2805 Highwoods Blvd, Raleigh, NC, 27604.

CHARLESTON RIVERDOGS

Office Address: 360 Fishburne St, Charleston, SC 29403.
Mailing Address: PO Box 20849, Charleston, SC 29403.
Telephone: (843) 723-7241. **Fax:** (843) 723-2641.
E-Mail Address: admin@riverdogs.com. **Website:** www.riverdogs.com.
Affiliation (first year): Tampa Bay Rays (2021). **Years in League:** 2021-

OWNERSHIP/MANAGEMENT
Operated by: The Goldklang Group/South Carolina Baseball Club LP.
Chairman: Marv Goldklang. **President:** Jeff Goldklang. **Club President/General Manager:** Dave Echols. **Executive Advisor to the Chairman:** Mike Veeck. **Director, Fun:** Bill Murray. **Co-Owners:** Peter Freund, Al Phillips. **Senior Vice President:** Ben Abzug. **VP, Corporate Sales:** Andy Lange. **Assistant GM:** Garret Randle. **Director, Marketing:** Michael Lopes. **Promotions Manager:** Ty Barrett. **VP, Food/Beverage:** Josh Shea. **Director, Broadcasting and Media Relations:** Jason Kempf. **Director of Video Production and Multimedia:** Hannah Von Zup. **Ticket Operations Manager:** Paul Wales. **Director of Group Sales:** Savannah Bullins. **Community Relations Manager:** Amanda Najera. **Director, Operations:** Brandon Dunnam. **Director, Merchandise:** Cynthia Linhart. **Business Manager:** Dale Stickney. **Head Groundskeeper:** Kevin Coyne. **Director of Club Sales/Events:** Lance Fletcher. **Event Manager:** Victoria Veserra.

FIELD STAFF
Manager: Sean Smedley. **Hitting Coach:** Brett Schneider. **Pitching Coach:** Levi Romero. **Bench Coach:** Ronnie Richardson.

GAME INFORMATION
Radio Announcer: Jason Kempf. **No. of Games Broadcast:** 132. **Flagship Station:** N/A. **PA Announcer:** Ken Carrington. **Official Scorer:** Mike Hoffman. **Stadium Name:** Joseph P. Riley, Jr. Park. **Location:** 360 Fishburne St, Charleston, SC 29403, From US 17, take Lockwood Dr. North, right on Fishburne St. **Standard Game Times:** Mon.-Fri., 7:05pm, Sat. 6:05 pm, Sun. 5:05 pm. **Ticket Price Range:** $8-20. **Visiting Club Hotel:** Courtyard by Marriott Charleston-North Charleston.

COLUMBIA FIREFLIES

Office Address: 1640 Freed Street, Columbia, SC 29201.
Mailing Address: 1640 Freed Street, Columbia, SC 29201.
Telephone: (803) 726-4487.
E-Mail Address: info@columbiafireflies.com. **Website:** www.columbiafireflies.com
Affiliation (first year): Kansas City Royals (2021). **Years in League:** 2021-

OWNERSHIP/MANAGEMENT
Operated By: Columbia Fireflies Baseball, LLC.
President: Brad Shank. **Chief Revenue Officer:** Kevin Duplaga. **Food & Beverage Director:** David Shroeder. **Vice President, Accounting & Baseball Operations:** Jonathan Mercier. **Director, Marketing:** Ashlie DeCarlo. **Executive Assistant, HR Manager:** Katie Maroney. **Director of Ticket Operations:** Ty Jamieson. **Director, Group Sales:** Nick Spano. **Ticket Account Managers:** Austin Blevins, Matt Chernesky, Aydan Fields and Conor Mitchum. **Activation Coordinator/Graphic Designer:** Casey Vecchio. **Promotions/Fan Engagement Manager:** John Oliver. **Video Production Manager:** Jack Novelli. **Merchandise Manager:** Kodie Wilson. **Executive Chef:** Bobby Hunter. **Premium Hospitality and Catering Manager:** Bethany Venable. **Commissary Manager:** Brycen Rogers. **Director of Stadium Operations:** Matt Lundquist. **Assistant Director of Stadium Operations:** Tyler Restrepo. **Head Groundskeeper, Assistant Sports Turf Manager:** Austin Medlock. **Corporate Partnerships Account Executive:** Jason Haller. **Director of Special Events:** Alyssa Stein. **Head of Venue Safety:** Mark Tubbs.

FIELD STAFF
Manager: Tony Pena Jr. **Hitting Coach:** Ari Adut. **Pitching Coach:** John Habyan. **Bench Coach:** Matt Schmidt.

GAME INFORMATION
Radio Announcer: John Kocsis Jr. **No. of Games Broadcast:** 70. **Flagship Station:** Unavailable. **PA Announcer:** Bryan Vacchio. **Official Scorer:** Bond Nickles. **Stadium Name:** Segra Park. **Location:** 1640 Freed Street, Columbia, SC 29201. **Standard Game Times:** Mon.-Fri., 7:05pm, Sat. 6:05pm, Sun. 5:05. **Ticket Price Range:** $5-$12.

MINOR LEAGUES

DELMARVA SHOREBIRDS

Office Address: 6400 Hobbs Rd, Salisbury, MD 21804.
Mailing Address: PO Box 1557, Salisbury, MD 21802.
Telephone: (410) 219-3112. **Fax:** (410) 219-9164.
E-Mail Address: info@theshorebirds.com. **Website:** www.theshorebirds.com.
Affiliation (first year): Baltimore Orioles (1997). **Years in League:** 2021-

OWNERSHIP/MANAGEMENT
Operated By: 7th Inning Stretch, LP. **Owner:** Tom Volpe. **President:** Pat Filippone. **General Manager:** Chris Bitters. **Assistant GM:** Jimmy Sweet. **Assistant GM, Marketing:** Ben Vigliarolo. **Assistant GM, Tickets:** Benjamin Posner. **Director of Broadcasting & Communications:** Mitchell Speltz. **Community Relations Manager:** Becky Trader. **Director of Group Sales:** Joe DeLucia. **Group Event Coordinator:** Jennifer Atkinson. **Ticket Sales Account Executive:** Bailey Cordle. **Director of Stadium Operations:** Erik Schumacher. **Head Groundskeeper:** Oscar Martinez. **Accounting Manager:** Matt Figard.

FIELD STAFF
Manager: Collin Woody. **Pitching Coach:** Andy Sadoski. **Hitting Coach:** Christian Poulsen.

GAME INFORMATION
Radio: Internet Only. **No. of Games Broadcast:** 132. **Flagship Station:** N/A. **Stadium Name:** Arthur W. Perdue Stadium. **Location:** From US 50 East, right on Hobbs Rd; From US 50 West, left on Hobbs Road. **Standard Game Time:** 7:05 pm. **Ticket Price Range:** $15-$22. **Visiting Club Hotel:** TBD.

DOWN EAST WOOD DUCKS

Address: 400 East Grainger Avenue, Kinston, NC 28502. **Telephone:** (252) 686-5165
E-Mail Address: jbullock@woodducksbaseball.com. **Website:** woodducksbaseball.com
Affiliation (first year): Texas Rangers (2017). **Years in League:** 2021-

OWNERSHIP/MANAGEMENT
Operated By: DBH Kinston, LLC
General Manager: Jon Clemmons. **Assistant GM, Operations:** Janell Fitch. **Marketing Manager:** Maddy Meehan. **Ticketing Manger:** Ben Tramontana. **Group Sales Executives:** Shivar Person, Raeganne Sholar.

FIELD STAFF
Manager: Carlos Maldonado. **Hitting Coach:** Brian Pozos. **Pitching Coach:** Thomas St. Clair. **Development Coaches:** West Hunt, Jorge Cortes. **Trainer:** Michael Thiele. **Strength & Conditioning Coach:** Danny Mendoza.

GAME INFORMATION
Radio Announcer: TBA. **PA Announcer:** Shane Aube. **Stadium Name:** Grainger Stadium. **Standard Game Times:** 6:30 (Tuesday-Thursday), 7:00 (Fridays) 5:00 (Saturdays), 1:00 (Sundays). **Ticket Price Range:** $7-$14. **Visiting Club Hotel:** Fairfield Inn By Marriott, 667 Sheffield Dr, Kinston, NC 28504.

FAYETTEVILLE WOODPECKERS

Address: 460 Hay St., Fayetteville, NC 28301
Telephone: 910-339-1989.
E-Mail Address: Woodpeckers@astros.com. **Website:** fayettevillewoodpeckers.com.
Affiliation (first year): Houston Astros (2019). **Years in League:** 2021-

OWNERSHIP/MANAGEMENT
Principal Owner: Houston Astros
General Manager: Michelle Skinner. **Director, Finance:** Jennifer Carpenter. **Director, Field Operations:** Alpha Jones. **Director, Ticket Sales & Service:** Gabe Evans. **Director, Marketing & Communications:** Ashlei Elise. **Manager, Sponsorship Strategy & Activation:** TBD. **Manager, Baseball Operations:** Mike Montesino. **Manager, Events:** Russell Wohldmann. **Manager, Creative Services:** Noah Gaul. **Manager . Coordinator, Social Media:** Andie Kruczkowski. **Manager, Community Relations:** TBD. **Account Executive, Ticketing:** Zack Williams. **Executive, Ticketing:** Kylie Elliott. **Account Executive, Sponsorships:** Jackson Bingham. **Manager, Retail:** Kimberly Burr. **Manager, Stadium Operations:** Evan Springer. **Coordinator, Ballpark Entertainment:** Patrick Inkpen. **Coordinator, Field Operations:** Eli Laney.

FIELD STAFF
Manager: Ricardo Rivera. **Hitting Coach:** Andrew Creci. **Pitching Coach:** Zach Wilkins.

GAME INFORMATION
Radio Announcer: Andrew Chapman. **No. of Games Broadcast:** 132. **Flagship Station:** N/A. **PA Announcer:** Ray Thomas. **Official Scorer:** TBD. **Stadium Name:** Segra Stadium. **Standard Game Times:** M-TH 6:35pm, Fri-Sat. 7:05pm, Sun. 5:05pm. **Visiting Club Hotel:** Fairfield Inn. **Telephone:** 910-223-7867.

FREDERICKSBURG NATIONALS

Office Address: 42 Jackie Robinson Way, Fredericksburg, VA 22401
Mailing Address: 42 Jackie Robinson Way, Fredericksburg, VA 22401
Telephone: (540) 858-4242. **E-Mail Address:** info@frednats.com.
Website: www.frednats.com.
Affiliation (first year): Washington Nationals (2005). **Years in League:** 2021-

OWNERSHIP/MANAGEMENT
Operated By: SAJ Baseball LLC. **Principal Owner:** Art Silber. **President:** Lani Silber Weiss. **General Manager:** Robbie Perry. **Assistant General Manager:** Tory Goodman. **Director of Business Development:** Charly Zuetlau. **Manager of Partnership Fulfillment:** Jimmy Burns. **Partnership Sales Manager:** Alex Sutor. **Vice President of Tickets:** David Woodard. **Ticket Sales Account Executive:** Austin Byrd. **Director of Tickets:** Chris Borysewicz. **Ticket Sales Account Executive:** Quentin Johnson. **Box Office Manager:** Rich Crosslin. **Special Events and Hospitality Manager:** Skyla Flock. **Vice President of Operations:** Eliot Williams. **Manager of Stadium Operations:** Alex Hofer. **Accounting:** McKenzie Goodman. **Merchandise Manager:** Katie Dorrell. **Head Groundskeeper:** Eric Taylor. **Director of Creative Services:** Alexis Deegan. **Director of Production:** Zhancheng Wu. **Manager of Broadcasting and Media Relations:** Eric Bach. **Community Relations Manager:** Adam Flock.

FIELD STAFF
Manager: Jake Lowery. **Hitting Coach:** TBD. **Pitching Coach:** Justin Lord. **Developmental Coach:** Carmelo Jaime. **Athletic Trainer:** Jacob Meyer. **Strength & Conditioning Coach:** Nathan Sier. **Performance Analyst:** Josh Freligh.

GAME INFORMATION
Radio Announcer: Eric Bach. **No. of Games Broadcast:** 132. **Flagship:** www.frednats.com. **PA Announcer:** Todd Pristas. **Official Scorers:** Dave McAndrew, Rick Garver. **Stadium Name:** Virginia Credit Union Stadium. **Location:** From I-95, take exit 130B onto VA-3W/Plank Road for 0.7 miles. Turn right onto Carl D. Silver Pkwy. Stay straight for 1.8 miles until you reach stadium parking lot. **Standard Game Times:** 7:05pm. **Ticket Price Range:** $10-$16. **Visiting Club Hotel:** Country Inn and Suites.

KANNAPOLIS CANNON BALLERS

Office Address: 216 West Ave. Kannapolis, NC 28081
Mailing Address: 216 West Ave. Kannapolis, NC 28081
Telephone: (704) 932-3267
Email Address: info@kcballers.com. **Website:** kcballers.com
Affiliation (first year): Chicago White Sox (2001). **Years in League:** 2021-

OWNERSHIP/MANAGEMENT
Operated by: Temerity Baseball Club, LLC. **Operating Partner:** Scotty Brown. **Chief Revenue Officer:** Vince Marcucci. **General Manager:** Matt Millward. **Ticket Sales Manager:** Walker Brooke. **Broadcasting & Media Relations Coordinator:** Dan Helotie. **Director of Retail Operations:** Brent Sneed. **Group Sales Manager:** Patrick Hicks. **Special Events Manager:** Abigail Miller. **Facility Operations Manager:** Austin McIntire. **Digital Media Manager:** Joel Johnson. **Partnership Activation Coordinator:** Haylee Shuping. **Head Groundskeeper:** Tim Siegel. **Director of Video Production and Entertainment:** Trace Whitley. **Director of Food & Beverage Operations:** Don Petrere. **Ticket Sales Account Executive:** Brooke Royal. **Director of Entertainment and Fan Engagement:** Trevor Wilt. **Clubhouse & Equipment Manager:** Eli Fugitt. **Finance and HR Specialist:** Morgan Wilt.

FIELD STAFF
Manager: Patrick Leyland. **Bench Coach:** Daniel Millwee. **Pitching Coach:** Blake Hickman. **Hitting Coach:** Charlie Romero. **Trainer:** Chaerin Yeom. **Performance Coach:** Donovan Clark.

GAME INFORMATION
Radio Announcer: Dan Helotie. **No. of Games Broadcast:** 100. **Flagship Station:** MiLB.tv/kcballers.com. **PA Announcer:** Jordan Connell. **Official Scorer:** Jimmy Lewis. **Stadium Name:** Atrium Health Ballpark. **Location:** Exit 58 on I-85, turn west on to South Cannon Blvd., continue straight until left turn on Dale Earnhardt Blvd., take right on Vance, then left on West Ave. **Standard Game Times:** Tue-Sat, 7p.m./Sun, 1:30 p.m. **Ticket Price Range:** $11-$40. **Visiting Club Hotel:** Holiday Inn Express & Suites Concord.

MINOR LEAGUES

LYNCHBURG HILLCATS

Address: 3180 Fort Avenue, Lynchburg, VA 24501
Telephone: 434-582-1144. **Fax:** 434-846-0768
Email: info@lynchburg-hillcats.com. **Website:** www.lynchburg-hillcats.com
Affiliation (first year): Cleveland Guardians (2015). **Years in League:** 2021-present

OWNERSHIP/MANAGEMENT
Operated by: Elmore Sports Group. **General Manager:** Matt Ramstead. **Assistant General Manager:** Lincoln Evans. **Director of Accounting & Finance:** Dallas Mata. **Director of Marketing and Community Engagement:** Kent Carpenter. **Director of Food & Beverage:** DJ Rawls. **Director of Sales:** Hagen Allred. **Clubhouse Manager:** Ryan Henson. **Director, Broadcasting/Media Relations:** Jason Prill. **Groundskeeper:** Tyler Bergin.

FIELD STAFF
Manager: Jordan Smith. **Hitting Coach:** Cole Nieto. **Pitching Coach:** Tony Arnold. **Bench Coach:** Erlin Cerda. **Strength & Conditioning Coach:** Jack Baldwin. **Athletic Trainer:** Yuka Ogata.

GAME INFORMATION
Radio Announcer: Jason Prill. **No. of Games Broadcast:** 132. **Official Scorers:** TBD. **Stadium Name:** Bank of the James Stadium. **Location:** US 29 Business South to Bank of the James Stadium (exit 6); US 29 Business North to Bank of the James Stadium (exit 4). **Ticket Price Range:** $8-16. **Visiting Club Hotel:** TBD.

MYRTLE BEACH PELICANS

Mailing Address: 1251 21st Avenue N. Myrtle Beach, SC 29577.
Telephone: (843) 918-6000. **Fax:** (843) 918-6001.
E-Mail Address: info@myrtlebeachpelicans.com. **Website:** myrtlebeachpelicans.com.
Affiliation: (first year): Chicago Cubs (2015). **Years in League:** 2021-

OWNERSHIP/MANAGEMENT
Owners, Greenberg Sports Group: Chuck Greenberg. **President:** Ryan Moore. **General Manager:** Kristin Call. **Sr. Director, Finance:** Anne Frost. **Office Manager:** Beth Freitas. **AGM:** Ryan Cannella. **Director of Ticket Sales:** Todd Chapman. **Corporate Sales Manager:** Eric Theiss. **Box Office Manager:** Shannon Barbee. **Sponsorship Services Coordinator:** Cassie Wishner. **AGM:** Hunter Horenstein. **Director of Retails & Ballpark Operations:** Dan Bailey. **Director, Food & Beverage:** Brad Leininger. **Sports Turf Manager:** Jordan Barr. **Media Relations:** Sam Weiderhaft.

FIELD STAFF
Manager: Buddy Bailey. **Pitching Coach:** George Thanopoulos. **Asst. Pitching Coach:** Armando Gabino. **Hitting Coach:** Roberto Vaz. **Bench Coach:** D'Angelo Jimenez. **Developmental Coach:** Daniel Wasinger. **Trainer:** Maggie Lowenhar. **Strength Coach:** Allen Cooper.

GAME INFORMATION
Stadium Name: Pelicans Ballpark. **Location:** US Highway 17 Bypass to 21st Ave. North, half mile to stadium. **Standard Game Times:** 7:05 p.m. **Ticket Price Range:** $15-$22. **Visiting Club Hotel:** Doubletree Resorts, 3200 South Ocean Blvd., Myrtle Beach, S.C., 29579. **Telephone:** (843) 315-7100.

SALEM RED SOX

Office Address: 1004 Texas St., Salem, VA 24153. **Mailing Address:** PO Box 842, Salem, VA 24153. **Telephone:** (540) 389-3333. **Fax:** (540) 389-9710.
E-Mail Address: info@salemsox.com. **Website:** www.salemsox.com.
Affiliation (first year): Boston Red Sox (2009). **Years in League:** 2021-

OWNERSHIP/MANAGEMENT
Operated By: DBH - Salem Professional Baseball/Diamond Baseball Holdings. **Director:** Peter Freund. **General Manager:** Allen Lawrence. **AGM/VP of Tickets:** Blair Hoke. **Head Groundskeeper:** Will Cole. **Senior Ticket Operations & Analytics Manager:** Lior Bittan. **Director of Food/Beverage:** Dominic DiFrancesco. **Manager of Business Operations:** Barry Stephens. **Video Production Manager:** Steven Langdon. **Merchandise & Special Events Director:** Kayla Keegan. **Ticket Sales Manager:** Raleigh Duffer. **Account Executive:** Tanner Prescott. **Account Executive:** Jacob Auen. **Promotions Manager:** Annmarie Sinicki. **Facilities Manager:** RJ Rorrer. **Home Clubhouse Manager:** Jonny Matos. **Visiting Clubhouse Manager:** Cooper Dalton.

FIELD STAFF
Manager: Liam Carroll. **Hitting Coach:** Nelson Paulino. **Pitching Coach:** Juan Rivera. **Bench Coach:** Ozzie Chavez. **Development Coach:** Matt Wheeler. **Trainer:** Jacob Loughman. **Strength & Conditioning Coach:** Jose Benjamin.

GAME INFORMATION
Radio Announcer: Giovanni Heater/Carter Hill. **No. of Games Broadcast:** 132. **PA Announcer:** Deanna McNaughton. **Official Scorer:** Billy Wells. **Stadium Name:** Carilion Clinic Field at Salem Memorial Ballpark. **Location:** I-81 to exit 141 (Route 419), follow signs to Salem Civic Center Complex. **Standard Game Times:** 7:05 pm, Sat./Sun. 6:05/3:05. **Ticket Price Range:** $9-22. **Visiting Club Hotel:** Comfort Inn–Roanoke Airport, 2898 Keagy Rd., Salem, VA 24153. **Telephone:** (540) 527-2020.

MINOR LEAGUES

FLORIDA STATE LEAGUE

STADIUM INFORMATION

Club	Stadium	Opened	Dimensions LF	CF	RF	Capacity	2023 Att.
Bradenton	LECOM Park	1923	335	400	335	8,654	65,598
Clearwater	BayCare Ballpark	2004	330	400	330	8,500	157,072
Daytona	Jackie Robinson Ballpark	1930	317	400	325	4,200	93,894
Dunedin	TD Ballpark	1977	335	400	327	5,509	31,210
Fort Myers	Hammond Stadium	1991	330	405	330	7,900	108,879
Jupiter	Roger Dean Chevrolet Stadium	1998	330	400	325	6,871	35,515
Lakeland	Publix Field at Joker Marchant Stadium	1966	340	420	340	7,961	38,202
Palm Beach	Roger Dean Chevrolet Stadium	1998	330	400	325	6,871	33,067
St. Lucie	First Data Field	1988	338	410	338	7,000	74,213
Tampa	Steinbrenner Field	1996	318	408	314	10,270	58,150

BRADENTON MARAUDERS

Address: 1611 9th St. W., Bradenton, FL 34205.
Telephone: (941) 747-3031.
E-Mail Address: MaraudersInfo@pirates.com
Website: bradentonmarauders.com
Affiliation (first year): Pittsburgh Pirates (2010). **Years in League:** 2021-

OWNERSHIP/MANAGEMENT
Operated By: Pittsburgh Associates of Florida. **VP, Florida & Dominican Republic Operations:** Jeff Podobnik. **General Manager/Director, Sales & Marketing:** Craig Warzecha. **Assistant General Manager/Manager, Marketing & Game Presentation:** Rebekah Rivette. **Director, Florida Operations:** Ray Morris. **Manager, Ticket Sales & Service:** Travis Persinger. **Coordinator, LECOM Park Operations:** Tyler Skipper. **Coordinator, Fan & Community Engagement:** Haley Diess. **Coordinator, Ticket Operations:** Sara Comaromi. **Account Manager, Ticket Sales:** Daniel Sharf. **Head Groundskeeper:** Jake Horne.

FIELD STAFF
Manager: Jim Horner. **Pitching Coach:** Matt Ford. **Hitting Coach:** Scott Seabol. **Integrated Baseball Performance Coach:** Ernesto Irrizarry. **Development Coach:** Steph Lombardo. **Strength Coach:** Nick Ritchie. **Athletic Training Coordinator:** Alexa Dehaeseleer.

GAME INFORMATION
PA Announcer: Jeff Phillips. **Official Scorer:** TBD. **Stadium Name:** LECOM Park. **Location:** I-75 to exit 220 (220B from I-75N) to SR 64 West/Manatee Ave, Left onto 9th St West, LECOM PARK on the left. **Standard Game Times:** 6:30 pm, Sun. 12:00 pm. **Ticket Price Range:** $9-17.

CLEARWATER THRESHERS

Address: 601 N Old Coachman Road, Clearwater, FL 33765.
Telephone: (727) 712-4300. **Fax:** (727) 712-4498.
Website: www.threshersbaseball.com.
Affiliation (first year): Philadelphia Phillies (1985). **Years in League:** 2021-

OWNERSHIP/MANAGEMENT
Operated by: Philadelphia Phillies.
Director, Florida Operations: John Timberlake. **General Manager, Clearwater Threshers:** Jason Adams. **General Manager, BayCare Ballpark:** Doug Kemp. **Senior Manager, Corporate Partnerships:** Dan McDonough. **Assistant GM, Clearwater Threshers:** Dan Madden. **Accounting Manager, Florida Operations,** Chris Hurry. **Manager, Clubhouse and Equipment:** Justin Glover. **Manager, Community Engagement and Media:** Robert Stretch. **Manager, Facility Services:** Scott Kelyman. **Manager, Food and Beverage:** Justin Gunsaulus. **Manager, Human Resources, Florida Operations:** Karina Cano. **Manager, Maintenance:** Sean McCarthy. **Manager, Merchandise:** Shan Isett. **Manager, Promotions and Game Entertainment:** Dominic Repper. **Manager, Security Operations:** Tim Scott. **Manager, Social Media & Fan Engagement:** Tori Heck. **Manager, Ticket Operations:** Patrick Prevelige. **Assistant Manager, Food and Beverage:** Mike O'Soro. **Assistant Manager, Group Sales:** Victoria Phipps. **Assistant Manager, Merchandise:** Cara Christison. **Assistant Manager, Security Operations:** James Von Dras. **Assistant Manager, Ticket Operations:** Shaylyn Edwards. **Corporate Sales Associate:** Cory Sipe. **Staff Accountant:** Nash Walker. **Coordinator, Ballpark Operations:** Will Priest. **Coordinator, Concessions:** Alyssa Winans. **Coordinator, Graphic Design:** Jill Brush. **Coordinator, Security Operations:** Ceci Marceau. **Coordinator, Warehouse:** Steve Piatek. **Office Assistant & Receptionist:** Leslie Henley. **Assistant, Ballpark Operations:** Austin Joyce. **Suites Chef:** Jim Blades. **Head**

MINOR LEAGUES

Groundskeeper, Florida Operations: Ray Sayre. **Assistant Head Groundskeeper, Florida Operations:** Isaac McClain. **Grounds Crew Supervisor, Florida Operations:** Paul Tumavitch. **Grounds Crew, Florida Operations:** Cody Deegan. **Grounds Crew, Florida Operations:** Luke Delany. **Grounds Crew, Florida Operations:** Joseph Dorn. **Grounds Crew, Florida Operations:** Mikey Klinger. **Grounds Crew, Florida Operations:** Lance Weber.

FIELD STAFF
Manager: Marty Malloy. **Hitting Coach:** Chris Heintz. **Pitching Coaches:** Tim Collins, Gustavo Armas. **Position Coach:** Mycal Jones. **Player Development Instructor:** John Ryan Murphy. **Athletic Trainer:** Samantha Jones. **Strength Coach:** Joseph Miranda.

GAME INFORMATION
PA Announcer: Charlie O'Reilly. **Official Scorer:** Larry Wiederecht. **Stadium Name:** BayCare Ballpark. **Location:** US 19 North and Drew Street in Clearwater. **Standard Game Times:** Tues.-Sat. 6:30 pm, Sun. **12 p.m., 3 Wednesdays are day games. Ticket Price Range:** $7-14.50 **Visiting Club Hotel:** TBA.

DAYTONA TORTUGAS

Address: 110 E Orange Ave, Daytona Beach, FL 32114.
Telephone: (386) 257-3172. **Fax:** (386) 523-9490.
E-Mail Address: info@daytonatortugas.com.
Website: www.daytonatortugas.com.
Affiliation (first year): Cincinnati Reds (2015). **Years in League:** 1993-

OWNERSHIP/MANAGEMENT
Operated By: Tortugas Baseball Club LLC. **Principal Owner/President:** Reese Smith III. **Co-Owners:** Bob Fregolle, Rick French, Kyle McEwen. **General Manager:** Jim Jaworski. **Finance Manager:** TBA. **Director, Ticket Operations:** Kristina Markus. **Manager, Ticket, and Group Sales:** TBA. **Senior Director, Corporate Sales:** Mike Sandler. **Manager, Community Relations, and Outside Events:** Rachel Morton. **Play-by-Play Broadcaster & Director of Media Relations:** Brennan Mense. **Director, Food & Beverage:** Angela Ford. **Stadium Operations and Grounds Manager:** TBA.

FIELD STAFF
Manager: Julio Morillo. **Pitching Coach:** Willie Blair. **Hitting Coach:** Nate Irving. **Coach:** Lenny Harris. **Coach:** Osmin Melendez. **Athletic Trainer:** Sam Tedtman. **Strength & Conditioning Coach:** Dominic Cothern. **Performance Coach:** TBA. **Video & Technology Specialist:** Hassan Said.

GAME INFORMATION
Radio Announcer: Brennan Mense. **No. of Games Broadcast:** 132. **Flagship Station:** MiLB First Pitch, MiLB.TV/Bally Live & www.daytonatortugas.com. **PA Announcer:** Tim LeCras. **Official Scorer:** Don Roberts. **Stadium Name:** Jackie Robinson Ballpark. **Location:** I-95 to International Speedway Blvd Exit, east to Beach Street, south to Magnolia Ave east to ballpark; A1A North/South to Orange Ave west to ballpark. **Standard Game Time:** 6:35 p.m. (Mon-Sat); 5:00 p.m. (Sun). **Ticket Price Range:** $9-21. **Visiting Club Hotel:** Holiday Inn Resort Daytona Beach Oceanfront, 1615 S. Atlantic Ave Daytona Beach, FL 32118. **Telephone:** (386) 255-0921.

DUNEDIN BLUE JAYS

Address: 373 Douglas Ave Dunedin, FL 34698.
Telephone: (727) 733-9302. **Fax:** (727) 734-7661.
E-Mail Address: dunedin@bluejays.com. **Website:** dunedinbluejays.com.
Affiliation (first year): Toronto Blue Jays (1987). **Years in League:** 2021-

OWNERSHIP/MANAGEMENT
Control Person: Shelby Nelson. **Assistant General Manager:** Matt Woak. **Senior Manager, Security:** Jason Weaving. **Finance Manager:** Holly Larsen. **Supervisor, Ticket Sales:** Mitch Albright. **Supervisor; Retail Sales:** Zachary Bare. **Supervisor, Ticket Sales:** Mitch Albright. **Head Superintendent:** Patrick Skunda. **Assistant Head Groundskeeper:** Chris Van Horn. **Director of Facilities:** Rob Durr. **Supervisor of Facilities:** Justin Williams.

FIELD STAFF
Manager: Jose Mayorga. **Bench Coach:** Matt Von Roemer. **Hitting Coach:** Nash Knight. **Pitching Coach:** Cory Riordan. **Position Coach:** Petr Stribrcky. **Strength & Conditioning Coach:** Joseph Cardona. **Athletic Trainer:** Luke Greene.

GAME INFORMATION
PA Announcer: Bradley Keville. **Official Scorer:** Steven Boychuk. **Stadium Name:** TD Ballpark. **Location:** From I-275, north on Highway 19, exit on Drew Street, right on North Keene Road, left onto Union Street. Right onto Douglas Avenue and stadium is on the right. **Standard Game Times:** 6:30 pm, Sun. noon. **Ticket Price Range:** TBD. **Visiting Club Hotel:** TBD **Telephone:** (727) 733-9302.

MINOR LEAGUES

FORT MYERS MIGHTY MUSSELS

Address: 14400 Six Mile Cypress Pkwy, Fort Myers, FL 33912.
Telephone: (239) 768-4210. **Fax:** (239) 768-4211.
E-Mail Address: frontdesk@mightymussels.com. **Website:** www.mightymussels.com.
Affiliation (first year): Minnesota Twins (1992). **Years in League:** 2021-

OWNERSHIP/MANAGEMENT
Operated By: Kaufy Baseball, LLC. **Owner:** John Martin. **Partner:** Alan Martin, Andy Jenks. **President:** Chris Peters. **General Manager:** Judd Loveland. **Vice President of Sales and Marketing:** Dan Lauer. **Business Director:** Tracy Bettermann. **Broadcast & Media Relations Manager:** John Vittas. **Marketing Manager:** Shannon Rankin. **Operations Coordinator:** Rachel Lane. **Director of Food & Beverage:** Loren Merrigan. **Merchandise Manager:** Lynn Izzo. **Sales Account Representatives:** Jared Couch, Austin Dutton, Chloe Riley, Matt Columbia.

FIELD STAFF
Manager: Brian Meyer. **Pitching Coaches:** Richard Salazar, Ryan Ricci. **Hitting Coaches:** Mike Ahmed, Luis Reyes.

GAME INFORMATION
Radio Announcer: John Vittas. **No. of Games Broadcast:** 110. **Internet Broadcast:** www.mightymussels.com.
PA Announcer: Tim Jacobson. **Official Scorer:** Benn Norton. **Stadium Name:** William H. Hammond Stadium at the Lee Health Sports Complex. **Location:** Exit 131 off I-75, west on Daniels Parkway, left on Six Mile Cypress Parkway. **Standard Game Times:** Tue-Fri 7:05 pm, Sat 6:05pm, Sun. 12:05 pm. **Ticket Price Range:** $10-$15. **Visiting Club Hotel:** Fairfield Inn & Suites Fort Myers Cape Coral, 7090 Cypress Terrace, Fort Myers, FL 33907.

JUPITER HAMMERHEADS

Address: 4751 Main Street, Jupiter, FL 33458.
Telephone: (561) 775-1818. **Fax:** (561) 691-6886.
E-Mail Address: JupiterHammerheads@rogerdeanchevroletstadium.com.
Affiliation (first year): Miami Marlins (1998). **Years in League:** 2021-

OWNERSHIP/MANAGEMENT
Owned By: Miami Marlins, Jupiter Stadium, LTD. **General Manager, Jupiter Stadium, LTD:** Mike Bauer. **General Manager:** Nick Bernabe. **Executive Assistant:** Lynn Besaw. **Media Relations & Marketing Manager:** Ryer Gardenswartz. **Media Relations Assistant:** Brennan Erlandsen. **Director of Accounting:** Pam Sartory. **Ticket Office Manager:** Amanda Seimer. **Director of Operations:** Andrew Seymour. **Corporate Partnerships Manager:** Rachel Duewer. **Marketing & Promotions Coordinator:** Abbie Schultz. **Building Manager:** Walter Herrera. **Director, Grounds & Facilities:** Jordan Treadway. **Assistant Director, Grounds & Facilities:** Mitchell Moenster. **Event Operations Coordinator:** Justin Valverde. **Merchandise Manager:** Gavin Moretz.

FIELD STAFF
TBD

GAME INFORMATION
PA Announcers: John Frost, Jay Zeager. **Official Scorer:** Brennan McDonald. **Stadium Name:** Roger Dean Chevrolet Stadium. **Location:** I-95 to exit 83, east on Donald Ross Road for 1/4 mile, left on Parkside Dr. **Standard Game Times:** 6:30 pm, Sat. 6:00 pm, Sun. 12:00pm. **Ticket Price Range:** $6- $12. **Visiting Club Hotel:** Fairfield Inn by Marriott, 6748 Indiantown Road, Jupiter, FL 33458. **Telephone:** (561) 748-5252.

LAKELAND FLYING TIGERS

Address: 2301 Lakeland Hills Blvd., Lakeland, FL 33805.
Telephone: (863) 686-8075. **Fax:** (863) 687-4127.
Website: www.lakelandflyingtigers.com.
Affiliation (first year): Detroit Tigers (1967). **Years in League:** 2021-

OWNERSHIP/MANAGEMENT
Owned By: Detroit Tigers, Inc. **President and CEO:** Ilitch Holdings, Inc. **Chairman and CEO, Detroit Tigers:** Christopher Ilitch. **Vice President, Lakeland Business Operations:** Josh Bullock. **General Manager:** Zach Burek. **Director, Business Operations:** Shannon Follett. **Director, Marketing:** Cayla Koslow. **Ticket Manager:** Ryan Eason. **Group Sales Manager:** Kevin Piotrzjowski. **Corporate Partnership Manager:** Drayton Terry. **Operations and Marketing Manager:** Elizabeth Tanski. **Sales Representative:** Aidan Starr. **Sales Representative:** Gracie Plair. **Security Supervisor:** Nick McKee.

FIELD STAFF
Manager: Andrew Graham. **Hitting Coach:** Nick Bredeson. **Pitching Coach:** Nick Green. **Bench Coach:** Rene Rivera. **Athletic Trainer:** Erick Flores. **Strength & Conditioning Coach:** Dax Fiore. **Home Clubhouse Manager:** Pete Mancuso. **Visiting Clubhouse Manager:** Luke Warsaw.

MINOR LEAGUES

GAME INFORMATION
PA Announcer: Jonathan Torres. **Official Scorer:** Joe Falatek. **Stadium Name:** Publix Field at Joker Marchant Stadium. **Location:** Exit 33 on I-4 to 33 South (Lakeland Hills Blvd.), 1.5 miles on left. **Standard Game Times:** M-F 6:30 p.m., Sat 6:00 pm, Sun 12:00 pm. **Ticket Price Range:** $6-10. **Visiting Club Hotel:** TownePlace Suites by Marriott Lakeland, 3370 US Highway 98 North, Lakeland, FL 33805, 863-680-1115.

PALM BEACH CARDINALS

Address: 4751 Main Street, Jupiter, FL 33458.
Telephone: (561) 775-1818. **Fax:** (561) 691-6886.
E-Mail Address: PalmBeachCardinals@rogerdeanchevroletstadium.com.
Affiliation (first year): St. Louis Cardinals (2003). **Years in League:** 2021-

OWNERSHIP/MANAGEMENT
Owned By: St. Louis Cardinals, Jupiter Stadium, LTD.
General Manager, Jupiter Stadium, LTD: Mike Bauer. **General Manager:** Nick Bernabe. **Executive Assistant:** Lynn Besaw. **Media Relations & Marketing Manager:** Ryer Gardenswartz. **Media Relations Assistant:** Brennan Erlandsen. **Director of Accounting:** Pam Sartory. **Ticket Office Manager:** Amanda Seimer. **Director of Operations:** Andrew Seymour. **Corporate Partnerships Manager:** Rachel Duewer. **Marketing & Promotions Coordinator:** Abbie Schultz. **Building Manager:** Walter Herrera. **Director, Grounds & Facilities:** Jordan Treadway. **Assistant Director, Grounds & Facilities:** Mitchell Moenster. **Event Operations Coordinator:** Justin Valverde. **Merchandise Manager:** Gavin Moretz.

FIELD STAFF
Manager: Gary Kendall. **Hitting Coach:** Willi Martin. **Pitching Coach:** Giovanni Carrara. **Coach:** Bernard Gilkey. **Athletic Trainer:** Jeff Case. **S&C:** Harben Filho Branco. **Affiliate Fellow:** TBA.

GAME INFORMATION
PA Announcers: John Frost, Jay Zeager. **Official Scorer:** Lou Villano. **Stadium Name:** Roger Dean Chevrolet Stadium. **Location:** I-95 to exit 83, east on Donald Ross Road for 1/4 mile, left on Parkside Dr. **Standard Game Times: Tues:** 5:00 PM. **Wed-Fri:** 6:30. **Sun:** 12:00PM. **Ticket Price Range:** $6- $12. **Visiting Club Hotel:** Fairfield Inn by Marriott, 6748 Indiantown Road, Jupiter, FL 33458. **Telephone:** (561) 748-5252.

ST. LUCIE METS

Address: 31 Piazza Drive, Port St Lucie, FL 34986.
Telephone: (772) 871-2100. **Fax:** (772) 878-9802.
Website: www.stluciemets.com.
Affiliation (first year): New York Mets (1988). **Years in League:** 2021-

OWNERSHIP/MANAGEMENT
Owner/Chairman/CEO: Steven A. Cohen. **Owner & President of Amazin' Mets Foundation:** Alexandra M. Cohen. **Vice Chairman:** Andrew B. Cohen. **President of Baseball Operations:** David Stearns. **Vice President, Minor League Facilities:** Paul Taglieri. **General Manager:** Traer Van Allen. **Assistant General Manager, Team Operations & Ticketing:** Kyle Gleockler. **Assistant General Manager, Game Operations, Community Relations & Group Sales:** Kasey Blair. **Director, Sales/Corporate Partnerships:** Lauren DeAcetis. **Senior Manager, Multimedia:** Adam MacDonald. **Manager, Fantasy Camp & Events:** Doug Dickey. **Manager, Sales & Corporate Partnerships:** Brett Bladergroen. **Senior Accountant:** Pamela Kuhnle. **Executive Assistant:** Mary O'Brien. **Maintenance:** Jeff Montpetit.

FIELD STAFF
Manager: Yucary De La Cruz. **Pitching Coach:** Jordan Kraus. **Hitting Coach:** Alejandro Diaz. **Bench Coach:** Jeremy Cologna. **Development Coach:** TBA. **Trainer:** Adam Devery. **Performance Coach:** TBA.

GAME INFORMATION
PA Announcer: Evan Nine. **Official Scorer:** Bill Whitehead. **Stadium Name:** Clover Park. **Location:** Exit 121 (St Lucie West Blvd) off I-95, east 1/2 mile, left on NW Peacock Blvd. **Standard Game Times:** Tuesday, Thursday-Saturday- 6:10; Wednesday- 1:10 Sundays- 12:10. **Ticket Price Range:** $8-$14. **Visiting Club Hotel:** Holiday Inn Express & Suites, 1601 NW Courtyard Circle, Port St Lucie, FL 34986. **Telephone:** (772) 879-6565.

MINOR LEAGUES

TAMPA TARPONS

Address: One Steinbrenner Drive, Tampa, FL 33614.
Telephone: (813) 875-7753. **Fax:** (813) 673-3186
E-Mail Address: info@tarponsbaseball.com. **Website:** tarponsbaseball.com
Affiliation (first year): New York Yankees (1994). **Years in League:** 2021-

OWNERSHIP/MANAGEMENT
Operated by: Florida Bomber Baseball LLC. **VP, Business Operations:** Vance Smith. **General Manager:** Jeremy Ventura. **Operations Coordinator:** Anthony Sagrestano. **Marketing Coordinator:** Cassidi TenEyck. **Director, Partnership & Community Activation:** Jessica Ventura. **Manager, Premium Surfaces:** Jennifer Magliocchetti. **Ticket Office Coordinator:** Megan Murdock. **Account Executives, Ticket Sales & Service:** Ashley Morris, Addison Kane. **Scoreboard Control Room Director:** Thomas Rice.

FIELD STAFF
Manager: James Cooper. **Pitching Coach:** Preston Claiborne. **Hitting Coach:** Tom Deangelis. **Defensive Coaches:** Michel Hernandez. **Trainer:** Jordan Gosztola. **Strength Coach:** Esteban Morales. **Scouting Analyst:** Michael Helton.

GAME INFORMATION
Radio: TBD. **PA Announcer:** TBD. **Official Scorer:** Unavailable. **Stadium Name:** George M. Steinbrenner Field.
Location: I-275 to Dale Mabry Hwy, North on Dale Mabry Hwy (Facility is at corner of West Martin Luther King Blvd/Dale Mabry Hwy). **Standard Game Times:** Mon-Sat. 6:30 pm, Sun 12:00 pm. **Ticket Price Range:** $8-12. **Visiting Club Hotel:** TBD.

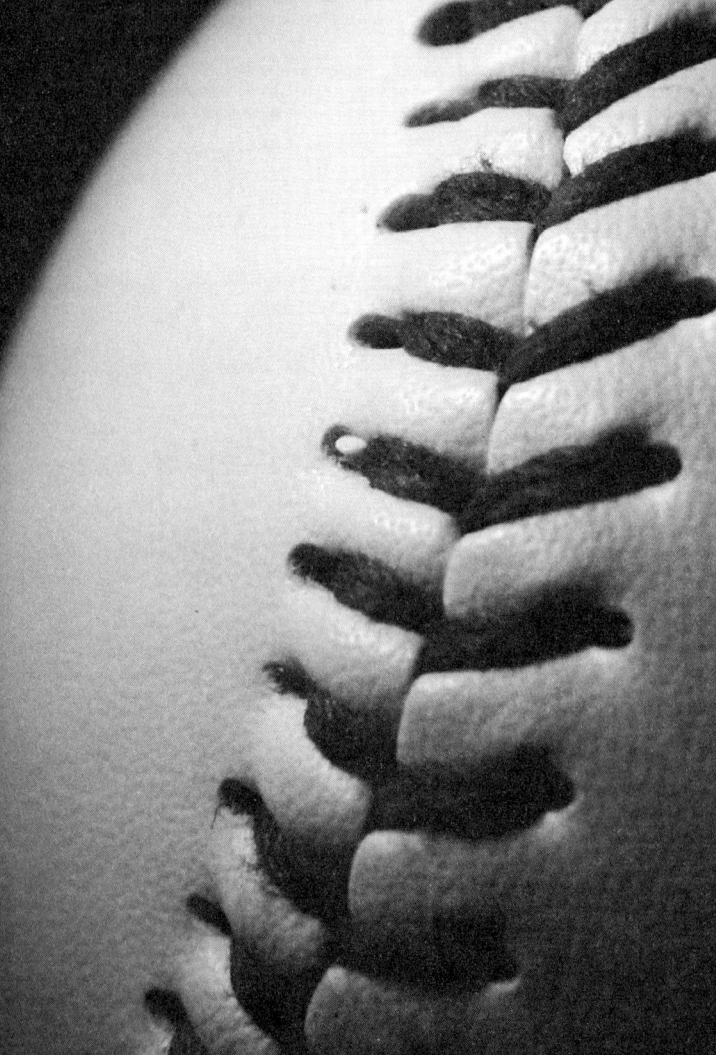

TEAM SCHEDULES

SCHEDULES

MAJORS

AMERICAN LEAGUE

BALTIMORE ORIOLES

MARCH
28 . . . . LA Angels
30-31 . . . . LA Angels

APRIL
1-3 . . . . Kansas City
5-7 . . . . at Pittsburgh
9-11 . . . . at Boston
12-14 . . . . Milwaukee
15-17 . . . . Minnesota
19-21 . . . . . . at Kansas City
22-24 . . . . at LA Angels
26-28 . . . . Oakland
29-30 . . . . NY Yankees

MAY
1-2 . . . . NY Yankees
3-5 . . . . at Cincinnati
7-8 . . . . at Washington
10-12 . . . . Arizona
13-15 . . . . Toronto
17-19 . . . . Seattle
20-22 . . . . at St. Louis
23-26 . . . . at Chi White Sox
27-29 . . . . Boston
31 . . . . Tampa Bay

JUNE
1-2 . . . . Tampa Bay
3-6 . . . . at Toronto
7-10 . . . . at Tampa Bay
11-13 . . . . Atlanta
14-16 . . . . Philadelphia
18-20 . . . . . . at NY Yankees
21-23 . . . . at Houston
24-26 . . . . Cleveland

27-30 . . . . Texas

JULY
2-4 . . . . at Seattle
5-7 . . . . at Oakland
9-11 . . . . Chi Cubs
12-14 . . . . NY Yankees
19-21 . . . . at Texas
23-25 . . . . at Miami
26-28 . . . . San Diego
29-31 . . . . Toronto

AUGUST
1-4 . . . . at Cleveland
6-8 . . . . at Toronto
9-11 . . . . at Tampa Bay
13-14 . . . . Washington
15-18 . . . . Boston
19-21 . . . . at NY Mets
22-25 . . . . Houston
27-29 . . . . at LA Dodgers
30-31 . . . . at Colorado

SEPTEMBER
1 . . . . at Colorado
2-4 . . . . Chi White Sox
6-8 . . . . Tampa Bay
9-11 . . . . at Boston
13-15 . . . . at Detroit
17-19 . . . . San Francisco
20-22 . . . . Detroit
24-26 . . . . . . at NY Yankees
27-29 . . . . . . at Minnesota

BOSTON RED SOX

MARCH
29-31 . . . . at Seattle

APRIL
1-3 . . . . at Oakland
6-7 . . . . at LA Angels
9-11 . . . . Baltimore
12-14 . . . . LA Angels
15-18 . . . . Cleveland
19-21 . . . . . . at Pittsburgh
23-25 . . . . at Cleveland
26-28 . . . . Chi Cubs
30 . . . . San Francisco

MAY
1-2 . . . . San Francisco
3-5 . . . . at Minnesota
7-8 . . . . at Atlanta
10-12 . . . . Washington
13-16 . . . . Tampa Bay
17-19 . . . . at St. Louis
20-22 . . . . . . at Tampa Bay
24-26 . . . . Milwaukee
27-29 . . . . at Baltimore
30-31 . . . . Detroit

JUNE
1-2 . . . . Detroit
4-5 . . . . Atlanta
6-9 . . . . . . at Chi White Sox
11-13 . . . . Philadelphia
14-16 . . . . NY Yankees
17-19 . . . . at Toronto
21-23 . . . . at Cincinnati
24-26 . . . . Toronto
28-30 . . . . San Diego

JULY
2-4 . . . . at Miami
5-7 . . . . at NY Yankees
9-11 . . . . Oakland
12-14 . . . . Kansas City
19-21 . . . . . at LA Dodgers
22-24 . . . . at Colorado
26-28 . . . . NY Yankees
29-31 . . . . Seattle

AUGUST
2-4 . . . . at Texas
5-7 . . . . at Kansas City
9-11 . . . . Houston
12-14 . . . . Texas

15-18 . . . . at Baltimore
19-21 . . . . at Houston
23-25 . . . . Arizona
26-29 . . . . Toronto
30-31 . . . . at Detroit

SEPTEMBER
1 . . . . at Detroit

CHICAGO WHITE SOX

MARCH
28 . . . . Detroit
30-31 . . . . Detroit

APRIL
1-3 . . . . Atlanta
4-7 . . . . at Kansas City
8-10 . . . . at Cleveland
12-14 . . . . Cincinnati
15-17 . . . . Kansas City
19-21 . . . . at Philadelphia
22-25 . . . . . . at Minnesota
26-28 . . . . Tampa Bay
29-30 . . . . Minnesota

MAY
1 . . . . Minnesota
4-5 . . . . at St. Louis
6-8 . . . . at Tampa Bay
9-12 . . . . Cleveland
13-15 . . . . Washington
17-19 . . . . at NY Yankees
20-22 . . . . at Toronto
23-26 . . . . Baltimore
27-29 . . . . Toronto
31 . . . . at Milwaukee

JUNE
1-2 . . . . at Milwaukee
4-5 . . . . at Chi Cubs
6-9 . . . . Boston
10-13 . . . . at Seattle
14-16 . . . . at Arizona
18-20 . . . . Houston
21-23 . . . . at Detroit

CLEVELAND GUARDIANS

MARCH
28-31 . . . . at Oakland

APRIL
1-3 . . . . at Seattle
4 . . . . at Minnesota
6-7 . . . . at Minnesota
8-10 . . . . Chi White Sox
12-14 . . . . NY Yankees
15-18 . . . . at Boston
19-21 . . . . Oakland
23-25 . . . . Boston
26-28 . . . . at Atlanta
30 . . . . at Houston

MAY
1-2 . . . . at Houston
3-5 . . . . LA Angels

2-4 . . . . at NY Mets
6-8 . . . . Chi White Sox
9-11 . . . . Baltimore
12-15 . . . . . . at NY Yankees
17-19 . . . . . . at Tampa Bay
20-22 . . . . Minnesota
23-25 . . . . at Toronto
27-29 . . . . Tampa Bay

24-26 . . . . LA Dodgers
28-30 . . . . Colorado

JULY
2-4 . . . . at Cleveland
5-7 . . . . at Miami
8-10 . . . . Minnesota
12-14 . . . . Pittsburgh
19-21 . . . . . . at Kansas City
22-25 . . . . at Texas
26-28 . . . . Seattle
29-31 . . . . Kansas City

AUGUST
2-4 . . . . at Minnesota
5-7 . . . . at Oakland
9-10 . . . . Chi Cubs
12-14 . . . . NY Yankees
16-18 . . . . at Houston
19-21 . . . . . . at San Francisco
23-26 . . . . Detroit
27-29 . . . . Texas
30-31 . . . . NY Mets

SEPTEMBER
1 . . . . NY Mets
2-4 . . . . at Baltimore
6-8 . . . . at Boston
9-11 . . . . Cleveland
13-15 . . . . Oakland
16-18 . . . . at LA Angels
20-22 . . . . at San Diego
24-26 . . . . LA Angels
27-29 . . . . at Detroit

6-8 . . . . Detroit
9-12 . . . . . . at Chi White Sox
13-15 . . . . at Texas
17-19 . . . . Minnesota
20-22 . . . . NY Mets
24-26 . . . . . . at LA Angels
27-29 . . . . . . at Colorado
31 . . . . Washington

JUNE
1-2 . . . . Washington
4-6 . . . . Kansas City
7-9 . . . . at Miami
11-12 . . . . at Cincinnati
14-16 . . . . at Toronto
18-20 . . . . Seattle
21-23 . . . . Toronto
24-26 . . . . at Baltimore
27-30 . . . . . . at Kansas City

Baseball America 2024 Directory • 147

SCHEDULES

JULY
2-4 . . . . Chi White Sox
5-7 . . . . San Francisco
8-11 . . . . at Detroit
12-14 . . . . . at Tampa Bay
19-21 . . . . San Diego
22-25 . . . . Detroit
26-28 . . . . at Philadelphia
29-30 . . . . at Detroit

AUGUST
1-4 . . . . Baltimore
5-7 . . . . Arizona
9-11 . . . . . . at Minnesota
12-14 . . . . Chi Cubs
16-18 . . . . . at Milwaukee
20-22 . . . . . at NY Yankees
23-25 . . . . Texas

26-28 . . . . . . Kansas City
30-31 . . . . Pittsburgh

SEPTEMBER
1 . . . . Pittsburgh
2-4 . . . . . . at Kansas City
6-8 . . . . . . at LA Dodgers
9-11 . . . . at Chi White Sox
12-15 . . . . Tampa Bay
16-19 . . . . Minnesota
20-22 . . . . . . at St. Louis
24-25 . . . . Cincinnati
27-29 . . . . Houston

DETROIT TIGERS

MARCH
28 . . . . . at Chi White Sox
30-31 . . . at Chi White Sox

APRIL
1-3 . . . . at NY Mets
5-7 . . . . Oakland
8-9 . . . . at Pittsburgh
11-14 . . . . Minnesota
15-18 . . . . Texas
9-21 . . . . . . at Minnesota
22-24 . . . . . at Tampa Bay
26-28 . . . . . . Kansas City
29-30 . . . . St. Louis

MAY
1 . . . . St. Louis
3-5 . . . . at NY Yankees
6-8 . . . . at Cleveland
10-12 . . . . Houston
13-15 . . . . Miami
17-19 . . . . at Arizona
20-22 . . . . . at Kansas City
23-26 . . . . Toronto
28-29 . . . . Pittsburgh
30-31 . . . . at Boston

JUNE
1-2 . . . . at Boston
3-5 . . . . at Texas
7-9 . . . . Milwaukee
11-13 . . . . . . Washington
14-16 . . . . . . at Houston
17-19 . . . . at Atlanta
21-23 . . . . . Chi White Sox
24-26 . . . . . . Philadelphia

27-30 . . . . . at LA Angels

JULY
2-4 . . . . at Minnesota
5-7 . . . . at Cincinnati
8-11 . . . . Cleveland
12-14 . . . . . . LA Dodgers
19-21 . . . . . . at Toronto
22-25 . . . . . at Cleveland
26-28 . . . . Minnesota
29-30 . . . . Cleveland

AUGUST
1-4 . . . . Kansas City
6-8 . . . . at Seattle
9-11 . . . . at San Francisco
13-15 . . . . Seattle
16-18 . . . . . . NY Yankees
20-22 . . . . . . at Chi Cubs
23-26 . . . at Chi White Sox
27-29 . . . . . . LA Angels
30-31 . . . . Boston

SEPTEMBER
1 . . . . Boston
2 . . . . at San Diego
4-5 . . . . . . at San Diego
6-8 . . . . at Oakland
10-12 . . . . Colorado
13-15 . . . . Baltimore
16-18 . . . . at Kansas City
20-22 . . . . . at Baltimore
24-26 . . . . . . Tampa Bay
27-29 . . . . Chi White Sox

3-5 . . . . St. Louis
7-9 . . . . . . at LA Angels
10-12 . . . at San Francisco
14-16 . . . . Detroit
18-20 . . . at Chi White Sox
21-23 . . . . Baltimore
25-26 . . . . Colorado
28-30 . . . . . . at NY Mets

JULY
1-4 . . . . at Toronto
5-7 . . . . . . at Minnesota
9-11 . . . . Miami
12-14 . . . . Texas
19-21 . . . . at Seattle
22-24 . . . . . . at Oakland
26-28 . . . . . . LA Dodgers
29-31 . . . . Pittsburgh

AUGUST
2-4 . . . . Tampa Bay
5-7 . . . . at Texas

KANSAS CITY ROYALS

MARCH
28, 30-31 . . . . . Minnesota

APRIL
1-3 . . . . at Baltimore
4-7 . . . . . . Chi White Sox
9-11 . . . . Houston
12-14 . . . . . . at NY Mets
15-17 . . . at Chi White Sox
19-21 . . . . Baltimore
22-25 . . . . Toronto
26-28 . . . . at Detroit
29-30 . . . . . . at Toronto

MAY
1 . . . . at Toronto
3-5 . . . . Texas
6-8 . . . . Milwaukee
9-12 . . . . . . at LA Angels
13-15 . . . . . . at Seattle
17-19 . . . . Oakland
20-22 . . . . Detroit
24-26 . . . . . at Tampa Bay
27-30 . . . . . at Minnesota
31 . . . . San Diego

JUNE
1-2 . . . . San Diego
4-6 . . . . at Cleveland
7-9 . . . . Seattle
10-13 . . . . . . NY Yankees
14-16 . . . . at LA Dodgers
18-20 . . . . . . at Oakland
21-23 . . . . at Texas

9-11 . . . . at Boston
12-14 . . . . at Tampa Bay
16-18 . . . . . Chi White Sox
19-21 . . . . Boston
22-25 . . . . at Baltimore
26-28 . . . . at Philadelphia
29-31 . . . . . . Kansas City

SEPTEMBER
1 . . . . Kansas City
2 . . . . at Cincinnati
4-5 . . . . at Cincinnati
6-8 . . . . Arizona
10-12 . . . . Oakland
13-15 . . . . . at LA Angels
16-18 . . . . . at San Diego
19-22 . . . . LA Angels
23-25 . . . . Seattle
27-29 . . . . . at Cleveland

24-26 . . . . Miami
27-30 . . . . Cleveland

JULY
2-4 . . . . Tampa Bay
5-7 . . . . at Colorado
9-10 . . . . at St. Louis
12-14 . . . . at Boston
19-21 . . . . . Chi White Sox
22-25 . . . . Arizona
26-28 . . . . Chi Cubs
29-31 . . . at Chi White Sox

AUGUST
1-4 . . . . at Detroit
5-7 . . . . Boston
9-10 . . . . St. Louis
12-14 . . . . . at Minnesota
16-18 . . . . . at Cincinnati
19-21 . . . . . . LA Angels
23-25 . . . . . . Philadelphia
26-28 . . . . . at Cleveland
29-31 . . . . . . at Houston

SEPTEMBER
1 . . . . at Houston
2-4 . . . . Cleveland
6-8 . . . . Minnesota
9-11 . . . . at NY Yankees
13-15 . . . . at Pittsburgh
16-18 . . . . Detroit
20-22 . . . . San Francisco
24-26 . . . at Washington
27-29 . . . . at Atlanta

HOUSTON ASTROS

MARCH
28-31 . . . . . . NY Yankees

APRIL
1-3 . . . . Toronto
5-7 . . . . at Texas
9-11 . . . . at Kansas City
12-14 . . . . Texas
15-17 . . . . Atlanta
19-21 . . . . at Washington
23-25 . . . . . at Chi Cubs
27-28 . . . . . at Colorado
30 . . . . Cleveland

MAY
1-2 . . . . Cleveland
3-5 . . . . Seattle
7-9 . . . . . . at NY Yankees
10-12 . . . . . . at Detroit
13-16 . . . . Oakland
17-19 . . . . . . Milwaukee
20-22 . . . . LA Angels
24-26 . . . . . . at Oakland
27-30 . . . . . . at Seattle
31 . . . . Minnesota

JUNE
1-2 . . . . Minnesota

SCHEDULES

LOS ANGELES ANGELS

MARCH
28 . . . . at Baltimore
30-31 . . . . . . at Baltimore

APRIL
1-3 . . . . at Miami
5-7 . . . . Boston
8-10 . . . . Tampa Bay
12-14 . . . . at Boston
15-18 . . . . . at Tampa Bay
19-21 . . . . . at Cincinnati
22-24 . . . . Baltimore
26-28 . . . . Minnesota
29-30 . . . . . Philadelphia

MAY
1 . . . . Philadelphia
3-5 . . . . at Cleveland
6-8 . . . . at Pittsburgh
9-12 . . . . . . Kansas City
13-16 . . . . St. Louis
17-19 . . . . at Texas
20-22 . . . . . . at Houston
24-26 . . . . Cleveland
28-30 . . . . . . NY Yankees
31 . . . . at Seattle

JUNE
1-2 . . . . at Seattle
3-5 . . . . San Diego
7-9 . . . . Houston
11-13 . . . . at Arizona
14-16 . . . . at San Francisco
17-19 . . . . Milwaukee
21-22 . . . . . at LA Dodgers

24-26 . . . . Oakland
27-30 . . . . Detroit

JULY
2-4 . . . . at Oakland
5-7 . . . . at Chi Cubs
8-10 . . . . Texas
11-14 . . . . Seattle
19-21 . . . . at Oakland
22-24 . . . . at Seattle
25-28 . . . . Oakland
30-31 . . . . Colorado

AUGUST
1 . . . . Colorado
2-4 . . . . NY Mets
6-8 . . . . . . at NY Yankees
9-11 . . . . . at Washington
12-14 . . . . Toronto
17-18 . . . . Atlanta
19-21 . . . . . at Kansas City
22-25 . . . . at Toronto
27-29 . . . . at Detroit
30-31 . . . . Seattle

SEPTEMBER
1 . . . . Seattle
3-4 . . . . LA Dodgers
5-8 . . . . at Texas
9-11 . . . . . at Minnesota
13-15 . . . . Houston
16-18 . . . . Chi White Sox
19-22 . . . . at Houston
24-26 . . . at Chi White Sox
27-29 . . . . Texas

MINNESOTA TWINS

MARCH
28 . . . . . . at Kansas City
30-31 . . . . at Kansas City

APRIL
2-3 . . . . at Milwaukee
4 . . . . Cleveland
6-7 . . . . Cleveland
8-10 . . . . . . LA Dodgers
11-14 . . . . at Detroit
15-17 . . . . . at Baltimore
19-21 . . . . Detroit
22-25 . . . . Chi White Sox
26-28 . . . . . at LA Angels
29-30 . . at Chi White Sox

MAY
1 . . . . at Chi White Sox
3-5 . . . . Boston
6-9 . . . . Seattle
10-12 . . . . at Toronto
14-16 . . . . . . NY Yankees
17-19 . . . . . at Cleveland
20-22 . . . . at Washington
24-26 . . . . Texas
27-30 . . . . . Kansas City
31 . . . . at Houston

JUNE
1-2 . . . . at Houston
4-6 . . . . at NY Yankees
7-9 . . . . at Pittsburgh
10-12 . . . . Colorado
13-16 . . . . Oakland
18-20 . . . . Tampa Bay
21-23 . . . . at Oakland

25-27 . . . . at Arizona
28-30 . . . . at Seattle

JULY
2-4 . . . . Detroit
5-7 . . . . Houston
8-10 . . . . at Chi White Sox
12-14 . . . at San Francisco
20-21 . . . . Milwaukee
22-24 . . . . . . Philadelphia
26-28 . . . . at Detroit
29-31 . . . . . . at NY Mets

AUGUST
2-4 . . . . . . Chi White Sox
5-7 . . . . at Chi Cubs
9-11 . . . . Cleveland
12-14 . . . . . . Kansas City
15-18 . . . . at Texas
19-21 . . . . . at San Diego
23-25 . . . . St. Louis
26-28 . . . . Atlanta
30-31 . . . . Toronto

SEPTEMBER
1 . . . . Toronto
2-5 . . . . . . at Tampa Bay
6-8 . . . . . . at Kansas City
9-11 . . . . LA Angels
13-15 . . . . . . Cincinnati
16-19 . . . . . at Cleveland
20-22 . . . . at Boston
24-26 . . . . Miami
27-29 . . . . Baltimore

NEW YORK YANKEES

MARCH
28-31 . . . . . . at Houston

APRIL
1-3 . . . . at Arizona
5-7 . . . . Toronto
8-10 . . . . Miami
12-14 . . . . . . at Cleveland
15-17 . . . . at Toronto
19-21 . . . . . . Tampa Bay
22-25 . . . . Oakland
26-28 . . . . at Milwaukee
29-30 . . . . . at Baltimore

MAY
1-2 . . . . at Baltimore
3-5 . . . . Detroit
7-9 . . . . Houston
10-12 . . . . . at Tampa Bay
14-16 . . . . . at Minnesota
17-19 . . . . Chi White Sox
20-23 . . . . Seattle
24-26 . . . . . . at San Diego
28-30 . . . . . at LA Angels
31 . . . . . . at San Francisco

JUNE
1-2 . . . . . at San Francisco
4-6 . . . . Minnesota
7-9 . . . . LA Dodgers
10-13 . . . . . at Kansas City
14-16 . . . . at Boston
18-20 . . . . Baltimore
21-23 . . . . Atlanta
25-26 . . . . . . at NY Mets

27-30 . . . . at Toronto

JULY
2-4 . . . . Cincinnati
5-7 . . . . Boston
9-11 . . . . . at Tampa Bay
12-14 . . . . . at Baltimore
19-22 . . . . Tampa Bay
23-24 . . . . NY Mets
26-28 . . . . at Boston
29-31 . . . at Philadelphia

AUGUST
2-4 . . . . Toronto
6-8 . . . . LA Angels
9-11 . . . . Texas
12-15 . . . at Chi White Sox
16-18 . . . . at Detroit
20-22 . . . . Cleveland
23-25 . . . . Colorado
26-28 . . . . . at Washington
30-31 . . . . St. Louis

SEPTEMBER
1 . . . . St. Louis
2-4 . . . . at Texas
6-8 . . . . at Chi Cubs
9-11 . . . . . . Kansas City
12-15 . . . . Boston
17-19 . . . . at Seattle
20-22 . . . . . . at Oakland
24-26 . . . . Baltimore
27-29 . . . . . . Pittsburgh

OAKLAND ATHLETICS

MARCH
28-31 . . . . Cleveland

APRIL
1-3 . . . . Boston
5-7 . . . . at Detroit
9-11 . . . . at Texas
12-14 . . . . . . Washington
15-17 . . . . St. Louis
19-21 . . . . . at Cleveland
22-25 . . . . at NY Yankees
26-28 . . . . . at Baltimore
29-30 . . . . . . Pittsburgh

MAY
1 . . . . Pittsburgh
3-5 . . . . Miami
6-8 . . . . Texas
10-12 . . . . at Seattle
13-16 . . . . . . at Houston
17-19 . . . . at Kansas City
21-23 . . . . Colorado
24-26 . . . . Houston
28-30 . . . . . at Tampa Bay
31 . . . . at Atlanta

JUNE
1-2 . . . . at Atlanta
4-6 . . . . Seattle
7-9 . . . . Toronto
10-12 . . . . . at San Diego
13-16 . . . . . at Minnesota
18-20 . . . . . Kansas City
21-23 . . . . . . Minnesota
24-26 . . . . . at LA Angels
28-30 . . . . . . at Arizona

JULY
2-4 . . . . LA Angels
5-7 . . . . Baltimore
9-11 . . . . at Boston
12-14 . . . at Philadelphia
19-21 . . . . . . LA Angels
22-24 . . . . Houston
25-28 . . . . . at LA Angels
30-31 . . . at San Francisco

AUGUST
2-4 . . . . LA Dodgers
5-7 . . . . . . Chi White Sox
9-11 . . . . at Toronto
13-15 . . . . . . at NY Mets
17-18 . . . . . San Francisco
19-22 . . . . . . Tampa Bay
23-25 . . . . . . Milwaukee
27-29 . . . . . at Cincinnati
30-31 . . . . at Texas

SEPTEMBER
1 . . . . at Texas
2-5 . . . . Seattle
6-8 . . . . Detroit
10-12 . . . . . . at Houston
13-16 . . . at Chi White Sox
17-18 . . . . . . at Chi Cubs
20-22 . . . . . . NY Yankees
24-26 . . . . Texas
27-29 . . . . . . at Seattle

Baseball America 2024 Directory • **149**

SCHEDULES

SEATTLE MARINERS

MARCH
28-31 . . . . Boston

APRIL
1-3 . . . . Cleveland
5-7 . . . . at Milwaukee
8-10 . . . . at Toronto
12-14 . . . . Chi Cubs
15-17 . . . . Cincinnati
19-21 . . . . at Colorado
23-25 . . . . at Texas
26-28 . . . . Arizona
29-30 . . . . Atlanta

MAY
1 . . . . Atlanta
3-5 . . . . at Houston
6-9 . . . . at Minnesota
10-12 . . . . Oakland
13-15 . . . . . . Kansas City
17-19 . . . . . . at Baltimore
20-23 . . . . at NY Yankees
24-26 . . . . . at Washington
28-30 . . . . Houston

JUNE
1-2 . . . . LA Angels
4-6 . . . . at Oakland
7-9 . . . . . . at Kansas City
10-13 . . . . . Chi White Sox
14-16 . . . . Texas
18-20 . . . . . . at Cleveland
21-23 . . . . at Miami
24-26 . . . . . at Tampa Bay

28-30 . . . . Minnesota

JULY
2-4 . . . . Baltimore
5-7 . . . . Toronto
9-10 . . . . . . at San Diego
11-14 . . . . . . at LA Angels
19-21 . . . . Houston
22-24 . . . . LA Angels
26-28 . . . at Chi White Sox
29-31 . . . . at Boston

AUGUST
2-4 . . . . Philadelphia
6-8 . . . . Detroit
9-11 . . . . NY Mets
13-15 . . . . at Detroit
16-18 . . . . . at Pittsburgh
19-22 . . . . at LA Dodgers
23-25 . . . . . . San Francisco
26-28 . . . . . . Tampa Bay
30-31 . . . . . at LA Angels

SEPTEMBER
1 . . . . at LA Angels
2-5 . . . . at Oakland
6-8 . . . . at St. Louis
10-12 . . . . . . San Diego
13-15 . . . . Texas
17-19 . . . . . . NY Yankees
20-22 . . . . at Texas
23-25 . . . . . . at Houston
27-29 . . . . Oaklandd

TAMPA BAY RAYS

MARCH
28-31 . . . . Toronto

APRIL
1-3 . . . . Texas
5-7 . . . . at Colorado
8-10 . . . . at LA Angels
12-14 . . . . . San Francisco
15-18 . . . . LA Angels
19-21 . . . . . at NY Yankees
22-24 . . . . Detroit
26-28 . . . at Chi White Sox
29-30 . . . . . . at Milwaukee

MAY
1 . . . . at Milwaukee
3-5 . . . . NY Mets
6-8 . . . . . . Chi White Sox
10-12 . . . . NY Yankees
13-16 . . . . at Boston
17-19 . . . . at Toronto
20-22 . . . . Boston
24-26 . . . . . . Kansas City
28-30 . . . . Oakland
31 . . . . at Baltimore

JUNE
1-2 . . . . at Baltimore
4-5 . . . . at Miami
7-10 . . . . Baltimore
11-13 . . . . Chi Cubs
14-16 . . . . at Atlanta
18-20 . . . . . at Minnesota
21-23 . . . . . at Pittsburgh
24-26 . . . . Seattle

28-30 . . . . . . Washington

JULY
2-4 . . . . at Kansas City
5-7 . . . . at Texas
9-11 . . . . NY Yankees
12-14 . . . . Cleveland
19-22 . . . . . at NY Yankees
23-25 . . . . at Toronto
26-28 . . . . . . Cincinnati
30-31 . . . . Miami

AUGUST
2-4 . . . . at Houston
6-8 . . . . at St. Louis
9-11 . . . . Baltimore
12-14 . . . . Houston
16-18 . . . . Arizona
19-22 . . . . at Oakland
23-25 . . . . . at LA Dodgers
26-28 . . . . at Seattle
30-31 . . . . San Diego

SEPTEMBER
1 . . . . San Diego
2-5 . . . . Minnesota
6-8 . . . . at Baltimore
9-11 . . . . . at Philadelphia
12-15 . . . . . at Cleveland
17-19 . . . . Boston
20-22 . . . . Toronto
24-26 . . . . at Detroit
27-29 . . . . at Boston

TEXAS RANGERS

MARCH
28 . . . . Chi Cubs
30-31 . . . . Chi Cubs

APRIL
1-3 . . . . at Tampa Bay
5-8 . . . . Houston
9-11 . . . . Oakland
12-14 . . . . . . at Houston
15-18 . . . . at Detroit
19-21 . . . . . . at Atlanta
23-25 . . . . Seattle
26-28 . . . . . . Cincinnati
30 . . . . Washington

MAY
1-2 . . . . Washington
3-5 . . . . . . at Kansas City
6-8 . . . . at Oakland
10-12 . . . . . . at Colorado
13-15 . . . . Cleveland
17-19 . . . . LA Angels
21-23 . . . . at Philadelphia
24-26 . . . . . at Minnesota
28-29 . . . . Arizona
31 . . . . at Miami

JUNE
1-2 . . . . at Miami
3-5 . . . . Detroit
7-9 . . . . . . San Francisco
11-13 . . . . at LA Dodgers
14-16 . . . . . . at Seattle
17-19 . . . . NY Mets

21-23 . . . . . . Kansas City
24-26 . . . . . at Milwaukee
27-30 . . . . . . at Baltimore

JULY
2-4 . . . . San Diego
5-7 . . . . Tampa Bay
8-10 . . . . . . at LA Angels
12-14 . . . . . . at Houston
19-21 . . . . Baltimore
22-25 . . . . Chi White Sox
26-28 . . . . at Toronto
29-31 . . . . at St. Louis

AUGUST
2-4 . . . . Boston
5-7 . . . . Houston
9-11 . . . . . at NY Yankees
12-14 . . . . at Boston
15-18 . . . . . . Minnesota
19-21 . . . . . . Pittsburgh
23-25 . . . . . . at Cleveland
27-29 . . . at Chi White Sox
30-31 . . . . Oakland

SEPTEMBER
1 . . . . Oakland
2-5 . . . . NY Yankees
5-8 . . . . LA Angels
10-11 . . . . at Arizona
12-15 . . . . at Seattle
17-19 . . . . Toronto
20-22 . . . . Seattle
24-26 . . . . at Oakland
27-29 . . . . . at LA Angels

TORONTO BLUE JAYS

MARCH
28-31 . . . . . at Tampa Bay

APRIL
1-3 . . . . at Houston
5-7 . . . . . . at NY Yankees
8-10 . . . . Seattle
12-14 . . . . Colorado
15-17 . . . . NY Yankees
19-21 . . . . . . at San Diego
22-25 . . . . . at Kansas City
26-28 . . . . . LA Dodgers
29-30 . . . . . . Kansas City

MAY
1 . . . . Kansas City
3-5 . . . . . . at Washington
7-8 . . . . . at Philadelphia
10-12 . . . . Minnesota
13-15 . . . . . at Baltimore
17-19 . . . . . . Tampa Bay
20-22 . . . . Chi White Sox
23-26 . . . . . . at Detroit
27-29 . . . at Chi White Sox
31 . . . . Pittsburgh

JUNE
1-2 . . . . Pittsburgh
3-6 . . . . Baltimore
7-9 . . . . at Oakland
10-12 . . . . . at Milwaukee
14-16 . . . . . . Cleveland
17-19 . . . . Boston
21-23 . . . . . at Cleveland

24-26 . . . . at Boston
27-30 . . . . . . NY Yankees

JULY
1-4 . . . . Houston
5-7 . . . . at Seattle
9-11 . . . . at San Francisco
12-14 . . . . at Arizona
19-21 . . . . Detroit
23-25 . . . . . . Tampa Bay
26-28 . . . . Texas
29-31 . . . . . . at Baltimore

AUGUST
2-4 . . . . . . at NY Yankees
6-8 . . . . Baltimore
9-11 . . . . Oakland
12-15 . . . . . . at LA Angels
16-18 . . . . . . at Chi Cubs
19-21 . . . . . . Cincinnati
22-25 . . . . . . LA Angels
26-29 . . . . at Boston
30-31 . . . . . at Minnesota

SEPTEMBER
1 . . . . at Minnesota
3-4 . . . . Philadelphia
6-8 . . . . at Atlanta
9-11 . . . . NY Mets
13-15 . . . . St. Louis
17-19 . . . . at Texas
20-22 . . . . at Tampa Bay
23-25 . . . . Boston
27-29 . . . . Miami

SCHEDULES

NATIONAL LEAGUE

ARIZONA DIAMONDBACKS

MARCH
28-31 . . . . Colorado

APRIL
1-3 . . . . NY Yankees
5-7 . . . . at Atlanta
8-10 . . . . at Colorado
12-14 . . . . St. Louis
15-17 . . . . Chi Cubs
18-21 . . . . at San Francisco
22-24 . . . . . . at St. Louis
26-28 . . . . at Seattle
29-30 . . . . LA Dodgers

MAY
1 . . . . LA Dodgers
3-5 . . . . San Diego
7-9 . . . . at Cincinnati
10-12 . . . . at Baltimore
13-15 . . . . Cincinnati
17-19 . . . . Detroit
20-23 . . . . . at LA Dodgers
24-26 . . . . Miami
28-29 . . . . at Texas
30-31 . . . . at NY Mets

JUNE
1-2 . . . . at NY Mets
3-5 . . . . San Francisco
6-9 . . . . at San Diego
11-14 . . . . LA Angels
14-16 . . . . . Chi White Sox
18-20 . . . . at Washington
21-23 . . . . at Philadelphia
25-27 . . . . Minnesota

28-30 . . . . Oakland

JULY
2-5 . . . . at LA Dodgers
5-7 . . . . at San Diego
8-11 . . . . Atlanta
12-14 . . . . Toronto
19-21 . . . . . . at Chi Cubs
22-24 . . . . at Kansas City
26-28 . . . . Pittsburgh
29-31 . . . . . . Washington

AUGUST
2-4 . . . . at Pittsburgh
5-7 . . . . at Cleveland
8-11 . . . . Philadelphia
12-14 . . . . Colorado
16-18 . . . . . . at Tampa Bay
19-21 . . . . at Miami
23-25 . . . . at Boston
27-29 . . . . NY Mets
30-31 . . . . . . LA Dodgers

SEPTEMBER
1-2 . . . . LA Dodgers
3-5 . . . . at San Francisco
6-8 . . . . at Houston
10-11 . . . . Texas
13-15 . . . . . . Milwaukee
16-18 . . . . . at Colorado
19-22 . . . . . at Milwaukee
24-26 . . . . San Francisco
27-29 . . . . . . San Diego

ATLANTA BRAVES

MARCH
28 . . . . . . at Philadelphia
30-31 . . . . at Philadelphia

APRIL
1-3 . . . . . at Chi White Sox
5-7 . . . . Arizona
8-11 . . . . NY Mets
12-14 . . . . at Miami
15-17 . . . . . . at Houston
19-21 . . . . Texas
22-24 . . . . Miami
26-28 . . . . Cleveland
29-30 . . . . at Seattle

MAY
1 . . . . at Seattle
3-5 . . . . . . at LA Dodgers
7-8 . . . . Boston
10-12 . . . . . . at NY Mets
13-15 . . . . Chi Cubs
17-20 . . . . San Diego
21-23 . . . . . at Chi Cubs
24-26 . . . . at Pittsburgh
27-30 . . . . . . Washington
31 . . . . Oakland

JUNE
1-2 . . . . Oakland
4-5 . . . . at Boston
6-9 . . . . . . at Washington
11-13 . . . . . at Baltimore
14-16 . . . . . . Tampa Bay
17-19 . . . . Detroit

21-23 . . . . at NY Yankees
24-26 . . . . . . at St. Louis
28-30 . . . . . . Pittsburgh

JULY
2-4 . . . . San Francisco
5-7 . . . . Philadelphia
8-11 . . . . at Arizona
12-14 . . . . . at San Diego
19-21 . . . . St. Louis
22-24 . . . . Cincinnati
25-28 . . . . . . at NY Mets
29-31 . . . . . at Milwaukee

AUGUST
1-4 . . . . Miami
6-8 . . . . Milwaukee
9-11 . . . . at Colorado
12-15 . . . . at San Francisco
16-18 . . . . . at LA Angels
20-22 . . . . . . Philadelphia
23-25 . . . . . . Washington
26-28 . . . . . . at Minnesota
29-31 . . . . . at Philadelphia

SEPTEMBER
1 . . . . at Philadelphia
3-5 . . . . Colorado
6-8 . . . . Toronto
10-11 . . . . . at Washington
13-16 . . . . LA Dodgers
17-19 . . . . . at Cincinnati
20-22 . . . . at Miami
24-25 . . . . NY Mets
27-29 . . . . . . Kansas City

CHICAGO CUBS

MARCH
28 . . . . at Texas
30-31 . . . . at Texas

APRIL
1-3 . . . . Colorado
5-7 . . . . LA Dodgers
8-10 . . . . . . at San Diego
12-14 . . . . at Seattle
15-17 . . . . . . at Arizona
18-21 . . . . Miami
23-25 . . . . Houston
26-28 . . . . . . at Boston
29-30 . . . . . . at NY Mets

MAY
1-2 . . . . at NY Mets
3-5 . . . . Milwaukee
6-8 . . . . San Diego
10-12 . . . . . at Pittsburgh
13-15 . . . . . . at Atlanta
16-19 . . . . . . Pittsburgh
21-23 . . . . Atlanta
24-26 . . . . . . at St. Louis
27-30 . . . . . at Milwaukee
31 . . . . Cincinnati

JUNE
1-2 . . . . Cincinnati
4-5 . . . . . Chi White Sox
6-9 . . . . . . at Cincinnati
11-13 . . . . . at Tampa Bay
14-16 . . . . . San Francisco
17-19 . . . . . . San Francisco
21-23 . . . . . . NY Mets

24-27 . . . . at San Francisco
28-30 . . . . . at Milwaukee

JULY
2-4 . . . . Philadelphia
5-7 . . . . LA Angels
9-11 . . . . . . at Baltimore
12-14 . . . . . . at St. Louis
19-21 . . . . Arizona
22-24 . . . . . . Milwaukee
26-28 . . . . at Kansas City
29-31 . . . . . at Cincinnati

AUGUST
1-4 . . . . St. Louis
5-7 . . . . Minnesota
9-10 . . . . at Chi White Sox
12-14 . . . . . at Cleveland
16-18 . . . . Toronto
20-22 . . . . Detroit
23-25 . . . . at Miami
26-28 . . . . . at Pittsburgh
30-31 . . . . at Washington

SEPTEMBER
1 . . . . at Washington
2-4 . . . . Pittsburgh
6-8 . . . . NY Yankees
9-11 . . . . . at LA Dodgers
13-15 . . . . . at Colorado
16-18 . . . . Oakland
19-22 . . . . . Washington
23-25 . . . . at Philadelphia
27-29 . . . . Cincinnati

CINCINNATI REDS

MARCH
28 . . . . Washington
30-31 . . . . . . Washington

APRIL
1-3 . . . . . at Philadelphia
5-7 . . . . NY Mets
8-11 . . . . Milwaukee
12-14 . . . . at Chi White Sox
15-17 . . . . . . at Seattle
19-21 . . . . . . LA Angels
22-25 . . . . . . Philadelphia
26-28 . . . . . . at Texas
29-30 . . . . . at San Diego

MAY
1 . . . . at San Diego
3-5 . . . . Baltimore
7-9 . . . . Arizona
10-12 . . . . at San Francisco
13-15 . . . . at Arizona
16-19 . . . . . at LA Dodgers
21-23 . . . . San Diego
24-26 . . . . . . LA Dodgers
27-29 . . . . St. Louis
31 . . . . at Chi Cubs

JUNE
1-2 . . . . at Chi Cubs
3-5 . . . . at Colorado
6-9 . . . . Chi Cubs
11-12 . . . . Cleveland
14-16 . . . . . at Milwaukee
17-19 . . . . . at Pittsburgh
21-23 . . . . Boston
24-26 . . . . . . Pittsburgh

27-30 . . . . . . at St. Louis

JULY
2-4 . . . . . at NY Yankees
5-7 . . . . Detroit
8-11 . . . . Colorado
12-14 . . . . Miami
19-21 . . . . . at Washington
22-24 . . . . . . at Atlanta
26-28 . . . . . at Tampa Bay
29-31 . . . . Chi Cubs

AUGUST
2-4 . . . . San Francisco
5-8 . . . . at Miami
9-11 . . . . . . at Milwaukee
12-14 . . . . St. Louis
16-18 . . . . . . Kansas City
19-21 . . . . . . at Toronto
22-25 . . . . . at Pittsburgh
27-29 . . . . Oakland
30-31 . . . . . . Milwaukee

SEPTEMBER
1 . . . . Milwaukee
2 . . . . Houston
4-5 . . . . Houston
6-8 . . . . at NY Mets
10-12 . . . . . at St. Louis
13-15 . . . . . at Minnesota
17-19 . . . . Atlanta
20-22 . . . . . . Pittsburgh
24-25 . . . . . at Cleveland
27-29 . . . . . at Chi Cubs

Baseball America 2024 Directory • **151**

SCHEDULES

COLORADO ROCKIES

MARCH
29-31 . . . . at Arizona

APRIL
1-3 . . . . at Chi Cubs
5-7 . . . . Tampa Bay
8-10 . . . . Arizona
12-14 . . . . at Toronto
15-17 . . . . at Philadelphia
19-21 . . . . Seattle
22-25 . . . . San Diego
27-28 . . . . Houston
30 . . . . at Miami

MAY
1-2 . . . . at Miami
3-5 . . . . at Pittsburgh
7-9 . . . . San Francisco
10-12 . . . . Texas
13-15 . . . . . . at San Diego
17-19 . . . . at San Francisco
21-23 . . . . at Oakland
24-26 . . . . . . Philadelphia
27-29 . . . . Cleveland

JUNE
1-2 . . . . at LA Dodgers
3-5 . . . . Cincinnati
6-9 . . . . at St. Louis
10-12 . . . . . . at Minnesota
14-16 . . . . Pittsburgh
17-20 . . . . . . LA Dodgers
21-23 . . . . Washington
25-26 . . . . at Houston
28-30 . . . . at Chi White Sox

JULY
1-4 . . . . Milwaukee
5-7 . . . . Kansas City
8-11 . . . . . . at Cincinnati
11-14 . . . . . . at NY Mets
19-21 . . . . . San Francisco
22-24 . . . . Boston
26-28 . . . . at San Francisco
30-31 . . . . . at LA Angels

AUGUST
1 . . . . at LA Angels
2-4 . . . . at San Diego
6-8 . . . . NY Mets
9-11 . . . . Atlanta
12-14 . . . . . . at Arizona
16-18 . . . . San Diego
20-22 . . . . at Washington
23-25 . . . . at NY Yankees
26-29 . . . . Miami
30-31 . . . . Baltimore

SEPTEMBER
1 . . . . Baltimore
3-5 . . . . at Atlanta
6-8 . . . . at Milwaukee
10-12 . . . . . . at Detroit
13-15 . . . . Chi Cubs
16-18 . . . . Arizona
20-22 . . . . . at LA Dodgers
24-26 . . . . St. Louis
27-29 . . . . . . LA Dodgers

LOS ANGELES DODGERS

MARCH
20-21 . . . . . . at San Diego
28-31 . . . . St. Louis

APRIL
1-3 . . . . San Francisco
5-7 . . . . at Chi Cubs
8-10 . . . . . . at Minnesota
12-14 . . . . San Diego
15-17 . . . . . . Washington
19-21 . . . . NY Mets
23-25 . . . . at Washington
26-28 . . . . . . at Toronto
29-30 . . . . . . at Arizona

MAY
1 . . . . at Arizona
3-5 . . . . Atlanta
6-8 . . . . Miami
10-12 . . . . . at San Diego
13-15 . . . . at San Francisco
16-19 . . . . . . Cincinnati
20-23 . . . . Arizona
24-26 . . . . . at Cincinnati
27-29 . . . . . . at NY Mets
31 . . . . Colorado

JUNE
1-2 . . . . Colorado
4-6 . . . . . . at Pittsburgh
7-9 . . . . . at NY Yankees
11-13 . . . . Texas
14-16 . . . . . Kansas City
17-20 . . . . . at Colorado
21-23 . . . . . . LA Angels
24-26 . . . at Chi White Sox

28-30 . . . at San Francisco

JULY
2-5 . . . . Arizona
5-7 . . . . Milwaukee
9-11 . . . . at Philadelphia
12-14 . . . . . . at Detroit
19-21 . . . . Boston
22-25 . . . . . San Francisco
26-28 . . . . . . at Houston
30-31 . . . . . at San Diego

AUGUST
2-4 . . . . at Oakland
5-7 . . . . Philadelphia
9-11 . . . . Pittsburgh
12-15 . . . . . at Milwaukee
16-18 . . . . . . at St. Louis
19-22 . . . . Seattle
23-25 . . . . . . Tampa Bay
27-29 . . . . . . Baltimore
30-31 . . . . . . at Arizona

SEPTEMBER
1-2 . . . . at Arizona
4-5 . . . . at LA Angels
6-8 . . . . Cleveland
9-12 . . . . Chi Cubs
13-16 . . . . . . at Atlanta
17-19 . . . . . . at Miami
20-22 . . . . . . Colorado
24-27 . . . . . . San Diego
27-29 . . . . . at Colorado

MIAMI MARLINS

MARCH
28-31 . . . . Pittsburgh

APRIL
1-3 . . . . LA Angels
4 . . . . at St. Louis
6-7 . . . . at St. Louis
8-10 . . . . . at NY Yankees
12-14 . . . . Atlanta
15-17 . . . . . San Francisco
18-21 . . . . . . at Chi Cubs
22-24 . . . . . . at Atlanta
26-29 . . . . . . Washington
30 . . . . Colorado

MAY
1-2 . . . . Colorado
3-5 . . . . at Oakland
6-8 . . . . . . at LA Dodgers
10-12 . . . . . . Philadelphia
13-15 . . . . . . at Detroit
17-19 . . . . . . NY Mets
20-22 . . . . . . Milwaukee
24-26 . . . . . . at Arizona
27-29 . . . . . at San Diego
31 . . . . Texas

JUNE
1-2 . . . . Texas
4-5 . . . . Tampa Bay
7-9 . . . . Cleveland
11-13 . . . . . . at NY Mets
14-16 . . . . . at Washington
17-19 . . . . St. Louis
21-23 . . . . Seattle

24-26 . . . . . at Kansas City
27-30 . . . . at Philadelphia

JULY
2-4 . . . . Boston
5-7 . . . . . . Chi White Sox
9-11 . . . . at Houston
12-14 . . . . . at Cincinnati
19-22 . . . . NY Mets
23-25 . . . . Baltimore
26-28 . . . . . at Milwaukee
30-31 . . . . . at Tampa Bay

AUGUST
1-4 . . . . at Atlanta
5-8 . . . . Cincinnati
9-11 . . . . San Diego
13-14 . . . . at Philadelphia
16-18 . . . . . at NY Mets
19-21 . . . . Arizona
23-25 . . . . Chi Cubs
26-29 . . . . . at Colorado
30-31 . . . at San Francisco

SEPTEMBER
1 . . . . at San Francisco
3-4 . . . . Washington
5-8 . . . . Philadelphia
9-11 . . . . . . at Pittsburgh
12-15 . . . . . at Washington
17-19 . . . . . . LA Dodgers
20-22 . . . . Atlanta
24-26 . . . . . at Minnesota
27-29 . . . . . . at Toronto

MILWAUKEE BREWERS

MARCH
28 . . . . at NY Mets
30-31 . . . . . . at NY Mets

APRIL
2-3 . . . . Minnesota
6-7 . . . . Seattle
8-11 . . . . . . at Cincinnati
12-14 . . . . . . at Baltimore
15-17 . . . . . . San Diego
19-21 . . . . . . at St. Louis
22-25 . . . . . at Pittsburgh
26-28 . . . . . . NY Yankees
29-30 . . . . . . Tampa Bay

MAY
1 . . . . Tampa Bay
3-5 . . . . at Chi Cubs
6-8 . . . . . . at Kansas City
9-12 . . . . St. Louis
13-15 . . . . . . Pittsburgh
17-19 . . . . . . at Houston
20-22 . . . . . . at Miami
24-26 . . . . . . at Boston
27-30 . . . . . . Chi Cubs
31 . . . . . . Chi White Sox

JUNE
1-2 . . . . . . Chi White Sox
3-5 . . . . . at Philadelphia
7-9 . . . . at Detroit
10-12 . . . . Toronto
14-16 . . . . . . Cincinnati
17-19 . . . . . at LA Angels
20-23 . . . . . at San Diego

24-26 . . . . Texas
28-30 . . . . Chi Cubs

JULY
1-4 . . . . at Colorado
5-7 . . . . . . at LA Dodgers
9-11 . . . . Pittsburgh
12-14 . . . . . . Washington
20-21 . . . . . at Minnesota
22-24 . . . . . . at Chi Cubs
26-28 . . . . Miami
29-31 . . . . Atlanta

AUGUST
2-4 . . . . . . at Washington
6-8 . . . . at Atlanta
9-11 . . . . Cincinnati
12-15 . . . . . . LA Dodgers
16-18 . . . . Cleveland
20-22 . . . . . at St. Louis
23-25 . . . . . . at Oakland
27-29 . . . . . San Francisco
30-31 . . . . . at Cincinnati

SEPTEMBER
1 . . . . at Cincinnati
2-4 . . . . St. Louis
6-8 . . . . Colorado
10-13 . . . . at San Francisco
13-15 . . . . . . at Arizona
16-18 . . . . . . Philadelphia
19-22 . . . . Arizona
24-26 . . . . . at Pittsburgh
27-29 . . . . NY Mets

SCHEDULES

NEW YORK METS

MARCH
28 . . . . Milwaukee
30-31 . . . . Milwaukee

APRIL
1-3. . . . . Detroit
5-7 . . . . at Cincinnati
8-11 . . . . at Atlanta
12-14 . . . . . . Kansas City
15-17 . . . . Pittsburgh
19-21 . . . . at LA Dodgers
22-24 . . . at San Francisco
26-28 . . . . St. Louis
29-30 . . . . Chi Cubs

MAY
1-2. . . . . Chi Cubs
3-5 . . . . at Tampa Bay
6-8. . . . . at St. Louis
10-12 . . . . Atlanta
13-14 . . . . . . Philadelphia
15-16 . . . at Philadelphia
17-19 . . . . at Miami
20-22 . . . . . . at Cleveland
24-26 . . . . . San Francisco
27-29 . . . . LA Dodgers
30-31 . . . . Arizona

JUNE
1-2. . . . . Arizona
3-5. . . . . . . at Washington
8-9 . . . . Philadelphia
11-13 . . . . Miami
14-16 . . . . San Diego
17-19 . . . . at Texas

JULY
1-4. . . . . . . at Washington
5-8. . . . . at Pittsburgh
9-11 . . . . Washington
12-14 . . . . Colorado
19-22 . . . . at Miami
23-24 . . . . . at NY Yankees
25-28 . . . . Atlanta
29-31 . . . . Minnesota

AUGUST
2-4. . . . . at LA Angels
6-8. . . . . at Colorado
9-11 . . . . at Seattle
13-15 . . . . Oakland
16-18 . . . . Miami
19-21 . . . . Baltimore
22-25 . . . . . . at San Diego
27-29 . . . . at Arizona
30-31 . . . at Chi White Sox

SEPTEMBER
1 . . . . at Chi White Sox
2-4. . . . . Boston
6-8. . . . . Cincinnati
9-11 . . . . at Toronto
13-15 . . . . at Philadelphia
16-18 . . . . . Washington
19-22 . . . . . . Philadelphia
24-25 . . . . at Atlanta
27-29 . . . . . at Milwaukee

PHILADELPHIA PHILLIES

MARCH
28, 30-31. . . . . . . Atlanta

APRIL
1-3. . . . . Cincinnati
5-7 . . . . at Washington
8-10 . . . . at St. Louis
11-14 . . . . Pittsburgh
15-17 . . . . Colorado
19-21 . . . . . Chi White Sox
22-25 . . . . . at Cincinnati
27-28 . . . . . at San Diego
29-30 . . . . . at LA Angels

MAY
1 . . . . at LA Angels
3-6. . . . . . . San Francisco
7-8. . . . . Toronto
10-12 . . . . at Miami
13-14 . . . . at NY Mets
15-16 . . . . at NY Mets
17-19 . . . . . . Washington
21-23 . . . . Texas
24-26 . . . . . . at Colorado
27-29 . . . . at San Francisco
31 . . . . St. Louis

JUNE
1-2. . . . . St. Louis
3-5. . . . . Milwaukee
8-9. . . . . . vs. NY Mets
11-13 . . . . at Boston
14-16 . . . . . . at Baltimore
17-19 . . . . San Diego
21-23 . . . . Arizona

JULY
2-4. . . . . at Chi Cubs
5-7 . . . . at Atlanta
9-11 . . . . LA Dodgers
12-14 . . . . Oakland
19-21 . . . . . . at Pittsburgh
22-24 . . . . . at Minnesota
26-28 . . . . Cleveland
29-31 . . . . . . NY Yankees

AUGUST
2-4. . . . . at Seattle
5-8. . . . . . at LA Dodgers
9-11 . . . . at Arizona
13-14 . . . . Miami
15-18 . . . . . . Washington
20-22 . . . . at Atlanta
23-25 . . . . . at Kansas City
26-28 . . . . Houston
29-31 . . . . Atlanta

SEPTEMBER
1 . . . . Atlanta
3-4. . . . . at Toronto
5-8. . . . . at Miami
9-11 . . . . Tampa Bay
13-15 . . . . NY Mets
16-18 . . . . . at Milwaukee
19-22 . . . . . . at NY Mets
23-25 . . . . Chi Cubs
27-29 . . . . at Washington

PITTSBURGH PIRATES

MARCH
28-31 . . . . at Miami

APRIL
1 . . . . at Washington
3-4. . . . . . . at Washington
5-7 . . . . Baltimore
8-9. . . . . Detroit
11-14 . . . . . at Philadelphia
15-17 . . . . at NY Mets
19-21 . . . . Boston
22-25 . . . . Milwaukee
26-28 . . . at San Francisco
29-30 . . . . . . at Oakland

MAY
1 . . . . at Oakland
3-5. . . . . Colorado
6-8. . . . . LA Angels
10-12 . . . . Chi Cubs
13-15 . . . . at Milwaukee
16-19 . . . . . . at Chi Cubs
21-23 . . . . San Francisco
24-26 . . . . Atlanta
28-29 . . . . at Detroit
31 . . . . at Toronto

JUNE
1-2. . . . . at Toronto
4-6. . . . . . . LA Dodgers
7-9. . . . . Minnesota
11-13 . . . . . at St. Louis
14-16 . . . . . . at Colorado
17-19 . . . . Cincinnati
21-23 . . . . . . Tampa Bay

JULY
2-4. . . . . St. Louis
5-8. . . . . NY Mets
9-11 . . . . . . at Milwaukee
12-14 . . . at Chi White Sox
19-21 . . . . . . Philadelphia
22-24 . . . . St. Louis
26-28 . . . . at Arizona
29-31 . . . . . . at Houston

AUGUST
2-4. . . . . Arizona
6-8. . . . . San Diego
9-11 . . . . . at LA Dodgers
12-14 . . . . . at San Diego
16-18 . . . . Seattle
19-21 . . . . at Texas
22-25 . . . . Cincinnati
26-28 . . . . Chi Cubs
30-31 . . . . . at Cleveland

SEPTEMBER
1 . . . . at Cleveland
2-4. . . . . at Chi Cubs
5-8. . . . . Washington
9-11 . . . . Miami
13-15 . . . . . Kansas City
16-19 . . . . . at St. Louis
20-22 . . . . at Cincinnati
24-26 . . . . . . Milwaukee
27-29 . . . . at NY Yankees

SAN DIEGO PADRES

MARCH
20-21 . . . . . LA Dodgers
28-31 . . . San Francisco

APRIL
1-3. . . . . St. Louis
5-7 . . . . . . at San Francisco
8-10 . . . . Chi Cubs
12-14 . . . . . . LA Dodgers
15-17 . . . . . at Milwaukee
19-21 . . . . Toronto
22-25 . . . . . . at Colorado
26-28 . . . . . Philadelphia
29-30 . . . . Cincinnati

MAY
1 . . . . Cincinnati
3-5. . . . . at Arizona
6-8. . . . . at Chi Cubs
10-12 . . . . . . LA Dodgers
13-15 . . . . Colorado
17-20 . . . . at Atlanta
21-23 . . . . . at Cincinnati
24-26 . . . . . NY Yankees
27-29 . . . . Miami
31 . . . . . . at Kansas City

JUNE
1-2. . . . . . . at Kansas City
3-5. . . . . . . at LA Angels
6-9. . . . . Arizona
10-12 . . . . Oakland
14-16 . . . . . . at NY Mets
17-19 . . . . at Philadelphia
20-23 . . . . . . Milwaukee
24-26 . . . . . . Washington

JULY
2-4. . . . . at Texas
5-7 . . . . Arizona
9-10 . . . . Seattle
12-14 . . . . Atlanta
19-21 . . . . . at Cleveland
23-25 . . . . at Washington
26-28 . . . . . at Baltimore
30-31 . . . . . LA Dodgers

AUGUST
2-4. . . . . Colorado
6-8. . . . . . . at Pittsburgh
9-11 . . . . at Miami
12-14 . . . . Pittsburgh
16-18 . . . . . at Colorado
19-21 . . . . . . Minnesota
22-25 . . . . NY Mets
26-29 . . . . . . at St. Louis
30-31 . . . . at Tampa Bay

SEPTEMBER
1 . . . . at Tampa Bay
2 . . . . Detroit
4-5. . . . . Detroit
6-8. . . . . . . San Francisco
10-12 . . . . at Seattle
13-15 . . . at San Francisco
16-18 . . . . Houston
20-22 . . . . . Chi White Sox
24-27 . . . . at LA Dodgers
27-29 . . . . at Arizona

SCHEDULES

SAN FRANCISCO GIANTS

MARCH
28-31 . . . . . . at San Diego

APRIL
1-4 . . . . at LA Dodgers
5-7 . . . . San Diego
8-10 . . . . Washington
12-14 . . . . . at Tampa Bay
15-17 . . . . at Miami
18-21 . . . . Arizona
22-24 . . . . NY Mets
26-28 . . . . Pittsburgh
30 . . . . at Boston

MAY
1-2 . . . . at Boston
3-6 . . . . . . at Philadelphia
7-9 . . . . at Colorado
10-12 . . . . Cincinnati
13-15 . . . . . . LA Dodgers
17-19 . . . . Colorado
21-23 . . . . . at Pittsburgh
24-26 . . . . . . at NY Mets
27-29 . . . . . Philadelphia

JUNE
1-2 . . . . NY Yankees
3-5 . . . . at Arizona
7-9 . . . . at Texas
10-12 . . . . Houston
14-16 . . . . LA Angels
17-19 . . . . . . at Chi Cubs
20 . . . . at St. Louis
22-23 . . . . . . at St. Louis
25-27 . . . . Chi Cubs
28-30 . . . . . . LA Dodgers

JULY
2-4 . . . . at Atlanta
5-7 . . . . at Cleveland
9-11 . . . . Toronto
12-14 . . . . Minnesota
19-21 . . . . . . at Colorado
22-25 . . . . . at LA Dodgers
26-28 . . . . Colorado
30-31 . . . . Oakland

AUGUST
2-4 . . . . at Cincinnati
5-8 . . . . . . at Washington
9-11 . . . . Detroit
12-15 . . . . Atlanta
17-18 . . . . . . at Oakland
19-21 . . . . . Chi White Sox
23-25 . . . . at Seattle
27-29 . . . . . at Milwaukee
30-31 . . . . Miami

SEPTEMBER
1 . . . . Miami
3-5 . . . . Arizona
6-8 . . . . . . at San Diego
10-13 . . . . Milwaukee
13-15 . . . . San Diego
17-19 . . . . . . at Baltimore
20-22 . . . . . at Kansas City
23-26 . . . . at Arizona
27-29 . . . . St. Louis

ST. LOUIS CARDINALS

MARCH
28-31 . . . . . at LA Dodgers

APRIL
1-3 . . . . at San Diego
4, 6-7 . . . . Miami
8-10 . . . . Philadelphia
12-14 . . . . at Arizona
15-17 . . . . . . at Oakland
19-21 . . . . Milwaukee
22-24 . . . . Arizona
26-28 . . . . . . at NY Mets
29-30 . . . . at Detroit

MAY
1 . . . . at Detroit
3-5 . . . . . . Chi White Sox
6-8 . . . . NY Mets
9-12 . . . . . . at Milwaukee
13-15 . . . . . at LA Angels
17-19 . . . . Boston
20-22 . . . . Baltimore
24-26 . . . . Chi Cubs
27-29 . . . . . at Cincinnati
31 . . . . . . at Philadelphia

JUNE
1-2 . . . . . . at Philadelphia
3-5 . . . . at Houston
6-9 . . . . Colorado
11-13 . . . . Pittsburgh
14-16 . . . . . . at Chi Cubs
17-19 . . . . at Miami
20, 22-23 . . . . San Francisco
24-26 . . . . Atlanta
27-30 . . . . Cincinnati

JULY
2-4 . . . . at Pittsburgh
5-8 . . . . . . at Washington
9-10 . . . . . . Kansas City
12-14 . . . . Chi Cubs
19-21 . . . . at Atlanta
22-24 . . . . . at Pittsburgh
26-28 . . . . . . Washington
29-31 . . . . Texas

AUGUST
1-4 . . . . at Chi Cubs
6-8 . . . . Tampa Bay
9-10 . . . . . at Kansas City
12-14 . . . . . at Cincinnati
16-18 . . . . . . LA Dodgers
20-22 . . . . Milwaukee
23-25 . . . . . at Minnesota
26-29 . . . . San Diego
30-31 . . . . . at NY Yankees

SEPTEMBER
1 . . . . at NY Yankees
2-4 . . . . at Milwaukee
6-8 . . . . Seattle
10-12 . . . . Cincinnati
13-15 . . . . . . at Toronto
16-19 . . . . Pittsburgh
20-22 . . . . Cleveland
24-26 . . . . . . at Colorado
27-29 . . . . . at San Francisco

WASHINGTON NATIONALS

MARCH
28 . . . . at Cincinnati
30-31 . . . . . . at Cincinnati

APRIL
1 . . . . Pittsburgh
3-4 . . . . Pittsburgh
5-7 . . . . Philadelphia
8-10 . . . . . at San Francisco
12-14 . . . . . . at Oakland
15-17 . . . . . at LA Dodgers
19-21 . . . . Houston
23-25 . . . . . . LA Dodgers
26-29 . . . . at Miami
30 . . . . at Texas

MAY
1-2 . . . . at Texas
3-5 . . . . Toronto
7-8 . . . . Baltimore
10-12 . . . . at Boston
13-15 . . . at Chi White Sox
17-19 . . . at Philadelphia
20-22 . . . . Minnesota
24-26 . . . . Seattle
27-30 . . . . at Atlanta
31 . . . . at Cleveland

JUNE
1-2 . . . . . . at Cleveland
3-5 . . . . NY Mets
6-9 . . . . Atlanta
11-13 . . . . at Detroit
14-16 . . . . Miami
18-20 . . . . Arizona

20-22 . . . . Cleveland
24-26 . . . . . . at Colorado
27-29 . . . . at San Francisco

JULY
1-4 . . . . NY Mets
5-8 . . . . St. Louis
9-11 . . . . at NY Mets
12-14 . . . . . at Milwaukee
19-21 . . . . Cincinnati
23-25 . . . . San Diego
26-28 . . . . . . at St. Louis
29-31 . . . . at Arizona

AUGUST
2-4 . . . . Milwaukee
5-8 . . . . San Francisco
9-11 . . . . LA Angels
13-14 . . . . . . at Baltimore
15-18 . . . . at Philadelphia
20-22 . . . . Colorado
23-25 . . . . at Atlanta
26-28 . . . . . . NY Yankees
30-31 . . . . Chi Cubs

SEPTEMBER
1 . . . . Chi Cubs
3-4 . . . . at Miami
5-8 . . . . . . at Pittsburgh
10-11 . . . . Atlanta
12-15 . . . . Miami
16-18 . . . . . . at NY Mets
19-22 . . . . . . at Chi Cubs
24-26 . . . . . . Kansas City
27-29 . . . . . . Philadelphia

Schedules are subject to change. We would suggest confirming dates with teams.

SCHEDULES

TRIPLE-A

INTERNATIONAL LEAGUE

BUFFALO BISONS

MARCH
29-31 . . . . . . Scranton/WB
APRIL
2-7 . . . . . . at Worcester
9-14 . . . . . . Rochester
16-21 . . . . . . at Columbus
23-28 . . . . . . Iowa
30 . . . . . . at Indianapolis
MAY
1-5 . . . . . . at Indianapolis
7-12 . . . . . . Worcester
14-19 . . . . . . at Rochester
21-26 . . . . . . St. Paul
28-31 . . . . . . at Syracuse
JUNE
1-2 . . . . . . at Syracuse
4-9 . . . . . . at Lehigh Valley
11-16 . . . . . . Worcester
18-23 . . . . . . at Scranton/WB
25-30 . . . . . . Syracuse
JULY
1-3 . . . . . . Rochester
4-6 . . . . . . at Rochester
9-14 . . . . . . at Lehigh Valley
19-21 . . . . . . Scranton/WB
23-28 . . . . . . Syracuse
30-31 . . . . . . at Worcester
AUGUST
1-4 . . . . . . at Worcester
6-11 . . . . . . Rochester
13-18 . . . . . . at Scranton/WB
20-25 . . . . . . Omaha
27-31 . . . . . . at Durham
SEPTEMBER
1 . . . . . . at Durham
3-8 . . . . . . Lehigh Valley
10-15 . . . . . . at Gwinnett
17-22 . . . . . . Scranton/WB

CHARLOTTE KNIGHTS

MARCH
29-31 . . . . . . at Memphis
APRIL
2-7 . . . . . . Norfolk
9-14 . . . . . . at Jacksonville
16-21 . . . . . . Syracuse
23-28 . . . . at Lehigh Valley
30 . . . . . . Memphis
MAY
1-5 . . . . . . Memphis
7-12 . . . . . . at Gwinnett
14-19 . . . . . . Durham
21-26 . . . . . . at Nashville
28-31 . . . . . . Worcester
JUNE
1-2 . . . . . . Worcester
4-9 . . . . . . Jacksonville
11-16 . . . . . . at Durham
18-23 . . . . . . Gwinnett
25-30 . . . . . . at Norfolk
JULY
1-3 . . . . . . at Jacksonville
4-6 . . . . . . Jacksonville
9-14 . . . . . . Durham
19-21 . . . . . . at Gwinnett
23-28 . . . . . . at Nashville
30-31 . . . . . . Norfolk
AUGUST
1-4 . . . . . . Norfolk
6-11 . . . . . . at Louisville
13-18 . . . . . . Toledo
20-22 . . . . . . at Memphis
24-25 . . . . . . at Memphis
27-31 . . . . . . Nashville
SEPTEMBER
1 . . . . . . Nashville
3-8 . . . . . . at Norfolk
10-15 . . . . . . Jacksonville
17-22 . . . . . . at Syracuse

COLUMBUS CLIPPERS

MARCH
29-31 . . . . . . at St. Paul
APRIL
2-7 . . . . . . Omaha
9-14 . . . . . . at Louisville
16-21 . . . . . . Buffalo
23-28 . . . . . . at Syracuse
30 . . . . . . Toledo
MAY
1-5 . . . . . . Toledo
7-9 . . . . . . at Iowa
11-12 . . . . . . at Iowa
14-19 . . . . . . Louisville
21-26 . . . . . . at Omaha
28-31 . . . . Lehigh Valley
JUNE
1-2 . . . . . . Lehigh Valley
4-9 . . . . . . at Indianapolis
11-16 . . . . . . Iowa
18-23 . . . . . . at Worcester
25-30 . . . . . . Omaha
JULY
1-3 . . . . . . at Toledo
4-6 . . . . . . Toledo
9-14 . . . . . . at Indianapolis
19-21 . . . . . . at Louisville
23-28 . . . . . . Memphis
30-31 . . . . . . Syracuse
AUGUST
1-4 . . . . . . Syracuse
7 . . . . . . at St. Paul
9-11 . . . . . . at St. Paul
13-15 . . . . . . at Iowa
17-18 . . . . . . at Iowa
20-25 . . . . . . Indianapolis
27-31 . . . . . . at Gwinnett
SEPTEMBER
1 . . . . . . at Gwinnett
2-3 . . . . . . Durham
5-8 . . . . . . Durham
10-15 . . . . . . St. Paul
17-22 . . . . . . at Toledo

DURHAM BULLS

MARCH
29-31 . . . . . . at Norfolk
APRIL
2-7 . . . . . . Jacksonville
9-14 . . . . at Lehigh Valley
16-21 . . . . . . at Worcester
23-28 . . . . . . Scranton/WB
30 . . . . . . at Gwinnett
MAY
1-5 . . . . . . at Gwinnett
7-12 . . . . . . Nashville
14-19 . . . . . . at Charlotte
21-26 . . . . . . Memphis
28-31 . . . . at Jacksonville
JUNE
1-2 . . . . . . at Jacksonville
4-9 . . . . . . Gwinnett
11-16 . . . . . . Charlotte
18-23 . . . . . . at Nashville

GWINNETT STRIPERS

MARCH
29-31 . . . . . . at Jacksonville
APRIL
2-7 . . . . . . Louisville
9-14 . . . . . . at Omaha
16-21 . . . . . . Memphis
23-28 . . . . . . at Norfolk
30 . . . . . . Durham
MAY
1-5 . . . . . . Durham
7-12 . . . . . . Charlotte
14-16 . . . . . . at Memphis
18-19 . . . . . . at Memphis
21-26 . . . . . . Jacksonville
28-31 . . . . . . at Norfolk
JUNE
1-2 . . . . . . at Norfolk
4-9 . . . . . . at Durham
11-16 . . . . . . Nashville
18-23 . . . . . . at Charlotte
25-30 . . . . . . Memphis

INDIANAPOLIS INDIANS

MARCH
29-31 . . . . . . at Louisville
APRIL
2-7 . . . . . . Memphis
9-14 . . . . . . at Toledo
16-21 . . . . . . St. Paul
23-28 . . . . . . at Omaha
30 . . . . . . Buffalo
MAY
1-5 . . . . . . Buffalo
7-12 . . . . . . at Louisville
14-19 . . . . . . Toledo
21-23 . . . . . . at Iowa
25-26 . . . . . . at Iowa
27 . . . . . . Omaha
29-31 . . . . . . Omaha
JUNE
1-2 . . . . . . Omaha
4-9 . . . . . . Columbus
11-16 . . . . at Jacksonville
18-23 . . . . . . Iowa
25-30 . . . . . . at Rochester
JULY
1-3 . . . . . . at Louisville
4-6 . . . . . . at Louisville
9-14 . . . . . . Columbus
20-21 . . . . . . at Omaha
23-25 . . . . . . at Iowa
27-28 . . . . . . at Iowa
30-31 . . . . . . Toledo
AUGUST
1-4 . . . . . . Toledo
6-11 . . . . . . at Nashville
13-18 . . . . . . St. Paul
20-25 . . . . . . at Columbus
27-31 . . . . . . Louisville
SEPTEMBER
1 . . . . . . Louisville
2 . . . . . . at Toledo
4-8 . . . . . . at Toledo
10-15 . . . . . . Rochester
17-22 . . . . . . at St. Paul

(Durham Bulls continued)
JULY
25-30 . . . . . . Lehigh Valley
1-3 . . . . . . at Norfolk
4-6 . . . . . . Norfolk
9-14 . . . . . . at Charlotte
19-21 . . . . . . at Jacksonville
23-28 . . . . . . Gwinnett
30-31 . . . . . . Memphis
AUGUST
1-4 . . . . . . Memphis
6-11 . . . . . . at Norfolk
13-18 . . . . . . Nashville
20-25 . . . . . . at Syracuse
27-31 . . . . . . Buffalo
SEPTEMBER
1 . . . . . . Buffalo
2-3 . . . . . . at Columbus
5-8 . . . . . . at Columbus
10-15 . . . . . . Norfolk
17-22 . . . . . . at Memphis

(Gwinnett Stripers continued)
JULY
2-7 . . . . . . at St. Paul
9-14 . . . . . . Jacksonville
19-21 . . . . . . Charlotte
23-28 . . . . . . at Durham
30-31 . . . . . . Nashville
AUGUST
1-4 . . . . . . Nashville
6-11 . . . . . . at Memphis
13-18 . . . . . . Norfolk
20-25 . . . . . . at Louisville
27-31 . . . . . . Columbus
SEPTEMBER
1 . . . . . . Columbus
3-8 . . . . . . at Nashville
10-15 . . . . . . Buffalo
17-22 . . . . . . at Jacksonville

SCHEDULES

IOWA CUBS

MARCH
29-31 . . . . at Omaha
APRIL
2-7 . . . . Toledo
9-14 . . . . at St. Paul
16-21 . . . . Louisville
23-28 . . . . at Buffalo
30 . . . . Omaha
MAY
1-5 . . . . Omaha
7-12 . . . . Columbus
14-19 . . . . at Syracuse
21-26 . . . . Indianapolis
28-31 . . . . . . at Louisville
JUNE
1-2 . . . . at Louisville
4-9 . . . . Toledo
11-16 . . . . at Columbus
18-23 . . . . . at Indianapolis
25-30 . . . . St. Paul
JULY
1-3 . . . . at Omaha
4-6 . . . . Omaha
9-14 . . . . at Nashville
19-21 . . . . at Memphis
23-28 . . . . Indianapolis
30-31 . . . . St. Paul
AUGUST
1-4 . . . . St. Paul
9-11 . . . . at Omaha
13-18 . . . . Columbus
20-25 . . . . at Toledo
27-31 . . . . Memphis
SEPTEMBER
1 . . . . Memphis
2 . . . . at St. Paul
4-8 . . . . at St. Paul
10-16 . . . . Louisville
17-22 . . . . . . at Rochester

LOUISVILLE BATS

MARCH
29-31 . . . . . . Indianapolis
APRIL
2-7 . . . . at Gwinnett
9-14 . . . . Columbus
16-18 . . . . at Iowa
20-21 . . . . at Iowa
23-28 . . . . Nashville
30 . . . . at St. Paul
MAY
1-5 . . . . at St. Paul
7-12 . . . . Indianapolis
14-19 . . . . . . at Columbus
21-26 . . . . Toledo
28-31 . . . . Iowa
JUNE
1-2 . . . . Iowa
4-9 . . . . at Nashville
11-16 . . . . St. Paul
18-23 . . . . at Omaha
25-30 . . . . at Toledo
JULY
1-3 . . . . Indianapolis
4-6 . . . . Indianapolis
9-14 . . . . St. Paul
19-21 . . . . Columbus
23-28 . . . . at Toledo
30-31 . . . . at Scranton/WB
AUGUST
1-4 . . . . . at Scranton/WB
6-11 . . . . Charlotte
13-18 . . . . at Omaha
20-25 . . . . Gwinnett
27-31 . . . . . at Indianapolis
SEPTEMBER
1 . . . . at Indianapolis
3-8 . . . . Jacksonville
10-15 . . . . at Iowa
17-22 . . . . Omaha

JACKSONVILLE JUMBO SHRIMP

MARCH
29-31 . . . . Gwinnett
APRIL
2-7 . . . . at Durham
9-14 . . . . Charlotte
16-21 . . . . Norfolk
23-28 . . . . at Memphis
30 . . . . Scranton/WB
MAY
1-5 . . . . Scranton/WB
7-12 . . . . at Omaha
14-19 . . . . Nashville
21-26 . . . . at Gwinnett
28-31 . . . . Durham
JUNE
1-2 . . . . Durham
4-9 . . . . at Charlotte
11-16 . . . . Indianapolis
18-23 . . . . at Memphis
25-30 . . . . Nashville
JULY
1-3 . . . . Charlotte
4-6 . . . . at Charlotte
9-14 . . . . at Gwinnett
19-21 . . . . Durham
23-28 . . . . at Norfolk
30-31 . . . . . . Lehigh Valley
AUGUST
1-4 . . . . Lehigh Valley
6-11 . . . . at Toledo
13-18 . . . . Memphis
20-25 . . . . at Nashville
27-31 . . . . Norfolk
SEPTEMBER
1 . . . . Norfolk
3-8 . . . . at Louisville
10-15 . . . . . . at Charlotte
17-22 . . . . Gwinnett

MEMPHIS REDBIRDS

MARCH
29-31 . . . . Charlotte
APRIL
2-7 . . . . at Indianapolis
9-14 . . . . Nashville
16-21 . . . . at Gwinnett
23-28 . . . . Jacksonville
30 . . . . at Charlotte
MAY
1-5 . . . . at Charlotte
7-12 . . . . Norfolk
14-19 . . . . Gwinnett
21-26 . . . . at Durham
29-31 . . . . Nashville
JUNE
1-2 . . . . Nashville
4-9 . . . . at Omaha
11-16 . . . . at Norfolk
18-23 . . . . Jacksonville
25-30 . . . . at Gwinnett
JULY
1-3 . . . . Nashville
4-6 . . . . Nashville
9-14 . . . . Norfolk
19-21 . . . . Iowa
23-28 . . . . . . at Columbus
30-31 . . . . at Durham
AUGUST
1-4 . . . . at Durham
6-8 . . . . Gwinnett
10-11 . . . . Gwinnett
13-18 . . . . . at Jacksonville
20-22 . . . . Charlotte
24-25 . . . . Charlotte
27-29 . . . . at Iowa
31-31 . . . . at Iowa
SEPTEMBER
1 . . . . at Iowa
3-8 . . . . Omaha
10-15 . . . . at Nashville
17-22 . . . . Durham

LEHIGH VALLEY IRONPIGS

MARCH
29-31 . . . . Worcester
APRIL
2-7 . . . . at Rochester
9-14 . . . . Durham
16-21 . . . . at Scranton/WB
23-28 . . . . Charlotte
30 . . . . at Worcester
MAY
1-5 . . . . at Worcester
7-12 . . . . Syracuse
14-19 . . . . at Norfolk
21-26 . . . . Rochester
28-31 . . . . . . at Columbus
JUNE
1-2 . . . . at Columbus
4-9 . . . . Buffalo
11-16 . . . . at Syracuse
18-23 . . . . Norfolk
25-30 . . . . at Durham
JULY
2-3 . . . . Scranton/WB
4-6 . . . . at Scranton/WB
9-14 . . . . Buffalo
19-21 . . . . Worcester
23-28 . . . . . . at Rochester
30-31 . . . . . at Jacksonville
AUGUST
1-4 . . . . at Jacksonville
6-11 . . . . . . Scranton/WB
13-18 . . . . . . at Worcester
20-25 . . . . Rochester
27-31 . . . . Syracuse
SEPTEMBER
1 . . . . Syracuse
3-8 . . . . at Buffalo
10-15 . . . . at Scranton/WB
17-22 . . . . Worcester

NASHVILLE SOUNDS

MARCH
29-31 . . . . at Toledo
APRIL
2-7 . . . . St. Paul
9-14 . . . . at Memphis
16-21 . . . . Omaha
23-28 . . . . . . at Louisville
30 . . . . Norfolk
MAY
1-5 . . . . Norfolk
7-12 . . . . at Durham
14-19 . . . . . at Jacksonville
21-26 . . . . Charlotte
28-31 . . . . . . at Memphis
JUNE
1-2 . . . . at Memphis
4-9 . . . . Louisville
11-16 . . . . at Gwinnett
18-23 . . . . Durham
25-30 . . . . . at Jacksonville
JULY
1-3 . . . . at Memphis
4-6 . . . . Memphis
9-14 . . . . Iowa
19-21 . . . . at Norfolk
23-28 . . . . Charlotte
30-31 . . . . . . at Gwinnett
AUGUST
1-4 . . . . at Gwinnett
6-11 . . . . Indianapolis
13-18 . . . . at Durham
20-25 . . . . . . Jacksonville
27-31 . . . . at Charlotte
SEPTEMBER
1 . . . . at Charlotte
3-8 . . . . Gwinnett
10-15 . . . . Memphis
17-22 . . . . at Norfolk

SCHEDULES

NORFOLK TIDES

MARCH
29-31 . . . . Durham
APRIL
2-7 . . . . at Charlotte
9-14 . . . . Scranton/WB
16-21 . . . . . at Jacksonville
23-28 . . . . Gwinnett
30 . . . . at Nashville
MAY
1-5 . . . . at Nashville
7-12 . . . . at Memphis
14-19 . . . . . . Lehigh Valley
21-26 . . . . . at Worcester
28-31 . . . . Gwinnett
JUNE
1-2 . . . . Gwinnett
4-9 . . . . . at Scranton/WB
11-16 . . . . Memphis
18-23 . . . at Lehigh Valley
25-30 . . . . Charlotte
JULY
1-3 . . . . Durham
4-6 . . . . Durham
9-14 . . . . at Memphis
19-21 . . . . Nashville
23-28 . . . . . . Jacksonville
30-31 . . . . . at Charlotte
AUGUST
1-4 . . . . at Charlotte
6-11 . . . . Durham
13-18 . . . . . . at Gwinnett
20-25 . . . . . . Worcester
27-31 . . . . at Jacksonville
SEPTEMBER
1 . . . . at Jacksonville
3-8 . . . . Charlotte
10-15 . . . . at Durham
17-22 . . . . Nashville

OMAHA STORM CHASERS

MARCH
29-31 . . . . Iowa
APRIL
2-7 . . . . at Columbus
9-14 . . . . Gwinnett
16-21 . . . . . . at Nashville
23-28 . . . . Indianapolis
30 . . . . at Iowa
MAY
1-5 . . . . at Iowa
7-12 . . . . Jacksonville
14-19 . . . . . . at St. Paul
21-26 . . . . . . Columbus
27 . . . . . at Indianapolis
29-31 . . . at Indianapolis
JUNE
1-2 . . . . . at Indianapolis
4-9 . . . . Memphis
11-16 . . . . at Toledo
18-23 . . . . Louisville
25-30 . . . . . at Columbus
JULY
1-3 . . . . Iowa
4-6 . . . . at Iowa
9-14 . . . . Toledo
19-21 . . . . . Indianapolis
23-28 . . . . . . at St. Paul
30-31 . . . . . at Rochester
AUGUST
1-4 . . . . . . at Rochester
6-11 . . . . Iowa
13-18 . . . . Louisville
20-25 . . . . . . at Buffalo
27-31 . . . . St. Paul
SEPTEMBER
1 . . . . St. Paul
3-8 . . . . at Memphis
10-15 . . . . Toledo
17-22 . . . . . at Louisville

ROCHESTER RED WINGS

MARCH
29-31 . . . . . . at Syracuse
APRIL
2-7 . . . . Lehigh Valley
9-14 . . . . at Buffalo
16-21 . . . . Toledo
23-28 . . . . . . at St. Paul
30 . . . . Syracuse
MAY
1-5 . . . . Syracuse
7-12 . . . . . at Scranton/WB
14-19 . . . . Buffalo
21-26 . . . at Lehigh Valley
28-31 . . . . St. Paul
JUNE
1-2 . . . . St. Paul
4-9 . . . . . . at Worcester
11-16 . . . . . Scranton/WB
18-23 . . . . . at Syracuse
25-30 . . . . . . Indianapolis
JULY
1-3 . . . . at Buffalo
4-6 . . . . Buffalo
9-14 . . . . . at Worcester
19-21 . . . . . at Syracuse
23-28 . . . . . Lehigh Valley
30-31 . . . . Omaha
AUGUST
1-4 . . . . Omaha
6-11 . . . . at Buffalo
13-18 . . . . Syracuse
20-25 . . . at Lehigh Valley
27-31 . . . . at Scranton/WB
SEPTEMBER
1 . . . . at Scranton/WB
2, 4-8 . . . . Worcester
10-15 . . . . at Indianapolis
17-22 . . . . Iowa

SCRANTON/WILKES-BARRE RAILRIDERS

MARCH
29-31 . . . . at Buffalo
APRIL
2-7 . . . . Syracuse
9-14 . . . . at Norfolk
16-21 . . . . . Lehigh Valley
23-28 . . . . . . at Durham
30 . . . . . . at Jacksonville
\MAY
1-5 . . . . . at Jacksonville
7-12 . . . . Rochester
14-19 . . . . . at Worcester
21-26 . . . . Syracuse
28-31 . . . . at Toledo
JUNE
1-2 . . . . at Toledo
4-9 . . . . Norfolk
11-16 . . . . at Rochester
18-23 . . . . Buffalo
25-30 . . . . . . Worcester
JULY
2-3 . . . . . at Lehigh Valley
4-6 . . . . . . Lehigh Valley
9-14 . . . . . . at Syracuse
19-21 . . . . . . at Buffalo
23-28 . . . . . . Worcester
30-31 . . . . . . Louisville
AUGUST
1-4 . . . . Louisville
6-11 . . . . at Lehigh Valley
13-18 . . . . Buffalo
20-25 . . . . . at St. Paul
27-31 . . . . . . Rochester
SEPTEMBER
1 . . . . Rochester
3-8 . . . . at Syracuse
10-15 . . . . . Lehigh Valley
17-22 . . . . . . at Buffalo

ST. PAUL SAINTS

MARCH
29-31 . . . . Columbus
APRIL
2-7 . . . . at Nashville
9-14 . . . . Iowa
16-21 . . . . at Indianapolis
23-28 . . . . . . Rochester
30 . . . . Louisville
MAY
1-5 . . . . Louisville
7-12 . . . . at Toledo
14-19 . . . . Omaha
21-26 . . . . . at Buffalo
28-31 . . . . . at Rochester
JUNE
1-2 . . . . . . at Rochester
5-9 . . . . Syracuse
11-16 . . . . . at Louisville
18-23 . . . . Toledo
25-30 . . . . at Iowa
JULY
2-7 . . . . Gwinnett
9-14 . . . . . . at Louisville
19-21 . . . . at Toledo
23-28 . . . . Omaha
30-31 . . . . at Iowa
AUGUST
1-4 . . . . at Iowa
6-11 . . . . Columbus
13-18 . . . . at Indianapolis
20-25 . . . . . . Scranton/WB
27-31 . . . . . . at Omaha
SEPTEMBER
1 . . . . at Omaha
2 . . . . Iowa
4-8 . . . . Iowa
10-15 . . . . . at Columbus
17-22 . . . . . . Indianapolis

SYRACUSE METS

MARCH
29-31 . . . . Rochester
APRIL
2-7 . . . . . . at Scranton/WB
8, 10-14 . . . . . . Worcester
16-21 . . . . . at Charlotte
23-28 . . . . . . Columbus
30 . . . . . . at Rochester
MAY
1-5 . . . . . . at Rochester
7-12 . . . . at Lehigh Valley
14-19 . . . . Iowa
21-26 . . . . at Scranton/WB
28-31 . . . . Buffalo
JUNE
1-2 . . . . Buffalo
4-9 . . . . at St. Paul
11-16 . . . . . Lehigh Valley
18-23 . . . . . . Rochester
JULY
1-3 . . . . Worcester
4-6 . . . . Worcester
9-14 . . . . . . Scranton/WB
19-21 . . . . Rochester
23-28 . . . . . . at Buffalo
30-31 . . . . . at Columbus
AUGUST
1-4 . . . . . . at Columbus
6-11 . . . . Worcester
13-18 . . . . . at Rochester
20-25 . . . . Durham
27-31 . . . at Lehigh Valley
SEPTEMBER
1 . . . . . . at Lehigh Valley
3-8 . . . . . . Scranton/WB
10-15 . . . . . at Worcester
17-22 . . . . Charlotte

SCHEDULES

TOLEDO MUD HENS

MARCH
29-31 . . . . .Nashville
APRIL
2-7 . . . . .at Iowa
9-14 . . . . . . .Indianapolis
16-21 . . . . . . at Rochester
23-28 . . . . Worcester
30 . . . . at Columbus
MAY
1-5 . . . . at Columbus
7-12 . . . . .St. Paul
14-19 . . . . at Indianapolis
21-26 . . . . . .at Louisville
28-31 . . . . . . Scranton/WB
JUNE
1-2 . . . . Scranton/WB
4-9 . . . . .at Iowa
11-16 . . . . Omaha
18-23 . . . . . . at St. Paul
25-30 . . . . Louisville
JULY
1-3 . . . . Columbus
4-6 . . . . Columbus
9-14 . . . . at Omaha
19-21 . . . . St. Paul
23-28 . . . . Louisville
30-31 . . . . at Indianapolis
AUGUST
1-4 . . . . . at Indianapolis
6-11 . . . . .Jacksonville
13-18 . . . . . at Charlotte
20-25 . . . . Iowa
27-31 . . . . . at Worcester
SEPTEMBER
1 . . . . at Worcester
2 . . . . .Indianapolis
4-8 . . . . .Indianapolis
10-15 . . . . at Omaha
17-22 . . . . Columbus

WORCESTER RED SOX

MARCH
29-31 . . . . at Lehigh Valley
APRIL
2-7 . . . . Buffalo
8 . . . . at Syracuse
10-14 . . . . . . at Syracuse
16-21 . . . . Durham
23-28 . . . . .at Toledo
30 . . . . Lehigh Valley
MAY
1-5 . . . . Lehigh Valley
7-12 . . . . at Buffalo
14-19 . . . . . . Scranton/WB
21-26 . . . . .Norfolk
28-31 . . . . . . at Charlotte
JUNE
1-2 . . . . at Charlotte
4-9 . . . . Rochester
11-16 . . . . at Buffalo
18-23 . . . . Columbus
25-30 . . . . Scranton/WB
JULY
1-3 . . . . at Syracuse
4-6 . . . . Syracuse
9-14 . . . . Rochester
19-21 . . . . at Lehigh Valley
23-28 . . . . at Scranton/WB
30-31 . . . . Buffalo
AUGUST
1-4 . . . . Buffalo
6-11 . . . . at Syracuse
13-18 . . . . . Lehigh Valley
20-25 . . . . . . at Norfolk
27-31 . . . . Toledo
SEPTEMBER
1 . . . . Toledo
4-8 . . . . at Rochester
10-15 . . . . Syracuse
17-22 . . . at Lehigh Valley

PACIFIC COAST LEAGUE

ALBUQUERQUE ISOTOPES

MARCH
29-31 . . . . El Paso
APRIL
2-7 . . . . . . .at Okla. City
9-14 . . . . Sugar Land
16-21 . . . . . . at El Paso
23-28 . . . . . . Okla. City
30 . . . . .Round Rock
MAY
1-5 . . . . . .Round Rock
7-12 . . . . . . at El Paso
14-19 . . . . . . Sugar Land
21-26 . . . . . at Salt Lake
28-31 . . . . . Okla. City
JUNE
1-2 . . . . Okla. City
4-9 . . . . . . at Sacramento
11-16 . . . . El Paso
18-23 . . . . .at Okla. City
25-30 . . . . .Salt Lake
JULY
2-7 . . . . .Salt Lake
9-14 . . . . .Tacoma
19-21 . . . . at Sacramento
23-28 . . . . . .Round Rock
30-31 . . . . . .at Las Vegas
AUGUST
1-4 . . . . .at Las Vegas
6-11 . . . . . . .Sacramento
13-18 . . . . at Round Rock
20-25 . . . . . at Sugar Land
27-31 . . . . Reno
SEPTEMBER
1 . . . . Reno
3-8 . . . . at Tacoma
10-15 . . . . Las Vegas
17-22 . . . . .at Reno

EL PASO CHIHUAHUAS

MARCH
29-31 . . . . at Albuquerque
APRIL
2-7 . . . . .Round Rock
9-14 . . . . . at Sacramento
16-21 . . . . . . Albuquerque
23-28 . . . . at Tacoma
30 . . . . Sugar Land
MAY
1-5 . . . . Sugar Land
7-12 . . . . Albuquerque
14-19 . . . . .at Las Vegas
21-26 . . . . . . .Sacramento
28-31 . . . . . at Round Rock
JUNE
1-2 . . . . . . at Round Rock
4-9 . . . . Las Vegas
11-16 . . . . at Albuquerque
18-24 . . . . . . Sugar Land
25-30 . . . . . at Round Rock
JULY
2-7 . . . . Albuquerque
9-14 . . . . . . .at Okla. City
19-21 . . . . . Sugar Land
23-28 . . . . . at Salt Lake
30-31 . . . . . . Okla. City
AUGUST
1-4 . . . . Okla. City
6-11 . . . . . at Sugar Land
13-19 . . . . Reno
20-25 . . . . . .at Okla. City
27-31 . . . . .Tacoma
SEPTEMBER
1 . . . . .Tacoma
3-8 . . . . .at Reno
10-15 . . . . Salt Lake
17-22 . . . . . .at Las Vegas

SCHEDULES

LAS VEGAS AVIATORS

MARCH
29-31 . . . . Reno

APRIL
2-7 . . . . . . at Sugar Land
9-14 . . . . Salt Lake
16-21 . . . . .Tacoma
23-28 . . . . at Sacramento

MAY
1-5 . . . . Reno
7-12 . . . . . at Round Rock
14-19 . . . . El Paso
21-26 . . . . at Tacoma
28-31 . . . . . . Sugar Land

JUNE
1-2 . . . . Sugar Land
4-10 . . . . at El Paso
11-16 . . . . Salt Lake
18-23 . . . . at Tacoma
26-30 . . . . . . Sacramento

JULY
1-3 . . . . Okla. City
4-6 . . . . Okla. City
9-14 . . . . . at Sugar Land
19-21 . . . . .Salt Lake
23-28 . . . . .at Reno
30-31 . . . . . Albuquerque

AUGUST
1-4 . . . . Albuquerque
6-11 . . . . at Salt Lake
13-19 . . . . Okla. City
20-25 . . . . .at Reno
27-31 . . . . at Sacramento

SEPTEMBER
1 . . . . at Sacramento
3-9 . . . . Round Rock
10-15 . . . . . at Albuquerque
17-22 . . . . El Paso

OKLAHOMA CITY BASEBALL CLUB

MARCH
29-31 . . . . at Tacoma

APRIL
2-7 . . . . Albuquerque
9-14 . . . . . at Round Rock
16-21 . . . . . . Sacramento
23-28 . . . . at Albuquerque
30 . . . . Salt Lake

MAY
1-5 . . . . Salt Lake
7-12 . . . . . at Sugar Land
14-19 . . . . at Sacramento
21-26 . . . . Reno
28-31 . . . . at Albuquerque

JUNE
1-2 . . . . . . at Albuquerque
4-9 . . . . .Round Rock
11-16 . . . . . at Sugar Land
18-23 . . . . . Albuquerque
25-30 . . . . at Reno

JULY
1-3 . . . . at Las Vegas
4-6 . . . . at Las Vegas
9-14 . . . . El Paso
19-21 . . . . . at Round Rock
23-28 . . . . .Tacoma
30-31 . . . . . . at El Paso

AUGUST
1-4 . . . . at El Paso
6-11 . . . . . . .Round Rock
13-19 . . . . . at Las Vegas
20-25 . . . . El Paso
27-31 . . . . at Round Rock

SEPTEMBER
1 . . . . at Round Rock
3-8 . . . . Sugar Land
9-15 . . . . .Tacoma
17-22 . . . . . at Salt Lake

RENO ACES

MARCH
29-31 . . . . . . at Las Vegas

APRIL
2-7 . . . . Sacramento
9-14 . . . . at Tacoma
16-21 . . . . . at Salt Lake
23-28 . . . . . Sugar Land
30 . . . . .at Las Vegas

MAY
1-5 . . . . at Las Vegas
7-12 . . . . .Tacoma
14-19 . . . . at Round Rock
21-26 . . . . . at Okla. City
28-30 . . . . Salt Lake

JUNE
1-2 . . . . Salt Lake
4-9 . . . . at Tacoma
11-16 . . . . . Sacramento
19-23 . . . . . at Salt Lake
25-30 . . . . . . Okla. City

JULY
1-3 . . . . . . at Sacramento
4-6 . . . . . . at Sacramento
9-14 . . . . Round Rock
19-21 . . . . . . at Tacoma
23-28 . . . . . Las Vegas
30-31 . . . . at Sacramento

AUGUST
1-4 . . . . . . at Sacramento
6-11 . . . . .Tacoma
13-19 . . . . . at El Paso
20-25 . . . . . . Las Vegas
27-31 . . . . at Albuquerque

SEPTEMBER
1 . . . . . . at Albuquerque
3-8 . . . . El Paso
10-15 . . . . at Sugar Land
17-22 . . . . . Albuquerque

ROUND ROCK EXPRESS

MARCH
29-31 . . . . . . Sugar Land

APRIL
2-7 . . . . at El Paso
9-14 . . . . Okla. City
16-21 . . . . at Sugar Land
23-28 . . . . Salt Lake
30 . . . . . at Albuquerque

MAY
1-5 . . . . . at Albuquerque
7-12 . . . . Las Vegas
14-19 . . . . Reno
21-26 . . . . at Sugar Land
28-31 . . . . El Paso

JUNE
1-2 . . . . El Paso
4-9 . . . . . at Okla. City
11-16 . . . . .Tacoma
18-23 . . . . at Sacramento
25-30 . . . . El Paso

SACRAMENTO RIVER CATS

MARCH
29-31 . . . . Salt Lake

APRIL
2-7 . . . . .at Reno
9-14 . . . . El Paso
16-21 . . . . at Okla. City
23-28 . . . . . Las Vegas
30 . . . . .Tacoma

MAY
1-5 . . . . .Tacoma
7-12 . . . . . at Salt Lake
14-19 . . . . . . Okla. City
21-26 . . . . . at El Paso
28-31 . . . . .Tacoma

JUNE
1-2 . . . . .Tacoma
4-9 . . . . . . Albuquerque
11-16 . . . . at Reno
18-23 . . . . . Round Rock
25-30 . . . . . at Las Vegas

JULY
1-3 . . . . Reno
4-6 . . . . .at Reno
9-14 . . . . . at Salt Lake
19-21 . . . . . Albuquerque
23-28 . . . . at Sugar Land
30-31 . . . . Reno

AUGUST
1-4 . . . . Reno
6-11 . . . . at Albuquerque
13-18 . . . . Salt Lake
20-25 . . . . . . at Tacoma
27-31 . . . . Las Vegas

SEPTEMBER
1 . . . . Las Vegas
3-8 . . . . . . at Salt Lake
10-15 . . . . at Round Rock
17-22 . . . . . Sugar Land

SALT LAKE BEES

MARCH
29-31 . . . . . at Sacramento

APRIL
2-7 . . . . .Tacoma
9-14 . . . . . at Las Vegas
16-21 . . . . Reno
23-28 . . . . at Round Rock
30 . . . . at Okla. City

MAY
1-5 . . . . . . at Okla. City
7-12 . . . . Sacramento
14-19 . . . . . at Tacoma
21-26 . . . . . Albuquerque
28-31 . . . . .at Reno

JUNE
1-2 . . . . at Reno
4-9 . . . . Sugar Land
11-16 . . . . . at Las Vegas
18-23 . . . . Reno
25-30 . . . . at Albuquerque

JULY
1-3 . . . . at Tacoma
4-6 . . . . .Tacoma
9-14 . . . . . . Sacramento
19-21 . . . . . at Las Vegas
23-28 . . . . El Paso
30-31 . . . . . . at Tacoma

AUGUST
1-4 . . . . at Tacoma
6-11 . . . . Las Vegas
13-18 . . . . at Sacramento
20-25 . . . . . Round Rock
27-31 . . . . at Sugar Land

SEPTEMBER
1 . . . . at Sugar Land
3-8 . . . . Sacramento
10-15 . . . . . at El Paso
18-22 . . . . . Okla. City

SCHEDULES

SUGAR LAND SPACE COWBOYS

MARCH
29-31 . . . . . at Round Rock

APRIL
2-7 . . . . Las Vegas
9-14 . . . . . at Albuquerque
16-21 . . . . . . Round Rock
23-28 . . . . at Reno
30 . . . . at El Paso

MAY
1-5 . . . . at El Paso
7-12 . . . . Okla. City
14-19 . . . . . at Albuquerque
21-26 . . . . . . Round Rock
28-31 . . . . . at Las Vegas

JUNE
1-2 . . . . . . at Las Vegas
4-9 . . . . at Salt Lake
11-16 . . . . Okla. City
18-23 . . . . at El Paso
25-30 . . . . Tacoma

JULY
1-3 . . . . . . at Round Rock
4-6 . . . . Round Rock
9-14 . . . . Las Vegas
19-22 . . . . at El Paso
23-28 . . . . Sacramento
30-31 . . . . . at Round Rock

AUGUST
1-4 . . . . . . at Round Rock
6-11 . . . . El Paso
13-18 . . . . at Tacoma
20-25 . . . . . Albuquerque
27-31 . . . . Salt Lake

SEPTEMBER
1 . . . . Salt Lake
3-8 . . . . at Okla. City
10-15 . . . . Reno
17-22 . . . . at Sacramento

TACOMA RAINIERS

MARCH
29-31 . . . . Okla. City

APRIL
2-7 . . . . at Salt Lake
9-14 . . . . Reno
16-21 . . . . . at Las Vegas
23-28 . . . . El Paso
30 . . . . . . at Sacramento

MAY
1-5 . . . . . . at Sacramento
7-12 . . . . at Reno
14-19 . . . . Salt Lake
21-26 . . . . Las Vegas
28-31 . . . . at Sacramento

JUNE
1-2 . . . . . . at Sacramento
4-9 . . . . Reno
11-16 . . . . . at Round Rock
18-23 . . . . . . Las Vegas
25-30 . . . . at Sugar Land

JULY
1-3 . . . . Salt Lake
4-6 . . . . Salt Lake
9-14 . . . . . at Albuquerque
19-21 . . . . Reno
23-28 . . . . . at Okla. City
30-31 . . . . Salt Lake

AUGUST
1-4 . . . . Salt Lake
6-11 . . . . at Reno
13-18 . . . . . . Sugar Land
20-25 . . . . . . Sacramento
27-31 . . . . at El Paso

SEPTEMBER
1 . . . . at El Paso
3-8 . . . . Albuquerque
10-15 . . . . . at Okla. City
17-22 . . . . . . Round Rock

DOUBLE-A

EASTERN LEAGUE

AKRON RUBBERDUCKS

APRIL
5-7 . . . . Altoona
9-14 . . . . . . at Richmond
16-21 . . . . Erie
23-28 . . . . . . at Altoona
30 . . . . Richmond

MAY
1-5 . . . . Richmond
7-12 . . . . at Bowie
14-19 . . . . Altoona
21-26 . . . . . at Harrisburg
28-31 . . . . New Hampshire

JUNE
1-2 . . . . . New Hampshire
4-9 . . . . at Portland
11-16 . . . . . . at Hartford
18-23 . . . . . Binghamton
25-30 . . . . . . at Altoona

JULY
1-3 . . . . Erie
4-6 . . . . at Erie
9-14 . . . . at Reading
19-21 . . . . Richmond
23-28 . . . . Bowie
30-31 . . . . . at Harrisburg

AUGUST
1-4 . . . . . . at Harrisburg
6-11 . . . . Reading
13-18 . . . . at Erie
20-25 . . . . . . Harrisburg
27-31 . . . . Bowie

SEPTEMBER
1 . . . . Bowie
3-8 . . . . at Richmond
10-15 . . . . Hartford

ALTOONA CURVE

APRIL
5-7 . . . . at Akron
9-14 . . . . Harrisburg
16-21 . . . . at Bowie
23-28 . . . . Akron
30 . . . . at Harrisburg

MAY
1-5 . . . . . . at Harrisburg
7-12 . . . . Somerset
14-19 . . . . at Akron
21-26 . . . . at Erie
28-31 . . . . Portland

JUNE
1-2 . . . . Portland
4-9 . . . . at Richmond
11-16 . . . . Erie
18-23 . . . . . . at Bowie
25-30 . . . . Akron

JULY
1-3 . . . . . . at Harrisburg
4-6 . . . . Harrisburg
9-14 . . . . Bowie
19-21 . . . . . at Somerset
23-28 . . . . at Erie
30-31 . . . . . . Richmond

AUGUST
1-4 . . . . Richmond
6-11 . . . . . . at Portland
13-18 . . . . Bowie
20-25 . . . . . at Richmond
27-31 . . . . New Hampshire

SEPTEMBER
1 . . . . New Hampshire
3-8 . . . . at Hartford
10-15 . . . . Richmond

SCHEDULES

BINGHAMTON RUMBLE PONIES

APRIL
5-7 . . . . . New Hampshire
9-14 . . . . at Erie
16-21 . . . . Reading
23-28 . . at New Hampshire
30 . . . . Hartford

MAY
1-5 . . . . Hartford
7-12 . . . . at Portland
14-19 . . . . Bowie
21-26 . . . . at Reading
27 . . . . Harrisburg
29-31 . . . . Harrisburg

JUNE
1-2 . . . . Harrisburg
4-9 . . . . at Bowie
11-16 . . . . Somerset
18-23 . . . . at Akron
25-30 . . . . Portland

JULY
1-3 . . . . Hartford
4-6 . . . . at Hartford
9-14 . . . at New Hampshire
19-21 . . . . Erie
23-28 . . . . . at Richmond
30-31 . . . . New Hampshire

AUGUST
1-4 . . . . . . New Hampshire
6-11 . . . . . . at Somerset
13-18 . . . . Portland
20-25 . . . . Reading
27-31 . . . . . . at Hartford

SEPTEMBER
1 . . . . at Hartford
2 . . . . Somerset
4-8 . . . . Somerset
10-15 . . . . . . at Portland

HARRISBURG SENATORS

APRIL
5-7 . . . . Erie
9-14 . . . . at Altoona
16-21 . . . . Richmond
23-28 . . . . at Erie
30 . . . . Altoona

MAY
1-5 . . . . Altoona
7-12 . . at New Hampshire
14-19 . . . . Erie
21-26 . . . . Akron
27 . . . . at Binghamton
29-31 . . . . at Binghamton

JUNE
1-2 . . . . at Binghamton
4-9 . . . . at Reading
11-16 . . . . Bowie
18-23 . . . . Hartford
25-30 . . . . at Erie

JULY
1-3 . . . . Altoona
4-6 . . . . at Altoona
9-14 . . . . . . at Richmond
19-21 . . . . New Hampshire
23-28 . . . . . . at Hartford
30-31 . . . . Akron

AUGUST
1-4 . . . . Akron
6-11 . . . . at Bowie
13-18 . . . . Richmond
20-25 . . . . . . at Akron
27-31 . . . . Portland

SEPTEMBER
1 . . . . Portland
3-8 . . . . at Bowie
10-15 . . . . Reading

BOWIE BAYSOX

APRIL
5-7 . . . . Reading
9-14 . . . . at Hartford
16-21 . . . . Altoona
23-28 . . . . . at Richmond
30 . . . . Erie

MAY
1-5 . . . . Erie
7-12 . . . . Akron
14-19 . . . . at Binghamton
21-26 . . . . Richmond
28-31 . . . . . at Somerset

JUNE
1-2 . . . . at Somerset
4-9 . . . . Binghamton
11-16 . . . . . at Harrisburg
18-23 . . . . Altoona
25-30 . . . . . . at Reading

JULY
1-3 . . . . Richmond
4-6 . . . . at Richmond
9-14 . . . . at Altoona
19-21 . . . . Hartford
23-28 . . . . . . at Akron
30-31 . . . . . . Somerset

AUGUST
1-4 . . . . Somerset
6-11 . . . . Harrisburg
13-18 . . . . . at Altoona
20-25 . . . . Erie
27-31 . . . . . . at Akron

SEPTEMBER
1 . . . . at Akron
3-8 . . . . Harrisburg
10-15 . . . . at Erie

HARTFORD YARD GOATS

APRIL
5-7 . . . . at Portland
9-14 . . . . Bowie
16-21 . . . . . . at Somerset
23-28 . . . . Portland
30 . . . . . at Binghamton

MAY
1-5 . . . . . . at Binghamton
7-12 . . . . at Reading
14-19 . . . New Hampshire
21-26 . . . . . . at Portland
28-31 . . . . Reading

JUNE
1-2 . . . . Reading
4-9 . . . . at Somerset
11-16 . . . . Akron
18-23 . . . . . at Harrisburg
25-30 . . . . New Hampshire

JULY
1-3 . . . . . . at Binghamton
4-6 . . . . Binghamton
9-14 . . . . Portland
19-21 . . . . at Bowie
23-28 . . . . . . Harrisburg
30-31 . . . . . . at Reading

AUGUST
1-4 . . . . at Reading
6-11 . . . . . . at Richmond
13-18 . . . . Somerset
20-25 . . at New Hampshire
27-31 . . . . . . Binghamton

SEPTEMBER
1 . . . . Binghamton
3-8 . . . . Altoona
10-15 . . . . . . at Akron

ERIE SEAWOLVES

APRIL
5-7 . . . . at Harrisburg
9-14 . . . . Binghamton
16-21 . . . . at Akron
23-28 . . . . . . Harrisburg
30 . . . . at Bowie

MAY
1-5 . . . . at Bowie
7-12 . . . . Richmond
14-19 . . . . . at Harrisburg
21-26 . . . . Altoona
28-31 . . . . . . at Richmond

JUNE
1-2 . . . . at Richmond
4-9 . . . . . New Hampshire
11-16 . . . . at Altoona
18-23 . . . . . . at Somerset
25-30 . . . . . . Harrisburg

JULY
1-3 . . . . at Akron
4-6 . . . . Akron
9-14 . . . . Somerset
19-21 . . . . at Binghamton
23-28 . . . . Altoona
30-31 . . . . . at Portland

AUGUST
1-4 . . . . at Portland
6-11 . . at New Hampshire
13-18 . . . . Akron
20-25 . . . . at Bowie
27-31 . . . . . . Richmond

SEPTEMBER
1 . . . . Richmond
3-8 . . . . at Reading
10-15 . . . . Bowie

NEW HAMPSHIRE FISHER CATS

APRIL
5-7 . . . . . . at Binghamton
9-14 . . . . Somerset
16-21 . . . . . . at Portland
23-28 . . . . . . Binghamton
30 . . . . at Somerset

MAY
1-5 . . . . at Somerset
7-12 . . . . Harrisburg
14-19 . . . . . at Hartford
21-26 . . . . . . Somerset
28-31 . . . . . . at Akron

JUNE
1-2 . . . . at Akron
4-9 . . . . at Erie
11-16 . . . . . . Richmond
18-23 . . . . Reading
25-30 . . . . . . at Hartford

JULY
1-3 . . . . at Portland
4-6 . . . . at Portland
9-14 . . . . . . Binghamton
19-21 . . . . . at Harrisburg
23-28 . . . . Reading
30-31 . . . . at Binghamton

AUGUST
1-4 . . . . . . at Binghamton
6-11 . . . . Erie
13-18 . . . . . . at Reading
20-25 . . . . . . Hartford
27-31 . . . . . . at Altoona

SEPTEMBER
1 . . . . at Altoona
3-8 . . . . Portland
10-15 . . . . . . at Somerset

SCHEDULES

PORTLAND SEA DOGS

APRIL
5-7 . . . . Hartford
9-14 . . . . .at Reading
16-21 . . . New Hampshire
23-28 . . . . . . at Hartford
30 . . . . Reading

MAY
1-5 . . . . Reading
7-12 . . . . . . Binghamton
14-19 . . . . . .at Somerset
21-26 . . . . Hartford
28-31 . . . . at Altoona

JUNE
1-2 . . . . at Altoona
4-9 . . . . Akron
11-16 . . . . . . at Reading
18-23 . . . . Richmond
25-30 . . . . at Binghamton

JULY
1-3 . . . . . New Hampshire
4-6 . . . at New Hampshire
9-14 . . . . at Hartford
19-21 . . . . Reading
23-28 . . . . . .at Somerset
30-31 . . . . Erie

AUGUST
1-4 . . . . Erie
6-11 . . . . Altoona
13-18 . . . . at Binghamton
20-25 . . . . Somerset
27-31 . . . . . at Harrisburg

SEPTEMBER
1 . . . . at Harrisburg
3-8 . . . at New Hampshire
10-15 . . . . . Binghamton

SOMERSET PATRIOTS

APRIL
5-7 . . . . Richmond
9-14 . . at New Hampshire
16-21 . . . . Hartford
23-28 . . . . . . .at Reading
30 . . . . . . New Hampshire

MAY
1-5 . . . . . New Hampshire
7-12 . . . . . . .at Altoona
14-19 . . . . Portland
21-26 . . at New Hampshire
28-31 . . . . Bowie

JUNE
1-2 . . . . Bowie
4-9 . . . . Hartford
11-16 . . . . .at Binghamton
18-23 . . . . Erie
25-30 . . . . . at Richmond

JULY
1-3 . . . . Reading
4-6 . . . . .at Reading
9-14 . . . . at Erie
19-21 . . . . Altoona
23-28 . . . . Portland
30-31 . . . . at Bowie

AUGUST
1-4 . . . . at Bowie
6-11 . . . . . . Binghamton
13-18 . . . . . at Hartford
20-25 . . . . . at Portland
27-31 . . . . Reading

SEPTEMBER
1 . . . . Reading
2 . . . . . . at Binghamton
4-8 . . . . . at Binghamton
10-15 . . . New Hampshire

READING FIGHTIN PHILS

APRIL
5-7 . . . . at Bowie
9-14 . . . . Portland
16-21 . . . . at Binghamton
23-28 . . . . Somerset
30 . . . . at Portland

MAY
1-5 . . . . at Portland
7-12 . . . . Hartford
14-19 . . . . . at Richmond
21-26 . . . . . . Binghamton
28-31 . . . . . at Hartford

JUNE
1-2 . . . . at Hartford
4-9 . . . . Harrisburg
11-16 . . . . Portland
18-23 . at New Hampshire
25-30 . . . . Bowie

JULY
1-3 . . . . . . .at Somerset
4-6 . . . . Somerset
9-14 . . . . Akron
19-21 . . . . . at Portland
23-28 . at New Hampshire
30-31 . . . . Hartford

AUGUST
1-4 . . . . Hartford
6-11 . . . . at Akron
13-18 . . . New Hampshire
20-25 . . . .at Binghamton
27-31 . . . . . .at Somerset

SEPTEMBER
1 . . . . .at Somerset
3-8 . . . . Erie
10-15 . . . . . at Harrisburg

RICHMOND FLYNG SQUIRRELS

APRIL
5-7 . . . . .at Somerset
9-14 . . . . Akron
16-21 . . . . . at Harrisburg
23-28 . . . . Bowie
30 . . . . at Akron

MAY
1-5 . . . . at Akron
7-12 . . . . at Erie
14-19 . . . . Reading
21-26 . . . . at Bowie
28-31 . . . . Erie

JUNE
1-2 . . . . Erie
4-9 . . . . Altoona
11-16 . . at New Hampshire
18-23 . . . . . . at Portland
25-30 . . . . Somerset

SOUTHERN LEAGUE

BILOXI SHUCKERS

APRIL
5-7 . . . . Montgomery
9-14 . . . . . . at Mississippi
16-21 . . . . . Chattanooga
23-28 . . . . . . at Pensacola
30 . . . . at Tennessee

MAY
1-5 . . . . at Tennessee
7-12 . . . . Montgomery
14-19 . . . . . at Mississippi
21-26 . . . . . . Birmingham
28-31 . . . . Pensacola

JUNE
1-2 . . . . Pensacola
4-9 . . . . . . at Montgomery
11-16 . . . . Tennessee
18-23 . . . . at Rocket City
25-30 . . . . Pensacola

JULY
1-3 . . . . . . at Mississippi
4-6 . . . . Mississippi
9-14 . . . . . at Chattanooga
19-21 . . . . Montgomery
23-28 . . . . . . at Pensacola
30-31 . . . . Rocket City

AUGUST
1-4 . . . . Rocket City
6-11 . . . . . . at Montgomery
13-18 . . . . Mississippi
21-25 . . . . . at Birmingham
27-31 . . . . Montgomery

SEPTEMBER
1 . . . . Montgomery
3-8 . . . . at Rocket City
10-15 . . . . Mississippi

BIRMINGHAM BARONS

APRIL
6-7 . . . . Chattanooga
9-14 . . . . . .at Rocket City
17-21 . . . . Mississippi
23-28 . . . . . at Chattanooga
30 . . . . Rocket City

MAY
1-5 . . . . Rocket City
7-12 . . . . . . at Pensacola
14-19 . . . . . . Chattanooga
21-26 . . . . at Biloxi
29-31 . . . . . . Rocket City

JUNE
1-2 . . . . Rocket City
4-9 . . . . at Tennessee
11-16 . . . . Pensacola
18-23 . . . . . . Montgomery
26-30 . . . . Tennessee

JULY
1-3 . . . . Rocket City
4-6 . . . . . . .at Rocket City
9-14 . . . . . at Mississippi
19-21 . . . . . Chattanooga
23-28 . . . . . at Tennessee
31 . . . . at Montgomery

AUGUST
1-4 . . . . Montgomery
6-11 . . . . . .at Rocket City
14-18 . . . . Tennessee
21-25 . . . . Biloxi
27-31 . . . . at Chattanooga

SEPTEMBER
1 . . . . . . at Chattanooga
4-8 . . . . Pensacola
10-15 . . . . at Tennessee

SCHEDULES

CHATTANOOGA LOOKOUTS

APRIL
5-7 . . . . at Birmingham
9-14 . . . . Tennessee
16-21 . . . . at Biloxi
23-28 . . . . . . Birmingham
30 . . . . . . at Montgomery

MAY
1-5 . . . . at Montgomery
7-12 . . . . Tennessee
14-19 . . . . at Birmingham
21-26 . . . . Mississippi
28-31 . . . . . . at Tennessee

JUNE
1-2 . . . . at Tennessee
4-9 . . . . at Rocket City
11-16 . . . . Montgomery
18-23 . . . . . at Pensacola
25-30 . . . . . . Rocket City

JULY
1-3 . . . . at Tennessee
4-6 . . . . Tennessee
9-14 . . . . Biloxi
19-21 . . . . at Birmingham
23-28 . . . . . at Rocket City
30-31 . . . . Pensacola

AUGUST
1-4 . . . . Pensacola
6-11 . . . . . . at Tennessee
13-18 . . . . . . Rocket City
20-25 . . . . . at Mississippi
27-31 . . . . . . Birmingham

SEPTEMBER
1 . . . . Birmingham
3-8 . . . . . at Montgomery
10-15 . . . . . . Rocket City

MISSISSIPPI BRAVES

APRIL
5-7 . . . . . . at Pensacola
9-14 . . . . Biloxi
17-21 . . . . at Birmingham
23-28 . . . . at Montgomery
30 . . . . Pensacola

MAY
1-5 . . . . Pensacola
7-12 . . . . at Rocket City
14-19 . . . . Biloxi
21-26 . . . at Chattanooga
27 . . . . Montgomery
29-31 . . . . . . Montgomery

JUNE
1-2 . . . . Montgomery
4-9 . . . . . . at Pensacola
11-16 . . . . . . Rocket City
18-23 . . . . . at Tennessee
25-30 . . . . . . Montgomery

JULY
1-3 . . . . at Biloxi
4-6 . . . . Biloxi
9-14 . . . . . . Birmingham
19-21 . . . . . at Pensacola
23-28 . . . . at Montgomery
30-31 . . . . Tennessee

AUGUST
1-4 . . . . Tennessee
6-11 . . . . . . Pensacola
13-18 . . . . . . at Biloxi
20-25 . . . . Chattanooga
27-31 . . . . . at Pensacola

SEPTEMBER
1 . . . . at Pensacola
3-8 . . . . Tennessee
10-15 . . . . . . at Biloxi

MONTGOMERY BISCUITS

APRIL
5-7 . . . . at Biloxi
9-14 . . . . Pensacola
16-21 . . . . . at Tennessee
23-28 . . . . . . Mississippi
30 . . . . Chattanooga

MAY
1-5 . . . . Chattanooga
7-12 . . . . at Biloxi
14-19 . . . . . . Pensacola
21-26 . . . at Rocket City
27 . . . . at Mississippi
29-31 . . . . at Mississippi

JUNE
1-2 . . . . . . at Mississippi
4-9 . . . . Biloxi
11-16 . . . . at Chattanooga
18 . . . . . . at Birmingham
19-23 . . . . . . Birmingham
25-30 . . . . . at Mississippi

JULY
1-3 . . . . at Pensacola
4-6 . . . . . . at Pensacola
9-14 . . . . Tennessee
19-21 . . . . at Biloxi
23-28 . . . . . . Mississippi
31 . . . . Birmingham

AUGUST
1-4 . . . . . at Birmingham
6-11 . . . . Biloxi
13-18 . . . . . at Pensacola
20-25 . . . . . Rocket City
27-31 . . . . at Biloxi

SEPTEMBER
1 . . . . at Biloxi
3-8 . . . . . . Chattanooga
10-15 . . . . at Pensacola

PENSACOLA BLUE WAHOOS

APRIL
5-7 . . . . Mississippi
9-14 . . . . at Montgomery
16-21 . . . . . . Rocket City
23-28 . . . . Biloxi
30 . . . . . . at Mississippi

MAY
1-5 . . . . at Mississippi
7-12 . . . . . Birmingham
14-19 . . . . at Montgomery
21-26 . . . . Tennessee
28-31 . . . . . . at Biloxi

JUNE
1-2 . . . . at Biloxi
4-9 . . . . Mississippi
11-12 . . . . at Birmingham
14-16 . . . . at Birmingham
18-23 . . . . Chattanooga
25-30 . . . . . . at Biloxi

JULY
1-3 . . . . . . Montgomery
4-6 . . . . at Montgomery
9-14 . . . . at Rocket City
19-21 . . . . . Mississippi
23-28 . . . . Biloxi
30-31 . . at Chattanooga

AUGUST
1-4 . . . . . at Chattanooga
6-11 . . . . at Mississippi
13-18 . . . . . Montgomery
20-25 . . . . at Tennessee
27-31 . . . . . . Mississippi

SEPTEMBER
1 . . . . Mississippi
4-8 . . . . . at Birmingham
10-15 . . . . . Montgomery

ROCKET CITY TRASH PANDAS

APRIL
5-7 . . . . . . at Tennessee
9-14 . . . . . . Birmingham
16-21 . . . . . at Pensacola
23-28 . . . . . . Tennessee
30 . . . . . . at Birmingham

MAY
1 . . . . . . at Birmingham
3-5 . . . . . at Birmingham
7-12 . . . . . . Mississippi
14-19 . . . . . at Tennessee
21-26 . . . . Montgomery
29-31 . . . . at Birmingham

JUNE
1-2 . . . . . at Birmingham
4-9 . . . . . . Chattanooga
11-16 . . . . at Mississippi
18-23 . . . . Biloxi
25-30 . . . at Chattanooga

JULY
1-3 . . . . . . at Birmingham
4-6 . . . . Birmingham
9-14 . . . . . . Pensacola
19-21 . . . . at Tennessee
23-28 . . . . Chattanooga
30-31 . . . . . . at Biloxi

AUGUST
1-4 . . . . at Biloxi
6-11 . . . . . Birmingham
13-18 . . . at Chattanooga
20-25 . . . at Montgomery
27-31 . . . . Tennessee

SEPTEMBER
1 . . . . Tennessee
3-8 . . . . Biloxi
10-15 . . . at Chattanooga

TENNESSEE SMOKIES

APRIL
5-7 . . . . Rocket City
9-14 . . . . at Chattanooga
16-21 . . . . Montgomery
23-28 . . . . at Rocket City
30 . . . . Biloxi

MAY
1-5 . . . . Biloxi
7-12 . . . at Chattanooga
14-19 . . . . . Rocket City
21-26 . . . . at Pensacola
28-31 . . . . Chattanooga

JUNE
1-2 . . . . . . Chattanooga
4-9 . . . . . . Birmingham
11-16 . . . . . . at Biloxi
18-23 . . . . . Mississippi
26-30 . . . at Birmingham

JULY
1-3 . . . . . Chattanooga
4-6 . . . . at Chattanooga
9-14 . . . . at Montgomery
19-21 . . . . . Rocket City
23-28 . . . . Birmingham
30-31 . . . at Mississippi

AUGUST
1-4 . . . . . . at Mississippi
6-11 . . . . . . Chattanooga
14-18 . . . . at Birmingham
20-25 . . . . . . Pensacola
27-31 . . . at Rocket City

SEPTEMBER
1 . . . . at Rocket City
3-8 . . . . . at Mississippi
10-15 . . . . . . Birmingham

SCHEDULES

TEXAS LEAGUE

AMARILLO SOD POODLES

APRIL
5-7. . . . . San Antonio
9-14 . . . . at Midland
16-21 . . . . . . Springfield
23-28 . . . . at Frisco
30 . . . . Midland

MAY
1-5. . . . . Midland
7-12. . . . .at Corpus Christi
14-19 . . . . Frisco
21-26 . . . . at NW Arkansas
28-30 . . . . . . at Arkansas

JUNE
1-2. . . . . at Arkansas
4-9. . . . . Tulsa
11-16 . . . . at Frisco
19-23 . . . . . San Antonio
26-30 . . . . at Tulsa

JULY
1-3. . . . . Midland
4-6. . . . . at Midland
9-14. . . . . .at San Antonio
19-21 . . . . . . Springfield
23-28 . . . . Wichita
30-31 . . . .at Corpus Christi

AUGUST
1-4. . . . . .at Corpus Christi
6-11 . . . . . . NW Arkansas
13-18 . . . . . at San Antonio
20-25 . . . . . Corpus Christi
27-31 . . . . Arkansas

SEPTEMBER
1 . . . . Arkansas
3-8. . . . . at Midland
10-15 . . . . Frisco

ARKANSAS TRAVELERS

APRIL
5-7. . . . . Springfield
9-14 . . . . at Tulsa
16-21 . . . . Frisco
23-28 . . . . . at Springfield
30 . . . . San Antonio

MAY
1-5. . . . . San Antonio
7-12. . . . . . . at Wichita
10-12 . . . . . . at Wichita
14-19 . . . . . NW Arkansas
21-26 . . . .at Corpus Christi
28-30 . . . . Amarillo

JUNE
1-2. . . . . Amarillo
4-9. . . . . Springfield
11-16 . . . . at Tulsa
18-23 . . . . Wichita
25-30 . . . . .at Springfield

JULY
1-3. . . . . Frisco
4-6. . . . . at Frisco
9-14. . . . . . . at Midland
19-21 . . . . . . San Antonio
23-28 . . . . at NW Arkansas
30-31 . . . . Midland

AUGUST
1-4. . . . . Midland
6-11 . . . . Tulsa
13-18 . . . . . . at Wichita
20-25 . . . . . NW Arkansas
27-31 . . . . . . at Amarillo
31 . . . . at Amarillo

SEPTEMBER
1 . . . . at Amarillo
3-8. . . . . . Corpus Christi
11-15 . . . . at NW Arkansas

CORPUS CHRISTI HOOKS

APRIL
5-7. . . . . Midland
9-14 . . . . at Frisco
16-21 . . . . . . San Antonio
23-28 . . . . . . at Midland
30 . . . . Frisco

MAY
1-5. . . . . Frisco
7-12. . . . . Amarillo
14-19 . . . . at San Antonio
21-26 . . . . Arkansas
28-31 . . . . . . at Midland

JUNE
1-2. . . . . at Midland
4-9. . . . . Frisco
11-16 . . . . at San Antonio
18-23 . . . . . . Springfield
25-30 . . . . at Frisco

JULY
1-3. . . . . San Antonio
4-6. . . . . . .at San Antonio
9-14. . . . . at Tulsa
19-21 . . . . Midland
23-28 . . . . .at Springfield
30-31 . . . . Amarillo

AUGUST
1-4. . . . . Amarillo
6-11 . . . . Wichita
13-18 . . . . at NW Arkansas
20-25 . . . . . . at Amarillo
27-31 . . . . Tulsa

SEPTEMBER
1 . . . . Tulsa
3-8. . . . . at Arkansas
10-15 . . . . Midland

FRISCO ROUGHRIDERS

APRIL
5-7. . . . . at Wichita
9-14 . . . . . Corpus Christi
16-21 . . . . . . at Arkansas
23-28 . . . . Amarillo
30 . . . . .at Corpus Christi

MAY
1-5. . . . .at Corpus Christi
7-12. . . . . . . San Antonio
14-19 . . . . . . at Amarillo
21-26 . . . . Midland
25-26 . . . . Midland
28-31 . . . . at San Antonio

JUNE
1-2. . . . . . .at San Antonio
4-9. . . . . .at Corpus Christi
11-16 . . . . Amarillo
18-23 . . . . . . at Midland
25-30 . . . . . Corpus Christi

JULY
1-3. . . . . at Arkansas
4-6. . . . . Arkansas
9-14. . . . . . NW Arkansas
19-21 . . . . . . at Wichita
23-28 . . . . Tulsa
30-31 . . . .at San Antonio

AUGUST
1-4. . . . . .at San Antonio
6-11 . . . . Midland
13-18 . . . . . . Springfield
20-25 . . . . . San Antonio
27-31 . . . . at NW Arkansas

SEPTEMBER
1 . . . . at NW Arkansas
2 . . . . Wichita
5-8. . . . . Wichita
10-15 . . . . . . at Amarillo

MIDLAND ROCKHOUNDS

APRIL
5-7. . . . . .at Corpus Christi
9-14 . . . . Amarillo
16-21 . . . . at NW Arkansas
23-28 . . . . . Corpus Christi

MAY
1-5. . . . . at Amarillo
7-12. . . . . Tulsa
14-19 . . . . .at Springfield
21-26 . . . . at Frisco
28-31 . . . . . Corpus Christi

JUNE
1-2. . . . . . . Corpus Christi
4-9. . . . . . . San Antonio
11-16 . . . . . . at Wichita
18-23 . . . . Frisco
25-30 . . . . at San Antonio

JULY
1-3. . . . . at Amarillo
4-6. . . . . Amarillo
9-14. . . . . Arkansas
19-21 . . . .at Corpus Christi
23-28 . . . . . San Antonio
30-31 . . . . . at Arkansas

AUGUST
1-4. . . . . at Arkansas
6-11 . . . . Frisco
13-18 . . . . at Tulsa
20-25 . . . . Wichita
27-31 . . . . . at San Antonio

SEPTEMBER
1 . . . . at San Antonio
3-8. . . . . Amarillo
10-15 . . . .at Corpus Christi

SCHEDULES

NW ARKANSAS NATURALS

APRIL
5-7 . . . . Tulsa
9-14 . . . . . . at San Antonio
16-21 . . . . Midland
23-28 . . . . at Tulsa

MAY
1-5 . . . . Wichita
7-12 . . . . Springfield
14-19 . . . . . . at Arkansas
21-26 . . . . Amarillo
27 . . . . at Tulsa
29-31 . . . . at Tulsa

JUNE
1-2 . . . . at Tulsa
4-9 . . . . Wichita
11-16 . . . at Springfield
18-23 . . . . Tulsa
25-30 . . . . at Wichita

JULY
1-3 . . . . Springfield
4-6 . . . . at Springfield
9-14 . . . . at Frisco
19-21 . . . . Tulsa
23-28 . . . . Arkansas
30-31 . . . . at Wichita

AUGUST
1-4 . . . . at Wichita
6-11 . . . . at Amarillo
13-18 . . . . Corpus Christi
20-25 . . . . . . at Arkansas
27-31 . . . . Frisco

SEPTEMBER
1 . . . . Frisco
3-8 . . . . at Springfield
11-15 . . . . Arkansas

SAN ANTONIO MISSIONS

APRIL
5-7 . . . . at Amarillo
9-14 . . . . . . NW Arkansas
16-21 . . . at Corpus Christi
23-28 . . . . Wichita
30 . . . . at Arkansas

MAY
1-5 . . . . at Arkansas
7-12 . . . . at Frisco
14-19 . . . . Corpus Christi
21-26 . . . . at Wichita
28-31 . . . . Frisco

JUNE
1-2 . . . . Frisco
4-9 . . . . at Midland
11-16 . . . . Corpus Christi
18-23 . . . . at Amarillo
25-30 . . . . Midland

JULY
1-3 . . . . . at Corpus Christi
4-6 . . . . . . Corpus Christi
9-14 . . . . Amarillo
19-21 . . . . . . at Arkansas
23-28 . . . . at Midland
30-31 . . . . Frisco

AUGUST
1-4 . . . . Frisco
7-11 . . . . . . at Springfield
13-18 . . . . Amarillo
20-25 . . . . at Frisco
27-31 . . . . Midland

SEPTEMBER
1 . . . . Midland
3-8 . . . . at Tulsa
10-15 . . . . . . Springfield

SPRINGFIELD CARDINALS

APRIL
5-7 . . . . at Arkansas
9-14 . . . . Wichita
16-21 . . . . . . at Amarillo
23-28 . . . . Arkansas
30 . . . . at Tulsa

MAY
1-5 . . . . at Tulsa
7-12 . . . . at NW Arkansas
14-19 . . . . Midland
21-26 . . . . Tulsa
24-26 . . . . Tulsa
28-31 . . . . at Wichita

JUNE
1-2 . . . . at Wichita
4-9 . . . . at Arkansas
11-16 . . . . . NW Arkansas
18-23 . . . at Corpus Christi
25-30 . . . . Arkansas

JULY
1-3 . . . . . at NW Arkansas
4-6 . . . . NW Arkansas
9-14 . . . . Wichita
19-21 . . . . . . at Amarillo
23-28 . . . . Corpus Christi
30-31 . . . . at Tulsa

AUGUST
1-4 . . . . at Tulsa
6-11 . . . . . . San Antonio
13-18 . . . . at Frisco
20-25 . . . . Tulsa
27-31 . . . . at Wichita

SEPTEMBER
1 . . . . at Wichita
3-8 . . . . . . NW Arkansas
10-15 . . . . at San Antonio

TULSA DRILLERS

APRIL
5-7 . . . . . at NW Arkansas
9-14 . . . . Arkansas
16-21 . . . . at Wichita
23-28 . . . . NW Arkansas
30 . . . . Springfield

MAY
1-5 . . . . Springfield
7-12 . . . . at Midland
14-19 . . . . Wichita
21-26 . . at Springfield
27 . . . . NW Arkansas
29-31 . . . . . NW Arkansas

JUNE
1-2 . . . . NW Arkansas
4-9 . . . . at Amarillo
11-16 . . . . Arkansas
18-23 . . . at NW Arkansas
25-30 . . . . Amarillo

JULY
1-3 . . . . at Wichita
4-6 . . . . Wichita
9-14 . . . . . Corpus Christi
19-21 . . . at NW Arkansas
23-28 . . . . at Frisco
30-31 . . . . . . Springfield

AUGUST
1-4 . . . . Springfield
6-11 . . . . . . at Arkansas
13-18 . . . . Midland
20-25 . . . at Springfield
27-31 . . . at Corpus Christi

SEPTEMBER
1 . . . . . . at Corpus Christi
3-8 . . . . San Antonio
10-15 . . . . . . at Wichita

WICHITA WIND SURGE

APRIL
5-7 . . . . Frisco
9-14 . . . . . at Springfield
16-21 . . . . Tulsa
23-28 . . . . at San Antonio
30 . . . . . at NW Arkansas

MAY
1-5 . . . . . at NW Arkansas
7-12 . . . . Arkansas
14-19 . . . . at Tulsa
21-26 . . . . . San Antonio
28-31 . . . . . . Springfield

JUNE
1-2 . . . . Springfield
4-9 . . . . at NW Arkansas
11-16 . . . . Midland
17-23 . . . . . at Arkansas
25-30 . . . . . NW Arkansas

JULY
1-3 . . . . Tulsa
4-6 . . . . at Tulsa
9-14 . . . . . at Springfield
19-21 . . . . Frisco
23-28 . . . . . . at Amarillo
30-31 . . . . . NW Arkansas

AUGUST
1-4 . . . . . . NW Arkansas
6-11 . . . at Corpus Christi
13-18 . . . . Arkansas
20-25 . . . . . . at Midland
27-31 . . . . . . Springfield

SEPTEMBER
1 . . . . Springfield
2 . . . . at Frisco
5-8 . . . . at Frisco
10-15 . . . . Tulsa

SCHEDULES

HIGH-A

MIDWEST LEAGUE

BELOIT SKY CARP

APRIL
5-7 . . . . Cedar Rapids
9-14 . . . . at Peoria
16-21 . . . . South Bend
23-28 . . . . at Cedar Rapids
30 . . . . Quad Cities

MAY
1-5 . . . . Quad Cities
7-12 . . . . Peoria
14-19 . . . . . at Wisconsin
21-26 . . . . at Great Lakes
28-31 . . . . Dayton

JUNE
1-2 . . . . Dayton
4-9 . . . . Lake County
11-16 . . . . at Quad Cities
18-23 . . . . Lansing
25-30 . . . at Cedar Rapids

JULY
1-3 . . . . Wisconsin
4-6 . . . . at Wisconsin
9-14 . . . . Cedar Rapids
19-21 . . . . at Peoria
23-28 . . . . Wisconsin
30-31 . . . . . at Lake County

AUGUST
1-4 . . . . at Lake County
6-11 . . . . at West Michigan
13-18 . . . . Quad Cities
20-25 . . . . at South Bend
27-31 . . . . Peoria

SEPTEMBER
1 . . . . Peoria
3-8 . . . . Quad Cities

CEDAR RAPIDS KERNELS

APRIL
5-7 . . . . at Beloit
9-14 . . . . Dayton
16-21 . . . . . at Wisconsin
23-28 . . . . Beloit
30 . . . . Peoria

MAY
1-5 . . . . Peoria
7-12 . . . . . at South Bend
14-19 . . . . . . Quad Cities
21-26 . . . . at Peoria
28-31 . . . . . Lake County

JUNE
1-2 . . . . Lake County
4-9 . . . . . . at Great Lakes
11-16 . . . . . . at Lansing
18-23 . . . . Peoria
25-30 . . . . Beloit

JULY
1-3 . . . . . . at Quad Cities
4-6 . . . . Quad Cities
9-14 . . . . at Beloit
19-21 . . . . . . Wisconsin
23-28 . . . . at Quad Cities
30-31 . . . . . Great Lakes

AUGUST
1-4 . . . . Great Lakes
6-11 . . . . at Peoria
13-18 . . . . . . South Bend
20-25 . . . . . . at Dayton
27-31 . . . . at Lake County

SEPTEMBER
1 . . . . at Lake County
3-8 . . . . Wisconsin

DAYTON DRAGONS

APRIL
5-7 . . . . Lansing
9-14 . . . . at Cedar Rapids
16-21 . . . . . . Fort Wayne
23-28 . . . . . . at Lansing
30 . . . . . West Michigan

MAY
1-5 . . . . . . West Michigan
7-12 . . . . . at Lake County
14-19 . . . . . Great Lakes
21-26 . . . . at Quad Cities
28-31 . . . . at Beloit

JUNE
1-2 . . . . at Beloit
4-9 . . . . Lansing
11-16 . . . . . Great Lakes
18-23 . . . at West Michigan
25-30 . . . . . at Fort Wayne

FORT WAYNE TINCAPS

APRIL
5-7 . . . . . . at Great Lakes
9-14 . . . . . Lake County
16-21 . . . . . . at Dayton
23-28 . . . . . Great Lakes
30 . . . . . at Lake County

MAY
1-5 . . . . . . at Lake County
7-12 . . . . at West Michigan
14-19 . . . . . South Bend
21-26 . . . . Lansing
28-31 . . . . at Wisconsin

JUNE
1-2 . . . . . . at Wisconsin
4-9 . . . . Peoria
11-16 . . . . at Lake County
18-23 . . . . . Wisconsin
25-30 . . . . Dayton

JULY
1-3 . . . . Lake County
4-6 . . . . . at Lake County
9-14 . . . . . . South Bend
19-21 . . . at West Michigan
23-28 . . . . . . Fort Wayne
30-31 . . . . . . at Lansing

AUGUST
1-4 . . . . at Lansing
6-11 . . . . . Lake County
13-18 . . . . . at Fort Wayne
20-25 . . . . . Cedar Rapids
27-31 . . . . West Michigan

SEPTEMBER
1 . . . . West Michigan
2 . . . . at Great Lakes
4-8 . . . . . . at Great Lakes

JULY
1-3 . . . . at Lansing
4-6 . . . . Lansing
9-14 . . . . . at Great Lakes
19-21 . . . . . Lake County
23-28 . . . . . . at Dayton
30-31 . . . . West Michigan

AUGUST
1-4 . . . . . . West Michigan
6-11 . . . . . at South Bend
13-18 . . . . Dayton
20-22 . . . . at Peoria
24-25 . . . . at Peoria
27-31 . . . . . . at Lansing

SEPTEMBER
1 . . . . at Lansing
3-8 . . . . South Bend

166 · Baseball America 2024 Directory

SCHEDULES

GREAT LAKES LOONS

APRIL
5-7 . . . . Fort Wayne
9-14 . . . . at Lansing
16-21 . . . . . West Michigan
23-28 . . . . at Fort Wayne
30 . . . . at Wisconsin

MAY
1-5 . . . . at Wisconsin
7-12 . . . . Lansing
14-19 . . . . at Dayton
21-26 . . . . Beloit
28-31 . . . at West Michigan

JUNE
1-2 . . . . . at West Michigan
4-9 . . . . Cedar Rapids
11-16 . . . . at Dayton
18-23 . . . . Quad Cities
25-30 . . . at Lake County

JULY
1-3 . . . . . at West Michigan
4-6 . . . . West Michigan
9-14 . . . . Fort Wayne
19-21 . . . . at Lansing
23-28 . . . . . Lake County
30-31 . . . at Cedar Rapids

AUGUST
1-4 . . . . . . at Cedar Rapids
6-11 . . . . Lansing
13-18 . . . . at Lake County
20-25 . . . . Wisconsin
27-31 . . . . . at South Bend

SEPTEMBER
1 . . . . at South Bend
2 . . . . Dayton
4-8 . . . . Dayton

LAKE COUNTY CAPTAINS

APRIL
5-7 . . . . West Michigan
9-14 . . . . . at Fort Wayne
16-21 . . . . Lansing
23-28 . . . at West Michigan
30 . . . . Fort Wayne

MAY
1-5 . . . . Fort Wayne
7-12 . . . . Dayton
14-19 . . . . at Lansing
21-26 . . . . . West Michigan
28-31 . . . at Cedar Rapids

JUNE
1-2 . . . . . at Cedar Rapids
4-9 . . . . at Beloit
11-16 . . . . Fort Wayne
18-23 . . . . at South Bend
25-30 . . . . Great Lakes

JULY
1-6 . . . . at Dayton
9-14 . . . . Lansing
19-21 . . . . at Fort Wayne
23-28 . . . . at Great Lakes
30-31 . . . . Beloit

AUGUST
1-4 . . . . Beloit
6-11 . . . . at Dayton
13-18 . . . . Great Lakes
20-25 . . . at West Michigan
27-31 . . . . . Cedar Rapids

SEPTEMBER
1 . . . . Cedar Rapids
3-5 . . . . at Peoria
7-8 . . . . at Peoria

LANSING LUGNUTS

APRIL
5-7 . . . . at Dayton
9-14 . . . . Great Lakes
16-21 . . . . at Lake County
23-28 . . . . Dayton
30 . . . . South Bend

MAY
1-5 . . . . South Bend
7-12 . . . . . at Great Lakes
14-19 . . . . . Lake County
21-26 . . . at Fort Wayne
28-31 . . . . Peoria

JUNE
1-2 . . . . Peoria
4-9 . . . . at Dayton
11-16 . . . . . Cedar Rapids
18-23 . . . . at Beloit
25-30 . . . . West Michigan

JULY
1-6 . . . . Fort Wayne
9-14 . . . . at Lake County
19-21 . . . . . . Great Lakes
23-28 . . . at West Michigan
30-31 . . . . Dayton

AUGUST
1-4 . . . . Dayton
6-11 . . . . . at Great Lakes
13-18 . . . . West Michigan
20-25 . . . . at Quad Cities
27-31 . . . . Fort Wayne

SEPTEMBER
1 . . . . Fort Wayne
3-8 . . . . . at West Michigan

PEORIA CHIEFS

APRIL
5-7 . . . . at Wisconsin
9-14 . . . . Beloit
16-21 . . . . at Quad Cities
23-28 . . . . Wisconsin
30 . . . . . . at Cedar Rapids

MAY
1-5 . . . . . . at Cedar Rapids
7-12 . . . . at Beloit
14-19 . . . . . West Michigan
21-26 . . . . . Cedar Rapids
28-31 . . . . at Lansing

JUNE
1-2 . . . . at Lansing
4-9 . . . . at Fort Wayne
11-16 . . . . South Bend
18-23 . . . . at Cedar Rapids
25-30 . . . . Quad Cities

JULY
1-3 . . . . . . at South Bend
4-6 . . . . South Bend
9-14 . . . . . at Quad Cities
19-21 . . . . Beloit
23-28 . . . . at South Bend
30-31 . . . . . . Quad Cities

AUGUST
1-4 . . . . Quad Cities
6-11 . . . . Cedar Rapids
13-18 . . . . . at Wisconsin
20-25 . . . . Fort Wayne
27-31 . . . . at Beloit

SEPTEMBER
1 . . . . at Beloit
3-8 . . . . Lake County

QUAD CITIES RIVER BANDITS

APRIL
5-7 . . . . South Bend
9-14 . . . . at West Michigan
16-21 . . . . Peoria
23-28 . . . . at South Bend
30 . . . . at Beloit

MAY
1-5 . . . . at Beloit
7-12 . . . . Wisconsin
14-19 . . . at Cedar Rapids
21-26 . . . . Dayton
28-31 . . . . . . South Bend

JUNE
1-2 . . . . South Bend
4-9 . . . . at Wisconsin
11-16 . . . . Beloit
18-23 . . . . at Great Lakes
25-30 . . . . at Peoria

JULY
1-3 . . . . Cedar Rapids
4-6 . . . . . . at Cedar Rapids
9-14 . . . . Peoria
19-21 . . . . at South Bend
23-28 . . . . . Cedar Rapids
30-31 . . . . at Peoria

AUGUST
1-4 . . . . at Peoria
6-11 . . . . Wisconsin
13-18 . . . . at Beloit
20-25 . . . . Lansing
27-31 . . . . . at Wisconsin

SEPTEMBER
1 . . . . at Wisconsin
3-8 . . . . Beloit

SOUTH BEND CUBS

APRIL
5-7 . . . . . . at Quad Cities
9-14 . . . . Wisconsin
16-21 . . . . at Beloit
23-28 . . . . . . Quad Cities
30 . . . . at Lansing

MAY
1-5 . . . . at Lansing
7-12 . . . . . Cedar Rapids
14-19 . . . . at Fort Wayne
21-26 . . . . Wisconsin
28-31 . . . . at Quad Cities

JUNE
1-2 . . . . . . at Quad Cities
4-9 . . . . . . West Michigan
11-16 . . . . at Peoria
18-23 . . . . . Lake County
25-30 . . . . . . at Wisconsin

JULY
1-3 . . . . Peoria
4-6 . . . . at Peoria
9-14 . . . . at Dayton
19-21 . . . . . . Quad Cities
23-28 . . . . Peoria
30-31 . . . . . at Wisconsin

AUGUST
1-4 . . . . at Wisconsin
6-11 . . . . Fort Wayne
13-18 . . . . at Cedar Rapids
20-25 . . . . Beloit
27-31 . . . . . . Great Lakes

SEPTEMBER
1 . . . . Great Lakes
3-8 . . . . at Fort Wayne

SCHEDULES

WEST MICHIGAN WHITECAPS

APRIL
5-7 . . . . . . at Lake County
9-14 . . . . Quad Cities
16-21 . . . . at Great Lakes
23-28 . . . . Lake County
30 . . . . at Dayton

MAY
1-5 . . . . at Dayton
7-12 . . . . Fort Wayne
14-19 . . . . at Peoria
21-26 . . . . at Lake County
28-31 . . . . . . Great Lakes

JUNE
1-2 . . . . Great Lakes
4-9 . . . . at South Bend
11-16 . . . . Wisconsin
18-23 . . . . Dayton
25-30 . . . . at Lansing

JULY
1-3 . . . . Great Lakes
4-6 . . . . . . at Great Lakes
9-14 . . . . . . at Wisconsin
19-21 . . . . Dayton
23-28 . . . . Lansing
30-31 . . . . . . at Fort Wayne

AUGUST
1-4 . . . . at Fort Wayne
6-11 . . . . Beloit
13-18 . . . . at Lansing
20-25 . . . . . . Lake County
27-31 . . . . at Dayton

SEPTEMBER
1 . . . . at Dayton
3-8 . . . . Lansing

WISCONSIN TIMBER RATTLERS

APRIL
5-7 . . . . Peoria
9-14 . . . . . at South Bend
16-21 . . . . . Cedar Rapids
23-25 . . . . at Peoria
27-28 . . . . at Peoria
30 . . . . Great Lakes

MAY
1-5 . . . . Great Lakes
7-12 . . . . . at Quad Cities
14-19 . . . . Beloit
21-26 . . . . at South Bend
28-31 . . . . . . Fort Wayne

JUNE
1-2 . . . . Fort Wayne
4-9 . . . . Quad Cities
11-16 . . . at West Michigan
18-23 . . . . . at Fort Wayne
25-30 . . . . . . South Bend

JULY
1-3 . . . . at Beloit
4-6 . . . . Beloit
9-14 . . . . . West Michigan
19-21 . . . . at Cedar Rapids
23-28 . . . . at Beloit
30-31 . . . . . . South Bend

AUGUST
1-4 . . . . South Bend
6-11 . . . . . at Quad Cities
13-18 . . . . Peoria
20-25 . . . . at Great Lakes
27-31 . . . . . . Quad Cities

SEPTEMBER
1 . . . . Quad Cities
3-8 . . . . . at Cedar Rapids

NORTHWEST LEAGUE

EUGENE EMERALDS

APRIL
5-8 . . . . Tri-City
9-14 . . . . at Everett
17-21 . . . . Vancouver
23-28 . . . . Hillsboro
30 . . . . at Spokane

MAY
1-5 . . . . at Spokane
7-12 . . . . Tri-City
14-19 . . . . at Everett
21-25 . . . . Spokane
28-31 . . . . . . at Hillsboro

JUNE
1-2 . . . . at Hillsboro
4-9 . . . . at Tri-City
11-16 . . . . Everett
18-23 . . . . . . at Spokane
25-30 . . . . Tri-City

JULY
1-3 . . . . at Hillsboro
4-6 . . . . Hillsboro
9-14 . . . . Vancouver
19-21 . . . . . . at Tri-City
23-28 . . . . Spokane
30-31 . . . . . . at Everett

AUGUST
1-4 . . . . at Everett
6-11 . . . . . . at Vancouver
13-18 . . . . Hillsboro
20-25 . . . . . . at Tri-City
27-31 . . . . Everett

SEPTEMBER
1 . . . . Everett
3-8 . . . . . . at Vancouver

EVERETT AQUASOX

APRIL
5-7 . . . . at Hillsboro
9-14 . . . . Eugene
16-21 . . . . . . at Spokane
23-28 . . . . . . at Tri-City

MAY
1-5 . . . . Hillsboro
7-12 . . . . . . at Vancouver
14-19 . . . . Eugene
21-26 . . . . Tri-City
28-31 . . . . . . at Spokane

JUNE
1-2 . . . . at Spokane
4-9 . . . . Vancouver
11-16 . . . . . . at Eugene
18-23 . . . . Hillsboro
25-30 . . . . Spokane

JULY
1-3 . . . . at Vancouver
4-6 . . . . Vancouver
9-14 . . . . at Spokane
19-21 . . . . Hillsboro
23-29 . . . . . . at Tri-City
30-31 . . . . Eugene

AUGUST
1-4 . . . . Eugene
6-11 . . . . . . at Hillsboro
13-18 . . . . Tri-City
20-25 . . . . . at Vancouver
27-31 . . . . . . at Eugene

SEPTEMBER
1 . . . . at Eugene
2 . . . . Spokane
4-8 . . . . Spokane

HILLSBORO HOPS

APRIL
5-7 . . . . Everett
9-14 . . . . . . at Vancouver
16-21 . . . . Tri-City
23-29 . . . . . . at Eugene
30 . . . . at Everett

MAY
1-5 . . . . at Everett
7-12 . . . . Spokane
14-19 . . . . . . at Tri-City
21-26 . . . . Vancouver
28-31 . . . . Eugene

JUNE
1-2 . . . . Eugene
4-9 . . . . at Spokane
11-16 . . . . Tri-City
18-23 . . . . . . at Everett
25-30 . . . . . at Vancouver

JULY
1-3 . . . . Eugene
4-6 . . . . at Eugene
9-14 . . . . Tri-City
19-21 . . . . . . at Everett
23-28 . . . . . . Vancouver
30-31 . . . . . . at Spokane

AUGUST
1-4 . . . . at Spokane
6-11 . . . . Everett
13-18 . . . . . . at Eugene
20-25 . . . . Spokane
27-31 . . . . . . Vancouver

SEPTEMBER
1 . . . . Vancouver
3-8 . . . . at Tri-City

SCHEDULES

SPOKANE INDIANS

APRIL
5-7 . . . . .Vancouver
9-14 . . . . at Tri-City
16-21 . . . . Everett
23-28 . . . . . at Vancouver
30 . . . . .Eugene

MAY
1-5 . . . . .Eugene
7-12 . . . . at Hillsboro
14-19 . . . . .Vancouver
21-26 . . . . at Eugene
28-31 . . . . Everett

JUNE
1-2 . . . . Everett
4-9 . . . . .Hillsboro
11-16 . . . . . at Vancouver
18-23 . . . . .Eugene
25-30 . . . . . . at Everett

JULY
1-3 . . . . at Tri-City
4-6 . . . . .Tri-City
9-14 . . . . Everett
19-21 . . . . . at Vancouver
23-28 . . . . at Eugene
30-31 . . . . .Hillsboro

AUGUST
1-4 . . . . .Hillsboro
6-12 . . . . at Tri-City
13-18 . . . . . . .Vancouver
20-25 . . . . . . at Hillsboro
27-31 . . . . at Tri-City

SEPTEMBER
1 . . . . .Tri-City
2 . . . . at Everett
5-8 . . . . at Everett

TRI-CITY DUST DEVILS

APRIL
5-7 . . . . at Eugene
9-14 . . . . .Spokane
16-21 . . . . . . at Hillsboro
23-28 . . . . Everett
30 . . . . .Vancouver

MAY
1-5 . . . . .Vancouver
7-12 . . . . at Eugene
14-19 . . . . .Hillsboro
21-26 . . . . at Everett
28-31 . . . . . at Vancouver

JUNE
1-2 . . . . . . at Vancouver
4-9 . . . . .Eugene
11-16 . . . . . at Hillsboro
18-24 . . . . . . .Vancouver
25-30 . . . . at Eugene

JULY
1-3 . . . . .Spokane
4-6 . . . . at Spokane
9-14 . . . . at Hillsboro
19-21 . . . . .Eugene
23-29 . . . . Everett
30-31 . . . . . at Vancouver

AUGUST
1-4 . . . . . . at Vancouver
6-11 . . . . .Spokane
13-18 . . . . . . at Everett
20-25 . . . . .Eugene
27-31 . . . . . . at Spokane

SEPTEMBER
1 . . . . at Spokane
3-9 . . . . .Hillsboro

VANCOUVER CANADIANS

APRIL
5-7 . . . . at Spokane
9-14 . . . . .Hillsboro
17-21 . . . . at Eugene
23-28 . . . . .Spokane
30 . . . . at Tri-City

MAY
1-5 . . . . at Tri-City
7-12 . . . . Everett
14-19 . . . . at Spokane
21-26 . . . . . . at Hillsboro
28-31 . . . . .Tri-City

JUNE
1-2 . . . . .Tri-City
4-9 . . . . at Everett
11-16 . . . . .Spokane
18-24 . . . . . . at Tri-City
25-30 . . . . .Hillsboro

JULY
1-3 . . . . Everett
4-6 . . . . at Everett
9-14 . . . . at Eugene
19-21 . . . . .Spokane
23-28 . . . . . . at Hillsboro
30-31 . . . . .Tri-City

AUGUST
1-4 . . . . .Tri-City
6-11 . . . . .Eugene
13-18 . . . . . . at Spokane
20-25 . . . . Everett
27-31 . . . . . . at Hillsboro

SEPTEMBER
1 . . . . at Hillsboro
3-8 . . . . .Eugene

SOUTH ATLANTIC LEAGUE

ABERDEEN IRONBIRDS

APRIL
5-7 . . . . . . at Jersey Shore
9-14 . . . . .Wilmington
16-21 . . .at Hudson Valley
23-28 . . . . . Jersey Shore
30 . . . . at Brooklyn

MAY
1-5 . . . . at Brooklyn
7-12 . . . . . Hudson Valley
14-19 . . . . . at Wilmington
21-26 . . . . . Jersey Shore
27, 29-31 . .at Hudson Valley

JUNE
1-2 . . . . .at Hudson Valley
4-9 . . . . at Brooklyn
11-16 . . . . .Hickory
18-23 . . . . at Wilmington

JULY
25-30 . . . . .Brooklyn
1-3 . . . . .Greensboro
4-6 . . . . . . at Greensboro
9-14 . . . . . . at Asheville
19-21 . . . . . .Wilmington
23-28 . . . .at Jersey Shore
30-31 . . . . .Brooklyn

AUGUST
1-4 . . . . .Brooklyn
6-11 . . . . at Hickory
13-18 . . . . . . Greenville
20-25 . . . . .Winston-Salem
27-31 . . . . at Wilmington

SEPTEMBER
1 . . . . at Wilmington
3-8 . . . . . . Jersey Shore

ASHEVILLE TOURISTS

APRIL
5-7 . . . . . .Winston-Salem
9-14 . . . . . . at Brooklyn
16-21 . . . . Rome
23-28 . . . . . . at Hickory
30 . . . . Greenville

MAY
1-5 . . . . Greenville
7-12 . . . at Winston-Salem
14-19 . . . . Rome
21-26 . . . . . at Hickory
28-31 . . . . . Greensboro

JUNE
1-2 . . . . Greensboro
4-9 . . . . . . Bowling Green
11-16 . . . . . at Greenville
18-23 . . . .Winston-Salem

JULY
25-30 . . . at Bowling Green
1-3 . . . . Greenville
4-6 . . . . . . at Greensboro
9-14 . . . . Aberdeen
19-21 . . . at Winston-Salem
23-28 . . . . at Greensboro
30-31 . . . . .Hickory

AUGUST
1-4 . . . . .Hickory
6-11 . . . . . . Bowling Green
13-18 . . . . . . at Rome
20-25 . . . . at Greensboro
27-31 . . . . .Hickory

SEPTEMBER
1 . . . . .Hickory
3-8 . . . . .at Hudson Valley

BOWLING GREEN HOT RODS

APRIL
5-7 . . . . . . Hudson Valley
9-14 . . . . . . at Greenville
16-21 . . . . . .Winston-Salem
23-28 . . . .at Hudson Valley
30 . . . . . .at Jersey Shore

MAY
1-5 . . . . . at Jersey Shore
7-12 . . . . Greensboro
14-19 . . . . Brooklyn
21-26 . . . at Winston-Salem
28-31 . . . . . Wilmington

JUNE
1-2 . . . . Wilmington
4-9 . . . . at Asheville
11-16 . . . . Rome
18-23 . . . . . . at Hickory
25-30 . . . . .Asheville

JULY
1-3 . . . . at Rome
4-6 . . . . Rome
9-14 . . . . .Hickory
19-21 . . . . . at Greenville
23-28 . . . .Winston-Salem
30-31 . . . . at Rome

AUGUST
1-4 . . . . at Rome
6-11 . . . . at Asheville
13-18 . . . . . . Greensboro
20-25 . . . . . . at Hickory
27-31 . . . . Greenville

SEPTEMBER
1 . . . . Greenville
3-8 . . . . . . at Greensboro

SCHEDULES

BROOKLYN CYCLONES

APRIL
5-7. . . . . . . at Wilmington
9-14. . . . . Asheville
16-21 . . . . .at Jersey Shore
23-28 . . . . Wilmington
30 . . . . Aberdeen

MAY
1-5. . . . . Aberdeen
7-12. . . . . at Rome
14-19 . . . at Bowling Green
21-26 . . . . . Hudson Valley
28-31 . . . . .at Jersey Shore

JUNE
1-2. . . . . .at Jersey Shore
4-9. . . . . Aberdeen
11-16 . . .at Hudson Valley
18-23 . . . . . . Jersey Shore
25-30 . . . . . . at Aberdeen

JULY
1-3. . . . . . Hudson Valley
4-6. . . . . .at Hudson Valley
9-14. . . . . at Wilmington
19-21 . . . . . Jersey Shore
23-28 . . . . Rome
30-31 . . . . . at Aberdeen

AUGUST
1-4. . . . . at Aberdeen
6-11. . . . . . Hudson Valley
13-18 . . . . . at Wilmington
20-25 . . . . . Jersey Shore
27-31 . . . at Winston-Salem

SEPTEMBER
1. . . . . at Winston-Salem
3-8. . . . . Wilmington

HICKORY CRAWDADS

APRIL
5-7. . . . . at Rome
9-14. . . . . Jersey Shore
16-21 . . . . at Greensboro
23-28 . . . . Asheville
30 . . . . at Rome

MAY
1-5. . . . . at Rome
7-12. . . . . . at Greenville
14-19 . . . . . Greensboro
21-26 . . . . Asheville
27 . . . at Winston-Salem
29-31 . . at Winston-Salem

JUNE
1-2. . . . at Winston-Salem
4-9. . . . . . . Greenville
11-16 . . . . . at Aberdeen
18-23 . . . . Bowling Green
25-30 . . . . at Greenville

JULY
1-3. . . . . Winston-Salem
4-6. . . . at Winston-Salem
9-14. . . at Bowling Green
19-21 . . . . . . Greensboro
23-28 . . . . . . Greenville
30-31 . . . . . at Asheville

AUGUST
1-4. . . . . . . at Asheville
6-11. . . . . . . Aberdeen
13-18 . . . .at Hudson Valley
20-25 . . . . Bowling Green
27-31 . . . . . at Asheville

SEPTEMBER
1. . . . . at Asheville
3-8. . . . . Rome

GREENSBORO GRASSHOPPERS

APRIL
5-7. . . . . Greenville
9-14. . . at Winston-Salem
16-21 . . . . Hickory
23-28 . . . . . at Greenville
30 . . . . . . Winston-Salem

MAY
1-5. . . . . Winston-Salem
7-12. . . . at Bowling Green
14-19 . . . . . . at Hickory
21-26 . . . . . . Greenville
28-31 . . . . . at Asheville

JUNE
1-2. . . . . . . at Asheville
4-9. . . . . . Jersey Shore
11-16 . . . at Winston-Salem
18-23 . . . . Hudson Valley
25-30 . . . .at Jersey Shore

JULY
1-3. . . . . . . at Aberdeen
4-6. . . . . . . at Aberdeen
9-14. . . . . Winston-Salem
19-21 . . . . . . at Hickory
23-28 . . . . Asheville
30-31 . . . at Winston-Salem

AUGUST
1-4. . . . . at Winston-Salem
6-11. . . . . Rome
13-18 . . . at Bowling Green
20-25 . . . . Asheville
27-31 . . . . at Rome

SEPTEMBER
1. . . . . at Rome
3-8. . . . . . Bowling Green

HUDSON VALLEY RENEGADES

APRIL
5-7. . . . at Bowling Green
9-14. . . . . at Rome
16-21 . . . . . . Aberdeen
23-28 . . . Bowling Green
30 . . . . . . at Wilmington

MAY
1-5. . . . . . at Wilmington
7-12. . . . . . at Aberdeen
14-19 . . . . . Jersey Shore
21-26 . . . . . at Brooklyn
27 . . . . Aberdeen
29-31 . . . . . . Aberdeen

JUNE
1-2. . . . . . . Aberdeen
4-9. . . . . at Wilmington
11-16 . . . . Brooklyn
18-23 . . . . at Greensboro
25-30 . . . . . . Wilmington

JULY
1-3. . . . . at Brooklyn
4-6. . . . . Brooklyn
9-14. . . . .at Jersey Shore
19-21 . . . . Rome
23-28 . . . . at Wilmington
30-31 . . . . . Jersey Shore

AUGUST
1-4. . . . . . . Jersey Shore
6-11. . . . . . at Brooklyn
13-18 . . . . Hickory
20-25 . . . . . . Wilmington
27-31 . . . .at Jersey Shore

SEPTEMBER
1. . . . . . .at Jersey Shore
3-8. . . . . Asheville

GREENVILLE DRIVE

APRIL
5-7. . . . . at Greensboro
9-14. . . . . Bowling Green
16-21 . . . . . at Wilmington
23-28 . . . . . Greensboro
30 . . . . . . at Asheville

MAY
1-5. . . . . . . at Asheville
7-12. . . . . Hickory
14-19 . . . Winston-Salem
21-26 . . . . at Greensboro
28-31 . . . . Rome

JUNE
1-2. . . . . Rome
4-9. . . . . . . at Hickory
11-16 . . . . . . Asheville
18-23 . . . . . . at Rome
25-30 . . . . Hickory

JULY
1-3. . . . . . . at Asheville
4-6. . . . . Asheville
9-14. . . . . . . at Rome
19-21 . . . . Bowling Green
23-28 . . . . . at Hickory
30-31 . . . . . . Wilmington

AUGUST
1-4. . . . . Wilmington
6-11. . . at Winston-Salem
13-18 . . . . . at Aberdeen
20-25 . . . . Rome
27-31 . . . at Bowling Green

SEPTEMBER
1. . . . . . at Bowling Green
3-8. . . . . . Winston-Salem

JERSEY SHORE BLUECLAWS

APRIL
5-7. . . . . Aberdeen
9-14. . . . . . at Hickory
16-21 . . . . Brooklyn
23-28 . . . . at Aberdeen
30 . . . . . Bowling Green

MAY
1-5. . . . . Bowling Green
7-12. . . . . . . Wilmington
14-19 . . .at Hudson Valley
21-26 . . . . . at Aberdeen
28-31 . . . . Brooklyn

JUNE
1-2. . . . . Brooklyn
4-9. . . . . at Greensboro
11-16 . . . . . Wilmington
18-23 . . . . . at Brooklyn
25-30 . . . . . Greensboro

JULY
1-3. . . . . . at Wilmington
4-6. . . . . Wilmington
9-14. . . . . Hudson Valley
19-21 . . . . at Brooklyn
23-28 . . . . . . Aberdeen
30-31 . . . .at Hudson Valley

AUGUST
1-4. . . . . .at Hudson Valley
6-11. . . . . . at Wilmington
13-18 . . . . Winston-Salem
20-25 . . . . . at Brooklyn
27-31 . . . . . Hudson Valley

SEPTEMBER
1. . . . . . . Hudson Valley
3-8. . . . . . . at Aberdeen

SCHEDULES

ROME EMPERORS

APRIL
5-7. . . . . .Hickory
9-14. . . . . . Hudson Valley
16-21 . . . . at Asheville
23-28 . . . at Winston-Salem
30 . . . . .Hickory

MAY
1-5. . . . . .Hickory
7-12. . . . . .Brooklyn
14-19 . . . . . . at Asheville
21-26 . . . . . . Wilmington
28-31 . . . . . at Greenville

JUNE
1-2. . . . . at Greenville
4-9. . . . . .Winston-Salem
11-16 . . at Bowling Green
18-23 . . . . Greenville

25-30 . . . at Winston-Salem

JULY
1-3. . . . . . Bowling Green
4-6. . . . . at Bowling Green
9-14. . . . . Greenville
19-21 . . . .at Hudson Valley
23-28 . . . . at Brooklyn
30-31 . . . . . Bowling Green

AUGUST
1-4. . . . . . . Bowling Green
6-11 . . . . . . at Greensboro
13-18 . . . . .Asheville
20-25 . . . . . at Greenville
27-31 . . . . Greensboro

SEPTEMBER
1 . . . . Greensboro
3-8. . . . . at Hickory

WILMINGTON BLUE ROCKS

APRIL
5-7. . . . . .Brooklyn
9-14. . . . . . . at Aberdeen
16-21 . . . . Greenville
23-28 . . . . . . at Brooklyn
30 . . . . . . Hudson Valley

MAY
1-5. . . . . . Hudson Valley
7-12. . . .at Jersey Shore
14-19 . . . . Aberdeen
21-26 . . . . at Rome
28-31 . . at Bowling Green

JUNE
1-2. . . . . . at Bowling Green
4-9. . . . . . Hudson Valley
11-16 . . . .at Jersey Shore
18-23 . . . . Aberdeen
25-30 . . .at Hudson Valley

JULY
1-3. . . . . . . Jersey Shore
4-6. . . . .at Jersey Shore
9-14. . . . . .Brooklyn
19-21 . . . . . . at Aberdeen
23-28 . . . . Hudson Valley
30-31 . . . . . at Greenville

AUGUST
1-4. . . . . at Greenville
6-11 . . . . . . Jersey Shore
13-18 . . . . .Brooklyn
20-25 . . .at Hudson Valley
27-31 . . . . Aberdeen

SEPTEMBER
1 . . . . Aberdeen
3-8. . . . . at Brooklyn

WINSTON-SALEM DASH

APRIL
5-7. . . . . at Asheville
9-14. . . . . . . Greensboro
16-21 . . at Bowling Green
23-28 . . . . Rome
30 . . . . . . at Greensboro

MAY
1-5. . . . . . at Greensboro
7-12. . . . . .Asheville
14-19 . . . . . . at Greenville
21-26 . . . . Bowling Green
27 . . . . .Hickory
29-31 . . . . .Hickory

JUNE
1-2. . . . . .Hickory
4-9. . . . . at Rome
11-16 . . . . Greensboro
18-23 . . . . . . at Asheville
25-30 . . . . Rome

JULY
1-3. . . . . .at Hickory
4-6. . . . . .Hickory
9-14. . . . . . at Greensboro
19-21 . . . . .Asheville
23-28 . . . at Bowling Green
30-31 . . . . Greensboro

AUGUST
1-4. . . . . Greensboro
6-11 . . . . Greenville
13-18 . . . .at Jersey Shore
20-25 . . . . . . at Aberdeen
27-31 . . . . .Brooklyn

SEPTEMBER
1 . . . . Brooklyn
3-8. . . . . . . at Greenville

LOW-A

CALIFORNIA LEAGUE

FRESNO GRIZZLIES

APRIL
5-7. . . . . at San Jose
9-14. . . . . . Inland Empire
16-21 . . . . . . at Stockton
23-28 . . . . San Jose
30 . . . . .at Inland Empire

MAY
1-5. . . . .at Inland Empire
7-12. . . . . .Modesto
14-19 . . . . . . at Stockton
21-26 . . . . Visalia
27, 29-31. . . . at San Jose

JUNE
1-2. . . . . at San Jose
4-9. . . . . . . at Modesto
11-16 . . . . . .Rancho Cuca.
18-23 . . . . Stockton
25-30 . . . . . . at San Jose

JULY
1-3. . . . . at Modesto
4-6. . . . . Modesto
9-14. . . . . . at Lake Elsinore
19-21 . . . . San Jose
23-28 . . . . . . at Stockton
30-31 . . . . . Lake Elsinore

AUGUST
1-5. . . . . . Lake Elsinore
6-11 . . . . at Rancho Cuca.
13-18 . . . . .Modesto
20-25 . . . . Stockton
27-31 . . . . at Visalia

SEPTEMBER
1 . . . . at Visalia
3 . . . . San Jose
5-9. . . . . San Jose

INLAND EMPIRE 66ERS

APRIL
5-7. . . . . Visalia
9-14. . . . . .at Fresno
16-21 . . . . .Rancho Cuca.
23-28 . . . . at Visalia

MAY
1-5. . . . . Fresno
7-12. . . . at Lake Elsinore
14-19 . . . . at Rancho Cuca.
21-26 . . . . Stockton
28-31 . . . . at Visalia

JUNE
1-2. . . . . at Visalia
4-9. . . . . . . Lake Elsinore
11-16 . . . . . . at San Jose
18-23 . . . at Rancho Cuca.
25-30 . . . . Visalia

JULY
1-3. . . . . . . Lake Elsinore
4-6. . . . . . at Lake Elsinore
9-14. . . . . Modesto
19-21 . . . . at Visalia
23-29 . . . . .Rancho Cuca.
30-31 . . . . . . at Modesto

AUGUST
1-4. . . . . at Modesto
6-11 . . . . San Jose
13-18 . . . . at Lake Elsinore
20-25 . . . . Visalia
27-31 . . . . . . at Stockton

SEPTEMBER
1 . . . . at Stockton
3-8. . . . . . . Lake Elsinore

LAKE ELSINORE STORM

APRIL
6-7. . . . . .Rancho Cuca.
10-14 . . . . . . at Modesto
17-21 . . . . Visalia
24-28 . . . at Rancho Cuca.
30 . . . . at San Jose

MAY
2-5. . . . . at San Jose
07 . . . . . . Inland Empire
9-12. . . . . Inland Empire
14 . . . . .at Visalia
16-19 . . . . at Visalia
22-26 . . . . San Jose
29-31 . . . .Rancho Cuca.

JUNE
1-2. . . . . . . .Rancho Cuca.
5-10. . . .at Inland Empire
12-16 . . . . Stockton

19-23 . . . . at Visalia
26-30 . . . .Rancho Cuca.

JULY
1-3. . . . . . Inland Empire
4-6. . . . . .at Inland Empire
10-14 . . . . Fresno
20-22 . . . . at Rancho Cuca.
24-28 . . . . Visalia
31 . . . . .at Fresno

AUGUST
1-5. . . . . .at Fresno
7-12. . . . . . . at Stockton
14-18 . . . . Inland Empire
21-26 . . . . at Rancho Cuca.
28-31 . . . . Modesto

SEPTEMBER
1 . . . . Modesto
4-8. . . . .at Inland Empire

SCHEDULES

MODESTO NUTS

APRIL
5-7 . . . . at Stockton
9-14 . . . . . Lake Elsinore
16-21 . . . . . at San Jose
23-28 . . . . Stockton
30 . . . . San Jose

MAY
1-5 . . . . Rancho Cuca.
7-12 . . . . at Fresno
14-19 . . . . . . San Jose
21-26 . . . at Rancho Cuca.
27 . . . . at Stockton
29-31 . . . . . at Stockton

JUNE
1-2 . . . . at Stockton
4-9 . . . . Fresno
11-16 . . . . . . at Visalia
18-23 . . . . . . San Jose
25-30 . . . . . at Stockton

JULY
1-3 . . . . Fresno
4-6 . . . . at Fresno
9-14 . . . . at Inland Empire
19-21 . . . . Stockton
23-28 . . . . . at San Jose
30-31 . . . . Inland Empire

AUGUST
1-4 . . . . . Inland Empire
6-11 . . . . Visalia
13-18 . . . . at Fresno
20-26 . . . . . . San Jose
27-31 . . . at Lake Elsinore

SEPTEMBER
1 . . . . . . at Lake Elsinore
3-8 . . . . Stockton

STOCKTON PORTS

APRIL
5-7 . . . . Modesto
9-14 . . . at Rancho Cuca.
16-21 . . . . Fresno
23-28 . . . . . at Modesto
30 . . . . Visalia

MAY
1-5 . . . . Visalia
7-12 . . . . . at San Jose
14-19 . . . . Fresno
21-26 . . . at Inland Empire
27 . . . . Modesto
29-31 . . . . Modesto

JUNE
1-2 . . . . Modesto
4-9 . . . . San Jose
11-16 . . . at Lake Elsinore
18-23 . . . . . . at Fresno
25-30 . . . . Modesto

JULY
1-3 . . . . at San Jose
4-6 . . . . San Jose
9-14 . . . . . Rancho Cuca.
19-21 . . . . . at Modesto
23-28 . . . . Fresno
30-31 . . . . . . at Visalia

AUGUST
1-4 . . . . at Visalia
6-11 . . . . Lake Elsinore
13-18 . . . . . at San Jose
20-25 . . . . . . at Fresno
27-31 . . . . Inland Empire

SEPTEMBER
1 . . . . Inland Empire
3-8 . . . . at Modesto

RANCHO CUCAMONGA QUAKES

APRIL
5-7 . . . . . at Lake Elsinore
9-14 . . . . Stockton
16-21 . . at Inland Empire
23-28 . . . . . Lake Elsinore
30 . . . . at Modesto

MAY
1-5 . . . . at Modesto
7-12 . . . . at Visalia
14-19 . . . . Inland Empire
21-26 . . . . Modesto
28-31 . . . at Lake Elsinore

JUNE
1-2 . . . . . at Lake Elsinore
4-9 . . . . Visalia
11-16 . . . . . . at Fresno
18-23 . . . . Inland Empire
25-30 . . . at Lake Elsinore

JULY
1-3 . . . . Visalia
4-6 . . . . at Visalia
9-14 . . . . . . at Stockton
19-21 . . . . Lake Elsinore
23-28 . . . at Inland Empire
30-31 . . . . . . San Jose

AUGUST
1-4 . . . . San Jose
6-11 . . . . Fresno
13-18 . . . . . at Visalia
20-25 . . . . Lake Elsinore
27-31 . . . . . at San Jose

SEPTEMBER
1 . . . . at San Jose
3-8 . . . . Visalia

VISALIA RAWHIDE

APRIL
5-7 . . . . at Inland Empire
9-14 . . . . San Jose
16-21 . . . at Lake Elsinore
23-28 . . . . Inland Empire
30 . . . . at Stockton

MAY
1-5 . . . . at Stockton
7-12 . . . . . Rancho Cuca.
14-19 . . . . Lake Elsinore
21-26 . . . . . . at Fresno
28-31 . . . . Inland Empire

JUNE
1-2 . . . . . Inland Empire
4-9 . . . . . at Rancho Cuca.
11-16 . . . . Modesto
18-23 . . . . Lake Elsinore
25-30 . . . at Inland Empire

JULY
1-3 . . . . at Rancho Cuca.
4-6 . . . . at Rancho Cuca.
9-14 . . . . . at San Jose
19-21 . . . . Inland Empire
23-28 . . . at Lake Elsinore
30-31 . . . . Stockton

AUGUST
1-4 . . . . Stockton
6-11 . . . . . . at Modesto
13-18 . . . . . Rancho Cuca.
20-25 . . . at Inland Empire
27-31 . . . . Fresno

SEPTEMBER
1 . . . . Fresno
3-8 . . . . at Rancho Cuca.

SAN JOSE GIANTS

APRIL
5-7 . . . . Fresno
9-14 . . . . . . at Visalia
16-21 . . . . Modesto
23-28 . . . . . . at Fresno
30 . . . . Lake Elsinore

MAY
1-5 . . . . . . Lake Elsinore
7-12 . . . . Stockton
14-19 . . . . at Modesto
21-26 . . . at Lake Elsinore
27 . . . . Fresno
29-31 . . . . Fresno

JUNE
1-2 . . . . Fresno
4-9 . . . . at Stockton
11-16 . . . . Inland Empire
18-23 . . . . . at Modesto
25-30 . . . . Fresno

JULY
1-3 . . . . Stockton
4-6 . . . . at Stockton
9-14 . . . . Visalia
19-21 . . . . . . at Fresno
23-28 . . . . Modesto
30-31 . . . at Rancho Cuca.

AUGUST
1-4 . . . . . at Rancho Cuca.
6-11 . . . . at Inland Empire
13-18 . . . . Stockton
20-25 . . . . . at Modesto
27-31 . . . . . Rancho Cuca.

SEPTEMBER
1 . . . . Rancho Cuca.
2 . . . . at Fresno
4-8 . . . . at Fresno

SCHEDULES

CAROLINA LEAGUE

AUGUSTA GREENJACKETS

APRIL
5-7 . . . . Columbia
9-14 . . . . . .at Kannapolis
16-21 . . . . Carolina
23-28 . . . . . .at Columbia
30 . . . . Charleston

MAY
1-5 . . . . Charleston
7-12 . . . . at Myrtle Beach
14-19 . . . . Salem
21-26 . . . . . . Kannapolis
28-31 . . . . at Fayetteville

JUNE
1-2 . . . . . . at Fayetteville
4-9 . . . . . . Myrtle Beach
11-16 . . . . . at Lynchburg
18-23 . . . . at Salem
25-30 . . . . . . Charleston

JULY
1-3 . . . . at Columbia
4-6 . . . . Columbia
9-14 . . . . . . Fayetteville
19-21 . . . . .at Kannapolis
23-28 . . . . at Myrtle Beach
30-31 . . . . Down East

AUGUST
1-4 . . . . Down East
6-11 . . . . . . at Charleston
13-18 . . . . . . Fayetteville
20-25 . . . . . . at Carolina
27-31 . . . . Columbia

SEPTEMBER
1 . . . . Columbia
3-8 . . . . . . at Down East

CAROLINA MUDCATS

APRIL
5-7 . . . . at Salem
9-14 . . . . .Down East
16-21 . . . . . . at Augusta
23-28 . . . . Salem
30 . . . . Columbia

MAY
1-5 . . . . Columbia
7-12 . . . . . at Fayetteville
14-19 . . . . . at Down East
21-26 . . . . . Myrtle Beach
28-31 . . . . Delmarva

JUNE
1-2 . . . . Delmarva
4-9 . . . . . . at Charleston
11-16 . . . . Fredericksburg
18-23 . . . . . .at Columbia
25-30 . . . . . . .Lynchburg

JULY
1-3 . . . . . . at Down East
4-6 . . . . Down East
9-14 . . . at Fredericksburg
19-21 . . . . . . .Lynchburg
23-28 . . . . at Salem
30-31 . . . . . . Charleston

AUGUST
1-4 . . . . Charleston
6-11 . . . . at Fredericksburg
13-18 . . . . . .at Delmarva
20-25 . . . . Augusta
27-31 . . . . . at Lynchburg

SEPTEMBER
1 . . . . at Lynchburg
3-8 . . . . Delmarva

CHARLESTON RIVERDOGS

APRIL
5-7 . . . . Kannapolis
9-14 . . . . . at Fayetteville
16-21 . . . . Columbia
23-28 . . . . .at Kannapolis
30 . . . . at Augusta

MAY
1-5 . . . . at Augusta
7-12 . . . . . Fredericksburg
14-19 . . . . . .at Columbia
21-26 . . . . . . .Down East
28-31 . . . . at Myrtle Beach

JUNE
1-2 . . . . . at Myrtle Beach
4-9 . . . . Carolina
11-16 . . . . . at Down East
18-23 . . . . . . .Lynchburg
25-30 . . . . . . at Augusta

JULY
1-3 . . . . . at Myrtle Beach
4-6 . . . . Myrtle Beach
9-14 . . . . Columbia
19-21 . . . . . at Fayetteville
23-28 . . . . . . Kannapolis
30-31 . . . . . .at Carolina

AUGUST
1-4 . . . . at Carolina
6-11 . . . . Augusta
13-18 . . . . .at Kannapolis
20-25 . . . . . Myrtle Beach
27-31 . . . . . . Fayetteville

SEPTEMBER
1 . . . . Fayetteville
3-8 . . . . at Columbia

COLUMBIA FIREFLIES

APRIL
5-7 . . . . at Augusta
9-14 . . . . . . Myrtle Beach
16-21 . . . . . at Charleston
23-28 . . . . Augusta
30 . . . . .at Carolina

MAY
1-5 . . . . .at Carolina
7-12 . . . . .Salem
14-19 . . . . . . Charleston
21-26 . . . . . .at Delmarva
27 . . . . . . .at Kannapolis
29-31 . . . . .at Kannapolis

JUNE
1-2 . . . . . . .at Kannapolis
4-9 . . . . Fayetteville
11-16 . . . . at Myrtle Beach
18-23 . . . . Carolina

JULY
25-30 . . . . . .at Kannapolis

JULY
1-3 . . . . Augusta
4-6 . . . . at Augusta
9-14 . . . . . . at Charleston
19-21 . . . . . . Myrtle Beach
23-28 . . . . . . .Lynchburg
30-31 . . . . at Fayetteville

AUGUST
1-4 . . . . . . at Fayetteville
6-11 . . . . Kannapolis
13-18 . . . . at Myrtle Beach
20-25 . . . . .Fredericksburg
27-31 . . . . . . at Augusta

SEPTEMBER
1 . . . . at Augusta
3-8 . . . . Charleston

DELMARVA SHOREBIRDS

APRIL
5-7 . . . . at Fredericksburg
9-14 . . . . Salem
16-21 . . . . . . at Down East
23-28 . . . . Fredericksburg
30 . . . . Fayetteville

MAY
1-5 . . . . Fayetteville
7-12 . . . . . .at Kannapolis
14-19 . . . . . at Lynchburg
21-26 . . . . Columbia
28-31 . . . . . . .at Carolina

JUNE
1-2 . . . . .at Carolina
4-9 . . . . .Lynchburg
11-16 . . . . . . Kannapolis
18-23 . . . . at Fayetteville
25-30 . . . . . . .Down East

JULY
1-3 . . . . at Fredericksburg
4-6 . . . . . Fredericksburg
9-14 . . . . . at Lynchburg
19-21 . . . . . . .Down East
23-28 . . . at Fredericksburg
30-31 . . . . . Myrtle Beach

AUGUST
1-4 . . . . . . Myrtle Beach
6-11 . . . . at Salem
13-18 . . . . Carolina
20-25 . . . . . at Down East
27-31 . . . . .Salem

SEPTEMBER
1 . . . . Salem
3-8 . . . . .at Carolina

DOWN EAST WOOD DUCKS

APRIL
5-7 . . . . .Lynchburg
9-14 . . . . .at Carolina
16-21 . . . . Delmarva
23-28 . . . . at Fayetteville
30 . . . . at Fredericksburg

MAY
1-5 . . . . . at Fredericksburg
7-12 . . . . .Lynchburg
14-19 . . . . Carolina
21-26 . . . . . at Charleston
28-31 . . . . . Fredericksburg

JUNE
1-2 . . . . . Fredericksburg
4-9 . . . . at Salem
11-16 . . . . . . Charleston
18-23 . . . at Fredericksburg
25-30 . . . . . .at Delmarva

JULY
1-3 . . . . Carolina
4-6 . . . . .at Carolina
9-14 . . . . .Salem
19-21 . . . . . .at Delmarva
23-28 . . . . . . Fayetteville
30-31 . . . . . . at Augusta

AUGUST
1-4 . . . . at Augusta
6-11 . . . . . . Myrtle Beach
13-18 . . . . . at Lynchburg
20-25 . . . . Delmarva
27-31 . . . . at Myrtle Beach

SEPTEMBER
1 . . . . . . at Myrtle Beach
3-8 . . . . Augusta

SCHEDULES

FAYETTEVILLE WOODPECKERS

APRIL
5-7 . . . . . . at Myrtle Beach
9-14 . . . . Charleston
16-21 . . . at Fredericksburg
23-28 . . . . Down East
30 . . . . at Delmarva

MAY
1-5 . . . . at Delmarva
7-12 . . . . Carolina
14-19 . . . . . at Kannapolis
21-26 . . . . at Salem
28-31 . . . . Augusta

JUNE
1-2 . . . . Augusta
4-9 . . . . at Columbia
11-16 . . . . Salem
18-23 . . . . Delmarva
25-30 . . . . at Myrtle Beach

JULY
1-3 . . . . Kannapolis
4-6 . . . . at Kannapolis
9-14 . . . . at Augusta
19-21 . . . . Charleston
23-28 . . . . . at Down East
30-31 . . . . Columbia

AUGUST
1-4 . . . . Columbia
6-11 . . . . Lynchburg
13-18 . . . . . . at Augusta
20-25 . . . . . . Kannapolis
27-31 . . . . . at Charleston

SEPTEMBER
1 . . . . at Charleston
2 . . . . Myrtle Beach
4-8 . . . . Myrtle Beach

LYNCHBURG HILLCATS

APRIL
5-7 . . . . at Down East
9-14 . . . . . Fredericksburg
16-21 . . . . at Salem
23-28 . . . . . Myrtle Beach
30 . . . . Kannapolis

MAY
1-5 . . . . Kannapolis
7-12 . . . . . . at Down East
14-19 . . . . Delmarva
21-26 . . . . at Fredericksburg
28-31 . . . . Salem

JUNE
1-2 . . . . Salem
4-9 . . . . at Delmarva
11-16 . . . . Augusta
18-23 . . . . . at Charleston
25-30 . . . . . . at Carolina

JULY
1-3 . . . . Salem
4-6 . . . . at Salem
9-14 . . . . Delmarva
19-21 . . . . . . at Carolina
23-28 . . . . . at Columbia
30-31 . . . . . Fredericksburg

AUGUST
1-4 . . . . . . Fredericksburg
6-11 . . . . . at Fayetteville
13-18 . . . . Down East
20-25 . . . . at Salem
27-31 . . . . Carolina

SEPTEMBER
1 . . . . Carolina
3-8 . . . . at Fredericksburg

FREDERICKSBURG NATIONALS

APRIL
5-7 . . . . Delmarva
9-14 . . . . . . at Lynchburg
16-21 . . . . . . Fayetteville
23-28 . . . . . . at Delmarva
30 . . . . Down East

MAY
1-5 . . . . Down East
7-12 . . . . . at Charleston
14-19 . . . at Myrtle Beach
21-26 . . . . Lynchburg
28-31 . . . . . at Down East

JUNE
1-2 . . . . at Down East
4-9 . . . . Kannapolis
11-16 . . . . . . at Carolina
18-23 . . . . Down East
25-30 . . . . at Salem

JULY
1-3 . . . . Delmarva
4-6 . . . . at Delmarva
9-14 . . . . Carolina
19-21 . . . . at Salem
23-28 . . . . Delmarva
30-31 . . . . . at Lynchburg

AUGUST
1-4 . . . . at Lynchburg
6-11 . . . . Carolina
13-18 . . . . Salem
20-25 . . . . . at Columbia
27-31 . . . . . at Kannapolis

SEPTEMBER
1 . . . . at Kannapolis
3-8 . . . . Lynchburg

MYRTLE BEACH PELICANS

APRIL
5-7 . . . . Fayetteville
9-14 . . . . at Columbia
16-21 . . . . . . Kannapolis
23-28 . . . . . at Lynchburg
30 . . . . at Salem

MAY
1-5 . . . . at Salem
7-12 . . . . Augusta
14-19 . . . . Fredericksburg
21-26 . . . . . . at Carolina
28-31 . . . . . . Charleston

JUNE
1-2 . . . . Charleston
4-9 . . . . at Augusta
11-16 . . . . Columbia
18-23 . . . . . at Kannapolis
25-30 . . . . . . Fayetteville

JULY
1-3 . . . . Charleston
4-6 . . . . . . at Charleston
9-14 . . . . Kannapolis
19-21 . . . . . . at Columbia
23-28 . . . . Augusta
30-31 . . . . . . at Delmarva

AUGUST
1-4 . . . . at Delmarva
6-11 . . . . . . at Down East
13-18 . . . . Columbia
20-25 . . . . . at Charleston
27-31 . . . . Down East

SEPTEMBER
1 . . . . Down East
2 . . . . at Fayetteville
4-8 . . . . . . at Fayetteville

KANNAPOLIS CANNON BALLERS

APRIL
5-7 . . . . at Charleston
9-14 . . . . Augusta
16-21 . . . at Myrtle Beach
23-28 . . . . Charleston
30 . . . . at Lynchburg

MAY
1-5 . . . . at Lynchburg
7-12 . . . . Delmarva
14-19 . . . . . . Fayetteville
21-26 . . . . . . at Augusta
27 . . . . Columbia
29-31 . . . . Columbia

JUNE
1-2 . . . . Columbia
4-9 . . . . at Fredericksburg
11-16 . . . . . at Delmarva
18-23 . . . . . Myrtle Beach
25-30 . . . . Columbia

JULY
1-3 . . . . . . at Fayetteville
4-6 . . . . Fayetteville
9-14 . . . . . at Myrtle Beach
19-21 . . . . Augusta
23-28 . . . . . at Charleston
30-31 . . . . Salem

AUGUST
1-4 . . . . Salem
6-11 . . . . . . at Columbia
13-18 . . . . . . Charleston
20-25 . . . . at Fayetteville
27-31 . . . . . Fredericksburg

SEPTEMBER
1 . . . . Fredericksburg
2 . . . . at Salem
4-8 . . . . at Salem

SALEM RED SOX

APRIL
5-7 . . . . Carolina
9-14 . . . . . . at Delmarva
16-21 . . . . Lynchburg
23-28 . . . . . at Carolina
30 . . . . Myrtle Beach

MAY
1-5 . . . . . . Myrtle Beach
7-12 . . . . . . at Columbia
14-19 . . . . . at Augusta
21-26 . . . . . Fayetteville
28-31 . . . . . at Lynchburg

JUNE
11-2 . . . . . . at Lynchburg
4-9 . . . . Down East
11-16 . . . . at Fayetteville
18-23 . . . . Augusta
25-30 . . . . Fredericksburg

JULY
1-3 . . . . . . at Lynchburg
4-6 . . . . Lynchburg
9-14 . . . . . at Down East
19-21 . . . . Fredericksburg
23-28 . . . . Carolina
30-31 . . . . . at Kannapolis

AUGUST
1-4 . . . . . . at Kannapolis
6-11 . . . . Delmarva
13-18 . . . at Fredericksburg
20-25 . . . . Lynchburg
27-31 . . . . . at Delmarva

SEPTEMBER
1 . . . . at Delmarva
2 . . . . Kannapolis
4-8 . . . . Kannapolis

SCHEDULES

FLORIDA STATE LEAGUE

BRADENTON MARAUDERS

APRIL
5-7 . . . . Clearwater
9-14 . . . . at Lakeland
16-21 . . . . Daytona
23-28 . . . . . at Clearwater
30 . . . . Fort Myers

MAY
1-5 . . . . Fort Myers
7-12 . . . . St. Lucie
14-19 . . . . at Tampa
21-26 . . . . Dunedin
28-31 . . . . . at Fort Myers

JUNE
1-2 . . . . . . at Fort Myers
4-9 . . . . Clearwater
11-16 . . . . . . at Dunedin
18-23 . . . . Lakeland
25-30 . . . . . at Clearwater

JULY
1-3 . . . . Fort Myers
4-6 . . . . at Fort Myers
9-14 . . . . Jupiter
19-21 . . . . at Tampa
23-28 . . . . Lakeland
30-31 . . . . . at Palm Beach

AUGUST
1-4 . . . . . . at Palm Beach
6-11 . . . . at St. Lucie
13-18 . . . . Dunedin
20-25 . . . . . . at Lakeland
27-31 . . . . Tampa

SEPTEMBER
1 . . . . Tampa
2 . . . . at Daytona
4-8 . . . . at Daytona

CLEARWATER THRESHERS

APRIL
5-7 . . . . at Bradenton
9-14 . . . . Fort Myers
16-21 . . . . . . at Dunedin
23-28 . . . . Bradenton
30 . . . . at Lakeland

MAY
1-5 . . . . at Lakeland
7-12 . . . . at Tampa
14-19 . . . . Daytona
21-26 . . . . . . at St. Lucie
28-31 . . . . Lakeland

JUNE
1-2 . . . . Lakeland
4-9 . . . . at Bradenton
11-16 . . . . Tampa
18-23 . . . . . . at Jupiter
25-30 . . . . Bradenton

JULY
1-3 . . . . Dunedin
4-6 . . . . at Dunedin
9-14 . . . . . at Palm Beach
19-21 . . . . . . Fort Myers
23-28 . . . . at Tampa
30-31 . . . . Jupiter

AUGUST
1-4 . . . . Jupiter
6-11 . . . . at Lakeland
13-18 . . . . Tampa
20-25 . . . . Dunedin
27-31 . . . . . at Fort Myers

SEPTEMBER
1 . . . . at Fort Myers
3-8 . . . . St. Lucie

DAYTONA TORTUGAS

APRIL
5-7 . . . . at St. Lucie
9-14 . . . . . . Palm Beach
16-21 . . . . . . at Bradenton
23-28 . . . . St. Lucie
30 . . . . at Palm Beach

MAY
1-5 . . . . . . at Palm Beach
7-12 . . . . Lakeland
14-19 . . . . . at Clearwater
21-26 . . . . Fort Myers
27 . . . . Jupiter
29-31 . . . . Jupiter

JUNE
1-2 . . . . Jupiter
4-9 . . . . at St. Lucie
11-16 . . . . . Palm Beach
18-23 . . . . . . at Dunedin
25-30 . . . . Jupiter

JULY
1-3 . . . . St. Lucie
4-6 . . . . at St. Lucie
9-14 . . . . . . at Fort Myers
19-21 . . . . . Palm Beach
23-28 . . . . . . at Jupiter
30-31 . . . . Dunedin

AUGUST
1-4 . . . . Dunedin
6-11 . . . . at Tampa
13-18 . . . . St. Lucie
20-25 . . . . . . at Jupiter
27-31 . . . . . at Palm Beach

SEPTEMBER
1 . . . . at Palm Beach
2 . . . . Bradenton
4-8 . . . . Bradenton

DUNEDIN BLUE JAYS

APRIL
5-7 . . . . Lakeland
9-14 . . . . at Tampa
16-21 . . . . Clearwater
23-28 . . . . . . at Jupiter
30 . . . . Tampa

MAY
1-5 . . . . Tampa
7-12 . . . . . at Fort Myers
14-19 . . . . Jupiter
21-26 . . . . . at Bradenton
28-31 . . . . St. Lucie

JUNE
1-2 . . . . St. Lucie
4-9 . . . . . . at Palm Beach
11-16 . . . . Bradenton
18-23 . . . . Daytona
25-30 . . . . . . at Lakeland

JULY
1-6 . . . . . . at Clearwater
9-14 . . . . Tampa
19-21 . . . . . . at Lakeland
23-28 . . . . Fort Myers
30-31 . . . . . . at Daytona

AUGUST
1-4 . . . . at Daytona
6-11 . . . . . . Palm Beach
13-18 . . . . . at Bradenton
20-25 . . . . . at Clearwater
27-31 . . . . Lakeland

SEPTEMBER
1 . . . . Lakeland
3-8 . . . . at Tampa

FORT MYERS MIGHTY MUSSELS

APRIL
5-7 . . . . Tampa
9-14 . . . . . at Clearwater
16-21 . . . . Jupiter
23-28 . . . . . Palm Beach
30 . . . . at Bradenton

MAY
1-5 . . . . . . at Bradenton
7-12 . . . . Dunedin
14-19 . . . . . . at Lakeland
21-26 . . . . . . at Daytona
28-31 . . . . Bradenton

JUNE
1-2 . . . . Bradenton
4-9 . . . . at Tampa
11-16 . . . . Lakeland
18-23 . . . . . at St. Lucie
25-30 . . . . Tampa

JULY
1-3 . . . . . . at Bradenton
4-6 . . . . Bradenton
9-14 . . . . Daytona
19-21 . . . . . at Clearwater
23-28 . . . . . . at Dunedin
30-31 . . . . St. Lucie

AUGUST
1-4 . . . . St. Lucie
6-11 . . . . at Jupiter
13-18 . . . . Lakeland
20-25 . . . . . . at Tampa
27-31 . . . . . . Clearwater

SEPTEMBER
1 . . . . Clearwater
3-8 . . . . at Lakeland

JUPITER HAMMERHEADS

APRIL
5-7 . . . . . . at Palm Beach
9-14 . . . . St. Lucie
16-21 . . . . . at Fort Myers
23-28 . . . . Dunedin
30 . . . . at St. Lucie

MAY
1-5 . . . . at St. Lucie
7-12 . . . . . . Palm Beach
14-19 . . . . . . at Dunedin
21-26 . . . . Tampa
27 . . . . at Daytona
29-31 . . . . . . at Daytona

JUNE
1-2 . . . . at Daytona
4-9 . . . . at Lakeland
11-16 . . . . St. Lucie
18-23 . . . . . . Clearwater
25-30 . . . . . . at Daytona

JULY
1-3 . . . . Palm Beach
4-6 . . . . . . at Palm Beach
9-14 . . . . . . at Bradenton
19-21 . . . . St. Lucie
23-28 . . . . Daytona
30-31 . . . . . at Clearwater

AUGUST
1-4 . . . . . . at Clearwater
6-11 . . . . Fort Myers
13-18 . . . . . at Palm Beach
20-25 . . . . Daytona
27-31 . . . . . . at St. Lucie

SEPTEMBER
1 . . . . at St. Lucie
3-8 . . . . Palm Beach

Baseball America 2024 Directory • **175**

SCHEDULES

LAKELAND FLYING TIGERS

APRIL
5-7 . . . . at Dunedin
9-14 . . . . .Bradenton
16-21 . . . . . at Palm Beach
23-28 . . . . .at Tampa
30 . . . . Clearwater

MAY
1-5 . . . . Clearwater
7-12 . . . . at Daytona
14-19 . . . . . . .Fort Myers
21-26 . . . . . . Palm Beach
28-31 . . . . .at Clearwater

JUNE
1-2 . . . . . . .at Clearwater
4-9 . . . . Jupiter
11-16 . . . . . at Fort Myers
18-23 . . . . . . at Bradenton
25-30 . . . . Dunedin

JULY
1-3 . . . . .at Tampa
4-6 . . . . .at Tampa
9-14 . . . . at St. Lucie
19-21 . . . . Dunedin
23-28 . . . . . . at Bradenton
30-31 . . . . Tampa

AUGUST
1-4 . . . . Tampa
6-11 . . . . Clearwater
13-18 . . . . . at Fort Myers
20-25 . . . . .Bradenton
27-31 . . . . . . at Dunedin

SEPTEMBER
1 . . . . at Dunedin
3-8 . . . . .Fort Myers

PALM BEACH CARDINALS

APRIL
5-7 . . . . Jupiter
9-14 . . . . at Daytona
16-21 . . . . .Lakeland
23-28 . . . . . at Fort Myers
30 . . . . Daytona

MAY
1-5 . . . . Daytona
7-12 . . . . at Jupiter
14-19 . . . . St. Lucie
21-26 . . . . . . at Lakeland
28-31 . . . . Tampa

JUNE
1-2 . . . . Tampa
4-9 . . . . Dunedin
11-16 . . . . . . at Daytona
18-23 . . . . . . .at Tampa
25-30 . . . . St. Lucie

JULY
1-3 . . . . at Jupiter
4-6 . . . . Jupiter
9-14 . . . . Clearwater
19-21 . . . . at Daytona
23-28 . . . . . . at St. Lucie
30-31 . . . . .Bradenton

AUGUST
1-4 . . . . .Bradenton
6-11 . . . . at Dunedin
13-18 . . . . Jupiter
20-25 . . . . . . at St. Lucie
27-31 . . . . Daytona

SEPTEMBER
1 . . . . Daytona
3-8 . . . . at Jupiter

ST. LUCIE METS

APRIL
5-7 . . . . Daytona
9-14 . . . . at Jupiter
16-21 . . . . Tampa
23-28 . . . . . . at Daytona
30 . . . . Jupiter

MAY
1-5 . . . . Jupiter
7-12 . . . . . . at Bradenton
14-19 . . . . at Palm Beach
21-26 . . . . . . Clearwater
28-31 . . . . . . at Dunedin

JUNE
1-2 . . . . at Dunedin
4-9 . . . . Daytona
11-16 . . . . . . at Jupiter
18-23 . . . . . . .Fort Myers
25-30 . . . . . at Palm Beach

JULY
1-3 . . . . at Daytona
4-6 . . . . Daytona
9-14 . . . . .Lakeland
19-21 . . . . at Jupiter
23-28 . . . . . Palm Beach
30-31 . . . . . . at Fort Myers

AUGUST
1-4 . . . . at Fort Myers
6-11 . . . . .Bradenton
13-18 . . . . . . at Daytona
20-25 . . . . . . Palm Beach
27-31 . . . . Jupiter

SEPTEMBER
1 . . . . Jupiter
3-8 . . . . at Clearwater

TAMPA TARPONS

APRIL
5-7 . . . . . . at Fort Myers
9-14 . . . . Dunedin
16-21 . . . . . . at St. Lucie
23-28 . . . . .Lakeland
30 . . . . at Dunedin

MAY
1-5 . . . . at Dunedin
7-12 . . . . Clearwater
14-19 . . . . . . .Bradenton
21-26 . . . . at Jupiter
28-31 . . . at Palm Beach

JUNE
1-2 . . . . . . at Palm Beach
4-9 . . . . .Fort Myers
11-16 . . . . . at Clearwater
18-23 . . . . . . Palm Beach
25-30 . . . . . at Fort Myers

JULY
1-3 . . . . .Lakeland
4-6 . . . . at Lakeland
9-14 . . . . at Dunedin
19-21 . . . . .Bradenton
23-28 . . . . . . Clearwater
30-31 . . . . at Lakeland

AUGUST
1-4 . . . . at Lakeland
6-11 . . . . Daytona
13-18 . . . . . at Clearwater
20-25 . . . . . .Fort Myers
27-31 . . . . . at Bradenton

SEPTEMBER
1 . . . . at Bradenton
3-8 . . . . Dunedin

PARTNER/ INDEPENDENT LEAGUES

PARTNER/INDEPENDENT LEAGUES

AMERICAN ASSOCIATION

Mailing Address: PO Box 995, Moorhead, MN 56561-0995.
Telephone: (218) 512-0380.
Email: info@aabaseball.com
Websites: aabaseball.com, aabaseball.tv
Year Founded: 2005.
Commissioner: Joshua E. Schaub. **Deputy Commissioner:** Josh Buchholz. **Director of Umpires:** Ronnie Teague. **Director of Digital Media:** Jake Kranz. **Director of Broadcasting:** Chad Ekren. **Digital Content Host:** Matt Yeazel. **League Historian:** Hoffman Wolff.
Board of Directors: Jim Abel (Lincoln), Mark Brandmeyer (Kansas City), Joe Eng (Gary SouthShore), Dr. Bob Froehlich (Kane County), Shawn Hunter (Chicago), Sam Katz (Winnipeg), Tom Kelenic (Lake Country), John Roost (Sioux City), Brian Slipka (Sioux Falls), Brad Thom (Fargo-Moorhead), Tom Vander Veen (Cleburne), Mike Zimmerman (Milwaukee).
Division Structure: East—Chicago Dogs, Cleburne Railroaders, Gary SouthShore RailCats, Kane County Cougars, Lake Country DockHounds, Milwaukee Milkmen. **West**—Fargo-Moorhead RedHawks, Kansas City Monarchs, Lincoln Saltdogs, Sioux City Explorers, Sioux Falls Canaries, Winnipeg Goldeyes.
Regular Season: 100 games. **Opening Date:** May 9. **Closing Date:** September 2.
Playoff Format: Top four teams in each division play in best-of-three series. Winners play in best-of-three Division Series. Winners play best-of-five Miles Wolff Cup Finals.
Roster Limit: 25. **Player Eligibility Rule:** Minimum of five Rookie/Limited Service-1 players; maximum of six Veterans (at least six or more years of professional service).
Brand of Baseball: Rawlings. **Statistician:** Pointstreak/Stack Sports, 5360 Legacy Drive, Suite #150, Plano, TX 75024.

STADIUM INFORMATION

			Dimensions				
Club	Stadium	Opened	LF	CF	RF	Capacity	2023 Att.
Chicago	Impact Field	2018	313	389	294	6,300	206,258
Cleburne	La Moderna Field	2017	335	400	320	3,750	59,817
Fargo-Moorhead	Newman Outdoor Field	1996	314	408	318	4,172	155,331
Gary SouthShore	U.S. Steel Yard	2002	320	400	335	6,139	148,354
Kane County	Northwestern Medicine Field	1991	335	400	335	10,923	261,836
Kansas City	Legends Field	2003	300	396	328	6,270	83,608
Lake Country	Wisconsin Brewing Company Park	2022	325	400	325	3,641	92,914
Lincoln	Haymarket Park	2001	335	403	325	4,500	151,265
Milwaukee	Franklin Field	2019	330	407	330	4,000	85,318
Sioux City	Mercy Field at Lewis and Clark Park	1993	330	400	330	3,800	54,899
Sioux Falls	Sioux Falls Stadium	1964	313	410	312	4,462	71,924
Winnipeg	Blue Cross Park	1999	325	400	325	7,121	178,393

CHICAGO DOGS

Office Address: 9800 Balmoral Avenue, Rosemont, IL, 60018. **Telephone:** 847.**636.5450**.
E-mail: info@thechicagodogs.com. **Website:** thechicagodogs.com.
Owner: Shawn Hunter. **Chief Operating Officer/Baseball Operations:** Trish Zuro.
Corporate Sponsorships: Chris Lennon. **Director of Sales:** Evan Gersonde. **Sales Managers:** Jon Ryan & Mackenzie Thomas. **Account Executives:** Shaun Van Tholen, Aris Douvlis, Rodrigo Magee, Alec Van Pelt. **Social Media and Game Entertainment:** Meredith Cavaleri. **Media Relations:** Alexandra Jakubiak. **Community Relations:** Daniela Barrios. **Broadcast and Media Relations Manager:** Sam Brief. **Website Design/Photographer:** Matt Zuro. **Director of Operations Food & Beverage:** Joe Costa.
Pitching Coach: Stu Cliburn. **Clubhouse Manager:** Edgardo Lopez. **Head Groundskeeper:** Justin Spillman.

GAME INFORMATION

Broadcaster: Aaron Shelan and Andrew Belleson. **Games Broadcast:** 100. **Stadium Name:** Impact Field, 9850 Balmoral Avenue, Rosemont, IL 60018. **Standard Game Times:** Mon.-Fri.: 6:30 pm, Sat.: 6:00 pm, Sun.: 3:00 pm

CLEBURNE RAILROADERS

Address: 1906 Brazzle Boulevard, Cleburne, TX 76033. **Telephone:** (817) 945-8705.
Email: info@railroaderbaseball.com. **Website:** railroaderbaseball.com.
Co-Owner: REV Entertainment. **Co-Owner:** Collide Agency. **Co-Owner:** Top Tier Sports.
General Manager: Chris Jones. **Business Manager:** Bill Adams. **Assistant General Manager/Sales:** Rory Niewenhous. **Assistant General Manager/Marketing:** Kay Goodell.
Ticket Sales: Kirby Ritter. **Broadcasting:** Brad Allred. **Media Relations and Social Media Manager:** Kay Goodell.
Clubhouse Manager: Cleo Welch.
Field Manager: Pete Incaviglia. **Coaching Staff:** Rudy Jaramillo & Brooks Carey.

PARTNER/INDEPENDENT LEAGUES

GAME INFORMATION
Broadcaster: Brad Allred. **Games Broadcast:** 100. **Stadium Name:** La Moderna Field. **Directions:** From Chisholm Trail Parkway (toll road) continue south across US HWY 67, turn left onto Cleburne Station Boulevard. From US HWY 67 South, exit Nolan River Road, turn left onto Nolan River Road, turn left onto Cleburne Station Boulevard. From US HWY 67 North, exit Nolan River Road, turn right onto Nolan River Road, turn left onto Cleburne Station Boulevard. **Standard Game Times:** Mon.-Sat., 7:06 pm, May Sundays., 3:06 pm. **Remaining Sundays:** 6:06 pm. May 14 & July 18., 11 am.

FARGO-MOOREHEAD REDHAWKS

Address: 1515 15th Ave N Fargo, ND 58102. **Telephone:** (701) 235-6161. **Fax:** (701) 297-9247.
Email: redhawks@fmredhawks.com, media@fmredhawks.com. **Website:** fmredhawks.com
Operated by: Fargo Baseball LLC.
Chairman of the Board: N. **Bruce Thom. President & CEO:** Brad Thom.
Vice President/General Manager: Karl Hoium. **Vice President, Finance:** Rick Larson. **Director of Promotions/Special Events/Merchandise:** Ashley McCoy. **Director of Business Development:** Bob Roers. **Stadium Superintendent/Head Groundskeeper:** Tom Drietz. **Director of Ticket Operations:** Grant Langseth. **Director of Group Sales and Community Relations:** Teresa Mattson. **Director of Food and Beverage:** Will Thom.
Field Manager: Chris Coste. **Hitting Coach:** Anthony Renz. **Bullpen Coach:** Robbie Lopez. **Player Personnel Consultant:** Jeff Bittiger.

GAME INFORMATION
Radio Announcer: Jack Michaels. **Games Broadcast:** 100. **Flagship Station:** 740 THE FAN (KNFL-740AM, K297BW 107.3FM). **Stadium Name:** Newman Outdoor Field (1996). **Location:** I-29 North to exit 67, east on 19th Ave North, right on Albrecht Boulevard. **Standard Game Times:** M-F. 7:02 pm Sat.: 6:00 pm, Sun.: 4:00 pm.

GARY SOUTHSHORE RAILCATS

Address: One Stadium Plaza, Gary, IN 46402. **Telephone:** (219) 882-2255. **Fax:** (219) 882-2259.
Email Address: info@railcatsbaseball.com. **Website:** railcatsbaseball.com.
Owner: Joe Eng. **General Manager:** Anthony Giammanco. **VP of Sales:** David Kay. **Community Relations Manager:** Brett Cobban. **Box Office Manager:** Alex Mueller. **Stadium Operations Manager:** David Clark. **Manager of Hospitality & Special Events:** Taylor Campbell. **Marketing Consultant:** Renee Connelly. **Field Manager:** Lamarr Rogers.

GAME INFORMATION
Broadcaster: Andrew Mild. **Games Broadcast:** 100. **Flagship Station:** WEFM 95.9-FM. **Stadium Name:** Steel Yard. **Location:** Take I-65 North to end of highway at U.S. 12/20 (Dunes Highway). Turn left on U.S. 12/20 heading west for 1.5 miles (three stop lights). Stadium is on left side. **Standard Game Times:** Mon.-Fri.: 6:45 pm, Sat.: 4:00 pm, Sun.: 2:00 pm.

KANE COUNTY COUGARS

Address: 34W002 Cherry Lane, Geneva, IL 60134.
Telephone: (630) 232-8811.
Email: info@kanecountycougars.com. **Website:** www.kccougars.com.
Operated By: Cougars Baseball Partnership/American Sports Enterprises, Inc.
Chairman/Chief Executive Officer/President: Dr. Bob Froehlich. **Owners:** Dr. Bob Froehlich, Cheryl Froehlich. **Board of Directors:** Dr. Bob Froehlich, Cheryl Froehlich, Stephanie Froehlich, Chris Neidhart, Marianne Neidhart.
Vice President/General Manager: Curtis Haug. **Director of Governmental & Business Relations:** John J. **Louizos Esq. Senior Director, Finance/Administration:** Douglas Czurylo. **Accounting:** Sally Sullivan, Zach Lindahl. **Senior Director, Ticketing:** R. **Michael Patterson. Director, Ticket Operations:** Amy Mason. **Ticket Operations Coordinator:** Jeff Weaver. **Ticket Operations Intern:** Andrew Grum. **Ballpark Event Coordinators:** Mackensi Karman, Lauren Paisker, Jake Zielinski, Andrew Gambino. **Sponsorship Liaison:** Steve Grzenia. **Director, Security:** Roger Anderson. **Director, Public Relations & Promotions:** Claire Jacobi. **Social Media Manager:** Jemea Green. **Design/Graphics:** Derek Murphy, Chris Wunnenberg. **Media Placement Coordinator:** Bill Baker. **Office Manager:** Sherri Johnson. **Video Director:** David Giatras. **Director, Food & Beverage:** Jon Nekolny. **Event & Coordinating Manager:** Art Youkerd. **Culinary Manager:** Ron Kludac. **Personnel Manager:** Jen Miller. **Concessions:** Mikey Navigato. **Director, Sales/Facilities:** Mike Klafehn. **Stadium Operations Manager:** Scott Anderson. **Director, Maintenance:** Jeff Snyder. **Head Groundskeeper:** TBD.
Field Manager: George Tsamis. **Hitting Coach:** Matt Passerelle. **Pitching Coach:** TBD. **Team Physician:** Dr. James Sostak. **Athletic Trainer:** Scott Ellis. **Clubhouse Manager:** TBD.

GAME INFORMATION
Broadcaster: Joe Brand. **No. of Games Broadcast:** 50. **Flagship Station:** TBD. **Official Scorer:** Mike Haase.

PARTNER/INDEPENDENT LEAGUES

Stadium Name: Northwestern Medicine Field. **Location:** From east or west, (I-88 Ronald Reagan Memorial Tollway) to Farnsworth Ave. North exit, north five miles to Cherry Lane, left into the stadium complex. From northwest, I-90 (Jane Addams Memorial Tollway) to Randall Rd. South exit, south 15 miles to Fabyan Parkway, east to Kirk Rd., north to Cherry Lane, left into the stadium complex. **Standard Game Times:** Mon.-Sat.: 6:30 pm, Sun.: 1:00 pm.

KANSAS CITY MONARCHS

Address: 1800 Village West Parkway, Kansas City, KS 66111. **Telephone:** (913) 328-5618.
Email: info@monarchsbaseball.com. **Web:** monarchsbaseball.com.
Operated by: Max Fun Entertainment, LLC.
Principal Owner: Mark Brandmeyer. **President & General Manager:** Jay S. Hinrichs.
Vice President, Hospitality: Jim Cundiff. **Chief Financial Officer:** Tom Ross. **Manager, Group Sales:** Nick Restivo. **Sponsorships:** Kim Verhoeven. **Information Technology:** David Chick. **Manager, Hospitality:** Monica Garcia. Manager, **Production & Digital Assets:** Morgan Kolenda. **Uniform and Retail Production:** Pat Bachofer. **Host Family Coordinator:** Merridith Mense. **Facility Maintenance:** Abraham Mercado. **Groundskeeper:** Nick Marquez. **Ticket Operations:** Steven Como. **Team Physician:** Dr. Michael Dempewolf, Sano Orthopedics. **Certified Athletic Trainer:** Jared Bashaw.
Field Manager: Joe Calfapietra. **Coaches:** Frank White, Bill Sobbe. **Clubhouse Manager:** John West.

GAME INFORMATION
Radio Announcer: Carter Woodiel. **Games broadcast:** 100. **Site:** www.monarchsbaseball.com. **Public Address Announcer:** Nate Herron. **Game Day Production:** Kevin Schulmeister & Brad Zimmerman. **Stadium Name:** Legends Field. **Location:** State Avenue West off I-435 Kansas City, Kansas. **Standard Game Times:** Mon.- Sat.: 6:35 pm, Sat. Sun.: 1:05 pm.

LAKE COUNTRY DOCKHOUNDS

Address: 1011 Blue Ribbon Circle N, Oconomowoc, WI 53066. **Telephone:** (262) 468-7750
Email: info@lakecountry-live.com. **Website:** dockhounds.com.
Managing Partners: Tony Bryant, Sonny Bando, Tom Kelenic.
COO: Lisa Kelenic. **General Manager:** Trish Rasberry. **Stadium Operations Manager:** Zach Naatz. **Entertainment & Fan Experience Manager:** Lauren Huettner. **Marketing & Communications Manager:** Bryan Giese. **Food & Beverage Director:** Stu Bloom. **Director of Sales & Activation:** Justin Hunt. **Group Sales Manager:** Josh Diel. **Account Manager:** Tristan Kaufmann
Field Manager: Ken Huckaby. **Pitching Coach:** Paul Wagner. **Hitting/First Base Coach:** Dave Pano. **Bullpen Coach:** Dave Geis

GAME INFORMATION
Broadcaster: Dominic Stearn. **Games Broadcast:** 100. **Stadium Name:** Wisconsin Brewing Company Park.
Location: 1011 Blue Ribbon Circle N, Oconomowoc, WI 53066.

LINCOLN SALTDOGS

Address: 403 Line Drive Circle, Suite A, Lincoln, NE 68508. **Telephone:** (402) 474-BALL (2255).
Fax: (402) 474-2254. **Email Address:** info@saltdogs.com. **Website:** saltdogs.com.
Chairman: Jim Abel. **President:** Charlie Meyer. **General Manager:** Shane Tritz. **Director, Broadcasting/Communications:** Michael Dixon. **Director, Stadium Operations:** Dave Aschwege. **Director, Video Production:** Ty Schweer. **Assistant Director, Stadium Operations:** Brenden Gerlach. **Manager, Director of Sales:** Kanai Kuhnel. **Ticket Sales Executive:** Alex Farrens. **Athletic Turf Manager:** Kyle Trewhitt. **Office Manager:** Deb Gade-Sipp. **Director of Operations, Concessions:** Steve DeRiese. **Director, Kitchen Operations:** Katie Wilkinson.
Field Manager: Brett Jodie. **Coaches:** Kash Beauchamp, Bryan Kloppe

GAME INFORMATION
Public Address Announcer: Heath Kramer. **Broadcast Team:** Jeff Briden, Ryan Swanigan. **No. of Games Broadcast:** 100. **Flagship Station:** KFOR 1240AM & 101.5 FM. **Stadium Name:** Haymarket Park. **Location:** I-80 to Cornhusker Highway West, left on First Street, right on Sun Valley Boulevard, left on Line Drive. **Standard Game Times:** Mon.-Fri.:7:05 pm, Sat.: 6:05 pm, Sun.: 1:05 pm.

PARTNER/INDEPENDENT LEAGUES

MILWAUKEE MILKMEN

Address: 7044 S. Ballpark Drive, Ste 300, Franklin WI 53132. **Telephone:** (414) 224-9823
Website: milwaukeemilkmen.com
Owner: Michael Zimmerman. **General Manager:** Dan Kuenzi. **Assistant General Manager:** Christ Conley. **Senior VP of Ticketing & Corporate Partnership:** Mike Doyle. **Director, Production & Entertainment:** Mike Atkins. **Medical Staff:** Midwest Orthopedic Specialty Hospital.
Manager: Anthony Barone. **Hitting Coach:** DJ Boston. **Pitching Coach:** Jose Rodriguez

GAME INFORMATION
Stadium Name: Franklin Field. **Location:** 7035 S. Ballpark Drive, Franklin, WI 53132. **Standard Game Times:** Mon.-Fri.: 6:35 pm. Sat.: 6:00 pm. Sun.: 1:00 pm.

SIOUX CITY EXPLORERS

Address: 3400 Line Drive, Sioux City, IA 51106. **Telephone:** (712) 277-9467. **Fax:** (712) 277-9406.
Email Address: info@xsbaseball.com. **Website:** www.xsbaseball.com.
Owner: John Roost. **Vice President/General Manager:** Tom Backemeyer. **Ticket Sales & Account Manager:** Sam Burkhart. **Director Business Development:** Molly Bixenman. **Director, Media Relations & Broadcasting:** Dan Vaughan. **Sales Associate:** Christian Vietor. **Head Groundskeeper:** Justin Malenosky.
Manager: Steve Montgomery. **Pitching Coach:** Bobby Post. **Hitting Coach:** Josh Hinz. **Trainer:** Bruce Fischbach.

GAME INFORMATION
Radio Announcer: Dan Vaughan. **No. of Games Broadcast:** 100. **Flagship Station:** KSCJ 1360-AM. **Webcast Address:** www.xsbaseball.com. **Stadium Name:** Mercy Field at Lewis and Clark Park. **Location:** I-29 to Singing Hills Blvd North, right on Line Drive. **Standard Game Times:** Mon.-Fri.: 7:05 pm, Sat.: 6:05 pm, Sun.: 4:00 pm.

SIOUX FALLS CANARIES

Office Address: 1001 N West Ave, Sioux Falls, SD 57104. **Telephone:** (605) 336-6060.
Email Address: info@sfcanaries.com. **Website:** sfcanaries.com.
Operated by: True North Sports & Entertainment, LLC.
Managing Partner/Co-Owner: Brian Slipka. **Co-Owner:** Anthony Albanese. **President:** Brian Jamros. **General Manager:** Duell Higbe. **Director of Media and Community Relations:** Ali Lindner. **Food & Beverage Director:** Jessica Bratrud. **Director of Sales and Ticketing:** Preston Kern. **Assistant Director of Sales and Ticketing:** Bailey Fey. **Sales Executive:** Jack Lust. **Stadium Operations:** Sterling Rausch. **Manager:** Mike Meyer.

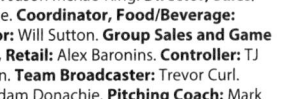

GAME INFORMATION
Radio Announcer: Tanner Hoops. **Public Address Announcer:** Randy Preston. **Game Entertainment:** John Gaskins. **No. of Games Broadcast:** 100. **Flagship Station:** MixLR.com/canariesbaseball. **Webcast Address:** www.sfcanaries.com/press-box. **Stadium Name:** Sioux Falls Stadium. **Location:** I-29 to Russell Street, east one mile, south on West Avenue. **Standard Game Times:** Mon.-Thur.: 6:35 pm, Fri.:7:05pm, Sat.: 5:35 pm, Sun.: 1:05 pm.

WINNIPEG GOLDEYES

Office Address: One Portage Ave E, Winnipeg, Manitoba R3B 3N3. **Telephone:** (204) 982-2273. **Fax:** (204) 982-2274.
Email: contact@goldeyes.com. **Website:** www.goldeyes.com.
Operated by: Winnipeg Goldeyes Baseball Club, Inc. **Principal Owner/President:** Sam Katz.
General Manager: Andrew Collier. **Vice President & COO:** Regan Katz. **CFO:** Jason McRae-King. **Director, Sales/Marketing:** Dan Chase. **Manager, Marketing & Ticket Operations:** Paul Duque. **Coordinator, Food/Beverage:** Melissa Schlichting. **Account Executives:** Jess McNish. **Ticket Office Supervisor:** Will Sutton. **Group Sales and Game Presentation:** Ed Doiron. **Communications Manager:** Jason Young. **Manager, Retail:** Alex Baronins. **Controller:** TJ Singh. **Facility Manager:** Don Ferguson. **Front Office Reception:** Lindsay Jestin. **Team Broadcaster:** Trevor Curl.
Manager/Director, Player Procurement: Logan Watkins. **Hitting Coach:** Adam Donachie. **Pitching Coach:** Mark Brewer. **Clubhouse Manager:** Jamie Samson. **Athletic Therapist:** Ty Hassel. **Strength & Conditioning Coach:** Cristian Molina. **Physiotherapist:** Russ Horbal.

GAME INFORMATION
No. of Games Broadcast: 100. **Flagship Station:** CJNU 93.7 FM. **Stadium Name:** Blue Cross Park. **Location:** North on Pembina Highway to Broadway, East on Broadway to Main Street, North on Main Street to Water Avenue, East on Water Avenue to Westbrook Street, North on Westbrook Street to Lombard Avenue, East on Lombard Avenue to Mill Street, South on Mill Street to ballpark. **Standard Game Times:** Mon.-Thurs.: 6:30 pm, Fri.: 7:00 pm, Sat.: 6:00 pm, Sun.: 1:00 pm.

PARTNER/INDEPENDENT LEAGUES

ATLANTIC LEAGUE

Mailing Address: PO Box 5190, Lancaster, Pa., 17606.
Telephone: (303) 915-8414 or (978) 790-5421.
Email Address: suggestions@atlanticleague.com. **Website:** www.atlanticleague.com.
Year Founded: 1998.
Founder/Chairman: Frank Boulton.
Board of Directors: Greg Baroni, Frank Boulton, Howard Bowen, Jack Lavoie, Susan Martinelli Shea, Andy Shea, Bill Shipley, Eric Shuffler, Coy Williard, Jr., Bob Zuckerman.
President: Rick White.
League Administrator: Emily Merrill. **Director of Communications:** Steve Shutt. **Director of Social Media:** Brooks Leger. **Director of Umpire Development:** Kevin Winn.
Division Structure: North—Hagerstown, Lancaster, Long Island, Staten Island, York. **South**—Charleston, Frederick, Gastonia, High Point, Lexington, Southern Maryland.
Regular Season: 126 games (split-season).
2024 Opening Date: April 25. **Closing Date:** Sept. 15.
Playoff Format: First-half division winners meet second-half winners in best-of-five series; Winners meet in best-of-five final for league championship.
Roster Limit: 26. **Eligibility Rule:** No restrictions; MLB and MiLB suspensions honored.
Brand of Baseball: Drake. **Statistical Service:** TBA.

STADIUM INFORMATION

Club	Stadium	Opened	LF	CF	RF	Capacity	2023 Att.
Charleston	GoMart BallPark	2005	330	400	320	4,300	119,598
Gastonia	CaroMont Health Park	2021	315	400	325	5,000	101,471
Hagerstown	Meritus Park	2024	346	400	332	4,028	N/A
High Point	Truist Point	2019	336	400	339	4,024	124,010
So. Maryland	Regency Furniture Stadium	2008	310	400	325	6,000	174,293
Lancaster	Clipper Magazine Stadium	2005	320	400	300	6,250	222,167
Lexington	The Ballpark at 207 Legends Lane	2001	320	401	318	7,800	150,392
Long Island	Fairfield Properties Ballpark	2000	325	400	325	6,002	285,888
Staten Island	Community Park	2001	320	390	318	8,500	76,759
York	WellSpan Park	2007	300	405	325	7,312	172,519

CHARLESTON DIRTY BIRDS

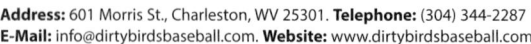

Address: 601 Morris St., Charleston, WV 25301. **Telephone:** (304) 344-2287
E-Mail: info@dirtybirdsbaseball.com. **Website:** www.dirtybirdsbaseball.com
Years In League: 2021-
Operated By: Andy Shea. **President/CEO:** Andy Shea
General Manager: Ben Blum. **Director of Stadium Operations:** Jeremy Taylor. **Manager of Ticketing and Merchandise:** Mackenzie Brown. **Asst Director, Ticketing and Merchandise:** Lexi Luke. **Director of Corporate Sales:** George Levandoski. **Director of New Business:** Jay Silverman. **Group Sales Executives:** Hunter Thomas, Evan McGraw, Will Painter. **Communications/Broadcaster:** Jill Gearin. **Community Ambassador/Sales:** Rod Blackstone. **Office Manager:** A'ndrea Robertson.
Field Manager: P.J. Phillips. **Pitching Coach:** TBA. **Bench Coach:** TBA. **Bullpen Coach:** TBA. **Clubhouse Manager:** Brady Woods.

GAME INFORMATION
Flagship Station/Streaming Platform: TBA. **Ballpark:** GoMart Ballpark. **Location:** I-77 South to Capitol Street exit, left on Lee Street, left on Brooks Street

GASTONIA HONEY HUNTERS

Address: 800 West Franklin Blvd., Gastonia, NC 28052. **Telephone:** (704) 874-1810.
E-Mail: : info@gohoneyhunters.com. **Website:** www.gohoneyhunters.com.
Years In League: 2021-

GAME INFORMATION
Flagship Station/Streaming Platform: Youtube.com/honeyhuntersmedia. **Ballpark:** Caromont Health Park. **Location:** 800 W. Franklin Blvd, Gastonia.

PARTNER/INDEPENDENT LEAGUES

HAGERSTOWN FLYING BOXCARS

Address: 50 West Baltimore St., Hagerstown, MD 21740. PO Box 4144, Hagerstown, MD 21741
Telephone: (240) 215-6050. **E-Mail:** info@flyingboxcars.com.
Website: www.flyingboxcars.com. **Years In League:** 2024-
Owner: Blackie Bowen, Frank Boulton, Don Bowman, James Holzapfel. **Principal Owner Consultants:** Chuck Domino, Mary Nixon.
General Manager: David Blenckstone. **Ticket Sales:** Trevor Moulton. **Director of Corporate Sales:** Natalie Brockway. **Promotions and Merchandise:** Tom Burtman. **Marketing and Social Media:** Fynn McDonald. **Community Relations:** Maggie Piazza. **Director of Stadium Operations:** P.T. Schlosser. **Corporate Sales:** Nate Clune. **Group Sales Managers:** Phil Marshall, Meghan Walling. **Director, Food and Beverage:** Matthew Kane. **Executive Chef:** Ryan Robinson. **Bookkeeper:** Angela Webber
Manager: Mark Mason. **Pitching Coach:** Manny Corpas. **Hitting Coach:** Enohel Polanco. **Bench Coach:** TBA. **Trainer:** TBA. **Clubhouse Manager:** TBA.

GAME INFORMATION
Radio Announcer: Jordan Nicewarner. **Ballpark:** Meritus Park. **Location:** 50 West Baltimore St., Hagerstown, MD 21740

HIGH POINT ROCKERS

Office Address: 301 N. Elm Street, High Point, NC 27262. **Telephone:** (336) 888-1000. **E-Mail Address:** info@highpointrockers.com.
Website: www.HighPointRockers.com. **Years In League:** 2019-
Operated by: High Point Baseball, Inc.
Chairman, Board of Directors: Coy Williard. **President:** Pete Fisch.
Box Office Manager: Kaitlyn Camp. **Box Office:** Patrick Trainor. **Facilities Operations Manager:** Shane Poling. **Director of Sales:** Blair Minton. **Account Executive:** Cody Beck. **Account Executive:** Michael York. **Fan Experience & Promotions Coordinator:** TBA. **Special Events/Merchandise:** Morgan Malikowski. **Assistant GM:** Caroline Cooling. **Business Manager:** Sherrie Poplin. **Concessions Manager:** Tyler Runyon. **Director of Communications:** Steve Shutt. **Community Relations:** Tess Abbott. **Social Media Manager:** Tanner Smith. **Video Production:** Shawn Thompson. **Assistant Facilities:** Kyle Freier.
Manager: Jamie Keefe. **Pitching Coach:** Frank Viola. **Bench Coach/Player Personnel:** Albert Gonzalez. **Trainer:** Joe Geck

GAME INFORMATION
Radio Announcer: Brendan Howe. **Flagship Station/Streaming Platform:** TBA. **Ballpark:** Truist Point. **Location:** 301 N. Elm Street, High Point, NC 27262.

LANCASTER BARNSTORMERS

Address: 650 North Prince Street, Lancaster, PA. **17603.**
Telephone: (717) 509-4487. **E-Mail:** info@lancasterbarnstormers.com.
Website: www.**LancasterBarnstormers.com**. **Years In League:** 2005-
Operated By: Lancaster Baseball Club, LLC.
Partners: Bob Zuckerman, Ian Ruzow, Steve Zuckerman, Rob Liss. **President/GM:** Michael Reynolds. **VP, Sales/Marketing:** Kristen Simon. **VP, Corporate Partnerships:** Melissa Tucker. **CFO:** Pam Raffensperger. **Box Office Manager/Ticket Sales:** Adam Smith. **Corporate Sponsorships:** Melissa Tucker. **Vice President, Operations:** Alex Bunn. **Community Relations:** Maureen Wheeler. **Marketing:** Lauren Zuckerman. **Special Events:** Deirdre Stevens. **Fan Engagement:** Ryan Cortazzo. **Director of Culinary Operations:** Mike White. **Merchandise:** Samantha Biastre.
Manager: Ross Peeples. **Hitting Coach:** Jeff Bianchi. **Pitching Coach:** Mark Johnson. **Bench Coach:** Troy Steffy. **Trainer:** Matt Glann. **Clubhouse Manager:** TDB. **Visiting Clubhouse Manager:** TBD

GAME INFORMATION
Radio Announcer: Dave Collins. **Flagship Station/Streaming Platform:** TBA. **Ballpark:** Clipper Magazine Stadium. **Location:** 650 N. Prince St, Lancaster, PA.

LEXINGTON LEGENDS

Address: 207 Legends Lane, Lexington, KY 40505. **Telephone:** (859) 252-4487. **Website:** www.lexingtonlegends.com. **Years In League:** 2021-
Owner: Andy Sandler. **President:** Scotty Brown. **General Manager:** Justin Ferrarella.
Business Manager: Heather Lowder. **Director of Baseball Operations:** Nick Bean. **VP, Sales and Marketing:** Mike Allison. **Ticket Operations:** Kade Sword. **Communications/**

PARTNER/INDEPENDENT LEAGUES

Social Media Director: Jacob Penny. **Community Relations:** Alex Smith. **VP of Facilities:** Chris Pearl. **Team Doctor:** Jeff Grantham. **Team Medical Staff:** Mike Smith.
Manager: TBA. **Pitching Coach:** TBA. **Hitting Coach:** TBA. **Bench Coach:** TBA. **Trainer:** Mike Smith.

GAME INFORMATION
Radio Announcer: TBA. **Flagship Station/Streaming Platform:** TBA. **Ballpark:** The Ballpark at 207 Legends Lane. **Location:** 207 Legends, Lane, Lexington, KY.

LONG ISLAND DUCKS

Address: Fairfield Properties Ballpark, 3 Court House Dr, Central Islip, NY 11722.
Telephone: (631) 940-3825. **E-Mail:** info@liducks.com. **Website:** www.liducks.com.
Years In League: 2000-
Founder/CEO: Frank Boulton. **Owner/Chairman:** Seth Waugh. **Co-Owner and Co-Founder:** Bud Harrelson (1944-2024). **President/Chief Business Officer:** Michael Pfaff. **General Manager:** Sean Smith. **Senior Vice President:** Doug Cohen. **Assistant GM/Stadium Operations:** Anthony Polito. **VP, Box Office:** Brad Kallman. **VP, Communications:** Michael Polak. **Controller:** Annmarie DeMasi. **Human Resources/Office Manager:** Christine Blumenauer. **Merchandise Manager:** Michelle Jensen. **Ticket Sales Manager:** Justice Lallier. **Group Sales Manager:** Sean Mulhall. **Promotions Manager:** August Fortugno. **Head Groundskeeper:** Dakota Smothergill. **Social Media Coordinator:** Emily Miller. **Community Relations Coordinator:** Gabrielle Hernandez. **Account Executives:** Matt Heilbrunn, Thomas Mauren. **Administrative Coordinator:** Megan Campisi. **GM, Food & Beverage:** Alan Goodman. **Director, Catering, Suites and Restaurant:** Kathy Dickson.
Manager: Lew Ford. **Pitching Coach:** Bobby Blevins. **Hitting Coach:** Alexi Casilla. **Director, Medical Services:** Tony Amin. **Clubhouse Manager:** Emil Coccaro.

GAME INFORMATION
Broadcast Announcers: Michael Polak, Michael Mohr, Chris King, David Weiss. **Flagship Station/Streaming Platform:** TBD. **Ballpark:** Fairfield Properties Ballpark. **Location:** 3 Court House Dr, Central Islip, NY..

SOUTHERN MARYLAND BLUE CRABS

Address: 11765 St. Linus Drive, Waldorf, Maryland 20602.
Telephone: (301) 638-9778. **E-Mail:** info@somdbluecrabs.com.
Website: www.somdbluecrabs.com. **Years In League:** 2008-
Operated By: Crabs On Deck, LLC. **General Manager:** Courtney Knichel. **Assistant General Manager:** Trevor Lakins. **Director of Marketing and Communications:** Jacob Dunaway. **Creative Servies:** Jarron Nathan. **Marketing Coordinator:** Caitlin Noone. **Box Office:** Alexis Payne.
Director of Corporate Sponsorships: Matt Hoepfl. **Corporate Partnership Manager:** Chris Morris. **Sales Account Executive:** Ryan Webster. **Marketing/Game Presentation:** Sydney Sterling. **Stadium Operations:** Stephen Welch. **Concessions:** Carousel Hospitality. **Groundskeeper:** Ken Brooks.
Manager: Stan Cliburn. **Pitching Coach:** Daryl Thompson.

GAME INFORMATION
Radio Announcer: Keith Noonan. **Ballpark:** Regency Furniture Stadium. **Location:** 11765 St. Linus Drive, Waldorf, MD.

STATEN ISLAND FERRYHAWKS

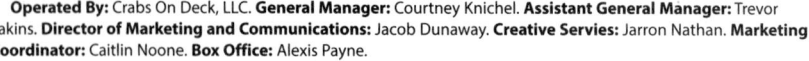

AAddress: 75 Richmond Terrace, Staten Island, NY 10301. **E-Mail:** fun@ferryhawks.com.
Telephone: (929) 594-2957. **Website:** www.ferryhawks.com. **Email:** Contactus@ferryhawks.com. **Years In League:** 2022-
Operated By: Staten Island Entertainment, LLC.
Owner/Chairman: John Catsimatidis. **Owner/President/CEO:** Eric Shuffler. **General Manager:** Gary Perone. **General Manager of Facility Operations:** Ray Irizarry. **VP Community Engagement:** Flynn Ferguson. **VP Ticket Sales and Services:** Jason Velez.
Box Office Manager: Scott McKinley. **Group Sales Representatives:** Joseph Gitto, Michael Goldberg, Pierceton Agdamag, Kelly Amberger, Brendan Cuddy. **Corporate Sponsorships:** Kevin Brown. **Merchandise:** Amir Maher.
Communications/Social Media/Creative Services: Mike Crescente. **Concessions:** Amir Maher. **Video Production/Entertainment:** Nick Diaz
Manager: Mark Minicozzi. **Hitting Coach:** TBA. **Pitching Coach:** TBA. **Trainer:** TBA

GAME INFORMATION
Ballpark: Staten Island University Hospital "Community Park." **Location:** 75 Richmond Terrace, Staten Island, NY.

PARTNER/INDEPENDENT LEAGUES

YORK REVOLUTION

AAddress: 5 Brooks Robinson Way, York, PA 17401.
Telephone: (717) 801-4487. **Email:** info@yorkrevolution.com.
Website: www.yorkrevolution.com. **Years In League:** 2007–
Operated by: York Professional Baseball Club, LLC.
Owner: Bill Shipley. **President:** Eric Menzer. **General Manager/Vice President, Operations:** John Gibson. **VP, Business Development:** Nate Tile. **Director of Ticket & Retail Operations:** Cindy Brown. **Finance Coordinator:** Kendall Menzer. **Director of Group Sales:** Brandon Tesluk. **Director of Partnerships and Promotions:** Sarah Dailey. **Creative Director:** Cody Bannon. **Event Sales Coordinator:** Lori DeTommaso. **Community Engagement Manager:** Brianna Klinger. **WOYK Account Executive:** Kristyn Henry. **Account Executive:** Alison Staub. **Online Advertising & Sales Manager:** Adrienna Evans. **Communications/Marketing Manager:** Kevin Mitchell. **Director of Operations:** David Dicce. **Director of Grounds & Field Operations:** Chris Carbaugh. **Baseball Operations:** Josh Santora.
Manager: Rick Forney. **Hitting/Third Base Coach:** Derek Wolfe. **Pitching Coach:** Joe Harris. **Trainer:** Meg Haas.

GAME INFORMATION
Broadcaster: Darrell Henry. **Flagship Station:** WOYK 98.9 FM/1350 AM; **Streaming Platform:** TBA. **Ballpark:** WellSpan Park. **Location:** 5 Brooks Robinson Way, York, PA.

FRONTIER LEAGUE

Office Address: 2009 Baseball Blvd, Avon, OH 44011-1054.
Telephone: (812) 437-8709. **Fax:** (708) 286-6481
Email Address: office@frontierleague.com. **Website:** www.frontierleague.com.
Year Founded: 1993.
Commissioner: Steve Tahsler.
Commissioner Emeritus: Bill Lee.
Deputy Commissioner: Matt Shepardson. **Umpire Supervisor:** John White.
President, Board of Directors: Tom Kramig (Lake Erie). **Vice Presidents:** Michel Laplante (Québec), David DelBello (Florence), Rob Janetschek (New York).
Board of Directors: John Stanley (Evansville), Rich Sauget Jr. (Gateway), Tom Whaley (Joliet), Brian Kahn (New England), Mike Dorso (New Jersey), Regan Katz (Ottawa), Brian Lyter (Schaumburg), Al Dorso (Sussex County), Rick Murphy (Tri-City), Rene Martin (Trois-Rivières), Stu Williams (Washington), Mike VerSchave (Windy City).
Division Structure: East—New England, New Jersey, New York, Ottawa, Québec, Sussex County, Tri-City, Trois-Rivières. **West**— Evansville, Florence, Gateway, Joliet, Lake Erie, Schaumburg, Washington, Windy City.
Regular Season: 96 games. **2024 Opening Date:** May 9. **Closing Date:** Sept 1. \
All-Star Game: July 17 at Québec. **Playoff Format:** 3rd place teams at 2nd place teams in Wild Card. Winners play division champions in best-of-three series. Best-of-five Championship Series.
Roster Limit: 24. **Eligibility Rule:** Minimum of ten Pro-1/Pro-2 players. Maximum of two players born before October 1, 1994. **Brand of Baseball:** Rawlings. **Statistician:** PrestoSports

STADIUM INFORMATION

Club	Stadium	Opened	Dimensions LF	CF	RF	Capacity	2023 Att.
Evansville	Bosse Field	1915	315	415	315	5,110	102,561
Florence	Thomas More Stadium	2004	325	395	325	4,200	111,742
Gateway	Grizzlies Ballpark	2002	318	395	325	5,500	80,453
Joliet	Slammers Field	2002	330	400	327	6,229	114,901
Lake Erie	Mercy Health Stadium	2009	325	400	325	5,000	91,501
New England	Campanelli Stadium	2022	320	402	320	4,750	N/A
New Jersey	Hinchliffe Stadium	1998	320	390	323	7,800	36,971
New York	Clover Stadium	2011	323	403	313	4,750	151,290
Ottawa	Ottawa Stadium	1993	325	404	325	10,332	78,495
Québec	Stade Canac	1938	315	385	315	4,500	166,916
Schaumburg	Wintrust Field	1999	355	400	353	8,107	230,023
Sussex County	Skylands Stadium	1994	330	392	330	4,200	73,890
Tri-City	Joseph L. Bruno Stadium	2002	325	400	325	4,500	136,231
Trois-Rivières	Stade Quillorama	1938	342	372	342	4,500	68,814
Washington	Wild Things Park	2002	325	400	325	3,200	94,899
Windy City	Ozinga Field	1999	335	390	335	2,598	98,015

PARTNER/INDEPENDENT LEAGUES

EVANSVILLE OTTERS

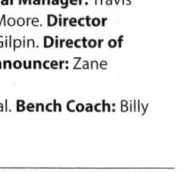

Mailing Address: 23 Don Mattingly Way, Evansville, IN 47711. **Telephone:** (812) 435-8686. **Website**—www.evansvilleotters.com. **Facebook**—Evansville Otters, **Twitter**—@EvilleOtters, **Instagram**—@evansvilleotters
Operated by: Evansville Baseball, LLC.
Owner: Bussing family. **President:** John Stanley. **Vice President, Sales:** Joel Padfield. **General Manager:** Travis Painter. **Assistant General Manager:** Nolan Vandergriff. **Assistant General Manager:** Brycen Moore. **Director of Communications:** Matthew Will. **Director of Marketing and Community Relations:** Gabi Gilpin. **Director of Operations/Food & Beverage:** Lucas Thomas. **Director of Group Sales:** Jackson Pullen. **PA Announcer:** Zane Clodfelter.
Field Manager: Andy McCauley. **Pitching Coach:** Max Peterson. **Hitting Coach:** Bobby Segal. **Bench Coach:** Billy Easley. **Assistant Hitting Coach:** Dylan Dando. **Team Chaplain:** Tyrone Edwards.

GAME INFORMATION
No. of Games Broadcast: Home-48, Away-48. **Radio/Video Stream:** evansvilleotters.com (Otters Digital Network). **Stadium Name:** Bosse Field (Opened in 1915). **Directions:** US 41 to Lloyd Expressway West (IN-62), Main St Exit, Right on Main St, ahead 1 mile to Bosse Field. **Standard Game Times:** Mon.-Sat., 6:35pm, Sun., 12:35pm or 5:05pm. **Doubleheaders:** 5:35 p.m. **Visiting Club Hotel:** The Comfort Inn & Suites, 3901 Highway 41 North, Evansville, IN 47711. Phone 812-423-5818.

FLORENCE YALLS

Mailing Address: 7950 Freedom Way, Florence, Ky 41042. **Telephone:** (859) 594-4487.
Website: www.florenceyalls.com.
President: David DelBello. **General Manager:** Max Johnson. **Media Relations Manager:** NA. **Stadium Operations Manager:** Zach Drury. **Creative Director:** Nick Theuerling.
Field Manager: Chad Roades. **Pitching Coach:** Karl Craigie. **Coach:** David Heilbrunn.

GAME INFORMATION
Stadium Name: Thomas More Stadium. **Standard Game Times:** 6:40 pm Tuesday-Thursday and Saturday. Friday 7:03pm. Sunday 1:07 pm. **Visiting Team Hotel:** LaQuinta Inn.

GATEWAY GRIZZLIES

Address: 2301 Grizzlie Bear Blvd., Sauget, Ill. **Telephone:** (618) 337-3000. **Email Address:** info@gatewaygrizzlies.com. **Website:** www.gatewaygrizzlies.com.
Owner: Annie Sauget-Miller
General Manger: Kurt Ringkamp. **Box Office Manager:** Logan Stone. Director of **In-Game Entertainment:** Jared Speer. **Marketing Manager:** Becky Wuest/Joe Segneri. **Business Development Manager/Group Sales:** Nate Owens. **Promotions Director:** Emily Siemer. **Merchandising and Hospitality:** Garret Murphy. **Director of Stadium Operations and Events:** Sam Kehrer. **Director of Team Engagement:** Jacob Vogel. **Director of Broadcasting/Media Relations:** Jason Guerette.
Manager: Steve Brook. **Pitching Coach:** Nick Kennedy. **Bench Coach:** TBD. **Assistant Coach:** TBD.

GAME INFORMATION
No. of Games Broadcast: Home-48, Away-48. **PA Announcer:** Tom Calhoun. **Broadcaster:** Jason Guerette. **Stadium Name:** Grizzlies Ballpark. **Location:** I-255 at exit 15 (Mousette Lane). **Standard Game Times:** 6:30 PM Tuesday-Saturday. 1:05 PM Sunday May/June. 5:30 PM Sunday July/August. **Visiting Team Hotel:** DraftKings at Casino Queen.

JOLIET SLAMMERS

Office Address: 1 Mayor Art Schultz Dr, Joliet, IL 60432. **Telephone:** (815) 722-2287
E-Mail Address: info@jolietslammers.com. **Website:** www.jolietslammers.com.
Owner: Joliet Community Baseball & Entertainment, LLC.
Executive Vice President, **Sales & Marketing:** Night Train Veeck. **Chief Financial Officer/General Manager:** Heather Mills. **Director of Food & Beverage:** Joel Sigel. **Director of Community Relations:** Ken Miller. **Corporate Sales Account Executive:** Rick Wolf. **Group Sales Account Executive:** Gina Mendez. **Stadium Rental and Group Sales Coordinator:** Tori Zalewski.
Field Manager: Mike Pinto

GAME INFORMATION
No. of Games Broadcast: 96. **Flagship Station:** www.jolietslammers.com. **Stadium Name:** . **Location:** 1 Mayor Art Schultz Drive, Joliet, IL 60432. **Standard Game Times:** Mon.-Fri., 6:35 pm, Sat., 6:05 pm., Sun., 1:05 pm. **Visiting Team Hotel:** Clarion/Harrah's.

PARTNER/INDEPENDENT LEAGUES

LAKE ERIE CRUSHERS

Address: 2009 Baseball Boulevard. Avon, Ohio 44011. **Telephone:** 440-934-3636. **Website:** www.lakeeriecrushers.com.
Operated by: Blue Dog Baseball, LLC. **Managing Officer:** Tom Kramig
Account Executives: Tanner Carlson, Jake Lorenzo, Kenzie Zauner. **Box Office Manager:** Dylan Nicastro **Director of Stadium Operations:** Joe Juda. **Business Manager:** Brian Wentzel.
Director, Concessions/Catering: Branden Hyde. **Marketing Manager:** Julia Fulk. **Promotions Manager:** Mackenzie Jameson.
Field Manager: Jared Lemieux.

GAME INFORMATION
Stadium Name: Crushers Stadium. **Location:** Intersection of I-90 and Colorado Ave in Avon, OH. **Standard Game Times:** Mon-Fri., 7:05 pm, Sat., 6:05 pm, Sun., 2:05 pm. **Visiting Team Hotel:** DoubleTree Westlake.

NEW ENGLAND KNOCKOUTS

Office Address: 1 Feinberg Way, Brockton, MA 02301 **Telephone:** (508) 559-7000 **Email Address:** info@knockoutsbaseball.com. **Website:** https://knockoutsbaseball.com
Owned by: New England Pro Baseball, LLC
President: Scott Proefrock. **Executive VP & General Manager:** Nick Desrosiers. **Director of Broadcast and Media Relations:** Brett Chaves. **Executive Chef:** Briana Marizan. **Field Manager:** Jerod Edmondson.

GAME INFORMATION
No. of Games Broadcast: 96. **Streaming Network:** FloSports. **Official Scorer:** Jared Roderick. **Stadium Name:** Campanelli Stadium. **Location:** RT-24 to MA-123 E/Belmont St. towards Brockton (exit 31A), south for 1 mile, right at West St, southwest for 400 feet, right on Feinberg Way. **Standard Game Times:** Mon.-Fri., 6:35 pm, Sat., 6:05 pm, Sun., 1:05 pm. **Visiting Team Hotel:** Residence Inn Brockton located at 124 Liberty Street, Brockton, MA 02301.

NEW JERSEY JACKALS

Office Address: Hinchliffe Stadium 1 Maple St. **Paterson NJ 07522.**
Email Address: jhunt@jackals.com. **Website:** jackals.com
Owner/President: Al Dorso, Vice President Baseball Operations: Bobby Jones.
Sr. Vice President, Operations: Al Dorso Jr. **Vice President, Marketing:** Mike Dorso. **General Manager:** John Hunt. **Director, Creative Services:** William Romano. **Public Relations:** John Hunt
Field Manager: Bobby Jones

GAME INFORMATION
Number of Games Broadcast: 96. **Webcast Address:** njjackals.mixlr.com/. **Stadium Name:** Hinchliffe Stadium. **Location:** Liberty and Maple Streets, Paterson, NJ, 07522. **Directions:** Route 80 to Exit 56B, take Squirrelwood Rd/Nagle St to McBride Ave., make a right turn and continue on McBride Ave. until the Wayne Ave./Spruce St. stoplight. Turn left over the Passaic River and make the first right onto Maple St. **Standard Game Times:** Sunday 4:35pm. Mon-Fri 6:35pm. Saturdays 6:05pm. School Days 11:35am.
Visiting Team Hotel: Hilton Garden Inn, Wayne, NJ

NEW YORK BOULDERS

Mailing Address: 1 Phil Tisi Way, Pomona, NY 10970. **Telephone:** (845) 364-0009.
Website: www.nyboulders.com. **E-Mail:** info@nyboulders.com
Team President/GM: Shawn Reilly.
EVP: Rob Janetschek. **Assistant General Manager/Business Development:** Jessica Wilson. **Director of Finance:** Michele Almash. **Promotions Coordinator & Social Media:** Sara Bayles. **Account Executive:** Tyler Metcalf. **Facilities and Operations Coordinator:** Dan Blake. **Educational Director:** Gail Gultz. **PR & Media Coordinator & Relations:** TBD. **Palisades Food Service Manager:** Brenda Richter.
Field Manager: TJ Stanton. **Player Procurement/Scouting:** Kevin Tuve. **Bench Coach:** Bubber Birdsong. **Hitting Coach:** TBD

GAME INFORMATION
Stadium Name: Clover Stadium. **Location:** 1 Phil Tisi Way Pomona, NY 10970. **Standard Game Times:** Mon.-Fri. 7 p.m., Sat. 6:30 p.m. Sun. May/June. 1:30 p.m. July/August. 5 p.m. **Visiting Team Hotel:** Courtyard by Marriot, Mahwah, NJ.

PARTNER/INDEPENDENT LEAGUES

OTTAWA TITANS

Mailing Address: 300 Coventry Road, Ottawa, Ontario, K1K 4P5. **Telephone:** 343-633-2273 **.Fax:** 343-633-2274. **Operated By:** Ottawa Titans Baseball Inc.
Website: www.ottawatitans.com **E-Mail:** contact@ottawatitans.com **Facebook:** / OttawaTitans **Twitter/Instagram:** @Ottawa_Titans
Principal Owner/Chief Executive Officer: Sam Katz. **Co-Owners:** Ottawa Sports & Entertainment Group, Jacques J.M. Shore, C.M. **Vice President/Chief Operating Officer:** Regan Katz. **Chief Financial Officer:** Jason McRae-King. **General Manager:** Martin Boyce. **Assistant General Manager:** Sebastien Boucher. **Media Manager/Broadcaster:** Davide Disipio. **Box Office Manager:** Adam Donovan. **Administrative & Social Media Coordinator:** Eddy O'Grady. **Corporate Sales Executive:** Mark Hunter. **Game Day Experience & Community Relations Coordinator:** Faith Dickinson. **Food & Beverage Supervisor:** Michael D'Agostino. **Accountant:** TJ Singh. **IT & Misc:** Ed Doiron, Jason Young.
Field Manager/Director of Baseball Operations: Bobby Brown. **Pitching Coach:** Tom Carcione. **Assistant Coach:** David Peterson.

GAME INFORMATION
Stadium Name: Ottawa Stadium. **English Broadcaster:** Davide Disipio. **English Broadcast Outlet:** CKDJ 107.9. **Standard Game Times:** M-F: 6:30p.m.; Sa: 6:00p.m; Su: 1:00p.m. **Exceptions:** May 23, June 6: 11:00a.m. **Visiting Club Hotel:** Hampton Inn by Hilton Ottawa, 100 Coventry Road, Ottawa, Ontario.

QUEBEC CAPITALES

Mailing Address: 100 Cardinal Maurice Roy Street, Quebec City, QC G1K 8Z1. **Telephone:** (418) 521-2255.
Website: www.capitalesdequebec.com. **E-Mail:** info@capitalesdequebec.com
Owners: Jean Tremblay, Pierre Tremblay, Michel Laplante
President: Michel Laplante. **Vice-President:** Charles Demers. **General Manager:** Mike Petillon. **Assistant General Manager:** Daniel Fleury. **Sales Director:** Denis Desbiens. **Ticketing and group sales director:** Félix Gagnon. **Partnership Coordinator:** Francine Gendron. **Administrative director and accounting:** Béatrice Desbiens. **Operations Director:** Philippe Turmel. **Consultant:** Jean Grignon-Francke. **Graphic Consultant:** Frédéric Gariépy. **Marketing coordinator:** Xavier Samuel. **Communications coordinator:** Kenan Hafizovic. **Administrative agent:** Nathalie Tremblay & Alie-Anne Laplante. **Gift Shop Manager and content creator:** Yohali-Soleil Wa Nyasa. **Accounting assistant:** Jérémie Jovan. **Promotions Coordinator and Game Animator:** Yannick Tremblay. **Box Office Assistant:** Antoine Bélanger. **IT technician and webcast producer:** Olivier Gagnon. **Baseball Operations coordinator:** Mathieu Sirois.
Field Manager: Patrick Scalabrini

GAME INFORMATION
Stadium Name: Stade Canac. **Location:** 100 Cardinal Maurice-Roy, Quebec, QC, G1K 8Z1. **Standard Game Times:** Tue.-Fri., 7:05 pm, Sat., 7:05 pm, Sun., 5:05 pm.
Visiting Team Hotel: Hôtel Delta Québec.

SCHAUMBURG BOOMERS

Office Address: 1999 Springinsguth Road, Schaumburg, IL 60193.
Email Address: info@boomersbaseball.com. **Website:** www.boomersbaseball.com.
Owned by: Pat and Lindy Salvi.
Executive Vice President & General Manager: Michael Larson. **President of Salvi Sports:** Brian Lyter. **Vice President of Sales:** Christopher Salazar. **Vice President of Fan Experiences:** Lexi Fiolka. **Director of Facilities:** Mike Tlusty. **Groundskeeper:** Mitch Tlusty. **Field Manager:** Jamie Bennett. **Broadcaster:** Tim Calderwood. **Director of Fan Services:** Sarah Fortuna. **Director of Ticket Operations:** Abigail Vito. **Director of Baseball Operations:** Peter Long. **Director of Stadium Operations:** Jack McCoy. **Director Food & Beverage:** Ryan Dominick. **Assistant Food & Beverage Director:** Derek Warren. **Hospitality Coordinator:** Zoe Binder. **Head Chef:** Kyle Miller. **Account Executive:** Austin Asplen. **Account Executive:** Danny Collins. **Accounting:** Shaunna Adinolfi. **Manager:** Jamie Bennett.

GAME INFORMATION
Broadcaster: Tim Calderwood. **No. of Games Broadcast:** Home-48, Away-48. **Stadium:** Wintrust Field. **Location:** I-290 to Thorndale Ave Exit, head West on Elgin-O'Hare Expressway (I-390) until Springinsguth Road Exit, second left at Springinsguth Road (shared parking lot with Schaumburg Metra Station). **Standard Game Times:** 6:30 PM Monday-Saturday, 1:00 PM Sunday **Visiting Club Hotel:** SpringHill Suites 1550 McConnor Pkwy, Schaumburg, IL 60173

PARTNER/INDEPENDENT LEAGUES

SUSSEX COUNTY MINERS

Address: 94 Championship Place, Augusta, NJ 07822. **Phone:** (973) 383-7644.
Website: www.scminers.com. **Email:** contact@scminers.com.
President: Al Dorso Sr. **Vice President:** Al Dorso Jr. **Vice President:** Michael Dorso.
General Manager: Vincent Sangemino. **Corporate Partnerships:** Joann Ciancitto.
Director of Sales & Community Engagement: Kim Eid
Director Broadcasting and Media Relations: Bret Leuthner. **Broadcasting, PXP, & Media Relations:** Sean Bretherick. **Senior Graphic Design:** Will Romano. **Head Groundskeeper:** L.J. Black.
Field Manager: Chris Widger. **Hitting Coach:** Mark Pappas. **Bench Coach/Player Procurement:** Simon Walters.

GAME INFORMATION
Broadcaster: Sean Bretherick. **No. of Games Broadcast:** 100. **Webcast Address:** www.scminers.com. **Stadium Name:** Skylands Stadium. **Location:** In New Jersey, I-80 to exit 34B (Route 15 North) to Route 565 North; From Pennsylvania, I-84 to Route 6 (Matamoras) to Route 206 North to Route 565 North. **Standard Game Times:** Mon.-Fri., 7:05 pm, Sat., 6:35 pm, Sun., 2:05 pm. **Visiting Team Hotel:** Hampton Inn Denville - Rockaway - Parsippany.

TRI-CITY VALLEYCATS

OOffice Address: Joseph L Bruno Stadium, 80 Vandenburgh Ave, Troy, NY 12180.
Mailing Address: PO Box 694, Troy, NY 12181.
Telephone: (518) 629-2287. **Fax:** (518) 629-2299. **E-Mail Address:** info@tcvalleycats.com. **Website:** www.tcvalleycats.com
Operated By: Tri-City ValleyCats Inc. **Principal Owners:** Doug Gladstone, Rick Murphy, Matt Callahan. **President:** Rick Murphy. **Vice President/General Manager:** Matt Callahan. **Assistant GM:** Jessica Guido. **Stadium Operations Manager:** Ed Krajewski. **Food & Beverage Manager:** Kyle Richards. **Business Development Manager:** Jim Lozano. **Box Office Coordinator:** Maddy Larson. **Media Relations Coordinator:** Adam Cohen. **Assistant Stadium Operations Manager:** Brian Whiteman. **Clubhouse Manager/Account Executive:** Ryan Alderdice.
Manager: Greg Tagert. **Pitching Coach:** Tom Thornton. **Hitting Coach:** TBD

GAME INFORMATION
Radio Announcer: Adam Cohen. **No. of Games Broadcast:** 48. **Flagship Station:** FloSports. **PA Announcer:** Mike Falvo. **Official Scorer:** TBD. **Stadium Name:** Joseph Bruno Stadium. **Location:** From north, I-87 to exit 7 (Route 7), go east 1 1/2 miles to I-787 South, to Route 378 East, go over bridge to Route 4, right to Route 4 South, one mile to Hudson Valley Community College campus on left; From south, I-87 to exit 23 (I-787), I-787 north six miles to exit for Route 378 east, over bridge to Route 4, right to Route 4 South, one mile to campus on left; From east, Massachusetts Turnpike to exit B-1 (I-90), nine miles to Exit 8 (Defreestville), left off ramp to Route 4 North, five miles to campus on right; From west, I-90 to exit 24 (I-90 East), I-90 East for six miles to I-787 North (Troy), 2.2 miles to exit for Route 378 East, over bridge to Route 4, right to Route 4 south for one mile to campus on left. **Standard Game Times:** Mon. - Sat. 630pm, Sun. 5 pm. **Visiting Club Hotel:** The Desmond Hotel Albany, 660 Albany-Shaker Road, Albany, NY 12211. **Telephone:** (518) 869-8100.

TROIS-RIVIÈRES AIGLES

Office Address: 1760 Avenue Gilles-Villeneuve, Trois-Rivières, QC G9A 5K8. **Telephone:** (819) 379-0404.
Email Address: info@lesaiglestr.com. **Website:** www.lesaiglestr.com
Owners: Côté-Reco Group and Vertdure Group.
President: René Martin.
General Manager: Jerome Duchesneau. **Chief Operation Officer:** Frederik Belanger. **Vice President, Special Projects:** Marc-Andre **Marineau.Communications Coordinator:** Vincent Gauthier.

GAME INFORMATION
Manager: Matthew Rusch. **Pitching Coach:** Osman Gutierrez. **Hitting Coach:** Reed Lavallee. **No. of Games Broadcast:** 48. **Webcast Address:** www.cfou.ca/direct.php.
Broadcaster: Frederic Lajoie. **Stadium Name:** Stade Quillorama. **Location:** Take Hwy 40 West, exit Boul. des Forges/Centre-ville, keep right, turn right at light, turn right at stop sign. **Standard Game Times:** Tuesday-Friday 7:05 PM. Saturday 6:05 PM. Sunday 1:05 PM. **Visiting Team Hotel:** Holiday Inn Express & Suites Trois-Rivières Ouest.

PARTNER/INDEPENDENT LEAGUES

WASHINGTON WILD THINGS

Office Address: One Washington Federal Way, Washington, PA 15301. **Telephone:** (724) 250-9555. **Fax:** (724) 250-2333. **Email Address:** info@washingtonwildthings.com
Website: washingtonwildthings.com
Owned by: Sports Facility, LLC
Operated by: Washington Frontier League Baseball, LLC
Managing Partners: Stu Williams, Francine W. Williams. Chief Executive Officer, **Sports Facility, LLC:** Chrisine Blaine. **President and General Manager:** Tony Buccilli. Chief Financial Officer, Sports Facility, LLC; **Senior Vice President of Operations:** Travis Pettit. **Vice President of Baseball Operations, Broadcaster:** Kyle Dawson. **Vice President of Entertainment & Community Relations:** Stephanie Keller. **Account Executive:** Scott Fenwick. **Account Executive:** Elise Benke. **Account Executive:** Lance Wolber
Field Manager: Tom Vaeth

GAME INFORMATION
Stadium Name: Wild Things Park. **Location:** I-70 to exit 15 (Chestnut Street), right on Chestnut Street to Washington Crown Center Mall, right at mall entrance, right on to Mall Drive to stadium. **Standard Game Times:** Tuesday, Thursday-Saturday, 7:05 p.m., Wednesday, 6:05 p.m., Sunday, 5:35 p.m.
Visiting Team Hotel: DoubleTree by Hilton Hotel Pittsburgh – Meadow Lands.

WINDY CITY THUNDERBOLTS

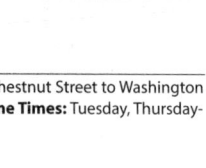

O**Office Address:** 14011 South Kenton Avenue, Crestwood, IL 60418. **Telephone:** (708) 489-2155. **Fax:** (708) 489-2999. **Email Address:** info@wcthunderbolts.com.
Website: www.wcthunderbolts.com.
Owned by: Franchise Sports, LLC.
General Manager: Mike VerSchave. **Assistant GM:** Bill Waliewski. **Director, Community Relations:** Johnny Sole. Director, **Not-For-Profit Events:** Karen Engel. **Director, Operations:** Chris Koll. **Director, Media Relations:** Terry Bonadonna.
Field Manager: Bobby Jenks. **Hitting Coach:** Alex Jones.

GAME INFORMATION
No. of Games Broadcast: 96. **Flagship Station:** WXAV, 88.3 FM. **Official Scorer:** Chris Gbur. **Stadium Name:** Ozinga Field. **Location:** I-294 to South Cicero Ave, exit (Route 50), south for 1 1/2 miles, left at Midlothian Turnpike, right on Kenton Ave; I-57 to 147th Street, west on 147th to Cicero, north on Cicero, right on Midlothian Turnpike, right on Kenton. **Standard Game Times:** Mon.-Fri., 6:35 pm, Sat., 6:05 pm, Sun., 1:05 pm. **Visiting Team Hotel:** Georgio's Banquet Center.

PARTNER/INDEPENDENT LEAGUES

PIONEER BASEBALL LEAGUE

Office Address: 1111 Diamond Valley Rd, Suite 105 Windsor, CO 80550.
Telephone: 509-456-7615.
E-Mail Address: fanmail@pioneerleague.com.
Website: www.pioneerleague.com.
Years League Active: 1939-42, 1946-
President: Mike Shapiro. **Execuive Vice President:** Henry Hunter. **Director of Communications:** Jackson Shapiro. **Director of Baseball Administration:** Mathias Altman-Kurosaki. **Director of Marketing:** Tate Jordan.
Regular Season: 96 games (split schedule). **2021 Opening Date:** May 23. **Closing Date:** Sept. 8
Playoff Format: Three-game divisional playoffs. Winners meet in best-of-three series for league championship. **Roster Limit:** 25 active, minimum of 22 dressed for each game. **Player Eligibility Rule:** The players on a Member Club's Active Roster may have played professional baseball for three (3) or fewer years.

STADIUM INFORMATION

			Dimensions				
Club	Stadium	Opened	LF	CF	RF	Capacity	2023 Att.
Billings	Dehler Park	2008	329	410	350	3,071	110,463
Boise	Memorial Stadium	1989	335	400	335	3,426	162,922
Glacier	Flathead Field	2022	330	405	335	3,000	100,661
Grand Junction	Sam Suplizio Field	1949	302	400	333	7,014	67,500
Great Falls	Centene Stadium at Legion Park	1956	335	414	335	3,800	66,254
Idaho Falls	Melaleuca Field	1976	340	400	350	3,400	91,459
Missoula	Ogren Park at Allegiance Field	2004	309	398	287	3,500	90,653
Northern Colorado	TicketSmarter Stadium	2023				6,500	N/A
Oakland	Laney College Baseball Field	2024					N/A
Ogden	Lindquist Field	1997	335	396	334	5,000	164,561
Rocky Mountain	Security Service Field	1988	350	410	350	8,500	114,041
Yolo	Phil Swimley Field	2024	310	410	310	3,500	N/A

BILLINGS MUSTANGS

Office Address: Dehler Park, 2611 9th Avenue North, Billings, MT 59101.
Mailing Address: PO Box 1553, Billings, MT 59103-1553.
Telephone: (406) 252-1241. **Fax:** (406) 252-2968.
E-Mail Address: mustangs@billingsmustangs.com. **Website:** billingsmustangs.com.
Years in League: 1948-63, 1969-

OWNERSHIP/MANAGEMENT
Operated By: Mustangs Baseball LLC.
President/CEO: Dave Heller. **General Manager:** Matt Allen. **Director, Ballpark Operations:** Matt Schoonover. **Director, Broadcasting/Media Relations:** Avery Cooper. **Director, Food and Beverage Services:** Curt Prchal.

FIELD STAFF
Manager: Craig Maddox. **Pitching Coach:** Dennis Rasmussen. **Hitting Coach:** Joel Hartman..

GAME INFORMATION
Stadium Name: Dehler Park. **Location:** I-90 to Exit 450, north on 27th Street North to 9th Avenue North.

BOISE HAWKS

Address: 5600 N. Glenwood St. Boise, ID 83714.
Telephone: (208) 322-5000. **Fax:** (208) 322-6846.
Website: www.boisehawks.com. **Years in League:** 1975-76, 1978, 1987-Present.

OWNERSHIP/MANAGEMENT
Operated by: Boise Professional Baseball LLC. **President:** Jeff Eiseman. **HR & Operations:** Missy Martin. **Vice President/General Manager:** Mike Van Hise. **Assistant GM of Facility Operations:** Jake Lusk. **Director of Admininstration and Finance:** Judy Peterson. **Assistant GM of Sales:** Colton Hampson. **Director of Stadium and Clubhouse Operations:** Steve Staub. **Account Executives:** Dalton Schultz, Seth Woody. **Box Office Coordinator:** Dan Hill. **Marketing Manager:** Paige Plotzke. **Baseball Communications Coordinator:** Craig Lawson.

FIELD STAFF
Manager: Gary Van Tol. **Director of Scouting:** Jimmy Johnson. **Athletic Trainer:** Shane Nelson. **Mental Skills Coordinator:** Coleman Evans.

GAME INFORMATION
Stadium Name: Memorial Stadium. **Location:** I-84 to Cole Rd., north to Western Idaho Fairgrounds at 5600 North Glenwood St.

PARTNER/INDEPENDENT LEAGUES

GLACIER RANGE RIDERS

Address: 75 McDermott Lane Kalispell, MT 59901
Website: gorangeriders.com
E-mail: information@gorangeriders.com. **Years in League:** 2022–

OWNERSHIP/MANAGEMENT
Operated by: Ridge Run Enterprises, LLC. **Principal Owner:** Marty Kelly. **Vice President:** Chris Kelly. **GM:** Erik Moore.

FIELD STAFF
Manager: Paul Fletcher. **Coaches:** Tommy Thompson, Stu Pederson. **Special Advisors to the GM:** Todd Pratt and Jesse Crain.

GAME INFORMATION
No. of Games Broadcast: 96.

GRAND JUNCTION JACKALOPES

Address: 1315 North Ave., Grand Junction, CO, 81501
Telephone: (970) 255-7625. **Fax:** (970) 241-2374
Email: mritter@gjrockies.com. **Website:** www.gjjackalopes.com
Years in League: 2001–

OWNERSHIP/MANAGEMENT
President: Mick Ritter. **General Manager:** Harrison Shapiro. **Assistant GM:** Devin Selleck. **Director of Broadcasting and Sales:** Ethan Jordan. **Director of Community Relations:** Lucas Tollin.

FIELD STAFF
Manager: Chris Knabenshue.

GAME INFORMATION
Radio Announcer: Ethan Jordan. **No. of Games Broadcast:** 96. **Stadium Name:** Suplizio Field. **Location:** 1315 North Ave. Grand Junction, CO 81501.

GREAT FALLS VOYAGERS

Address: 1015 25th St N, Great Falls, MT 59401.
Telephone: (406) 452-5311. **Fax:** (406) 454-0811.
E-Mail Address: voyagers@gfvoyagers.com. **Website:** www.gfvoyagers.com.
Years in League: 1948-1963, 1969–

OWNERSHIP/MANAGEMENT
Operated By: Great Falls Baseball Club.
Owner/CEO: Vinny Purpura. **President:** Scott Reasoner. **General Manager:** John Burks. **Salesl Manager:** Jess Teesdale. **Baseball Operations:** Landon Fish. **Promotions and Marketing Coordinator:** Noelle McGlinn.

FIELD STAFF
Manager/Director of Player Operations: Sean Repay. **Hitting Coach:** EJ Devarie. **Pitching Coach:** Pete Horner.

GAME INFORMATION
No. of Games Broadcast: 96. **Stadium Name:** Centene Stadium. **Location:** From I-15 to exit 281 (10th Ave S), left on 26th, left on Eighth Ave North, right on 25th, ballpark on right, past railroad tracks.

IDAHO FALLS CHUKARS

Office Address: 900 Jim Garchow Way, Idaho Falls, ID 83402.
Mailing Address: PO 2183, Idaho, ID 83403. **Telephone:** (208) 522-8363. **Fax:** (208) 522-9858.
E-Mail Address: chukarsbaseball@gmail.com. **Website:** www.ifchukars.com.
Years in League: 1940-42, 1946–

OWNERSHIP/MANAGEMENT
Operated By: The Elmore Sports Group. **Principal Owner:** David Elmore. **President/General Manager:** Kevin Greene.
General Managers of Business Operations: Paul Henderson, Chris Hall. **Account Executives:** Sara Perkins, Hunter Blackmon. **Controller:** MacKenzie Cooper.

FIELD STAFF
Manager: Troy Percival.

PARTNER/INDEPENDENT LEAGUES

GAME INFORMATION
Stadium Name: Melaleuca Field. **Location:** I-15 to West Broadway exit, left onto Memorial Drive, right on Mound Avenue, 1/4 mile to the stadium.

MISSOULA PADDLEHEADS

Address: 140 N Higgins, Suite 201, Missoula, MT 59802. **Telephone:** (406) 543-3700. **E-Mail Address:** mellis@gopaddleheads.com. **Website:** www.gopaddleheads.com.
Years in League: 1956-60, 1999-.

OWNERSHIP/MANAGEMENT
Operated By: Big Sky Professional Baseball LLC. **Co-Chairs:** Peter & Susan Crampton Davis. **President:** Matt Ellis. **Senior Director of Sales and Retail:** Kim Klages Johns. **Director of Wow:** Sam Boyd. **Director of Accounting and HR:** Rebecca Anciaux. **Creative Content and Marketing Manager:** Riley Fox. **Retail:** Dawna Kulaski. **Stadium Ops Manager:** Jayden Commendatore. **Ticket Operations and Community Engagement Specialist:** Meredith Wright.

FIELD STAFF
Manager: Michael Schlact. **Hitting Coach:** Tyler Jeske.

GAME INFORMATION
Stadium Name: Ogren Park Allegiance Field. **Location:** 700 Cregg Lane, Missoula MT 59801. **Directions:** Take Orange Street to Cregg Lane, west on Cregg Lane, stadium west of McCormick Park past railroad trestle.

NORTHERN COLORADO OWLZ

Address: 1801 Diamond Valley Drive Windsor, CO 80550. **Telephone:** 970-460-0151. **E-Mail Address:** info@futurelegendscomplex.com. **Website:** www.nocoowlz.com. **Years in League:** 2022-.

OWNERSHIP/MANAGEMENT
Principal Owner: Jeff Katofsky. **General Manager:** Jason Ficca. **Baseball Operations Manager:** Andrew Shin. **Pro Sports Communications Manager:** Blake Baker. **Art Manager:** Nate Martinez. **Director of Ticketing:** Jacob Nemitz.

FIELD STAFF
Manager: Frank Gonzales.

GAME INFORMATION
No. of Games Broadcast: 96.

OAKLAND BALLERS

E-Mail Address: media@oaklandballers.com. **Website:** oaklandballers.com.
Years in League: 2024

OWNERSHIP/MANAGEMENT
Co-Founder and CEO: Paul Freedman. **Co-Founder and Chief Experience Officer:** Bryan Carmel. **EVP of Baseball Operations:** Don Wakamatsu. **Assistant General Manager, Baseball Operations:** Tyler Peterson. **Communications Officer:** Cataline Brennan-Gatica.

FIELD STAFF
Manager: Micah Franklin. **Pitching Coach:** Ray King.

OGDEN RAPTORS

Address: 2330 Lincoln Ave, Ogden, UT 84401. **Telephone:** (801) 393-2400. **Fax:** (801) 393-2473.
E-Mail Address: homerun@ogden-raptors.com. **Website:** www.ogden-raptors.com.
Years in League: 1939-42, 1946-55, 1966-74, 1994-Present

OWNERSHIP/MANAGEMENT
Operated By: Ogden Professional Baseball, Inc.
President: Dave Baggott. **General Manager:** Trever Wilson. **Director Media Relations and Broadcaster:** Ellis Beacom. **Director, Information Technology:** Chris Greene. **Director, Social Media:** Kevin Johnson. **Director, Public Relations:** Pete Diamond. **Assistant Director, Gameday Operations:** Richard Armstrong.

PARTNER/INDEPENDENT LEAGUES

FIELD STAFF
Manager: Evan Parker. **Hitting Coach:** Ed Campaniello. **Coach:** Mason Ross. **Athletic Trainer:** Jessic Vlisides.

GAME INFORMATION
Stadium Name: Lindquist Field. **Location:** I-15 North to 21st Street exit, east to Lincoln Avenue, south three blocks to park.

YOLO HIGH WHEELERS

E-Mail Address: info@highwheelers.com. **Website:** highwheelers.com.
Years in League: 2024-

OWNERSHIP/MANAGEMENT
Co-Founder and CEO: Paul Freedman. **Co-Founder and Chief Experience Officer:** Bryan Carmel. **General Manager:** Tony Loparco.

FIELD STAFF
Manager/Assistant GM: Billy Horton. **Bench Coach:** Gary Davenport. **Pitching Coach:** Jerome Williams. **Baseball Operations Assistant:** AJ Crapo.

INDEPENDENT LEAGUES

PECOS LEAGUE

Website: www.PecosLeague.com. **Address:** PO Box 271489, Houston, TX 77277. **Telephone:** (575) 680-2212.
E-mail: info@pecosleague.com.
Commissioner: Andrew Dunn.
Pacific Division: Bakersfield Train Robbers, Marysville Drakes, San Rafael Pacifics, Vallejo Seaweed, Martinez Sturgeon, Monterey Amberjacks, Dublin Leprechauns
Mountain Division: Roswell Invaders, Alpine Cowboys, Austin Weirdos, Blackwell FlyCatchers, North Platte 80s, Santa Fe Fuego, Trinidad Triggers, Pecos Bills, Garden City Wind and Tucson Saguaros.
Year Founded: 2010.
Regular Season: 54 games. **Start Date:** May 23. **Finish Date:** Aug. 11.
Eligibility Rules: 25 and under. 22-player rosters.
Brand of Baseball: Rawlings..

UNITED SHORE PROFESSIONAL BASEBALL LEAGUE

Location: Jimmy Johns Field. 7171 Auburn Rd, Utica, MI. 48317. **Telephone:** (248) 601-2400.
Email: baseballoperations@uspbl.com. **Website:** www.uspbl.com
Owner and CEO: Andy Appleby. **President:** Dana Schmitt. **Senior Vice President, Client Services:** Jeremiah Hergott. **Director of Baseball Operations:** Shane McCatty. **Senior Vice President, Sales:** Dan Griesbaum Jr. **Vice President, Marketing:** Katie Page. **Vice President, Ballpark Operations:** Dillon DuBois. **Vice President, Ticket Operations:** Brian Piper Senior **Director of Baseball Administration:** Mike Zielinski. **Director of Finance & Accounting:** Nick Cowles. **Director of Finance, Administration:** Ryan Porath. **Director of Corporate Partnership Services:** Dan Veit. **Director of Food & Beverage:** Azaria Ali. **Assistant Director of Food & Beverage:** Ronald Johnson. **Assistant Director of Ballpark Operations:** Landon Danks. **Merchandise Director:** Abbey Robinson. **Graphic Designer:** Kristen Soullier. **Director of Premium Sales & Service:** Adam Lewis. **Community Relations Coordinator:** Noah Theiler. **Promotions Manager:** Monica Kurjan. **Assistant to the President:** Molly Urquhart. **Premium Account Representatie:** Owen Gretkierewicz. **Group Sales & Service Manager:** David Acord. **Sales Account Executive:** Cameron Mercer. **Sales Account Representative:** Mackenzie Malone.
Teams: Birmingham-Bloomfield Beavers, Eastside Diamond Hoppers, Utica Unicorns, Westside Woolly Mammoths.
Managers: Birmingham: John Dombrowski. **Birmingham Assistant Manager:** Frankie Lucska. **Eastside:** Ryan Kotke/John Dombrowski. **Eastside Assistant Manager:** Mike Rice **Utica:** Jim Essian. **Utica Assistant Manager:** Pat Adams. **Westside:** Taylor Grzelakowski. **Westside Assistant Manager:** Justin Karn. **Field Coordinator:** Paul Noce. **DVS Consultant:** Justin Orenduff. **Pitching Coordinator:** Mitch Aker. **Developmental Scout and Coach:** Josh Simonis. **Assistant Scouting Director:** Rye Pothakos. **Assistant DVS Pitching Coordinator:** Collin McGran. **Volunteer Assistant DVS Pitching Coach:** Tyler Frankhouse
Roster Limit: 20. **Eligibility Rules:** Players must be between 18 and 26 years old.

INTERNATIONAL

INTERNATIONAL LEAGUES

AMERICAS

MEXICO

MEXICAN LEAGUE

Address: Avenida Insurgentes Sur #797 Interior 3 y 4. Col. Nápoles. C.P. 03810, Benito Juárez, Ciudad de México. **Telephone:** 52-5557-1007. **E-Mail Address:** oficina@lmb.com.mx. **Website:** milb.com/mexican
Years League Active: 1925-
President: Horacio De la Vega Flores. **Sports Director:** Gabriel Medina Espinosa.
Division Structure. North Division: Acereros de Monclova; Algodoneros del Unión Laguna; Charros de Jalisco; Dorados de Chihuahua; Generales de Durango; Rieleros de Aguascalientes; Saraperos de Saltillo; Sultanes de Monterrey; Tecolotes de los Dos Laredos; Toros de Tijuana. **South Division:** Bravos de León; Conspiradores de Querétaro; Diablos Rojos del México; El Águila de Veracruz; Guerreros de Oaxaca; Leones de Yucatán; Olmecas de Tabasco; Pericos de Puebla; Piratas de Campeche; Tigres de Quintana Roo.
Regular Season: 93 games (split-schedule).
2024 Opening Date: April 11. **Closing Date:** Aug. 1.
Playoff Format: Six teams from each division qualify for a four-round playoff. **Championship round is best-of-seven series.**
Roster Limit: 30 (32 with 2 rookies). **Roster Limit, Imports:** 20.

AGUASCALIENTES RIELEROS
Office Address: Andador Manuel Madrigal 102 Héroes 20190 Aguascalientes. **Telephone:** 01 449 915 15 96 y 97. **E-Mail Address:** hola@rielerosags.com. **Website:** rielerosags.com.

CAMPECHE PIRATAS
Office Address: Calle Filiberto Qui Farfán No. 2, Col. Camino Real, CP 24020, Campeche, Campeche. **Telephone:** (52) 981-827-4759. **E-Mail Address:** http://www.piratasdecampeche.mx/contacto/ Website: piratasdecampeche.mx.

CHIHUAHUA DORADOS
Office Address: Plaza Citadela, Edificio CD1, Calle Vía Lombardía No. 5705 int. 408. Colonia El Saucito 31110 Chihuahua. **Telephone:** 6144303790

DOS LAREDOS TECOLOTES
Office Address: Reforma 4310, Col. México, Nuevo Laredo, Tamps. **Telephone:** (52) 1 867 279 8519. **E-Mail Address:** contacto@tecolotes2laredos.com. **Website:** tecolotes2laredos.com.

DURANGO GENERALES
Office Address: De Los Deportes, Unidad Deportiva, 98005_00 Zacatecas, ZAC. **Telephone:** (52) 618-196-4267. **E-Mail Address:** info@generalesdedurango.com. **Website:** generalesdedurango.com.

JALISCO CHARROS
Office Address: Club de Beisbol Charros de Jalisco C. Santa Lucía 373 Col. Tepeyac C.P. 45150 Zapopan, Jal. Estadio Panamericano. **Telephone:** (52) 331-293-4018. **E-Mail Address:** contacto@charrosjalisco.com Website: charrosjalisco.com

LAGUNA ALGODONEROS
Office Address: Algodoneros Unión Laguna Juan Gutemberg s/n C.P. 27000 Torreón, Coah. Estadio Revolución. **Telephone:** (52) 871-718-5415. **E-Mail Address:** info@unionlaguna.mx. **Website:** unionlaguna.mx.

LEON BRAVOS
Office Address: Estadio Domingo Santana Boulevard Congreso de Chilpancingo 803, Unidad Deportiva. **León Guanajuato, México. CP 37237. Telephone:** (52) 477-272-8675. **E-Mail Address:** contacto@bravosdeleon.mx. **Website:** bravosdeleon.com.

MEXICO CITY DIABLOS ROJOS
Office Address: Av Río Churubusco #1001, Colonia ex-ejidos de la Magdalena Mixhuca, Alcaldía Iztacalco, C.P. **08010 CDMX. Telephone:** (56) 91-28-72-92. **E-Mail Address:** contacto@diablos-rojos.com. **Website:** diablos.com.mx.

MONCLOVA ACEREROS
Office Address: Cuauhtémoc #299, Col Ciudad Deportiva, CP 25750, Monclova, Coahuila. **Telephone:** (52) 866-636-2650. **E-Mail Address:** contacto@acereros.com.mx. **Website:** acereros.com.mx.

MONTERREY SULTANES
Office Address: Estadio de Beisbol Monterrey, en Av. Manuel L. Barragán S/N, Col. Regina, CP. 64290 Monterrey, N.L. **Telephone:** (52) 81-2270-2000. **E-Mail Address:** info@sultanes.com.mx. **Website:** sultanes.com.mx.

OAXACA GUERREROS
Office Address: Calz. Héroes de Chapultepec S.N. esq calle de los Derechos Humanos Col. Centro, Oaxaca de Juárez. T**elephone:** (52) 951-515-5522. **E-Mail Address:** contacto@guerreros.mx. **Website:** guerreros.mx.

PUEBLA PERICOS
Office Address: Calz. **Ignacio Zaragoza 666, Maravillas. 72220 Puebla, Mexico. E-Mail Address:** contacto@pericosdepuebla.com. **Website:** pericosdepuebla.com.

QUERETARO CONSPIRADORES
Office Address: Calle Lic. Manuel Gómez Morin 3960, Piso 14, Oficina H Centro Sur, 76090 Santiago de Querétaro, Qro. **Telephone:** 442 229 33 56 E-Mail Address: Contacto@conspiradoresqro.mx Website: www.conspiradoresqro.mx

QUINTANA ROO TIGRES
Office Address: SM 21, 21, 77500 Cancún, Quintana Roo. **Telephone:** (52) 998-887-3108. **E-Mail Address:** medios@tigresqroo.com. **Website:** tigresqroo.com.

SALTILLO SARAPEROS
Office Address: Blvd. Nazario Ortiz S/N Col. Ciudad Deportiva CP. 25284 Saltillo, Coahuila. **Telephone:** (52) 844-416-9455. **E-Mail Address:** contacto@saraperos.com.mx. **Website:** saraperos.com.mx.

TABASCO OLMECAS
Office Address: Avenida Velódromo de la Ciudad Deportiva S/N, Atasta, 86100 Villahermosa, Tabasco. **Telephone:** (52) 993-352-2787. **E-Mail Address:** hola@olmecastabasco.mx. **Website:** olmecastabasco.mx.

TIJUANA TOROS
Office Address: Misión de Santo Tomás Río Eufrates con, Col. **Infonavit Capistrano, 22223 Tijuana, B.C., Mexico. Telephone:** (52) 664-635-5600. **E-Mail Address:** contacto@torosdetijuana.com. **Website:** torosdetijuana.com.

VERACRUZ AGUILA
Office Address: Paseo Jacarandas 224 B, Virginia, 94294, Boca del Río, Veracruz. **E-Mail Address:** contacto@elaguiladeveracruz.com. **Website:** elaguiladeveracruz.com.

YUCATAN LEONES
Office Address: Calle 6 N°315 x 35, Col. **Morelos Oriente, Mérida, Yucatán. C.P. 97174. Telephone:** (52) 999-432-0655. **E-Mail Address:** contacto@leones.mx. **Website:** leones.mx.

MEXICAN ACADEMY

Rookie Classification
Mailing Address: Av. **El Fundador #100, Col. San Miguel, El Carmen N.L., C.P. 66550. Telephone:** (81) 8158-7900. **Fax:** (52) 555-395-2454. **E-Mail Address:** pgarza@academia-lmb.com. **Website:** academia-lmb.com.
Directors General: Pablo Garza Garcia, Salvador Viera Higuera. **Communications:** Pablo Garza Garcia.
Regular Season: 50 games.

DOMINICAN REPUBLIC

DOMINICAN SUMMER LEAGUE

Mailing Address: Calle Segunda No. **33, Sector Antillas, La Feria, Santo Domingo, Dominican Republic. Telephone:** (809) 532-3619. **Website:** milb.com/dominican-summer. **E-Mail Address:** ligadeverano@codetel.net.do.
Years League Active: 1985-.

President: Orlando Diaz.
Member Clubs/Division Structure: Baseball City—Baltimore Black, Baltimore Orange, Blue Jays, D-backs Black, D-backs Red, Padres, Reds. **North**—Boston Blue, Boston Red, Cleveland Blue, Cleveland Red, Houston Blue, Houston Orange, Kansas City Glass, Kansas City Stewart. **Northeast**—Cubs Blue, Cubs Red, Mets 1, Mets 2, NYY Bombers, NYY Yankees, Pittsburgh Black, Pittsburgh Gold. **Northwest**—Athletics, Braves, Dodgers Bautista, Dodgers Mega, Marlins, Miami, Rays, Tampa Bay. **San Pedro**—Brewers 1, Brewers 2, Phillies Red, Phillies White, Texas Blue, Texas Red, Tigers 1, Tigers 2, White Sox. **South**—Angels, Cardinals, Colorado, Giants Black, Giants Orange, Mariners, Nationals, Rockies, Twins.
Regular Season: 72 games. **Opening Date:** Monday, June 3rd. **Closing Date:** Tuesday, August 20th.
Playoff Format: Eight teams qualify for playoffs, including six division winners and two wild-card teams. Three-round tournament. Each round is a best-**of-three series.**
Roster Limit: 35 active.

ASIA

JAPAN

Mailing Address: Mita Belljiu Building, 11th Floor, 5-36-7 Shiba, Minato-ku, Tokyo 108-0014. **Telephone:** 03-6400-1189. **Fax:** 03-6400-1190.
Website: npb.jp, npb.jp/eng
Commissioner: Sadayuki Sakakibara.
Secretary General: Atsushi Ihara. **Executive Director, Baseball Operations:** Minoru Hata. **Executive Director, NPB Rules & Labor:** Nobuhisa "Nobby" Ito.
Executive Director, Central League Operations: Kazuhide Kinefuchi. **Executive Director, Pacific League Operations:** Kazuo Nakano.
Nippon Series: Best-of-seven series between Central and Pacific League champions, begins Oct. 26.
All-Star Series: July 23 at Es Con Field in Hokkaido; July 24 at Meiji Jinju Stadium in Tokyo.
Roster Limit: 70 per organization (one major league club, one minor league club). Major league club is permitted to register 28 players at a time, though just 25 may be available for each game.
Roster Limit, Imports: Four in majors (no more than three position players or pitchers); unlimited in minors.

CENTRAL LEAGUE
Regular Season: 143 games.
2024 Opening Date: March 29. **All-Star Game:** July 23-24. **Climax Series:** Oct. **16.**
Playoff Format: Second-place team meets third-place team in best-of-three series. Winner meets first-place team in best-of-seven series to determine representative in Japan Series (first-place team has one-game advantage to begin series).

CHUNICHI DRAGONS
Mailing Address: Chunichi Bldg 6F, 4-1-1 Sakae, Naka-ku, Nagoya 460-0008. **Telephone:** 052-261-8811.
Field Manager: Kazuyoshi Tatsunami.

HANSHIN TIGERS
Mailing Address: 2-33 Koshien-cho, Nishinomiya-shi, Hyogo-ken 663-8152. **Telephone:** 0798-46-1515.
Field Manager: Akinobu Okada.

HIROSHIMA TOYO CARP
Mailing Address: 2-3-1 Minami Kaniya, Minami-ku, Hiroshima 732-8501. **Telephone:** 082-554-1000.
Field Manager: Fujiii Akihito.

TOKYO YAKULT SWALLOWS
Mailing Address: Seizan Bldg, 4F, 2-12-28 Kita Aoyama, Minato-ku, Tokyo 107-0061. **Telephone:** 03-3405-8960.
Field Manager: Shingo Takatsu.

YOMIURI GIANTS
Mailing Address: Yomiuri Shimbun Bldg, 26F, 1-7-1 Otemachi, Chiyoda-ku, Tokyo 100-8151. **Telephone:** 03-3246-7733. **Fax:** 03-3246-2726.
Manager: Shinnosuke Abe.

PACIFIC LEAGUE
Regular Season: 143 games.
2024 Opening Date: March 29. **Climax Series:** Oct. **16. Playoff Format:** Second-place team meets third-place team in best-of-three series. Winner meets first-place team in best-of-seven series to determine league's representative in Japan Series (first-place team has one-game advantage to begin series).

CHIBA LOTTE MARINES
Mailing Address: 1 Mihama, Mihama-ku, Chiba-shi, Chiba-ken 261-8587. **Telephone:** 03-5682-6341.
Field Manager: Masato Yoshii.

FUKUOKA SOFTBANK HAWKS
Mailing Address: Fukuoka Yahuoku Japan Dome, Hawks Town, 2-2-2 Jigyohama, Chuo-ku, Fukuoka 810-0065. **Telephone:** 092-847-1006. **Owner:** Masayoshi Son.
Field Manager: Hiroshi Kokubo.

HOKKAIDO NIPPON HAM FIGHTERS
Mailing Address: 1 Hitsujigaoka, Toyohira-ku, Sapporo 062-8655. **Telephone:** 011-857-3939.
Field Manager: Tsuyoshi Shinjo.

ORIX BUFFALOES
Mailing Address: 3-Kita-2-30 Chiyozaki, Nishi-ku, Osaka 550-0023. **Telephone:** 06-6586-0221. **Fax:** 06-6586-0240.

INTERNATIONAL LEAGUES

Field Manager: Satoshi Nakajima.

SAITAMA SEIBU LIONS
Mailing Address: 2135 Kami-Yamaguchi, Tokorozawa-shi, Saitama-ken 359-1189. **Telephone:** 04-2924-1155. **Fax:** 04-2928-1919.
Field Manager: Kazuo Matsui.

TOHOKU RAKUTEN GOLDEN EAGLES
Mailing Address: 2-11-6 Miyagino, Miyagino-ku, Sendai-shi, Miyagi-ken 983-0045. **Telephone:** 022-298-5300. **Fax:** 022-298-5360.
Field Manager: Toshiaki Imae.

KOREA

KOREA BASEBALL ORGANIZATION
Mailing Address: 278 Gangnam-daero, Seoul, Korea 06258. **Telephone:** (02) 3460-4600.
Years League Active: 1982-.
Website: koreabaseball.com.
Commissioner: Heo Koo-youn. **Secretary General:** Yang Hae-Young.
Member Clubs: Doosan Bears, Hanwha Eagles, Kia Tigers, KT Wiz, LG Twins, Lotte Giants, NC Dinos, Kiwoom Heroes, Samsung Lions, SSG Landers.
Regular Season: 144 games. **2024 Opening Date:** March 23. **All-Star Game:** July 6-7.
Playoffs: Third- and fourth-place teams meet in best-of-three series; winner advances to meet second-place team in best-of-five series; winner meets first-place team in best-of-seven Korean Series for league championship.
Roster Limit: 26 active through Sept 1, when rosters expand to 31. **Imports:** Two active.

TAIWAN

CHINESE PROFESSIONAL BASEBALL LEAGUE
Mailing Address: 2F, No 32, Pateh Road, Sec 3, Taipei, Taiwan 10559. **Telephone:** 886-2-2577-6992. **Website:** cpbl.com.tw.
Years League Active: 1990-.
Commissioner: Chi-Chang Tsai.
Member Clubs: Chinatrust Brothers, Fubon Guardians, Rakuten Monkeys, TSG Hawks, Uni-President 7-Eleven Lions, Weichuan Dragons.
Regular Season: 120 games. Each team plays 60 games in the first and second halves of the season.
Player Limits: 25 active players. Three foreign players and no more than two foreign players on the field per team at any time.
2024 Opening Date: March 30. **All-Star Game:** July 20-21.
Playoffs: Half-season winners are eligible for the postseason. If a non-half-season winner team possesses a higher overall winning percentage than any other half-season winner, then this team gains a wild card and will play a best-of-five series against the half-season winner with the lower winner percentage. The winner of the playoff series advances to Taiwan Series (best-of-seven). If the same team clinches both first- and second-half seasons, then that team is awarded one win to start the Taiwan Series.

INTERNATIONAL LEAGUES

EUROPE

NETHERLANDS
DUTCH MAJOR LEAGUE CLUBS

Mailing Address: Koninklijke Nederlandse Baseball en Softball Bond (Royal Dutch Baseball and Softball Association), Postbus 2650, 3430 GB Nieuwegein, Holland. **Telephone:** 31-30-202-0100. **Website:** www.knbsb.nl. **Chairman:** Mark Herbold. **Legal Affairs:** Peter van der Aart. **National Teams and Talent Development:** Job van Beekhoven. **Treasurer:** Remko de Bie. **Marketing, Communications and Commerce:** Gerald Smith.

ITALY
ITALIAN BASEBALL LEAGUE CLUBS

Mailing Address: Federazione Italiana Baseball Softball, Viale Tiziano 74, 00196 Roma, Italy. **Telephone:** 39-06-32297201. **FAX:** 39-06-01902684. **Website:** www.fibs.it
President: Marco Landi.

WINTER BASEBALL

CARIBBEAN BASEBALL CONFEDERATION

Mailing Address: Frank Feliz Miranda No 1 Naco, Santo Domingo, Dominican Republic. **Telephone:** (809) 381-2643. **Fax:** (809) 565-4654.
Commissioner: Juan Francisco Puello. **Secretary:** Benny Agosto.
Member Countries: Cuba, Colombia, Dominican Republic, Mexico, Panama, Puerto Rico, Venezuela.
2024 Caribbean Series: Miami, Fla., February.

DOMINICAN LEAGUE

Office Address: Ave. Tiradentes, Ensanche La Fé, Estadio Quisqueya, Santo Domingo, Dominican Republic. **Telephone:** (809) 567-6371. **Fax:** (809) 567-5720. **E-Mail Address:** ligadom@hotmail.com. **Website:** lidom.com.
Years League Active: 1951-.
President: Vitelio Mejía Ortiz. **Vice President:** Winston Llenas Davila.
Member Clubs: Aguilas Cibaenas, Estrellas de Oriente, Gigantes del Cibao, Leones del Escogido, Tigres del Licey, Toros del Este.
Regular Season: 50 games.
Playoff Format: Top four teams meet in 18-game round-robin. Top two teams advance to best-of-nine series for league championship. Winner advances to Caribbean Series.
Roster Limit: 30. **Imports:** 7.

MEXICAN PACIFIC LEAGUE

Mailing Address: Ave. Américas No. 1905, 5to. Piso, Col. Colomos Providencia, Guadalajara, Jalisco. **Telephone:** (52) 33 38 17 07 68. **E-Mail Address:** medios@lmp.mx. **Website:** lmp.mx.
Years League Active: 1958-.
President: Carlos Manrique Gonzalez. **General Manager:** Christian Veliz Valencia.
Member Clubs: Culiacan Tomateros, Guasave Algodoneros, Hermosillo Naranjeros, Jalisco Charros, Los Mochis Cañeros, Mazatlan Venados, Mexicali Aguilas, Monterrey Sultanes, Navojoa Mayos, Obregon Yaquis.
Regular Season: 68 games.
Playoff Format: Six teams advance to best-of-seven quarterfinals. Three winners and losing team with best record advance to best-of-seven semifinals. Winners meet in best-of-seven series for league championship. Winner advances to Caribbean Series.
Roster Limit: 30. **Imports:** 5.

PUERTO RICAN LEAGUE

Office Address: Avenida Munoz Rivera 1056, Edificio First Federal, Suite 501, Rio Piedras, PR 00925. **Mailing Address:** PO Box 191852 San Juan, PR 00919—1852. **Telephone:** (786) 244-1146. **Website:** ligapr.com. **E-mail address:** info@ligapr.com
Years League Active: 1938-2007; 2008-
President: Juan Flores Galarza. **Operations Director:** Carlos J. Berroa Puertas. **Press Director:** Edna Garcia.
Member Clubs: Caguas Criollos, Carolina Gigantes, Mayaguez Indios, Ponce Leones, RA12, Santurce Cangrejeros.
Regular Season: 40 games.
Playoff Format: Top four teams meet in round robin series, with top two teams advancing to best-of-seven final. Winner advances to Caribbean Series.
Roster Limit: 30. **Imports:** 5.

VENEZUELAN LEAGUE

Mailing Address: Avenida Casanova, Centro Comercial "El Recreo," Torre Sur, Piso 3, Oficinas 6 y 7, Sabana Grande, Caracas, Venezuela. **Telephone:** (58) 212-761-6408. **Website:** lvbp.com.
Years League Active: 1946-.
Commissioner: Juan Francisco Puello Herrera.
Member Clubs: Anzoategui Caribes, Aragua Tigres, Caracas Leones, La Guaira Tiburones, Lara Cardenales, Magallanes Navegantes, Margarita Bravos, Zulia Aguilas.
Regular Season: 64 games.
Playoff Format: Top two teams in each division, plus a wild-card team, meet in 16-game round-robin series. Top two finishers meet in best-of-seven series for league championship. Winner advances to Caribbean Series.
Roster Limit: 26. **Imports:** 7.

COLOMBIAN LEAGUE

Office/Mailing Address: Hotel Eslait Cra 53 No. 72-27 2do piso, Baranquilla. **Telephone:** (57) 368-6561. **E-mail Address:** r.mendoza@diprobeisbol.com. **Website:** lpbcol.com.

INTERNATIONAL LEAGUES

President: Pedro Salzedo Salom. **Director, Operations:** Kodiro Miranda. **Director, Communications:** Ricardo Mendoza Puccini.
Member Clubs: Barranquilla Caimanes, Barranquilla Gigantes, Cartagena Tigres, Monteria Vaqueros, Santa Marta Leones, Sincelejo Toros.
Regular season: 42 games.
Playoff Format: Best-of-five semifinals, Best-of-seven championship series.

AUSTRALIA
AUSTRALIAN BASEBALL LEAGUE

Address: Suite 3.03 (Level 3) 88 Albert Road South Melbourne, VIC 3205. **Telephone:** (61) 3 9915 9900. **E-Mail Address:** playbaseball@baseball.com.au. **Website:** theabl.com.au.
CEO: Glenn Williams. **General Manager:** Shane Tonkin. **Marketing, Media and Communications:** Kaitlin Mason. **Events and Competitions Manager:** Sharon Butty.
Teams: Adelaide Giants, Auckland Tautara, Brisbane Bandits, Canberra Cavalry, Geelong-Korea, Melbourne Aces, Perth Heat, Sydney Blue Sox.
Opening Date: Play usually opens in November with playoffs in February.
Playoff Format: The teams with the best four records qualify for the playoffs. Teams are seeded 1-4, with the top two seeds hosting all three games of the best-of-three semifinal series. Winners advance to a best-of-three championship series.

DOMESTIC LEAGUE
ARIZONA FALL LEAGUE

Mailing Address: Arizona Fall League C/O Salt River Fields - Centerfield Office 7555 North Pima Road Scottsdale, AZ 85258. **Telephone:** (480)-990-1005. **E-Mail Address:** arizonafallleague@mlb.com. **Website:** mlb.com/arizona-fall-league. **Years League Active:** 1992-.
Operated by: Major League Baseball.
Communications: Chuck Fox.
Teams: Glendale Desert Dogs, Mesa Solar Sox, Peoria Javelinas, Salt River Rafters, Scottsdale Scorpions, Surprise Saguaros.
Regular season: 32 games. **Playoff Format:** Three teams advance to championship series. No. 2 plays No. 3 in one-game with winner advancing to face No. 1 team for title.
Roster Limit: 35 players per team plus a "taxi squad" of reserve players. Each major-league organization is required to provide seven players. Triple-A and Double-A players are eligible provided they are on Double-A or Triple-A rosters no later than August 15. Each organization is permitted to send two high Class A level players and two players below high Class A. No players with more than one year active or two years total of credited major-league service as of August 31 (including major league disabled list time) are eligible. Each team is allotted 20 pitchers but only 15 are designated "active" each game day.

COLLEGES

COLLEGE

COLLEGE ORGANIZATIONS

NATIONAL COLLEGIATE ATHLETIC ASSOCIATION
Mailing Address: 700 W. Washington Street, PO Box 6222, Indianapolis, IN 46206. **Telephone:** (317) 917-6222. **Fax:** (317) 917-6826 (championships), (317) 917-6710 (baseball).
E-mail Addresses: Division I Championship: aholman@ncaa.org (Anthony Holman), rlburh@ncaa.org (Randy Buhr), ctolliver@ncaa.org (Chad Tolliver), thalpin@ncaa.org (Ty Halpin), kgiles@ncaa.org (Kim Giles). **Division II Championship:** ebreece@ncaa.org (Eric Breece). **Division III:** jpwilliams@ncaa.org (J.P. Williams).
Websites: www.ncaa.org, www.ncaa.com.
President: Charlie Baker. **Managing director, Division I Championships/Alliances:** Anthony Holman. **Director, Division I Championships/Alliances:** Randy Buhr. **Associate Director, Championships/Alliances:** Chad Tolliver. **Division II Assistant Director, Championships/Alliances:** Eric Breece. **Division III Assistant Director, Championships/Alliances:** J.P. Williams. **Media Contact, Division I Championships, Alliances/College World Series:** Jeff Williams. **Playing Rules Contact:** Ty Halpin. **Statistics Contacts:** Jeff Williams (Division I and RPI); Mark Bedics (Division II); Sean Straziscar (Division III).
Division I Baseball Committee: Michael Alford (Vice President and Athletics Director, Florida State), Jay Artigues (Director of Athletics, Southeastern Louisiana), Mike Buddie (Army), Scott Dolson, (Director of Intercollegiate Athletics, Indiana), Mark Harlan (Utah), Matthew Hogue (Athletics Director, Coastal Carolina), Nathan Pine (Athletics Director, Air Force).
Division II Baseball Committee: Mark Shook (Kentucky Wesleyan College), John Phillips (Embry-Riddle), Guy S. Robertson (Frostburg State), Dustin Fuls (North Greenville), Matthew Akins (Saint Michael's College), Bryce Darnell (Missouri Southern State), Nathan Blackwood (Lubbock Christian), Desi Storey (Central Washington). **Division III Baseball Committee:** Dave Beccaria(Haverford College), Rick Carver(Franciscan University of Steubenville), Ben Cooprider(Grinnell College), Scott Dietz(Babson College), William Gorman(Wentworth Institute of Technology), Jimmy Habecker(Keuka College), Richard Kaiser(St. Louis Intercollegiate Athletic Conference), Frank Pericolosi(Pomona-Pitzer Colleges), Ira Thor(New Jersey City University), Jan Weisberg(Birmingham-Southern College).
2025 National Convention: Jan. 15-18 at Nashville.

2024 CHAMPIONSHIP TOURNAMENTS

NCAA DIVISION I
College World Series: Omaha, June 14-24
Super Regionals (8): Campus sites, June 7-10
Regionals (16): Campus sites, May 31-June 3

NCAA DIVISION II
World Series: USA Baseball National Training Complex, Cary, N.C. June 1-8.

NCAA DIVISION III
World Series: Classic Park, Eastlake, Ohio. May 31-June 6

NATIONAL JUNIOR COLLEGE ATHLETIC ASSOCIATION
Mailing Address: 8801 JM Keynes Drive, Suite 450, Charlotte, NC 28262. **Telephone:** (719) 590-9788. **Fax:** (719) 590-7324. **E-Mail Address:** mgarrison@njcaa.org. **Website:** www.njcaa.org.
Executive Director: Christopher Parker. **Director of Championships:** Danielle Lafferty. **Championships, Sports & Events Associate (D-II):** Kalyn Fetter. **Championships, Sports & Events Associate (D-III):** Ryan Jurden. **Director, Media Relations:** McKenzie Charest.

2024 CHAMPIONSHIP TOURNAMENTS

DIVISION I
World Series: Grand Junction, CO, May 25-June 1.
DIVISION II
World Series: Enid, OK, May 25-June 1.
DIVISION III
World Series: Auburn, NY, May 25-29/30.

CALIFORNIA COMMUNITY COLLEGE ATHLETIC ASSOCIATION
Mailing Address: 2017 O St., Sacramento, CA 95811. **Telephone:** (916) 444-1600. **Fax:** (916) 444-2616. **E-Mail Addresses:** ccarter@cccaasports.org, jboggs@cccaasports.org. **Website:** www.cccaasports.org.
Executive Director: Jennifer Cardone, Interim. **Director, Championships:** George Mategakis. **Administrative Assistant:** Rima Trotter, rtrotter@cccaa-sports.org.

2024 CHAMPIONSHIP TOURNAMENT

State Championship: May 8-11, Scolinos Field, Ponoma, Calif..

NORTHWEST ATHLETIC CONFERENCE
Mailing Address: Clark College TGB 121, 1933 Fort Vancouver Way, Vancouver, WA 98663. **Telephone:** (360) 992-2833. **Fax:** (360) 696-6210. **E-Mail Address:** nwaacc@clark.edu. **Website:** www.nwacsports.org.
Executive Director: Marco Azurdia. **Executive Assistant:** Shelly Grothe. **Sports Information Director:** Iain Dexter. **Director, Operations:** Alli Young.

2024 CHAMPIONSHIP TOURNAMENT

NWAC Championship: David Story Field, Lower Columbia (Wash.) JC, May 23-27.

AMERICAN BASEBALL COACHES ASSOCIATION
Office Address: 4101 Piedmont Parkway, Greensboro, NC 27410. **Telephone:** (336) 821-3140. **Fax:** (336) 886-0000. **E-Mail Address:** abca@abca.org. **Website:** www.abca.org. **Executive Director:** Craig Keilitz. **Deputy Executive Director:** Jon Litchfield. **Asst. Executive Director, Trade Show:** Juahn Clark. **Asst. Executive Director, Convention/Marketing:** Zach Haile. **Asst. Executive Director, Coaching Outreach:** Ryan Brownlee. **Chairman:** John Casey (Johnson & Wales). **President:** Matt Noone (Babson College).
2024 National Convention: Jan. 2-5 in Washington, D.C.

COLLEGE

NATIONAL ASSOCIATION OF INTERCOLLEGIATE ATHLETICS

Office Address: 120 W. 12th Street, Suite 700, Kansas City, Mo. 64105. Telephone: 816.595.8000. Rules Hotline: 816.595.8180. Website: www.naia.org. President And CEO: Jim Carr. Chief Operating Officer: Lynn Parman. Sr. VP of Finance and Championships: Kevin Dee. Director of Athletics Communications: Brad Cygan. Director of Communications: Jennifer Saab.
2024 Championship: May 24-31, Lewis-Clark State College, Lewiston, Idaho. Opening Rounds: May 13-16,

NCAA DIVISION I TEAMS
* Denotes recruiting coordinator

ABILENE CHRISTIAN WILDCATS

Conference: Western Athletic. Mailing Address: 1600 Campus Ct., Abilene, TX 79601. Website: www.acusports.com. Head Coach: Rick McCarty. Assistant Coaches: Blaze Lambert*, Casey Demko, Daniel Furuto. Home Field: Crutcher Scott Field. Seating Capacity: 4,000. Outfield Dimension: LF—333, CF—381, RF—303.

AIR FORCE

Conference: Mountain West.
Mailing Address: 2169 Field House Dr. Air Force Academy, CO 80840-9500. Website: www.goairforcefalcons.com. Head Coach: Mike Kazlausky. Telephone: (719) 333-0835. Baseball SID: Nick Cicere. Telephone: (719) 333-3950. Assistant Coaches: Tyler Dawson, Drew LaComb, Kyle Winkler. Home Field: Falcon Field. Seating Capacity: 1,000. Outfield Dimension: LF—349, CF—400, RF—316

AKRON

Conference: Mid-American. Address: 373 Carroll St. Akron, OH 44325. Website: www.gozips.com. Head Coach: Bryan Faulds. Baseball SID: Hunter Julius. Assistant Coaches: Danny Marcuzzo, Gerry Salisbury.
Home Field: Skeeles Field. Capacity: 1500. Outfield Dimensions: LF-320 CF-390 RF-310.

ALABAMA

Conference: SEC.
Address: 1201 Coliseum Drive, Coleman Colsiseum, Tuscaloosa, AL 35401. Website: www.RollTide.com. Head Coach: Rob Vaughn. Telephone: 205-348-4029. Baseball SID: Alex Thompson. Assistant Coaches: Mike Morrison, Jason Jackson, Anthony Papio.
Home Field: Sewell-Thomas Stadium. Capacity: 5,867. Outfield Dimensions: LF-320 CF-390 RF-320.

ALABAMA A&M

Conference: Southwestern.
Mailing Address: 4900 Meridian Street, PO Box 1597, Normal, AL 35762. Website: www.aamusports.com.
Head Coach: Elliott Jones. Telephone: (256) 372-7213. Baseball SID: Brian Howard. Telephone: (256) 372-5880.
Assistant Coaches: Ashanti Wheatley, Louis Whitlow, Deonte Parker. Home Field: Bulldog Baseball Field. Seating Capacity: 500. Outfield Dimension: LF—330, CF—402, RF—318

ALABAMA STATE

Conference: Southwestern Athletic. Address: 915 S Jackson St., Montgomery, AL 36104. Website: www.bamastatesports.com.
Head Coach: Jose Vazquez. Telephone: 334-229-5600. Baseball SID: Fred Sington. Assistant Coaches: Drew Clark*, Branch Kloess.
Home Field: Wheeler-Watkins Baseball Complex. Capacity: 500. Outfield Dimensions: LF—330, CF—400 RF—330.

ALABAMA-BIRMINGHAM

Conference: American.
Mailing Address: 1720 2nd Ave. S, Bartow Arena, Birmingham, AL 35294-1160. Website: uabsports.com.
Head Coach: Casey Dunn. Baseball SID: Taylor Holmberg. Telephone: (205) 934-7022.
Assistant Coaches: BJ Green, Brad Moss*, Brandon Moore.
Home Field: Regions Field. Seating Capacity: 8,500. Outfield Dimension: LF—320, CF—400, RF—325.

ALBANY

Conference: America East.
Address: 1400 Washington Avenue Albany, NY 12222. Website: ualbanysports.com.
Head Coach: Jon Mueller. Telephone: (518) 442-3014. Baseball SID: Taylor O'Connor. Telephone: (518) 442-3072. Assistant Coaches: Jeff Kaier*, Ben Moxley, Pierce Hendershot.
Home Field: Varsity Field.

ALCORN STATE

Conference: Southwestern.
Mailing Address: 1000 ASU Drive #510 Lorman, MS 39096. Website: www.alcornsports.com.
Head Coach: Reggie Williams. Telephone: (601) 877-4090. Baseball SID: Jessieca Carr.
Assistant Coaches: Kirt Cormier.
Home Field: William "Bill" Foster Field at Willie E. "Rat" McGowan Stadium.

APPALACHIAN STATE

Conference: Sun Belt
Address: 225 Broyhill Inn Lane Boone NC, 28607. Website: www.appstatesports.com.
Head Coach: Kermit Smith. Telephone: . Baseball SID: Matt Present. Telephone: Assistant Coaches: Britt Johnson*, Ricky Meinhold, Seth McLemore.
Home Field: Jim and Bettie Smith Stadium. Capacity: 1000. Outfield Dimensions: LF—335, CF—400, RF—330.

ARIZONA

Conference: Pac-12.
Address: The University of Arizona Athletics McKale Center 1 National Championship Drive P.O. Box 210096 Tucson, AZ 85721-0096. Website: ArizonaWildcats.com.
Head Coach: Chip Hale. Baseball SID: Brett Gleason. Assistant Coaches: Trip Couch, Kevin Vance, Toby DeMello.
Home Field: Hi Corbett Field. Capacity: 9,000. Outfield Dimensions: LF-366 CF-392 RF-349.

COLLEGE

ARIZONA STATE

Conference: Pac-12.
Mailing Address: Carson Center, PO Box 872505, Tempe, AZ 85287-2505. **Website:** www.thesundevils.com.
Head Coach: Willie Bloomquist. **Telephone:** (480) 965-3677. **Baseball SID:** Jeremy Hawkes. **Telephone:** (480) 965-9544.
Assistant Coaches: Anthony Gilich, Mike Goff.
Home Field: Phoenix Municipal Stadium. **Seating Capacity:** 8,775. **Outfield Dimension: LF**—345, **CF**—410, **RF**—345.

ARKANSAS

Conference: SEC
Address: 1255 S Razorback Rd, Fayetteville, AR 72701. **Website:** ArkansasRazorbacks.com
Head Coach: Dave Van Horn. **Telephone:** 479-575-3655. **Baseball SID:** Oliver Grigg. **Telephone:** 479-575-7696. **Assistant Coaches:** Nate Thompson*, Matt Hobbs, Bobby Wernes.
Home Field: Baum-Walker Stadium at George Cole Field. **Capacity:** 11121. **Outfield Dimensions: LF**—375, **CF**—400, **RF**—365.

ARKANSAS STATE

Conference: Sun Belt
Address: 217 Olympic Drive Jonesboro, AR 72401. **Website:** astateredwolves.com/sports/baseball
Head Coach: Tommy Raffo. **Telephone:** (870) 972-2700. **Baseball SID:** David Stinchcomb. **Telephone:** (870) 972-2541 **Assistant Coaches:** Drew LaBounty*, Bryan Hodge, Peyton Traywick.
Home Field: Tomlinson Stadium-Kell Field. **Capacity:** 1200. **Outfield Dimensions: LF**—335, **CF**—400, **RF**—335.

ARKANSAS-LITTLE ROCK

Conference: Ohio Valley.
Mailing Address: 2801 South University Ave. Little Rock, AR 72204. **Website:** www.lrtrojans.com.
Head Coach: Chris Curry. **Baseball SID:** Ryan Olson.
Assistant Coaches: Noah Sanders*, Brady, Cox, Josh Aguilar.
Home Field: Gary Hogan Field. **Seating Capacity:** 2,500. **Outfield Dimension: LF**—335, **CF**—390, **RF**—305.

ARKANSAS-PINE BLUFF

Conference: Southwestern.
Mailing Address: 1200 North University Drive, Mail Slot 4891, Pine Bluff, AR 71601. **Website:** www.uapblionsroar.com.
Head Coach: Carlos James. **Telephone:** (870) 575-8995. **Baseball SID:** Cameo Stokes. **Telephone:** (870) 575-7955. **Assistant Coaches:** Roger Mallison*, Shane Youman-Osuoha. **Telephone:** (870) 575-8995.
Home Field: Torii Hunter Baseball Complex. **Seating Capacity:** 1,000. **Outfield Dimension: LF**—331, **CF**—401, **RF**—331

ARMY

Conference: Patriot
Address: Doubleday Rd, West Point, NY 10996. **Website:** goarmywestpoint.com/sports/baseball
Head Coach: Chris Tracz. **Telephone:** . **Baseball SID:** Alex Funderburke. **Telephone:** **Assistant Coaches:** Mike Cole*, John Sheehan, Franklin Jennings.
Home Field: Doubleday Field @ Johnson Stadium.

Outfield Dimensions: LF—327, **CF**—400, **RF**—327

AUBURN

Conference: SEC
Address: 392 S Donahue Drive, Auburn, AL 36801. **Website:** auburntigers.com
Head Coach: Butch Thompson. **Telephone:** 334-844-4990. **Baseball SID:** George Nunnelley. **Telephone:** **Assistant Coaches:** Karl Nonemaker*, Gabe Gross, Everett Teaford.
Home Field: Plainsman Park. **Capacity:** 4096.
Outfield Dimensions: LF—315, **CF**—385, **RF**—331

AUSTIN PEAY STATE

Conference: Atlantic Sun.
Address: 601 College Street, Clarksville, TN 37040. **Website:** www.LetsGoPeay.com.
Head Coach: Roland Fanning. **Telephone:** 931-221-6266. **Baseball SID:** Cody Bush. **Telephone:** 931-221-7561. **Assistant Coaches:** Keirce Kimbel, Heath Holliday*, Jon Littell.
Home Field: Raymond C. Hand Park. **Capacity:** 777.
Outfield Dimensions: LF-319 CF-380 RF-300.

BALL STATE

Conference: Mid-American
Address: N. Tillotson Ave. Muncie, IN 47304. **Website:** ballstatesports,com
Head Coach: Richard Maloney. **Baseball SID:** Justin Borowitz. **Assistant Coaches:** Alex Maloney*, Justin Wechsler, Nick Caruso.
Home Field: First Merchants BallPark. **Capacity:** 1500.
Outfield Dimensions: LF—325, **CF**—395, **RF**—325

BAYLOR

Conference: Big 12
Address: 1612 S University Parks Dr, Waco, TX 76706. **Website:** BaylorBears.com/baseball
Head Coach: Mitch Thompson. **Telephone:** . **Baseball SID:** Max Calderone. **Telephone:** **Assistant Coaches:** Zach Dillon*, James Leverton, Jim Blair.
Home Field: Baylor Ballpark. **Capacity:** 5000. **Outfield Dimensions: LF**—330, **CF**—400, **RF**—330.

BELLARMINE

Conference: Atlantic Sun
Address: 2001 Newburg Rd Louisville, KY.
Head Coach: Chris Dominguez. **Telephone:** (502) 272-8278. **Baseball SID:** Adam Pruiett. **Telephone:** **Assistant Coaches:** Ross Spurgeon*, Cody Williams , Adam Elliott.
Home Field: Knights Field. **Outfield Dimension: LF**—335, **CF**—380, **RF**—335.

BELMONT

Conference: Missouri Valley.
Mailing Address: 1900 Belmont Blvd, Nashville, TN, 37212 . **Website:** www.belmontbruins.com.
Head Coach: Dave Jarvis. **Telephone:** (615) 460-6166. **Baseball SID:** Carter Gledhill. **Assistant Coaches:** Jason Stein*, Will Craig, AJ Gaura. **Telephone:** (615) 460-5586.
Home Field: E.S. Rose Park. **Outfield Dimension: LF**—330, **CF**—400, **RF**—330.

BETHUNE-COOKMAN

Conference: Southwestern.
Mailing Address: 640 Dr. Mary McLeod Bethune Boulevard, Daytona Beach, FL 32114. **Website:** www.

COLLEGE

bcuathletics.com.
Head Coach: Jonathan Hernandez. **Telephone:** (386) 481-2224. **Baseball SID:** Bryce Hoynoski. **Telephone:** (386) 481-2278. **Assistant Coaches:** Derek Cartaya, Hunter Allen, Joel Sanchez.
Home Field: Jackie Robinson Ballpark. **Seating Capacity:** 4,200. **Outfield Dimension:** LF—317, CF—400, RF—325.

BINGHAMTON

Conference: America East.
Mailing Address: 4400 Vestal Parkway East, Binghamton, NY 13902. **Website:** www.bubearcats.com.
Head Coach: Tim Sinicki. **Telephone:** (607) 777-2525. **Baseball SID:** John Hartrick. **Telephone:** (607) 777-6800. **Assistant Coaches:** Ryan Hurba, Mike Folli, Ed . **Telephone:** (607) 777-5808.
Home Field: Bearcats Baseball Complex. **Seating Capacity:** 2,500. **Outfield Dimension:** LF—325, CF—390, RF—325.

BOSTON COLLEGE

Conference: Atlantic Coast.
Address: 191 Foster St, Boston, MA 02135. **Website:** bceagles.com/sports/baseball
Head Coach: Todd Interdonato. **Telephone:** NA. **Baseball SID:** Ethan Roy. **Telephone:** NA **Assistant Coaches:** Ryan Forrest*, Dan Tischler, Greg Sullivan.
Home Field: Eddie Pelagrini Dimaond at Harrington Athletics Village. **Capacity:** 2500. **Outfield Dimensions:** LF—330, CF—403, RF—330.

BOWLING GREEN STATE

Conference: Mid-American
Address: 1610 Stadium Drive; Bowling Green, OH 43402. **Website:** bgsufalcons.com
Head Coach: Kyle Hallock. **Baseball SID:** Kyle Edmond. **Telephone:** 419-372-4027 **Assistant Coaches:** Matt Rembielak*, Joey Gamache, .
Home Field: Steller Field. **Outfield Dimensions:** LF—345, CF—400, RF—345.

BRADLEY

Conference: Missouri Valley.
Address: 1501 W Bradley Ave, Peoria, IL 61625.
Website: www.bradleybraves.com.
Head Coach: Elvis Dominguez. **Telephone:** 309-677-2684
Baseball SID: Brooklyn Campbell. **Assistant Coaches:** Tyler Albright, Josh Robenstein, Andrew Werner.
Home Field: Dozer Park. **Capacity:** 7,500. **Outfield Dimensions:** LF-310 CF-400 RF-310.

BRIGHAM YOUNG

Conference: Big 12
Address: 331 Student Athlete Building Provo, UT 84602. **Website:** byucougars.com/sports/baseball
Head Coach: Trent Pratt. **Telephone:** 801-422-5064. **Baseball SID:** Duff Tittle. **Telephone: Assistant Coaches:** Abe Alvarez*, Tyler Coolbaugh, Adam Law.
Home Field: Miller Park. **Capacity:** 2204. **Outfield Dimensions:** LF—347, CF—402, RF—343

BROWN

Conference: Ivy League
Address: 235 Hope Street, Pizzitola Sports Center, Providence, RI 02912. **Website:** BrownBears.com

Head Coach: Grant Achilles. **Baseball SID:** Tim Geer. **Telephone: Assistant Coaches:** Christopher Tilton*, Holden White, Shane Demers.
Home Field: Attanasio Family Field at Murray Stadium. **Capacity:** 500. **Outfield Dimensions:** LF—342, CF—391, RF—341.

BRYANT

Conference: America East
Address: 1150 Douglas Pike, Smithfield, RI 02917.
Website: www.bryantbulldogs.com/sports/bsb/index
Head Coach: Ryan Klosterman. **Telephone:** 401-232-6397. **Baseball SID:** Tristan Hobbes. **Telephone:** 401-232-6558 **Assistant Coaches:** Tim Cronin*, Alex Denoyelle, .
Home Field: Conaty Park. **Capacity:** 500. **Outfield Dimensions:** LF—330, CF—390, RF—330.

BUCKNELL

Conference: Patriot
Address: 1 Dent Dr Lewisburg, PA. **Website:** Bucknellbison.com
Head Coach: Scott Heather. **Baseball SID:** John Terry. **Assistant Coaches:** Brett Smith*, Jason Neitz, Josh Kieffer.
Home Field: Depew Field. **Seating Capacity:** 1,000. **Outfield Dimension:** LF—330, CF—400, RF—330.

BUTLER

Conference: Big East.
Mailing Address: Butler University Athletics 510 W. 49th Street Indianapolis, IN 46208. **Website:** www.butlersports.com.
Head Coach: Blake Beemer. **Telephone:** (317) 940-9721. **Baseball SID:** Kit Stetzel. **Telephone:** (317) 940-9994.
Assistant Coaches: Ross Learnard, Bladen Bales, Isaiah Page. **Telephone:** (317) 940-6536.
Home Field: Bulldog Park. **Seating Capacity:** 500. **Outfield Dimension:** LF—330, CF—400, RF—330.

CALIFORNIA

Conference: Pac-12
Address: Evans Diamond, 101 Frank Schlessinger Way, Berkeley CA 94720. **Website:** calbears.com/sports/baseball
Head Coach: Mike Neu. **Telephone:** 510-642-9026. **Baseball SID:** Matt Fontenot. **Assistant Coaches:** Noah Jackson*, Chris Bodishbaugh, Chad Highberger.
Home Field: Stu Gordon Stadium. **Capacity:** 2500. **Outfield Dimensions:** LF—320, CF—395, RF—320.

CAL BAPTIST

Conference: Western Athletic.
Address: 8432 Magnolia Ave, Riverside, CA 92504.
Website: cbulancers.com/index.aspx
Head Coach: Gary Adcock. **Telephone:** 951-343-4382. **Baseball SID:** Mariah Rodriguez. **Telephone:** 951-343-4779 **Assistant Coaches:** Andrew Brasington*, Tyler Nordgren, Alec Olsen.
Home Field: James W. Totman Stadium. **Capacity:** 800. **Outfield Dimensions:** LF—331, CF—406, RF—317.

CAL POLY

Conference: Big West.
Address: Cal Poly Athletics, 1 Grand Avenue, San Luis Obispo, CA 93407-0388. **Website:** GoPoly.com.

COLLEGE

Head Coach: Larry Lee. **Baseball SID:** Connor Leary. **Telephone:** 805-756-0275.
Home Field: Baggett Stadium. **Capacity:** 3138.
Outfield Dimensions: LF—335, **CF**—405, **RF**—335.

CAL STATE BAKERSFIELD

Conference: Big West.
Mailing Address: 9001 Stockdale Hwy, 8 GYM, Bakersfield, CA 93311-1022. **Website:** www.gorunners.com.
Head Coach: Rod Barnes. **Telephone:** (661) 654-2818.
Baseball SID: Hannah Walker. **Telephone:** (661) 654-2345
Assistant Coaches: Mike Scott, Brandon Barnes, Chris Crevelone.
Home Field: Hardt Field. **Seating Capacity:** 1,500.
Outfield Dimension: LF—325, **CF**—390, **RF**—325.

CAL STATE FULLERTON

Conference: Big West.
Address: 800 N State College Fullerton CA 92831.
Website: fullertontitans.com/sports/baseball
Head Coach: Jason Dietrich. **Baseball SID:** Bryant Freese. **Telephone:** **Assistant Coaches:** Josh Belovsky*, Neil Walton, Jake Pavletich.
Home Field: Goodwin Field. **Capacity:** 3500. **Outfield Dimensions: LF**—330, **CF**—400, **RF**—330.

CAL STATE NORTHRIDGE

Conference: Big West.
Address: 18111 Nordhoff St., Northridge, CA 91330.
Website: gomatadors.com
Head Coach: Eddie Cornejo. **Baseball SID:** Nick Bocanegra. **Telephone: 818-677-7188 Assistant Coaches:** Bobby Andrews*, Elliot Surrey, Youngjin Yoon.
Home Field: Matador Field. **Capacity:** 1000. **Outfield Dimensions: LF**—325, **CF**—390, **RF**—325.

CAMPBELL

Conference: Colonial
Address: 76 Upchurch Ln, Buies Creek NC 27546.
Website: gocamels.com/sports/baseball
Head Coach: Justin Haire. **Telephone:** 910-893-1338.
Baseball SID: Phil Hiatt. **Telephone: 910-893-1323 Assistant Coaches:** Adam Wyse*
Home Field: Jim Perry Stadium. **Capacity:** 1250.
Outfield Dimensions: LF—337, **CF**—395, **RF**—328..

CANISIUS

Conference: Metro Atlantic
Address: 1829 Main St, Buffalo, NY 14208. **Website:** gogriffs.com
Head Coach: Matt Mazurek. **Telephone:** (716)888-8479. **Baseball SID:** Joe Lehrman. **Telephone:** (716) 888-8266. **Assistant Coaches:** *, John Cheatwood, Mason Sherrill.
Home Field: Demske Sports Complex. **Capacity:** 1200. **Outfield Dimensions: LF**—327, **CF**—363, **RF**—315.

CENTRAL ARKANSAS

Conference: Atlantic Sun
Address: 201 Donaghey Ave Conway, AR 72035.
Website: ucasports.com/sports/baseball
Head Coach: Nick Harlan. **Telephone:** NA. **Baseball SID:** Steve East. **Telephone: 501-450-5743 Assistant Coaches:** Cody Davenport*, Curtis Kellogg, Lance Spigner.
Home Field: Bear Stadium. **Capacity:** 3000. **Outfield Dimensions: LF**—330, **CF**—400, **RF**—305.

CENTRAL CONNECTICUT STATE

Conference: Northeast.
Address: 1615 Stanley Street, New Britain, CT 06050.
Website: www.CCSUBlueDevils.com.
Head Coach: Charlie Hickey. **Telephone:** (860) 832-3074.
Baseball SID:: Jeff Mead. **Assistant Coaches:** Pat Hall, Rob Bono, Bob Nenna.
Home Field: CCSU Baseball Field. **Capacity:** . **Outfield Dimensions:** LF-330 CF-400 RF-310.

CENTRAL FLORIDA

Conference: Big 12
Address: 4465 Knights Victory Way Orlando, FL 32816.
Website: ucfknights.com
Head Coach: Rich Wallace. **Baseball SID:** James Warnick. **Assistant Coaches:** Norberto Lopez*, Drew Thomas, Ted Tom.
Home Field: John Euliano Park. **Capacity:** 3841.
Outfield Dimensions: LF—325, **CF**—390, **RF**—325.

CENTRAL MICHIGAN

Conference: Mid-American
Address: 1200 S. Franklin St. Mount Pleasant, MI 48859. **Website:** www.cmuchippewas.com
Head Coach: Jake Sabol. **Telephone:** 9897744380.
Baseball SID: Andy Sneddon. **Assistant Coaches:** Aaron Hilt*, Doug Walters, Justin Sumner.
Home Field: Keilitz Field at Theunissen Stadium. **Capacity:** 2046. **Outfield Dimensions: LF**—330, **CF**—400, **RF**—330.

CHARLESTON SOUTHERN

Conference: Big South
Address: 9200 University Blvd. North Charleston, SC 29406. **Website:** www.csusports.com/sports/baseball
Head Coach: Marc MacMillan. **Telephone:** (843) 863-7832. **Baseball SID:** Michael Causey. **Telephone:** (843) 863-7433. **Assistant Coaches:** Jordon Twohig*, Karl Kuhn, Josh Merrigan.
Home Field: Nielsen Field @ CSU Ballpark. **Capacity:** 1000. **Outfield Dimensions: LF**—325, **CF**—395, **RF**—325.

CHARLOTTE

Conference: Conference USA.
Address: 9201 University City Boulevard Charlotte, NC 28223. **Website:** https://charlotte49ers.com/.
Head Coach: Robert Woodard. **Telephone:** 704-687-0726.
Baseball SID:: Joe Templin. **Telephone:** 704-687-1838. **Assistant Coaches:** Toby Bicknell*, Phil Cebuhar, .
Home Field: Robert and Mariam Hayes Stadium. **Capacity:** 3,000. **Outfield Dimensions:** LF-335 CF-395 RF-315.

CINCINNATI

Conference: Big 12.
Mailing Address: Richard E. Lindner Center 2751 O'Varsity Way, Cincinnati, Ohio 45221-0021. **Website:** www.gobearcats.com.
Head Coach: Jordan Bisch. **Telephone:** (513) 556-0566. **Baseball SID:** Alex Pepke. **Telephone:** (412) 996-

5598.
   Assistant Coaches: Josh Reynolds, Kyle Pettoruto, Tom Winske.
   Home Field: UC Baseball Stadium. **Seating Capacity:** 3,085. **Outfield Dimension: LF**—325, **CF**—400, **RF**—325.

CITADEL

Conference: SoCon
Address: 171 Moultrie Street, Charleston, SC. **Website:** citadelsports.com/sports/baseball
Head Coach: Tony Skole. **Baseball SID:** Collin Smith.
Assistant Coaches: Zach Lucas*, Blake Cooper, Tag Montague.
Home Field: Joe Riley Park. **Seating Capacity:** 7,500.
Outfield Dimension: LF—305, **CF**—398, **RF**—337.

CLEMSON

Conference: ACC.
Address: 100 Perimeter Road; Clemson, SC. 29634.
Website: ClemsonTigers.com
Head Coach: Erik Bakich. **Baseball SID:** Brian Hennessy. **Telephone:** **Assistant Coaches:** Nick Schnabel*, Jimmy Belanger, Griffin Mazur.
Home Field: Doug Kingsmore Stadium. **Capacity:** 6272. **Outfield Dimensions: LF**—310, **CF**—390, **RF**—320

COASTAL CAROLINA

Conference: Sun Belt.
Mailing Address: 965 One Landon Loop, Conway, S.C. 29526. **Website:** www.goccusports.com.
Head Coach: Gary Gilmore. **Telephone:** (843) 349-2524. **Baseball SID:** Royce Dunnivan. **Telephone:** (843) 349-2840.
Assistant Coaches: Kevin Schnall*, Jason Beverlin. **Telephone:** (843) 349-3460.
Home Field: Springs Brooks Stadium. **Seating Capacity:** 2,500. **Outfield Dimension: LF**—320, **CF**—390, **RF**—320.

COLLEGE OF CHARLESTON

Conference: Colonial.
Mailing Address: 301 Meeting Street Charleston, SC 29401. **Website:** www.cofcsports.com.
Head Coach: Chad Holbrook. **Telephone:** (843) 953-5916. **Baseball SID:** Ryan Law. **Telephone:** (843) 953-3683.
Assistant Coaches: Adam Brown, Will Dorton*. **Telephone:** (843) 953-6722.
Home Field: Patriots Point. **Seating Capacity:** 2,000. **Outfield Dimension: LF**—300, **CF**—400, **RF**—330.

COLUMBIA

Conference: Ivy League
Address: 116th and Broadway, New York, NY 10027.
Website: gocolumbialions.com/index.aspx
Head Coach: Brett Boretti. **Baseball SID:** Steve Merrill.
Home Field: Robertson Field at Satow Stadium.

CONNECTICUT

Conference: Big East
Address: 2111 Hillside Rd. **Website:** uconnhuskies.com
Head Coach: Jim Penders. **Baseball SID:** Chris Jones.
Assistant Coaches: Joshua Macdonald*, Jeff Hourigan, Chris Podeszwa.
Home Field: Elliot Ballpark. **Seating Capacity:** 2,000.
Outfield Dimension: LF—330, **CF**—400, **RF**—330.

COPPIN STATE

Conference: Northeast
Address: 2500 West North Ave Baltimore, MD 21216.
Website: copppinstatesports.com
Head Coach: Sherman Reed. **Telephone:** 410-951-3723. **Baseball SID:** Steve Kramer. **Telephone:** 410-951-3729 **Assistant Coaches:** Sean Repay*, Colon Dower, Aronne Dutton.
Home Field: Joe Cannon Stadium. **Capacity:** 1500.
Outfield Dimensions: LF—310, **CF**—410, **RF**—310.

CORNELL

Conference: Ivy League.
Mailing Address: Cornell University Athletics, Teagle Hall, 512 Campus Road, Ithaca, N.Y. 14853. **Website:** www.cornellbigred.com.
Head Coach: Dan Pepicelli. **Baseball SID:** Marshall Haim.
Assistant Coaches: Tom Ford, John Toppa. **Telephone:** (908) 868-1392.
Home Field: Hoy Field. **Seating Capacity:** 500.

CREIGHTON

Conference: Big East
Address: 2500 California Plaza, Omaha NE, 68178.
Website: www.gocreighton.com.
Head Coach: Ed Servais. **Baseball SID:** Glen Sisk.
Telephone: **Assistant Coaches:** Connor Gandossy*, Mitch Mormann, Cam Johnson.
Home Field: Charles Schwab Field. **Capacity:** 24505.
Outfield Dimensions: LF—335, **CF**—408, **RF**—335.

DALLAS BAPTIST

Conference: Conference USA.
Address: 3000 Mountain Creek Parkway. **Website:** dbupatriots.com/sports/baseball.
Head Coach: Dan Heefner.
Baseball SID: Reagan Ratcliff. **Assistant Coaches:** Cliff Pennington*, Cale Johnson, Travis Stone. **Home Field:** Horner Ballpark. **Seating Capacity:** 2,000. **Outfield Dimension: LF**—330, **CF**—390, **RF**—330.

DARTMOUTH

Conference: Ivy League
Address: 6083 Alumni Gym, Hanover, NH 03755.
Website: dartmouthsports.com
Head Coach: Bob Whalen. **Telephone:** 603-646-2477.
Baseball SID: Rick Bender. **Telephone:** 603-646-1030
Assistant Coaches: Blake McFadden*, Dallas Burke, Jacob Biller.
Home Field: Red Rolfe Field at Biondi Park. **Capacity:** 2000. **Outfield Dimensions: LF**—324, **CF**—403, **RF**—342.

DAVIDSON

Conference: Atlantic 10
Address: 202 Martin Court Drive Davidson, NC 28035.
Website: davidsonwildcats.com
Head Coach: Rucker Taylor. **Telephone:** 7048942772.
Baseball SID: Justin Parker. **Telephone:** **Assistant Coaches:** Todd Miller*, Josiah Hissong.
Home Field: Wilson Field. **Capacity:** 1000. **Outfield Dimensions: LF**—320, **CF**—385, **RF**—330.

COLLEGE

DAYTON

Conference: Atlantic 10
Address: University of Dayton 300 College Park Dayton OH 45469. **Website:** www.daytonflyers.com
Head Coach: Jayson King. **Telephone:** 6033811279.
Baseball SID: Kyler Ludlow. **Telephone: 937-489-4744**
Assistant Coaches: Pete Sass*, Tommy Winterstein, Zach Ingram.
Home Field: Woerner Field at AES Ohio Stadium. **Capacity:** 2,000. **Outfield Dimensions:** LF-330 CF-400 RF-330.

DELAWARE

Conference: Colonial
Address: 621 S. College Ave., Newark, DE 19716. **Website:** bluehens.com
Head Coach: Greg Mamula. **Telephone:** 302-831-8596. **Baseball SID:** Nick Vuylsteke. **Assistant Coaches:** Bryan Torresani*, Casey Kulina, Chris Ludman.
Home Field: Bob Hannah Stadium. **Capacity:** 1000. **Outfield Dimensions:** LF—320, CF—410, RF—330.

DELAWARE STATE

Conference: Mid-Eastern.
Mailing Address: 1200 N. DuPont Highway, Dover, DE 19901. **Website:** www.dsuhornets.com.
Head Coach: JP Blandin. **Telephone:** (302) 857-6035.
Assistant Coaches: Stephen Baughan, Tripp Kimmel, Travis Dill.
Home Field: Soldier Field. **Seating Capacity:** 500.

DUKE

Conference: ACC.
Address: 367 Scott Family Athletics Performance Center, Durham, NC 27708. **Website:** GoDuke.com.
Head Coach: Chris Pollard.
Baseball SID: Aaron Socha. **Assistant Coaches:** Ty Blankmeyer*, Brady Kirkpatrick, Eric Tyler.
Home Field: Durham Bulls Athletic Park. **Seating Capacity:** 10,000. **Outfield Dimension:** LF—305, CF—400, RF—327.

EAST CAROLINA

Conference: American Athletic
Address: East Carolina Athletics Ward Sports Medicine Building 1 Ficklen Drive Mail Stop 158 Greenville, NC 27858-4353. **Website:** www.ecupirates.com
Head Coach: Cliff Godwin. **Telephone:** (252) 737-1980 . **Baseball SID:** Chip Welch. **Telephone:** (252) **737-4520**
Assistant Coaches: Jeff Palumbo*, Austin Knight, Henri Lartigue.
Home Field: Clark-LeClair Stadium. **Capacity:** 5000. **Outfield Dimensions:** LF—320, CF—400, RF—320.

EAST TENNESSEE STATE

Conference: Southern.
Address: 1276 Gilbreath Dr, Johnson City, TN 37614. **Website:** etsubucs.com
Head Coach: Joe Pennucci. **Telephone:** 423-439-4496.
Baseball SID: Andy Fisher. **Telephone:** 320-583-3658.
Assistant Coaches: Chad Marshall*, Jamie Pinzino.
Home Field: Thomas Stadium. **Capacity:** 1000. **Outfield Dimensions:** LF—325, CF—400, RF—325.

EASTERN ILLINOIS

Conference: Ohio Valley.
Address: 600 Lincoln Ave. Charleston, IL 61920. **Website:** eiupanthers.com.
Head Coach: Jason Anderson.
Baseball SID: Rich Moser. **Assistant Coaches:** Mike Pugliese, Brad Merritt, JD Pulfer.
Home Field: Coaches Stadium. **Capacity:** 550.
Outfield Dimensions: LF-340 CF-390 RF-340.

EASTERN KENTUCKY

Conference: Atlantic Sun
Address: 521 Lancaster Avenue; Richmond, KY; 40475. **Website:** ekusports.com
Head Coach: Chris Prothro. **Telephone:** N/A. **Baseball SID:** Kevin Britton. **Telephone:** 859.622.2006. **Assistant Coaches:** Walter Jones*, JD Davis, Bryant Bowen.
Home Field: Earle Combs Stadium. **Capacity:** 1200.
Outfield Dimensions: LF—330, **CF**—400, **RF**—320.

EASTERN MICHIGAN

Conference: Mid-American.
Mailing Address: 799 N Hewitt Rd Ypsilanti MI 48197. **Website:** www.emueagles.com.
Head Coach: Robbie Britt. **Telephone:** (734) 487-1985. **Baseball SID:** Mitch McCartney. **Telephone:** (734) 487-0317.
Assistant Coaches: Trevor Beerman, Craig Prince, Tyler Sullivan.
Home Field: Oestrike Stadium. **Seating Capacity:** 2,500.

ELON

Conference: Colonial
Address: 100 Campus Dr. Elon, NC, 27244. **Website:** elonphoenix.com
Head Coach: Mike Kennedy. **Telephone:** 336-278-6741. **Baseball SID:** Gray Aust . **Telephone: 336-278-5587 Assistant Coaches:** Robbie Huffstetler*.
Home Field: Latham Park . **Capacity:** 2000. **Outfield Dimensions:** LF—325, CF—385, RF—325.

EVANSVILLE

Conference: Missouri Valley
Address: 1800 Lincoln Ave, Evansville, IN 47714. **Website:** gopurpleaces.com
Head Coach: Wes Carroll. **Telephone:** (812) 488-2059.
Baseball SID: Tom Benson . **Telephone:** (812) 488-3200.
Assistant Coaches: Tyler Shipley*, Matt Wollenzin, Griffin McCormick.
Home Field: German American Bank Field at Charles H. Braun Stadium. **Capacity:** 1200. **Outfield Dimensions:** LF—325, **CF**—400, **RF**—325

FAIRFIELD

Conference: Metro Atlantic
Address: 1073 N Benson Rd Fairfield CT. **Website:**
Head Coach: Bill Currier. **Baseball SID:** Ivey Speight.
Telephone: Assistant Coaches: Brian Fay*, Mike Caruso, Dan Cellucci.
Home Field: Alumni Diamond. **Outfield Dimensions:** LF—325, **CF**—400, **RF**—310.

COLLEGE

FAIRLEIGH DICKINSON

Conference: Northeast
Address: 1000 River Road, Teaneck, NJ 07666. **Website:** fduknights.com/index.aspx
Head Coach: Manny Roman. **Baseball SID:** Jason Young. **Assistant Coaches:** Ethan Newton*, Jim Donohue III, Joe Grassett.
Home Field: Naimoli Family Baseball Complex.
Outfield Dimensions: LF—330, **CF**—380, **RF**—306.

FLORIDA

Conference: SEC.
Address: University of Florida, 2800 Citrus Rd, Gainesville, FL 32608. **Website:** FloridaGators.com/baseball
Head Coach: Kevin O'Sullivan. **Telephone:** ext. 4457.
Baseball SID: Sullivan Bortner. **Telephone:** ext. **6175**
Assistant Coaches: Chuck Jeroloman*, Taylor Black, David Kopp.
Home Field: Condron Family Ballpark. **Capacity:** 7000.
Outfield Dimensions: LF—330, **CF**—400, **RF**—330.

FLORIDA ATLANTIC

Conference: American Athletic
Address: 777 Glades Rd. Boca Raton, Fla. 33431. **Website:** FAUSports.com
Head Coach: John McCormack. **Baseball SID:** Sam Dean. **Telephone: Assistant Coaches:** Michael Cleary*, Jordan Tabakman, Ricky Santiago.
Home Field: FAU Baseball Stadium. **Capacity:** 1718.
Outfield Dimensions: LF—330, **CF**—400, **RF**—330.

FLORIDA A&M

Conference: Southwestern Athletic
Address: Florida A&M University Athletics Lua Bartley 1835 Wahnish Way Tallahassee, FL 32307. **Website:** FAMUAthletics.com
Head Coach: Jamey Shouppe. **Baseball SID:** Tyrique Sims. **Telephone: Assistant Coaches:** *, Brett Richardson.
Home Field: Moore-Kittles Fied. **Capacity:** 500.

FLORIDA GULF COAST

Conference: Atlantic Sun
Address: 10501 FGCU Boulevard South Fort Myers, Florida 33965-6502. **Website:** fgcuathletics.com/sports/baseball
Head Coach: David Tollett. **Telephone:** 239-590-7051.
Baseball SID: Jason Hanes. **Telephone:** 239-590-7078.
Assistant Coaches: Matt Reid*, Steve McKee, Rusty McKeee.
Home Field: Swanson Stadium. **Capacity:** 1500.
Outfield Dimensions: LF—325, **CF**—400, **RF**—325.

FLORIDA INTERNATIONAL

Conference: Conference USA.
Mailing Address: FIU Athletics, 11200 SW 8th Street, Miami, FL 33199. Website: www.fiusports.com.
Head Coach: Rich Witten. **Baseball SID:** Jonathan Mayer. **Assistant Coaches:** Brian Jeroloman*, Karsten Whitson, Frankie Navarette.
Home Field: FIU Baseball Stadium. **Seating Capacity:** 2,000. Outfield Dimensions: **LF**—325, **CF**—400, **RF**—325.

FLORIDA STATE

Conference: Atlantic Coast.
Mailing Address: 403 Stadium Dr. W. Tallahassee, FL 32306. **Website:** www.seminoles.com
Head Coach: Link Jarrett. **Telephone:** 850-644-1073.
Baseball SID: Steven McCartney. **Telephone: Assistant Coaches:** Ty Megahee*, Micah Posey, Brad Vanderglas.
Home Field: Mike Martin Field at Dick Howser Stadium. **Capacity:** 6700. **Outfield Dimensions: LF**—340, **CF**—400, **RF**—320.

FORDHAM

Conference: Atlantic 10.
Address: 441 E. Fordham Rd. Bronx, NY 10458.
Website: fordhamsports.com/sports/baseball.
Head Coach: Kevin Leighton.
Baseball SID: Scott Kwiatkowski. **Assistant Coaches:** Elliot Glynn*, Pat Porter, Tyler Caserta.
Home Field: Houlihan Park. **Capacity:** 1,400. **Outfield Dimensions:** LF-338 CF-395 RF-325.

FRESNO STATE

Conference: Mountain West.
Address: 1620 East Bulldog Lane OF 87, Fresno, CA 93740. **Website:** www.gobulldogs.com.
Head Coach: Ryan Overland. **Telephone:** (559) 278-2178. **Baseball SID:** Holly Cassina. **Assistant Coaches:** Troy Buckley, Jack Karraker, Ritchie Price.
Home Field: Pete Beiden Field at Bob Bennett Stadium. **Seating Capacity:** 5,757. **Outfield Dimension: LF**—330, **CF**—400, **RF**—330.

GARDNER-WEBB

Conference: Big South.
Address: 110 South Main Street, Boiling Springs, NC 28017. **Website:** gwusports.com.
Head Coach: Jim Chester. **Telephone:** (704) 406-4421.
Assistant Coaches: Robert Hardy, Anthony Marks, Curtis Robison.
Home Field: John Henry Moss Stadium/Bill Masters Field. **Capacity:** 600. **Outfield Dimension: LF**—330, **CF**—385, **RF**—330.

GEORGE MASON

Conference: Atlantic 10.
Address: 4501 University Dr Fairfax, VA 22030.
Website: gomason.com/sports/baseball/schedule
Head Coach: Shawn Camp. **Baseball SID:** Steven Kolbe. **Assistant Coaches:** Ryan Ricci*, Tyler Nelin, Evan Duhon.
Home Field: Spuhler Field. **Capacity:** 900. **Outfield Dimensions:** LF-320 CF-400 RF-320.

GEORGE WASHINGTON

Conference: Atlantic 10.
Mailing Address: 4200 S Four Mile Run Dr, Arlington, VA 22206. **Website:** www.gwsports.com.
Head Coach: Gregory Ritchie. **Telephone:** (202) 994-7399. **Baseball SID:** Brian Sereno. **Telephone:** (202) 994-6654.
Assistant Coaches: Tyler Kavanaugh*, Chris O'Neill, Bryan Liriano-Hernandez. **Telephone:** (202) 994-7399.
Home Field: Tucker Field. **Seating Capacity:** 500.
Outfield Dimension: LF—330, **CF**—380, **RF**—330.

COLLEGE

GEORGETOWN

Conference: Big East.
Mailing Address: McDonough Arena Washington, DC 20057. **Website:** www.gohoyas.com.
Head Coach: Edwin Thompson. **Baseball SID:** John Flannery. **Telephone:** 202-687-6783.
Assistant Coaches: Brock Keener, Tervont Johnson, George Capen.
Home Field: Shirley Povich Field. **Seating Capacity:** 1,500. **Outfield Dimension: LF**—330, **CF**—375, **RF**—330.

GEORGIA

Conference: SEC.
Address: P.O. Box. 1472, Athens, Ga. 30603. **Website:** georgiadogs.com
Head Coach: Wes Johnson. **Telephone:** (706) 542-7971. **Baseball SID:** Christopher Lakos. **Telephone:** (706) 542-7994. **Assistant Coaches:** Josh Simpson*, Will Coggin, Brock Bennett.
Home Field: Foley Field. **Capacity:** 2760. **Outfield Dimensions: LF**—350, **CF**—404, **RF**—314.

GEORGIA SOUTHERN

Conference: Sun Belt.
Address: 1332 Southern Dr, Statesboro, GA 30458. **Website:** GSEagles.com.
Head Coach: Rodney Hennon. **Telephone:** 912-478-1350.
Baseball SID: Graham Cooper. **Assistant Coaches:** A.J. Battisto*, Cody Wofford, Josh Minjarez.
Home Field: J.I. Clements Stadium. **Capacity:** 3,000. **Outfield Dimensions:** LF-335 CF-390 RF-329.

GEORGIA STATE

Conference: Sun Belt
Address: 755 Hank Aaron Dr. Atlanta GA. **Website:**
Head Coach: Brad Stromdahl. **Telephone:** N/A.
Baseball SID: Allison George. **Assistant Coaches:** Niko Buentello*, Lars Davis, Chad Bell.
Home Field: GSU Baseball Complex . **Capacity:** 3000. **Outfield Dimensions: LF**—340, **CF**—390, **RF**—330.

GEORGIA TECH

Conference: Atlantic Coast.
Mailing Address: 150 Bobby Dodd Way NW. **Website:**
Head Coach: Danny Hall. **Baseball SID:** Andrew Clausen. **Assistant Coaches:** James Ramsey*, Matt Taylor, Zeke Pinkham.
Home Field: Mac Nease Baseball Park at Russ Chandler Stadium. **Seating Capacity:** 3,600. **Outfield Dimension: LF**—328, **CF**—400, **RF**—334.

GONZAGA

Conference: West Coast
Address: 502 E Boone Ave, Spokane WA, 99258-0066. **Website:** www.gonzaga.edu and www.gozags.com
Head Coach: Mark Machtolf. **Telephone:** 509-313-4209. **Baseball SID:** Scott Golden. **Telephone:** (509)-313-6373 **Assistant Coaches:** Brandon Harmon*, Sean Winston, Evan Wells.
Home Field: Patterson Baseball Complex and Coach Steve Hertz Field. **Capacity:** 1500. **Outfield Dimensions: LF**—328, **CF**—400, **RF**—328.

GRAMBLING STATE

Conference: Southwestern Athletic.
Address: 403 Main St. PO BOX 4252 Grambling, La 71245. **Website:** gsutigers.com.
Head Coach: Davin Pierre. **Telephone:** 318-274-2416.
Baseball SID: Curtis Ford. **Assistant Coaches:** Jarficur Parker, Perez Knowles.
Home Field: R.W.E. Jones Park Ellis Field . **Capacity:** 2,000. **Outfield Dimensions:** LF-315 CF-400 RF-350.

GRAND CANYON

Conference: Western Athletic
Address: 3300 W Camelback Road, Phoenix, AZ 85017. **Website:** GCULopes.com
Head Coach: Gregg Wallis. **Telephone:** 602-639-7676.
Baseball SID: Josh Hauser. **Telephone:** 602-639-8328
Assistant Coaches: Nate Causey*, Nate Bannister, Paul Panaccione.
Home Field: Brazell Field at GCU Ballpark. **Capacity:** 4000. **Outfield Dimensions: LF**—320, **CF**—375, **RF**—330.

HARVARD

Conference: Ivy League.
Mailing Address: 65 North Harvard St., Boston, MA 02163. **Website:** www.gocrimson.com.
Head Coach: Bill Decker. **Telephone:** (617) 496-2629.
Baseball SID: Nick Dow. **Telephone:** (617) 496-1379.
Assistant Coaches: Bryan Stark*, Nate Cole, Kyle Decker. **Telephone:** (617) 496-1435.
Home Field: O'Donnell Field. **Seating Capacity:** 1,600. **Outfield Dimensions: LF**—335, **CF**—415, **RF**—335.

HAWAII

Conference: Big West.
Address: 1337 Lower Campus Rd., Honolulu HI, 96822. **Website:** hawaiiathletics.com.
Head Coach: Rich Hill. **Telephone:** (808) 956-6247.
Baseball SID: Derren Iha. **Telephone:** (808) 956-9748.
Assistant Coaches: Keith Zuninga, Lindsay Meggs, Dave Nakama.
Home Field: Les Murakami Stadium. **Capacity:** 4,312. **Outfield Dimensions: LF**—325, **CF**—385, **RF**—325

HIGH POINT

Conference: Big South.
Mailing Address: One University Parkway, High Point, N.C. 27268. **Website:** www.highpointpanthers.com.
Head Coach: Joey Hammond. **Telephone:** (336) 841-9190. **Baseball SID:** Jake Derene. **Telephone:** (336) 841-4638.
Assistant Coaches: Chris Maness, Jerry Edwards, Mickey Williard.
Home Field: Williard Stadium. **Seating Capacity:** 501.

HOFSTRA

Conference: Colonial
Address: 1000 Hempstead Turnpike, Hempstead, NY 11549. **Website:** www.gohofstra.com
Head Coach: Frank Catalanotto. **Telephone:** (516) 463-3759. **Baseball SID:** Len Skoros. **Telephone:** (516) 463-4602 **Assistant Coaches:** Chris Rojas*, Jimmy Goelz, Bobby Bordieri.
Home Field: University Field. **Capacity:** 600. **Outfield Dimensions: LF**—322, **CF**—382, **RF**—337.

COLLEGE

HOLY CROSS

Conference: Patriot League.
Mailing Address: 1 College St. Worcester, MA 01610.
Website: www.goholycross.com.
Head Coach: Ed Kahovec. **Telephone:** (508) 793-2753.
Baseball SID: Sarah Kirkpatrick. **Telephone:** (508) 793-2780.
Assistant Coaches: Sam Tinkham, Michael Slattery, Mitchell Holmes. **Telephone:** (508) 793-3406.
Home Field: Hanover Insurance Park at Fitton Field. **Seating Capacity:** 3,000. **Outfield Dimension: LF**—332, **CF**—385, **RF**—313.

HOUSTON

Conference: Big 12
Address: 3954 Elgin St, Houston, TX. **Website:**
Head Coach: Todd Whitting. **Baseball SID:** Fletcher Like. **Assistant Coaches:** Matt Reida*, Ross Kivett, Sean Kenny.
Home Field: Darryl & Lori Schroeder Park. **Seating Capacity:** 3,500. **Outfield Dimension: LF**—330, **CF**—390, **RF**—330.

HOUSTON CHRISTIAN

Conference: Ohio Valley.
Mailing Address: 7502 Fondren Blvd. Houston, Tx 77074. **Website:** www.hbuhuskies.com.
Head Coach: Lance Berkman. **Telephone:** (281) 649-3000. **Baseball SID:** Russ Reneau. **Telephone:** (281) 649-3098.
Assistant Coaches: Tyler Bremer, Clay VanderLaan, Sam McElreath. **Telephone:** (281) 649-3000.
Home Field: Husky Field. **Seating Capacity:** 500. **Outfield Dimension: LF**—330, **CF**—406, **RF**—330.

ILLINOIS

Conference: Big Ten
Address: 1700 S 4th St., Champaign, IL 61820.
Website: www.fightingillini.com
Head Coach: Dan Hartleb. **Telephone:** 217-244-8144.
Baseball SID: Connor Tomko. **Assistant Coaches:** Adam Christ*, Mark Allen, Curt Courtwright.
Home Field: Illinois Field. **Capacity:** 1500. **Outfield Dimensions: LF**—330, **CF**—400, **RF**—330.

ILLINOIS-CHICAGO

Conference: Missouri Valley
Address: 839 West Roosevelt Road, Chicago, IL 60607. **Website:** uicflames.com
Head Coach: Sean McDermott. **Telephone:** 312-996-8645. **Baseball SID:** AJ Schraffenberger. **Telephone:** 312-355-3139. **Assistant Coaches:** John Flood*, Jimmy Frankos, Daniel Dulin.
Home Field: Les Miller Field at Curtis Granderson Stadium. **Capacity:** 1800. **Outfield Dimensions: LF**—325, **CF**—400, **RF**—330.

ILLINOIS STATE

Conference: Missouri Valley
Address: 100 N University St, Normal, IL 61761.
Website: goredbirds.com
Head Coach: Steve Holm. **Telephone:** 309-438-4458.
Baseball SID: Brian White. **Telephone:** 309-438-3802.
Assistant Coaches: Wally Crancer*, Tony Jandron, Derek Parola.
Home Field: Duffy Bass Field. **Capacity:** 2000.
Outfield Dimensions: LF—330, **CF**—400, **RF**—330.

INCARNATE WORD

Conference: Southland
Address: 4301 Broadway San Antonio, TX 78209.
Website: www.uiwcardinals.com
Head Coach: Ryan Shotzberger. **Telephone:** NA.
Baseball SID: Alexa Low. **Telephone:** NA **Assistant Coaches:** Greg Evans*, Butch Rea, Andrew Stumph.
Home Field: Sullivan Field. **Capacity:** 450. **Outfield Dimensions: LF**—330, **CF**—400, **RF**—330.

INDIANA

Conference: Big Ten.
Address: 1873 N Fee Ln Bloomington, IN 47408 United States. **Website:** IUHoosiers.com/baseball.
Head Coach: Jeff Mercer.
Baseball SID: Jared Rigdon. **Assistant Coaches:** Derek Simmons*, Dustin Glant, Zach Weatherford.
Home Field: Bart Kaufman. **Capacity:** 4,000.. **Outfield Dimension: LF**—330, **CF**—400, **RF**—340.

INDIANA STATE

Conference: Missouri Valley
Address: 401 N 4th Street. **Website:** GoSycamores.com
Head Coach: Mitch Hannahs. **Telephone:** 812-273-4051. **Baseball SID:** Seth Montgomery. **Telephone:** 812-237-4073. **Assistant Coaches:** Kevin Bowers*, Justin Hancock, Jason Hagerty.
Home Field: Bob Warn Field. **Capacity:** 2000. **Outfield Dimensions: LF**—330, **CF**—400, **RF**—330.

IONA

Conference: Metro Atlantic
Address: 715 North Avenue, New Rochelle, NY, 10801.
Website: ionagaels.com
Head Coach: Conor Burke. **Telephone:** (914) 633-2319. **Baseball SID:** Brian Duane. **Telephone:** (914) 633-2334. **Assistant Coaches:** Michael Scimanico*, John Harrison-Lyons, Bobby Rodriguez.
Home Field: City Park. **Capacity:** n/a. **Outfield Dimensions: LF**—352, **CF**—390, **RF**—343.

IOWA

Conference: Big Ten
Address: 1 Elliott Dr, Iowa City, IA 52242. **Website:** hawkeyesports.com
Head Coach: Rick Heller. **Baseball SID:** Sam Basler. **Telephone:** 319-335-1320. **Assistant Coaches:** Marty Sutherland*, Sean McGrath, Mitch Boe.
Home Field: Duane Banks Field. **Capacity:** 3000.
Outfield Dimensions: LF—329, **CF**—395, **RF**—329.

JACKSON STATE

Conference: Southwestern.
Mailing Address: 1400 N Lynch Street Jackson, MS 39217. **Website:** www.gojsutigers.com.
Head Coach: Omar Johnson. **Telephone:** (601) 979-3930. **Baseball SID:** Taylor Jeanlewis. **Telephone:** (601) 979-0849.
Assistant Coaches: Chandler Dillard, Chris Stamps, Justin Thomas.
Home Field: Braddy Field. **Seating Capacity:** 800.

COLLEGE

JACKSONVILLE

Conference: ASUN.
Mailing Address: 2800 University Blvd N, Jacksonville, FL, 32211. **Website:** www.judolphins.com.
Head Coach: Chris Hayes. **Baseball SID:** Matthew Shimko. **Assistant Coaches:** Colby Bortles, Justin Pope, Ruben Somellian.
Home Field: John Sessions Stadium. **Seating Capacity:** 1,750. **Outfield Dimension:** LF—340, CF—405, RF—340.

JACKSONVILLE STATE

Conference: Conference USA
Address: 775 Park Ave NW. **Website:**
Head Coach: Steve Bieser. **Baseball SID:** Anthony Schmidt. **Assistant Coaches:** Tyler Packanik*, Brian Sharp, Aaron Everett.
Home Field: Rudy Abbott Field at Jim Case Stadium. **Seating Capacity:** 2,020. **Outfield Dimension:** LF—330, CF—403, RF—335.

JAMES MADISON

Conference: Sun Belt
Address: 270 Veterans Memorial Drive, Harrisonburg, VA 22801. **Website:** jmusports.com/sports/baseball
Head Coach: Marlin Ikenberry. **Baseball SID:** Christian Howe. **Assistant Coaches:** Michael Roberts*, Travis Ferrick, Alex Raburn.
Home Field: Eagle Field at Veterans Memorial Park. **Capacity:** 1200. **Outfield Dimensions:** LF—340, CF—400, RF—320.

KANSAS

Conference: Big 12
Address: 1651 Naismith Drive Lawrence, KS 66045. **Website:** kuathletics.com
Head Coach: Dan Fitzgerald. **Telephone:** 785-864-7907. **Baseball SID:** Brandon Perel. **Assistant Coaches:** Jon Coyne*, Brandon Scott, Tyler Hancock.
Home Field: Hoglund Ballpark. **Capacity:** 2500. **Outfield Dimensions:** LF—330, CF—380, RF—330.

KANSAS STATE

Conference: Big 12
Address: Tointon Family Stadium, 1800 College Ave, Manhattan, KS 66502. **Website:** www.kstatesports.com/baseball
Head Coach: Pete Hughes. **Baseball SID:** Jordyn Ballard. **Assistant Coaches:** Ryan Connolly*, Austin Wates, Rudy Darrow.
Home Field: Tointon Family Stadium. **Capacity:** 3000. **Outfield Dimensions:** LF—340, CF—400, RF—325.

KENNESAW STATE

Conference: Atlantic Sun
Address: 590 Cobb Avenue MD #0201, Kennesaw GA 30144. **Website:** ksuowls.com
Head Coach: Ryan Coe. **Baseball SID:** Michael Goss. **Assistant Coaches:** Matthew Passauer*, Brad Tyler, .
Home Field: Stillwell Stadium. **Capacity:** 900. **Outfield Dimensions:** LF—331, CF—400, RF—330.

KENT STATE

Conference: Mid-American
Address: 800 E Summit St, Kent, OH 44240. **Website:** kentstatesports.com/baseball
Head Coach: Jeff Duncan. **Baseball SID:** Dan Griffin. **Assistant Coaches:** Barrett Serrato*, Mike Birkbeck, Ryan Sloniger.
Home Field: Schoonover Stadium. **Capacity:** 1150. **Outfield Dimensions:** LF—320, CF—415, RF—320.

KENTUCKY

Conference: SEC.
Address: 510 Wildcat Ct, Lexington, Ky, 40506. **Website:** www. ukathletics.com
Head Coach: Nick Mingione. **Baseball SID:** Matt May. **Assistant Coaches:** Austin Cousino*, Dan Roszel.
Home Field: Kentucky Proud Park. **Capacity:** 5000. **Outfield Dimensions:** LF—335, CF—400, RF—320.

LAFAYETTE

Conference: Patriot
Address: 730 High Street, Easton, PA 18042. **Website:** goleopards.com/sports/baseball
Head Coach: AJ Miller. **Telephone:** 610-330-5945. **Baseball SID:** Phil Labella. **Assistant Coaches:** Ryan Luke*, Scott Boches, Alex Diaz.
Home Field: Hilton Rahn '51 Field at Kamine Stadium. **Capacity:** 500. **Outfield Dimensions:** LF—332, CF—403, RF—335.

LAMAR

Conference: Southland
Address: 211 Redbird Lane Beaumont, TX 77710. **Website:** Lamarcardinals.com
Head Coach: Will Davis. **Telephone:** 225-802-3784. **Baseball SID:** James Dixon. **Assistant Coaches:** Scott Hatten*, Sean Snedeker, Tod McDowell.
Home Field: Vincent-Beck Stadium. **Capacity:** 3600. **Outfield Dimensions:** LF—325, CF—380, RF—325.

LEHIGH

Conference: Patriot
Address: 27 Memorial Dr W, Bethlehem, PA, 18015. **Website:** www.lehighsports.com
Head Coach: Sean Leary. **Baseball SID:** Clark Boinis. **Telephone:** 610-758-6631. **Assistant Coaches:** Patrick Knight*, TJ Kassner.
Home Field: J. David Walker. **Capacity:** 370+. **Outfield Dimensions:** LF—320, CF—400, RF—320.

LIBERTY

Conference: Atlantic Sun.
Address: 1971 University Blvd, Lynchburg, VA 24515. **Website:** libertyflames.com.
Head Coach: Scott Jackson.
Baseball SID: Ryan Bomberger. **Assistant Coaches:** Matt Williams, Tyler Robinson, Andrew Kowalo.
Home Field: Worthington Field at Liberty Baseball Stadium. **Capacity:** 4000. **Outfield Dimensions:** LF-325 CF-395 RF-325.

LIPSCOMB

Conference: ASUN.
Mailing Address: One University Park Drive, Nashville, TN 37204-3951. **Website:** www.lipscombsports.com.
Head Coach: Jeff Forehand. **Telephone:** (615) 966-5716. **Baseball SID:** Laurence Thompson. **Telephone:** (803) 521-0572.
Assistant Coaches: Ross Steedley, Todd Yost, Robert Ziegler.
Home Field: Ken Dugan Field at Stephen Lee Marsh

COLLEGE

Stadium. **Seating Capacity:** 1,500. **Outfield Dimension:** **LF**—330, **CF**—405, **RF**—330.

LONG BEACH STATE

Conference: Big West
Address: 4700 Deukmejian Dr. Long Beach, CA 90804. **Website:** longbeachstate.com
Head Coach: Bryan Peters. **Telephone:** N/A. **Baseball SID:** Matt Turk. **Telephone:** 562-985-7797. **Assistant Coaches:** Bryan Prince*, Jeff Opalewski, Kevin Suarez.
Home Field: Bohl Diamond at Blair Field. **Capacity:** 3238. **Outfield Dimensions:** **LF**—335, **CF**—393, **RF**—335.

LONG ISLAND

Conference: Northeast
Address: 720 Northern Blvd, Brookville, NY 11545. **Website:** www.liuathletics.com/sports/baseball
Head Coach: Dan Pirillo. **Telephone:** (516) 299-2939. **Baseball SID:** Adam Rubin. **Assistant Coaches:** Paul Gehring*, Holden Capps, Straton Podaras.
Home Field: LIU Baseball Stadium. **Outfield Dimensions:** **LF**—330, **CF**—400, **RF**—330.

LONGWOOD

Conference: Big South
Address: 201 High Street, Farmville, VA 23909. **Website:** www.longwoodlancers.com
Head Coach: Chad Oxendine. **Telephone:** 4343492843. **Baseball SID:** Tyler Thomas. **Telephone:** N/A **Assistant Coaches:** Brad Mincey*, Mickey Beach, Cody Walter.
Home Field: Buddy Bolding Stadium. **Capacity:** 500. **Outfield Dimensions:** **LF**—335, **CF**—395, **RF**—335.

LOUISIANA-LAFAYETTE

Conference: Sun Belt
Address: 201 Reinhardt Drive, Lafayette, LA 70506. **Website:** RaginCajuns.com
Head Coach: Matt Deggs. **Baseball SID:** Matt Sullivan. **Assistant Coaches:** Zach LaFleur*, Seth Thibodeaux, Gunner Leger.
Home Field: M.L. "Tigue" Moore Field at Russo Park. **Capacity:** 6015. **Outfield Dimensions:** **LF**—330, **CF**—400, **RF**—330.

LOUISIANA-MONROE

Conference: Sun Belt
Address: 308 Warhawk Way Monroe, LA 71203.
Head Coach: Micheal Federico. **Baseball SID:** Michael Hammett. **Assistant Coaches:** Ryan McClaran*, Kyle Kilgo, Brandon Belanger.
Home Field: Lou St. Amant Stadium. **Capacity:** 5000. **Outfield Dimensions:** **LF**—330, **CF**—405, **RF**—330.

LOUISIANA STATE

Conference: Southeastern.
Address: 1 North Stadium Drive Baton Rouge, LA 70803. **Website:** www.lsusports.net
Head Coach: Jay Johnson. **Telephone:** 225-578-4148. **Baseball SID:** Bill Franques. **Telephone:** 225-578-8226. **Assistant Coaches:** Josh Jordan*, Nate Yeskie, Marc Wanaka.
Home Field: Alex Box Stadium, Skip Bertman Field. **Capacity:** 10326. **Outfield Dimensions:** **LF**—330, **CF**—405, **RF**—330.

LOUISIANA TECH

Conference: Conference USA.
Mailing Address: Thomas Assembly Center 1650 West Alabama Ruston, La. 71270. **Website:** www.latechsports.com.
Head Coach: Lane Burroughs. **Baseball SID:** Branford Clay. **Assistant Coaches:** Mitch Gaspard, Cooper Fouts*, Matt Miller.
Home Field: J.C. Love Field at Pat Patterson Park. **Seating Capacity:** 2,100. **Outfield Dimension:** **LF**—315, **CF**—380, **RF**—325.

LOUISVILLE

Conference: ACC.
Address: 215 Central Ave., Louisville, KY 40292. **Website:** www.gocards.com
Head Coach: Dan McDonnell. **Telephone:** 502-852-0103. **Baseball SID:** Stephen Williams. **Telephone:** 502-852-4857. **Assistant Coaches:** Eric Snider*, Roger Williams, Adam Vrable.
Home Field: Jim Patterson Stadium. **Capacity:** 4000. **Outfield Dimensions:** **LF**—330, **CF**—402, **RF**—330.

LOYOLA MARYMOUNT

Conference: West Coast
Address: 1 Loyola Marymount Dr., Los Angeles, CA 90045. **Website:** lmulions.com/sports/baseball
Head Coach: Donegal Fergus. **Baseball SID:** Quinn Ireland. **Assistant Coaches:** Justin Dedman*, Mathew Troupe, Travis Buck.
Home Field: Page Stadium. **Capacity:** 1000. **Outfield Dimensions:** **LF**—327, **CF**—400, **RF**—321.

MAINE

Conference: America East.
Address: 5747 Memorial Gym, Orono, Maine, 04469. **Website:** goblackbears.com.
Head Coach: Nick Derba. **Telephone:** 207-581-1090. **Baseball SID:** Kyle Emerson. **Assistant Coaches:** Scott Heath, Zach Scott, Tom Erick.
Home Field: Mahaney Diamond. **Seating Capacity:** 3,000. **Outfield Dimension:** **LF**—330, **CF**—400, **RF**—330.

MANHATTAN

Conference: Metro Atlantic.
Mailing Address: 4513 Manhattan College Parkway, Riverdale, N.Y. 10471. **Website:** www.gojaspers.com.
Head Coach: Dave Miller. **Telephone:** (718) 862-7821. **Assistant Coaches:** Steven Rosen*, Steve Englert.
Home Field: Van Cortlandt Park.

MARIST

Conference: Metro Atlantic
Address: 3399 North Road Poughkeepsie, NY 12601. **Website:** goredfoxes.com
Head Coach: Lance Ratchford. **Baseball SID:** Kenny McGovern. **Assistant Coaches:** Mike Coss*, Anthony Spataro, Ray Sanchez.
Home Field: James J. McCann Baseball Field.. **Seating Outfield Dimension:** **LF**—320, **CF**—390, **RF**—320.

MARSHALL

Conference: Sun Belt
Address: 1 Jack Cook Way, Huntington, WV 25703. **Website:** Herdzone.com
Head Coach: Greg Beals. **Baseball SID:** Cody Linn.

COLLEGE

Assistant Coaches: Tim Donnelly*, Taylor Sandefur, Blair Everhart.
Home Field: Jack Cook Field. **Outfield Dimensions:** LF—330, CF—400, RF—330.

MARYLAND

Conference: Big Ten
Address: 8500 Paint Branch Dr, College Park, MD 20740. **Website:** umterps.com
Head Coach: Matt Swope. **Baseball SID:** Bryant Avery. **Assistant Coaches:** John Poss*, Jimmy Jackson, Tommy Gardiner.
Home Field: Bob "Turtle" Smith Stadium. **Capacity:** 2500. **Outfield Dimensions:** LF—320, CF—385, RF—325.

MARYLAND-BALTIMORE COUNTY

Conference: America East.
Mailing Address: 1000 Hilltop Cir, Baltimore, MD 21250. **Website:** www.umbcretrievers.com.
Head Coach: Liam Bowen. **Baseball SID:** Zach Seidel.
Assistant Coaches: Phil Disher*, Rory Costello, Matt Lubaszewski.
Home Field: Alumni Field. **Seating Capacity:** 1,000.
Outfield Dimension: LF—340, CF—360, RF—340.

MARYLAND-EASTERN SHORE

Conference: Northeast.
Address: W.P. Hytche Athletic Center. **Website:** www.easternshorehawks.com.
Head Coach: Danny Acosta.
Baseball SID: Nick Novy. **Assistant Coaches:** Cade Doherty*, Kyle Houts.
Home Field: Perdue Stadium. **Capacity:** 5200.
Outfield Dimension: LF—309, CF—402, RF—309.

MASSACHUSETTS

Conference: Atlantic 10
Address: 1 Campus center Way, Amherst MA 01003. **Website:**
Head Coach: Matt Reynolds. **Baseball SID:** Hana Johnson. **Assistant Coaches:** Mark Royer*, Brandon Shileikis.
Home Field: Earl Lorden Field. **Outfield Dimensions:** LF—330, CF—400, RF—330.

MASSACHUSETTS-LOWELL

Conference: America East
Address: 450 Aiken St. Lowell, MA 01854. **Website:** goriverhawks.com/sports/baseball
Head Coach: Nick Barese. **Baseball SID:** Dan Kastner. **Assistant Coaches:** Nick Barese*, Joe Consolmagno.
Home Field: Lelacheur Park. **Seating Capacity:** 4,797.
Outfield Dimension: LF—337, CF—400, RF—301.

MCNEESE STATE

Conference: Southland
Address: 625 Cowboy Dr, Lake Charles, LA 70607. **Website:** mcneesesports.com/index.aspx
Head Coach: Justin Hill. **Telephone:** 3374755484.
Baseball SID: Taylor Riemersma. **Telephone:** 337-475-5472. **Assistant Coaches:** Jimmy Ricklefsen*, Mikey Hoehner, Miles Durham.
Home Field: Joe Miller Ballpark. **Capacity:** 1700.
Outfield Dimensions: LF-330 CF-400 RF-330.

MEMPHIS

Conference: American Athletic
Address: 570 Normal St Athletics Dept. Memphis, TN 38152-4501. **Website:** www.gotigersgo.com
Head Coach: Matt Riser. **Baseball SID:** Brock Busick.
Assistant Coaches: Ford Pemberton*, Cory Barton, Connor Manola.
Home Field: FedEx Park. **Capacity:** 1500. **Outfield Dimensions:** LF—330, CF—400, RF—330.

MERCER

Conference: SoCon
Address: 1501 Mercer University Drive Macon, GA 31207. **Website:** www.mercerbears.com
Head Coach: Craig Gibson. **Telephone:** (478) 301-2396. **Baseball SID:** Todd Anderson. **Telephone:** (478) 301-5500 **Assistant Coaches:** Willie Stewart*, Tanner Gordon, Matthew Williams.
Home Field: Ortho GA Park. **Capacity:** 2000. **Outfield Dimensions:** LF—330, CF—400, RF—320.

MERRIMACK

Conference: Northeast.
Mailing Address: 315 Turnpike Street, North Andover, MA 01845. **Website:** www.merrimackathletics.com.
Head Coach: Brian Murphy. **Baseball SID:** Mike DelloSritto. **Telephone:** (978) 837-5053.
Assistant Coaches: Patrick McKenna, Chris Carmain, Ben Gravel.
Home Field: Warrior Baseball Diamond. **Outfield Dimension:** LF—335, CF—390, RF—335.

MIAMI

Conference: ACC
Address: 6201 San Amaro Dr, Coral Gables, FL 33146. **Website:** miamihurricanes.com
Head Coach: J.D. Arteaga. **Telephone:** (305) 284-4171.
Baseball SID: Josh White. **Telephone:** (305) **284-6656**
Assistant Coaches: Jonathan Anderson*, Laz Gutierrez, Darren Fenster.
Home Field: Alex Rodriguez Park at Mark Light Field. **Capacity:** 3500. **Outfield Dimensions:** LF—330, CF—400, RF—330.

MIAMI (OHIO)

Conference: Mid-American.
Mailing Address: 550 E Withrow Street, Oxford, OH 45056. **Website:** www.miamiredhawks.com.
Head Coach: Brian Smiley. **Baseball SID:** Lindsay Stevenson. **Telephone:** (513) 529-0402. **Assistant Coaches:** Kyle Trewny, Larry Scully.
Home Field: McKie Field at Hayden Park. **Seating Capacity:** 600. **Outfield Dimension:** LF—332, CF—400, RF—341.

MICHIGAN

Conference: Big Ten.
Address: 1114 S State St, Ann Arbor, MI 48104. **Website:** mgoblue.com
Head Coach: Tracy Smith.
Baseball SID: Conor Stemme. **Assistant Coaches:** Josh Phegley, Jake Valentine, Brock Huntzinger.
Home Field: Ray Fisher Stadium. **Capacity:** 3,500.
Outfield Dimensions: LF-312 CF-395 RF-320.

MICHIGAN STATE

Conference: Big Ten
Address: MSU Baseball Office, RM. 304 Jenison Field House, 223 Kalamazoo St., East Lansing, MI 48824-1025.
Website: MSUSpartans.com
Head Coach: Jake Boss Jr. **Telephone:** 517-355-4486.
Baseball SID: Zach Fisher. **Telephone:** 517-432-0690.
Assistant Coaches: Graham Sikes*, Mark Van Ameyde, Andrew Stone.
Home Field: McLane Baseball Stadium at Kobs Field. **Capacity:** 2500. **Outfield Dimensions: LF**—340, **CF**—400, **RF**—302.

MIDDLE TENNESSEE STATE

Conference: Conference USA
Address: 1301 E Main St, Murfreesboro, TN 37132.
Website: goblueraiders.com
Head Coach: Jerry Meyers. **Telephone:** 615-494-7762.
Baseball SID: Austin Pert. **Assistant Coaches:** Ryan Huber*, Kevin Nichols, Adam Wisniewski.
Home Field: Reese Smith Jr. Fleld. **Capacity:** 2100.
Outfield Dimensions: LF—330, **CF**—390, **RF**—330.

MINNESOTA

Conference: Big Ten
Address: 516 15th Ave SE, Minneapolis, MN 55455.
Website: gophersports.com
Head Coach: John Anderson. **Telephone:** 612-625-1060. **Baseball SID:** Katie Frohmader. **Telephone:** 920-222-6865. **Assistant Coaches:** Patrick Casey*, Ty McDevitt, Alec Crawford.
Home Field: Siebert Field. **Capacity:** 1420. **Outfield Dimensions: LF**—330, **CF**—390, **RF**—330.

MISSISSIPPI

Conference: SEC.
Address: 20 Manning Way Oxford, MS 38655.
Website: olemisssports.com
Head Coach: Mike Bianco. **Baseball SID:** Kyle Birnbrauer. **Assistant Coaches:** Carl Lafferty*, Mike Clement, Chris Cleary.
Home Field: Swayze Field. **Capacity:** 11477. **Outfield Dimensions: LF**—330, **CF**—390, **RF**—330.

MISSISSIPPI STATE

Conference: SEC.
Address: 110 Coliseum Circle,Mississippi State, MS 39762. **Website:** HailState.com
Head Coach: Chris Lemonis. **Telephone:** 662-325-3597. **Baseball SID:** Travis Rae. **Assistant Coaches:** Jake Gautreau*, Justin Parker , Kyle Cheesebrough.
Home Field: Dudy Noble Field. **Capacity:** 15000. **Outfield Dimensions: LF**—330, **CF**—400, **RF**—305.

MISSISSIPPI VALLEY STATE

Conference: Southwestern.
Mailing Address: 14000 Highway 82 West, Box 7246, Itta Bena, MS 38941. **Website:** www.mvsusports.com.
Head Coach: CJ Bilbrey. **Baseball SID:** Aliyah Hil.
Home Field: Magnolia Field. **Seating Capacity:** 120.
Outfield Dimension: LF—313, **CF**—394, **RF**—315.

MISSOURI

Conference: Southeastern.
Mailing Address: 1 Champions Drive, Columbia, MO 65211. **Website:** MUTigers.com
Head Coach: Kerrick Jackson. **Baseball SID:** Eric Doennig. **Assistant Coaches:** Bryson LeBlanc*, Jabari Brown, Tim Jamieson.
Home Field: Taylor Stadium. **Capacity:** 3031. **Outfield Dimensions: LF**—340, **CF**—400, **RF**—340.

MISSOURI STATE

Conference: Missouri Valley
Address: 901 S National Ave, Springfield, MO 65897.
Website: www.missouristatebears.com
Head Coach: Keith Guttin. **Telephone:** 417-836-4497.
Baseball SID: Ben Adamson. **Telephone: 417-836-4584**
Assistant Coaches: Joey Hawkins*, Nick Petree, Geoff Jimenez.
Home Field: Hammons Field. **Capacity:** 8000.
Outfield Dimensions: LF—315, **CF**—400, **RF**—330.

MONMOUTH

Conference: Metro Atlantic.
Mailing Address: 400 Cedar Ave, West Long Branch NJ , 07764. **Website:**
Head Coach: Dean Ehehalt. **Baseball SID:** Megan O'Brien. **Assistant Coaches:** Kyle Norman*, Kyle Norman, Mike Russo.
Home Field: Monmouth Baseball Field. **Seating Capacity:** 1,000. **Outfield Dimension: LF**—330, **CF**—400, **RF**—330.

MOREHEAD STATE

Conference: Ohio Valley
Address: 111 Playforth Place Morehead, KY 40351.
Website: msueagles.com/sports/baseball
Head Coach: Brady Ward. **Baseball SID:** Hunter Hurst.
Assistant Coaches: Chris Rose*, Tyler Jackson, Landon Steiner.
Home Field: Allen Field. **Capacity:** 1000. **Outfield Dimensions:** LF-328 CF-360 RF-324.

MOUNT ST. MARY'S

Conference: Metro Atlantic
Address: 16300 Old Emmitsburg Road Emmitsburg, MD 21727. **Website:** mountathletics.com/sports/baseball
Head Coach: Frank Leoni. **Telephone:** 301-447-3806.
Baseball SID: Cody Stahley. **Telephone:** 301-447-5384.
Assistant Coaches: Aaron Tarr*, Dave Gage, Cal Berman.
Home Field: ET Straw Stadium. **Capacity:** 1000.
Outfield Dimensions: LF—325, **CF**—385, **RF**—315.

MURRAY STATE

Conference: Ohio Valley.
Mailing Address: 217 Stewart Stadium, Murray, KY, 42071. **Website:** www.goracers.com.
Head Coach: Dan Skirka. **Telephone:** (270) 809-4892.
Baseball SID: Drew Parsley. **Telephone:** (270) 809-7051.
Assistant Coaches: Steve Adkins, Cooper Goen, Tommy Goodale.
Home Field: Johnny Reagan. **Outfield Dimension: LF**—330, **CF**—400, **RF**—330.

NAVY

Conference: Patriot
Address: 566 Brownson Rd. Annapolis, MD 21402.
Website: navysports.com
Head Coach: Chuck Ristano. **Baseball SID:** Marshal Filipowicz. **Telephone:** 410-293-8787 **Assistant Coaches:** Jeff Kane*, Tim Reilly, Adam Pavkovich.
Home Field: Terwilliger Brothers Field at Max Bishop

Stadium. **Capacity:** 1500. **Outfield Dimensions:**
LF—318, **CF**—390, **RF**—300.

NEBRASKA

Conference: Big Ten
Address: 403 Line Drive Cr Lincoln, NE 68588.
Website: huskers.com/sports/baseball
Head Coach: Will Bolt. **Telephone:** (402) 472-2269.
Baseball SID: Jared Meister. **Telephone:** (402) 472-2263.
Assistant Coaches: Lance Harvell*, Rob Childress, Mike Sirianni.
Home Field: Haymarket Park. **Capacity:** 8757.
Outfield Dimensions: LF—330, **CF**—400, **RF**—325.

NEBRASKA-OMAHA

Conference: Summit League.
Mailing Address: 6001 Dodge Street, Omaha, NE, 68182. **Website:** www.omavs.com
Head Coach: Evan Porter. **Baseball SID:** Zach Levine.
Assistant Coaches: Tyler Goodro, John Manganaro, Michael Bradshaw.
Home Field: Tal Anderson Field. **Seating Capacity:** 1,500. **Outfield Dimension: LF**—330, **CF**—410, **RF**—330.

NEVADA

Conference: Mountain West.
Mailing Address: 1664 N. VIrginia Street, Legacy Hall/MS 232, Reno, NV 89557-0232. **Website:** www.nevadawolfpack.com.
Head Coach: Jake McKinley. **Baseball SID:** Aaron Juarez. **Telephone:** (208) 982-0040.
Assistant Coaches: Mark Moriarty, Jordan Getzelman*, Noah Shackles.
Home Field: Don Weir Field at Peccole Park. **Seating Capacity:** 3,000. **Outfield Dimension: LF**—340, **CF**—401, **RF**—340.

NEVADA-LAS VEGAS

Conference: Mountain West.
Address: 4505 S Maryland Pkwy, Las Vegas, NV 89154. **Website:** unlvrebels.com.
Head Coach: Stan Stolte. **Telephone:** (702) 895-3402. **Baseball SID:** Jake Renie. **Assistant Coaches:** Cory Vanderhook*, Kevin Higgins, Chris Prescott.
Home Field: Earl E. Wilson. **Capacity:** 3,000. **Outfield Dimensions:** LF-335 CF-400 RF-335.

NEW JERSEY TECH

Conference: America East
Address: 100 Lock St. Newark, NJ 07102. **Website:** njithighlanders.com/sports/baseball
Head Coach: Robbie McClellan. **Baseball SID:** Myles Rudnick. **Assistant Coaches:** Anthony Deleo*, Matt Greely, Marquay Mayo.
Home Field: Yogi Berra Stadium. **Capacity:** 4000.

NEW MEXICO

Conference: Mountain West
Address: 1155 University Blvd SE, Albuquerque, NM 87106. **Website:** GoLobos.com
Head Coach: Tod Brown. **Telephone:** 701-799-6585.
Baseball SID: Connor J Gilbert. **Telephone:** 509-481-3375. **Assistant Coaches:** Matt Risdon*, Michael Lopez, Justin Mitchell.
Home Field: Santa Ana Star Field. **Capacity:** 1000.
Outfield Dimensions: LF—344, **CF**—413, **RF**—336.

NEW MEXICO STATE

Conference: Conference USA
Address: 1815 Wells St. Las Cruces, NM. 88003.
Website: nmstatesports.com/sports/baseball
Head Coach: Jake Angier. **Baseball SID:** Kaden Chumbley. **Assistant Coaches:** Ricky Martinez*, David Bellamy, Dillon Leveille.
Home Field: Presley Askew Field. **Capacity:** 1000.
Outfield Dimensions: LF—345, **CF**—400, **RF**—345.

NEW ORLEANS

Conference: Southland
Address: 2000 Lakeshore Dr New Orleans, LA 70148.
Website: unoprivateers.com
Head Coach: Blake Dean. **Baseball SID:** Megan Steinmetz. **Assistant Coaches:** Phillip Hurst*, Dax Norris, .
Home Field: Maestri Field. **Capacity:** 2705. **Outfield Dimensions: LF**—330, **CF**—405, **RF**—330.

NIAGARA

Conference: Metro Atlantic.
Mailing Address: Upper Level Gallagher Center, PO Box 2009, Niagara University, N.Y., 14109. **Website:** www.purpleeagles.com.
Head Coach: Rob McCoy. **Telephone:** (716) 286-7361.
Baseball SID: Dan Richeal. **Telephone:** (716) 286-8586.
Assistant Coaches: Matt Spatafora. **Telephone:** (716) 286-8624.
Home Field: Bobo Field. **Outfield Dimension: LF**—327, **CF**—394, **RF**—315.

NICHOLLS STATE

Conference: Southland.
Mailing Address: PO Box 2032, Thibodaux, LA 70310.
Website: www.geauxcolonels.com.
Head Coach: Mike Silva. **Baseball SID:** Jailen Leach. **Telephone:** (985) 448-4282
Assistant Coaches: Cade Evans, Gabe Woods, Cody Livingston.
Home Field: Ben Meyer Diamond at Ray E. Didier Field. **Seating Capacity:** 3,200. **Outfield Dimension: LF**—331, **CF**—400, **RF**—331.

NORFOLK STATE

Conference: Mid-Eastern.
Mailing Address: 700 Park Avenue, Norfolk, VA 23504.
Website: www.nsuspartans.com.
Head Coach: Keith Shumate. **Telephone:** (757) 823-8196. **Baseball SID:** Alex Lehmbeck. **Telephone:** (757) 823-2628.
Assistant Coaches: Brett Mays, Joe Morris.
Home Field: Marty L. Miller Field. **Seating Capacity:** 1,500. **Outfield Dimension: LF**—330, **CF**—402, **RF**—318.

NORTH ALABAMA

Conference: Atlantic Sun
Address: UNA Box 5071, Florence, AL 35632. **Website:**
Head Coach: Jad Prachniak. **Baseball SID:** Bryce Balch. **Assistant Coaches:** Nick Patten*, Chris Blakey, David Mervis.
Home Field: Mike D. Lane Field. **Capacity:** 1500.
Outfield Dimensions: LF—365, **CF**—400, **RF**—360.

NORTH CAROLINA

Conference: ACC.
Address: 235 Ridge Road, Chapel Hill NC 27517.

COLLEGE

Website: GoHeels.com
Head Coach: Scott Forbes. **Telephone:** 919-962-2351.
Baseball SID: Jody Jones. **Assistant Coaches:** Bryant Gaines*, Jesse Wierzbicki, Jason Howell.
Home Field: Boshamer Stadium. **Capacity:** 4200.
Outfield Dimensions: LF—335, CF—400, RF—340.

NORTH CAROLINA STATE

Conference: ACC
Address: 27607, 1081 Varsity Dr, Raleigh, NC 27606.
Website: gopack.com/sports/baseball
Head Coach: Elliott Avent. **Baseball SID:** Bo Robinson.
Assistant Coaches: Chris Hart (Associate HC), Clint Chrysler.
Home Field: Doak Field at Dail Park. **Capacity:** 3048.
Outfield Dimensions: LF—327, CF—400, RF—330.

NORTH DAKOTA STATE

Conference: Summit
Address: Dept 1200 PO BOX 6050 Fargo, ND 58108.
Website: www.gobison.com
Head Coach: Tyler Oakes. **Baseball SID:** Myles Johnson. **Assistant Coaches:** Brandon Hunt*, Tanner Neale, Trent Keefer.
Home Field: Newman Outdoor Field. **Capacity:** 4500.

NORTH FLORIDA

Conference: Atlantic Sun.
Address: 1 UNF Drive UNF Arena. **Website:** www.unfospreys.com.
Head Coach: Joe Mercadante. **Baseball SID:** Ian Bolger. **Assistant Coaches:** Mike Petrowski, Tyler Holt, Drew Linder*.
Home Field: Harmon Stadium. **Capacity:** 1000.
Outfield Dimensions: LF-335 CF-400 RF-335.

NORTHEASTERN

Conference: Colonial
Address: 360 Huntington Ave 219 Cabot Center.
Website: nushuskies.com
Head Coach: Mike Glavine. **Baseball SID:** brandon poli. **Assistant Coaches:** Kevin Cobb*, Frank Holbrook, Chris Bosco.
Home Field: Friedman. **Capacity:** 2000. **Outfield Dimensions:** LF—326, CF—400, RF—338.

NORTHERN COLORADO

Conference: Summit.
Mailing Address: 270D Butler-Hancock Athletic Center. **Website:** www.uncbears.com.
Head Coach: Mike Anderson. **Telephone:** (970) 714-4744. **Baseball SID:** Michael High.
Assistant Coaches: Shane Opitz, Alex Werbach.
Home Field: Jackson Field. **Seating Capacity:** 1,500.
Outfield Dimension: LF—349, CF—416, RF—356.

NORTHERN ILLINOIS

Conference: Mid-American
Address: Intercollegiate Athletics Convocation Center (CV) DeKalb, IL 60115. **Website:** niuhuskies.com
Head Coach: Ryan Copeland. **Baseball SID:** Mike Haase. **Telephone:** (815) 753-9538. **Assistant Coaches:** Joe Kelch*, Calvin Peacock, Brandon Bannon.
Home Field: Ralph McKinzie field at Walt and Janice Owens Park. **Capacity:** 1500. **Outfield Dimensions:** LF—312, CF—400, RF—322.

NORTHERN KENTUCKY

Conference: Horizon League.
Mailing Address: 500 Nunn Drive Highland Heights, KY 41099. **Website:** www.nkunorse.com.
Head Coach: Dizzy Peyton. **Telephone:** (859) 572-5940. **Baseball SID:** Matthew Schaefer. **Telephone:** (859) 572-7659.
Assistant Coaches: Andrew Elliott, Hunter Losekamp, Steve Dintaman*.
Home Field: Bill Aker Baseball Complex. **Seating Capacity:** 500. **Outfield Dimension:** LF—320, CF—365, RF—320.

NORTHWESTERN

Conference: Big Ten
Address: 2750 Ashland Ave, Evanston, IL 60201.
Website: nusports.com/sports/baseball
Head Coach: Ben Greenspan. **Baseball SID:** Liam Kennedy. **Assistant Coaches:** Tyler Rost*, Ben Keizer, Brian Anderson.
Home Field: Rocky and Berenice Miller Park.. **Outfield Dimension:** LF—326, CF—401, RF—310.

NORTHWESTERN STATE

Conference: Southland
Address: 468 Caspari Drive, Natchitoches, LA, 71497.
Website: www.NSUDemons.com
Head Coach: Chris Bertrand. **Telephone:** 318-357-4139. **Baseball SID:** Jason Pugh. **Telephone:** 318-357-6467. **Assistant Coaches:** Dylan Belanger*, Billy Henley, Dan Hlad.
Home Field: Brown-Stroud Field. **Capacity:** 1200.
Outfield Dimensions: LF—320, CF—400, RF—320.

NOTRE DAME

Conference: ACC
Address: 112 Joyce Center, Notre Dame, IN 46556.
Website: fightingirish.com
Head Coach: Shawn Stiffler. **Telephone:** 574-631-4840. **Baseball SID:** Claire Kramer. **Assistant Coaches:** Logan Robbins*, Logan Robbins, Seth Voltz.
Home Field: Jake Kline Field at Frank Eck Stadium. **Capacity:** 2500. **Outfield Dimensions:** LF—330, CF—400, RF—330.

OAKLAND

Conference: Horizon League.
Mailing Address: 318 Meadow Brook Road, Rochester, MI 48309. **Website:** www.goldengrizzlies.com.
Head Coach: Jordon Banfield. **Telephone:** (248) 370-4228. **Baseball SID:** Michael Reddy.
Assistant Coaches: Druw Huard, Drake Robinson, Jared Helmic. **Telephone:** (512) 468-7540.
Home Field: Oakland Baseball Field. **Seating Capacity:** 500. **Outfield Dimension:** LF—333, CF—380, RF—320.

OHIO

Conference: Mid-American
Address: 1 Convocation Center Athens OH 45701.
Website:
Head Coach: Crag Moore. **Telephone:** 740-593-1180.
Baseball SID: Becca Gaddy. **Assistant Coaches:** Tim Brown*, Kirby McGuire, Canyon McWilliams.
Home Field: Bob Wren Stadium. **Capacity:** 1500.
Outfield Dimensions: LF—340, CF—405, RF—340.

COLLEGE

OHIO STATE

Conference: Big Ten
Address: 2400 Olentangy River Rd. Columbus, OH 43210. **Website:** ohiostatebuckeyes.com
Head Coach: Bill Mosiello. **Baseball SID:** Breanna Jacobs. **Assistant Coaches:** Andrew See*, Sean Allen, Buck Taylor.
Home Field: Bill Davis Stadium. **Capacity:** 4450.
Outfield Dimensions: LF—330, **CF**—400, **RF**—330.

OKLAHOMA

Conference: Big 12
Address: 180 W. Brooks St., Norman, OK 73019. **Website:** SoonerSports.com
Head Coach: Skip Johnson. **Telephone:** (405) 325-8354. **Baseball SID:** TBD. **Assistant Coaches:** Todd Butler*, Reggie Willits, Russell Raley.
Home Field: L. Dale Mitchell Park. **Capacity:** 3180.
Outfield Dimensions: LF—330, **CF**—410, **RF**—330.

OKLAHOMA STATE

Conference: Big 12
Address: 103 N. Bellis St. Stillwater, OK 74075. **Website:** okstate.com
Head Coach: Josh Holliday. **Baseball SID:** Wade McWhorter. **Telephone:** 405-744-7853. **Assistant Coaches:** Mark Ginther*, Rob Walton, Victor Romero.
Home Field: O'Brate Stadium. **Capacity:** 8000.
Outfield Dimensions: LF—330, **CF**—402, **RF**—320.

OLD DOMINION

Conference: Sun Belt
Address: 4509 Parker Ave., Norfolk, Va. 23529. **Website:** odusports.com
Head Coach: Chris Finwood. **Baseball SID:** Pierce Yarberry. **Telephone:** 757-683-3395. **Assistant Coaches:** Ryan Fineman*, Jonathan Hadra, Mike Marron.
Home Field: Bud Metheny Ballpark. **Capacity:** 2500.
Outfield Dimensions: LF—325, **CF**—395, **RF**—325.

ORAL ROBERTS

Conference: Summit
Address: 7777 S Lewis Ave Tulsa OK. **Website:** oruathletics.com/sports/baseball
Head Coach: Ryan Folmar. **Telephone:** 918-495-7639. **Baseball SID:** Jerrett Hardwick. **Assistant Coaches:** Ryan Neill*, Wes Davis, Jimmy Turk.
Home Field: JL Johnson. **Capacity:** 2500. **Outfield Dimensions: LF**—330, **CF**—400, **RF**—330.

OREGON

Conference: Pac-12
Address: 2727 Leo Harris Pkwy; Eugene, OR 97401. **Website:** GoDucks.com
Head Coach: Mark Wasikowski. **Telephone:** 541-346-5253. **Baseball SID:** Todd Miles. **Telephone:** 541-346-0962. **Assistant Coaches:** Jack Marder*, Blake Hawksworth, Marcus Hinkle.
Home Field: PK Park. **Capacity:** 4000. **Outfield Dimensions: LF**—335, **CF**—390, **RF**—325.

OREGON STATE

Conference: Pac-12
Address: 104 Gill Coliseum, Corvallis, OR 97331. **Website:** osubeavers.com
Head Coach: Mitch Canham. **Baseball SID:** Hank Hager. **Telephone:** 541-737-7472. **Assistant Coaches:** Rich Dorman*, Ryan Gipson (also does recruiting), Joey Wong.
Home Field: Goss Stadium at Coleman Field. **Capacity:** 3587. **Outfield Dimensions: LF**—330, **CF**—400, **RF**—330.

PACIFIC

Conference: West Coast.
Address: 3601 Pacific Ave, Stockton, Ca, 95211. **Website:** pacifictigers.com/sports/baseball.
Head Coach: Chris Rodriguez. **Telephone:** 209-946-2709.
Baseball SID: Michael Gutnick. **Assistant Coaches:** Jarron Silva, Nick Sanzeri, Andrew Urbistondo.
Home Field: Klein Family Field. **Capacity:** 2500.
Outfield Dimensions: LF-317 CF-400 RF-325.

PENN STATE

Conference: Big Ten
Address: 112 Medlar Field at Lubrano Park, University Park, Pa., 16802. **Website:** GoPSUSports.com
Head Coach: Mike Gambino. **Telephone:** 814-863-1504. **Baseball SID:** Paul Marboe. **Assistant Coaches:** Nick Puccio*, Scott Loiseau, Will Jauss.
Home Field: Medlar Field at Lubrano Park. **Capacity:** 5406. **Outfield Dimensions: LF**—325, **CF**—399, **RF**—320.

PENNSYLVANIA

Conference: Ivy League.
Mailing Address: Weightman Hall, 235 S. 33rd Street, Philadelphia, PA 19104. **Website:** www.pennathletics.com.
Head Coach: John Yurkow. **Telephone:** (215) 898-6282. **Baseball SID:** Josh Liddick. **Telephone:** (215) 573-4125.
Assistant Coaches: Mike Santello, Josh Schwartz, Derek DeMaria. **Telephone:** (215) 746-2325.
Home Field: Meiklejohn Stadium. **Seating Capacity:** 856. **Outfield Dimension: LF**—330, **CF**—380, **RF**—330.

PEPPERDINE

Conference: West Coast.
Address: 24255 Pacific Coast Highway, Malibu, Calif., 90263. **Website:** pepperdinewaves.com.
Head Coach: Rick Hirtensteiner. **Telephone:** (310) 506-4404.
Baseball SID: Sarah Otteman. **Assistant Coaches:** Danny Worth*, Cameron Rowland, Cole Mahoney-Bruer.
Home Field: Eddy D. Field Stadium. **Seating Capacity:** 1,800. **Outfield Dimension: LF**—330, **CF**—400, **RF**—330.

PITTSBURGH

Conference: ACC
Address: 395 Robinson Street Pittsburgh, PA 15261. **Website:** pittsburghpanthers.com/sports/baseball/roster
Head Coach: Mike Bell. **Baseball SID:** Dom Pasquale. **Assistant Coaches:** Brandon Romans*, Chris Collazo, Devin Mesoraco.
Home Field: Charles L. Cost. **Capacity:** 900. **Outfield Dimensions: LF**—325, **CF**—400, **RF**—330.

PORTLAND

Conference: West Coast
Address: 5000 N. Willamette Blvd, Portland, OR 97203.

COLLEGE

Website: www.portlandpilots.com
Head Coach: Geoff Loomis. **Baseball SID:** Kyle Garcia.
Assistant Coaches: Connor Lambert*, Trey Watt, Brian Pollard.
Home Field: Pilots Stadium. **Capacity:** 2000. **Outfield Dimensions: LF**—325, **CF**—390, **RF**—325.

PRAIRIE VIEW A&M

Conference: Southwestern.
Mailing Address: P.O.Box 519, MS 1500, Prairie View, TX 77446. **Website:** www.pvpanthers.com.
Head Coach: Auntwan Riggins. **Telephone:** (936) 261-3955. **Baseball SID:** La Tonia Thirston.
Assistant Coaches: Brian White, Anthony Macon. **Telephone:** (936) 261-3955.
Home Field: Tankersley Field. **Seating Capacity:** 800. **Outfield Dimension: LF**—327, **CF**—400, **RF**—327.

PRESBYTERIAN

Conference: Big South.
Address: 503 S. Broad Streat, Clinton, SC 29325.
Website: www.gobluehose.com.
Head Coach: Elton Pollock. **Telephone:** 864-833-8323.
Baseball SID: Jesse Firman. **Telephone:** 864-833-7095. **Assistant Coaches:** John O'Neil*, Blake Miller, Trey Polewski.
Home Field: PC Baseball Complex/Elton Pollock Field. **Capacity:** 500. **Outfield Dimensions:** LF-325 CF-400 RF-325.

PRINCETON

Conference: Ivy League.
Mailing Address: Bill Clarke Field, Princeton University, Princeton, N.J. 08544. **Website:** www.goprincetontigers.com.
Head Coach: Scott Bradley. **Baseball SID:** Warren Croxton.
Assistant Coaches: Joe Haumacher, Kyle Bonicki, KJ Hallgren.
Home Field: Bill Clarke Field. **Seating Capacity:** 850. **Outfield Dimension: LF**—325, **CF**—400, **RF**—315.

PURDUE

Conference: Big Ten
Address: 900 John R. Wooden Drive West Lafayette, IN 47907. **Website:** PurdueSports.com
Head Coach: Greg Goff. **Telephone:** 765-494-7639.
Baseball SID: Ben Turner. **Telephone: 765-494-3198**
Assistant Coaches: Chris Marx*, Josh Newman, Seth LaRue.
Home Field: Alexander Field. **Capacity:** 2000.
Outfield Dimensions: LF—340, **CF**—408, **RF**—330.

PURDUE-FORT WAYNE

Conference: Horizon League.
Mailing Address: 2101 E. Coliseum Blvd., Fort Wayne, IN 46805-1499. **Website:** www.gomastodons.com.
Head Coach: Doug Schreiber. **Baseball SID:** Derrick Sloboda. **Telephone:** (260) 481-0729.
Assistant Coaches: Brent McNeil, Justin Huff.
Home Field: Mastodon Field. **Seating Capacity:** 200.
Outfield Dimension: LF—330, **CF**—400, **RF**—330.

QUINNIPIAC

Conference: Metro Atlantic
Address: 275 Mount Carmel Avenue, Hamden CT 06518. **Website:** gobobcats.com/sports/baseball

Head Coach: John Delaney. **Baseball SID:** Tyrell Walden. **Assistant Coaches:** Trey Stover*, Richard Cesca.
Home Field: Bobcat Field. **Outfield Dimension: LF**—315, **CF**—405, **RF**—310.

RADFORD

Conference: Big South.
Mailing Address: 801 E Main St, Radford, VA 24142.
Website: www.radfordathletics.com.
Head Coach: Alex Guerra. **Baseball SID:** Victor Guadarrama. **Telephone:** (540) 831-5726.
Assistant Coaches: Christian Bourne, Billy Funk, Seth Lancaster. **Telephone:** (540) 831-6513.
Home Field: Sherman Carter Memorial Stadium.
Seating Capacity: 800. **Outfield Dimension: LF**—330, **CF**—400, **RF**—330.

RHODE ISLAND

Conference: Atlantic 10
Address: 3 Keaney Rd Suite 1 Kingston RI 02881.
Website: www.gorhody.com
Head Coach: Raphael Cerrato. **Baseball SID:** Fischer. **Telephone:** 518-937-0708. **Assistant Coaches:** David Fischer*, Kevin Heiss, Sean O'Brien (Assoc. Head).
Home Field: Bill Beck. **Capacity:** 500. **Outfield Dimensions: LF**—330, **CF**—400, **RF**—330.

RICE

Conference: American Athletic
Address: 6100 S. Main St., Houston, TX 77005.
Website: riceowls.com/sports/baseball
Head Coach: Jose Cruz Jr. **Baseball SID:** Chuck Pool.
Telephone: 281-489-7227. **Assistant Coaches:** Andrew Waters *, Parker Bangs , DC Arendas.
Home Field: Reckling Park . **Capacity:** 6193. **Outfield Dimensions: LF**—320, **CF**—390, **RF**—320.

RICHMOND

Conference: Atlantic 10
Address: 365 College Rd, Richmond, Va 23173.
Website: www.richmondspiders.com
Head Coach: Mik Aoki. **Telephone:** 804-289-8391.
Baseball SID: Bridgette Robles. **Telephone: 804-287-6477 Assistant Coaches:** Nate Mulberg*, Josh Epstein, Collin Radack.
Home Field: Pitt Field. **Capacity:** 600. **Outfield Dimensions: LF**—328, **CF**—390, **RF**—328.

RIDER

Conference: Metro Atlantic.
Address: 2083 Lawrenceville Rd. Lawrenceville NJ, 08536. **Website:** www.gobroncs.com.
Head Coach: Barry Davis. **Telephone:** (609) 896-5055.
Baseball SID: Gary Erdelyi. **Assistant Coaches:** Lee Lipinski*, Casey Aubin.
Home Field: Sonny Pittaro Field. **Capacity:** 2,000.
Outfield Dimensions: LF-330 CF-405 RF-330.

RUTGERS

Conference: Big Ten.
Mailing Address: 83 Rockafeller Road, Piscataway, NJ 08854. **Website:** www.scarletknights.com.
Head Coach: Steve Owens. **Telephone:** (732) 445-7834. **Baseball SID:** Griffin Whitmer. **Telephone:** (732) 447-0783.
Assistant Coaches: Brendan Monaghan*, Danny Bethea, Mike Garza. **Telephone:** (732) 445-7746.

COLLEGE

Home Field: Bainton Field. Seating Capacity: 1,500. Outfield Dimension: LF—329, CF—392, RF—324.

SACRAMENTO STATE

Conference: Western Athletic
Address: 6000 J Street, Sacramento, Calif., 95819. Website: www.hornetsports.com
Head Coach: Reggie Christiansen. Telephone: 916-278-4036. Baseball SID: Jason Spencer. Telephone: 916-278-6896. Assistant Coaches: David Flores, Jon Wente.
Home Field: John Smith Field. Capacity: 1200. Outfield Dimensions: LF—333, CF—400, RF—333.

SACRED HEART

Conference: Northeast
Address: 5151 Park Avenue, Fairfield, CT. 06825. Website: www.sacredheartpioneers.com
Head Coach: Pat Egan. Baseball SID: Matthew Janik. Assistant Coaches: TK Kiernan*, Isiah Daubon.
Home Field: Veterans Memorial Park. Outfield Dimensions: LF—310, CF—385, RF—310.

ST. BONAVENTURE

Conference: Atlantic 10
Address: St. Bonaventure, N.Y.. Website: GoBonnies.com
Head Coach: Jason Rathbun. Telephone: 716-375-2641. Baseball SID: Scott Eddy. Telephone: 716-397-3462. Assistant Coaches: BJ Salerno.
Home Field: Fred Handler Park at McGraw-Jennings Field. Capacity: 500. Outfield Dimensions: LF—330, CF—402, RF—230.

ST. JOHN'S

Conference: Big East
Address: 8000 Utopia Parkway, Queens, NY 11439. Website: redstormsports.com
Head Coach: Michael Hampton. Telephone: 718-990-6148. Baseball SID: Dylan Smith. Telephone: 718-990-1522 Assistant Coaches: George Brown*, John Valente, Nate Vigeant.
Home Field: Kaiser Stadium. Capacity: 3500. Outfield Dimensions: LF—325, CF—390, RF—325.

ST. JOSEPH'S

Conference: Atlantic 10
Address: 5600 City Avenue Philadelphia, PA 19131. Website: www.sjuhawks.com
Head Coach: Fritz Hamburg. Telephone: 610-660-1718. Baseball SID: Joe Greenwich. Telephone: 610-660-1738 Assistant Coaches: Jeremy Hileman*, Doc Neiman, Lee Saverio.
Home Field: Smithson Field. Capacity: 400. Outfield Dimensions: LF—327, CF—400, RF—330.

ST. PETER'S

Conference: Metro Atlantic.
Mailing Address: 2641 John F. Kennedy Blvd., Jersey City, N.J. 07306. Website: www.saintpeterspeacocks.com.
Head Coach: Grant Neary. Telephone: (201) 761-7319. Baseball SID: Michael Daly.
Assistant Coaches: Tony Peralta, AJ Gonzalez, Jake Moss.
Home Field: Joseph J. Jaroschak Field. Seating Capacity: 500.

SAINT LOUIS

Conference: Atlantic 10
Address: 3330 Laclede Avenue. Website: slubillikens.com
Head Coach: Darin Hendrickson. Baseball SID: Grace Harmon. Assistant Coaches: Miles Miller*, Logan Moon, Jason Eary.
Home Field: Billiken Sports Complex. Outfield Dimensions: LF—330, CF—403, RF—330.

SAINT MARY'S

Conference: West Coast
Address: 1928 Saint Mary's Road, Moraga, CA, 94575. Website: smgaels.com
Head Coach: Eric Valenzuela. Telephone: 925-631-4637. Baseball SID: Tim Fitzgerald. Telephone: 925-631-4383. Assistant Coaches: Daniel Costanza*, Jake Meggs, Daniel Molinari.
Home Field: Brother Ronald Gallagher Stadium. Capacity: 650. Outfield Dimensions: LF—330, CF—400, RF—330.

ST. THOMAS

Conference: Summit
Address: 2115 Summit Ave St.Paul, MN 55105.
Head Coach: Chris Olean. Telephone: 651-962-5924. Baseball SID: Collin Boyles. Telephone: 651-962-7926. Assistant Coaches: Tanner Vavra*, Neal Kunik.
Home Field: Koch Diamond. Capacity: 2000. Outfield Dimensions: LF—320, CF—450, RF—315.

SAM HOUSTON STATE

Conference: Conference USA
Address: 1905 University Avenue. Website: www.gobearkats.com.
Head Coach: Jay Sirianni. Baseball SID: Ben Rikard. Telephone: 936-294-1764 Assistant Coaches: Jake Carlson*, Shane Wedd, Kyle Simonds.
Home Field: Don Sanders Stadium. Capacity: 2500. Outfield Dimensions: LF—330, CF—400, RF—330..

SAMFORD

Conference: Southern.
Mailing Address: 800 Lakeshore Drive, Birmingham, AL 35229. Website: www.samfordsports.com.
Head Coach: Tony David. Telephone: (205) 726-4294. Baseball SID: Joey Mullins. Telephone: (205) 726-2799.
Assistant Coaches: Tyler Shrout*, Cam Shepherd, Gil Walker. Telephone: (205) 726-4095.
Home Field: Joe Lee Griffin Field. Seating Capacity: 1,000. Outfield Dimension: LF—330, CF—399, RF—335.

SAN DIEGO

Conference: West Coast.
Address: 5998 Alcala Park, San Diego, CA 92110.
Website: usdtoreros.com/sports/baseball.
Head Coach: Brock Ungricht.
Baseball SID: Anderson Haigler. Telephone: (619) 260-8845. Assistant Coaches: Matt Florer*, Mitch Holland, Grady Miller.
Home Field: Fowler Park. Capacity: 1800. Outfield Dimensions: LF-312 CF-393 RF-322.

COLLEGE

SAN DIEGO STATE

Conference: Mountain West.
Mailing Address: 5500 Campanile Dr. San Diego, CA 92182. **Website:** www.goaztecs.com.
Head Coach: Shaun Cole. **Telephone:** (619) 594-1818.
Baseball SID: Jim Solien. **Telephone:** (619) 594-2576.
Assistant Coaches: Julius McDougal*, Tony Tarasco, Max Foxcroft. **Telephone:** (619) 594-6889.
Home Field: Tony Gwynn Stadium. **Seating Capacity:** 3,000. **Outfield Dimension: LF**—340, **CF**—410, **RF**—340.

SAN FRANCISCO

Conference: West Coast
Address: 2305 Golden Gate Ave, San Francisco, CA 94117. **Website:** www.usfdons.com.
Head Coach: Rob DiToma. **Baseball SID:** Henry Golden. **Assistant Coaches:** Erik Supplee*, Kyle Hunt, Kyle Coburn.
Home Field: Benedetti Diamond. **Capacity:** 1000.
Outfield Dimensions: LF—330, **CF**—405, **RF**—300.

SAN JOSE STATE

Conference: Mountain West.
Mailing Address: 1 Washington Sq, San Jose, CA 95192. **Website:** www.sjsuspartans.com.
Head Coach: Brad Sanfilippo. **Telephone:** (408) 924-1287. **Baseball SID:** Sky Kerstein. **Telephone:** (408) 924-1291.
Assistant Coaches: Thomas Walker, Joshua Pike.
Home Field: Excite Ballpark. **Seating Capacity:** 4,200.
Outfield Dimension: LF—320, **CF**—390, **RF**—320.

SANTA CLARA

Conference: West Coast
Address: 500 El Camino Real Santa Clara CA 95053. **Website:** santaclarabroncos.com
Head Coach: Rusty Filter. **Telephone:** 408-554-4882.
Baseball SID: Mark Rivera. **Telephone:** 408-554-2114.
Assistant Coaches: Jon Karcich*, Jay Brossman, Chris Perry.
Home Field: Stephen Schott Stadium. **Capacity:** 1500.
Outfield Dimensions: LF—340, **CF**—402, **RF**—335.

SEATTLE

Conference: Western Athletic.
Mailing Address: 901 12th Avenue, PO Box 222000, Seattle, WA 98122. **Website:** www.goseattleu.com.
Head Coach: Donny Harrel. **Telephone:** (206) 398-4399. **Baseball SID:** Russell Brown. **Assistant Coaches:** Millard Dawson, Carter Capps, Aidan Welch.
Home Field: Bannerwood Park. **Seating Capacity:** 300.

SETON HALL

Conference: Big East
Address: 400 South Orange Avenue. **Website:** shu-pirates.com
Head Coach: Rob Sheppard. **Baseball SID:** Peter Long. **Assistant Coaches:** Giuseppe Papascio*, Jimmy Moran.
Home Field: Owen T. Carroll Field. **Seating Capacity:** 1,000. **Outfield Dimension: LF**—315, **CF**—380, **RF**—330.

SIENA

Conference: Metro Atlantic.
Address: 515 Loudon Rd., Loudonville, NY 12211.
Website: sienasaints.com.
Head Coach: Alex Jurcynski. **Telephone:** (518) 786-5044.
Baseball SID: Mike Demos. **Assistant Coaches:** Nolan Driscoll*, Zach Breen, Jordan Bernacet.
Home Field: Connors Park. **Capacity:** 1000. **Outfield Dimensions:** LF-300 CF-400 RF-325.

SOUTH ALABAMA

Conference: Sun Belt.
Mailing Address: 300 Joseph E. Gottfried Drive, Mobile, AL 36688. **Website:** www.usajaguars.com.
Head Coach: Mark Calvi. **Telephone:** (251) 414-8243.
Baseball SID: Duncan Harmon. **Assistant Coaches:** Nick Magnifico*, Brad Phillips, Corey Reynolds. **Telephone:** (251) 460-6970.
Home Field: Stanky Field. **Seating Capacity:** 3,775.
Outfield Dimension: LF—330, **CF**—400, **RF**—330.

SOUTH CAROLINA

Conference: SEC.
Address: 431 Williams St., Columbia, SC 29205.
Website: GamecocksOnline.com/baseball
Head Coach: Mark Kingston. **Telephone:** 803-777-7808. **Baseball SID:** Kent Reichert. **Telephone:** 803-777-5257. **Assistant Coaches:** Monte Lee*, Matt Williams, Joey Holcomb.
Home Field: Founders Park. **Capacity:** 8242. **Outfield Dimensions: LF**—325, **CF**—400, **RF**—325.

SOUTH CAROLINA-UPSTATE

Conference: Big South
Address: 800 University Way. **Website:** www.upstatespartans.com
Head Coach: Mike McGuire. **Baseball SID:** Ryan Frye. **Telephone:** 864-503-5129 **Assistant Coaches:** Kane Sweeney*, Jacob Condra-Bogan, Nick Hoffman.
Home Field: Cleveland S. Harley Park. **Capacity:** 500.
Outfield Dimensions: LF—322, **CF**—390, **RF**—335.

SOUTH DAKOTA STATE

Conference: Summit League.
Mailing Address: 2820 Marshall Center Brookings, SD. 57007. **Website:** www.gojacks.com.
Head Coach: Rob Bishop. **Telephone:** (605) 688-5625.
Baseball SID: Jason Hove. **Telephone:** (605) 688-4623.
Assistant Coaches: Danny Higginbotham, Connor Faix, Ryley Koziek. **Telephone:** (605) 688-5625.
Home Field: Erv Huether Field. **Seating Capacity:** 600. **Outfield Dimension: LF**—330, **CF**—390, **RF**—330.

SOUTH FLORIDA

Conference: American Athletic
Address: 4202 E Fowler Ave. ATH 100 Tampa, FL 33620. **Website:** gousfbulls.com/index.aspx
Head Coach: Billy Mohl. **Baseball SID:** Dave Albrecht. **Telephone:** 813-974-7099. **Assistant Coaches:** Alan Kunkel*, Chris Cates, Chris Johns.
Home Field: USF Baseball Stadium. **Capacity:** 3211.
Outfield Dimensions: LF—325, **CF**—400, **RF**—330.

SOUTHEAST MISSOURI STATE

Conference: Ohio Valley
Address: One University Plaza Cape Girardeau, MO 63701. **Website:** semoredhawks.com
Head Coach: Andy Sawyers. **Baseball SID:** Chandler Collins. **Assistant Coaches:** Trevor Ezell*, Matthew Kinney, Tommy Gleason.

COLLEGE

Home Field: Capaha Park. Outfield Dimensions: LF—330, CF—400, RF—330.

SOUTHEASTERN LOUISIANA

Conference: Southland.
Mailing Address: SLU 10309, Hammond, LA 70402. Website: www.lionsports.net.
Head Coach: Bobby Barbier. Telephone: (985) 549-5130. Baseball SID: Damon Sunde. Telephone: (985) 549-3774.
Assistant Coaches: Taylor Dugas*, Evan Bush, Spencer Goodwin.
Home Field: Pat Kenelly Diamond at Alumni Field. Outfield Dimension: LF—330, CF—400, RF—330.

SOUTHERN

Conference: Southwestern.
Mailing Address: A.W. Mumford Fieldhouse, PO Box 9942, Baton Rouge, LA 70813. Website: www.gojagsports.com.
Head Coach: Chris Crenshaw. Telephone: (225) 771-2713. Baseball SID: Rodney Kirschner. Telephone: (225) 771-3171.
Assistant Coaches: Marcus Smith, TJ Perkins.
Home Field: Lee-Hines Field. Seating Capacity: 1,500.

SOUTHERN CALIFORNIA

Conference: Pac-12.
Address: 3501 Watt Way, Los Angeles, CA 90089. Website: usctrojans.com
Head Coach: Andy Stankiewicz. Baseball SID: Jacob Breems. Assistant Coaches: Travis Jewett*, Seth Etherton, Andy Jenkins.
Home Field: Dedeaux Field. Seating Capacity: 2,500. Outfield Dimension: LF—335, CF—395, RF—335.

SOUTHERN ILLINOIS

Conference: Missouri Valley
Address: 1490 Douglas Dr. Carbondale, IL 62901. Website: siusalukis.com/sports/baseball
Head Coach: Lance Rhodes. Telephone: 618-453-3794. Baseball SID: Tim McCaughan. Assistant Coaches: Brett Peel*, Austin Tribby, Jake Ryan.
Home Field: Itchy Jones Stadium at Abe Martin Field. Capacity: 3000. Outfield Dimensions: LF—329, CF—390, RF—329.

SOUTHERN ILLINOIS-EDWARDSVILLE

Conference: Ohio Valley.
Mailing Address: 1 Hairpin Dr, Edwardsville, IL 62026. Website: www.siuecougars.com.
Head Coach: Sean Lyons. Telephone: (618) 650-2032. Baseball SID: Joe Pott. Telephone: (618) 650-2871.
Assistant Coaches: Justin Paulsen, Tanner Holen, Adam Vasil. Telephone: (618) 650-2032.
Home Field: Roy E. Lee Field at Simmons Baseball Complex. Seating Capacity: 1,000. Outfield Dimension: LF—330, CF—390, RF—330.

SOUTHERN MISSISSIPPI

Conference: Sun Belt
Address: 118 College Dr. Hattiesburg, MS 30401.
Head Coach: Christian Ostrander.
Baseball SID: Jack Duggan.
Home Field: Pete Taylor Park. Capacity: 6000.
Outfield Dimensions: LF—340, CF—400, RF—340.

STANFORD

Conference: Pac-12
Address: Arrillaga Family Sports Center 641 East Campus Drive Stanford, CA 94305-6201. Website: gostanford.com
Head Coach: David Esquer. Telephone: 650-723-4528. Baseball SID: Tyler Geivett. Assistant Coaches: Thomas Eager*, Steve Rodriguez, Andre.
Home Field: Klein Field at Sunken Diamond.
Capacity: 4000. Outfield Dimensions: LF—335, CF—400, RF—335.

STEPHEN F. AUSTIN

Conference: Western Athletic
Address: 1936 North St. Nacogdoches, Tx, 75965.
Website: sfajacks.com
Head Coach: Johnny Cardenas. Telephone: 936-645-6925. Baseball SID: Jackson Pickard. Telephone: 512-574-8627. Assistant Coaches: Rusty Pendergrass*, Ryan Block, Caleb Clowers.
Home Field: Pilgrims Park. Capacity: 1000. Outfield Dimensions: LF—320, CF—390, RF—320.

STETSON

Conference: ASUN.
Mailing Address: 421 N. Woodland Blvd., Unit 8359, DeLand, FL 32723. Website: www.gohatters.com.
Head Coach: Steve Trimper. Telephone: (386) 822-8106. Baseball SID: Ryan Marks. Telephone: (386) 822-8937.
Assistant Coaches: Shane Gierke*, Daniel Latham. Telephone: (386) 822-8730.
Home Field: Melching Field at Conrad Park. Seating Capacity: 2,500. Outfield Dimension: LF—335, CF—403, RF—335.

STONEHILL COLLEGE

Conference: Northeast
Address: 320 Washington St, Easton, MA 02357.
Website: stonehillskyhawks.com
Head Coach: Pat Boen. Baseball SID: Doug Monson. Assistant Coaches: Zack Sultar*, Zack Sultar, Sean Callahan.
Home Field: Lou Gorman Field. Outfield Dimensions: LF—325, CF—390, RF—325

STONY BROOK

Conference: Colonial Athletic Association.
Mailing Address: 100 Nicolls Road, Stony Brook, NY 11794. Website: www.stonybrookathletics.com.
Head Coach: Matt Senk. Telephone: (631) 632-9226. Baseball SID: Salvatore D'Onofrio. Assistant Coaches: Jim Martin, CJ Whelan, Jordan Vujovich. Telephone: (631) 632-9226.
Home Field: Joe Nathan Field. Seating Capacity: 1,500. Outfield Dimension: LF—330, CF—390, RF—330.

TARLETON STATE

Conference: Western Athletic.
Address: 1033 W Washington St. Stephenville, Tx 76401. Website: TarletonSports.com.
Head Coach: Fuller Smith. Telephone: 254-968-1666. Baseball SID: Allison Roberts. Assistant Coaches: Nick Zaleski, R.D. Spiehs, Cody Semler.
Home Field: Tarleton Baseball Complex. Capacity: 1,500. Outfield Dimensions: LF-320 CF-400 RF-320.

COLLEGE

TENNESSEE

Conference: SEC.
Address: 1511 Pat Head Summitt St. Knoxville, TN 37996. **Website:** utsports.com/index.aspx
Head Coach: Tony Vitello. **Telephone:** 865-974-2057.
Baseball SID: Sean Barows. **Telephone:** 865-974-7478.
Assistant Coaches: Josh Elander*, Frank Anderson, Richard Jackson.
Home Field: Lindsey Nelson Stadium. **Capacity:** 4253.
Outfield Dimensions: LF—320, **CF**—390, **RF**—320.

TENNESSEE-MARTIN

Conference: Ohio Valley
Address: 554 University St, Martin, TN 38237.
Website: utmsports.com
Head Coach: Ryan Jenkins. **Telephone:** 731-881-3691.
Baseball SID: Davis Gregory. **Telephone:** 731-881-7694.
Assistant Coaches: Bill White, Pat Cottrell.
Home Field: Skyhawk Field. **Capacity:** 500. **Outfield Dimensions: LF**—365, **CF**—385, **RF**—365.

TENNESSEE TECH

Conference: Ohio Valley
Address: 1100 McGee Blvd Box 5057 Cookeville, TN 38505. **Website:** www.ttusports.com/sports/bsb/index
Head Coach: Matt Bragga. **Baseball SID:** Mike Lehman. **Telephone:** 931-372-3088.
Assistant Coaches: Jim Miksis*, Ben Brooks, Nick Fazio.
Home Field: Bush Stadium at the Averitt Express Baseball Complex. **Capacity:** 1100. **Outfield Dimensions: LF**—329, **CF**—405, **RF**—330.

TEXAS

Conference: Big 12
Address: 2139 San Jacinto Blvd Austin, TX 78712.
Website: www.TexasSports.com
Head Coach: David Pierce. **Telephone:** 512-471-5732.
Baseball SID: Kevin Rodriguez. **Assistant Coaches:** Caleb Longley*, Steve Rodriguez, Philip Miller.
Home Field: UFCU Disch-Falk Field. **Capacity:** 7373.
Outfield Dimensions: LF—340, **CF**—400, **RF**—325.

TEXAS A&M

Conference: SEC.
Address: 301 Olsen Field at Blue Bell Park. **Website:** 12thman.com/sports/baseball
Head Coach: Jim Schlossnagle. **Baseball SID:** Chuck Box. **Assistant Coaches:** Nolan Cain*, Max Weiner, Michael Earley.
Home Field: Olsen Field at Blue Bell Park. **Capacity:** 7900. **Outfield Dimensions: LF**—330, **CF**—400, **RF**—330.

TEXAS A&M-CORPUS CHRISTI

Conference: Southland
Address: 6300 Ocean Drive, Unit 5719 Corpus Christi, TX 78412. **Website:** goislanders.com
Head Coach: Scott Malone. **Telephone:** (361) 825-3413. **Baseball SID:** Ashley Birdsong. **Assistant Coaches:** Matt Parker*, Scott Kelly, Noe Ruiz.
Home Field: Chapman Field. **Capacity:** 750. **Outfield Dimensions: LF**—330, **CF**—315, **RF**—330.

TEXAS-ARLINGTON

Conference: Western Athletic
Address: 1400 Maverick Way Arlington, TX 76019.

Website: utamavs.com
Head Coach: Clay Van Hook. **Telephone:** 817-272-2815. **Baseball SID:** Marshall Wolfe.
Home Field: Clay Gould Ballpark. **Seating Capacity:** 1,600. **Outfield Dimension: LF**—330, **CF**—400, **RF**—330.

TEXAS-RIO GRANDE VALLEY

Conference: Western Athletic
Address: 1201 W. University Dr. Edinburg, TX 78539.
Website: GoUTRGV.com
Head Coach: Derek Matlock. **Telephone:** 956-665-2235. **Baseball SID:** Jonah Goldberg. **Telephone:** 956-665-2240 **Assistant Coaches:** Rob Martinez*, Kyle Kilgo, Ryan Jackson.
Home Field: UTRGV Baseball Stadium. **Capacity:** 5000. **Outfield Dimensions: LF**—325, **CF**—410, **RF**—325.

TEXAS-SAN ANTONIO

Conference: American Athletic
Address: 1 UTSA Cir., San Antonio, TX. **Website:** goutsa.com
Head Coach: Pat Hallmark. **Baseball SID:** Alma Solis.
Assistant Coaches: Ryan Aguayo*, Zach Butler, Mikey Bielamowicz.
Home Field: Roadrunner Field. **Capacity:** 800.
Outfield Dimensions: LF—335, **CF**—405, **RF**—340.

TEXAS CHRISTIAN

Conference: Big 12
Address: 2900 Stadium Dr. Fort Worth, TX 76129.
Website: www.gofrogs.com
Head Coach: Kirk Saarloos. **Telephone:** 817-257-5354.
Baseball SID: Brandie Davidson. **Telephone:** 817-257-7479. **Assistant Coaches:** John DiLaura*, TJ Bruce, Dave Lawn.
Home Field: Lupton Stadium. **Capacity:** 4500.
Outfield Dimensions: LF—330, **CF**—395, **RF**—330

TEXAS SOUTHERN

Conference: Southwestern.
Mailing Address: Texas Southern Athletics, 3100 Cleburne Street, Houston, TX 77004. **Website:** www.tsusports.com.
Head Coach: Michael Robertson. **Telephone:** (713) 313-4315. **Baseball SID:** Ryan McGinty. **Telephone:** (713) 313-6829.
Assistant Coaches: Ricky Urbano, Charles Guillory.
Home Field: MacGregor Park.

TEXAS STATE

Conference: Sun Belt
Address: 601 University Dr., Texas State Athletics, Darren B. Casey Athletic Administration Complex, San Marcos, TX 78666. **Website:** www.txst.com
Head Coach: Steven Trout. **Telephone:** 512-245-3383. **Baseball SID:** Phillip Pongratz. **Telephone:** 512-245-4692 **Assistant Coaches:** Josh Blakley*, Chad Massengale, Jerry Cervantez.
Home Field: Bobcat Ballpark. **Capacity:** 2500.
Outfield Dimensions: LF—330, **CF**—405, **RF**—330.

TEXAS TECH

Conference: Big 12.
Mailing Address: 2901 Drive of Champions Ste. 200 Lubbock, TX 79409. **Website:** www.texastech.com.
Head Coach: Tim Tadlock. **Baseball SID:** Robert

COLLEGE

Giovannetti. **Telephone:** (806) 834-7842.
Assistant Coaches: J-Bob Thomas, Matt Gardner, Joe Hughes. **Telephone:** (806) 834-5987.
Home Field: Dan Law Field at Rip Griffin Park.
Seating Capacity: 4,432. **Outfield Dimension:** LF—327, CF—402, RF—327.

TOLEDO

Conference: Mid-American
Address: 2801 W Bancroft Street, Toledo, OH 43606.
Website: www.utrockets.com
Head Coach: Rob Reinstetle. **Telephone:** 419-530-6263. **Baseball SID:** Chris Cullum. **Telephone:** 419-530-4913. **Assistant Coaches:** Nick McIntyre*, Matt Silberman, Mike Ryan.
Home Field: Scott Park. **Capacity:** 1000. **Outfield Dimensions:** LF—330, CF—400, RF—330.

TOWSON

Conference: Colonial
Address: 4537 Auburn Drive Towson, Md. 21204.
Website: TowsonTigers.com
Head Coach: Matt Tyner. **Baseball SID:** Eric Ryan. **Telephone:** 410-704-5496. **Assistant Coaches:** Tanner Biagini*, Mike Ruppenthal.
Home Field: John B. Schuerholz Park. **Capacity:** 500. **Outfield Dimensions:** LF—312, CF—424, RF—301.

TROY

Conference: Sun Belt
Address: 5000 Veterans Stadium Drive, Troy, AL.
Website:
Head Coach: Skylar Meade. **Baseball SID:** Rob Stevens. **Assistant Coaches:** Ben Wolgamot*, Adam Godwin, Ethan Landon.
Home Field: Riddle-Pace Field. **Capacity:** 2300. **Outfield Dimensions:** LF—340, CF—400, RF—310.

TULANE

Conference: American Athletic
Address: 2950 Ben Weiner Dr, New Orleans, LA 70118.
Website: tulanegreenwave.com/index.aspx
Head Coach: Jay Uhlman. **Telephone:** N/A. **Baseball SID:** Jason Corriher. **Assistant Coaches:** Anthony Izzio*, Justin Bridgman, Thomas Brittle.
Home Field: Greer Field at Turchin Stadium. **Capacity:** 5000. **Outfield Dimensions:** LF—325, CF—400, RF—325.

UC DAVIS

Conference: Big West.
Mailing Address: Hickey Gym 264, One Shields Ave., Davis, CA 95616. **Website:** www.ucdavisaggies.com.
Head Coach: Tommy Nicholson. **Baseball SID:** JD Mico.
Assistant Coaches: Andrew Ayers, Zack Thornton, Sky Valenzuela.
Home Field: Phil Swimley Field at Dobbins Stadium. **Seating Capacity:** 3,500. **Outfield Dimension:** LF—310, CF—410, RF—310.

UC IRVINE

Conference: Big West
Address: Anteater Ballpark. **Website:** ucirvinesports.com
Head Coach: Ben Orloff. **Baseball SID:** Alex Croteau Roberts. **Assistant Coaches:** JT Bloodworth*, Danny Bibona, Ryan Johnston.
Home Field: Anteater Ballpark. **Outfield Dimensions:** LF—335, CF—408, RF—335.

UCLA

Conference: Pac-12
Address: J.D. Morgan Center. **Website:** UCLABruins.com
Head Coach: John Savage. **Baseball SID:** Andrew Wagner. **Assistant Coaches:** Bryant Ward*, Niko Gallego, David Berg.
Home Field: Jackie Robinson Stadium. **Capacity:** 1,838. **Outfield Dimensions:** LF-330 CF-390 RF-330.

UC RIVERSIDE

Conference: Big West.
Address: 900 University Ave, Riverside, CA 92507. **Website:** gohighlanders.com.
Head Coach: Justin Johnson.
Baseball SID: Chelsea Pfohl. **Assistant Coaches:** Lloyd Acosta *, Mike Burns .
Home Field: Riverside Sports Complex. **Outfield Dimension:** LF—330, CF—400, RF—330.

UC SAN DIEGO

Conference: Big West.
Mailing Address: 9500 Gilman Drive, RIMAC 4th Floor, La Jolla, CA 92093-0531. **Website:** www.ucsdtritons.com
Head Coach: Eric Newman. **Telephone:** (858) 534-8162. **Baseball SID:** Rose McPherson. **Telephone:** (858) 534-4693.
Assistant Coaches: Brycen Campbell, Dane Stankiewicz, Matt Harvey. **Telephone:** (858) 246-1648.
Home Field: Triton Ballpark. **Seating Capacity:** 500. **Outfield Dimension:** LF—330, CF—400, RF—330.

UC SANTA BARBARA

Conference: Big West
Address: UCSB Intercollegiate Athletics Department ICA Building Santa Barbara, CA 93106-5200. **Website:** ucsbgauchos.com
Head Coach: Andrew Checketts. **Telephone:** 805-893-8320. **Baseball SID:** Eric Boose.
Home Field: Caesar Uyesaka Stadium. **Capacity:** 1000. **Outfield Dimensions:** LF—335, CF—405, RF—335.

UNC ASHEVILLE

Conference: Big South.
Mailing Address: 1 University Heights, Asheville, NC 28804. **Website:** www.uncabulldogs.com.
Head Coach: Scott Friedholm. **Telephone:** (828) 251-6920. **Baseball SID:** Kassie Butcher. **Telephone:** (828) 251-6905.
Assistant Coaches: Chris Bresnahan, Kyle Ward. **Telephone:** (828) 250-2309.
Home Field: Greenwood Field. **Seating Capacity:** 1,000. **Outfield Dimension:** LF—320, CF—390, RF—330.

UNC GREENSBORO

Conference: SoCon
Address: UNCG Athletics PO Box 26168 Greensboro, NC 27402-6168. **Website:** uncgspartans.com/index.aspx
Head Coach: Cody Ellis. **Baseball SID:** Emma White. **Assistant Coaches:** Kevin Westlake*, Seth Maness, Clint Marsh.
Home Field: UNCG Baseball Stadium. **Capacity:** 3500.. **Outfield Dimension:** LF—340, CF—405, RF—340.

UNC WILMINGTON

Conference: Colonial
Address: 601 South College Road Wilmington, NC 28403. **Website:** UNCWSports.com
Head Coach: Randy Hood. **Telephone:** (910) 962-3793. **Baseball SID:** Tom Riordan. **Telephone:** (910) 962-4099. **Assistant Coaches:** Chris Moore*, Kelly Secrest.
Home Field: Brooks Field. **Capacity:** 3500. **Outfield Dimensions: LF**—340, **CF**—380, **RF**—340.

UTAH

Conference: Pac-12
Address: 201 Presidents Circle, Salt Lake City, UT, 84112. **Website:** utahutes.com
Head Coach: Gary Henderson. **Baseball SID:** Ryan Gallant. **Assistant Coaches:** Mike Brown*, Todd Guilliams, Troy Squires.
Home Field: Smiths Ball Park. **Capacity:** 14511. **Outfield Dimensions: LF**—345, **CF**—420, **RF**—315.

UTAH TECH

Conference: Western Athletic
Address: 225 S. 700 E., St. George, UT 84770. **Website:** utahtechtrailblazers.com
Head Coach: Chris Pfatenhauer. **Telephone:** 435-652-7530. **Baseball SID:** Steve.Johnson. **Telephone:** 435-652-7530. **Assistant Coaches:** Bobby Rinard*, Daniel Stange, Braxton Ipson.
Home Field: Bruce Hurst Field. **Capacity:** 2500. **Outfield Dimensions: LF**—325, **CF**—380, **RF**—335.

UTAH VALLEY

Conference: Western Athletic
Address: 800 University Pkwy W. **Website:** gouvu.com
Head Coach: Eddie Smith. **Baseball SID:** Ryan Pickens. **Assistant Coaches:** Nate Rasmussen*, Grant Kukuk, Kade Kryzsko.
Home Field: UCCU Ballpark. **Capacity:** 5000. **Outfield Dimensions: LF**—305, **CF**—427, **RF**—312.

VALPARAISO

Conference: Missouri Valley
Address: 1700 Chapel Drive, Valparaiso, IN. 46383. **Website:** www.valpoathletics.com
Head Coach: Brian Schmack. **Baseball SID:** Brandon Vickrey. **Assistant Coaches:** Kory Winter*, Jeff Mayes, Adam Brian.
Home Field: Emory G. Bauer Field. **Outfield Dimensions: LF**—330, **CF**—390, **RF**—330.

VANDERBILT

Conference: Southeastern.
Mailing Address: 2601 Jess Neely Drive Nashville, Tennessee 37212. **Website:** vucommodores.com
Head Coach: Tim Corbin. **Baseball SID:** Will Owens. **Assistant Coaches:** Mike Baxter*, Scott Brown, Tyler Shewmaker.
Home Field: Hawkins Field. **Capacity:** 3802. **Outfield Dimensions: LF**—310, **CF**—400, **RF**—330.

VILLANOVA

Conference: Big East.
Mailing Address: 800 Lancaster Avenue, Villanova, PA 19085. **Website:** www.villanova.com.
Head Coach: Kevin Mulvey. **Baseball SID:** Elliott Waller. **Assistant Coaches:** Eddie Brown, Jabin Weaver*, Eddie Cribby.
Home Field: Villanova Ballpark at Plymouth. **Seating Capacity:** 750. **Outfield Dimension: LF**—320, **CF**—400, **RF**—320.

VIRGINIA

Conference: ACC
Address: Disharoon Park - Po Box 400839 - Charlottesville Va, 22904. **Website:** VirginiaSports.com
Head Coach: Brian O'Connor. **Telephone:** (434) 982-5129. **Baseball SID:** Scott Fitzgerald. **Assistant Coaches:** Matt Kirby*, Kevin McMullan, Drew Dickinson.
Home Field: Disharoon Park. **Capacity:** 5919. **Outfield Dimensions: LF**—332, **CF**—404, **RF**—332.

VIRGINIA COMMONWEALTH

Conference: Atlantic 10
Address: 1200 W Broad St Richmond Va 23284. **Website:** vcuathletics.com
Head Coach: Bradley LeCroy. **Baseball SID:** David Collins. **Assistant Coaches:** Andrew Cox*, Sean Thompson, Andrew llewllyn.
Home Field: Diamond. **Capacity:** 10000. **Outfield Dimensions: LF**—330, **CF**—405, **RF**—330

VIRGINIA MILITARY INSTITUTE

Conference: SoCon
Address: 309 Letcher Avenue Lexington, VA 24450.
Head Coach: Sam Roberts. **Baseball SID:** Mike Carpenter. **Assistant Coaches:** Ray Noe*, Alex Crosby, Neiko Megrichian.
Home Field: Gray-Minor Stadium. **Seating Capacity:** 1,400. **Outfield Dimension: LF**—320, **CF**—380, **RF**—330.

VIRGINIA TECH

Conference: ACC
Address: 25 Beamer Way Blacksburg, VA 24061. **Website:** hokiesports.com
Head Coach: John Szefc. **Baseball SID:** Mike Skovan. **Assistant Coaches:** Kurt Elbin*, Ryan Fecteau, Tyler Hanson.
Home Field: English Field at Atlantic Union Bank Park. **Capacity:** 3500. **Outfield Dimensions: LF**—330, **CF**—400, **RF**—330.

WAGNER

Conference: Northeast.
Mailing Address: One Campus Road, Staten Island, NY, 10301. **Website:** www.wagnerathletics.com.
Head Coach: Craig Noto. **Telephone:** (718) 420-4121. **Baseball SID:** Joe Lotano.
Assistant Coaches: Eric Reardon, Mark Hernandez*, Kyle Bestle.
Home Field: Richmond County Bank Ballpark. **Seating Capacity:** 6,500. **Outfield Dimension: LF**—318, **CF**—390, **RF**—322.

WAKE FOREST

Conference: ACC
Address: 401 Deacon Blvd Winston-Salem, NC 27105. **Website:** godeacs.com
Head Coach: Tom Walter. **Telephone:** 336-758-5570. **Baseball SID:** Grant Keith. **Assistant Coaches:** Bill Cilento*, Corey Muscara, Matt Wessinger.
Home Field: David F. Couch Ballpark. **Capacity:** 3823. **Outfield Dimensions: LF**—310, **CF**—400, **RF**—300.

COLLEGE

WASHINGTON

Conference: Pac-12
Address: Box 354070, Graves Building, Seattle, WA, 98195. **Website:** GoHuskies.com
Head Coach: Jason Kelly. **Baseball SID:** Mitch Praxl.
Assistant Coaches: Mike Gange*, Jake Silverman, Jason Ellison.
Home Field: Husky Ballpark. **Capacity:** 2200. **Outfield Dimensions: LF**—327, **CF**—395, **RF**—317.

WASHINGTON STATE

Conference: Pac-12
Address: 1260 Palouse Ridge Dr Pullman, WA 99163. **Website:** wsu.edu
Head Coach: Nathan Choate. **Telephone:** 509-335-7162. **Baseball SID:** Booby Alworth. **Telephone: 509-335-5785 Assistant Coaches:** Jospeh Perez*, Quinn Hawksworth, Eric Hutting.
Home Field: Bailey-Brayton Field. **Capacity:** 3500. **Outfield Dimension: LF**—335, **CF**—400, **RF**—335.

WEST VIRGINIA

Conference: Big 12
Address: 2040 Gyorko Dr, Granville, WV 26534. **Website:** wvusports.com
Head Coach: Randy Mazey. **Baseball SID:** Adam Grossman. **Assistant Coaches:** Jacob Garcia*, Steve Sabins, Jimmy Roesinger.
Home Field: Wagener Field at Monongalia County Ballpark. **Capacity:** 3500. **Outfield Dimensions: LF**—325, **CF**—400, **RF**—325.

WESTERN CAROLINA

Conference: SoCon
Address: 92 Catamount Road Western Carolina University Cullowhee, N.C. 28723. **Website:** catamountsports.com/sports/baseball
Head Coach: Alan Beck. **Telephone:** (828) 227-2021. **Baseball SID:** Daniel Hooker. **Telephone:** (828) 227-2339. **Assistant Coaches:** Jeffrey Korte*, Derek Beasley, Jeffrey Mundy.
Home Field: Hennon Stadium. **Seating Capacity:** 1,500. **Outfield Dimension: LF**—325, **CF**—395, **RF**—325.

WESTERN ILLINOIS

Conference: Ohio Valley.
Mailing Address: 1 University Circle Macomb, Illinois 61455. **Website:** www.goleathernecks.com.
Head Coach: Terry Davis. **Baseball SID:** Will Thomas. **Telephone:** (309) 298-1133.
Assistant Coaches: Max Fecske, Chasen Claus.
Home Field: Alfred D. Boyer Stadium. **Seating Capacity:** 500. **Outfield Dimension: LF**—330, **CF**—400, **RF**—330.

WESTERN KENTUCKY

Conference: Conference Usa
Address: 1605 Ave. Of Champions, Bowling Green, Ky 42101. **Website:** Wku.Edu
Head Coach: Marc Rardin. **Telephone:** 402-980-5410. **Baseball Sid:** Jack Todd. **Telephone: Same Assistant Coaches:** Rob Fournier*, Dillion Napoleon, Tyler Herpst.
Home Field: Nick Denes Field. **Capacity:** 3000. **Outfield Dimensions: LF**—330, **CF**—400, **RF**—330.

WESTERN MICHIGAN

Conference: Mid-American
Address: 1903 W. Michigan Ave, Kalamazoo, MI 49008. **Website:** wmubroncos.com
Head Coach: Billy Gernon. **Baseball SID:** Rob Low.
Assistant Coaches: Cory Mee*, Daniel Schlereth, Dane Armbrustmacher.
Home Field: Robert J. Bobb Stadium at Hyames Field. **Capacity:** 1500. **Outfield Dimensions: LF**—310, **CF**—395, **RF**—335.

WICHITA STATE

Conference: American Athletic
Address: 1845 Fairmount St, Wichita, KS 67260. **Website:** www.goshockers.com
Head Coach: Brian Green. **Telephone:** 316-978-3636. **Baseball SID:** dgerig@goshockers.com. **Telephone:** 316-978-5461. **Assistant Coaches:** Clay Overcash*, Anthony Claggett, Anthony Miller.
Home Field: Eck Stadium. **Capacity:** 8153. **Outfield Dimensions: LF**—330, **CF**—390, **RF**—330.

WILLIAM & MARY

Conference: Colonial.
Address: Williamsburg, VA. **Website:** tribeathletics.com.
Head Coach: Mike McRae. **Baseball SID:** Julia Gardner. **Assistant Coaches:** Paul Panik*, Dan Sweeney.
Home Field: Plumeri Park. **Capacity:** . **Outfield Dimensions: LF**—330, **CF**—400, **RF**—330.

WINTHROP

Conference: Big South
Address: 701 Oakland Ave, Rock Hill, SC 29733. **Website:** www.winthropeagles.com
Head Coach: Tom Riginos. **Baseball SID:** Brendan Shriver. **Assistant Coaches:** Austin Hill*, Ryan Smoot, Casey Schuermann.
Home Field: Winthrop Ballpark. **Capacity:** 1800. **Outfield Dimensions: LF**—325, **CF**—390, **RF**—325.

WISCONSIN-MILWAUKEE

Conference: Horizon
Address: PO Box 413 Milwaukee, WI 53201. **Website:** mkepanthers.com/sports/baseball
Head Coach: Shaun Wegner. **Baseball SID:** Sean Engel. **Telephone:** 414-435-8118. **Assistant Coaches:** Mike Porcaro*, Cory Bigler, Jack Sievers.
Home Field: Franklin Field. **Capacity:** 4000. **Outfield Dimensions: LF**—330, **CF**—408, **RF**—330.

WOFFORD

Conference: SoCon.
Address: 429 N church St Spartanburg SC 29303. **Website:** woffordterriers.com.
Head Coach: JJ Edwards. **Telephone:** 864-597-4499. **Baseball SID:** Wyatt Streett. **Assistant Coaches:** Josh Schulman*, Pat Brown, Hudson Byorick.
Home Field: Russell C King. **Capacity:** 980. **Outfield Dimensions: LF**—315, **CF**—390, **RF**—330.

WRIGHT STATE

Conference: Horizon League.
Mailing Address: 3640 Colonel Glenn Hwy, Dayton, OH 45435. **Website:** www.wsuraiders.com.
Head Coach: Alex Sogard. **Baseball SID:** Nick Phillips.

Assistant Coaches: Jordan Chiero,* Chase Slone, Derek Hendrixson.
Home Field: Nischwitz Stadium. **Seating Capacity:** 1,500. **Outfield Dimension: LF**—330, **CF**—400, **RF**—330.

XAVIER

Conference: Big East
Address: 3800 Victory Parkway. **Website:** goxavier.com/sports/baseball
Head Coach: Billy O'Conner. **Telephone:** 513-745-2890. **Baseball SID:** Hayley Schletker. **Telephone:** 513-745-3412. **Assistant Coaches:** Joey Bellini*, Doug Willey, Riley Bertram.
Home Field: Hayden Field. **Capacity:** 1000. **Outfield Dimensions: LF**—310, **CF**—380, **RF**—310.

YALE

Conference: Ivy League
Address: 20 Tower Pkwy New Haven, CT. **Website:** yalebulldogs.com/index.aspx
Head Coach: Brian Hamm. **Baseball SID:** Will Matuszak.
Home Field: George H.W. Bush '48 Field. **Outfield Dimensions: LF**—330, **CF**—405, **RF**—330.

YOUNGSTOWN STATE

Conference: Horizon
Address: 1 Tressel Way, Youngstown, Ohio 44555. **Website:** www.ysusports.com
Head Coach: Dan Bertolini. **Baseball SID:** Drae Smith. **Telephone:** 330-941-8359. **Assistant Coaches:** Shane Davis*, Eric Bunnell, Trevor Charpie.
Home Field: Eastwood Field. **Capacity:** 6000. **Outfield Dimensions: LF**—335, **CF**—405, **RF**—335.

AMATEUR & YOUTH

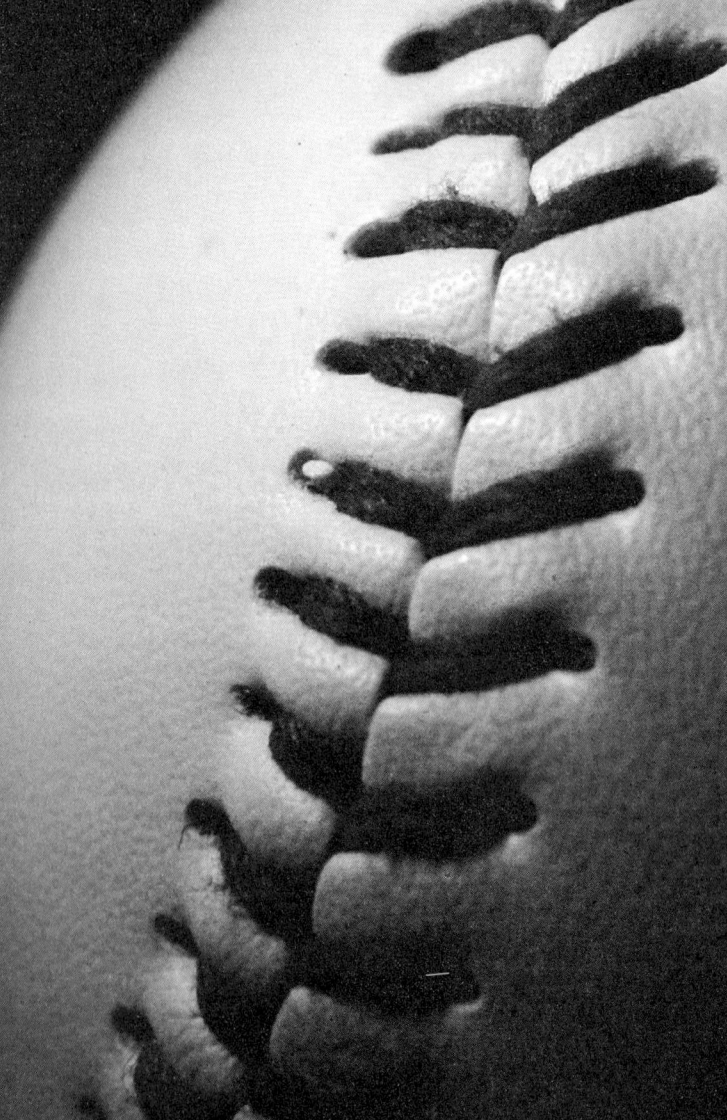

AMATEUR/YOUTH

INTERNATIONAL ORGANIZATIONS

WORLD BASEBALL SOFTBALL CONFEDERATION

Headquarters: Avenue Général-Guisan, 45 | CH-1009 Pully | Switzerland.
Telephone: (+41) 21-318-82-40
Website: www.wbsc.org **E-Mail:** office@wbsc.org
Year Founded: 2014. (WBSC is a merger of the International Baseball Federation (1938) and the International Softball Federation (1950) in 2014.)
President: Riccardo Fraccari (ITA). **Secretary General:** Beng Choo Low (MAS). **Vice Presidents:** Willi Kaltschmitt (GUA), Beatrice Allen (GAM), Luís Rafael Mejía Oviedo (DOM). **Executive VP Baseball:** Jeffrey Jr. Koo (TPE). **Executive VP Softball:** Craig Cress (USA). **Treasurer:** Angelo Vicini (SMR). **Members at Large Baseball:** Paul Seiler (USA), Ron Finlay (AUS). **Members at Large Softball:** Taeko Utsugi (JPN), Gabriel Waage (CZE). **Athlete Reps Baseball:** Ayako Rokkaku (JPN), Randolph Oduber (NED). **Athlete Reps Softball:** Monica Abbott (USA), Cole Evans (NZL). **Executive Director:** Michael Schmidt (AUT).
Chief Operating Officer: Marco Ienna (ITA). **Anti-Doping Manager:** Victor Isola (ITA).
Media and Communications Director: Richard Baker (NZL). **Membership Manager:** Francesca Fabretto (ITA). **Events Manager:** Joan Garcia (ESP). **Accounting Manager:** Laetitia Barbey (SUI).

CONTINENTAL ASSOCIATIONS

WBSC AMERICAS BASEBALL

Website: https://www.wbscamericas.org/en
E-Mail: info@wbscamericas.org
President: Aracelis Leon (VEN). **Secretary General:** Jorge Cabrera (ESA). **Vice Presidents:** Guillermo Barillas (GUA), Juan Núñez (DOM), Norge Núñez (CHI). **Treasurer:** José Quiles (PUR). **Members at Large:** Ramon Crespo (PAN), Juan Reinaldo Pérez (CUB), Alex Camacho (BOL).

WBSC AFRICA

Website: https://www.wbscafrica.org/en
E-mail: office@wbscafrica.org
President: Albert K. Frimpong (GHA). **Secretary General:** Francis Karugu (KEN). **Executive VP Baseball:** Felix Okuye (UGA). **Executive VP Softball:** Victoria Sodipo (NGR). **Treasurer:** Dennis Kasozi (UGA). **Members at Large Baseball:** Kenny Matishi (ZAM), Luiz Roberto Nunes (CPV). **Members at Large Softball:** Katholo Mosimanegape (BOT), Ahlem Ganfaly (TUN). **Athlete Repr. for Baseball:** Katumo Ngovu (KEN). **Athlete Repr. for Softball:** Monisola Makanjuola (NGR).

WBSC ASIA (BASEBALL FEDERATION OF ASIA – BFA)

Website: https://www.wbscasia.org/en
E-Mail Address: bfa@baseballasia.org
President: Jeffrey Jr. Koo (TPE). **Secretary General:** Hua-Wei Lin (TPE). **Vice Presidents:** Masatake Yamanaka (JPN), Fakhar Shah (USA), Xu Chen (CHN). **Members at Large:** Houman Mansourian (IRI), Andrew Fan (HKG), Rodolfo N. Tingzon Jr. (PHI). **Executive Director:** Richard T.C. Lin (TPE). **Chairman:** Vutichai Udomkarnjananan (THA). **Development Chair:** Hiroko Yamada (JPN).

WBSC EUROPE

Website: www.wbsceurope.org/en
E-Mail Address: office@wbsceurope.org
Presidents: Krunoslav Karin (CRO). **Secretary General:** Ami Baran (ISR). **Vice President Baseball:** Petr Ditrich (CZE). **Vice President Softball:** Gabriel Waage (CZE). **Vice President Baseball5:** Youri Alkalay (BUL). **Treasurer:** Eddy van Straelen (BEL). **Members at Large Baseball:** François Collet (FRA), Jürgen Elsishans (GER). **Members at Large Softball:** Mette Nissen Jakobsen (DEN), Kostis Liarommatis (GRE), Kristian Pälviä (SWE). **Athlete Repr. Softball:** Martina Lackner-Keil (AUT). **Athlete Repr. Baseball:** Jorge Balboa (ESP).

WBSC OCEANIA

Website: https://www.wbscoceania.org/en
E-Mail Address: office@wbscoceania.org
President: Robert J. Steffy (GUM). **Secretary General:** Chet Gray (AUS). **Vice President Baseball:** Vaughan Wyber (NZL). **Vice President Softball:** Rex Capil (NZL). **Board Members:** Inoke Niubalavu (FIJ), Tony Giles (NZ), Carolyn D. Ngiraidis (PLW), Glenn Williams (AUS)..

AMATEUR/YOUTH

NATIONAL ORGANIZATIONS

USA BASEBALL

Mailing Address, Corporate Headquarters: 2933 South Miami Blvd, Suite 119, Durham, NC 27703. **Telephone:** (919) 474-8721. **E-mail Address:** info@usabaseball.com. **Media Inquiries:** mediarelations@usa-baseball.com. **Website:** usabaseball.com.

BOARD OF DIRECTORS
John Gall (President). Jason Dobis (Treasurer). Elliot Hopkins (Secretary). Veronica Alvarez, Willie Bloomquist, Jenny Dalton-Hill, George Grande, Abraham Key, Chris Marinak, Jacob May, Richard Neely, Tony Reagins, Derek Topik, Ernie Young.

NATIONAL MEMBER ORGANIZATIONS
American Amateur Baseball Congress (AABC), American Baseball Coaches Association (ABCA), American Legion Baseball, DYB, Inc., Little League Baseball, National Amateur Baseball Federation (NABF), National Assocaition of Intercollegiate Athletics (NAIA), National Collegiate Athletic Association (NCAA), National Federation of State High School Athletic Associations (NFHS), National High School Baseball Coaches Associatin (BCA), National Junior College Athletic Association (NJCAA), PONY Baseball

STAFF
Executive Director/CEO: Paul Seiler
Chief Operating Officer: David Perkins.
Chief Financial Officer: Ray Darwin
Senior Director, Retail: Carrington Austin.
Senior Director, Technology: Russell Hartford.
Senior Director, Athlete Safety and Education: Lauren Rhyne.
Senior Director, National Training Complex Operations: James Vick.
Senior Director, Governance & Strategy: Brad Young.
GM, Professional/College National Teams: Eric Campbell.
General Manager, National Teams: Ashley Bratcher.
General Manager, Sports Properties: Jimmy Frush.
Scouting Director: Mark O'Sullivan.
Director, Baseball Administration: Allison Gupton.
Director, Coaching Development: Andrew Bartman.
Director, 12U National Team Program: Cole Beeker.
Director, Athlete Safety: Lisa Braxton.
Director, Youth Programs: Tyler Collins.
Director, 18U National Team Program: Brett Curll.
Director, Communications: Lizzie Hattrich.
Director, Creative Services: Mark Jenkins.
Director, Brand: Kevin Jones.
Director, 15U National Team Program: Ben Kelley.
Director, Player Development: Jim Koerner.
Director, Accounting & Finance: Cicely McLaughlin.
Director, Social Media: Alex Nash.
Director, Baseball Operations: Ann Claire Roberson.
Director, Technology Operations: Mariah Vargas.
Director, Education: Sarah Wood.
Coordinator, NTC Operations: Phil Berger.
Coordinator, Youth Programs: Isaac Brown.
Coordinator, Athlete Safety: Taylor Clayton.
Coordinator, Baseball Operations: Jeff Feltman.
Coordinator, Baseball Administration: Makenzie Kelly.
Coordinator, Athlete Safety/Education: Paris LaPoint.
Coordinator, Creative Services: James Motter.
Coordinator, Systems and Analytics: Manny Portugal.
Coordinator, Retail Operations: Tracy Sewell.
Coordinator, PDP Operations: Jade Williams
Assistant Director, Creative Services: Jenna Hiscock.
Assistant Director, Communications: Josh Spitz.
Assistant Director, Accounting & Finance: Lauren Kern.

BASEBALL CANADA

Mailing Address: 2212 Gladwin Cres., Suite A7, Ottawa, Ontario K1B 5N1. **Telephone:** (613) 748-5606. **E-mail Address:** info@baseball.ca. **Website:** baseball.ca.
President & CEO: Jason Dickson. **Head Coach/Director, National Teams:** Greg Hamilton. **Media/PR Coordinator:** Adam Morissette. **Director of National Programs:** Kelsey McIntosh. **Project Service Coordinators:** Megan Cundari, Joey Hutton. **Social Media and Digital Asset Coordinator:** Eugenio Matos. **Administrative Coordinator, Men's National Teams:** Nancy Dunbar.

NATIONAL BASEBALL CONGRESS

Mailing Address: 300 N. Mead, Ste 109 Wichita, KS 67202. **Telephone:** (316) 265-6286. **Website:** nbcbaseball.com.
Year Founded: 1931.

ATHLETES IN ACTION

Mailing Address: 651 Taylor Dr., Xenia, OH 45385. **Telephone:** (937) 352-1000. **E-mail Address:** baseball@athletesinaction.org. **Website:** aiabaseball.org.

AMATEUR/YOUTH

SUMMER COLLEGE LEAGUES

NATIONAL ALLIANCE OF COLLEGE SUMMER BASEBALL
Telephone: (321) 696-6995. **E-Mail Address:** sfoggi@FloridaLeague.com. **Website:** nacsb.pointstreaksites.com
Executive Director: Stefano Foggi (Florida League). Asst. **Executive Director:** Todd Pratt (Sunbelt League). **Treasurer:** Jason Woodward (Cal Ripken Collegiate League) Bruce Alger (Valley Baseball League)**Member:** Member, Marketing & **PR Director:** Sandra Kruel (Hamptons League). Member, **Compliance Director:** Sean McGrath (New England Collegiate Baseball League). Secretary, **Ex officio:** Jamie Billings (Southern Collegiate Baseball League). **Members:** Angelo Fiore (Atlantic Collegiate Baseball League); Eric Zmuda (Cape Cod Baseball League); Deron Brown (Great Lakes Collegiate Baseball League); Joe Brown (New York Collegiate Baseball League); Aaron Milam (California Collegiate League).
Member Leagues: Atlantic Collegiate Baseball League, California Collegiate League, Cal Ripken Collegiate Baseball League, Cape Cod Baseball League, Florida Collegiate Summer League, Great Lakes Summer Collegiate League, Hamptons Collegiate Baseball League,New England Collegiate Baseball League, New York Collegiate Baseball League, Southern Collegiate Baseball League, Sunbelt Baseball League, Valley Baseball League.

ALASKA BASEBALL LEAGUE
League Address: P.O. Box 2690, Palmer AK 99645. Phone: 907-745-6401. **Email:** generalmgrminers@gmail.com.

MAT-SU MINERS
General Manager: Pete Christopher.
Mailing Address: P.O. Box 2690 Palmer, AK 99645.
Telephone: 907-746-4914/907-745-6401. **Fax:** 907-746-5068. **E-Mail:** generalmgrminers@gmail.com. **Fax:** 907-746-5068. **Website:** matsuminers.org.
Head Coach: Tyler LeBrun
Field: Hermon Brothers Field, Grass, No Lights.

ANCHORAGE BUCS
General Manager: Shawn Maltby
Mailing Address: 435 W. 10th Avenue Suite B, Anchorage, AK 99501. **Office:** 907-561-2827. **Fax:** 907-561-2920. **E-Mail:** shawn@anchoragebucs.com.
Website: anchoragebucs.com
Head Coach: Don Sneddon
Field: Mulcahy Field—Turf Infield, Grass Outfield, Lights

ANCHORAGE GLACIER PILOTS
General Manager: Jon Dyson
Mailing Address: 435 W. 10th Avenue, Suite A, Anchorage, Alaska 99501. **Office:** 907-274-3627. **Fax:** 907-274-3628. **E-Mail:** glacierpilotsoffice@gmail.com.
Website: glacierpilots.com.
Head Coach: Ritch Price.
Field: Mulcahy Field—Turf Infield, Grass Outfield, Lights

CHUGIAK-EAGLE RIVER CHINOOKS
General Manager: Tim Cole.
Mailing Address: 651 Taylor Drive, Xenia, Ohio 45385.
Office: 937-352-1000. **Fax:** 937-352-1001.
E-Mail: timothy.cole@athletesinaction.org.
Website: cerchinooks.com.
Head Coach: Tim Cole.
Field: Lee Jordan Field-Turf Infield, Grass Outfield, No Lights

PENINSULA OILERS
General Manager: Derek Foote.
Mailing Address: 601 S. Main St., Kenai, Alaska 99611.
Office: 907-283-7133. **Fax:** 907-283-3390.
E-Mail: dfoote45@oilersbaseball.com.
Website: oilersbaseball.com
Head Coach: Larry McCann.
Field: Coral Seymour Memorial Park-Grass, No Lights

APPALACHIAN LEAGUE
E-Mail Address: frank.lasala@mlb.com.
Website: www.appyleague.com
Executive Director: Brian Graham. **Director, Player Personnel:** Justin Morgenstern. **Manager, Baseball Administration:** Frank La Sala. **Umpire Evaluator:** Thomas Newsom
Baseball Chapel League Coordinator: Ryan Reveley.
Division Structure: East—Bluefield, Burlington, Danville, Pulaski, Tri-State. **West**—Bristol, Elizabethton, Greeneville, Johnson City, Kingsport.
Regular Season: 48 games
2024 Opening Date: June 4. **Closing Date:** July 31.
All-Star Game: July 23. **Roster Limit:** 32 active.

BLUEFIELD RIDGE RUNNERS
Office Address: 2003 Stadium Dr. Bluefield, WV 24701. **Mailing Address:** P.O. Box 356, Bluefield, WV 24701.
Telephone: 304-324-1326. **Fax:** 304-324-1318
Facebook: Bluefield Ridge Runners. **Instagram:** @goridge_runners. **Twitter:** @goridge_runners.
Email Address: bluefieldridgerunners@gmail.com. **Website:** www.bluefieldridgerunners.com
Operated By: Bluefield Baseball Club, Inc. **President:** George McGonagle. **General Manager:** Rocky Malamisura. **Director of Field Operations and Grounds Crew:** Mike White
Manager: TBD. **Athletic Trainer:** Rachel Lamb
Stadium Name: Bowen Field. **Standard Game Times:** Monday-Saturday: 6:30 PM, **Sunday** 5:30 PM. **Ticket Price Range:** $6

BRISTOL STATE LINERS
Office Address: 1501 Euclid Ave, Bristol, VA 24201.
Mailing Address: PO Box 1434, Bristol, VA 24203
Telephone: (276) 206-9946. **Fax:** (423)-968-2636
Facebook: Bristol State Liners. **Instagram:** @TheStateLiners. **Twitter:** @TheStateLiners. **TikTok:** @BristolStateLiners. **Email Address:** gm@bristolbaseball.com. **Website:** www.bristolstateliners.com.
Operated By: Bristol Baseball, Inc.
President/General Manager: Mahlon Luttrell.

AMATEUR/YOUTH

Assistant General Manager: Craig Adams. **VP of Community Relations:** Mark Young. **Director of Marketing:** Dave Rudd. **Treasurer:** Jean Luttrell. **Secretary:** Savannah Williams
Manager: TBD. **Athletic Trainer:** Caleb Johnston
Stadium Name: Boyce Cox Field at DeVault Memorial Stadium. **Standard Game Times:** Monday-Friday: 7:00 PM, **Saturday-Sunday:** 5:30 PM. **Ticket Price Range:** $4-$9

BURLINGTON SOCK PUPPETS

Office Address: 1450 Graham St, Burlington, NC 27217. **Mailing Address:** PO Box 1143, Burlington, NC 27216
Telephone: (336) 222-0223. **Email Address:** info@gosockpuppets.com. **Website:** www.gosockpuppets.com
Facebook: Burlington Sock Puppets. **Instagram:** @GoSockPuppets. **Twitter:** @GoSockPuppets. **TikTok:** @GoSockPuppets
Operated By: Knuckleball Entertainment, LLC. **Owner/President:** Ryan Keur. **General Manager:** Anderson Rathbun. **Director of Sockville:** Jackson Webb. **Director of Fun:** Josh Stewart
Manager: Anthony Essien. **Athletic Trainer:** Angela Talaganis
Stadium Name: Burlington Athletic Stadium. **Standard Game Times:** Monday-Saturday: 7:00 PM, **Sunday:** 5:30 PM. **Ticket Price Range:** $8-15

DANVILLE OTTERBOTS

Office Address: Dan Daniel Memorial Park, 302 River Park Dr, Danville, VA 24540. **Mailing Address:** PO Box 330, Danville, VA 24543
Telephone: (434) 554-4487. **Email Address:** danvilebaseball21@gmail.com. **Website:** www.appyleague.com/danville
Facebook: Danville Otterbots. **Instagram:** @GoOtterbots. **Twitter:** @GoOtterbots
Operated By: Knuckleball Entertainment, LLC. **Owner:** Ryan Keur. **General Manager:** Austin Scher
Assistant GM, Baseball Operations: Jacob Lemanowicz.
Assistant GM, Entertainment: Wyatt Sutton.
Manager: Mickey Tettleton
Stadium Name: American Legion Post 325 Field at Dan Daniel Memorial Park. **Standard Game Times:** Monday-Saturday: 7:00 PM, **Sunday:** 5:30 PM. **Ticket Price Range:** $5-11

ELIZABETHTON RIVER RIDERS

Office Address: 804 Holly Lane, Elizabethton, TN 37643
Telephone: (423) 547-6443
Fax: (423) 547-6442. **Website:** www.appyleague.com/elizabethton
Facebook: Elizabethton River Riders. **Instagram:** @elriverriders. **Twitter:** @elriverriders. **TikTok:** @elriverriders
Operated By: Boyd Sports, LLC. **Owners:** Randy and Jenny Boyd
CEO: Doug Kirchhofer. **President:** Chris Allen. **Vice President:** Jeremy Boler. **General Manager:** Kiva Fuller. **Ticket Sales Account Executive:** Bobby Lewis. **Operations:** Bryan Webster. **Director of Finance:** Paul Makres. **Boyd Hospitality:** Chris Franklin
Manager: Jeremy Owens. **Athletic Trainer:** Kody Eckert
Stadium Name: Northeast Community Credit Union Ballpark. **Standard Game Times:** Monday-Saturday: 7:00 PM, **Sunday:** 5:30 PM. **Ticket Price Range:** $5-8

GREENEVILLE FLYBOYS

Office Address: 135 Shiloh Road, Greeneville, TN 37745. **Telephone:** (423) 609-7400. **Email Address:** contact@flyboysbaseball.com. **Website:** www.appalachianleague.com/greeneville
Facebook: Greeneville Flyboys. **Instagram:** @GFlyboys. **Twitter:** @GFlyboys. **TikTok:** @GFlyboys
Operated By: Boyd Sports, LLC.
Owners: Randy and Jenny Boyd. **CEO:** Doug Kirchhofer. **President:** Chris Allen. **Vice President:** Jeremy Boler. **General Manager:** Brandon Bouschart. **Ticket Sales Account Executive:** Matthew White. **Operations:** Bryan Webster. **Director of Finance:** Paul Makres. **Boyd Hospitality:** Chris Franklin
Manager: Jack Wilson. **Athletic Trainer:** Chris Lenker
Stadium Name: Pioneer Park. **Standard Game Times:** Monday-Saturday: 7:00 PM, **Sunday:** 5:30 PM. **Ticket Price Range:** $5 group discount, $7 reserved, $8 premium

JOHNSON CITY DOUGHBOYS

Office Address: 510 Bert St., Johnson City, TN 37601. **Mailing Address:** PO Box 179, Johnson City, TN 37605. **Telephone:** (423) 461-4866. **Email Address:** patrick@jcdoughboys.com. **Website:** www.appyleague.com/johnson-city.
Operated By: Boyd Sports, LLC. **Owners:** Randy and Jenny Boyd
Facebook: Johnson City Doughboys. **Instagram:** @JC_doughboys. **Twitter:** @JC_doughboys. **TikTok:** @jcdoughboys
CEO: Doug Kirchhofer. **President:** Chris Allen. **Vice President:** Jeremy Boler. **General Manager:** Patrick Ennis. **Director of Ticket Sales:** Styles Martin. **Ticket Sales Account Executive:** Tommy Yamashita. **Operations:** Bryan Webster. **Director of Finance:** Paul Makres. **Boyd Hospitality:** Chris Franklin
Manager: Kevin Mahoney. **Athletic Trainer:** Brianna Tetzloff
Stadium Name: TVA Credit Union Ballpark. **Standard Game Times:** Monday-Saturday: 7:00 PM, **Sunday:** 5:30 PM. **Ticket Price Range:** $6-$9

KINGSPORT AXMEN

Office Address: 800 Granby Rd, Kingsport, TN 37660
Telephone: (423) 224-2626
Fax: (423) 224-2625. **Email Address:** cmills@axmenbaseball.com. **Website:** www.appyleague.com/kingsport
Facebook: Kingsport Axmen. **Instagram:** @KingsportAxmen. **Twitter:** @KingsportAxmen. **TikTok:** @KingsportAxmen
Operated By: Boyd Sports, LLC.
Owners: Randy and Jenny Boyd
CEO: Doug Kirchhofer. **President:** Chris Allen. **Vice President:** Jeremy Boler. **General Manager:** Caleb Mills. **Ticket Sales Account Executive:** Mollie Allen. **Operations:** Bryan Webster. **Director of Finance:** Paul Makres. **Boyd Hospitality:** Chris Franklin.
Manager: TBD. **Athletic Trainer:** Brandon Harrist
Stadium Name: Hunter Wright Stadium. **Standard Game Times:** Monday-Saturday: 7:00 PM, **Sunday:** 5:30 PM. **Ticket Price Range:** $6 -$8

AMATEUR/YOUTH

PULASKI RIVER TURTLES

Office Address: 529 Pierce Avenue, Pulaski, VA 24301 **Mailing Address:** PO Box 852, Pulaski, VA 24301 **Facebook:** Pulaski River Turtles. **Instagram:** @theriverturtles. **Twitter:** @theriverturtles. **TikTok:** pulaskiriverturtles
Telephone: (540) 980-1070. **Email Address:** info@pulaskiriverturtles.com. **Website:** www.appyleague.com/pulaski
Operated By: Calfee Park Baseball. **General Manager:** JW Martin
Head Groundskeeper: Trevor Miles
Manager: TBD. **Athletic Trainer:** Rebekah Thompson
Stadium Name: Motor Mile Field at Calfee Park.
Standard Game Times: Monday-Saturday: 7:00 PM, Sunday 5:30 PM **Ticket Price Range:** $5-11

TRI-STATE BASEBALL

Office Address: 1 Jack Cook Way, Huntington, WV 25703. **Telephone:** TBA
Fax: TBA. **Email Address:** TBA.
Website: www.appyleague.com/tri-state.
General Manager: Jason Camp
Assistant General Manager: Sean Collins
Manager: TBD. **Athletic Trainer:** Bryan Booth
Stadium Name: Jack Cook Field. **Standard Game Times:** Monday-Saturday: 7:00 PM, Sunday: 4:00 PM. **Ticket Price Range:** TBA

ATLANTIC COLLEGIATE BASEBALL LEAGUE

Mailing Address: 8 Millbrook Drive, Middletown, NJ 07748.
Telephone: (917) 689-7595.
Website: acbl-online.com.
Year Founded: 1967.
Commissioner: Ike Goldstein. **President:** Tom Hopke. **Secretary:** Pete Raimondi.
ACBL Kaiser Division: Atlantic Whitecaps, East Coast Sandhogs, Hitters Club Hawkeyes, LIB Neptunes, Nassau Collegians, New York Crush, New York Valor, Old Town Road Patriots.
ACBL Wolff Division: Bergen Metros, Essex Le, Jersey Shore Stallions, New Brunswick Matrix, New York Phenoms, Ocean Ospreys.

CALIFORNIA COLLEGIATE LEAGUE

Mailing Address: 11756 Chestnut Ridge Street, Moorpark, CA 93021. **Telephone:** (805) 680-1047. **Fax:** (805) 684-8596. **E-Mail Address:** aaron@calsummerball.com. **Website:** calsummerball.com.
Founded: 1993. **Executive Director:** Aaron Milam.

ACADEMY BARONS

Address: 901 E. Artesia Blvd, Compton, CA 90221. **Telephone:** (310) 763-3479. **Website:** calsummerball.com/academy-barons-roster. **E-Mail Address:** Yano.alvin@mlb.com. com. **Baseball Operations:** Yano Alvin.
Field manager: Kenny Landreaux.

ARROYO SECO SAINTS

Telephone: (626) 695-6903. **Website:** arroyosecosaints.com. **E-mail Address:** amilam@arroyosecobaseball.com. **General Manager:** Aaron Milam/Nicholas Gorman. **Field Manager:** Aaron Milam.

CONEJO OAKS

Address: 1710 N. Moorpark Rd., #106, Thousand Oaks, CA 91360. **Telephone:** 805-304-0126.
Website: calsummerball.com/conejo-oaks-roster/.com. **E-Mail Address:** oaksbaseball@yahoo.com. **Field Manager:** David Soliz. **General Manager:** Randy Riley.

HEALDSBURG PRUNE PACKERS

Address: Rec Park 515 Piper St. Healdsburg, Calif. 95448. **Mailing Address:** PO Box 1543 Healdsburg CA 95448. **Telephone:** 707-280-6693. **Email Address:** JGG21@aol.com. **GM/Field Manager:** Joey Gomes.

LINCOLN POTTERS

Address: 436 Lincoln Blvd., Ste. 104, Lincoln, CA 95648. **Telephone:** (916) 752-8986. **Website:** lincolnpotters.com. **E-Mail Address:** ryan.stevens@slugger.com. **Field Manager:** Ryan Stevens. **General Manager:** Matt Lundgren.

ORANGE COUNTY RIPTIDE

Address: 14 Calendula Rancho, Santa Margarita, CA 92688. **Telephone:** (949) 228-7676. **Website:** ocriptide.com. **E-Mail Address:** ocriptidebaseball@gmail.com. **General Manager:** Moe Geohegan.

SAN LUIS OBISPO BLUES

Address: 3195 McMillan Ave, Ste. B2, San Luis Obispo, CA 93401. **Telephone:** 805-704-4388. **Website:** bluesbaseball.com. **E-Mail Address:** adam@bluesbaseball.com. **GM:** Adam Stowe. **Field Manager:** Bob Miller.

SANTA BARBARA FORESTERS

Address: 4299 Carpinteria Ave., Suite 201, Carpinteria, CA 93013. **Telephone:** (805) 684-0657. **Website:** sbforesters.org. **E-Mail Address:** pintard@earthlink.net. **General Manager and Field Manager:** Bill Pintard.

SOLANO MUDCATS

Address: 508 Stonewood Dr., Vacaville, CA 95687. **Website:** solanomudcats.org. **E-mail** Address (GM): solanomudcats@gmail.com. **General Manager:** Ben Crombie.

SONOMA STOMPERS

Address: 117 W. Napa St., Suite A, Sonoma, CA 95476. **Website:** stompersbaseball.com. **E-mail Address:** info@stompersbaseball.com.

WALNUT CREEK CRAWDADS

Address: 1630 Challenge Dr., Concord, CA 94607. **Website:** crawdadsbaseball.com. **E-mail** Address (GM): bcummings@walnutcreekcrawdads.com. **Field Manager:** Brant Cummings..

CAL RIPKEN SR. COLLEGIATE LEAGUE

Address: 24219 Hawkins Landing Drive, Gaithersburg, MD 20882. **Telephone:** (301) 693-2577. **E-Mail:** jason_d_woodward@mcpsmd.org. **Website:** calripkenleague.org.
Year Founded: 2005.
Commissioner: Jason Woodward. **League President:** Brad Rifkin. **Director of Operations:** Chris Rogers

AMATEUR/YOUTH

Regular Season: 36 games. **Playoff Format:** Top two teams from each division plus the two remaining teams with the best records qualify. Teams play the best of three series, winners advance to the best of three series for the league championship. **Roster Limit:** 40 (college-eligible players). 22 and under).

ALEXANDRIA ACES

Address: 221 9th Street, S.E. Washington, DC 20003. **Telephone:** (202) 255-1683. **E-Mail:** cberset21@gmail.com. **Website:** alexandriaaces.org. **Chairman/CEO:** Frank Fannon. **General Manager:** TBD. **Head Coach:** Chris Berset. **Ballpark:** Frank Mann Field at Four Mile Run Park.

BETHESDA BIG TRAIN

Address: 6400 Goldsboro Road Suite 220 Bethesda, MD 20817. **Telephone:** 301-229-1854. **Fax:** 301-229-8362. **E-Mail:** faninfo@bigtrain.org. **Website:** bigtrain.org. **General Manager:** Michael Michaud. **Head Coach:** Sal Colangelo. **Ballpark:** Shirley Povich Field.

D.C. GRAYS

Address: 1800 M Street NW, 500 South Tower, Washington, DC 20036. **Telephone:** (202) 492-6226. **Website:** dcgrays.com. **E-Mail Address:** barbera@acg-consultants.com. **President:** Mike Barbera. **General Manager:** Chris Spera. **Head Coach:** TBD. **Ballpark:** Washington Nationals Youth Academy.

METRO SOUTH COUNTY BRAVES

Address: 8925 Leesburg Pike, Vienna, VA 22182. **Telephone:** (702) 909-2750. **Fax:** (703) 783-1319. **E-Mail:** cawarren90@gmail.com. **Website:** fcabraves.com. **President/General Manager:** TBD. **Head Coach:** Chris Warren. **Ballpark:** Annandale High School.

GAITHERSBURG GIANTS

Address: 18221A Flower Hill Way, Gaithersburg, MD 20879. **Telephone:** (240) 793-3367. **E-Mail:** gaithersburggiants@gmail.com. **Website:** gaithersburggiants.org. **General Manager:** Matt Cangas. **Head Coach:** TJ Brockway. **Ballpark:** Criswell Automotive Fieldl

CAPE COD BASEBALL LEAGUE

Mailing Address: PO Box 266, Harwich Port, MA 02646. **Telephone:** (508) 326-1221. **E-Mail:** info@capecodbaseball.org.
Website: capecodbaseball.org.
Year Founded: 1923
Commissioner: John Castleberry. **President:** Andrew Lang. **Treasurer:** Paul Logan. **Secretary:** Ashley Hansen Kilgallon. **Senior VP:** Tom Gay, **VP:** Mary Henderson, Steve West. **Senior Deputy Commissioner:** Peter Hall. **Deputy Commissioner:** Steve Faucher, Ben Layton, Mike Carrier. **Director Public Relations:** Michael Lane. **Director Communications:** Shawn McBride. **Division Structure: East**—Brewster, Chatham, Harwich, Orleans, Yarmouth-Dennis. **West**—Bourne, Cotuit, Falmouth, Hyannis, Wareham.
Regular Season: 40 games. **All-Star Game and Home Run Contest:** July 27. **Playoff Format:** Top four teams in each division qualify with the first round being single elimination, followed by two best-of-three series.

BOURNE BRAVES

Mailing Address: PO Box 895, Monument Beach, MA 02553. **Telephone:** (508) 868-8378. **E-Mail Address:** nnorkevicius@yahoo.com. **Website:** bournebraves.org.
President: Nicole Norkevicius. **General Manager:** Darin Weeks. **Head Coach:** Scott Landers.

BREWSTER WHITECAPS

Mailing Address: PO Box 2349, Brewster, MA 02631. **Telephone:** (508) 896-8500, ext. 147. **Fax:** (508) 896-9845. **E-Mail Address:** jmecca1118whitecaps@gmail.com.
Website: brewsterwhitecaps.com.
President: Bob Graczewski. **General Manager:** Jon Mecca. **Head Coach:** Jamie Shevchik.

CHATHAM ANGLERS

Mailing Address: PO Box 428, Chatham, MA 02633. **Website:** chathamas.com. **President:** Steve West. **General Manager:** Mike Geylin. **Email:** mgeylin@kgpr.com. **Head Coach:** Jeremy Sheetinger.

COTUIT KETTLEERS

Mailing Address: PO Box 411, Cotuit, MA 02635. **Telephone:** (508) 428-3358. **E-Mail Address:** bmurpf-cape@aol.com. **Website:** kettleers.org. **President:** Terry Moran. **General Manager:** Bruce Murphy. **Head Coach:** Mike Roberts.

FALMOUTH COMMODORES

Mailing Address: PO Box 808 Falmouth, MA 02541. **Telephone:** (508) 566-4988. **Website:** falmouthcommodores.org. **President:** Bob Curtis. **General Manager:** Chuck Sturtevant. **Head Coach:** Jeff Trundy.

HARWICH MARINERS

Mailing Address: PO Box 201, Harwich Port, MA 02646. **Telephone:** (508) 432-2000. **Fax:** (508) 432-5357. **E-Mail Address:** mehendy@comcast.net. **Website:** harwichmariners.org. **President:** Mary Henderson. **General Manager:** Kevin Boggan. **Head Coach:** Steve Englert.

HYANNIS HARBOR HAWKS

Mailing Address: PO Box 832, West Hyannis Port, MA 02672. **Telephone:** (508) 737-5890. **Fax:** (877) 822-2703. **E-Mail Address:** tprocks1@comcast.net. **Website:** harborhawks.org. **President:** Dan Johnson. **General Manager:** Nick Johnson. **Head Coach:** Mitch Karraker.

ORLEANS FIREBIRDS

Mailing Address: PO Box 504, Orleans, MA 02653. **Telephone:** (508) 255-0793. **Fax:** (508) 255-2237. **E-Mail Address:** bodonnell15@gmail.com. **Website:** orleansfirebirds.com. **President:** Bob O'Donnell. **General Manager:** Sue Horton. **Head Coach:** Kelly Nicholson.

WAREHAM GATEMEN

Mailing Address: PO Box 287, Wareham, MA 02571. **Telephone:** (508) 748-0287. **Fax:** (508) 880-2602. **E-Mail Address:** glenhannington@gatemen.org.
Website: gatemen.org. **President:** Glenn Hannington. **General Manager:** Bob Prince. **Head Coach:** Ryan Smyth.

AMATEUR/YOUTH

YARMOUTH-DENNIS RED SOX

Mailing Address: PO Box 78 Yarmouth Port, MA 02675. **Telephone:** (508) 889-8721. **E-Mail Address:** pizzo@ydredsox.com. **Website:** ydredsox.org. **President:** Paul Izzo. **General Manager:** Terry Hisey. **Head Coach:** Scott Pickler.

COASTAL PLAIN LEAGUE

Mailing Address: 117 Thomas Mill Road, Holly Springs, NC 27540. **Telephone:** (919) 852-1960. **Email Address:** jsellers@coastalplainleague.com. **Website:** coastalplain.com. **Year Founded:** 1997. **Owner:** Capitol Broadcasting Company Inc. **Commissioner:** Chip Allen. **Deputy Commissioner:** Justin Sellers. **Founder/Commissioner Emeritus:** Pete Bock.

ASHEBORO ZOOKEEPERS

Mailing Address: P.O. Box 4036, Asheboro, N.C. 27204. **Telephone:** (336) 460-7018. **Email Address:** info@zookeepersbaseball.com.
Owners: Doug Pugh, Ronnie Pugh, Steve Pugh, Mike Pugh. **General Manager/Head Coach:** Korey Dunbar. **Assistant Coaches:** Grant Crosby, Tyler McPeak, Dominic Bricker (Bowling Green).
Ballpark: McCrary Park. **Game Start Times:** Monday-Saturday, 7 p.m./Sunday, 6 p.m.

BOONE BIGFOOTS

Address: 982 Jakes Mountain Rd, Deep Gap, N.C. 28618. **Telephone:** (909) 935-7470. **Email Address:** bigfootsbaseball@gmail.com.
Owner: Robert Wilson. **General Manager:** Chris Merritt.
Head Coach: Craig McAndrews (Columbia College). **Assistant Coach:** John Canvass (William Woods).
Ballpark: Jim and Bettie Smith Stadium. **Game Start Times:** Monday-Saturday, 6:30 p.m./Sunday, 4 p.m.

FLORENCE FLAMINGOS

Address: 1951 Pisgah Road, Room 130, Florence, S.C. 29501. **Telephone:** (843) 413-2833.
Email Address: info@florenceflamingos.com
Majority Partner: Steve DeLay. **Partner:** Brandon Raphael. **Minority Partner:** Kevin Barth. **President:** Mitchell Lister. **Director of Ticket Sales:** Matt Downing. **Director of Marketing:** Alex Dusky. **Manager, F&B and Operations:** Blake Bearden. **Manager, Group Tickets:** Zhariah Walker.
Head Coach: Lex Tuten (Coker). **Assistant Coach:** TBD.
Ballpark: Carolina Bank Field. **Game Start Times:** All games, 7:00 p.m.

FOREST CITY OWLS

Mailing Address: P.O. Box 1062, Forest City, N.C. 28043. **Telephone:** (828) 245-0000. **Email Address:** sblatnicky@forestcitybaseball.com.
Owners: Phil and Becky Dangel. **Minority Owner:** Rob Frost. **Director of Ballpark Operations:** Stephanie Blatnicky.
Head Coach: TBD. **Assistant Coach:** TBD.
Ballpark: McNair Field. **Game Start Times:** All games, 6:30 p.m./DH on 6/16, 4 p.m.

GREENVILLE YARD GNOMES

Mailing Address: 2217 Stantonburg Rd, Greenville, N.C. 27834. **Telephone:** (252) 375-8500. **Email Address:** tickets@gnomesbaseball.com
Owners: Capitol Broadcasting Company. **General Manager:** Michael Villafana. **Manager of Ticket Sales:** Matthew Wheeler. **Manager of Marketing, Promotions & Game Presentation:** Savanna Fowler.
Head Coach: Jack Schaffer (Wallace CC). **Assistant Coach:** TBD.
Ballpark: Guy Smith Stadium. **Game Start Times:** Monday-Saturday, 6:30 p.m./Sunday, 5:05 p.m.

HP-THOMASVILLE HITOMS

Address: 7003 Ballpark Road, Thomasville, N.C. 27360. **Telephone:** (336) 472-8667. **Email Address:** info@hitoms.com.
Owner/President: Greg Suire. **Assistant General Manager:** Zach Davis. **Head Coach:** TBD. **Assistant Coach:** TBD.
Ballpark: Finch Field. **Game Start Times:** Monday-Friday, 6:30 p.m./Saturday, 6 p.m./Sunday, 5 p.m.

HOLLY SPRINGS SALAMANDERS

Address: 101 Tennis Court, Holly Springs, N.C. 27540. **Telephone:** (919) 249-7222. **Email Address:** info@salamandersbaseball.com.
Owner: Capitol Broadcasting Company
Vice President: Mike Birling. **General Manager:** Shari Massengill. **Ticket Sales Manager:** Sara Killeen.
Head Coach: Brian Rountree. **Assistant Coach:** Mike Valder
Ballpark: Ting Stadium at Ting Park. **Game Start Times:** Monday-Saturday, 6:30 p.m./Sunday, 5:05 p.m.

LEXINGTON COUNTY BLOWFISH

Address: 474 Ballpark Road, Lexington, S.C. 29072. **Telephone:** (803) 254-3474. **Email Address:** info@blowfishbaseball.com.
Owners: Shanahan and Company Sports Management (Bill & Vicki Shanahan)
President: Bill Shanahan. **General Manager:** Tony Baldwin. **Director of Stadium Operations:** Robbie Hardy. **Business Development Coordinator:** Tristyn Bolton. **Merchandise/Operations Coordinator:** Abby Quinty. **Director of Group Outings:** Linda Brown. **Director of Corporate Partnerships:** Joey Elledge.
Head Coach: KC Brown (Georgia College & State).
Ballpark: Lexington County Baseball Stadium.
Game Start Times: All games, 7:05 p.m.

MACON BACON

Address: 225 Willie Smokey Glover Drive, Macon, GA 31201. **Telephone:** 478-803-1795. **Email Address:** info@maconbaconbaseball.com.
Owner: Steve DeLay. **President:** Brandon Raphael. **Director of Ticket Sales/Operations:** Austin Karp. **Director of Ballpark Operations/Food & Beverage:** Johnathan Walters. **Group Accounts Manager:** Andrew Smith. **Partnership Services/Merchandising Manager:** Logan Goodman.
Head Coach: Easton Waterman. **Assistant Coaches:** Daniel Duarte (Minot State), Scott Edwards.
Ballpark: Luther Williams Field. **Game Start Times:** All games, 7 p.m.

AMATEUR/YOUTH

MARTINSVILLE MUSTANGS

Address: 450 Commonwealth Blvd. E, Martinsville, VA, 24112. **Telephone:** (276) 403-5250. **Email Address:** info@martinsvillemustangs.com
Owner: City of Martinsville. **Managing Partner:** Next P.L.A.N. Athletics. **General Manager:** Connor Akeman.
Head Coach: Brandon Nania (Patrick Henry CC).
Assistant Coach: Hunter Steel (Patrick Henry CC), Mason Gary.
Ballpark: Hooker Field. **Game Start Times:** 7 p.m.

MOREHEAD CITY MARLINS

Address: 1208 Mizzelle Dr., Morehead City, NC 28557. **Telephone:** (252) 269-9767. **Email Address:** mcmarlins@gmail.com.
Owner: Buddy Bengel. **Director of Operations:** Brianna Miller.
Head Coach: Sam Carel. **Assistant Coach:** TBD.
Ballpark: Puck O'Neal Field at Big Rock Stadium. **Game Start Times:** All games, 7 p.m.

PENINSULA PILOTS

Mailing Address: P.O. Box 7376, Hampton, VA 23666. **Telephone:** (757) 245-2222. **Email Address:** info@peninsulapilots.com
Owner/Caretaker: Henry Morgan. **Vice President and Head Coach:** Hank Morgan. **General Manager:** Matt Mitchell. **Associate Head Coach:** David Mitchell
Ballpark: War Memorial Stadium. **Game Start Times:** All games, 7 p.m.

TRI-CITY CHILI PEPPERS

Address: 901 Meridian Ave, Colonial Heights, VA 23834. **Telephone:** (804) 499-3104. **Email Address:** HaveFun@chilipeppersbaseball**.com**
Owners: Chris Martin & Byron Wurderman. **Director of Operations & Group Outings:** Austin Sizemore. **Director of Operations & Account Executive for Group Outings:** Rob Perez. **Host Family Coordinator:** Brent Ellenburg.
Head Coach: James Bierlein. **Assistant Coach:** TBD.
Ballpark: Shepherd Stadium. **Game Start Times:** Monday-Saturday, 7 p.m./Sunday, 5:45 p.m.

WILMINGTON SHARKS

Mailing Address: P.O. Box 15233, Wilmington, N.C. 28412. **Telephone:** (910) 343-5621. **Email Address:** info@wilmingtonsharks.com
Owner: NSS Sports (Matt Perry and Bill Davidson).
Owner/President: Matt Perry. **Owner/Managing Member:** Bill Davidson. **General Manager:** Brett Bloomquist. **Director of Operations:** Chris Murphy. **Director of Ticket Sales:** Ani Gerics.
Head Coach: Russ Burroughs. **Assistant Coaches:** Austin Skipper, Rece Sabo, Adam Cardin.
Ballpark: Buck Hardee Field. **Game Start Times:** All games, 7:05 p.m.

WILSON TOBS

Address: 300 Stadium Street, Wilson, N.C. 27893. **Telephone:** (252) 291-8627. **Email Address:** mike@wilsontobs.com
Owner & CFO: Richard Holland. **President:** Greg Suire. **General Manager:** Mike Bell. **Assistant General Manager:** Drew MacKinnon. **Community Outreach &**

Digital Media Coordinator: Griffin Meyers.
Head Coach: TBD.
Ballpark: Historic Fleming Stadium. **Game Start Times:** Monday-Saturday, 7 p.m./Sunday, 6 p.m.

FLORIDA COLLEGIATE SUMMER LEAGUE

Mailing Address: 1000 Primera Blvd., Lake Mary, 32746. **Telephone:** (321) 206-9174.
E-Mail Address: info@floridaleague.com.
Website: floridaleague.com.
Year Founded: 2004.
President: Stefano Foggi. **Commisioner:** Rob Sitz.

DELAND SUNS

Manager: Cameron Jergens.
E-Mail Address: suns@floridaleague.com.

LEESBURG LIGHTNING

Manager: Rich Billings.
E-Mail Address: lightning@floridaleague.com.

SANFORD RIVER RATS

Manager: Jesse Litsch.
E-Mail Address: rats@floridaleague.com.

ORLANDO SNAPPERS

Manager: Terry Abbott.
E-Mail Address: snappers@floridaleague.com.

WINTER GARDEN SQUEEZE

Manager: Mike McDaniel.
Email Address: squeeze@floridaleague.com.

WINTER PARK DIAMOND DAWGS

Manager: Jim Newlin.
E-Mail Address: dawgs@floridaleague.com.

THE FUTURES LEAGUE

Mailing Address: P.O. Box 458, Weymouth, MA 02190. **Telephone:** (339) 440-3417. **E-Mail Address:** administrator@thefuturesleague.com.
Website: thefuturesleague.com.
Year Founded: 2010.
Commissioner: Joe Paolucci. **Director of Media Relations & League Administrator:** Joshua Kummins.
Teams (Contact): Brockton Rox (**Tom Tracey:** ttracey@brocktonrox.com) Nashua Silver Knights (**Cam Cook:** cam@nashuasilverknights.com); New Britain Bees (**Bret DeRosa:** bderosa@nbbees.com); Norwich Sea Unicorns (**Lee Walter:** lee@goseaunicorns.com); Pittsfield Suns (**Sander Stotland:** sander@pittsfieldsuns.com); Vermont Lake Monsters (**CJ Knudsen:** cjk@vermontlakemonsters.com); Westfield Starfires (**Chris Thompson:** ct@westfieldstarfires.com); Worcester Bravehearts (**Dave Peterson:** dave@worcesterbravehearts.com).

GREAT LAKES SUMMER COLLEGIATE LEAGUE

Mailing Address: PO Box 666, Troy, OH 45373. **Telephone:** (937) 308-1536. **E-Mail:** glsclcommish@gmail.com.
Website: pointstreaksites.com/view/greatlakesleague/home. **Year Founded:** 1986.

AMATEUR/YOUTH

President: Darrel Grissom. **Commissioner:** Deron Brown. **Vice-President:** Sean Boley. **Treasurer:** Tony Brumfield.
Regular Season: 42 games. **Playoff Format:** Top six teams meet in playoffs. **Roster Limit:** 30 (college-eligible players only).
Teams: (7 Teams)—Grand Lake Mariners (Celina, OH); Hamilton Joes (Hamilton, OH); Lima Locos (Lima, OH); Michigan Monarchs (Howell, MI); Muskegon Clippers (Muskegon, MI); Southern Ohio Copperheads (Athens, OH); Xenia Scouts (Xenia, OH).

METROPOLITAN COLLEGIATE BASEBALL LEAGUE

Mailing Address: 78 Knollwood Drive, Paramus NJ 07652
President: Brian Casey.
Website: metropolitanbaseball.com
Email: info@metropolitanbaseball.com
Regular Season: 26 games.

M.I.N.K. LEAGUE

(Missouri, Iowa, Nebraska, Kansas)
Telephone: 816-581-1430. **Email Address:** kcbb14@hotmail.com. **Website:** minkleaguebaseball.com
Year Founded: 1995.
Commissioner: Ron Rodriguez. **President:** Ky Turner.
Vice President: Chris Whitaker. **Secretary:** Edwina Rains.
Regular season: 44 games.

MLB DRAFT LEAGUE

Website: www.mlbdraftleague.com.
Email: draftleague@prepbaseballreport.com.
Founded: 2021.
Operated By: Prep Baseball Report.
President, Draft League: Sean Campbell.
2024 Master Schedule: 80 games. **Start Date:** June 4. **Closing Date:** Sept. 4. **Playoffs:** Championship game, Sept. 5.
Amateur Schedule: 35 games. **Start Date:** June 4. **Closing Date:** July 13
Professional Schedule: 45 games. **Start Date:** July 18. **Closing Date:** Sept. 4. **Playoffs:** Championship Game, Sept. 5.

FREDERICK KEYS

Mailing Address: 21 Stadium Drive, Frederick, MD 21703. **Email:** info@frederickkeys.com. **Telephone:** 301-662-0013. **Website:** https://www.mlbdraftleague.com/frederick
General Manager: Andrew Klein.

MAHONING VALLEY SCRAPPERS

Address: 111 Eastwood Mall Blvd., Niles, OH 44446-1357. **Email:** info@mvscrappers.com. **Telephone:** (330) 505-0000. **Website:** www.mlbdraftleague.com/mahoning-valley
General Manager: Heather Sahli.

STATE COLLEGE SPIKES

Address: 112 Medlar Field at Lubrano Park, University Park, PA 16802. **Email:** frontoffice@statecollegespikes.com. **Telephone:** (814) 272-1711. **Website:** www.mlbdraftleague.com/state-college
General Manager: Scott Walker.

TRENTON THUNDER

Mailing Address: 1 Thunder Road, Trenton, N.J. 08611. **Email:** fun@trentonthunder.com. **Telephone:** 609-394-3300. **Website:** www.mlbdraftleague.com/trenton
General Manager: Jon Bodnar.

WEST VIRGINIA BLACK BEARS

Address: 2040 Gyorko Drive, Granville, WV 26534. **Telephone:** (304) 293-7910. **Website:** www.mlbdraftleague.com/west-virginia
General Manager: Leighann Sainato.

WILLIAMSPORT CROSSCUTTERS

Address: 1700 West Fourth St, Williamsport, PA 17701. **Telephone:** (570) 326-3389. **Website:** www.mlbdraftleague.com/williamsport
General Manager: Doug Estes.

NEW ENGLAND COLLEGIATE LEAGUE

Mailing Address: 122 Mass Moca Way, North Adams, MA 01247. **Telephone:** (413) 652-1031. **Fax:** (413) 473-0012. **E-Mail Address:** smcgrath@necbl.com. **Website:** necbl.com. **Year Founded:** 1993. **President:** John DeRosa. **Commissioner:** Sean McGrath. **Deputy Commissioner:** Gregg Hunt. **Secretary:** Max Pinto. **Treasurer:** Paul Morgan.

BRISTOL BLUES

Stadium Address: Muzzy Field, Muzzy Street, Bristol, CT 06010. **Telephone:** (203) 981-8331. **E-Mail Address:** jordan.bristolblues@gmail.com. **Website:** bristolbluesbaseball.com. **General Manager:** Jordy Scheiner.
Manager: Tim Binkowski.

DANBURY WESTERNERS

Stadium Address: Rogers Park, 21 Memorial Dr., Danbury, CT 06810. **Telephone:** (203) 502-9167. **E-Mail Address:** jspitser@msn.com. **Website:** danburywesterners.com. **President:** Jon Pitser. **General Manager:** Chris Nathanson. **Field Manager:** Ian Ratchford.

KEENE SWAMP BATS

Stadium: Alumni Field, 77 Arch St., Keene, NH 03431. **Telephone:** 603-731-5240. **E-Mail Address:** kwatterson@ghousen.com. **Website:** keeneswampbats.com. **President:** Kevin Watterson. **Manager:** Shaun McKenna.

MARTHA'S VINEYARD SHARKS

Stadium: MRV High School, 100 Edgartown Vineyard Haven Rd, Oak Bluffs, Martha's Vineyard. **Telephone:** 508-813-0380. **E-Mail Address:** russ.curran@mvsharks.com. **Website:** mvsharks.com. **General Manager:** Russ Curran. **Field Manager:** Sean Stevens.

MYSTIC SCHOONERS

Stadium: Dodd Stadium, 14 Stott Ave., Norwich, CT 06360. **Telephone:** (860) 333-4771. **E-Mail Address:** don@mysticbaseball.org. **Website:** schoonersbaseball.com. **Executive Director:** Don Benoit. **General Manager:** Dennis Long. **Field Manager:** Phil Orbe.

NEWPORT GULLS

Stadium: Cardines Field, Americas Cup Ave., Newport, RI 02840. **Telephone:** (401) 845-6832. **E-Mail Address:**

AMATEUR/YOUTH

gm@newportgulls.com. **Website:** newportgulls.com. **President/General Manager:** Chuck Paiva. **Field Manager:** Mike Coombs.

NORTH ADAMS STEEPLECATS

Stadium: Joe Wolfe Field, 310 State St., North Adams MA 01247. **Telephone:** 413-841-5590. **E-Mail Address:** paul.procopio@steeplecats.org. **Website:** steeplecats.org. **General Manager:** Paul Procopio. **Field Manager:** Ryan Abel.

NORTH SHORE NAVIGATORS

Stadium: Fraser Field, 365 Western Ave., Lynn, MA 01904. **Telephone:** 781-316-6656. **E-Mail Address:** dj@nsnavs.com. **Website:** nsnavs.com. **General Manager:** Maggie Barden.

OCEAN STATE WAVES

Stadium: Old Mountain Field, 875 Kingston Rd, S. Kingston, RI 02879. **Telephone:** (516-317-0803. **E-Mail Address:** eric@oceanstatewaves.com. **Website:** oceanstatewaves.com. **President/General Manager:** Eric Hirschbein-Bodnar. **Field Manager:** Eric Hirschbein-Bodnar.

SANFORD MARINERS

Stadium: Goodall Park, 38 Roberts Street, Sanford, ME 04073. **Telephone:** (207) 650-1902. **E-Mail:** aizaryk@bridgtonacademy.org. **General Manager:** Aaron Izaryk. **Field Manager:** Nic Lops.

UPPER VALLEY NIGHTHAWKS

Mailing Address: 134 Stevens Road Lebanon, NH 03766. **Telephone:** 864-380-2873 **E-Mail Address:** noah@uppervalleynighthawks.com. **Website:** upper uppervalleynighthawks.com. **General Manager:** Noah Crane. **Field Manager:** Mat Pause.

VALLEY BLUE SOX

Stadium: MacKenzie Stadium, 500 Beach St. Holoyoke, MA 01040. **Telephone:** 860-930-9257. **E-Mail Address:** mattd@valleybluesox.com. **Website:** valleybluesox.com. **President:** Matt Drury. **Manager:** Pedro Randolph.

VERMONT MOUNTAINEERS

Stadium: Montpelier Recreation Field, Elm St., Montpelier, VT 05601. **Telephone:** (802) 272-8728. **E-Mail Address:** gmvtm@comcast.net. **Website:** thevermont mountaineers.com. **General Manager:** Brian Gallagher. **Field Manager:** Mitch Holmes.

NEW YORK COLLEGIATE BASEBALL LEAGUE

Mailing Address: 398 East Dyke St. Wellsville, NY 14895. **Telephone:** (585) 455-2345. **Website:** nycbl.com. **Year founded:** 1978. **Commissioner:** Joe Brown. **Email Address:** jbrown123479@gmail.com. **President:** Paul Welker. **Deputy Commissioner:** Dave Meluni. **Treasurer:** Dennis Duffy. **Special Advisor to Commissioner:** Steven Ackley. **Treasurer:** Dennis Duffy. **Secretary:** Matt Fidurko.

Franchises: Eastern Division: Cortland Crush, Rochester Ridgemen., Sherrill Silversmiths, Syracuse Salt Cats, Syracuse Spartans. **Western Division:** Dansville Gliders, Genesee Rapids, Hornell Steamers, Horseheads Hitmen, Olean Oilers. Salamanaca Lizards. **Schedule:** 42 games. **All-Star Game:** July 8.

CORTLAND CRUSH

Mailing Address: 2745 Summer Ridge Rd, LaFayette, NY 13084. **Telephone:** 315-391-8167. **Email Address:** wmmac4@aol.com. **Website:** cortlandcrush.com. **Vice President:** Matt DeHart. **President/Field Manager:** Bill McConnell.

DANSVILLE GLIDERS

Mailing Address: P.O. Box 553, Dansville, NY 14437. **Owner/GM:** Jay Gregorious.

GENESEE RAPIDS

Address: 9726 Rte 19, Houghton, NY 14744. **Telephone:** (716-969-0688. **E-Mail Address:** gm@hornelldodgers.com. **Website:** geneseerapidsbaseball.com. **Owner/General Manager:** Ralph P. Kerr. **Field Manager:** Beach Harmon.

HORNELL STEAMERS

Address: 164 Seneca St, Hornell, NY 14843. **General Manager:** Paul Welker. **Field Manager:** Curtis Shulz.

HORSEHEADS HITMEN

Mailing Address: P.O. Box 634, Horseheads, NY, 14845. **Telephone:** (607) 398-8656. **Website:** www.hh-hitmen.com.

OLEAN OILERS

Address: 122 North Barry St., Olean, NY 14760. **Email:** oleanoilers@gmail.com. **Website:** oleanoilersbaseball.com.

ROCHESTER RIDGEMEN

Mailing Address: P.O. Box 25231, Rochester, NY 14625. **Telephone:** 585-415-9698. **Website:** goridgemen.com.

SHERRILL SILVERSMITHS

Address: 139 E. Hamilton Ave., Sherrill, NY 13461. **Website:** www.silversmithsbaseball.com.

SYRACUSE SALT CATS

Address: 208 Lakeland Ave, Syracuse, NY 13209. **Telephone:** (315) 727-9200. **Fax:** (315) 488-1750. **E-Mail Address:** Syracusesaltcats@gmail.com. **Website:** saltcats.sportingin.com/home. **President:** Mike Martinez. **Field Manager:** Mike Martinez.

SYRACUSE SPARTANS

Mailing Address: 208 Lakeland Ave, Syracuse, NY 13209. **Telephone:** (315) 727-4251. **E-Mail Address:** syracusespartans@gmail.com. **President:** JJ Potrikus. **Field Manager:** Christian Lalomia.

SALAMANACA LIZARDS

New for 2024.

AMATEUR/YOUTH

NORTHWOODS LEAGUE

Office Address: 2900 4th St SW, Rochester, MN 55902. **Telephone:** (507) 536-4579. **Fax:** (507) 536-4597. **E-Mail Address:** info@northwoodsleague.com.
Website: northwoodsleague.com.
Year Founded: 1994.
Chairman: Dick Radatz, Jr. **President:** Ryan Voz. President, **Great Lakes:** Matt Bomberg. President, **Great Plains:** Glen Showalter. **Deputy Commissioner:** Tina Coil. **CIO:** Greg Goodwin. **Director of Business Development:** Dominic Etue. **Corporate Secretary:** Robert D. Finnell. **Treasurer:** Kathy Radatz. **League Affiliates Representative:** Rob Zerjav.
DIVISIONS: Great Plains West—Badlands Big Sticks, Bismarck Larks, Mankato MoonDogs, Minot Hot Tots, St. Cloud Rox, Willmar Stingers. **Great Plains East**--Duluth Huskies, Eau Claire Express, La Crosse Loggers, Minnesota Mud Puppies, Rochester Honkers, Thunder Bay Border Cats, Waterloo Bucks. **Great Lakes West**—Fond du Lac Dock Spiders, Green Bay Rockers, Lakeshore Chinooks, Madison Mallards, Wausau Woodchucks, Wisconsin Rapids Rafters, **Great Lakes East**--Battle Creek Battle Jacks, Kalamazoo Growlers, Kenosha Kingfish, Kokomo Jackrabbits, Rockford Rivets, Royal Oak Leprechauns, Traverse City Pit Spitters.

BADLANDS BIG STICKS

Mailing Address: 606 12th St. W., Dickinson, ND 58601. **Telephone:** (701) 483-7849. **Email Address:** dave@badlandsbigsticks.com. **Website:** badlandsbigsticks.com
Owner: Dave Ouellette. **VP & CEO:** Jason Watson. GM & **VP Operations:** Logan Hoff. Marketing, Content & **Graphic Designer:** Vanessa Waidmann. Ballpark Operations, Merchandise & **Tickets:** Kim Wengerd. **Concessions Executives:** Pat & Shawna Knipp
Field Manager: Jordan Price
Field: DCB&T Ballpark

BATTLE CREEK BATTLE JACKS

Mailing Address: 189 Bridge Street, Battle Creek, MI 49017. **Telephone:** (269) 962-0735. **Fax:** (269) 962-0741. **Email Address:** info@battlecreekbombers.com. **Website:** battlejacksbaseball.com.
Owner: Brian Colopy. **General Manager:** Denny Smith. **Director of Operations:** Steven Laws.
Director of Media: Evan Brown.
Fan Experience Director: Brody Conaty.
Field Manager: Chris Clark
Field: C.O. Brown Stadium.

BISMARCK LARKS

Mailing Address: 300 N 4th Street, Suite 103, Bismarck, ND 58501. **Telephone:** (701) 557-7600. **Email Address:** info@larksbaseball.**com**. **Website:** larksbaseball.com. **Founder/Majority Owner:** John Bollinger. **Chief Experience Officer:** Rob Williamson. **VP, Operations:** Nathan Maddox. **VP, Ticket Sales and Experience:** Aaron Guerrero. **Membership Service Manager:** Kyra Sullivan. **Family Flock Memberships Manager:** Chris Laudicina. **Family Flock and Group Sales Manager:** Brandon Camp. **Group Sales Manager:** Nolan Black. **VP, Operations:** Nate Maddox. **Ballpark Experience Manager:** Peter Oakland. **Accountant Controller:** Sarah Spilman. **Sponsorship Experience Director:** Cody Nielson. **Partnership Experience Coordinator:** Ryan Reneker. **Creative Director/Lead Graphic Designer:** Kayla Rimer. **Marketing Director:** Isaac Bugarin. **Video Production Manager:** Jacob Van Harmelen.
Field Manager: Mark Weidemaier
Field: Bismarck Municipal.

DULUTH HUSKIES

Mailing Address: PO Box 16231, Duluth, MN 55816. **Telephone:** (218) 786-9909.
Fax: (218) 786-9001. **E-Mail Address:** huskies@duluth-huskies.com. **Website:** duluthhuskies.com.
Owner/GM: Michael Rosenzweig. **Assistant GM:** Taylor Terfehr, **Assistant GM:** KC Snyder, **Ticketing Manager:** Nolan Unthank
Field Manager: Marcus Pointer
Field: Wade Stadium.

EAU CLAIRE EXPRESS

Mailing Address: 108 E Grand Ave, Eau Claire, WI 54701. **Telephone:** (715) 839-7788. **Fax:** (715) 839-7676. **E-Mail Address:** info@eauclaireexpress.com. **Website:** eauclaireexpress.com.
Owner: Craig Toycen. **General Manager:** Sammi Costello. **Director of Food and Beverage:** Ben Teske. **Director of Marketing:** Michelle Hofacker, **Director of Ticket Sales:** Nick Aldrich
Director of Operations/Field Manager: Dale Varsho.
Field: Carson Park.

FOND DU LAC DOCK SPIDERS

Mailing Address: 980 E Division St., Fond du Lac, WI 54935. **Telephone:** (920) 907-9833. **Email Address:** info@dockspiders.com. **Website:** dockspiders.com.
President: Rob Zerjav. **General Manager:** Jim Musudek. **Director of Ticket Sales:** Adonis Lee. **Operations Manager:** Jakob Petersen. **Business Manager:** Drew Cowden
Field Manager: Douglas Coe.
Field: Herr-Baker Field

GREEN BAY ROCKERS

Mailing Address: 2325 Holgren Way Suite, Green Bay, WI 54303. **Telephone:** (920) 497-7225. **Fax:** (920) 437-3551. **Email Address:** info@greenbayrockers.com. **Website:** northwoodsleague.com/green-bay-rockers
Owner: Mark Skogen. **Vice President:** Brian Stenzel. **VP and General Manager:** John Fanta. **Director of Partnerships:** Brian Kuklinski. **Director of Ticket Sales:** Andrew Johnson. **Facility Director:** Kevin Leisgang. **Graphic Design & Community Relations Manager:** Alex Dozek, **Event Coordinator:** Rylee Claton. **Ticket Sales Manager:** Trevor Amerson. **Stadium Operations Manager:** Andrew Heitz. **Group Sales Coordinator:** Kendra Dowe
Field Manager: Chris Krepline
Field: Capital Credit Union Park.

KALAMAZOO GROWLERS

Mailing Address: 251 Mills St, Kalamazoo, MI 49048. **Telephone:** (269) 492-9966.
Website: growlersbaseball.com.
Owner: Brian Colopy. **Vice President:** Kevin Timmer. **General Manager:** Tom Olds, **Director of Buisness Relations:** Kendall Soto. **Director of Stadium Operations:** Tom Olds. **Food and Beverage Director:** Avery Cleveland. **Director of Media and Entertainment:** Dean Thomas. **Director of Business Relations:** Justin Zeldes. **Partnership Activation Director:** Michaila Hanley. **Fan Experience Director:** Cole Kuehl, **Group

AMATEUR/YOUTH

Sales Manager: Joe Glubke. **Office Manager:** Tonya Byers. **Content Activation Manager:** Landon Shigeta. **Director of Business Relations:** Claire Burton. **Director of Business Relations:** Courtney Sharland. **Community Appearance Coordinator:** Jason Fox
   Field Manager: Cody Piechocki
   Field: Homer Stryker Field

KENOSHA KINGFISH

   Mailing Address: 7817 Sheridan Rd, Kenosha, WI 53143. **Telephone:** (262) 653-0900. **Website:** kingfish-baseball.com.
   Owner: Bill Fanning. **General Manager:** Ryne Goralski. **Marketing Manager:** Justin Dade. **Partnership Activation Manager:** Jemma Fiehweg. **Inside Ticket Sales Manager:** Cory Heitman.
   Corporate Account Manager: Andrew Curtis.
   Field Manager: Aiden Wirshing
   Field: Simmons Field.

KOKOMO JACKRABBITS

   Address: 400 S Union St, Kokomo, IN 46901. **Telephone:** (765) 457-5000. **Website:** northwoodsleague.com/kokomo-jackrabbits
   General Manager: Nathan Martin. **Assistant GM:** Connor Carey.
   Field Manager: Johnston Hobbs.
   Field: Kokomo Municipal Stadium.

LA CROSSE LOGGERS

   Mailing Address: 1225 Caledonia St, La Crosse, WI 54603. **Telephone:** (608) 796-9353. **Fax:** (608) 796-9032. **E-Mail Address:** info@lacrosseloggers.com. **Website:** lacrosseloggers.com.
   Owner: Dan and Ruth Kapanke. **President:** Chris Gooddell. **General Manager:** Ben Kapanke. **Director of Group Sales:** Magann Dykema.
   Field Manager: Josh Frye.
   Field: Copeland Park.

LAKESHORE CHINOOKS

   Mailing Address: 983 Badger Circle, Grafton, WI 53024. **Telephone:** (262) 618-4659. **Fax:** (262) 618-4362. **E-Mail Address:** info@lakeshorechinooks.com. **Website:** lakeshorechinooks.com.
   Owner: David Casey and Todd Kolosso. **General Manager:** Eric Snodgrass. **Assistant General Manager:** Robert Rothe. **Director of Marketing:** Arie Bankston. **Director of Ticket Sales & Media:** David Koier. **Account Executive:** Nick Penge. **Director of Jr. Chinooks:** Tony Costa
   Field Manager: Trevor Cho
   Field: Kapco Park.

MADISON MALLARDS

   Mailing Address: 2920 N Sherman Ave, Madison, WI 53704. **Telephone:** (608) 246-4277. **Fax:** (608) 246-4163. **E-Mail Address:** info@mallardsbaseball.com. **Website:** mallardsbaseball.com. **Owner:** Steve Schmitt. **President:** Vern Stenman. **Owner:** Steve Schmitt. **COO:** Conor Caloia. **VP of Finance:** Molly Schicantek. **General Manager:** Samantha Rubin. **Assistant GM:** Ashley Kouba. **Vice President of Corporate Partnerships:** Alex Vitanye. **Director of Merchandising:** Chase Eagan. **VP of Corporate Ticket Sales:** Monica Wagner: **Corporate Account Manager:** Scott Preimesberger. **Senior Community Sales Executive:** Brett Tornow. **Community

Group Sales Executives: Andrew Wirtzfeld, Jaden Johnson, Brady Quinn. **Ticket Services Coordinator:** Justin Daly. **Marketing Director:** Kyle Chisholm. **Corporate Partnership Manager:** Brianna Olstad. **Creative Services Manager:** Brent Bartels. **Director of Operations:** Will Kenne. **Accounting Manager:** Derek Ziesmer. **Director of Merchandising:** Chase Eagan. **Assistant Buyer and Retail Operations Manager:** Alyssa Bruce. **Retail Operations Manager:** Kimmie Holmes
   Field Manager: Donnie Scott.
   Field: Warner Park.

MANKATO MOONDOGS

   Mailing Address: 1221 Caledonia Street, Mankato, MN 56001. **Telephone:** (507) 625-7047. **Fax:** (507) 625-7059. **E-Mail Address:** office@mankatomoondogs.com. **Website:** mankatomoondogs.com.
   President: Chris Gooddell. **General Manager:** Tyler Kuch. **Assistant GM:** Walker Regier.
   Field Manager: Danny Kneeland
   Field: Franklin Rogers Park.

MINNESOTA MUD PUPPIES

   Travel team that is operated by the league.

MINOT HOT TOTS

   Address: 1905 2nd St SE, Suite S4, Minot, ND 58701. **Telephone:** (701) 838-8687. **Website:** northwoodsleague.com/minot-hot-tots/
   General Manager: Monica Blake. **Director of Ticket Sales and Assistant GM:** John Armstrong. **Partnership Marketing Manager:** Hannah Ekwall. **Director of Sponsorship activation & Marketing:** Emily Love. **Group Sales Manager:** Trampes Brown. **Inside Sales Manager:** Andrew Kohler. **Operations Manager:** Brianna Low. **Content Marketing Manager:** Joseph Mason.
   Field Manager: Mitchell Gallagher.
   Field: Corbett Field.

ROCHESTER HONKERS

   Mailing Address: 307 E Center St, Rochester, MN 55904. **Telephone:** (507) 289-1170. **Fax:** (507) 289-1866. **E-Mail Address:** honkersbaseball@gmail.com. **Website:** rochesterhonkers.com.
   General Manager: Clint Narramore. **Director of Ticket Sales & Fan Experience:** Collin Hucke. **Team President:** Chris Gooddell.
   Field Manager: Cade Peters
   Field: Mayo Field.

ROCKFORD RIVETS

   Mailing Address: 4503 Interstate Blvd., Loves Park, IL 61111. **Telephone:** 815-240-4159. **E-Mail Address:** info@rockfordrivets.com **Website:** rockfordrivets.com.
   Owners: David Casey and Todd Kolosso. **President and General Manager:** Steve Malliet. **Director of Marketing:** Ainsley Heise. **Director of Community Affairs and Promotions:** Hanna Snedecor. **Director of Food & Beverage:** Angie Wallace. **VP of Ticket Sales:** Alexander Atwood. **Account Executive:** Matt Coyle. **Sales Associate:** Philip Bucher
   Field: Rivets Stadium.

AMATEUR/YOUTH

ROYAL OAK LEPRECHAUNS

Mailing Address: 3421 Coolidge Hwy, Royal Oak, MI 48073. **Telephone:** (248) 930-0388. **Email Address:** leprechaunball@gmail.com. **Website:** royaloakleprechauns.com
GM: Mark Sackett. **President:** DJ LeMahieu. **VP:** Rocky Shattuck
Field Manager: Jonathan Vance
Field: Memorial Park

ST. CLOUD ROX

Mailing Address: 5001 8th St N, St. Cloud, MN 56303. **Telephone:** (320) 240-9798. **Fax:** (320) 255-5228. **E-Mail Address:** info@stcloudrox.com. **Website:** stcloudrox.com. **President:** Gary Posch. **Co-Owner/Managing Partner & GM:** Scott Schreiner. **Director of Community Relations & Group Sales:** Jeff Haag. **Corporate and Community Partnership Director:** Jim Loria. **Creative Media Director:** William Meyerhoff. **Assistant GM:** Rachel Thiesse. **Assistant GM:** Andrew Bauer.
Field Manager: Nick Studdard
Field: Joe Faber Field.

THUNDER BAY BORDER CATS

Mailing Address: PO Box 29105 Thunder Bay, Ontario P7B 6P9. **Telephone:** (807) 766-2287.
President: David Valente. **VP:** Bryan Graham. **Treasurer:** Dan Nucci. **Secretary:** Dean Woloschuk. **GM:** Mike Tallari. **Clubhouse Manager:** Jordan Geils. **Concession Manager:** Sherry Archer. **Assistant GM:** James Mirabelli
Field Manager: JM Kelly.
Field: Port Arthur Stadium.

TRAVERSE CITY PIT SPITTERS

Address: 333 Stadium Dr., Traverse City, MI 49685. **Telephone:** (231) 943-0100. **E-Mail Address:** info@traversecitybaseball.com. **Website:** northwoodsleague.com/traverse-city-pit-spitters/
CEO/Managing Member: Joe Chamberlin. **General Manager:** Jacqueline Holm. **Assistant GM:** Sam Connell. **Ticket Sales Manager:** Ian Williamson. **Ticket Sales Consultant:** Ben Gloe. **Promotions & Digital Marketing Manager:** Lauren DeWitt. **Operations Coordinator:** Abby Maday. **People Operations Assistant:** Austin Madagame.
Field Manager: Josh Rebandt.
Field: Turtle Creek Stadium

WASAU WOODCHUCKS

Address: 2401 N 3rd St, Wausau, WI 54403. **Telephone:** (715) 845-5055.
Owner: Mark Macdonald. **President/GM:** Ryan Treu. **Vice President, Ticket Sales & Experience:** Traci Wisz. **Assistant GM:** Brianne Barta. **Producer, Digital Media & Video:** Ryan Malone. **Ticket Sales & Operations Manager:** Jim Lee
Manager: Brock Moss.
Field: Athletic Park.

WATERLOO BUCKS

Mailing Address: PO Box 4124, Waterloo, IA 50704. **Telephone:** (319) 232-0500. **Fax:** (319) 232-0700. **E-Mail Address:** waterloobucks@waterloobucks.com. **Website:** waterloobucks.com.

General Manager: Dan Corbin.
Assistant GM: Jake Horan.
Field Manager: Darrell Handelsman.
Field: Riverfront Stadium.

WILLMAR STINGERS

Mailing Address: PO Box 201, Willmar, MN, 56201. **Telephone:** (320) 222-2010. **E-Mail Address:** ryan@willmarstingers.com. **Website:** willmarstingers.com.
Owners: Marc Jerzak, Ryan Voz.
GM: Hunter Rommes. **VP:** Jaydon Simonson.
Field Manager: Freddy Smith.
Field: Taunton Stadium.

WISCONSIN RAPIDS RAFTERS

Mailing Address: 521 Lincoln St, Wisconsin Rapids, WI 54494. **Telephone:** (715) 424-5400. **E-Mail Address:** info@raftersbaseball.com. **Website:** raftersbaseball.com.
Owner: Joe and Vince Fonti.
GM: Ken Day. **Assistant GM:** Tyler Miller.
Field Manager: Kirk Shrider.
Field: Witter Field.

PERFECT GAME COLLEGIATE LEAGUE

Mailing Address: 2037 Genesee Street, Utica, NY 13501.
Website: pgcbl.com.
Year Founded: 2010.
President & General Counsel: Robert Julian. **Vice President:** Joe Milazzo. **Director of Communications:** Jason Brinkman. **Director of Umpires:** Chris Marshall.

ALBANY DUTCHMEN

Stadium Address: 6355 Frenchs Mill Rd, Altamont, NY 12009. **Mailing Address:** PO Box 72, Saratoga Springs, N.Y. 12866
Stadium: Dutchmen Field @ Keenholts Park
Phone: 518-210-8383. **Email:** jbrinkma@gmail.com. **Website:** www.dutchmenbaseball.com.
President/Partner: Paul Samulski. **Partner:** Drew Bignall. **General Manager/Vice President:** Jason Brinkman. **Assistant General Manager- Player Recruitment:** Eric Samulski. **Head Coach:** Jordan Bernacet.

AMSTERDAM MOHAWKS

Mailing Address: P.O. Box 334, Amsterdam, N.Y. 12010. **Stadium Address:** 65 Crescent Avenue, Amsterdam, N.Y. 12010
Stadium: Shuttleworth Park (3,000)
Phone: 607-222-4086. **Fax:** 518-842-7876.
Email: gm@amsterdammohawks.com.
Website: www.amsterdammohawks.com.
President: Brian Spagnola. **Vice President:** Dave Dittman. **Head Coach:** Keith Griffin

AUBURN DOUBLEDAYS

Address: 130 North Division Street, Auburn, N.Y. 13021
Stadium: Falcon Park (2,800)
Phone: (315) 255-2489.
Website: auburndoubledays.com.
Owners: Bob Ohmann, Don Lewis. **Operations Manager:** Sam Shedden. **Head Coach:** Dan Shwam

AMATEUR/YOUTH

BATAVIA MUCKDOGS

Address: 252B State Street Batavia NY 14020
Stadium: Dwyer Stadium (2,600)
Phone: (585) 524-2260. **Website:** www.canusamuckdogs.com.
Owner: Robbie Nichols. **General Manager:** Marc Witt. **Head Coach:** Joey Martinez

BOONVILLE LUMBERJACKS

Stadium Address: 220 Line Drive, Boonville, N.Y. 13303
Stadium: Robert Smith Sports Complex (1,000)
Email: boonvillelumberjacks@gmail.com.
Website: www.boonvillelumberjacks.com
Owner: Butch Russo

ELMIRA PIONEERS

Address: 546 Luce Street, Elmira, N.Y. 14904
Stadium: Dunn Field (4,486)
Phone: 607-734-2690. **Fax:** 607-734-7343.
Email: donspioneers@gmail.com.
Website: www.theelmirapioneers.com.
Owners: Nellie Franco-Nichols & Robbie Nichols.
Head Coach: Andy Drum

GENEVA RED WINGS

Stadium Address: 180 Lyceum Street, Geneva, N.Y.
Stadium: McDonough Park (3,000)
Phone: 919-422-4323. **Email:** info@genevaredwings.com. **Website:** www.genevaredwings.com
Owner: Bob Ohman & Leslie Ohmann. **General Manager:** John Salone. **Head Coach:** Dan Munn.

GLENS FALLS DRAGONS

Stadium Address: 175 Dix Avenue, Glens Falls, N.Y. 12801
Mailing Address: PO Box 897, Glens Falls, N.Y. 12801
Stadium: East Field Stadium (8,000)
Phone: 518-361-5316. **Email:** benbernard1@yahoo.com. **Website:** www.gfdragons.pointstreaksites.com/view/gfdragons
President: Ben Bernard. **Head Coach:** Jon Mueller

JAMESTOWN TARP SKUNKS

Stadium Address: 485 Falconer Street, Jamestown, N.Y. 14701
Stadium: Russell E. Diethrick Jr. Park (3,000)
Phone: 716-705-5600. **Email:** jacob@tarpskunks.com. **Website:** www.tarpskunks.com
Owner: Mike Zimmerman. **Chairman:** Russ Diethrick. **Director of Business Operations:** Jacob Kindberg. **Head Coach:** Jordan Basile

MOHAWK VALLEY DIAMONDDAWGS

Stadium Address: Burwell Street, Little Falls, N.Y. 13365
Mailing Address: PO Box 902, Little Falls, N.Y. 13365
Stadium: Veterans Memorial Park (3,500)
Phone: 315-985-0692. **Email:** travis@mvdiamonddawgs.com. **Website:** www.mvdiamonddawgs.com
Owner: Travis Heiser. **Head Coach:** Steve Luby

NEWARK PILOTS

Stadium Address: 1160 East Union Street, Newark, N.Y. 14513
Stadium: Colburn Park (2,000)
Mailing Address: 65 Williams Street, Lyons, N.Y. 14489
Phone: 315-576-6710. **Fax:** 315-573-7190. **Email:** newarkpilots@gmail.com. **Website:** www.newarkpilots.com
Owner: Bob Ohmann. **Owner:** Don Lewis.
Head Coach: Brian Greisman

NIAGARA POWER

Address: 1201 Hyde Park Blvd Niagara Falls NY 14301
Stadium: Sal Maglie Stadium
Phone Number: 716-286-8653.
Email: john.m.dicarlo@gmail.com.
Website: www.niagarapowerbaseball.com
Owner: John DiCarlo

ONEONTA OUTLAWS

Stadium Address: 15 James Georgeson Avenue, Oneonta, N.Y. 13820
Mailing Address: 291 Chestnut Street, Oneonta, N.Y. 13820
Stadium: Damaschke Field
Phone: 607-432-6326. **Email:** joehughes@oneontaoutlaws.com. **Website:** www.oneontaoutlaws.com
Owner: Gary Laing. **General Manager:** Joe Hughes.
Head Coach: John Boland

SAUGERTIES STALLIONS

Stadium Address: Washington Avenue Extension Saugerties, N.Y. 12477
Stadium: Cantine Field
Phone: 845-707-0265. **Email:** thesaugertiesstallions@gmail.com. **Website:** saugertiesstallions.com.
Owner: Kevin Hinchey. **Head Coach:** Collin Martin.
Director of Baseball Operations: Justin Whittaker

UTICA BLUE SOX

Stadium Address: 898 Rose Place, Utica, N.Y. 13502
Stadium: Donovan Stadium at Murnane Field (4,000)
Mailing Address: PO Box 7, Marcy, N.Y. 13403
Telephone: 315-855-5013. **Fax:** 315-793-9838.
Email: george@globalgraphicsny.com.
Website: uticabluesox.net
Owner: George Deak. **General Manager:** Juliano Macera. **Head Coach:** Doug Delett. **Assistant Coach:** Chris Amaya. **Director of Communications:** Jack Angelucci

WATERTOWN RAPIDS

Stadium Address: 970 Coffeen St., Watertown, N.Y. 13601. **Mailing Address:** PO Box 6250, Watertown, N.Y. 13601
Stadium: Alex T. Duffy Fairgrounds (3,000)
Phone: 315-836-1545. **Email:** rapidsgm@gmail.com.
Owner: Michael Schell. **Owner:** Paul Velte. **General Manager:** Nick Czerow. **Head Coach:** Mike Kogut
Website: www.watertown-rapids.comt.

AMATEUR/YOUTH

PROSPECT LEAGUE
Mailing Address: PO Box 1156, Mahomet, IL 61853.
E-Mail Address: commissioner@prospectleague.com.
Website: prospectleague.com.
Year Founded: 1963 as Central Illinois Collegiate League; known as Prospect League since 2009.
Commissioner: David Brauer
Director, Technology & Operations: Jacob Wise. Manager, Digital & **Strategic Content:** Lucas Burris

ALTON RIVER DRAGONS
Stadium: Lloyd Hopkins Field
Mailing Address: 4550 College Avenue, Alton, IL 62102
Telephone: (618) 433-3665
E-Mail Address: alton@prospectleague.com
Website: altonbaseball.com
General Manager: Dallas Martz
Field Manager: Noah Suarez.

BURLINGTON BEES
Stadium: Community Field
Mailing Address: 2712 Mt. Pleasant St., Burlington, IA 52601
Telephone: (319) 754-5705
E-Mail Address: staff@gobees.com
Website: gobees.com
General Manager: Tad Lowary.
Assistant General Manager: Jill Mason.
Director of Media Relations: Ted Guzman.
Field Manager: Owen Oreskovich.

CAPE CATFISH
Stadium: Capaha Field
Mailing Address: 83 S. Plaza Way, Cape Girardeau, MO 63703
Telephone: 573-803-3103
E-Mail Address: capecatfishoffice@gmail.com
Website: capecatfish.com
General Manager: Mark Hogan.

CHAMPION CITY KINGS
Stadium: Carleton Davidson Stadium
Mailing Address: 100 W. North St., Suite B., Springfield, OH 45504
Telephone: (937) 505-6458
E-Mail Address: cckingsbaseball@gmail.com
Website: championcitykings.com
General Manager: Ginger Fulton.
Field Manager: Stephen Larkin
Baseball Operations: Mark Lucas

CHILLICOTHE PAINTS
Stadium: VA Memorial Stadium
Mailing Address: 11 East 2nd St., Chillicothe, OH 45601.
Telephone: (740) 773-8326
E-Mail Address: bryan@chillicothepaints.com
Website: chillicothepaints.com
General Manager: Bryan Wickline.
Player Personnel Director: Brian Mannino
Director of Media & Broadcasting: Jacob Wise.
Director of Stadium Operations: Tyler Hart

CLINTON LUMBERKINGS
Stadium: NelsonCorp Field
Mailing Address: 537 Ballpark Drive, Clinton, IA 52732
Telephone: (563) 242-0727
E-Mail Address: lumberkings@lumberkings.com
Website: lumberkings.com
General Manager: TBD.
Director of Merchandising: Scott Damhoff.
Director of Operations: Jake Fratzke.
Head Groundskeeper: Matthew Troxel.
Field Manager: Jack Dahm

DANVILLE DANS
Stadium: Danville Stadium
Mailing Address: 138 E. Raymond, Danville, IL 61832
Telephone: (217) 918-3401
E-Mail Address: dansbaseball1@gmail.com
Website: danvilledans.com
Director and Co-General Manager: Jeanie Cooke.
Field Manager: Eric Coleman.

DUBOIS COUNTY BOMBERS
Stadium: League Stadium
Mailing Address: 203 S. Cherry St., Huntingburg, IN 47542
Telephone: (812) 639-3381
E-Mail Address: justin@dcbombers.com
Website: dcbombers.com
President: Justin Knepp
VP, Operations: Ara Knepp
General Manager of Player Personnel: Mark Peters.
Field Manager: Travis LaMar

FULL COUNT RHYTHM
Stadium: Drakes Creek Park
Mailing Address: P.O. Box 328, Hendersonville, TN 37077
Telephone: (615) 478-0877
E-Mail Address: fcrhythm@fullcountministries.com
Website: fullcountrhythm.com
General Manager and Field Manager: Josh Carman.

ILLINOIS VALLEY PISTOL SHRIMP
Stadium: Schweickert Stadium at Veterans Memorial Park
Mailing Address: 3210 Anton Dr., Aurora, IL 60504
E-Mail Address: info@pistolshrimpbaseball.com
Telephone: (630) 708-2416
Owner & Field Manager: John Jakiemiec
General Manager: June Keeley.
Assistant GM, Director of Communications & Media: Lucas Burris.
Operations Supervisor: Katie McCumber.

JACKSON ROCKABILLYS
Stadium: Jackson Rockabillys Stadium
Mailing Address: PO Box 11626, Jackson, TN 38308
Telephone: (731) 574-9300
E-Mail Address: info@rockabillysbaseball.com
Website: rockabillysbaseball.com
CEO/President & General Manager: Dennis Bastien.
Executive VP/Business Manager: Lisa Bastien.
Assistant GM: Ryan Fiscus.
CFO: Grace Crocker.

AMATEUR/YOUTH

JOHNSTOWN MILL RATS

Stadium: Sargent's Stadium at the Point
Mailing Address: P.O .Box 522, Johnstown, PA 15907
Telephone: (814) 535-1305
E-Mail Address: tickets@millrats.com
Website: millrats.com
General Manager: Sarah Rex.
Assistant General Manager: Phoebe Bowers.
Media Relations & Broadcaster: George Lucas.
Field Manager: Josh Merrill.

LAFAYETTE AVIATORS

Stadium: Loeb Stadium
Mailing Address: PO Box 6494, Lafayette, IN 47903
Telephone: (765) 464-6810
E-Mail Address: davidk@lafayettebaseball.com
Website: lafayettebaseball.com
President & General Manager: David Krakower.
Director of Digital Marketing: Alaina Alberico.
Director of Ticket Sales: Hunter Roush.

NORMAL CORNBELTERS

Stadium: The CornCrib
Mailing Address: 1000 W Raab Rd, Normal, IL 61701
Telephone: (309) 454-2255
Email Address: normal@prospectleague.com
Website: cornbeltersbaseball.com
President of Operations: Matt Stembridge.
General Manager: Jarrett Rodgers.
Field Manager: Billy DuBois

O'FALLON HOOTS

Stadium: CarShield Field
Mailing Address: 900 TR Hughes Blvd., O'Fallon, MO 63385
Telephone: (636) 741-4668
Email Address: info@ofallonhoots.com
General Manager: David Schmoll.
Assistant General Manager: Bianca Zins.
Director of Ticketing: Austin Altenau.
Field Manager: Matt Brown

REX BASEBALL

Stadium: Bob Warn Field at Sycamore Stadium
Mailing Address: 1111 North 3rd St, Terre Haute, IN 47807
Telephone: (812) 478-3817
E-mail Address: frontoffice@rexbaseball.com
Website: rexbaseball.com
Director & General Manager: Bruce Rosselli
Field Manager: Tony Rosselli

SPRINGFIELD LUCKY HORSESHOES

Stadium: Robin Roberts Stadium at Lanphier Park
Mailing Address: 1415 Grand Avenue East, Springfield, IL 62702
Telephone: (217) 290-5328
E-Mail Address: fun@shoesbaseball.com
Website: shoesbaseball.com
Chief Storyteller: Jamie Toole.
Emperor of Engagement & GM: Andrew Miller.
Director of Swag & Events: Melissa Gaynor.
Field Manager: Brad Gyorkos

THRILLVILLE THRILLBILLIES

Stadium: Marion Stadium
Mailing Address: 1000 Miners Drive, Marion, IL 62959
Telephone: (618) 998-8499
E-Mail Address: info@marionstadium.com
Website: thrillbillies.com
GM & Field Manager: Ralph Santana

SOUTHERN COLLEGIATE BASEBALL LEAGUE

Mailing Address: 9723 Northcross Center Court, Huntersville, NC 28078. **Cell:** (704) 604-8298
E-Mail Address: jbillings@scbl.org. **Website:** scbl.org
Year Founded: 1999.
Chairman: Bill Capps, **Commissioner:** Jamie Billings.
President: Jeff Carter. **Treasurer:** Brenda Templin.
Umpire in Chief: Gary Swanson.
Regular Season: 30 games. **Playoff Format:** Six-team single-elimination tournament with best of three championship series between final two teams.
Roster Limit: 40 (College-eligible players only).

CAROLINA DISCO TURKEYS

Stadium: Truist Stadium, Winston Salem, N.C.
Telephone: (704) 786-2255.
Email Address: sullivan.gl@gmail.com.
Owner/President: Greg Sullivan

CONCORD ATHLETICS

Mailing Address: 366 George Lyles Parkway, Suite 125, Concord, NC 28027.
Telephone: (704) 786-2255.
Email Address: playconcordathletics@gmail.com.
General Manager: Jeremy Teeter
Head Coach: John Edwards

LAKE NORMAN COPPERHEADS

Mailing Address: 2158 Killian Creek Dr, Denver, NC 28937. **Telephone:** (704) 604-8298.
Email Address: jbillings@scbl.org
General Manager: Jamie Billings.
Head Coach: Noah Jarrett

QUEEN CITY CORNDOGS

Mailing Address: 12104 Copper Way, Suite 200, Charlotte NC 28277. **Telephone:** 980-256-5346.
E-Mail Address: bnichols@tprsolutions.com
General Manager: Blaine Nichols.
Head Coach: Brice Davis

STATESVILLE OWLS

Owner: Reece Honeycutt
Telephone: 704-880-8674
Email: Fifteensports@yahoo.com

MOORSVILLE SPINNERS

Mailing Address: 2643 N Hwy 16 Denver, NC 28037. **Telephone:** (704) 491-4172.
E-Mail Address: ploftin@mooresvillespinners.com.
General Manager: Phillip Loftin.

AMATEUR/YOUTH

REGULATORS BASEBALL CLUB

Mailing address: 1805 Mt Isle Harbor Dr, Charlotte, NC 28214. **Email:** info@regulatorsbaseball.com. **Telephone:** 980-213-1889
General Manager: Ben Teague

UWHARRIE WAMPUS CATS

Stadium: Don Montgomery Park, Albermarle, N.C. **Email Address:** sullivan.gl@gmail.com.
Owner: Greg Sullivan.
General Manager: Jayson James.

TEXAS COLLEGIATE LEAGUE

Mailing Address: 405 Mitchell Street, Bryan, TX 77801. **Telephone:** 979-977-4825.
E-Mail Address: info@tclbaseball.com.
Website: texascollegiateleague.com.
Year Founded: 2004.
President: Uri Geva.
Roster Limit: 30 (College-eligible players only)

AMARILLO SOD DOGS

Mailing Address: 715 S. Buchanan Street, Amarillo, TX 79101. **Telephone:** (806) 803-7762.
E-Mail Address: shanep@sodpoodles.com.
Website: www.milb.com/amarillo.
Owners: Richard Chalmers, Sandi Chalmers.

FRISCO ROUGHRIDERS

Mailing Address: 7300 RoughRiders Trail, Frisco, TX 75034. **E-Mail Address:** Info@RidersBaseball.com. **Website:** https://www.milb.com/frisco

TEXARKANA TWINS

Mailing Address: 405 Mitchell Street, Bryan, Texas 77801. **Telephone:** (979) 799-7529. 8. **E-Mail Address:** Info@TXKtwins.com. **Website:** www.texascollegiateleague.com.

TULSA DRILLERS

Mailing Address: 201 N. Elgin Avenue. Tulsa, OK 74120. **E-Mail Address:** mail@tulsadrillers.com. **Website:** www.milb.com/tulsa.com.

VALLEY BASEBALL LEAGUE

Mailing Address: Valley Baseball League, PO Box 1127, New Market, VA 22844. **Telephone:** (540) 810-9194. **Fax:** (540) 435-8453. **E-Mail Address:** cbalger@shentel.net. **Website:** valleyleaguebaseball.com.
Year Founded: 1897. **President/Commissioner:** R.W. Bowman. **Senior Vice President:** Lance Mauck. **Executive Vice President:** Jay Neal. **Secretary:** Megan Shepard. **Treasurer:** Ed Yoder. **Media Relations Director:** Ridge Fuller. **Director of Umpires:** Tim Detweiler.
Regular Season: 42 games. **Playoff Format:** Eight teams qualify; play three rounds of best of three series.
Roster Limit: 30 (college-eligible only)

CHARLOTTESVILLE TOM SOX

Address: PO Box 4836, Charlottesville, VA 22905.
Email Address: info@tomsox.org. **Website:** www.tom-sox.com
President: John Raymond.

COVINGTON LUMBERJACKS

Address: PO Box 30, Covington, VA 24426. **Telephone:** 540-962-1155. **Email Address:** vblcov@gmail.com.
Website: www.covingtonlumberjacks.com

CULPEPER CAVALIERS

Address: 25023 Algonquin Trail, Culpeper, VA 22701. **Telephone:** (703) 216-2952. **Email Address:** info@culpepercavaliers.org. **Website:** www.culpepercavaliers.org
President: Troy Ralston

FRONT ROYAL CARDINALS

Address: 382 Morgans Ridge Road, Front Royal, VA 22630.
Telephone: 703-244-6662. **Email Address:** donna.settle@icloud.com. **Website:** www.frontroyalcardinals.org

HARRISONBURG TURKS

Address: P.O. Box 2824, Harrisonburg, VA 22801.
Telephone: 540-290-2929. **Email Address:** hbturksbaseball@gmail.com. **Website:** www.harrisonburgturks.com
President: Gerald Harman

NEW MARKET REBELS

Address: P. O. Box 902, New Market, VA 22844.
Telephone: 540-325-6695. **Email Address:** nmrebels@shentel.net. **Website:** www.newmarketrebels.com
President/General Manager: Mike Jones

PURCELLVILLE CANNONS

Address: PO Box 114, Purcellville, VA 20132.
Telephone: 540-327-4276. **Email Address:** PurcellvilleCannons@gmail.com.
Website: www.purcellvillecannons.com

STAUNTON BRAVES

Address: PO Box 3051, Staunton, VA 24402.
Telephone: 443-250-2657. **Website:** www.stauntonbravesbaseball.com

STRASBURG EXPRESS

Address: PO Box 417, Strasburg, VA 22657.
Telephone: 540-325-5677. **Email Address:** strasburgXpress@gmail.com. **Website:** www.strasburgexpress.com

WAYNESBORO GENERALS

Address: 1562 Jefferson Highway, Fishersville VA 22939. **Telephone:** 540-241-0065.
Email Address: waynesborogenerals1@gmail.com.
Website: www.waynesborogenerals.net
General Manager: Stacey Lotts.

WINCHESTER ROYALS

Email Address: rnrdvm@gmail.com

WOODSTOCK RIVER BANDITS

Address: PO Box 227, Woodstock, VA 22664.
Telephone: 540-335-5434
General Manager: R.W. Bowman II

AMATEUR/YOUTH

WEST COAST LEAGUE

Mailing Address: PO Box 10771, Portland OR 97296. **Telephone:** (503) 233-2490.
E-Mail Address: info@westcoastleague.com. **Website:** westcoastleague.com.
Year Founded: 2005. **Commissioner:** Rob Neyer. **President:** Tony Bonacci. **Vice President:** Norman Daley. **Secretary:** Jose Oglesby. **Treasurer:** Dan Segel. Supervisor, **Umpires:** John White. **Division Structure: South**—Bend Elks, Corvallis Knights, Cowlitz Black Bears, Portland Pickles, Ridgefield Raptors, Springfield Drifters, Walla Walla Sweets, Yakima Valley Pippins. **North**—Bellingham Bells, Edmonton Riverhawks, Kamloops NorthPaws, Kelowna Falcons, Nanaimo NightOwls, Port Angeles Lefties, Victoria HarbourCats, Wenatchee AppleSox, Yakima Valley Pippins. **2024 Opening Date:** May 31. **Closing Date:** August 8. **Playoff Format:** Eight-team tournament. **Roster Limit:** 35 (college-eligible players only).

BELLINGHAM BELLS

Mailing Address: 3111 Newmarket St #106, Bellingham, WA 98226. **Telephone:** (360) 527-1035.
E-Mail Address: stephanie@bellinghambells.com. **Website:** bellinghambells.com.
Owner: Glenn Kirkpatrick. **General Manager:** Stephanie Morrell.
Head Coach: Bob Ralston.
Field: Joe Martin Field.

BEND ELKS

Mailing Address: 70 SW Century Dr Suite 100-373 Bend, Oregon 97702. **Telephone:** (541) 312-9259. **Website:** bendelks.com. **Owners:** John and Tami Marick. **Marketing and Sales:** Kelsie Hirko. **General Manager:** Michael Hirko. **Head Coach:** Danny Sales.
Field: Vince Genna Stadium.

CORVALLIS KNIGHTS

Mailing Address: PO Box 1356, Corvallis, OR 97339. **Telephone:** (541) 752-5656.
E-Mail Address: dan.segel@corvallisknights.com. **Website:** corvallisknights.com. CEO/**President/General Manager:** Dan Segel. **Head Coach:** Brooke Knight.
Field: Goss Stadium.

COWLITZ BLACK BEARS

Mailing Address: PO Box 1255, Longview, WA 98632. **Telephone:** (360) 703-3195. **Website:** cowlitzblack-bears.com. **Owner/President:** Tony Bonacci. **General Manager:** Gus Farah.
Head Coach: Kelly Stinnett.
Field: David Story Field.

EDMONTON RIVERHAWKS

Address: RE/MAX Field, 10233 96 Ave, Edmonton, Alberta. **Telephone:** (587) 802-2344.
E-Mail Address: admin@gohawks.ca. **Website:** gohawks.ca.
General Manager: Steve Hogle. **Operations Manager:** Ryan Gregg.
Head Coach: Jake Lanferman.
Field: RE/MAX Field.

KAMLOOPS NORTHPAWS

Address: 1500 Island Pkwy, Kamloops, BC.
Owners: Norman Daley, Neal Perry.
General Manager: Jenna Forter.
Head Coach: Jose Bautista
Field: Norbrock Stadium.

KELOWNA FALCONS

Mailing Address: 201-1014 Glenmore Dr, Kelowna, BC, V1Y 4P2. **Telephone:** (250) 763-4100. **Website:** kelownafalcons.com. **Owner:** Dan Nonis. **General Manager:** Mark Nonis.
Head Coach: Doug Noce.
Field: Elks Stadium.

NANAIMO NIGHTOWLS

Mailing Address: PO Box 39084, Nanaimo, BC V9R 7B7.
Website: nanaimonightowls.com.
Director/GM: Jim Swanson. **Head Coach:** Greg Frady.
Field: Serauxmen Stadium.

PORT ANGELES LEFTIES

Mailing Address: 1105 E Park Ave, Port Angeles, WA 98362. **Phone:** (360) 701-1087.
Website: leftiesbaseball.com.
E-Mail Address: matt@leftiesbaseball.com.
Owners: Matt Acker, Jacob Oppelt, Eric Traut, Connor Traut.
General Manager: Breann Sheaffer.
Head Coach: Donald Brais.
Field: Civic Field.

PORTLAND PICKLES

Mailing Address: 8927 SE Holgate Blvd. Portland, OR 97266. **Phone:** (503) 775-3080.
Owners: Alan Miller, Jon Ryan, Scott Barchus.
GM: Parker Huffman. **Head Coach:** Mark Magdaleno.
Field: Walker Stadium.

RIDGEFIELD RAPTORS

Owner: Tony Bonacci. **Partner:** Wade Siegel.
E-Mail Address: info@ridgefieldraptors.com.
General Manager: Gus Farah. **Head Coach:** Chris Cota.
Field: Ridgefield Outfield Recreation Center.

SPRINGFIELD DRIFTERS

Owners: Ike Olsson, Kelly Richardson. **Assistant GM:** Kyle Whitty.
Head Coach: Tommy Richards.
E-Mail Address: info@driftersbaseball.com. **Website:** driftersbaseball.com.
Field: Hamlin Sports Complex.

VICTORIA HARBOURCATS

Mailing Address: 101-1814 Vancouver Street, Victoria, BC, Canada, V8T 5E3.
Telephone: (778) 265-0327. **Website:** harbourcats.com.
General Manager: Christian Stewart. **Head Coach:** Todd Haney
Field: Royal Athletic Park.

AMATEUR/YOUTH

WALLA WALLA SWEETS
Mailing Address: 109 E Main Street, Walla Walla, WA 99362. **Telephone:** (509) 522-2255. **E-Mail Address:** info@wallawallasweets.com. **Website:** wallawallasweets.com. **General Manager:** Cody Miller. **Head Coach:** Jarrod Molna.
Field: Borleske Stadium.

WENATCHEE APPLESOX
Mailing Address: 610 N. Mission St. #204, Wenatchee, WA 98801. **Telephone:** (509) 665-9300. **E-Mail Address:** info@applesox.com. **Website:** applesox.com.
General Manager: Allie Schank. **Head Coach:** Mitch Darlington.
Field: Paul Thomas Sr. Field.

YAKIMA VALLEY PIPPINS
Mailing Address: PO Box 2397, Yakima, WA 98907. **Telephone:** (509) 575-4487. **E-Mail Address:** info@pippinsbaseball.com. **Website:** pippinsbaseball.com.
General Manager: Jeff Garretson. **Head Coach:** Kyle Krustangel.
Field: Yakima County Stadium.

YOUTH BASEBALL

ALL AMERICAN AMATEUR BASEBALL ASSOCIATION
E-Mail Address: bming23@aol.com.
Website: aaabajohnstown.org
President/Executive Director: Bob Mingo
2024 Events: aaabajohnstown.org/tournaments/

AMATEUR ATHLETIC UNION OF THE UNITED STATES, INC.
Mailing Address: P.O. Box 22409, Lake Buena Vista, FL 32830. **Telephone:** 401-757-1857. **E-mail Address:** tskovron@neaau.org. **Website:** aaubaseball.org.
Year Founded: 1982. **National Baseball Director:** Todd Skovron.

AMERICAN AMATEUR BASEBALL CONGRESS
National Headquarters: 100 West Broadway, Farmington, NM 87401. **Telephone:** (505) 327-3120. **E-mail Address:** info@aabc.us. **Website:** aabc.us.
Year Founded: 1935.
President: Richard Neely.

AMERICAN LEGION BASEBALL
National Headquarters: American Legion Baseball, 700 N Pennsylvania St., Indianapolis, IN 46204. **Telephone:** (317) 630-1213. **Fax:** (317) 630-1369. **E-mail Address:** baseball@legion.org. **Website:** legion.org/baseball.
Year Founded: 1925.

BABE RUTH LEAGUE
International Headquarters: 1670 Whitehorse-Mercerville Rd., Hamilton, NJ 08619. **Telephone:** (400) 880-3142. **E-mail Address:** info@baberuthleague.org. **Website:** baberuthleague.org.
Year Founded: 1951.
President/Chief Executive Officer: Steven Tellefsen.

BASEBALL FOR ALL
Mailing Address: 30745 Pacific Coast Hwy #328 Los Angeles, CA 90265. **E-mail Address:** girlsbaseball@baseballforall.com. **Website:** BaseballForAll.com
Providing baseball programming for girls.

CALIFORNIA COMPETITIVE YOUTH BASEBALL
Mailing Address: P.O. Box 338, Placentia, CA 92870.
Telephone: (714) 993-2838. **E-mail Address:** ccybnet@gmail.com. **Website:** ccyb.net.
Tournament Director: Todd Rogers.

CONTINENTAL AMATEUR BASEBALL ASSOCIATION
Mailing Address: P.O. Box 1684 Mt. Pleasant, SC 29465. **Telephone:** 513-260-8989. **Website:** cababaseball.com.
Year Founded: 1984.
Chief Executive Officer: Larry Redwine. **President/COO:** John Rhodes.

COOPERSTOWN BASEBALL WORLD
Mailing Address: P.O. Box 646, Allenwood, NJ 08720. **Telephone:** (888) CBW-8750. **Fax:** (888) CBW-8720. **E-mail:** cbw@cooperstownbaseballworld.com. **Website:** cooperstownbaseballworld.com.
Complex Address: Cooperstown Baseball World, SUNY-Oneonta, Ravine Parkway, Oneonta, NY 13820.
2024 Tournaments (15 Teams Per Week): Open to 12U, 13U, 14U, 15U, 16U

COOPERSTOWN DREAMS PARK
Mailing Address: 330 S. Main St., Salisbury, NC 28144. **Telephone:** (704) 630-0050. **Fax:** (704) 630-0737. **E-mail Address:** info@cooperstowndreamspark.com. **Website:** cooperstowndreamspark.com.
Complex Address: 4550 State Highway 28, Milford, NY 13807.

COOPERSTOWN ALL STAR VILLAGE
Address: 4158 State Hwy 23, Oneonta, NY 13820.
Telephone: (800) 327-6790. **E-mail Address:** info@cooperstown.com. **Website:** cooperstown.com.

DIAMOND YOUTH BASEBALL
Mailing Address: P.O. Box 877, Marshall, TX 75671. **Telephone:** (334) 265-0294. **E-mail Address:** william@dybusa.org. **Website:** dybusa.org. **Year Founded:** 1955.
Commissioner: William Wade.

DB BASEBALL
Mailing Address: P.O. Box 8263, Dothan, AL 36304. **Telephone:** (334) 793-3331. **E-mail Address:** jjones29@sw.rr.com. **Website:** dbusa.org.
Commissioner/Chief Executive Officer: Sandy Jones.

AMATEUR/YOUTH

DIZZY DEAN BASEBALL
Mailing Address: P.O. Box 856, Hernando, MS 38632. **Telephone:** 901-262-2239. **E-mail Address:** dannyphillips637@gmail.com. **Website:** dizzydeanbbinc.org.
Year Founded: 1977.
Commissioner: Danny Phillips.

LITTLE LEAGUE BASEBALL
International Headquarters: 539 US Route 15 Hwy, P.O. Box 3485, Williamsport, PA 17701-0485. **Telephone:** (570) 326-1921. **Fax:** (570) 326-1074. **E-Mail Address:** media@littleleague.org. **Website:** littleleague.org.
Year Founded: 1939.
Chairman: Steven P. Johnson. **Vice Chariman:** Jon Litner. **President and Chief Executive Officer:** Stephen D. Keener. **Chief Operating Officer:** Patrick Wilson. **Senior Vice President and Chief Marketing Officer:** Elizabeth DiLullo Brown. **Senior Vice President and Chief Legal Officer:** Joy Renolds McCoy.

NATIONAL AMATEUR BASEBALL FEDERATION
Mailing Address: P.O. Box 4099 Brandon, MS 29047. **Telephone:** 769-251-5158.
E-mail Address: nabfexecdirector@gmail.com.
Website: nabf.com. **Year Founded:** 1914.
Executive Director: Derek J. Topik. **President:** Paul Wolf. **Vice Presidents:** Robert Chiara, Fred LeSage, William Bellinger.

HIGH SCHOOL BASEBALL

NATIONAL FEDERATION OF STATE HIGH SCHOOL ASSOCIATIONS

Mailing Address: PO Box 690, Indianapolis, IN 46206. **Telephone:** (317) 972-6900. **E-Mail Address:** baseball@nfhs.org. **Website:** nfhs.org.
Executive Director: Karissa Niehoff. **Chief Operating Officer:** Davis Whitfield. **Chief Financial Officer:** JoAnne Bennett. **Chief Marketing Officer:** Mark Koski. **Chief Talent Officer:** Mautrice Meriweather. **Director of Sports:** Julie Cochran, Sandy Searcy. **Director of Sports and Sports Medicine:** Bob Colgate. **Director of Sports, Sanctioning and Student Services:** Elliot Hopkins. **Director, Publications/Communications:** Bruce Howard. **Coordinator of Social Media and Communications:** Olivia Jennings. **Director of Information Technology:** Alex Shaw.
NFHS Board of Directors: Tom Keating (president), Bob Lombardi (president-elect), Jeff Collins, Eddie Bonine, Dan Swartos, Lance Taylor, Ron Nocetti, Ty Jones, David Frazier, Michael Sye, Tommy Cox, Amanda Kaus.

NATIONAL HIGH SCHOOL BASEBALL COACHES ASSOCIATION

Mailing Address: PO Box 1038, Dublin, OH 43017. **Telephone:** (614) 578-1864. **E-Mail Address:** tsaunders@baseballcoaches.org. **Website:** baseballcoaches.org.
Executive Director: Tim Saunders (Dublin Coffman HS, Ohio).

SENIOR BASEBALL

MEN'S SENIOR BASEBALL LEAGUE
(18+, 25+, 35+, 45+, 55+, 65+)
Mailing Address: One Huntington Quadrangle, Suite 3NO7, Melville, NY 11747. **Telephone:** (631) 753-6725.
E-Mail Address: info@msblnational.com.
Website: msblnational.com.

NATIONAL ADULT BASEBALL ASSOCIATION
Mailing Address: 5944 S. Kipling St., Suite 200, Littleton, CO 80127. **Telephone:** (800) 621-6479. **E-Mail:** nabanational@aol.com. **Website:** dugout.org.
President: Shane Fugita. **Vice President:** Joe Collins. **Office Manager:** Stacy Fugita.

NATIONAL AMATEUR BASEBALL FEDERATION
Mailing Address: P.O. Box 4099 Brandon, MS 29047. **Telephone:** 769-251-5158.
E-mail Address: nabfexecdirector@gmail.com.
Website: nabf.com. **Year Founded:** 1914.
Executive Director: Derek J. Topik. **President:** Paul Wolf. **Vice Presidents:** Robert Chiara, Fred LeSage, William Bellinger.

ROY HOBBS BASEBALL
Veterans (30 or 35 and Over), Masters (45 and Over), Legends (53 and Over); Classics (60 and Over), Vintage (65 and Over), Timeless (70 and Over), Forever Young (75 and Over).
Mailing Address: 4301-100 Edison Ave., Fort Myers, FL 33916. **Telephone:** (239) 689-8550. **E-Mail Address:** teammatesupport@royhobbs.com.
Website: royhobbs.com.

INDEX

INDEX

MAJOR LEAGUE TEAMS

Team	Page
Arizona Diamondbacks	14
Atlanta Braves	16
Baltimore Orioles	18
Boston Red Sox	20
Chicago Cubs	22
Chicago White Sox	24
Cincinnati Reds	26
Cleveland Guardians	28
Colorado Rockies	30
Detroit Tigers	32
Houston Astros	34
Kansas City Royals	36
Los Angeles Angels	38
Los Angeles Dodgers	40
Miami Marlins	42
Milwaukee Brewers	44
Minnesota Twins	46
New York Mets	48
New York Yankees	50
Oakland Athletics	52
Philadelphia Phillies	54
Pittsburgh Pirates	56
St. Louis Cardinals	58
San Diego Padres	60
San Francisco Giants	62
Seattle Mariners	64
Tampa Bay Rays	66
Texas Rangers	68
Toronto Blue Jays	70
Washington Nationals	72

MINOR LEAGUE TEAMS

Team (League)	Page
Aberdeen (South Atlantic League)	123
Akron (Eastern League)	102
Albuquerque (Pacific Coast League)	96
Altoona (Eastern League)	102
Amarillo (Texas League)	112
Arkansas (Texas League)	112
Asheville (South Atlantic League)	123
Augusta (Carolina League)	136
Beloit (Midwest League)	117
Biloxi (Southern League)	108
Binghamton (Eastern League)	103
Birmingham (Southern League)	108
Bowie (Eastern League)	103
Bowling Green (South Atlantic League)	124
Bradenton (Florida State League)	141
Brooklyn (South Atlantic League)	124
Buffalo (International League)	85
Carolina (Carolina League)	136
Cedar Rapids (Midwest League)	117
Charleston (Carolina League)	137
Charlotte (International League)	86
Chattanooga (Southern League)	109
Clearwater (Florida State League)	141
Columbia (Carolina League)	137
Columbus (International League)	86
Corpus Christi (Texas League)	113
Dayton (Midwest League)	118
Daytona (Florida State League)	142
Delmarva (Carolina League)	138
Down East (Carolina League)	138
Dunedin (Florida State League)	142
Durham (International League)	87
El Paso (Pacific Coast League)	96
Erie (Eastern League)	104
Eugene (Northwest League)	129
Everett (Northwest League)	129
Fayetteville (Carolina League)	138
Fort Myers (Florida State League)	143
Fort Wayne (Midwest League)	118
Fredericksburg (Carolina League)	139
Fresno (California League)	132
Frisco (Texas League)	113
Great Lakes (Midwest League)	119
Greensboro (South Atlantic League)	124
Greenville (South Atlantic League)	125
Gwinnett (International League)	87
Harrisburg (Eastern League)	104
Hartford (Eastern League)	104
Hickory (South Atlantic League)	125

INDEX

Team	Page
Hillsboro (Northwest League)	130
Hudson Valley (South Atlantic League)	126
Indianapolis (International League)	88
Inland Empire (California League)	132
Iowa (International League)	88
Jacksonville (International League)	89
Jersey Shore (South Atlantic League)	126
Jupiter (Florida State League)	143
Kannapolis (Carolina League)	139
Lake County (Midwest League)	119
Lake Elsinore (California League)	133
Lakeland (Florida State League)	143
Lansing (Midwest League)	120
Las Vegas (Pacific Coast League)	97
Lehigh Valley (International League)	89
Louisville (International League)	90
Lynchburg (Carolina League)	140
Memphis (International League)	90
Midland (Texas League)	114
Mississippi (Southern League)	109
Modesto (California League)	133
Montgomery (Southern League)	109
Myrtle Beach (Carolina League)	140
Nashville (International League)	91
New Hampshire (Eastern League)	105
Norfolk (International League)	91
Northwest Arkansas (Texas League)	114
Oklahoma City (Pacific Coast League)	97
Omaha (International League)	92
Palm Beach (Florida State League)	144
Pensacola (Southern League)	110
Peoria (Midwest League)	120
Portland (Eastern League)	106
Quad Cities (Midwest League)	120
Rancho Cucamonga (California League)	133
Reading (Eastern League)	106
Reno (Pacific Coast League)	98
Richmond (Eastern League)	107
Rochester (International League)	92
Rocket City (Southern League)	110
Rome (South Atlantic League)	127
Round Rock (Pacific Coast League)	99
Sacramento (Pacific Coast League)	99
Salem (Carolina League)	140
Salt Lake (Pacific Coast League)	100
San Antonio (Texas League)	115
San Jose (California League)	134
Scranton/Wilkes-Barre (International League)	93
Somerset (Eastern League)	107
South Bend (Midwest League)	121
Spokane (Northwest League)	130
Springfield (Texas League)	115
St. Lucie (Florida State League)	144
St. Paul (International League)	93
Stockton (California League)	134
Sugar Land (Pacific Coast League)	100
Syracuse (International League)	94
Tacoma (Pacific Coast League)	101
Tampa (Florida State League)	145
Tennessee (Southern League)	111
Toledo (International League)	94
Tri-City (Northwest League)	130
Tulsa (Texas League)	115
Vancouver (Northwest League)	131
Visalia (California League)	135
West Michigan (Midwest League)	121
Wichita (Texas League)	116
Wilmington (South Atlantic League)	127
Winston-Salem (South Atlantic League)	128
Wisconsin (Midwest League)	122
Worcester (International League)	95

MLB PARTNER TEAMS

Team (League)	Page
Billings (Pioneer)	191
Boise (Pioneer)	191
Charleston (Atlantic)	182
Chicago (American)	178
Cleburne (American)	178
Evansville (Frontier)	186
Fargo-Moorhead (American)	179
Florence (Frontier)	186
Gary Southshore (American)	179
Gastonia (Atlantic)	182
Gateway (Frontier)	186
Glacier Range (Pioneer)	192
Grand Junction (Pioneer)	192
Great Falls (Pioneer)	192
Hagerstown (Atlantic)	183
High Point (Atlantic)	183
Idaho Falls (Pioneer)	192
Joliet (Frontier)	186
Kane County (American)	179
Kansas City (American)	180
Lake Country (American)	180
Lake Erie (Frontier)	187
Lancaster (Atlantic)	183
Lexington (Atlantic)	183
Lincoln (American)	180
Long Island (Atlantic)	184
Milwaukee (American)	181
Missoula (Pioneer)	193
New England (Frontier)	187
New Jersey (Frontier)	187
New York (Frontier)	187

Team (League)	Page
Northern Colorado (Pioneer)	193
Ogden (Pioneer)	193
Ottawa (Frontier)	188
Quebec (Frontier)	188
Rocky Mountain (Pioneer)	194
Schaumburg (Frontier)	188
Sioux City (American)	181
Sioux Falls (American)	181
Southern Maryland (Atlantic)	184
Staten Island (Atlantic)	184
Sussex County (Frontier)	189
Tri-City (Frontier)	189
Trois-Rivieres (Frontier)	189
Washington (Frontier)	190
Windy City (Frontier)	190
Winnipeg (American)	181
York (Atlantic)	185

INDEX

OTHER ORGANIZATIONS

Organization	Page
Africa Baseball/Softball Association	229
Alaska Baseball League	231
American Baseball Coaches Association	202
American Legion	247
Appalachian League	231
Arizona Fall League	200
Athletes In Action	230

Organization	Page
Atlantic Collegiate Baseball League	233
Australian Baseball League	200
Babe Ruth League	247
Baseball Canada	230
Baseball Chapel	78
Baseball Confederation of Oceania	229
Baseball Federation of Asia	229
Baseball Winter Meetings	78

Organization	Page
Cal Ripken Sr. Collegiate League	233
California Collegiate League	233
California Community College Athletic Association	202
Cape Cod League	234
Catholic Athletes For Christ	78
Central League	197
Chinese Professional Baseball League	198
Coastal Plain League	235
Colombian League	199
Dominican League	199
Dominican Summer League	197
Dutch Major League	199
Elias Sports Bureau	77
European Baseball Confederation	229
Florida Collegiate Summer League	236
Futures Collegiate League of New England	236
Great Lakes Summer Collegiate League	236
Italian Baseball League	199

Organization	Page
Korea Baseball Organization	198
Little League Baseball	248
MLB Players Alumni Association	77
MLB Draft League	237
Metropolitan Collegiate Baseball League	237
Mexican League	196
Mexican Pacific League	199
Mexican Academy	197
M.I.N.K. League	237
National Alliance of College Summer Baseball	231
National Association of Intercollegiate Athletics	203
National Baseball Congress	230
National Baseball Hall of Fame	77
National Collegiate Athletic Association	202
National Federation of State High School Associations	248
National High School Baseball Coaches Association	248
National Junior College Athletic Association	202
Negro Leagues Baseball Museum	77
New England Collegiate League	237
New York Collegiate Baseball League	238
Nippon Professional Baseball	197
Northwest Athletic Conference	202
Northwoods League	239
Pecos League	194
Perfect Game Collegiate Baseball League	241
Prospect League	243
Puerto Rican League	199
Reviving Baseball in Inner Cities	78
Senior Baseball	248
Society for American Baseball Research	77
Southern Collegiate Baseball League	244
Texas Collegiate League	245
United Shore Professional Baseball League	194
USA Baseball	230
Valley Baseball League	245
Venezuelan League	199
West Coast Conference	246
World Baseball Softball Confederation	229